近代京都研究

丸山 宏・伊従 勉・高木博志 編

思文閣出版

京都大学人文科学研究所研究報告

はじめに

一九九四年一二月、ユネスコの第一八回世界遺産委員会で古都京都の文化財一七ヶ所（大津市、宇治市を含む）が「世界遺産」に登録されたことは記憶に新しい。一七ヶ所とは、賀茂別雷神社（上賀茂神社）、賀茂御祖神社（下鴨神社）、教王護国寺（東寺）、清水寺、延暦寺［大津市］、醍醐寺、仁和寺、平等院［宇治市］、宇治上神社［宇治市］、高山寺、西芳寺（苔寺）、天龍寺、鹿苑寺（金閣寺）、慈照寺（銀閣寺）、龍安寺、本願寺（西本願寺）、二条城である。ちなみに文化遺産とは「歴史上、芸術上、または、学術上、顕著な普遍的価値を有する記念物、建築物群、記念的意義を有する彫刻および絵画、考古学的な性質の物件および構造物、金石文、洞穴居ならびにこれらの物件の組み合わせで、歴史的、芸術上、または、学術上、顕著な普遍的価値を有するもの」と定義されている。

日本が世界遺産条約（正式には「世界の文化遺産および自然遺産の保護に関する条約」）を締結したのは一九九二年、先進国としては遅い。世界遺産条約は一九七二年、国際連合（国連）の教育科学文化機関であるユネスコの総会で採択されたものである。日本は条約採択後二〇年を経、バブル経済が崩壊した後、ようやく条約を締結した。すでに六〇年代後半から開発途上国でも経済開発による遺跡・文化財の破壊が問題になってきた。世界遺産条約は経済発展にともなう破壊から「文化遺産」あるいは「自然遺産」を保存、保護するという理念が前面に出される。バブル経済崩壊が結果的には条約締結の契機となったのである。

もちろん前記一七ヶ所はすでに文化財保護法により国宝、重要文化財あるいは名勝（特別名勝）に指定されていた。世界遺産の指定は世界標準として普遍的価値付けのヒエラルキーを構築したといってよい。京都はこのパラダイムの中で、世界の〝文化遺産都市〟のお墨付きを得、再認識されたといえる。近代以前の古都京都の歴史遺産が評価されたのである。

いうまでもなく歴史遺産は後世にその歴史的価値を付与されたものであるが、つくられた当時においては最先端あるいは時代を先取りする存在であった。例えば義満の造営した金閣は金色に輝き、建築物に金箔を貼るというそれまでの建築の発想にはなかったものである。またそれを可能にしたのは職人の技術的裏付けがあったからこそ実現が可能であった。

京都は常に何かを発信している都市である。江戸期に江戸、大坂とともに三都の一つに数えられ、その繁栄は寛永期の京都から元禄期の大阪、さらに化政期の江戸に移っていったが、衰えたといえども皇城の地として発信都市であったことは間違いない。

しかしながら、明治維新は京都にさらなる試練を与えることになる。「車駕東行」により京都がこうむったダメージは相当なものであった。

京都は逆境のなか、近代都市、産業都市にならんとして様々な試みを行った。明治四年（一八七一）から京都博覧会を企画し、あるいは水力発電を国内ではじめて行い、また、町衆が日本最初の小学校「番組小学校」を創設した。一八九五年（明治二八）には第四回内国勧業博覧会を奠都一一〇〇年記念事業と抱き合わせに誘致した。明治初期、外国人の入京に厳しい制限があった時にも、京都博覧会を機にいち早く外人観光客の誘致を行った。さらに、外人客用のホテルも用意するという周到さである。数々の京都案内も刊行した。一八七三年（明治六）には英文の *The Guide to the Celebrated places in Kyoto & the surrounding places* が出版されている。『都の魁』（一八八三年刊）は新生京都の商工業の紹介であった。先ほど述べた内国勧業博覧会に際しては公式のガイドブックのほかに民間から種々雑多なものが出版された。さらに、京都は機を見るに敏である有能な人材を輩出したことがあげられるが、その背景には千年にわたる有形無形の蓄積をもった都市であったからこそ可能であったのではないだろうか。

京都には先に記した文化遺産のみならず、有形無形の〝文化遺産〟を豊富に含む厚い〝地層〟があり、そこでは長い年月をかけてじっくりと醸成したもの、あるいは今でも発酵途中にあるものがある。

京都という都市は新規なものに対しては非常に敏感な都市である。他都市にさきがけて様々なものを導入し、作り出す潜在能力を持っている。その能力の根底には革新的なものを生み出す伝統が通奏低音として常に流れている。伝統を支える高度な情報の集積がある。千年にわたる蓄積による自信とでもいうべきものであるのか、あらゆる状況に対応できる引き出しを多く持っているのである。

さて、本書では以上のような近代京都を探索すべく、二〇編の論攷が寄せられた。読者の便に供するため、以下の五部構成とした。

第Ⅰ部は「都市」と題して、近代都市計画が京都に展開した実相、変貌について、あるいは近代産業が町並みへ浸潤するプロセスを扱っている。

第Ⅱ部は「風景」である。ここで言う「風景」は概念を広くとらえ、京都の近代風景が垣間見せる市井の動きを各論者の視点から考察している。桜の名所、史蹟名勝、作家谷崎潤一郎の京都イメージそれに御大典記念事業の観光論と絵馬の分析である。

第Ⅲ部の「文化」は能、古美術、茶の湯というジャンルのなかで京都が伝統的な分野に果たした足跡の一端を紹介している。京都における伝統文化の復興とその展開について論究している。

第Ⅳ部は「政治」として、近代京都の政治に関わった宗教界、名望家たち、さらには人物論が展開されている。従来政治史の分野では抜け落ちていた視点からのアプローチである。

第Ⅴ部は「学知」と題して、京都のアカデミズムの牙城である京都帝国大学と在野の研究者たちについての論攷である。人物論、学問の胎動期のダイナミズム、あるいは京都帝国大学の周辺にまつわる諸相を扱っている。詳細はそれぞれの論攷をご覧いただき、ご批判賜れば幸いである。なお、「おわりに」として、二編の付論を録した。本編では展開できなかった観点を編者のお二人に展開していただいた。

本書は京都大学人文科学研究所の共同研究「近代京都研究」班の成果報告書であるが、その母体となった研究会の経緯について少し述べたい。

人文研での共同研究開始までに「近代京都研究会」という名称の研究会を一九九八年六月に立ち上げた。本著の編者でもある伊従勉・高木博志の両氏と近代京都をめぐって、様々な事象を俎上に載せ、研究目的を固定化しない自由闊達な研究会ができないかということではじめたものである。特に何をということはなく、近代京都に関することであれば何でも受け入れるといういたって鷹揚な研究会であった。従来の研究会はその目的を明確にし、それに向かって研究を進めるというのが通例であり、それと比べると異色の研究会であった。しかしながら我々の予想をはるかに超え多くの賛同者を得、近代史を中心に様々な専門分野の研究者が集い、お互い切磋琢磨する場を提供した。京都という都市をどのように相対化できるのか、京都の普遍性と特殊性を射程に入れながら議論を重ね、口角泡を飛ばすこともしばしばであった。また、一九九九〜二〇〇一年度にかけて科学研究費の補助を受けた（研究代表者：伊従勉、基盤研究(B)(2)「近代京都研究：みやこから一地方都市への軌跡」）。この科研費により安定した研究会の運営が可能となった。さらに、本書末の「近代京都研究会・開催一覧」にあるようにシンポジウム開催の後援者ともなった。その後、京都大学人文科学研究所の共同研究「近代京都研究」班（班長：丸山宏、研究期間二〇〇三〜二〇〇五年度）が組織されることになった。通算すると、足かけ八年に渡る共同研究である。「開催一覧」を参照してもらえればわかるように、今回、執筆していただけなかった方々も多数おられる。

執筆者以外に以下の方々が班員として、研究会では熱心な討論に参画していただいた。

秋元せき、天野太郎、イ・ヒャンス、石田潤一郎、井上章一、宇佐美尚穂、大原嘉豊、岡村敬二、小野健吉、笠原一人、金坂清則、金文京、才津祐美子、坂口さとこ、清水愛子、高久嶺之介、高階絵里加、田島達也、中村武生、福井純子、福島栄寿、水野直樹、山田由希代、芳井敬郎　（五十音順、敬称略）

また、ゲスト・スピーカーとして班員以外にも報告をいただいた。詳しくは「開催一覧」をご覧いただきたい。

なお、この近代京都研究は名称を変え、現在、同人文研の共同研究「近代古都研究」班（班長：高木博志、研究期間二〇〇六年～）に引き継がれている。

なお、本書の図版作成については以下の諸機関および個人のご協力、ご高配を賜った。記して謝意を表したい。

大塚隆氏、京都府立総合資料館、京都市歴史資料館、京都大学附属図書館、京都府立図書館、臨川書店、田中泰彦氏、向日神社、三宅八幡宮、東京大学大学院情報学環、文芸春秋新社、乃村工藝社、尼崎市教育委員会　（順不同）

また、編集段階でいたらぬ編者に惜しみない協力をしていただいた谷川穣氏ならびに黒岩康博氏にも深謝したい。

末筆ながら、本書の出版を快諾していただいた思文閣出版の田中周二会長ならびに編集部の林秀樹氏、刊行にいたるまで周到かつ献身的な編集を賜った立入明子氏には厚く感謝申し上げたい。

平成二〇年夏　丸山　宏

近代京都研究※目　次

Ⅲ　文　化

Ⅳ　政　治

Ⅴ　学　知

凡例

一、本文中の［　　］での表示は、たとえば［日出090613］の場合、『京都日出新聞』一九〇九年六月一三日付をあらわす。こうした典拠表記を用いる章には、注記冒頭などでその旨明示している。

二、一八七三年一月一日以降を西暦であらわし、それ以前は元号での表記を主とした。

I　都市

都市改造の自治喪失の起源——一九一九年京都市区改正設計騒動の顚末——

伊従　勉

はじめに

日本近代の帝都東京に適用された国主導の東京市区改正条例（一八八八年）から都市計画法（一九一九年）への変遷を当然と見る視点からは、同条例が地方都市へ準用（一九一八年）される以前、東京を除く地方主要都市が都市改造を主体的に試みていた時期の都市自治的な意義が忘れられ易い。市制発足から三〇年にわたる地方都市の企画・執行による道路拡幅・電鉄敷設事業も、通常「市区改正」と呼ばれるが、法制度上は「前市区改正期」(1)と呼ばれてしかるべきである。

東京市区改正の要点は、東京の都市改造の主体を東京府区部会の自治に任せずに国家が管理しようとする点にあった。前市区改正期の地方都市では、国の主管行政庁との錯綜する事業特許取得の交渉を不可避とはしたが、自ら策定する構想に基づき市会が審議決定し都市改造を行っていた点で、地方議会を回避する国家管理の東京市区改正体制とは一線を画すべきである。

芳川顕正府知事が「東京市区改正意見書」（一八八四年一一月）に基づき設置した市区改正審査会に込めた要点

のひとつは、改造計画の審査会に民権派の多い府会区部議員を排除した点にあった。また、審査会に全関係閣僚を招集するというアイデアは、同年後半、地方補助政策をめぐる内務省・農商務省・工部省・大蔵省の四省間の対立競合関係が進展し、初期官僚制が機能不全を起こしていたので、審査会の場で官僚制の補完機能を果たす意味もあった(2)。

市区改正条例に基づき発足した同委員会は、官僚のフルメンバーが府区部会議員を囲い込む構成をとり、委員会に計画を立案する権限はなく、事前に成立している審査会案の修正建議と事業年度決定の権限があるのみで、事業案策定・修正の主体は内務大臣にあり閣議で認可するシステムであった(3)。したがって、東京市区改正委員会制度が日本における審議会・委員会制度、すなわち都市計画立案・審議・決定過程に地方議会の自治的介入を忌避する制度の発端といえる(4)。この委員会システムが地方都市に準用される市区改正にも適用され、次いで一九一九年公布の都市計画法の都市計画中央・地方委員会官制に引継がれる。

本稿では、市区改正条例が適用された前後の近代京都における市政の自治と内務省との確執を取上げてみたい。明治三大事業の後に京都を襲った、市政における都市改造の自治喪失事件、すなわち京都市区改正の顛末である(5)。それ以前の京都における都市改造事業は、企画立案・審査・予算裁定が、当時の京都府会市部会（一八八九年、九五年）や参事会・市会（一九〇六年）で公表され、議員による調査委員会の検討を経て変更もされ、予算審議の上で事業執行されていた。技術的な保証も、京都帝大の田辺朔郎の指導の下、京都帝大卒で同理工科大学助教授から〇二年に市へ転出した井上秀二技師が一貫して関与することにより、担保されていた。

ところが、三大事業の成果である電気鉄道の第一期線が開通した一三年から間もない一九年に、地方六大都市に準用された市区改正条例により、都市改造の主体は内務大臣が監督する市区改正委員会が握り、最終権限が内務大臣となる。

内務大臣官房初代都市計画課長池田宏が自ら著した都市計画制度の啓蒙書『都市計画要論』（一九二一年）において、当時市制を適用された都市制度の欠陥として、現実都市を構成する地域が市のみならず府県や周辺町村に跨り、都市運営が地方自治としては分裂させられていること（「自治制上の割拠主義」）により、都市と周辺部町村が共同で利用できる都市施設の効率的設置や運営が妨げられていることを強調している［同書47頁］。池田の都市計画法制度思想の根底に、都市計画の国家主導という理念があった。一九二〇年の以下の文章は、池田の立場を示している。

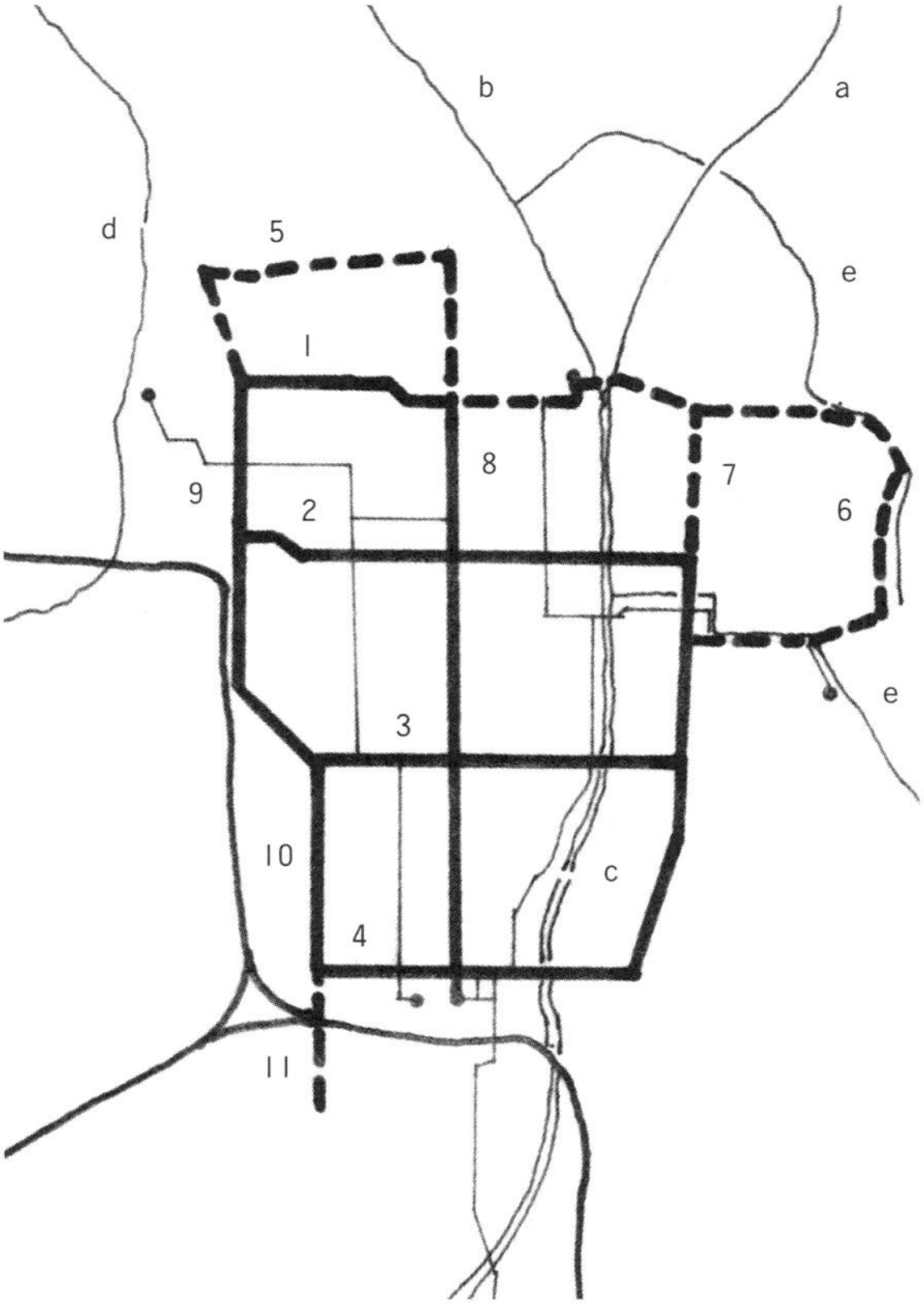

図 1　明治三大事業路線と軌隔統一計画路線
凡例　太線：明治三大事業第一期線
太点線：軌隔統一計画路線（消極案）
細線：狭軌電気鉄道
1．今出川通　2．丸太町通　3．四条通
4．七条通　5．鞍馬口通　6．吉田山迂回線（鹿ヶ谷通）　7．熊野—田中線　8．烏丸通
9．千本通　10．西洞院通　11．大宮東寺道線
a．高野川　b．賀茂川　c．鴨川
d．紙屋川　e．琵琶湖疏水

重要都市の興廃は国運の隆替に至大の関係を有するが故に、この種の事業の成否に対しては国家その責を分たざるべからざるものあり。殊に我が国法の精神を探求すれば、市区改正事業は当初より国家の経始すべきものとしたるの沿革とその実証ありしを存し、新［都市］計画法亦之を継受し都市計画をもって都市の自治権に留保せずして国家直接の機関に付託したるの跡に顧みるとき、云々(6)

市区改正条例が適用された地方都市京都は、明治三大事業に引き続き執行される予定であった第二周目の循環路線の事業執行を国家管理の市区改正により行なうことになる。当時、第一次環状道路の拡築と電鉄敷設が一三年（大正二）に一応完成し「第一期線」の竣工といわれた。東大路、今出川、千本—大宮、七条通が描く第一次循環道路は、北東部の東一条線が未完のまま市電の営業を開始していた(7)（図1）。

一　市会瀆職事件と軌隔統一事業

明治の道路拡築事業は、四条と烏丸以外の中心部の主要幹線拡幅事業を先延ばしにしたほか、もうひとつ問題を残していた。電気軌道の広狭「軌隔統一」問題である。三大事業の臨時事業部道路拡築部長と電気軌道事務所長を兼ねて拡幅と電鉄敷設の総指揮をとった市高級助役大野盛郁は一九一六年（大正五）一二月に市長候補に選挙され、三大事業が積み残した京都電気鉄道の買収と「軌隔統一」そして道路延長に取り掛かるつもりでいた。

ところが、大野市長と市会組織は、一八年早々に発覚する府と市にわたる瀆職事件によって崩壊する(8)。木内府知事の瀆職事件（豚箱事件）と市会の瀆職事件が重なり、府知事と市長がともに収監され一八年五月に辞職する［日出18 05 04-05］。後者は、一六年一二月の市長候補選挙における大野派の議員買収と反市長派の中安派による議員買収が錯綜し、一八年一月から三月に掛け、現役議員総勢五一名のうち二一名が収監される未曾有の事件となった［日出18 10 23-24］。

一八年九・一〇月の市会の市政刷新補充選挙（理想選挙）では、五人の京大教授が市会議員となり［日出180923、1010］、市会会派構成はこの時点で一新された（章末表2）。この市会と一一月就任の新市長安藤謙介が市区改正に対処することになる。

一九年一月、軌隔統一の事業計画を永田兵三郎市工務課長(9)が立てていることが報道される［日出190130、0202］。作業内容は極秘であったが、当時の新聞は路線を次のように探り出している。後の市区改正路線と若干異なる部分があり、京都市側の構想が分かる。

「積極案」と「消極案」の二通りがあった。前者は予算三六五万円、出町線を複線化、道路を取拡げ広軌式に統一。寺町線、木屋町線（の電鉄）は廃線。後者は、予算一八二万円、出町線幅員は現在のまま軌道のみ広軌式とする。丸太町線及び下立売線の旧京電線並びに西洞院線、塩小路線、東洞院線、二条線、二条木屋町より東山二条間の狭軌の電鉄路線を廃止、というものであった［日出190130］。

消極案は図1のように五路線（熊野田中線、吉田山迂回線、烏丸鞍馬口線、千本鞍馬口線、大宮東寺道線）から成り立っていた。積極・消極両案から判明することのうち、重要なことは、(1)寺町通の拡幅を中心市街地南北線の拡幅路線と認識している。(2)市街の北辺道路を鞍馬口通と想定している。(3)東山線を熊野から田中まで北進させるが、鴨東の北辺道路が不明。(4)吉田山周回路線が構想されているが南側が疏水沿いの蹴上線(10)［市会議録190704、250頁］で南禅寺から浄土寺に回り込む路線である。

ここに市街の外周道路計画が見えていないことは、同年末公表の市区改正設計原案に登場する第二周目の循環街路が、京都市側の着想ではなく内務省側の発想であることを推測させる。

一九・二〇年度にわたる「軌隔統一」事業内容と予算は、一九年七月四日の市会に提案され、同一二日若干の修正が議員の調査委員会報告により提案・議決される。理事者の答弁では、道路網の新路線計画は、「軌隔統一」

事業からは切り離され近い将来の都市計画事業として「都市計画委員会」に付議されることが想定されており、内容についての言及を控える傾向が認められる［同会議録255頁］。

二　市区改正設計の策定過程と市区改正委員の土地買占め疑惑事件

(一)市会選出市区改正委員

一九年二月に内務省が組織した地方都市の市区改正委員会開催は、横浜と名古屋が最も先行し五月、神戸が一〇月、大阪と京都が一二月である。京都の委員会は最後で、都市計画法施行直前であった[11]。任命された市会議員の市区改正委員は、古参の柴田弥兵衛、西村金三郎、伊藤平三、俵儀三郎、田島錦治（法博）、市村光恵（法博）、太田重太郎、今井徳之助の八名であった[12]（表2）。このうち京都帝大教授の田島は八月二日市会で議員辞職が承認されるが、内務省の指示により安藤市長は欠員を補充しなかった。市区改正委員会は翌二〇年早々に都市計画京都地方委員会に改組の予定であったからである。

当時の京都市においては、長年の課題であった京都市の「百年の大計」ともいうべき長期計画（市是）が、市区改正設計を経て都市計画法制度の下で、財源を保証されて議論できるという期待感が、市の理事者にも議員にも生まれていた。ところが計画を立案する主体が都市計画法制度下では個別都市から国家（内務省）に変更されるという点に関しては、京都の行政官にも、事業を検討し承認してきた市会にも、十分な情報がなかった。

(2)京都市の計画準備体制

前記「軌隔統一」事業案の審議後、市区改正設計草案や都市計画路線についての動きは、一〇月、都市計画法施行準備のため市吏員のみからなる「都市計画調査会」が組織された時点に出る[13]［日出191003］。当初は、四月四日に公布された都市計画法に応じて都市計画調査などに携わる都市改良部を一般事務系列とは別に設けようとした。そこに市の吏員中の主要な技術部員、財務部員を集め、都市計画、社会改良の技術と行政を一手に鷲野米太郎高級助役（都市計画、社会改良を担当）が独占することを一九年一月着任の向井倭雄助役（一般市政事務担当）が恐れ、覇権争いが生じた。そこで市長は、助役二人がともに参画する都市計画調査会を設ける弥縫策をとったのである［日出19 10 05］。

一〇月七日開催の第一回調査会において、五部会が設置された。

第一部（土木交通）主査永田兵三郎（工務課長）、岡井秋治（運輸課長）、安立糺、藤村清太郎、富田恵四郎、中村改、兼務　大瀧鼎四郎（電気課長）、安田靖一（水道課長）

第二部（財政経済）主査水入善三郎（財務課長）

第三部（産業）主査大瀧鼎四郎（電気課長）、保科捨吉、富田直詮、田上実、浦川卯之助

第四部（衛生）主査浅山忠愛、安田靖一、太田勝郎、藤原九十郎、兼務　永田兵三郎、浦川卯之助、森賢隆

第五部（教育）主査安東重起［日出10 08］

翌日開催された第一部会では、主査の永田工務課長が、都市計画の根本方針について、京都を遊覧都市としてあるいは商工業都市として、または両者を兼ね備えた都市として都市計画を樹立するか如何、について議論を行った［日出10 09］。第一部会に運輸課長と電気課長が加わっている点で、内務省が指導する市区改正設計路線に沿って、必ずしも都市計画事業として執行しなくともよい電鉄敷設中長期計画を検討したものとみてよい。同月下旬には、この部会が三期にわたる「大電鉄軌道計画」を立てていることが報じられる［日出10 31］。

（3）計画主体の変更

一一月二五日には都市計画法施行令と都市計画委員会官制が閣議決定され、翌年一月一日施行を前に、府内務部長代理の井手庶務課長が東上、主務省との打合わせを行ない二八日帰庁すると、都市計画（および事業）決定において地方都市には主体性がないことが明らかになる［日出19 11 29］。

一二月一日の市会の答弁では、都市計画地方委員会長が地方長官であっても都市計画地方委員会は市役所に置かれ、執行の衝に当たるのも市役所と市長は思っていた［会議録971頁］。当の京都地方委員会会長となるはずの馬淵府知事でさえ、当時、都市計画案の発議権があるものと考えていた。それがないことは、都市計画地方委員が任命される二〇年七月一日直後の一二日から三日間、内務省開催の都市計画会議に招集される六大都市の地方委員会幹事（府県技師・官吏）に指示される。東京に出向いた近府土木課長は、次のように報告した。

問題の地方委員長の知事に［都市計画の］発案権ありや否やに関しては、内務大臣の権限にあり、地方委員会長（知事）には付与されない。が、建議権はあるものとされている［日出20 07 17］。

五大都市の市区改正委員会官制では、内務次官を会長とする委員会が市区改正案を内務大臣に具申する形式[14]になっていたものが、都市計画委員会官制では内務省が準備した計画案を内務大臣が諮問する形に改められたのである。

（4）内務省原案の伝達と土地買占め疑惑

市区改正委員会開催が迫った一九年一二月三日の日出新聞は、内務省都市計画課吉村［哲三］書記官と道路が専門の山田［博愛］技師が二日にわたる合議に訪れていたことを報じ、三日には内務省市区改正委員会担当田中書記官入洛予定を告げている。この段階で市理事者側は、内務省都市計画課がまとめ挙げた京都市区改正設計原

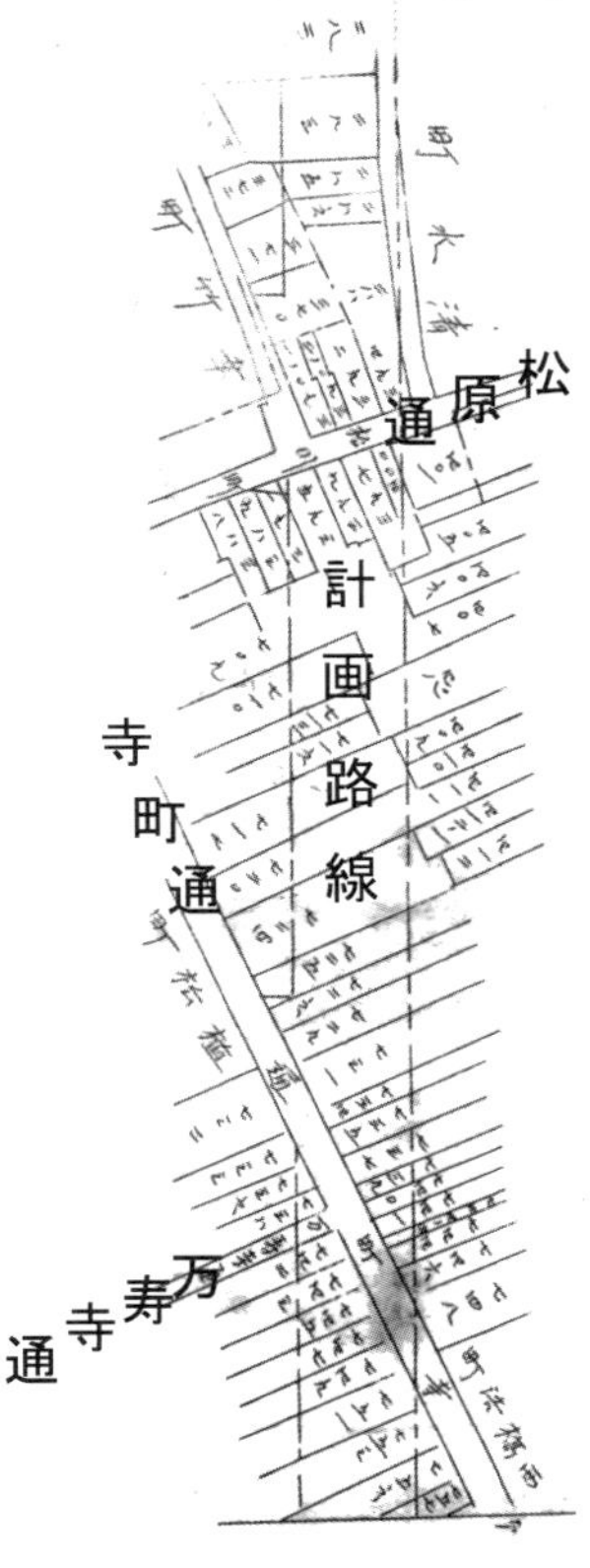

図２－ａ　第四号線河原町通
松原・万寿寺付近，原図縮尺1/600

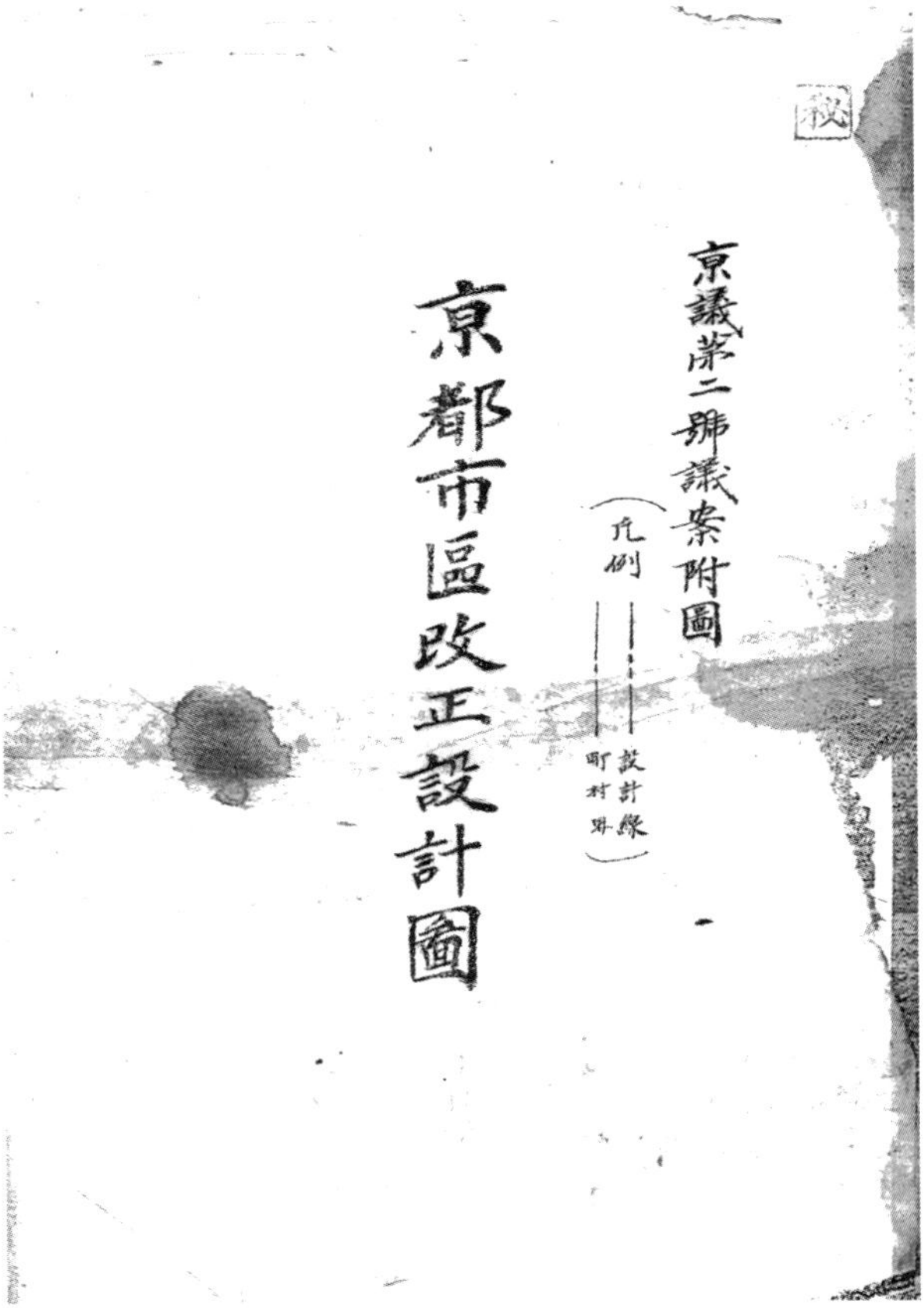

図２　『京都市区改正設計図』表紙，1919年
1919年12月，京都市区改正委員に事前に配付された京都市区改正委員会議案「京議第二号」(市区改正路線案)附図，和紙に謄写印刷，道路図面全109葉，法量：388×265ミリメートル

案（以下「原案」）を把握したと考えられる。

原案で一四を数える路線の詳細平面図は、この段階で作成されたとみられる。一九日には全市会議員に「市区改正の設計図」「市の電車軌道を敷かんとする所の地図面」が配付される［市会会議録1912 22、986頁］。他方、計画路線敷地の「番個別の詳細なる［路線］地図」［日出1220］あるいは「内務省より回付された原案」（同上989頁）すなわち謄写版の路線詳細平面図『京都市区改正設計図』(15)（図2）が市区改正委員全員に配付された。

市区改正設計の全容を市民が知るのは一九日午後三時、市長室での記者会見の席上、永田市工務課長が公表して以降である。その直前に内容を察知した市の吏員や市区改正委員の市会議員のなかから、計画路線敷地や沿線土地の売買を斡旋したり取得する人物が登場するのは世の常である。(16) 二一年五月の市会改選まで、土地取引疑惑についての市会の調査経過がまちの話題となるが、結局二名の疑惑議員(17)を明らかにしながら、退職勧告や告発に追い込むことができなかった。

(5) 内務省原案の策定過程

永田市工務課長が中心となって準備したはずの市区改正設計路線草案の形成過程は明らかではない。内務省原案が公表されるまで、市会議員にも知らされず新聞も報道していなかった。

公開前後の理事者らの設計案に関する発言を整理して、作成経過を推測してみよう。用語統一のため、以下、京都市側が用意したと思われる市区改正設計「草案」、それに基づき内務省都市計画課が府市と協議して作成した設計「原案」、一二月二五日開催の市区改正委員会の席上修正決定されたものを市区改正「修正案」と呼ぶことにする。

一、市区改正案は、自分［安藤市長］および永田［市］工務課長大木［府］技師から原案［草案］を内務省に提

出［安藤市長談話、日出19 12 19］。

二、市区改正は内務省自ら之をするのでありまする故に、我々の意見は一の参考に過ぎない。京都市自らするのでなく京都府と主務省の内務省と三方よりして意見を取られるので（中略）私の意見が悉く行われておらぬ。［草］案に就きましては市長は工務課長に命じてその調査を致させ、（中略）相当であろう［と］思ったことを府庁及主務省に申し立ててある［安藤市長、同年12月22日市会答弁］。

三、今度の市区改正の案件は、鷲野君と永田君と二人よってやったのであるから、俺［安藤市長］は知らない［同前市会で田中新七議員が伝える市長の酒席での放言］。

四、［内務省］原案そのものは府市理事者の案に非ずして小橋内務次官の案なるが故に、市としては多少の不平なきにあらねど、大体において府市は田辺［朔郎］、大藤［高彦］両［土木工学］博士其他の学者に委嘱したる上、府市当局者が往復数十回の交渉の結果成立して報告したもの［永田工務課長、12月19日記者会見談話、日出12 20］。

以上のように原案公表以前に、市区改正委員を含む市会議員全員が、市の技術吏員が準備した設計路線草案について情報をもたず、議論も行っていないことが確認できる。従来の京都市の政策決定の慣行と比較すると、市区改正設計案の審議は市会を素通りし、一部の市会議員が委員として参加する内務省市区改正委員会でのみ原案審議、修正が行われる仕組みとなったことが分かる。

三　市区改正設計原案と修正の番狂わせ

(一)内務省原案

一二月一九日に永田市工務課長が公表した原案（図3）は、翌日の日出新聞によれば、次の点において、東京

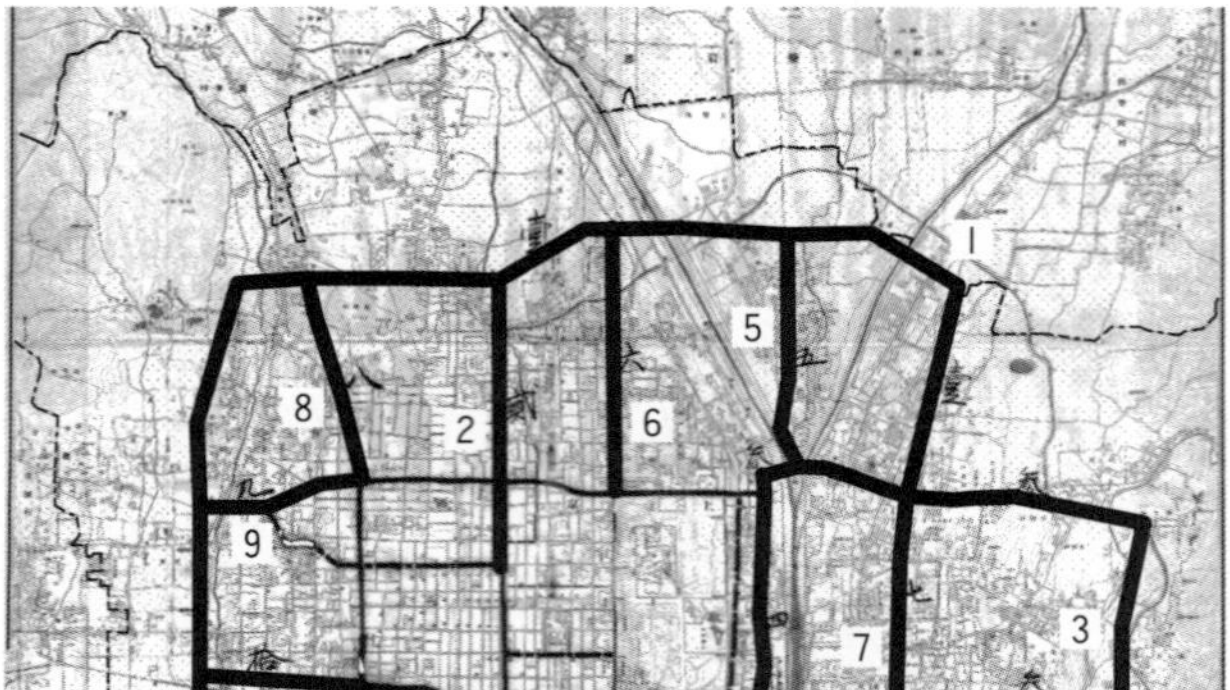

図３　1919年京都市区改正設計内務省原案
京都市区改正委員会委員に配布された路線図面
市区改正設計14路線は太線で強調し，細点線で1918年時点の市域界を示した。図面寸法785×1085ミリメートル，京都市役所蔵版
大正７年３月，縮尺１万分の１に色インクと墨手書き仕上げ
路線
１．百万遍―七条大宮線(環状道路)　２．堀川延長線
３．吉田山迂回線　４．河原町線　５．下鴨線
６．烏丸北伸線　７．熊野―百万遍線
８．千本通北伸線　９．今出川通西伸線
10．丸太町通西伸線　11．四条通西伸線
12．九条通(環状道路)　13．塩小路通
14．仁王門―疏水線(蹴上線)

市区改正制度を引き継ぎ拡張したものであり、また同時に、都市計画法の施行を前倒しする内容を含んでいた。

一、市区改正設計の対象区域を、当時の市域を超えた京都盆地の東と北の山地、西の桂川、そして南の淀川で囲われる区域と設定し、当時の京都市域を大きく越えた周辺町村にまで跨る領域の都市設計を内務省が統括するという国家意志を示していた。地方都市の市区改正設計の本質を、「当該都市の自治法上の権限区域の外に渉りて規定することができる」(18)ところに都市計画法案作成者池田宏はみていたからである。しかし、京都市区改正設計路線はほぼ当時の市域に納まっていた（図３）。

二、京都市区改正原案は、都市計画法施行を目前にしているため、⑴計画決定、⑵事業決定、⑶〔事業〕年度割決定のうち、第一段階の計画決定のみについて決議するものであった。横浜、神戸、名古屋の市区改正についてはこれら三段階とも委員会が決議したが、京都と大阪については計画決定のみに止まった(19)。

三、原案の街路計画は、当時検討中の都市計画区域と同用途地域（住宅・工業・商業地域）指定を考慮していたという(20)。市の東西北の山地が画す場所を住宅地域、丸太町以南伏見までの人家稠密な場所を商業地域、「四条以南七条《ママ》〔大宮〕以西」を工業地域とし、さらに淀川以南の巨椋池付近を特殊工業地帯とする区域想定は、二二年に指定される都市計画区域(21)や二四年に決定される用途地域(22)より、かなり広大であった。

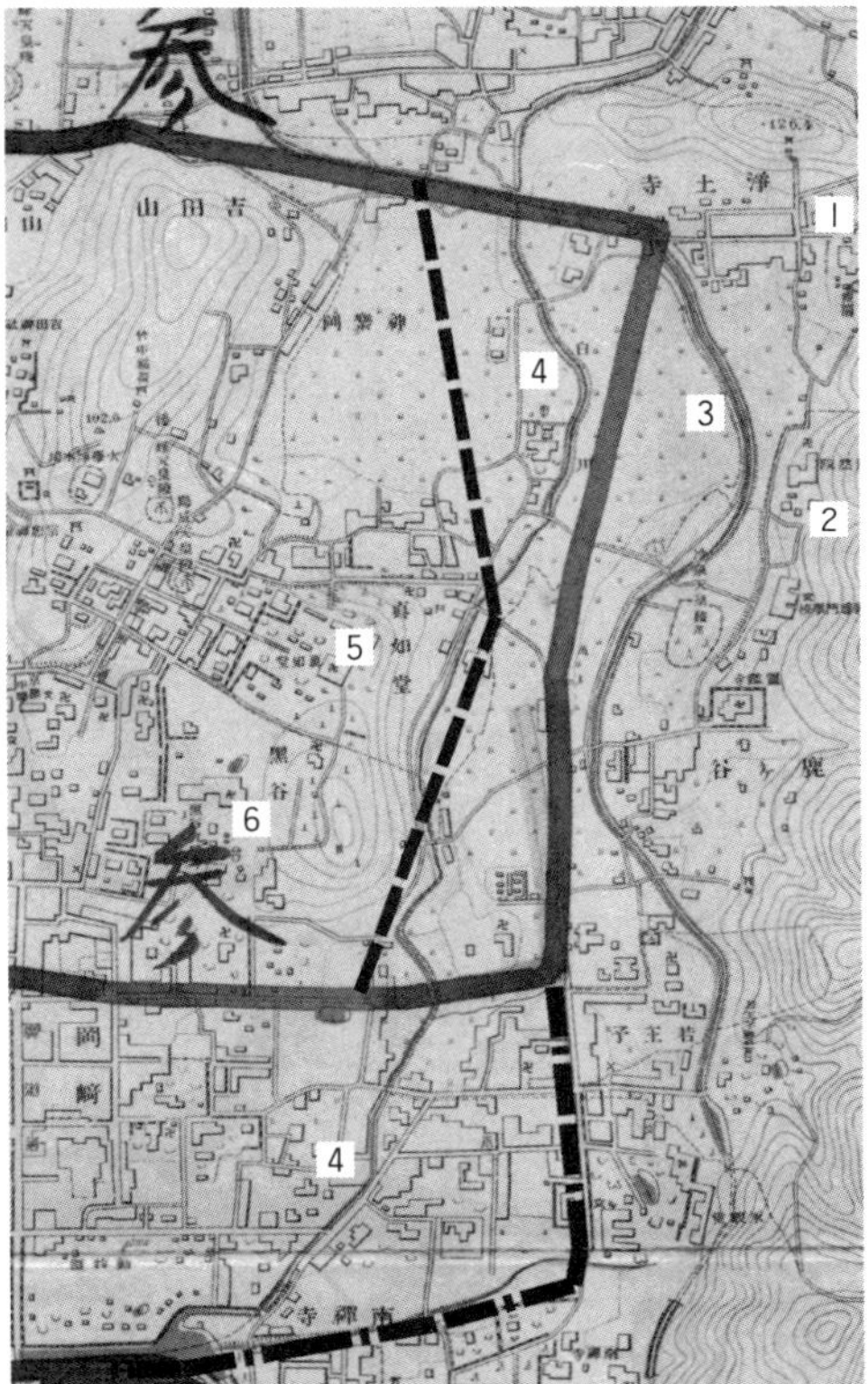

図３－ａ 原案第３号浄土寺線の変遷（図３部分に加筆）
凡例 実線（原図）：内務省原案の路線（鹿ヶ谷線）
破線（加筆）：委員会で修正決定の路線（実現）
一点鎖線（加筆）：内務省構想幹線（未完成）
1．慈照寺（銀閣寺）
2．法然院
3．疏水分線
4．白川
5．真如堂
6．金戒光明寺（黒谷）

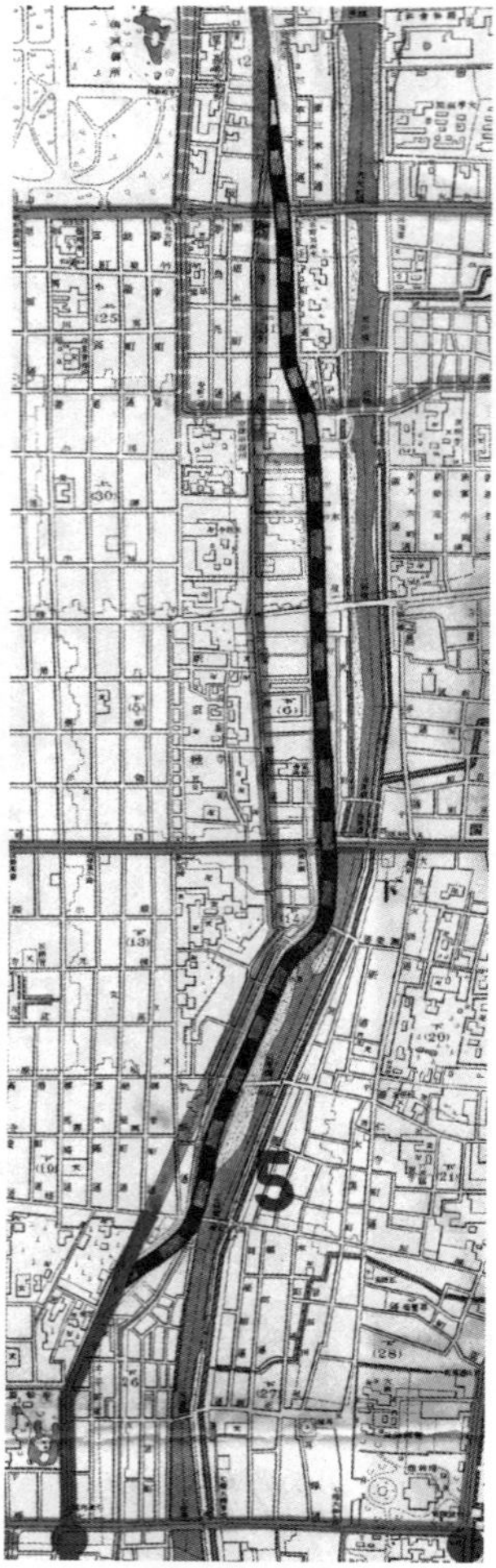

図4　修正木屋町線
原案第4号河原町線を修正した第5号木屋町線案(図中太点線)。原図は「京都市都市計画路線図」部分「変更前ノ線路」。1922年6月第3回都市計画京都地方委員会での河原町線復活後に京都市が製作したと推測できる。

設計案には公園や墓地、市場などの都市施設の計画がなく、道路網だけの計画案であった。明治三大事業で開通した第一次循環路線に欠けていた東北部分（聖護院—百万遍間の第七号線）を補い、外側に第二次循環路線を設定するものである。東側には山地が迫っているので、東山線が第二周目を兼ねる。その代わり外周線東北部に、聖護院から東進し吉田山を迂回して一号線に戻り出町まで西進する原案第三号線が付加されている。さらに第一周と第二周の循環路線をつなぐ放射状路線を加え、原案は合計一四路線となる（図3）。

後に実現した路線と原案とで異なる部分は、吉田山迂回線（第三号線）の浄土寺部分が、今日の幹線（白川通）位置ではなく東へ五〇間行った鹿ヶ谷通（住友別邸から銀閣寺石橋町）で計画されていた点（図3-a）と、同路線の百万遍と出町柳間が旧道位置のまま拡幅を予定していた点にある。

原案第四号線の河原町線（図2-a）は、公表直後から京都側委員の批判の的となった。市区改正委員会の席上修正動議により木屋町線（修正案第五号線、図4）に変更され、紆余曲折を経て二年後、再び河原町線に戻される紛争の種となる。

既存狭軌の旧京電軌道の処分については、七月の「軌隔統一」案をさらに進め、東堀川線の中立売から四条までと伏見線および東山通以東の蹴上線を存置させるだけで、他はすべて廃線としている。

(2)京都選出市区改正委員の実地踏査と修正案の準備

反応はまず、早くから路線詳細図面集の『京都市区改正設計図』（図2）を見ていた市区改正委員から起きる。原案公表の翌二〇日夕刻、市区改正委員の第一回準備会が市役所迎賓館で開催される。市長と二助役を始め府と市の理事者、市会選出委員七人のうち六人（市村法博が欠席）、府会選出の二人、内貴、戸田、田辺の識者・名望家委員、そして第一六師団留守参謀長が出席した。

席上、河原町線敷地が人家稠密で住宅難の当時立ち退きが困難なことから、高瀬川を暗渠化して木屋町線に修正する案を柴田、太田の市会委員が力説した。委員の所持していた路線平面図の内容（図2-a）が地域住民に伝わり、沿線の下京一四永松学区（河原町四条下る）の修正示威運動がすでに始まろうとしていた。内貴は、伏見の京都市への合併を前提とした南進路線の検討がない点に疑義を表明した［日出19 1221-22］。

委員らは、雪の舞う二二日午前九時より自動車に分乗して実地踏査を行なった。委員一一名、理事者は鷲野助役、永田工務・安田水道課長、八人の新聞記者が同行した。午後の市会で計画路線沿線の土地買占めが追及される今井議員もいた。市役所から御池木屋町を三条に下がり、東山仁王門から反時計回りに一行は視察を始めた。鹿ヶ谷部分において、自宅が浄土寺の西村金三郎議員と田辺朔郎委員が真如堂裏手の路線に第三号線を変更する方が開鑿の利益があると主張した［日出1223］。

同日午後の市会閉会の後、夜八時より開催された第二回市区改正準備会において意見を聴取した結果、路線の修正案三件と「希望条件」四件がまとめられた［日出1224］。修正とは、(1)第三号線の鹿ヶ谷路線を西へ移動、(2)第四号線の河原町線を、二条五条間について木屋町線に変更、(3)第一二号線（九条通）幅員を一五間とする変更である。希望条件とは、(1)御池通と五条通の一五間幅への拡幅、(2)第三号線（銀閣寺線）を一五間に拡幅、(3)市内の既存鉄道を将来高架とすること、(4)将来市外から市内に乗り入れる電気鉄道についても地下線若しくは高架式を必須とすること、という将来に向けた要望項目であった。しかし理事者側は、準備会においても、路線の曲折と美観の観点から原案維持を主張した［日出19 12 25］。こうして三日後の東京の内務省会議室で起こる原案修正劇の前奏曲が、鳴り始めたのである。

(3)市区改正委員会での番狂わせ――内務省原案の修正動議成立

京都市区改正委員会は、一二月二五日午前九時、内務省会議室にて開催された。京都側選出委員が準備した上記三路線についての修正動議が提起され、内務省側の防戦にもかかわらず可決される番狂わせが起こる。政府側委員と理事者が多数を占める委員会で、過半を制することができない京都勢に、修正可決の可能性はないはずであったが、同日午後冒頭の衆議院本会議のため政府委員が欠席したためである。議長の内務次官をはじめ政府委員が退席している間にもたれた協議会（馬淵府知事が議長）で、京都側委員は修正案の詰めを行なった。

委員長（議長）の小橋一太内務次官と大海原重義府内務部長を除く二九名の委員のうち、欠席の政府委員が四名［速記録］と、議会に抜けて戻らなかったとみられる政府委員が二名［日出12 28］あり、結局、修正動議採決の時点に残った政府委員は都市計画課長ほかわずか五名であった。京都側の府市理事委員三名（馬淵府知事、安藤市長、近府土木課長）を除くと、残り一三名のうち一一名が修正動議賛成に回ったとみられ、反対一〇票の一票差で修正が決定した。(23)

修正の内容は、京都側の委員が二二日の準備会でまとめた（前記三点）通りである。論戦の口火を切り、終始議論を饒舌にリードした京都側の委員は西村金三郎（市議、参事会員）であった。内務省都市計画課の側からは、冒頭、山田博愛技師が計画案の内容を概説したが、第三、四、一二号線の修正案に対する防戦の段階になると、池田宏課長が計画の国家意志貫徹のため、原案弁護に介入した。

議論の推移と内容は、現存する『京都市区改正委員会議事速記録』（以下「速記録」）により判明する。路線別に発言者の議論の論理を整理してみると、表1のようになる。

京都側委員の準備会において論議された断片的将来構想は、前記「希望条件」四件であった。委員会当日には、議題審議の後、西村委員が「希望条件」四件に一件を加えて、委員会の建議として決議することを提案し、俵委員がサポートした。変更部分は、御池通の拡幅希望が原案第一四号線の仁王門通（鴨東部分、図3）と関連づけられたことと、五番目の希望として、大阪と京都を結ぶ道路の整備を付け加えたことである。しかし結局、将来の都市計画審議を拘束する建議を嫌う吉村内務事務官や堀田土木局長、そして馬淵府知事から希望表明に止めるべく説得され、建議上程を断念する［速記録56～64頁］。

内務当局はどのような将来構想を立てていたのであろうか。会場の内務省会議室には、当時内務当局が検討していた都市計画区域と用途地域の概要を示す「地域図」と幹線道路の断面詳細図が掲げられていた［同15～17頁］。一四本の幹線道路は、用途地域指定と関連づけて幅員と経路が決定されたが、検討経過を明らかにする資料は現存しない。山田博愛技師の概要説明を補って発言に立った池田宏課長は、路線決定について当局のとった三通りの判断基準を示している。

第一の「新たなる地区を開発する目的を以て執行する路線」［同21頁］は環状線（市区改正一号線）のように、既存の道路がない都市周縁部の地区に、ある方法に基づき経路を決めるものである。第二は、「今日の交通状態を壊わさないやうに、現在ある所の路線に依る場合」、第三は、「現在ある所の道路に最も近き所において、併行する所の路線を造ること」であった。

外周の環状道路は第一の基準により決定された例だが、その決定方法の分析には紙幅を要するため、別稿にて論じてみたい。既存市街地の道路拡幅が、第二と第三の方法による。第二の基準は、原案第三号線鹿ヶ谷（図3-a）や田中部分に適用された。南禅寺から鹿ヶ谷に至る既存道路が当時「名所舊蹟に来往する者の為の道路」の役割を果たしていたから、遊覧道路の特性と住居地域の道路の性格を兼ね備えさせたと池田は主張している［同24頁］。実は、第一四号（仁王門線）線を将来疏水沿いに東進させ、前記鹿ヶ谷部分に結びつける幹線計画（図3-a）を内務当局がもっていたため、鹿ヶ谷路線を幹線にすることにこだわったのが真相である［同41頁］。一九年一月の市側の「軌隔統一」将来構想（消極案）の「吉田山迂回線」（図1）と同じ経路である。

しかし両者とも、浄土寺から一乗寺に延伸するルートを考慮していなかった。この弱点を突き、京都側の委員（西村・田辺）は、鹿ヶ谷部分を西に移動させ北進可能な路線を主張した。後に実現する路線である。対して池田

内務省原案意見
外回り環状幹線道路、遊覧道路も兼ねる(山)
大京都中央貫通幹線(中立売まで)
吉田山迂回線東部[現在の鹿ヶ谷線](図3-ａ)は「名所舊蹟に来往する者の為の道路」(遊覧道路)(池)、部落部分は将来補助道路として整備(池)
現在路線の踏襲が妥当。しかも将来、第14号線(蹴上線)と本線東南部で接続予定のため東南隅を維持。白川沿いはカーヴとなり西の主張と矛盾(池)
銀閣寺という名勝を中心に考えると、路線の僅かな曲がりは欠を補って余りある(池)
将来愈々頻繁になる所には現在の道路に併行する路線を造る必要があり、河原町線はそれに相当。
遊覧道路として河原町線を造る意図はない。四条五条間に広幅員幹線道路のない現況を改善する目的(山)。将来の住居地域である新編入下鴨地区北部と中心部および七条停車場とをつなぐ幹線の設計。市役所、木屋町、寺町から近いという上記の論理による。電鉄複線化困難の寺町は不可(池)
工場地域の道路として12間幅で適当。15間に拡張が決するなら不本意ながら同意(池)
将来は東進して南禅寺境内で北折、永観堂前で３号線に接続の予定(池)

表1　市区改正委員会議事にみる市区改正設計原案路線決定と修正の論理比較

原案路線(幅員[間])	京都市会委員修正意見	京都府市技師・識者意見
1号線(15)	なし	
2号線(15)	なし	
3号線(12) (図3-a)	北部田中村部分にカーヴが甚だし、路線を北にとって特殊部落の改善が可(西)	
	鹿ヶ谷線が東に偏るため,「南白川に起こって北白川に終わる」路線へ修正。蹴上線(第14号線)との接続は疏水から白川沿いに可(西)	蹴上線をインクライン下から永観堂を経由北上、3号線東南部で接続。黒谷と鹿ヶ谷の間を住宅地域として開発する為原案妥当(近)
	銀閣寺前北の山ありて北進できず、将来北進して1号線東北隅に結ぶべき(西)	白川村以北への延伸を考慮すると、修正案に賛成(田)
	鹿ヶ谷路線は起伏が夥しく電鉄運営が不経済(西)	
4号線(12)河原町線 (図4)	荒神口より二条木屋町を経て五条まで木屋町、以南は旧線路に修正(西)	
	寺町線が理想路線だが、経費甚大。高瀬川埋立て木屋町拡幅が経費小額。旅館街で京電時代から遊覧道路として最適と複数委員が賛同(西、内)。現河原町に商業的繁盛はない(内)	七条と出町を結ぶ理想路線は寺町線。沿線の神社、寺院、学校の障害から付近の原案河原町線が適当。高瀬川は将来運河と利用する価値があり、埋立には慎重を要する(近)
		河原町線と70万円程度の工費の違いなら理想の寺町線を選択すべき(戸)
5～11号線(12)	意見なし	
12号線(12)	1号線との接続上15間幅員に修正	
13号線(12)	意見なし	
14号線(12)	蹴上線との接続は疏水から白川沿いに可(西)	蹴上線をインクライン下から永観堂を経由北上、3号線東南部で接続(近)

発言者略称：「西」西村金三郎；「内」内貴甚三郎；「近」近新三郎；「田」田辺朔郎；「戸」戸田正三；
「池」池田宏；「山」山田博愛

は、「銀閣寺というものを中心として考え」るという、内務省と京都側とが主客転倒したかの論理［同43頁］まで持ち出したが、田辺朔郎が西村案を支持して一蹴される。両人とも変更ルートに近い住人であった。

第三の基準は、河原町線の採用に使われた。内務省は、洛北の住宅地から七条の京都駅まで市街地を南北に直線的に縦貫する路線を整合的に通す点を強調した［同44頁］。河原町線は寺町にも木屋町にも近く（どちらも拡幅せずに）、しかも出町と二条木屋町において、寺町線・木屋町線拡幅の両案が必然的に生じさせる路線の「カーヴ」問題を避けられる点で「最も故障の無い路線」と池田はみたが、河原町線沿線住民の反対運動をほとんど考慮していなかった。[24]対して京都側委員は、商業的に繁盛する寺町線の拡幅を理想としたが、費用の点で有利な（高瀬川を暗渠化し、西岸の公有地を利用して一二間幅道路とする）旅館街の木屋町線拡幅を次善の策とする現実主義の論理をとった。

以上のような修正提案に対する原案弁護を池田都市計画課長と山田技師が行なった後意見も尽き、採決に入った。第一号循環路線と二号線堀川については原案通り決定。第三号線浄土寺―鹿ヶ谷部分の西への移動修正は賛成多数で可決。問題の第四号線荒神口から二条木屋町を経て木屋町線に修正する案が、京都側一名の僅差で可決された。浄土寺線の修正はさておき、原案第四号の修正第五号木屋町線（図4）は不規則な路線設定となった。

四　市会における都市計画への抵抗

(一)路線住民の反対運動

一九年一二月、市会選出市区改正委員に、市区改正路線の詳細平面図が渡ると同時に、河原町線沿線二学区の住民が木屋町線への変更を内務大臣と市区改正委員長に陳情したが、委員会当日に河原町線が木屋町線に修正され、陳情の動きは沈静化した。

市区改正路線のそれぞれについて本格的に反対運動が始まるのは、年が明けた一月二六日から一〇日間、市議事堂において長さ五〇間にも及ぶ「京都市区改正設計案」[25]が縦覧されて以降のことになる。「潮の如く詰めかけたる人々」は路線の欠陥を知り、「京都市区改正なるものに一種の疑惑を抱くもの輩出し」たと、新聞は報道している［日出20 01 29］。問題は浄土寺線（修正第四号線）、田中線（同前）、木屋町線（同五号線）、下鴨線（同六号線）、堀川線（二号線）で見つかり、相前後して反対運動が起きる。本稿では市会の審議に現れた住民の反応のうち、寺町・河原町・木屋町線のみを扱うことにする。

内務省主導の都市計画に対する、計画決定権限を失った市会の抵抗を以下概観してみよう。本章末の表2は、二〇年二月以降二一年一一月の「京都都市計画路線中変更に関する意見書」に至る、市会における都市計画関連主要意見書採決の提案者・賛否者を、議事録から判明の限り分類したものである。

(2)市会での路線再修正建議――(1)寺町理想案の退場

市区改正委員会において京都側委員が市会での議論も経ずにとった原案修正行動に対し、二月五日の市会では、修正決議に至る経過につき田中新七と井林清兵衛議員が包括的な質疑を行なった。市区改正案は京都「百年の大計」の市是を欠いた改造計画である点と、市区改正委員会で理事者が原案維持に努力をしなかったことを田中が糾弾すると、市長と助役は委員会では原案維持に廻ったと言い訳をなし、修正劇を仕組んだ西村議員は、市区改正委員も市是に係る長期的展望を委員会の席上申し入れた（修正案決定後の申入事項）点を弁明した。井林は、修正提案が「市民の輿論」を代表しない点を突き、これを支持する田崎議員より「原案反対陳情調査委員会」（［日出02 06］、会議録では「都市計画に関する調査委員会」）の設置動議が出され仁保議員が賛同して動議成立、柴田議長の指名により委員一一人からなる委員会（表2）が設置された［会議録69〜94頁］。委員長には仁保亀松が就任した。ここに市会で初めて、官製京都市区改正設計に対する包括的な審議が始まった。

仁保委員長は法科教授らしく、一月一二日の市会において、都市計画の長期的展望として市是をもつべきことを提唱していた。(27) 京都の都市経営の根幹を、従来のような「遊覧地主義、名所古蹟保存主義、美術工芸発展方針、西陣工業擁護」に拘泥せず、寧ろ「工業商業を主位として、遊覧地主義を従位に置く」ことと、伏見（門前市）と大津（後門市）、そしてその間の淀川の水運と湖水の水力を考慮して伏見淀方面への発展を目指すべきことを仁保は主張した。財界人と市理事者が唱える「南進主義」同様の考えであり、安藤市長も同感の意を表明した。

仁保は、第二周目の循環道路計画に止まる内務省原案は、「遊覧地主義」に拘泥し南進を考慮していないとみた。新聞の批評子宮野古愚［日出19 12 24］も同種の批判を展開していた。内務省は都市の自治による計画範囲策定を否定して広域の都市計画区域を設定しようとしていたが、当時の京都都市計画事業街路網は京都市域内の街路計画、すなわち字義通りの市区改正に止まったため、京都人には将来への展望のないものにみえたのである（図3）。

二月五日結成の仁保委員会（表2）は、巷で沿線住民の反対運動が高まるなか審議の報道管制を敷き、永田工務課長の案内にて二回の実地踏査を行い、合計一一回の委員会を開催、三月一七日の市会に最終報告意見書案を提出した。市会には都市計画決定の権限がないことに鑑み、「市民の声と理事者の苦心、［市会選出］都市計画委員の審議とに基づき、政府発表の市区改正設計に敬意を払うと同時に都市計画の大方針と京都市将来の利益とを斟酌し調査委員会の職責［報告書の策定］を尽くさんことを期した。」［会議録869頁］と、審議の苦労に言及している。最終提案の骨子は以下の三路線の変更となった。

一、修正第四号線鹿ヶ谷部分は内務省原案（鹿ヶ谷通）を踏襲し、途中で西に振り市区改正委員会修正決定路線の東北角に接続する（図3-a参照）。

二、修正第五号線（図3の4）の今出川五条間を寺町通の拡築に変更、七条まで真直ぐに南下、将来は七条以南を延長し九条通（図3の12が修正第三号線となる）に接続（図3の4が12に達す）。
三、修正第六号下鴨線（図3の5）の旧葵橋（現葵橋位置）以南の中洲路線を旧葵橋地点での渡河に変更、出町今出川で修正第五号線（河原町線）に接続（以上修正案路線は原案第三号以下が一つずれる）。

最大の問題は、第五号線（以下修正路線番号）寺町案であった。報告は、烏丸線と鴨川との中間の路線位置からも、路線の曲直の問題が避けられる点からも、そして京都商業の発展という観点からも、最も繁華な寺町線拡幅を最上の選択と結論した。しかし、丸太町以北の御所に接する片側町の部分で、東側寺院の天皇家の御陵や梨木神社敷地を削る恐れがあるため拡幅不能である点が指摘され、議論が分かれた。賛成者は井林清兵衛（木屋町保存寺町派）、田中新七（同前）、田崎信蔵（同前）、反対者は桜田文吾、西尾林太郎（河原町派）、西村金三郎（木屋町派）、小笠原孟敬（河原町派）となる（表2）。反対派には河原町派が混ざっていた。

市会の場で、市区改正委員らも理想と考えていた寺町線が公式に議論され、結果としては難しいことが確認されたことが重要である。結局、議長柴田弥兵衛がとった一括投票策によって、反対二二対賛成二〇票で他の路線の修正案ともども意見書は葬り去られた。仁保委員会の委員三名が欠席（消極的反対）したことも致命的な敗因であった（表2）。

(3)市会での路線再修正建議――(2)寺町・河原町連合派の意見書成立

六月二一日、京都都市計画の次の三点を変更する意見書（都市計画中央・地方委員会長宛）が市会に提案される。

一、第四号田中町線（図3の3）に於て後二条天皇御陵道（現京都大学理学部）を回避し且つ可及的路線を直ならしむる事

二、同号南北線（図3の3）は今少し東とし更に白川方面に延長し左して田中町線に接続せしむる事
三、第五号木屋町線（図3の4）を改め木屋町以西に於て適当の路線を選ぶ事［日出20 06 22］［会議録125頁］

前二項は、仁保委員会報告書否決と共に消えた修正案であり、本命は第三項の第五号線を木屋町以西に移す提案であった。寺町派と河原町派そして高瀬川（木屋町）保存派から事前に三〇名に達する過半数の議員の賛同（表2）を集め、採択に万全を期した。筆頭提案者奥村安太郎は、一八年理想選挙に初出馬した言論人（日出新聞役員）、補足説明に立った目片俊三は仁保委員会委員であった。審議の席では旧市区改正委員七名が退席し、反対意見なく全会一致で決定された。

提案者の分布を分析してみると、いずれの党派にも賛同者が分散し、二〇年の市会での発言や市区改正委員などの立場から判断して、当時の木屋町線支持者は多くても一四名に過ぎないことが明らかになる（表2）。

この状況を察知した木屋町線期成同盟会は、上記市会の意見書が「不真面目なもの」という九月二五日付陳情書を内務大臣宛に送付した［日出同日］。これに対し九月二七日の市会は、六月二一日の意見書を全会一致で決議した市会の面目を維持するため、田崎議員より出された提案者全員三〇名を委員とする「都市計画に関する委員会」設置の動議を確定する［会議録296頁］。

しかし、当時は安藤市長不信任で市会が混乱、一一月の市長辞任後の市長不在期間にも活動は低調で、委員会としての市会への報告ができないまま、二一年五月の市会改選により自然消滅する［日出21 05 05］。

以上のように、市会は木屋町線を事実上否定するところまで総意をまとめたところで、二一年五月の市会改選を迎える。

（4）二一年市会改選後の高瀬川史蹟指定建議と河原町線変更建議

五月市会の改選は、四月の市制改正による公民権拡大（選挙権の地租・国税納税条件の撤廃）にも係らず旧市制の三級選挙が行われ、二四名の議員が退く大改造となった。政党分布は政友会一三、憲政会一七、国民党二、無所属二二であった［日出21 05 25］（表2）。一八年理想選挙当選者二四名のうち一五名が政界を去った。京大教授議員五人も全員政界を退いた。都市計画関連の議員意見の分布について云えば、二〇年六月二一日採択意見書を提案した三〇名の反木屋町派のうち一三名が消えたため、二一年当選議員の意見の動向が、重要な鍵を握ることになる。

改選後二一年末までに、市会は二つの反木屋町線行動をとる。九月の高瀬川史蹟名勝指定の建議と一一月の木屋町線の河原町線への変更の建議である。

九月一七日の建議案は、竹内、目片、田崎、大島、吉村、八木の六議員が提案し、予め賛成者を二四名揃え、合計三〇名の絶対多数で建議は準備され、当日出席の二六名の賛成で採択された。都市計画地方委員会が決定した木屋町線の権威を主張する野村（與）議員（都市計画地方委員）の廃案動議の投票が指名点呼されたので、一七名の反対者も判明する（表2中の「×」議員、うち山下議員は翻意して反対）［会議録602頁］。

高瀬川史蹟指定に賛同した議員の内訳を政党別にみると、政友会が少なく一五名中四名（二七％）で木屋町以西についての改選前の建議に賛成した議員も意見を変えている。憲政会は一八名中一五名（八三％）と国民党二名はともに賛成で圧倒的に賛成者が多い。無所属は賛成が一九名中九名（四七％）となる。当選年度別で見ると、一七年議員一八名中賛成は八名（四四％）、一八年議員九名中五名（五六％）、二一年議員二七名中一七名（六三％）となり、新人議員の高瀬川保存に対する関心が高い。市会の新体制が、旧体制が二〇年六月に採択した意見書を再び取りあげ、さらに史蹟として保存するところにまで踏み込んだ意味は重い。実行委員を五人（竹内、吉村、八木、伊藤（豊）、鎌田）選び、翌月行動にでる。

意見書は、一九年公布の「史蹟名勝天然紀念物保存法」（法律第四四号）を念頭に置き、おおよそ次の点を内務大臣に訴えている。

一、一六〇八年角倉了以が私財を抛って五条まで建設した運河は大仏方広寺の建立に用いられ、三年後の皇居御造営に当たり五条二条間を延長し大に役に立ち、以後寛永萬治以降数次の御造営に役割を果たした、と皇居との関係を強調する。

二、琵琶湖疏水が鑿通し水運上一段の進歩を果たしたが、高瀬川が棄てられたわけではなく、文部省の教科書にも記載されている。(28)

三、高瀬川は京都名所の一として、山城誌以下諸名所記に掲載されている。

四、高瀬川中最主要部なる五条二条間が破壊されれば、閑雅なる木屋町情趣が没却され、歴史の蹂躙、公益の阻害、風致の毀損となり世道人心に悪影響を及ぼす。

五、故に、角倉了以を顕彰する史蹟名勝として永遠に保存すべきものと認む。［日出21 09 18］［会議録582頁］

当時の史蹟の概念には天皇の史蹟（都城阯、宮阯、行宮阯、行幸記念碑等）が冒頭にあり、(29)それを強調するところに、京都らしく保存法を利用している点が認められる。

この意見書に対し、木屋町線期成同盟会は直ちに反応して、九月二四日付で、四条河原町の住人杉本重太郎ほか一二名の連署を以て、次のような陳情書を内務大臣宛に送り付けた［日出09 24］。

(1)高瀬川は大仏殿造営のために伏見五条間を開鑿し、数年後再び五条二条間を補充したもので、五条二条間が主要部ではない。(2)運輸機関として今日高瀬川は無用の長物である。(3)二条五条間が暗渠と変じても流水は異変なく疎通し破壊ではない。五条以南の高瀬川が残るのであるから、史蹟が湮滅されると市会が主張するのは誤認である。(4)名所として高瀬川が記載されるのは、二条五条間のみではない。したがって［二条五条間だけでは］「保存法」の適用を受ける要素を欠く。

つまり、五条以南の高瀬川を主要部とみて、二条五条間の暗渠化は時代の進展の為に「意義ある変遷」と主張し、史跡の湮滅ではないと強弁する。市会が強調した二条五条間の延長が皇居造営に関係したことを無視し、それが高瀬川の主要部ではないとまでいう。

そこで市会は追い討ちをかけるように、一一月一八日、都市計画木屋町線を河原町線に復活させ、可及的直線とすることを求める建議を提案する。提出理由の説明に登壇したのは、一一年選挙に初当選の古物商鈴木紋吉（下京）であった。高瀬川が遺跡であることよりも京都の発展を考え、［四条付近の狭隘で］発達の可能性のない当時の河原町通（図2-a）を拡築して新路線を設置する方の利益が大きいと、鈴木は訴えた［日出21 11 19］。

「京都都市計画路線中変更に関する意見書」

一　京都市会は大正八年一二月二十五日京都市区改正委員会に於て修正議決せる路線中の第五號線即ち木屋町線を廃棄し其の原案たりし河原町線に復活し可及的直線たらしめむことを望む

（理由）

木屋町線は原案線たる河原町線に比し、建設費必ずしも相譲らざるのみならず、反て高瀬舟通行の断絶、淡水魚類飼養場たる生洲の壊滅に対する損害亦尠少ならず、大に考慮すべきものあり。加之修正線は修理便益を無視し、徒に路線を湾曲せしめて都市の美観を傷つくるのみならず、交通上より考ふるも其以西商業繁栄人口稠密の地区より遠ざかるの不便多大にして、且つ幾多の舊蹟由緒ある寺院を破壊し、殊に慶長年間以後皇居と不可離不可別の重大関係ある史蹟にして而も運輸交通の保全を図るべき高瀬川を隠滅せむとす。依是観之［京都市区改正］原案を修正するの必要は毫もあらざるなり。是れ京都市百年の大計の為不利有害なる木屋町修正議を廃棄し、原案たる河原町線の復活を希望する所以なり。
右市制第四十六条に依り意見書及提出候也
大正十年十一月十八日　京都市会議長　川上　清
内務大臣　床次　竹二郎　殿〔原文カナ文、句読点は引用者〕〔市会会議録776頁〕

同日の市会では、特別市制運動費使途不正の調査委員会〔日出21 09 23〕の報告があったので、河原町線復活意見書の新聞記事の扱いは小さかった〔日出21 11 19〕。市会会議録によれば、同年七月の都市計画地方委員会で市会委員が提案した同様の建議（後述）が否決された事実と、国の機関が決定した木屋町線の権威を相変わらず主張する野村與兵衛議員の廃案意見に対し、井林議員は市民の声を代表する市会が反対を表明できることを主張した。会議録には票決記録がないが総数五四名のうち元市区改正委員（柴田、西村、伊藤（平）、俵）が離席して棄権、三五～六名の賛成で可決されたという〔第三回都市計画京都地方委員会議事速記録、62頁〕。

一九年一二月に市区改正委員が独断で修正した路線計画に対し、二一年選挙を挟む二年間の市会での審議を経て、都合三回（二〇年六月、二一年九月、同一一月）の木屋町線否定の意見書を採択して原案支持に市会の意見を統一した瞬間であった。以後、議員の一部と木屋町線期成同盟会との間で、陳情書の提出競争が生じたが、本稿では割愛する。

そもそも、京都市区改正内務省原案では河原町線であり、高瀬川を隠ぺいする方法を最上とは内務省も考えていなかった。官制上再修正提案ができるのは唯一内務大臣であり、合理的な変更理由が要る。三度にわたる市会の意見書提出は内務大臣提案の前提がようやく整ったことを意味した。すでに一九年一二月の修正劇から二年が経過していた。

五　都市計画京都地方委員会での再修正への歩み

(1)第一回都市計画京都地方委員会（一九二〇年一一月一二日）

二〇年に始動した都市計画京都地方委員会（以下「地方委員会」）は、市会が安藤謙介市長辞任問題で動揺する一一月一二日にようやく第一回を府庁で開催するが、議事規則について審議しただけで散会した。委員構成の変化は以下の通りである。市区改正委員会では番外に控えた市工務部長永田兵三郎を委員に加え、市会委員は七名の市区改正委員が自動継続し、二名の京大教授議員大井清一（工博）と佐藤丑次郎（法博）を補充した。(30)さらに、識者としては田辺、内貴、戸田の継続委員に加え、議員を辞めた田島錦治（法博）が識者委員として返り咲き、土木構造が専門の大藤高彦(31)（工博）と財界人の浜岡光哲、松風嘉定、そして京都府選出国会議員奥繁三郎が加わった。

(2)第二回都市計画京都地方委員会（一九二一年七月八日）

二一年五月の市会改選の結果、市会選出都市計画地方委員も改選され［日出0608］、旧委員の俵儀三郎(32)と野村與兵衛の木屋町開発派が残り、木屋町線期成同盟会の安田種次郎（初当選、下京）が加わり、対しては木屋町保存・河原町線派の前田彦明、田畑庄三郎、前田嘉右衛門の陣営が登場、そして寺町線派の橋本永太郎と大久保作次郎(33)と小西嘉一郎（初当選、上京）の市会委員体制となる（表2）。二一年初に俵と大久保が、それぞれ鈴木紋吉と元川喜之助に交代する。元川は反木屋町線派、鈴木は二一年一一月の河原町線復活建議案の筆頭提出者であるから、二二年時点で市会代表の地方委員九名のうち五名が河原町推進派となる。

まず、京都の長期計画に関係する鉄道の高架化について、市会と府会委員全員一二名の連署の建議が可決される。[34]高架問題の明文化は、京都側委員の願望であった［速記録57頁］。また、長期償還の公債発行が困難であった当時、都市計画事業資金の調達方法や財源、国庫補助、税源の勅令発布について四件の建議案が出される。[35]いずれも、都市計画事業を執行する財政計画立案と権限が都市の自治権から奪われていることを示す。他方、都市計画三路線について市会委員による建議案が出されるが、いずれも否決される。第一が第五号線の木屋町線を河原町線に改めること、[36]第二が第一〇号線（今出川千本以西）を中立売千本以西の一条通に変更すること、[37]第三が、第四号線の田中町部分を天皇陵から離すこと、および浄土寺線をやや東に移動することであった。[38]第一と第三の建議案は、第一回地方委員会で放置された二〇年六月の市会の意見書を復活させたものである。

市会選出河原町派委員三人は、第一と第三の建議案を提出した。第一については、寺町理想派橋本永太郎が、市会の意見は河原町線に統一されているわけではないと反対し、木屋町派の内貴・戸田からも反論を受けた。河原町線に好意的な田島、松風、奥から調査小委員会を設ける猶予説も提案されたが動議否決、最終的に賛成一六対二六票の大差で否決されてしまう。しかし、注目すべきは、建議案が木屋町の将来を一般商工業の要地とはならないと判断して、「風致樹を扶植して遊歩散策の場所」とすること、そして商業的繁栄を将来の（拡幅される）河原町に期待していたことである［速記録70頁］。

この論戦のなかで、元市長内貴甚三郎は、市区改正委員会当時、事前に永田市工務課長（当時）に尋ね、都市計画による拡築がなくとも高瀬川を暗渠にする市工務課の意向を確認した上で、第五号線を北部の第一号線遊覧道路と結ぶ南北縦貫線の遊覧道路と捉え、木屋町線への変更に同意したことを明らかにした［同83頁］。現実的な理由は、河原町沿線の退去する住民の住宅問題と拡築費用の多寡であったが、郊外の遊覧に向かう観光客の宿泊場所となる木屋町を幹線道路にするという名目は、牧歌的な明治期の「名区勝地に達する道路」像にとらわれている内貴の前近代的都市像を示している。

いずれにせよ、暗渠化して水路の消える木屋町を、市工務課（二〇年七月工務部）は幹線にも補助街路にもする用意があったことがこれで分かる。識者委員からは戸田（医博）以外に意見はなく、建議は否決された。

実は、第二回地方委員会の議論のほとんどは、議題「都議第二号　京都市都市計画道路新設拡築事業年度割」について費やされた。路線計画が再び動く可能性があり、しかも財源の詮索とは切り離して事業の年度割だけを先に決定するという形式に納得できない京都側委員、特に国会議員奥繁三郎（政友会）から、市の財政状況に係らず年度ごとに事業消化義務が市に課せられる国家主導の都市計画特有の国と市との関係（今日いう所の機関委任事務）について疑問が出され、内務省都市計画課長山縣治郎と議論の応酬があった。[39] また、議案参考資料が示す着工順位の第一が問題の木屋町線となっていることについて、着工の優先順位まで内務省から指示されることに疑念が表明されたのである。[40]

（3）第三回都市計画京都地方委員会（一九二二年六月九日）

二一年度内に京都市が執行すべき都市計画事業は、第二回地方委員会で示された「参考資料」に明記された第五号線（木屋町線、図3の4）と第一五号線（仁王門通、図3の14）であったが、市会が執行予算を認めるわけがないので、馬淵市長は予算案を市会に出すに出せぬ状態に陥った。さりとて着工しないわけにもいかず、市を代表する立場として市長は内務大臣に河原町線復活の諮問を急ぐよう懇請していた［日出220324］。普通選挙運動で国全体が揺らいでいた当時、内務大臣から地方委員会への木屋町線についての諮問下付が遅れていた。

止むなく、三月の年度末になってから、市長は事業着手の路線を変更して第七号線すなわち烏丸通北伸線に切り替え、勅令の出ていない都市計画特別税に財源を頼ることができないので市の積立金を充て、二〇日の市参事会に予算案を諮り、二八日の市会にようやく上程、年度一杯で可決確定した［日出0329］。

市会代表者不在の地方委員会　河原町線復活市会意見書（前節4参照）について、「都市計画上適当なる意見なりと認むるや其の会の意見を諮ふ」という四月一五日付内務大臣から地方委員会への諮問が議案「都議第四号」として委員会の議事となったのは、六月九日のことであった。河原町線復活を議題とする前段階の措置である。

冒頭、説明に立った内務省都市計画局（二二年五月、局に昇格）の局長山縣治郎は、次のように演説した。

都市計画事業は単に是は市の自治事務ではないのであります。（中略）国の事業となっております。市の自治に重大なる関係のあることは申すまでもありませぬが、六大都市の如き、殊に京都市のごときものは、地方の都会でありますると同時に、（中略）国の言わば都会であります。（中略）此国家の都会において建設するところの都市計画事業でありますから、（中略）単なる自治事務ではない、（中略）都市計画事業の決定権は市会にはないのであります。即ち都市計画委員会を設けまして、其の決定をする、（中略）委員会には市会から選出された所の代表者が出て居りますから、市会の意見を反映するということは勿論でありますが、一面此の事業が国家的事業の性質に鑑みて、関係官衙の人々も此委員会に加わって居ります［速記録13頁］

都市計画決定と事業計画策定に都市自治を否定する法制度の本質を端的に宣告している。都市の自治は、都市計画事業の執行予算を議会が審議するだけに制限され、計画の提案・策定権限や修正権限が市会から奪われている。しかも内務省の地方機関である首長には事業の執行義務がある。市会が意見書を出したからといって、内務省が計画変更する義務は生じない原則である。

地方委員会の席上、この自治否定が間接的に問題にされる。すなわち、今回諮問される市会の意見書は木屋町線を否定しているから、木屋町線をかつて認可した内務大臣には諮問の説明責任があるが説明がない。また、市会意見書について委員が質問しようにも、答えるべき市会議長が委員会に臨席していない。したがって、何を諮問しているかが不明であることを、国会議員奥繁三郎が指摘したのである［速記録20頁］。今日の目からすれば、地方自治の一要素である地方議会を回避する都市計画決定・変更過程の本質的問題を突いていた。

山縣治郎局長は、委員会の決定権限を強調して、委員会の意見が明瞭にまとまれば、内務大臣はそれが木屋町線否定であっても尊重するという趣旨を述べたが、市会の意見を委員会で説明する「形式」は「甚だ難しい」［同25頁］といって、都市自治の反映が制度上存在しないことを暗に認めた。次いで議論は河原町線と木屋町線の是非問題に入り、識者を交え、市会での過去二年の議論を駆け足で繰り返すことになる。

河原町線復活の最後の議論

名望家内貴は、第二回地方委員会で行なった木屋町遊覧道路説を繰り返す［同27頁］。市会議員橋本は、市会の意見書は市会の総意ではないという論法を再びとり、市会意見の分断策に出る［同29頁］。これらに対し河原町派の元川議員は、市会の議決の意義を主張して否定する。他方、前回の河原町復活建議案の審議では事情をよく知らずに、一度確定した市区改正決定（木屋町線）を覆すことに反対の立場から建議に不賛成であった委員が少なからずいたので、京都の将来を判断する立場に立つと、河原町線の優位を認める委員が相次いだ。松風嘉定と田島錦治、そして二一年一一月の市会意見書の筆頭提案者鈴木紋吉と元川喜之助、二人の前田市議らであった。識者の田辺朔郎は、奇妙にも寺町線理想案を蒸し返し、木屋町線期成同盟の安田と久保から支持を得る［同47頁］が、田島から議案と趣旨が違うと指摘され、議長は田辺案を却下した。

両線の比較を、市側の草案と内務省原案策定時に遡って説明を求められた府土木課長の近と市工務部長の永田は、まず近が両路線のデータと費用概算額を紹介し、河原町線（総額八七五万円余）が二二〇万円上回ることを明らかにした。永田は、河原町線決定経過を、委員会の議事録を見る限りは初めて端的に紹介した［同52頁］。

識者委員の大藤が、高瀬川保存となった場合の木屋町線の拡築見積額を問うと、河原町線と費用が変わらないことが明かとなった［同66頁］。これを受けて内貴が、都市計画のためには、「之くらいな史蹟［高瀬川］を保存する必要はあるまい」とまで言い切り、再び橋本が木屋町線期成同盟の論理を繰り返した。

しかし、止めは財界人松風の次の発言であった。

先刻来の説明を承ると、[河原町線案について]高くつくということ、遊覧客、立ち退き者が多いということ、此の3つの理由らしく思いますが、河原町に[電気鉄道を]敷いたからといって、遊覧客が各国から京都へは来ないという理由にはならないのであります[速記録78頁]。

ここで議論も尽き採決、出席者三七人のうち河原町線を可とするもの二四人、木屋町線を可とするもの一三人で、河原町線に決した[同85頁]。

原案復活決定には、もう一段階が必要であった。審議結果が電報で内務省に報告され、翌一〇日、電報で届いた「都議第六号　京都都市計画道路新設及拡張事業中第一第五号線を左の通変更せむとす」という河原町線への変更議案が、午前の委員会の審議に掛けられた[同107頁]。

前日には姿のなかった原案担当者の内務省技師山田博愛が二年ぶりに登場し、冒頭に挨拶して速やかな決議を要請した。例により橋本議員が、河原町松原以南部分の微調整について動議を出したが賛同者なく採決、変更議案はあっさりと可決されたのである。修正以来二年半を要した河原町線復活劇はようやく幕となったのである。

おわりに——はじめから奪われていた都市計画の市民自治——

京都市区改正設計から京都都市計画への移行期における、都市計画路線をめぐる市会と都市計画地方委員会での論争を概観すると、前市区改正期には機能していた市理事者と市会の合議体制が、国家機関としての市区改正委員会そして都市計画地方委員会によって主体性を奪われたことが確認できる。

大阪市でも、東京市区改正条例の準用以前の一八年一月段階で、市区改正条例とほぼ同じ内容をもつ「大阪市街改良法草案」（起草者は当時の助役関一）を準備して大阪市への法律適用の運動を展開していたが、設計と事業計画を決定する委員会としては、市区改正条例同様国家機関を想定していたのである。(41)

一九〇二年以降一七年まで、大阪市において進められた四期の市電路線と市街拡築事業(42)や、〇六年以降一三年までの京都市三大事業の市電敷設・道路拡築事業(43)は、いずれも市の委員会および市会の審議を通じて決定され進められた。ところが都市計画法制度適用後の関一の市政下に成長する「都市行政専門官僚」が、都市改造の意思決定機関でなくなった都市名誉職や名望家からなる市参事会や市会から相対的自立を果たす傾向を指摘した小路田泰直の見解(44)は、大阪市のみならず他都市にも当てはまる。

国家計画としての都市計画

都市計画におけるこの国家主義の立場(45)は、東京市区改正委員会幹事を務め都市計画法案をまとめた池田宏が考案した地方自治を回避する方式を採用したが、起源は東京市区改正審査会にある(46)。とりわけ、都市計画地方委員会を通じて都市の技術官を含む理事者を都市計画の地方機関に編成し、地方の首長に事業の執行義務を負わせる点は、戦後の六八年新都市計画法でも機関委任事務として引継がれた(47)。地方委員会もしくは戦後の地方審議会委員に府（県）会・市会議員を含みはしても決して市会や府（県）会を議決機関にしない点で、二〇〇二年法改正後の現在でも依然として市民自治上の問題を示す部分である(48)。

二〇年代前後における大阪市会の勢力動向の研究が指摘した、(1)市会議員の職業政治家化（=非名誉職化）、(2)行政官の地域社会と市会に対する主導権の強化(49)という傾向は、実は、市区改正条例準用と都市計画法施行によって、都市改造の意思決定が市会を回避するようになったことと大いに係っているのである。

その点からみれば、明治三大事業における近代京都の都市経営の戦略は、一八年市会瀆職事件で大きく揺らぎ、一九年京都市区改正一件は、京都側委員による原案修正劇があったとはいえ、自治機関としての京都市会が都市改造の主体を奪われた、京都における都市計画の市民自治喪失の起源といえるのである。

都市名望家、土地の識者、市理事者における計画リテラシーの劣化

明治から京都の都市改造を指導した田辺朔郎が、市区改正と都市計画地方委員会において行った発言や新聞に公表した見解を検証すると、寺町線拡幅(50)や京阪大運河建設［日出22 02 18］などを主張する点において、自動車交通に移行する時代の動向を捉えきれない老大家の姿がみえる。同じく明治の都市名望家内貴甚三郎が抱いた、高瀬川を埋めて木屋町通を拡幅する構想にも、来るべき都市空間に対する計画的リテラシーの劣化が見て取れる。明治の都市像では制御できない広域都市の時代(51)に京都市も入りつつあった。

中長期的な都市構想を論ずる市会議員のリテラシーについても、憲政会と国民党系の一部の熱心な議員（表2、高瀬川史蹟建議賛同議員を参照）を除いては、選出母体の地域的な利害の代弁者（柴田、野村、橋本の政友会系と木屋町線期成同盟の安田）たることを越えて、計画の公共的で公正中立な判断を下すことが次第に困難になる、都市計画に対する基本的な情報不足が存在した。情報の市民自治を補強すべく一八年市会補充理想選挙により五名の京大教授が議員に当選したが、市区改正条例と都市計画法の委員会官制は、市会の意思決定を回避するよう設計されたのである。

複数有識者の市会議員就任という地方自治史上希有な事例は、二一年市会改選により消え、元市会議員の法科教授田島錦治は地方委員会に参加する地方の識者（大藤高彦、武田五一、田辺朔郎、戸田正三、小川瑳五郎）のなかに再編入され、顧問的な役割に戻った。

他方、市区改正期の京都市長と市執行部の人材の劣化（安藤市長、鷲野・向井助役）は、同時期の大阪市執行部（池上市長と関助役）と比較すると一目瞭然である。本稿でも、二〇年と二一年の京都市政の迷走に言及した。弱体化した市政の監督官として、二四年一二月、初代都市計画課長池田宏が府知事に着任するのは、同様な状況の東京市に二〇年、後藤新平が市長として赴いた構図と相同的である。

当時、政官界そして学問の世界において、都市計画の専門領域は確立しておらず、[52] 政官界の池田宏と関一、民間の建築家片岡安など内務省の都市計画調査会に集った人物以外に見当たらない状況にあった。[53] 京都地方委員会に参画する上記識者も都市計画の専門家ではなく、法学、土木工学、建築学、医学（公衆衛生学）などの専門家に過ぎなかった。内務省の行政・技術官僚が都市計画法制度と実践を事実上リードしていたのである。

市会から解放された都市技術官の都市計画

都市計画地方委員会での都市改造案の策定過程は、京都の市会や識者の直接的コントロールから離れ、世界的規模で都市計画技術情報を吸収していた内務省都市計画課の技術水準[54]が、策定の標準となってゆく。

とはいえ、京都市区改正設計原案第三号線浄土寺部分（図3-a）の議論で明らかになったように、内務省の技官には地方都市の歴史地理的な理解が乏しかった。それを支えたのが、地方技師である。近府土木課長と永田市工務部長[55]が統率する府と市の技術者は内務省の都市計画地方委員会の下部機関として再編成され、市会審議から直接制御されない技術者集団となって都市計画行政の執行を担当することになる。

そもそも京都市区改正設計の公式発表を最初に行なったのは、京都市長ではなく永田兵三郎工務課長（当時）であった。都市計画地方委員会の委員の立場を得た地方技術官は、新聞の取材に対しても、次第に個人の考えを語るようになる。

市会が木屋町線否定の建議を採択した二一年一一月以降、京都日出新聞は京都都市計画についてのキャンペーンを張る。二二年一月一七日から三月八日までの合計三六回の「京都の都市計画問題」[56]と題した談話連載記事のトップバッターが、市工務部長永田であった。

永田は、長期計画（市是）策定の困難さを示しつつ、従来存在した「遊覧的都市論」と「工業都市論」を融合した中庸案を語り、周囲三山の麓を遊覧的住宅地区とし西南の水運のある工業地帯形成が京都都市計画の概要とみる明治以来の京都開発論をなぞる。重要な都市計画事業として、高瀬川に代わる京都伏見間の運河開削と、伏見大阪間の京阪大運河の建設を私案として開陳しながら、将来は電力の時代ともなれば、運河が不要になるかもしれぬと、自信がない［日出22 01 17-21］。

永田は二二年以降も、都市計画街路拡築事業と市電の軌隔統一事業を統括し、「京都都市計画(用途地域)指定」や都市計画事業の受益者負担の規定制定を手がけ、二四年一二月に着任する池田宏府知事時代（二六年九月離任）に高まる受益者負担の不払い運動[57]に対して、また京都市土地区画整理事業の指揮を執り、二六年八月開催第七回地方委員会で決定される「補助街路網」の策定[58]にも尽力した。しかし、二七年八月に就任する前の法学者市村光恵市長と二七年一月、東山開発について新聞紙上で実名で論争を展開し[59]、同市長就任後の市執行部の刷新策に抗議して、一一月市理事職を去る。

次の市土木局長高田景（前神奈川県土木課長）は二八年に着任、わずか三年後の三一年には『大京都の都市計画に就いて』という長期構想の冊子を発行している[60]。都市計画地方委員会でも語られることのない長期計画を、地方官が個人名を明記して語るようになる。

行政官の構想する長期計画が市会の監視から解かれ、中央と地方の官製都市計画プランナーが同族共同体を形成してゆく様子は、『都市公論』や『都市問題』両誌掲載記事の推移から察することができる。

都市計画の市民自治喪失への警告

京都市区改正期の市民への情報伝達と民意覚醒に果たしたマスコミ、特に新聞の役割が重要であるが、詳論するには別稿を立てなければならない。ここでは、京都市区改正設計公表の初期、新聞記者宮野古愚が警鐘を鳴らしていたことに触れるに止める。

京都日出新聞は一九年一〇月の段階で、二月に発動した市区改正委員会が全く動きを見せないまま都市計画制度に移る時期が近づき、短命の市区改正委員会が長期的な道路計画や電気軌道の延長線計画を審議する本末転倒を世に訴えていた［日出19 10 17］。そして都市計画法制度での事業財源や決定権限についても報道を始めている［日出11 29］。「都市計画は従来市本位なりしも、（中略）地方委員会は地方長官会長となる。（中略）地方委員会と中央委員会の意見に相違を生ずれば、内務大臣がこれを決定する」と述べて、従来の都市改造とは意思決定の過程が異なることを知らせていた。

このような状況の推移のなか、一九年一二月二〇日の時点で、宮野古愚記者はすでに次のような記事を執筆して、都市改造の市民自治の重要性を訴えていた。

［前略］京都市の改良計画［市区改正設計］についても愈々成案となりて、発表せらるるまでは、最も直接の利害関係を有し、経費の大部分を負担せざるべからざる肝腎の市民は勿論、市会議員、市参事会員などいえる人々すら、何等知るところなく、而してその都市改良委員会［市区改正委員会］において決定したものは否応なしに盲従せねばならないとは、都市の自治なるものの意義は果たしていずこに存するか。（中略）かくのごとき［都市百年の計という］大問題は予め、全市民の諒解を全市民をしてなさしむべきことにて、一々国家が干渉し国家が処理すべき問題にあらざる事を信じて疑わざるものなり［日出同日］。

このように、地方都市における都市計画の市民自治は、制度発足時から失われていた。戦後憲法下の現在でも行政官主導の遺制が色濃く残る制度の起源はここにある。しかも、従来の都市計画技術・事業史論議あるいは「まちづくり」論議は、日本の都市計画特有の審議会制度と市民自治の欠如、すなわち市民を代表する立法機関が、計画決定の蚊帳の外に置かれている状況を問題にしない傾向がある。市民と議員も問題と感じていない。

一九年京都市区改正一件は、市街中心部の木屋町、河原町、寺町のなかから幹線を選択する試練を通じて、国、行政、市会、市民そして沿線住民の立場のそれぞれに教訓を残したが、京都における都市計画の市民自治喪失の里程標となった。路線選択の技術的是非は、今日共存する三路線の現況が自ずと示していることである。

※本稿では、京都市会会議録（「会議録」）、市区改正委員会・都市計画京都地方委員会議事速記録（「速記録」）、京都日出新聞（「日出」）の典拠は括弧中の簡略表記で本文中に示す。

(1)　前市区改正期の地方都市の市政と都市経営については、柴村篤樹「巨大都市の形成」成田龍一編『都市と民衆・近代日本の軌跡』九、吉川弘文館、一九九三年、同『日本近代都市の成立』松籟社、一九九八年や山中永之佑『近代市制と都市名望家』大阪大学出版会、一九九五年、第三章、そして原田敬一『日本近代都市史研究』思文閣出版、一九九七年の大阪市についての先行研究。金沢については、橋本哲哉編『近代日本の地方都市　金沢／城下町から近代都市へ』日本経済評論社、二〇〇六年。明治期京都については、伊藤之雄編『近代京都の改造』ミネルヴァ書房、二〇〇六年がある。
(2)　御厨貴『首都計画の政治』山川出版社、一九八四年、四九頁。
(3)　区部会は官僚委員と対抗できる一五名に委員を増員する建議を行ったが内務省は却下している［前掲御厨三〇三頁］。当時の改進党系新聞は、区部会議員の委員会への参加を「地方自治性推進の論理」と報道した［同二五〇頁］。
(4)　石田頼房『日本近現代都市計画の展開』自治体研究社、二〇〇四年、四八頁。
(5)　戦中期に至る京都都市計画概要は、田中清志編『京都都市計画概要』京都市役所、一九四四年、中川理「近代都市計画事業の実態」（高橋康夫・中川理編『京・まちづくり史』昭和堂、二〇〇三年）参照。
(6)　池田宏「六大都市の市区改正事業を検して」『都市公論』三―三、一九二〇年、七六頁。
(7)　拙稿「東北の欠けた循環街路」『みやこの近代』思文閣出版、二〇〇八年、三四頁。
(8)　京都府会事務局編『京都府会史』京都府会、一九五一年、一六八頁、京都市会事務局調査課編『京都市会史』京都市会事務局調査課、一九五九年、六二頁。
(9)　一八七九年生。一九〇四年京都帝大土木学科卒業、九州鉄道会社を経て〇七年京都市技師。一時、前市区改正期の市電敷設事業を進める大阪市電気局勤務、一四年京都市に復職、一八年九月工務課長、二〇年七月改組により工務部長、二二年六月都市計画部長、二五年一〇月電気局長となる。二七年一一月、市村光恵市長の理事職解任策に抗議して安田靖一土木局長（二五年一〇月就任）とともに辞職、二八年横浜市電気局長。以後は、中川理「東山をめぐる二つの価値観」加藤・中川・並木編『東山／京都風景論』昭和堂、二〇〇六年参照。
(10)「御池線」とも呼ばれる。市会での原田議員の発言参照。後の京都市区改正設計では、同じ経路を幹線にすることが想定されていた。市区改正委員会議事速記録二四頁、池田宏の発言。
(11) 五都市の市区改正委員会議事速記録参照。
(12) 府会臨時委員は、議長田中祐四郎、原田重光、小松美一郎。途中任期満了で交代し一二月の委員会には、議長竹上藤次郎、北山乾三、浅山富之助が出席。京都側識者委員は田辺朔郎（工博）、戸田正三（医博）、名望家内貴甚三郎。政府委員一一名と政府側識者三名は省略。
(13) 大阪市は、杉山清次郎工博（後に直木倫太郎工博）を部長とする市区改正部を設け街路系統、運河、公園、高速度交通機関の系統からなる市区改正計画を立案し、街路新設と拡張計画を内務大臣に内申した。田中清志『大阪の都市計画』日下和楽路屋、一九二五年、二五頁。
(14) 五都市市区改正委員会議事速記録参照。
(15) 縮尺六〇〇分の一で和紙に謄写印刷された図面集（法量三八八×二六五ミリメートル）（図2）。全一四路線の略全行程にわたる敷地切り取り状態を、路線が通過する地所の区画表示と町名、地番とともに示す（図2a）。路線数は、一二月二五日の市区改正委員会において修正動議が可決し、一五路線となる。
(16)「市会議員西陣某氏、五条辺り某氏、四条辺りの某氏、五条辺りの某弁護士」［日出20 01 12］などの疑惑が報じられた。
(17) ともに市区改正委員の今井徳之助と西村金三郎（表2）。今井は、一八年九月の補欠市議選挙で一級市議に初当選した元大内村村長で愛宕銀行頭取。都市計画地方委員に継続就任する。摂津土地会社経営にも関係した。西村は、一九〇四年東京大学法科政治学科卒の専業代議士。一〇年上京二級市議以降三度当選、市参事会員も務めた。二五年の市会改選にも上京区から当選、第一回普通選挙（二九年）では左京区の第一位当選を果たし、三二年七月に辞職。『京都市会史資料編』一九五九年、六八頁。
(18) 個々の自治体の領域を越えて展開する「有機体としての実質的都市」（都市そのものの存在）を制御する能力が、従来の官治行政や自治体そして自治体の連合体にはないことを池田は強調して、都市計画の施行主体を国家とすることを正当化している。池田宏「都市計画法の由来と都市計画」『都市公論』一四―一一、一九三一年、四、七頁。

(19)　五都市市区改正委員会議事速記録参照。京都では、事業年度割決定が二一年七月の第二回都市計画京都地方委員会（以下「地方委員会」）、市区改正路線が最終的に決定するのは、二二年六月の第三回地方委員会。

(20)　京都都市計画用途地域は、二四年二月の第五回地方委員会で決定される。

(21)　一八年七月当時、近郊二一ヶ村を都市計画区域候補としていたが、二〇年九月には四条烏丸から八マイル圏内、隣接七郡四六ヶ町村に拡大した。最終的に、六マイル圏内の一市三〇ヶ村九二平方マイルの区域案が二二年六月の第三回地方委員会で決定される。

(22)　工業地域は丸太町以南となり、住居地域は山麓部の愛宕郡修学院村、松ヶ崎村、大宮村までは達しなかった。

(23)　速記録には票決の数字はないが、委員からの伝聞により一一対一〇の僅差と分かる［市会会議録20 03 17、895頁］。市会委員八名、府会委員二名、内貴委員が修正案に賛成したと推測できる。理事委員の安藤市長と近府土木課長は後の談話記事［日出19 12 28-29］から棄権したと分かる。馬淵府知事が起立賛成した伝聞がない点から、棄権したものと推測できる。

(24)　二四年一二月に京都府知事に着任する池田の仕事のひとつは、自らが策定した市区改正道路の受益者負担金課金反対運動の被告となって、都市計画決定の国家意志を示し住民に対峙することであった。古里実・石田頼房「京都都市計画道路事業受益者負担金反対運動（一九二四〜四〇）について」『都市計画学会論文集』一五、一九八〇年参照。

(25)　市長は市役所議事堂において関係図書とともに「詳細に渉る用地図」を縦覧し、終了後は工務課地理係で閲覧の処置をとった［日出20 01 27］。展示された用地図とは、『京都市区改正設計図』（図2）に綴じられた六〇〇分の一の地図を拡大して繋ぎ合わせたものであったと推測できる。

(26)　田中議員によれば、市是とは、(1)鉄道（七条駅と二条駅）の高架化により南と南西方向への市街発展の障壁を取り払うこと、(2)市中縦貫南進道路計画、(3)市内寺院の整理、(4)市中大小公園・運動公園設置などである。

(27)　「都市計画幷市是確立に関する希望」市会会議録、四頁［日出20 01 12］。

(28)　二〇年六月高瀬船の運行が廃止されている［日出20 10 25］。

(29)　史蹟の定義については、史蹟名勝天然紀念物保存協会の一七年三月の常務委員会で議定された保存要綱草案に一二項目が示され、『史蹟名勝天然紀念物』誌（一九一八年）に掲載された（丸山宏「『史蹟名勝天然紀念物』の潮

流」史蹟名勝天然紀念物保存協会編『史蹟名勝天然紀念物』解説・総目次・索引、不二出版、二〇〇三年、二五頁）。第一項が天皇の史蹟、第七項が歴史上交通史蹟、第一二項が歴史上顕著な人物の阯跡［同上誌二―一号］。

(30) 都市計画地方委員会官制附則が定める市区改正委員の都市計画地方委員への自動継続は、同官制第八条第五項の「市会之［地方委員］を選挙すべし」の規定に反するとみて、同附則の削除を求める意見書を、二〇年二月五日に仁保議員を筆頭とする二四名の議員が提案し京都市会は採択した（表2）。

(31) 一七年四月に設置された大阪市都市改良計画調査会（委員長関一助役）の委員を片岡安とともに務めている。

(32) 二二年一月参事会員就任に伴い地方委員を依願免職、五月に鈴木紋吉（下京）が入る。

(33) 橋本は第二回地方委員会議事速記録［73頁］から寺町線拡築派と判明するが、第三回では木屋町派の言動を見せる。大久保は一七年五月初当選、二〇年三月には仁保委員会委員であったが、二〇年六月の意見書にも、二一年九月の意見書提案者にも加わっていない点から、木屋町派と推測できる。二二年一月地方委員を依願被免、元川喜之助が交代する（表2）。

(34) 「鉄道線路改築に関する建議案」［速記録50頁］。

(35) 「都市計画事業資金に関し建議案」（否決）［同52頁］、「街路改良費国庫補助に関し建議案」（修正可決）［同56頁］、「［電車料金に課す政府］通行税に相当する金額交付に関し建議案」（可決）［同62頁］、「［都市計画特別税賦課に関する］都市計画法第八条に依る勅令発布に関し建議案」（可決）［同66頁］。

(36) 「京都都市計画設計《ママ》中第五号線の内木屋町線を河原町線に改むる建議案」（否決）［同69頁］。

(37) 「第十号線及中立売線に関する建議案」（否決）［同92頁］。

(38) 「第四号路線一部変更に関する建議案」（否決）［同96頁］。

(39) 山縣は、内務省地方機関としての市長に都市計画事業執行義務があることを強調し、委員の奥は、市長が市会に提案する事業予算を市会は修正否定する自治の権限があることを主張した［同40頁］。

(40) 戸田正三（医博）は、郊外部の第一、二、八、一一号線（図3の1、2、7、10路線）の着工を優先して、市中から立ち退く住民の宅地をまず提供すべきことを主張した［同17頁］。

(41) 「大阪市市街改良法草案」第一条「大阪市街改良設計及び毎年度に施行すへき事業を議定する為大阪市街改良委員会を置き、内務大臣の監督に属せしむ」。

(42) 前掲(1)原田、三〇一頁。
(43) 前掲(1)伊藤（編）、第二、五章。
(44) 小路田泰直「都市と地租委譲問題」『日本近代都市史研究序説』柏書房、（一九八二）一九九一年、二七九頁。
(45) 五十嵐と小川は国家行政であった遺制を引継ぐ戦後日本の都市計画の特徴を「国家高権」と呼んでいる。五十嵐敬喜・小川明雄『都市計画――利権の構図を超えて』岩波書店、一九九三年、三七頁。
(46) 本稿「はじめに」参照。前掲(4)石田、四八、八八頁。
(47) 同前石田、二五五頁。
(48) 一九九二年の都市計画法改正に当たり、当時の社会党と社民連が共同で提案した改正案には、市町村の都市計画決定には市町村議会の議決を必要とする自治原則を導入しようとした。前掲(45)五十嵐・小川、二〇六頁。二〇〇二年度改正都市計画法においても、都市計画の市民自治原則は依然として実現していない。
(49) 前掲(44)小路田、前掲(1)原田、第九・一〇章、前掲(1)柴村一九九八年、二〇四頁。
(50) 第三回地方委員会議事速記録、四七頁。
(51) 市域は明治期の三〇平方キロから二二年段階では六〇平方キロとなり、同年指定の都市計画区域（第三回京都地方委員会決定）は二三九平方キロに達した。
(52) 政官界と学会が共同で都市計画協議会をもつのは、二二年一一月の都市研究会・建築学会・土木学会共催の「全国都市計画協議会」であった。『都市公論』五―一二参照。
(53) 渡辺俊一『都市計画の誕生』柏書房、一九九三年、第二部参照。
(54) 一七年四月発足の都市研究会（後藤新平会長）が発行する『都市公論』誌は、内務官僚と地方行政官に同時代の技術水準を伝えた。二〇年七月に内務省で開催された六大都市の都市計画技師の講習会は、二四年以後地方技術官の「都市計画主任官会議」として定期的に開催されるようになる。
(55) 二〇年七月一日付で、両人は都市計画京都地方委員会幹事に就任。二一年七月五日には、市電気部長大瀧鼎四郎が臨時委員に加わる。大瀧は京都帝大理工科大学卒で同電気工学第二講座助教授から〇六年、市の技師に転出した技術官。二〇年四月より二四年七月まで市電気部長。
(56) 実業界要人と地方委員会委員一五人に持論を語らせている。最もバランスのとれた発言者は大藤高彦である。市会・府会議員が一名も登場しない点に、議会が都市計画の議論の場でなくなった状況を示す。

(57) 前掲(24)古里・石田一九八〇年。

(58) 二四年設置の、識者・府市関係者からなる「敷地割調査会」が補助街路網を策定し内務大臣に内申する。京都市土木局都市計画課『京都都市計画概要』二六年六月参照。

(59) 前掲(9)中川二〇〇六年参照。

(60) Iyori, T, 'L'être ekstatique de la ville vers la nature'(自然へと脱自する都市), "*Logique du lieu et dépassement de la modernité*"(場所の論理と近代の超克)(A. Berque, Editor) Volume II, Editions Ousia, 2000, p. 179ff.; 伊従編『近代京都研究/みやこから一地方都市への軌跡』科学研究書補助金研究成果報告書、二〇〇二年、三二一~三三三頁参照。

市会改選(1921.5)

1920.2.5	1920.2～3	1920.6.21	1921.6.23	1921.9.17	1921.11.18
都計委官制意見書(可決)	仁保委員会委員◎賛同者○反対×	木屋町以西修正意見書	都市計画京都地方委員会委員	市会高瀬川史蹟指定意見書	市会河原町線復活建議
			○府	×	
◎	◎欠	◎	○220220任	○	
		◎	○府	×	
	◎欠	◎		◎	
議長	議長	議長		×	棄権
◎		◎	○	×	×
◎	◎(×)	(×)	○220116免	×	
◎	◎	◎	○	×	
				議長	議長
				△欠	
				○	
				×	
				△欠	
				○	
				△欠	
	×	×		△欠	棄権
	×？			×	
◎	◎	◎		○	
◎	◎	◎		◎	
◎		◎		○	
◎	○	◎		○	
			○	△欠	
				○	
				○	
				○	
				○	
				○	
				○	
			○	○	
				○	
				◎	
				○欠	
				○	
◎	○	◎		○	○
◎	◎	◎		◎	
◎		◎		◎欠	
				×	棄権
	◎欠	◎		△欠	欠
◎	◎	◎	○	○欠	
◎				△欠	

表2　1919年-22年時点の市会議員における都市計画路線支持・反対分布の変遷

ゴシック：1921.5当選者			1917.5	1918.9～10	1919.12.25	1920.7.1
党派別は1921.6時点			市会選挙	補充選挙	市区改正委員	都市計画地方委員
議員氏名	区/等級	職業/旧所属団体				
政友会						
中川新太郎	上京/2	蚕糸	○初			○府
元川喜之助	上京/3	織物/三六会	○初			
久保長次郎	上京/3	織物	○初			○府
八木伊三郎	下京/1	友禅/市政研究会	-	○初		
柴田弥兵衛	下京/1	石炭商	○再		○	○
野村與兵衛	下京/2	材木商	○初			
大久保作次郎	下京/2	蓄音機商	○初			
橋本永太郎	下京/2	宿屋/維新倶楽部	○初			
川上　清	上京/1	弁護士				
時岡利七	上京/2	織物				
川人忠平	上京/3	織物				
坂部秀夫	上京/3	医師				
中村弥三郎	上京/3	穀物問屋				
鎌田直次郎	下京/1	売薬				
田辺正記	下京/3	会社経営				
憲政会						
西村金三郎	上京/1	無職/維新倶楽部	○再		○	○
西尾林太郎	上京/3	雑貨商	-	○初		
川本元三郎	下京/2	酒造/三六会	-	○初		
目片俊三	下京/1	精綿	-	○初		
伊藤豊之助	下京/2	印刷	○初			
田中新七	下京/3	無職/維新倶楽部	○初			
小西嘉一郎	上京/2	料理/元市議				
野淵亀吉	上京/1	織物				
森田　茂	上京/2	弁護士				
友田金三郎	上京/2	古木材商				
京極文蔵	下京/2	仏壇				
苗加房三郎	下京/2	歯科医				
野村権右衛門	下京/2	売薬				
前田嘉右衛門	下京/2	？商				
石原泰次郎	下京/3	銀行				
竹内嘉作	下京/3	製針				
田中　謙	下京/3	農業				
川橋豊次郎	下京/3	会社経営				
国民党						
井林清兵衛	上京/3	撚糸	○初			
田崎信蔵	下京/3	無職	○初			
無所属						
大島佐兵衛	上京/1	撚糸/三六会	-	○初		
伊藤平三	上京/1	織物	○再		○	○
百木伊之助	上京/1	寒暖計商	-	○初		
田畑庄三郎	上京/2	織物	-	○初		
大国弘吉	上京/1	無職	○初			

市会改選(1921.5)

1920.2.5	1920.2～3	1920.6.21	1921.6.23	1921.9.17	1921.11.18
	×？		○	×	棄権
◎		◎		○→×	
◎		◎	○	○	
				×	
◎		◎		○	
				×	
				◎	
				○	
				×	
				○	
				×	
				×	
			○220517任	○	筆頭提案者
			○	×	
	欠	◎			
◎	◎	◎			
		◎			
	×	◎			
		◎			
	欠				
	(×)				
	欠	◎			
	(×)				
◎		◎			
◎		◎			
◎	◎	◎			
	(×)				
		◎			
	欠				
◎		◎			
		◎			
◎	(×)				
◎		◎			
◎					
可決	否決	可決		可決	可決
24	11	29		6	?
	20			26	35
0	22			17	少数
	委員3名の欠席により否決された		府：府会委員	△：非賛成 欠：欠席	欠：欠席

議員氏名	区/等級	職業/旧所属団体	1917.5	1918.9～10	1919.12.25	1920.7.1
俵儀三郎	上京/3	伸銅	○初		○	○
山下槌之助	上京/2	織物	○初			
前田彦明	下京/1	石炭商	○初			
寺村助右衛門	下京/2	糸物	-	○初		
高山與三吉	下京/1	悉皆	○再			
遊津喜太郎	下京/3	無職	-	○初		
吉村禎三	上京/1	無職				
和田孝治	上京/1	医師				
若村徳三郎	上京/2	無職				
上田荘吉	上京/3	雑誌発行				
小篠長兵衛	下京/1	楽器商				
平井権七	下京/1	会社経営				
鈴木紋吉	下京/3	古物商				
安田種次郎	下京/3	無職				

1921.5落選・辞職議員

議員氏名	区/等級	職業/旧所属団体	1917.5	1918.9～10	1919.12.25	1920.7.1
伊達虎一	上京/1	織物/市政研究会	○再			
岸田榮三郎	上京/1	医師	○初			
田畑房次郎	上京/2	模様画業	○再			
小笠原孟敬	上京/2	市政研究会/政友会	○初			
原田重光	上京/2		○初			
浅見孝太郎	上京/3	201129辞職	○再			
太田重太郎	下京/1	三六会	○再		○	○
久保田庄左衛門	下京/1	売薬	○再			
井上治郎兵衛	下京/3		○初			
今井徳之助	上京/1	愛宕銀行頭取	-	○初	○	○
城戸竹治郎	上京/1	元上京庶務課長	-	○初		
北村長三郎	上京/2	公同組合副幹事	-	○初		
仁保亀松	上京/2	京大法博	-	○初		
市村光恵	上京/3	京大法博	-	○初	○	○
大井清一	上京/3	京大工博	-	○初補再		○
奥村安太郎	下京/1	日出新聞	-	○初		
佐藤丑次郎	下京/2	京大法博	-	○初		○
田島錦治	下京/3	京大法博		○初	○辞任	○識者
竹内新三	下京/2	元大内村長/憲政会	-	○初		
浅山富之助	下京/3	憲政会	-	○初	○府	
北村岩太郎	下京/3	薬剤師	-	○初		
桜田文吾	下京/3	京都通信主幹維新	-	○初補再		
種田徳三郎	下京/3	金貸業	-	○初		
三上金治	下京/3	文房具商	-	○初補再		
結果 提案者人数◎ 賛成人数○ 反対人数×						
備考			初：初当選 再：再選	初補再：再補欠選挙初当選		府:府会委員

都市計画事業として実施された土地区画整理

中川　理

はじめに

現在の京都市内は、いわゆる碁盤の目の町割りが広範囲に広がっている。これは、平安京建設時の条坊制が、そのまま拡大したものではない。それは、近代において計画的に実施された都市計画事業による成果であると言ってよい。京都市街周辺部では、一九二〇年代の後半以降に、都市計画として大規模な土地区画整理事業が実施された。図1が、その実施された地区を示したものである。市街を取り囲む現在の東大路・北大路・西大路・九条通などの幹線道路の道路沿いに広範に事業が実施されている。この事業によって、京都では、市街地が周辺部に急激に拡大する中でも、整然とした市街地空間が実現されてきたのだ。

この土地区画整理事業については、すでに都市計画史の立場から、鶴田佳子・佐藤圭二による分析がある。(1) そこでは、この事業が、一九一九年（大正八）に公布された旧都市計画法の下で実施された全国の土地区画整理事業の中で、唯一、都市計画事業として実施されたものであったことが指摘され、その都市計画史上の意義が検証されている。旧都市計画法においては、土地区画整理は民間により任意に行われる事業と、公共団体により強制

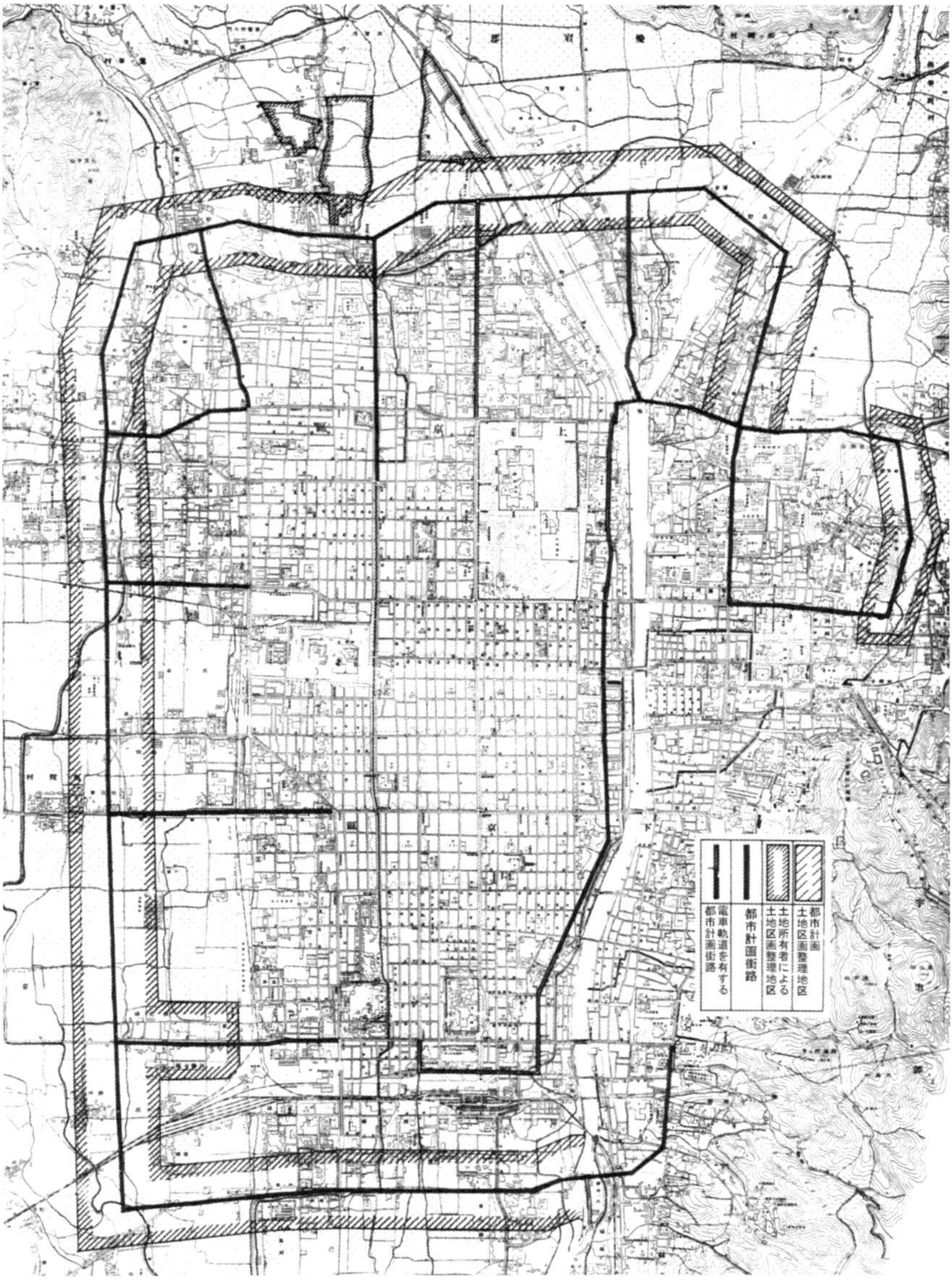

図1　京都都市計画区画整理分布図
『都市計画要覧　付図』(内務省都市計画課、1927年) より

力を持つ形で実施される事業が想定されていた。しかし、実際には、地主が中心となり民間による事業として行われる土地区画整理が大半であり、強制力を持つ都市計画事業として実際に実施された土地区画整理は、京都でのこの事業が最初で、かつこれがほとんど唯一のものだったのである。

　確かに、市街外周の幹線道路沿いに行うという土地区画整理には、明らかに強い計画性をうかがうことができる。京都市は一九一八年（大正七）に周辺町村を合併して京都市域を拡大した。土地区画整理が実施された外周の幹線道路は、まさにその新しい市域を貫き結ぶ街路であった。つまり、この土地区画整理事業には、新しく市街化が進むことが予測される地域を、新設街路とともに整備しようとする明確な計画企図を読み取ることができる。

　では、他の都市では実現されなかったこの計画性の高い事業は、どのような経緯で実現したものなのだろうか。鶴田佳子・佐藤圭二による分析は、事業内容に関する計画学の立場からの解釈・評価が中心となっている。一方、ここで明らかにしたいのは、この事業の歴史的経緯とその意味である。

　近年、京都の近代都市計画・改造事業をめぐっては、歴史学からもアプローチが試みられるようになったが[2]、この事業が実施された一九二〇年代以降の時代を扱うものはいまだに少ない。しかし、当時の新聞記事などを見る限り、少なくともこの土地区画整理事業は、京都市にとっても京都市民にとっても、きわめて重大な出来事としてあったことがうかがえる。しかも、行政史として捉える場合にも、専門技術官僚が、こうした大規模な都市計画事業をリードすることで大きな力を持ち、いわゆる都市専門官僚制が確立される過程を象徴的に示す事例として注目すべきであろう。

　そこで、本稿では、当時の新聞史料なども使いながら、この土地区画整理事業が立案され実施される過程を、計画史の立場だけでなく、政治史・行政史等の観点も含めた歴史的事象として捉えて分析を試みた。はたして、この事業は、近代京都の歴史の中でどのように位置づけることができるのだろうか。

一　計画の立案と事業の実際

(一)京都だけで実現した手法

前述のとおり、戦前のわが国における土地区画整理事業の大半は、旧都市計画法以前の耕地整理事業も含め、土地所有者を中心とした自主的な土地区画整理組合による施行であった。一九一九年（大正八）に公布された旧都市計画法でも、こうした施行が条文の中に規定されている。[3] しかし、それとは別に、都市計画事業として強制力を持って土地区画整理を実施する施行が規定されていた。[4]

ここで取り上げる京都の土地区画整理事業は、その規定に従った都市計画としての事業であった。ただし、それは公共団体、つまり京都府なり京都市がすべて実施したものではなかった。実際の事業実施は、土地所有者にむしろ委ねようとした。つまり、土地区画整理の設計は行政が行うが、実際の施行は民間によって結成される組合によって行われることを誘発・誘導したのである。それでも、組合設立に至らなかったり事業が進まなかったりしたケースについては、京都市による代執行も行われている。ちなみに、この代執行によって土地区画整理が行われたのも、旧都市計画法の下では京都の事業だけだった。

また、この京都の事業のもう一つ特筆すべき特徴として指摘できるのが、既成市街地を取り囲むように設計された環状幹線道路に沿って土地区画整理地が設定されたことであった（図1）。実はこのように、土地区画整理と都市計画道路整備を同時に推進する手法は、すでに旧都市計画法以前の市区改正事業等の街路整備の中でも、道路沿いに発生する残地、受益者負担、事業費の増大、といった問題を解決する有力な手段として、当時の都市計画行政担当者において共通の認識としてはあったようである。[5] しかし、実際にこの手法を、旧都市計画法の下で、市街全域を囲むような規模で実現させたのは、わが国では京都だけであった[6]。

　ではなぜ、都市計画法やその施行に携わる人々により想定されていた事業手法が、京都だけで実現したのであろうか。そのことを明らかにするために、以下に、この計画立案の経緯を検証しよう。実は、この京都の都市計画事業は、最初から環状幹線道路沿いの土地区画整理という形で計画されていたわけではなかった。当初は三つの別々の計画が進められていく中で、それらが重ねられた結果としてこの区画整理事業が立案されている。この事業を歴史的な視点から見た場合に、このことが最も興味深い点となる。

(2)都市計画一五事業路線計画

　まずは、すべての前提となる都市計画事業としての道路計画が一九一九年（大正八）末に計画決定される。これは、一九一八年（大正七）に東京市区改正条例が、大阪、名古屋などと同時に京都市に準用されたことを受けての計画であった。

　すでに京都市では、一九〇八年（明治四一）から、三大事業[7]として中心部の街路の拡幅と市電の敷設が行われていた。そこでは、行幸道路として位置づけられる烏丸通を中心として、市街中心部の幹線道路のおよそ二一キロメートルが拡幅・整備された。一方で、一九一八年（大正七）には、朱雀野村、下鴨村など一六町村が市に編入される。そこで、この新市街をも取り込む形で、整備された中心部幹線道路と接続・展開する新しい計画幹線道路の計画が必要となり、これを東京市区改正条例の準用の中で実現しようとしたのである。

　具体的には、およそ四四・四キロメートルにもおよぶ、一五に分類された新設幹線道路が計画された。その中に、後に計画される土地区画整理事業地の幹線となる、現在の東大路・北大路・西大路・九条通（一号線および三号線）と白川通の一部（四号線）も含まれており、これらが計画された道路網の最外延を形成する最も重要な幹線道路となっていた。

この計画立案の主体は誰であったのか。最終的にこの計画を決定したのは、一九一九年（大正八）一二月二五日に開催された内務省の京都市区改正委員会であるが、立案は京都市によって行われている。この委員会の直前には、市区改正委員を引き連れて、計画幹線道路沿いに京都市内を一周する視察が行われているが、その先頭に立って計画案を具体的に説明し(8)、京都市区改正委員会の決定後には、京都でその計画案の詳細を発表したのは、永田兵三郎京都市工務課長（当時）であった(9)。この永田については、後に詳述するが、三大事業にも携わり当時の京都市土木行政の中心にいた人物であり、この新設道路の計画も、彼が中心的にリードして立案したものであったようだ(10)。

しかし、この道路計画が決定された年にわが国における最初の都市計画法（旧都市計画法）が公布され、翌年の一九二〇年（大正九）から施行されることになる。したがって、この計画案は、改めて組織された都市計画京都地方委員会により、旧都市計画法に基づく計画案として、再度決定することが必要となった。ところが、この委員会の審議の過程で、いくつかの反対運動が起こってくる。その内容は、『京都の歴史』に詳しいが、最も大規模な反対運動としては、高瀬川を暗渠化して木屋町通りを拡幅する計画案に対するものがあり、他にも、下鴨線や今出川延長線でも反対運動があったようだ(11)。

結局、同年の三月には、京都市会において、都市計画京都地方委員会に進達するための計画調査報告案が否決されてしまい、都市計画京都地方委員会でも計画案の再度の練り直しを迫られることとなった。その結果、ようやく翌一九二一年（大正一〇）七月の第二回同委員会において、市区改正案を修正した都市計画道路新設拡築事業の決定が行われた。そして、反対運動の最も激しい懸案であった木屋町線の問題は、一九二二年（大正一一）六月の第三回の同委員会で木屋町線に代わる河原町線拡幅案として決定を見ることになった(12)。

こうして、市街周辺部の幹線道路新設を中心とした一五事業路線計画は、一九二一年（大正一〇）より京都市において一〇ヶ年事業として計画され、順次施工が行われていくこととなる。しかし、その施工においても反対運動が立ちはだかった。計画では、莫大な工事費用の多くの部分を受益者負担でまかなおうとしたのだが、[13]この受益者負担をめぐりいくつもの反対運動が起こったのだ。それは、資料で確認できるものだけでも、六路線で一一件にのぼったことが確認できる。さらに、そのうちの五件は、訴訟にまで至っている。[14]都市計画事業の財源問題は、日本の都市計画の歴史において常につきまとう課題であり、そのいわば矛盾としてある極端な受益者への負担に対する反対運動は、名古屋、東京、神戸などでも知られている。この京都の四四・四キロメートルにもおよぶ道路建設においても、この反対運動が先鋭化し、建設計画に立ちはだかった。

こうした反対運動だけではない。京都市の財政そのものが逼迫する中で、建設工費を確保することは困難をきわめたようだ。そうした結果、この一五路線建設の事業は、一〇ヶ年計画の途中、五年後の一九二七年（昭和二）の段階で、わずかに六分の一にしか達しないという困難な状況に追い込まれることになった。[15]一九二六年（大正一五）の都市計画京都地方委員会においても、前年に市長に就任した安田耕之助が大幅な工事の遅延を認めている。[16]

(3)敷地割調査会による区画整理案

こうして、土地区画整理の骨格となるはずの一五事業路線の建設が行き詰まる中で、実はそれとは別個に土地区画整理事業の基盤となる計画が進められていた。後述のごとく一九二六年（大正一五）八月に土地区画整理事業が決定した直後の『京都日出新聞』が、その過程を以下のように伝えている。

そもそも都市計画幹線道路に統一ある補助道路を連絡せしむるの必要上、市がこの計画（土地区画整理事業計画＝筆者注）に着手したのは大正十一年五月頃で、当時土木部長で都市計画課長を兼ねていた現電気局長永田兵三郎氏が外遊の直前、京都市敷地割調査報告書なるものを時の市長馬淵氏に提出したに始まり、市長は此調査報告を基礎材料として実施上の成案を得べく市参事会員、市会土木委員、同都市計画委員に理事者側から市長、助役、都市計画関係の幹部吏員を加へて敷地割調査会を設置し審議を委嘱した。(17)

つまり、一五事業路線の建設に着手した一九二一年（大正一〇）の翌年に、この路線計画をリードし、当時は土木局長であり同時に新しい都市計画課の課長を兼務していた永田兵三郎が「京都市敷地割調査報告書」を提出し、これを受けて当時の馬淵市長が敷地割調査会なるものを設置したとある。この「敷地割」とは、都市計画事業路線に応じて作るべき補助道路の設計を中心としたものだったようで、まさに土地区画整理の実質的な設計の基盤となるものであった。

さらに、この調査会での調査作業と平行して、「平安京時代を中心に京都に於ける敷地割の歴史的事情を調査し又は外国の例を取り、如何なる補助道路の配置に依り敷地割の整備を期すべきか」という具体的な計画案の作成を、京都市都市計画課が取り組んでいたという。

この調査会と都市計画課の作業は、一九二三年（大正一二）に「大体の結了を告げ」、永田が外遊から帰国後に成案を得ることができたという。(18) そして、その成案は、翌年都市計画事業として、計画の最終決定権者である内務大臣に内申するために、京都府知事に提出された。しかし、その後、京都府知事は、この成案を一年間ペンディングしてしまう。(19)

『京都日出新聞』の報道では、そのペンディングの理由は、知事が独自の修正意見に固執したからであるとしている。(20) この知事とは、一九二四年（大正一三）、つまり市からの敷地割の成案の提出を受けた直後に就任した池田宏である。池田宏は、内務省都市計画課長として旧都市計画法の立案に深く関わった人物である。次章でも改めて指摘するが、おそらく、ここでの池田のペンディングは、都市計画の監督・取り締まりの権限を持つ知事として、都市計画法の理念に照らした批判を加えようとしたものと推察できる。

一方、知事により敷地割、つまり実質的な区画整理案をペンディングさせられた京都市は、知事に成案を提出した一九二四年（大正一三）に、「都市計画敷地割調査会規定」を改めて制定し、より精緻な区画整理のための補助道路と敷地割の基準についての審議を進めていった。この委員会委員には、府市関係者だけではなく、京都帝国大学の土木工学の権威であった大藤高彦や、同じく建築学の権威であった武田五一なども嘱託されている。(21)

こうした経緯で進んだ敷地割の計画であるが、当初の調査会で審議が進められた計画案では、既成市街地を囲む環状幹線道路の道路沿いに土地区画整理事業を実施するというアイデアは含まれていなかったようだ。都市計画敷地割調査会がスタートした翌年、一九二五年（大正一四）に京都市土木課が出版した『土地区画整理』というパンフレットには、そのようなアイデアは一切書かれていない。そこでは、市街地の周囲部での秩序ある発展を計画するためには、都市計画として実施する土地区画整理事業が最も合理的であるとし、それは「周囲部に於て特に急いで決定する必要」があるとしながらも、京都市は「敷地割調査会の議を経て、西南工業地域を除き、他の住宅地域の全部に亘り、一の設計案を得たのである」としている。そこに添付されている計画図も、既成市街地を取り囲む環状幹線道路沿線だけでなく、そこから外部へ広がる地域や市街中心部に接続する部分なども含む市内のほぼ全域にわたるものとなっていた。(22)

(4)民間施行による土地区画整理

敷地割調査会による土地区画整理の成案は、あくまで都市計画としての強制力を持った計画案として計画されたものだ。さて、では一方で旧都市計画法にも規定されている民間施行による任意的土地区画整理はどうであったのか。実は、民間施行による土地区画整理も、京都市が主導する形で、都市計画法施行後に敷地割調査会の審議が続く中で行われていた。とはいえ、京都での民間施行による自主的な土地区画整理は、他都市に比べてかなり遅れたという状況が指摘できる。

旧都市計画法の施行以前においても、一八九九年（明治三二）に制定された耕地整理法を準用することで、都市部において実質的な土地区画整理を行うことは可能であった。実際に、東京や名古屋、横浜、神戸などでは、宅地開発を目的にした土地区画整理の需要は明治の末ごろから高まり、旧都市計画法以前にも市街地内において数多くの耕地整理が行われていた。これに対して、京都では、この市街化目的の耕地整理が全く行われてこなかったのである。(23)

一九一九年（大正八）制定の旧都市計画法においては、郊外地の乱雑な発展を防ぐというまさに都市計画的な目的を以て、民間による任意的土地区画整理が確かに規定された。しかし、実際には耕地整理法をそのまま準用するとされていて、法的に不備な部分も多く、行政による補助が期待できない限り、当初はこの制度での区画整理はほとんど実現しなかったようだ。(24)

そうした中で、耕地整理による区画整理が遅れていたということもあってであろう、京都市は、比較的早い時期から積極的に旧都市計画法による市街化を目的とした任意的土地区画整理を誘導しようとした。一九二五年（大正一四）五月に、民間による区画整理に対して奨励・援助するために「京都市土地区画整理助成ニ関スル規程」を定めている。(25)

こうした誘導策は奏功し、同年一〇月には、最初の民間による組合施行が認可され（小山花ノ木土地区画整理）、その後も、都市計画事業一五路線の外周幹線道路のうち、現在の北大路通（一号線）のさらに北側に位置する地域を中心に、相次いで自主的な組合施行による土地区画整理が実現していった。その状況は、認可の申し込みがあまりにも殺到したため、京都市の職員が足りない事態まで引き起こしたようだ。『京都日出新聞』は「市の区画整理は土木課が種々宣伝に努めた結果、地主連が自覚し続々申込んで来る様になつたが、係員不足のため如何ともする事が出来ない状態に陥つた」と報じている。(26) そのため、翌年の一九二六年（大正一五）には、測量設計、技術員の派遣、事務手続きなどを助成するための土地区画整理課が新設されている。こうした地域での積極的な事業認可の状況を見て、京都市は土地区画整理を、都市計画事業施行における有力な方法として捉えることになったのではないかと推察できる。

ただし、一方で、平行して審議が続いていた都市計画敷地割調査会の補助道路の設計と、この民間施行の区画整理の設計とに齟齬が生じる可能性もあった。これについては、後に検討することとなるが、いずれにしても、次節で見るように、一九二六年（大正一五）に京都市による市街周辺部での環状幹線道路沿いの都市計画土地区画整理計画案が決定して以降は、京都市による土地区画整理事業の支援は、当然ながらこの都市計画土地区画整理地に集中していくことになる。その結果、民間による組合施行（一部には個人施行も含まれる）の土地区画整理地は、環状幹線道路からさらに北に位置する北部地域などに限定されることとなった。

なお京都府も、その後一九二七年（昭和二）に、実地調査、測量設計、工事監督などについて助成する「土地区画整理助成規定」を設けている。

(5)都市計画土地区画整理の成立

以上のように、都市計画事業一五幹線道路の建設と、都市計画土地区画整理についての敷地割調査委員会の計画案作成、そして民間施行による土地区画整理という三つの事業が、一九二五年（大正一四）から数年間の間、平行して進められていたことがわかる。その過程において、幹線道路建設と都市計画土地区画整理の二つの事業を合わせて集中的に進めるアイデアが登場することとなった。この計画案は、いつ誰がリードしたのだろうか。最も切実だったのは、都市計画事業一五幹線道路の建設が進まなかったことである。建設費の受益者負担に対する反対運動があり、もとより建設費の捻出が困難な状況の中で、「市当局も頗る焦慮し、何とか行詰りの局面を展開して促進の途を講ずべく、真剣の研究に取掛つた」という。とりわけ、既成市街地を取り囲む環状道路の建設は遅れた。限られた予算で、優先されたのは、河原町線（第五号線）などの中心部の幹線道路であったからだ。それは、一九一八年（大正七）に京都市が、市内中心部に敷設されていた京都電気鉄道の事業を受了した以降に懸案となった、市電の軌隔統一が大きな理由であったという。(27)

そこで、この環状道路と土地区画整理を抱き合わせる研究が始まった。『京都日出新聞』によれば、その「研究」が具体的にスタートしたのは、一九二五年（大正一四）の五月であり、主導したのは、当時の京都市助役・田原和男であったという。その「研究」では、建設費をすべて起債に頼る、あるいは都市計画法に定められた地帯収用、つまり周辺も含め必要となる土地を取得する、あるいは「外国に其の例を見る都市政策」を研究するなどの案が考えられたが、どれも実現が難しく、そこで、用地を買収せずに実施できる都市計画土地区画整理による方法が考えられることとなった。「これならば経費も比較的軽く、本市の財政上適当なる促進方法であらうという事に意見一致」したという。(28)

その具体的な方法としては、まず建設を優先すべき計画道路を、都市計画一五路線の内、第一号線と第三号線の全部と第四号線の一部という、既成市街地を取り囲む環状道路に設定した。その上で、そのそれぞれ道路沿線の両側へ一号線と三号線は一五〇間（約二七〇メートル）、四号線は同じく一二〇間（約二二〇メートル）の地域に限定して土地区画整理地を定めた。そして路線用地を、それぞれの土地区画整理地内の地主から、受益者負担として提供させ、京都市は地上物件の移転補償費と道路築造費を負担するというものであった。この方法ならば、経費を抑えながら、懸案としてあった都市計画事業一五幹線道路の建設を促進し、さらに計画されていた都市計画土地区画整理も実施できる。つまり「一挙両得の一策」[29]であったわけだ。

この計画は、当初、田原和男助役と安田耕之助市長、それに都市計画事業一五幹線道路の立案をリードした永田兵三郎都市計画課長（当時）の三人が中心となり、細部の計画を詰めていったようだ。その作業は、「外部に計画が漏れて種々なる制肘や、干渉運動の起らん事をおそれ、極力秘密のうちに」行われ、「毎日午後四時の退庁時間まで素知らぬ顔で普通事務を鞅掌した退庁時間後、こつそりと一室に額を集め、田原所管助役とともに具体案の研究調査に没頭する事連夜、時に徹宵調査立案を進めた事も屡々であつた」という。[30]

その成案は、計画道路建設の打開策の「研究」がスタートした同じ年（一九二五）の一〇月になって、京都市会において市長から提起されるに至る。そしてそれは、同一一月に京都府知事・池田宏により、内務省の都市計画京都地方委員会に申達された。ただし、この計画案は、土地区画整理事業として見た場合には、敷地割調査会が策定した全面的な都市計画土地区画整理の計画の中から、環状幹線道路沿道にだけに限定・縮小したものとなっている。そのことに対して、池田は批判をしている。池田は「断片的に区画整理を施行する時は都市計画による道路網に支障を来す様な虞がありはせぬか」と指摘し、「若し区画整理を行ふならば該方面全体の地に亘つて施行されたいといふ希望」を述べた。これに対して京都市は「市としても無理からぬ希望ではあるが全体の地域に亘つて一斉に施行するといふ事は困難であるし、大都市計画道路網に副ふ様に計画設計されてあるのだから如何しても認可を得たいと」主張したという[31]（内務省に申達する際にも、池田は独自の修正意見を付議したようだ）。[32]

そして、この京都市の計画案は、翌一九二六年（大正一五）二月に大正一五年度の追加予算として提出された都市計画事業遂行案として京都市会で可決され、同年八月に都市計画京都地方委員会にて決定を見ることとなった。ここに、総面積三一三万坪（一〇三五ヘクタール）におよぶ、わが国初の都市計画土地区画整理事業がスタートすることになったのである。その後、一九二八年（昭和三）には、さらに計画地に隣接する地域で将来自発的な施行の見込みがない区域が追加され、総面積は、四二五万坪（一四〇五ヘクタール）となった。[33]

(6)施行の過程

こうして、当初の敷地割調査会の計画から地域が限定されてしまったとはいえ、ここで決定されたのは、わが国で初めての大規模な都市計画都市区画整理事業である。この京都市により立案された計画が、わが国都市計画史上において持つ意味はきわめて大きいだろう。しかし、なにしろ前例もなく、しかも根拠となる旧都市計画法も制定されたばかりであり、法的に不備な点も多く含んでいた。そして何よりも、強制力を持った土地区画整理でありながらも、前述のとおり、土地所有者による組合結成を誘導することを優先する計画であったため、地権者をはじめとする市民の全面的な賛同・協力なしにはなしえない事業であった。

そこで、京都市は、この土地区画整理事業を市民にまずは理解してもらうために、さまざまな宣伝活動を行っている。まず、『京都都市計画土地区画整理とはどういふことをするか』というパンフレットを作り広く配布している。[34]このパンフレットで興味深いのは、口絵として、既成市街を囲む環状幹線道路周辺について「現在の状態」、「土地区画整理をした場合」、「土地区画整理をせぬ場合」という三つの絵を示していることである（図2・図3）。「土地区画整理をした場合」の整然と区画された市街は、延々と続くように描かれている。そこには、民間施行ではなく、都市計画として土地区画整理を行う理念が明確に示されていると言えるだろう。

また、京都市が主催して、「都市計画展覧会」なる展示も行われている。都市計画京都地方委員会の決定を受けて、内閣より正式に認可がおりた一九二六年（大正一五）九月二〇日の、まさにその翌日から同三〇日まで、大丸呉服店を会場に開催されている。[35]

図2　「土地区画整理をした場合」
『京都都市計画土地区画整理とはどういふことをするか』
（京都市土木局、1926年）より

図3　「土地区画整理をせぬ場合」
『京都都市計画土地区画整理とはどういふことをするか』
（京都市土木局、1926年）より

では実際の計画地での実施過程はどうであったか。まず、京都市によって区分された計画地ごとに詳細な「区画整理道路割」が計画された。これは、先述の「都市計画敷地割調査会」が担った。この調査会に、各地区ごとに地主から嘱託された臨時委員が加わり特別委員会が結成され、詳細な道路割などが決定された。その際、京都の歴史的な碁盤の目の構成が引き継がれたが、伝統的な南北に長い街区は採用せず、「採光と通風の点を考慮して」東西に長い街区の構成が使われている。[36] この道路割等の計画を府知事が建築線として指定するという手続きがとられ、その計画に基づき、計画地ごとに自主的な土地区画整理組合の設立が誘導された。[37]

ただし、組合設立は、必ずしも計画通りにはならなかった。積極的に組合設立が実現し事業が進んだのは、市北部地域に限定されていた。そこでは、前述の民間施行による土地区画整理も進み、計画通りの整然とした町並みが実現されていった。しかし、西部および東部は事業が思うように進まなかった。特に現在の西大路通沿線地域で遅れが目立った。ここでは、昭和の御大典当時に組合の成立はようやく進み、道路建設および市電敷設は先行して実現するが、[38] その後の肝心の区画整理は手つかずのままになってしまった地域が多い。「組合員間の関係円滑なりし組合のみ、順調に工事の竣成を見たる」状況で、こうした半ば強制的に結成された組合においては、工事着手に対して「外部的に何等の強制力なき為」、工事がほとんど進まないという状況であったという。[39]

もちろん、組合設立がかなわない場合には、強制的な代執行を行うことになっていたのだが、これも難航した。事業計画自体、当初は四ヶ年の事業と規定され、認可を得てから一年以内に土地区画整理を施工する者がない場合には、内務大臣の命により代執行を行うとされていた。しかし、前例がない事業であり「既に半宅地化せる困難な地域を不備不完全なる法令を駆使して、難行に難行を重ね」[40] る状況で、実際の代執行はなかなか実現できなかった。そこで京都市は、公共団体施行の施行手続きに関する規定の不備、あるいは建物のある宅地の強制編入や地区外の受益者負担の制度がない点などについて、内務省に申し出て、[41] 一九三一年（昭和六）には、新たな内務省令や都市計画施行令によって、これらの不備を解消することを実現させた。[42]

こうして法的な根拠が整ったことを受けて、京都市は、組合の設立できなかった地区はもちろん、すでに設立された組合でも、事業着手が行われないままのものは解散させ、代執行に着手していくこととなる。[43] 実際に京都市による最初の代執行が着手されたのは、一九三二年（昭和七）であった。それ以降、代執行は一九三八年（昭和一三）まで実施されたが、その後は戦時体制下で進捗せず、多くの地域では、戦後まで持ち越すことになった。しかし、進捗状況は計画通りとはいかなかったとはいえ、一四〇五ヘクタールにもおよぶ市街周辺部で、まがりなりにも、土地区画整理が実現し、整然とした町並みが出現していったのである。

二 計画立案の背景にあったもの

(一)府知事・池田宏の存在

さて、この一連の京都での都市計画土地区画整理事業を見てくると、その立案・計画に関わった人物の中で、最も興味深いのは、やはり京都府知事として関わった池田宏であろう。池田宏（一八八一～一九三九）は、前述のとおり、一九一九年（大正八）公布の旧都市計画法の起草者と言ってよい存在で、わが国の都市計画史上において最も重要な内務官僚の一人である。(44) 内務省都市計画課長として旧都市計画法を作り上げた後は、東京市助役を務め、関東大震災の後には帝都復興院計画局長として活躍する。そして、一九二四年（大正一三）一二月から一九二六年（大正一五）九月まで、京都府知事を務め、その後、神奈川県知事も歴任している。

京都府知事は、わずか二年弱という短い期間であったが、その期間は、まさに京都で土地区画整理案が成立する瞬間であった。前述のごとく、京都市の敷地割調査会の成案が提出される直前に就任し、都市計画土地区画整理事業が都市計画京都地方委員会で決定されたのを見届けるように、その直後に神奈川県知事として転出している。実際には、池田の京都府知事就任も、神奈川県知事への転出も、地方官の大幅な移動にともなうものであったが、まるで、京都での土地区画整理事業計画を成立させるために請われてやってきた内務官僚のようにも見えてしまう。

内務省の外郭団体である都市研究会が都市計画の議論と普及啓蒙のために刊行した『都市公論』誌は、池田が最も活躍した論壇でもあったが、その雑誌が、神奈川県知事に転出した後の池田を紹介する中で、「京都市の都市計画が近時著しく進捗したのも、池田君が京都府知事として赴任してからのことである」と指摘している。(45)

さらに池田は、都市計画としての土地区画整理事業のパイオニアでもあったことも見逃せない。池田が計画局長を務めた帝都復興事業においては、次節で述べるように財源難を背景として、復興計画の手法として積極的に土地区画整理が使われており、それを主導したのが池田なのである。京都での都市計画幹線道路の建設事業費を軽減するために導入された都市計画土地区画整理事業は、まさに池田が京都に持ち込んだものと考えても不思議ではない。

しかし、これまで京都での土地区画整理事業計画の成立の過程を見てきてわかったことは、そうした池田の主導的役割はほとんど見いだせなかったということである。池田が府知事として着任した一九二四年（大正一三）の時点では、少なくとも、京都での都市計画による土地区画整理事業案については、京都市による敷地割調査会により準備されていた。その後の、環状幹線道路沿いに限定する計画案も、あくまでその立案の主体は京都市であった。むしろ池田は、都市計画の専門家としての指導的立場を自覚して、京都市が立案した計画に対して、さまざまな批判を展開したのである。しかしその批判は一貫して、旧都市計画法が持っていた土地区画整理の理念を貫こうとする立場からのものであったと考えられる。

そのことは、池田が知事であった時代に、都市計画事業道路の工事に大きな障害ともなった前述の受益者負担の反対運動に対する彼の主張でもうかがえたようだ。この問題を都市計画史の立場から分析した石田頼房によれば、そこで池田は、かたくなに形式論・法文解釈論を守り、努めて受益者負担制度が本質的にはらんでいた矛盾を見ないようにした。そうすることにより「我国ノ受益者負担ノ制度」の「円満ナル施行」を守り抜こうとしたのであるとしている。(46)

結局のところ池田は、自らが作り出した内務省による都市計画の法律が、はじめて地方都市で実践される時に立ち会い、それを本来の理念通り実施されるように指導を行う立場でしかなかったと言えるだろう。この法律はすでに池田の手を離れ、法律自身の精緻化という段階ではなく、それをどう運用していくかという段階にあったのだ。

(2)帝都復興事業からの影響

京都での都市計画としての土地区画整理事業の計画される以前にすでに実施されていた帝都復興事業でも、確かに都市計画としての強制的な土地区画整理の手法が使われていた。上述のように、その経験が池田宏という個人を通じて京都市の計画立案に伝わったわけではないと思われるが、実際には帝都復興事業の内容が京都市の計画立案に強い影響を及ぼした可能性がある。

帝都復興事業においては、財源難などもあり、さまざまな都市計画事業が大幅に縮小されていく中で、その事業の柱となったのは、土地区画整理事業であった。幹線道路計画も、公園計画も多くの計画の実施は、収用、つまり土地を強制的に取得させることよりもコストのかからない土地区画整理に負うことになったのだ。(47)そもそも特別都市計画法が新たに立法された帝都復興では、土地区画整理は重要な都市計画施設として位置づけられたため、すべての土地区画整理が、都市計画事業として扱われることとなっていた。(48)そして、その強制的な土地区画整理の手法を使い、計画地のほとんどを全面的に都市改造することに成功したのである。もちろん、それは、特別都市計画法という例外的な処置により実現したものであり、旧都市計画法において、都市計画として土地区画整理事業を実施したのは京都の例が唯一であったことは間違いない。ただし、帝都復興の手法は、そのままではないものの京都での計画立案のモデルになっていたことが十分にうかがえるのである。

越沢明などが指摘するように、計画を担った帝都復興院の中では、当初、整備する幹線道路沿いに必要に応じて土地区画整理を実施するか、あるいは、焼失地全域に土地区画整理を実施するかをめぐって対立があった[49]。そして、既成市街地の全面土地区画整理の実施が決まっても、それを幹線道路沿いに限定して実施すべきだという議論は続いたようだ。その議論を最も詳細に紹介していると思われるのが道路行政の専門家で、復興局書記官を務め、後に東京府内務部長なども歴任した菊池慎三が、土木学系の『道路の改良』という雑誌に掲載した「街路事業の實行方法としての地帯区画整理と地帯収用」という文章である[50]。

ここで菊池は、土地区画整理でも、全面的に実施する方法(集団的区画整理と呼んでいる)と、幹線計画道路の両側に実施する方法(地帯的区画整理)があり、帝都復興では最終的に前者が採用されたが、確かに全面的な実施は望ましいが「実行の困難と時日の遷延は免がれ難い事」であるために、現実的には後者の道路沿いに限定した方法もきわめて合理的な方法のはずであるとしている[51]。そして、この方法こそが、京都市が採用した土地区画整理の手法そのものなのである。

しかも菊池は、この手法は帝都復興以外でも使うことができるとして「創意ある新進気鋭の土木行政当局者は宜しく街路事業と区画整理事業との合併区画整理の方法の活用に付て実行の方法を考究すべきである。土木行政の新天地は自然に開かれるのである、進んで現行法規の不備を補正することも敢て困難ではない」と訴えている[52]。

実は、この文章が掲載されたのは、一九二五年(大正一四)の四月号である。前節第五項で述べたように、都市計画事業道路の、とりわけ環状道路の建設が行き詰まり、その打開策の「研究」が京都市助役・田原和男や都市計画課長・永田兵三郎らにより具体的にスタートしたのが、同じ一九二五年(大正一四)の五月であるとされていた。見事に時期が重なる。もちろん、この文章だけではなかっただろうが。帝都復興の事業が進む中で、ちょうどこのころ、その都市計画手法の議論がさまざまな形で東京以外の都市へ伝わったはずである。田原や永田が議論を重ねた「研究」の中には、この帝都復興で議論された手法が、一つの参照すべき手法としてあったことは間違いないと考えられる。

そしてこのことは、土木行政に携わる地方官僚たちが、都市ごとの垣根を越えて情報を共有しながら、個々の都市行政をリードしていった事態を示していると言ってよいだろう。(53) 旧都市計画法の施行により、都市計画事業は国の事業として位置づけられることになり、同時にそれは都市行政の最大の課題となっていったと言ってよい。その中で、都市計画に携わる情報を握り、その技術を駆使する地方技術官僚たちは、地方行政の中できわめて重要な存在となっていったと思われる。

(3) 永田兵三郎をめぐって

そうした地方官僚の中でも、とりわけ重要であったのが、土木工学を専門とする技術官僚であったはずだ。その典型として、ここで注目しなければならないのが永田兵三郎の存在であろう。

もちろん、この京都での都市計画土地区画整理事業が決定するまでに立案されたさまざまな計画案の責任者は、いずれも京都市長である。決定された都市計画土地区画整理事業の責任者は、一九二五年（大正一四）から就任していた安田耕之助市長であった。安田は、すでに見たように、行き詰まった都市計画事業一五幹線道路の建設の打開策として都市計画土地区画整理を利用するという計画案の立案の責任者でもあった。しかし一方で、この京都市の計画案の基となった京都市敷地割調査会を最初に立ち上げたのは、一九二一年（大正一〇）から市長に就任していた馬淵鋭太郎であり、この区画整理案の原点となった一五幹線道路の最初の市区改正案の責任者は、一九一八年（大正七）から就任していた安藤謙介市長であった。

確かに、三人の市長はそれぞれに、この計画案の作成に対して指導的役割を積極的に果したと言えるであろう。しかし、以上見てきたように、この計画案が一連の連続した政策の積み重ねの上に成立したものであることを考えると、この計画案の成立に対して、より深く一貫して関わってきた人物として永田兵三郎の存在を挙げなければならないはずだ。

都市計画事業一五幹線道路の建設の促進のために、土地区画整理を利用するというアイデアを研究した中心人物としては、『京都日出新聞』は京都市助役・田原和男を挙げていた。しかし、田原和男は、東京税務監督局や大蔵事務官などを経て京都市助役に就いたいわゆる大蔵官僚の出身であり、しかも任期は、わずかに七ヶ月ほどでしかない（一九二五年五月〜一二月）(54)。一方、永田兵三郎は、この田原の下での計画案作成に携わった人物としても名前が挙がっているが、それ以外の一連の計画立案の場面でも、常に立案者の一人として名前が挙げられている。この永田こそが、この都市計画土地区画整理の一連の計画立案から決定に至るまでに、常に中心にいた人物として考えることができそうだ。

永田兵三郎は、一九〇四年（明治三七）に京都帝国大学の理工科大学土木学科を卒業し、九州鉄道会社に一年ほど勤めた後に志願兵として従軍するが、除隊後、京都市技師に採用されている(55)。その後、一年間だけ大阪市電気局の技師に転じるが、再び京都市技師にもどり三大事業の第二琵琶湖疏水事業において工区長などを任されている(56)。そして、すでに見てきたように、一九一九年（大正八）に安藤市長の下で市区改正の幹線道路計画決定の時には工務課長の職にあった。その後、一九二二年（大正一一）に馬淵市長に敷地調査割について提案を行い、一九二五年（大正一四）に安田市長らと環状幹線道路沿いに限定した計画案を立案した際には、土木部長兼都市計画課長の立場になっており、翌年、京都市会で都市計画土地区画整理計画が決定されたときには、一九二四年（大正一三）に設置された電気局の局長となっている。さらに、一九二七年（昭和二）に退職する時には、後述する市村市長の土木局長更迭により、一九二五年（大正一四）に設置された土木局長も兼務していた。都市計画だけでなく、電力、営繕、市電事業など、土木・建築に関わるすべてを掌握するという、京都市の土木系の技術地方官僚としては、最高位の立場にまで上り詰めたと言ってよいだろう。(57)

もちろん永田の専門は土木技術であったが、(58)前述の『都市公論』誌上では、最初の敷地割調査報告を馬淵市長に提出した一九二二年（大正一一）に、「大京都市の建設」という論文を書いている。(59)そこでは、京都市の都市計画にあたっては「市是」が必要であり、それは「遊覧都市」と「工業都市」とがありえるが、これを併用すべきであるとし、その具体的な施策の可能性が論じられている。具体的な道路建設案や区画整理案などには全くふれていないが、都市経営という立場から京都という都市の将来像を明確にしようとする意志は強く持っていたことがうかがえる。

おそらくは、七年におよぶ、ここでのわが国初の都市計画土地区画整理案の成立までの動きには、この永田の都市経営の理念に支えられた献身的な努力があったと思われる。この永田の活躍を、京都市における政治と行政の相互の力関係という観点から捉えると、少なくともこの一連の都市計画事業においては、行政官僚による強いイニシアティブの存在をうかがうことができるのである。

ところが、永田は自ら生み出したとも言うべき土地区画整理事業が着手された直後に、京都市を退職してしまう。そこには、安田耕之助の後に、一九二七年（昭和二）に就任した市村光恵市長との確執があった。京都帝国大学法学部教授から市長に就任した市村は、就任早々に大胆な行政機構改革（事務分掌制度改革）を断行し、幹部官吏一二名を馘首してしまった。この時に、永田の部下である土木局・電気局の幹部が七名も含まれていた。(60)市村は、琵琶湖疏水事業以来の土木技術官僚がリードする「技術者万能主義」を排除したかったのだという。たえられなくなった永田は京都市を辞任する。しかし、この職員の大量解雇は市会からも批判され、市村もわずか八五日という京都市政史上最短の在任期間で辞職を余儀なくされてしまった。(61)その後、永田は横浜市に迎えられ、同市電気局長、後に土木局長を勤めている。

（4）大藤高彦と武田五一

確かに、京都での画期的とも言える都市計画土地区画整理事業計画は、永田兵三郎を中心とした、京都市の地方技術官僚たちが作り上げたものと結論づけられるだろう。しかし、こうした地方行政が行う各種の事業には、多くの場合、役所の外から、学者や専門家を委員や顧問として嘱託し、その計画・立案に参加させている。三大事業では、琵琶湖疏水の設計者である田辺朔郎が名誉顧問として嘱託されているが、この一連の土地区画整理事業では、京都帝国大学の大藤高彦と武田五一という二人の学者の名前が委員として登場する。彼らの果たした役割はどのようなものだったのだろうか。

すでに見たように、一九二六年（大正一五）に最終的に決定された土地区画整理の実施計画は、一九二四年（大正一三）に馬淵市長が組織した「都市計画敷地割調査会」が策定した計画案を基にして、その一部を限定して作られたものだ。その意味で、都市計画として区画整理を実施していくことを最初に立案したのはこの調査会であったと言ってよい。そして、この調査会において、大藤高彦と武田五一という二人の京都帝国大学の教授が委員として嘱託されていた。都市計画土地区画整理が最終的に決定された後に、その意義を伝える『京都日出新聞』の連載記事において、(62)この二人は、それぞれこの計画案についてコメントしているが、それを読む限り、委員の中でもとりわけこの二人が、同調査会の議論をリードする存在であったことがわかる。

大藤高彦は、『構造強弱学』の著作でも知られる、戦前の土木構造力学の権威であるが、(63)都市計画京都地方委員会の委員も勤め、都市計画に関してもさまざまな発言をしている。『京都日出新聞』のインタビューに答えて、今回の土地区画整理について「単に区画整理と云へば名古屋もやつているし神戸にもやつている。又尼ヶ崎にも実施されていると云つた風に必ずしも京都が全国に範を示す訳のものではない」が、「都市計画事業としての区画整理だけは我国に於ていまだ他に類例を見ざる新しい事業であることによつて他の都市に先鞭をつけたものと云へるのである」と、この計画の意義を説明している。(64) まさに、この土地区画整理が都市計画として行われることの意味を強調しているのだ。

一方、武田五一は、京都帝国大学の建築学科を創立し、数多くの作品を残した建築家でもあり、戦前の関西建築界に最も影響力を持った人物である。もちろん、都市計画京都地方委員会委員も勤めている。武田は、『京都日出新聞』のコメントの冒頭に「都市計画に於て先ず最初に着手すべき最も必要なるものは都市の周囲を整理して置くことである」と明快に指摘し、市街周辺部は地価も低廉のため、放置すれば密集した無秩序な状況を生み出してしまうとし、「東京、大阪の如く密集したら既に手遅れ」となると訴えている。そして、そうならないために、この土地区画整理が必要なのだと説いている。(65)

このように、大藤が都市計画としての意義を強調し、武田が都市周辺部での計画であることを強調している。そして、この二つの理念こそ、この土地区画整理案が持つ意義の本質そのものなのである。つまり、この画期的とも言える京都での都市計画土地区画整理案の基礎を作った「都市計画敷地割調査会」において、この二人の学者は、土地区画整理に対する理念をよく理解し、その理念の下に技術官僚たちの具体的な立案・計画をリードしたようすがうかがえるのである。そして、その理念を市民に向けて啓蒙するという役割も担っていたと言えるだろう。

(5)二つの土地区画整理政策

さて確かに、この京都での土地区画整理事業は、都市計画事業としての土地区画整理でありえた点など、旧都市計画法の下で実施される計画として、一つの理想的なあり方を示していたことは事実だ。そのことは、この計画が新聞紙上や専門誌などで紹介される時に、常に強調されてきた。しかし、一面で、その計画は都市計画事業道路建設の行き詰まりに対する対応としてあったという点も見逃せないだろう。つまり、先行する計画事業の苦肉の打開策という強い動機付けが、この理想型とも言える計画案を生み出す背景としてあった。

さらにもう一つ、この計画が京都だけで実現が可能となった背景について確認しておかなければならないことがある。それは、この計画が、土地区画整理の先行事例が存在しなかったために可能となったという点である。

すでに述べたように、東京や名古屋などでは宅地化を目的とした耕地整理が実施されてきた。当然ながら、これらの宅地化目的の耕地整理は、土地所有者等による自主的な事業である。したがって、そこに改めて、都市計画として設計される強制的な土地区画整理を展開することはきわめて難しかったはずである。それに対して、耕地整理の成果のない京都では、これが可能であった。市街地周辺において、自由に都市計画幹線道路や補助道路を設定することが可能であったのだ。それは言い換えれば、それまで、耕地整理を誘導してこなかった、つまり市街周辺地での整備を怠ってきた結果でもあると言うことも可能なのかもしれない（もちろん宅地化の需要が存在しなかったという可能性も残るが）。

ただし、先述のとおり、京都市も遅ればせながら旧都市計画法施行後に「京都市土地区画整理助成ニ関スル規程」を作り、民間施行による任意的土地区画整理を積極的に誘導しようとした。しかし、これは都市計画として土地区画整理を実行しようとする時に障害ともなりえた。民間施行と都市計画土地区画整理の補助道路設計に齟齬が生じる懸念があったのだ。一九二六年（大正一五）に京都市の都市計画土地区画整理案が提出される説明の中で、当時の土木局長は、京都市では「助成規定を設けて自発的に土地区画整理をなさむとするものの」、「此方法のみに依りては地主にして其の必要」、つまり郊外地での秩序ある発展を「了解せざる者ある場合多く全市の

周囲部が土地区画整理によりて系統あり統一ある市街地の発展をなすことが出来ぬ」と指摘している。(66)

結局、京都市は、土地区画整理の政策において、当初は民間施行の事業を誘導しようとしたが、その政策を怠ってきた事態を逆に利用する形で、市街地周辺での強制力を持った土地区画整理の実現に向かったと言えるのである。そこに、政策の一貫性のなさを指摘できるかも知れないが、結果的には、わが国でほとんど唯一の、その意味で画期的とも言える都市計画事業としての土地区画整理を実現させたのである。(67)

ところで、この京都での都市計画土地区画整理事業については、わが国初めての試みであったため、都市計画関連の雑誌にもいくつか紹介記事が掲載されている。その中で最も代表的なものとしてあるのが、戦前に都市問題や労働問題を論じていた楠原祖一郎による「京都市とその田園計画に就いて」という、『都市創作』という雑誌に二号にわたって書かれた論文である。そして、この論文において、京都の土地区画整理が、まさにここで指摘したような、京都市の無策とそれゆえの挽回策としてあったという位置づけが行われている。

楠原は、京都の土地区画整理の計画を「我国の都市計画施行都市中、所謂田園計画（ガーデン・プランニング）を以て都市計画事業として居るのは京都市だけであると私は記憶して居る」と評価する。つまり、未開地である郊外を主な計画の対象としたことの意義を指摘したのだ。これは、前述の武田五一の指摘と通じている。しかし、それまでの京都市が郊外地に対して整備を怠り、乱雑な状況になっていたことを、「かくの如き乱雑なる道路網は、市の当局にしてその措處宜しきを得ば、一定の方針の未だ樹立するに至らずとするも、これを未然に防止し得た筈である」とし、「然るにその今日かかる現象を呈するに至つて初めて、民間の有志を慫慂してその所有地の区画を整理改訂せしめんとするが如きは、よし大勢より見て未だ遅からずと雖も、吾々はそこに数日の懈怠を認めなければならぬであろう」と指摘している。(68)

そのように批判をしながらも、彼は最後には、「而し乍ら一面京都市は我国都市計画施行都市中率先して土地区画整理事業を、都市計画事業の一部として実施せんとするに決定して居るが、此の点に於て同市は実に我国の都市改良政策に対して一大センセーションを巻き起こしたものと云ひ得るであろう。それは全く京都市としては過去に於ける懈怠を償ひ得る所のものでもある」として、新たな土地区画整理計画は、それまでの京都市の「懈怠」を償ってもあまりある価値を持つものだと評価している。(69)

おわりに――都市計画の時代へ――

さて、以上のように、一九二〇年代後半に計画・実施が行われた京都の都市計画土地区画整理について、主にその計画案に見られる特徴と、それが誰によりどのようにして計画されたものであったのかを振り返ってきた。確かに、それは、わが国で例外的に実現した都市計画としての土地区画整理事業であり、まさに「一大センセーションを巻き起こした」ものであっただろう。

ただし、その立案は、都市計画事業道路建設の行き詰まりの打開策から発想されたものであり、本来あるべき都市計画としての土地区画整理計画からは限定・後退したものであったこと、そして、先行する耕地整理事業が全く進んでいなかったという事態が前提としてあったことが確認された。これはいずれも、京都の市街周辺部への政策に京都市がそれまで積極的でなかったことを示しており、それが結果的に、この画期的とも言うべき土地区画整理案を生み出したとも言えるのである。

この事態は、先行した京都市の三大事業とも似ている。三大事業で行われた街路拡築や市電敷設、上水道敷設などは、東京や大阪などでの事業実施に比べかなり遅れた。そこで、これらの先行する事業から学びながら、三大事業と命名して、一挙に施工を完了することに成功した。つまり、京都では、近代化を目指す都市基盤整備は、常に東京や大阪に遅れながらも、その遅れを利用する形で、一気に挽回する事業計画を作り出すことに成功してきたのである。

ただし、そうした起死回生とも言うべき計画を担った土木技術官僚に、ここでは改めて注目すべきであろう。琵琶湖疏水事業以来、京都市の行政組織の中で、土木技術の専門職員の占める政治的な力はしだいに大きいものになっていったと考えられる。それは、市村光恵市長が「技術者万能主義」と表現するほどであり、批判の対象にもなりえるほどの事態だったのかもしれない。しかし、この土地区画整理事業の立案・計画においては、永田兵三郎のような技術官僚のめざましい活躍がなければ実現できなかったのも事実である。

大阪では、一九一〇年代から二〇年代にかけての関一市長を中心とした先進的な都市政策が知られている。その政策は、都市専門官僚制の登場と位置づけられている。(70) この京都市によって立案された土地区画整理事業も、同じように専門地方官僚主導の事業であったと言えるだろう。しかし、関のような市長がリードする体制が整っていたわけではないし、社会政策まで含む広範な都市政策の一環として実現されたものとは言い難い。ただし、一九二〇年代は、確実に都市計画の時代であった。旧都市計画法の下で、大都市は各種のインフラ整備に取り組むことになる。そこにおいて、専門官僚の中でも、とりわけ土木技術官僚の存在が重要になっていったと考えられる。彼らは、都市計画法の成立により、地方都市の都市計画も内務省による国政事務となったことで、国（内務省）、府県、市町村を含んだ広域な人的ネットワークを作り、地方行政の中で政策決定に関わる発言力をしだいに強力なものとしていったのではないか。そうした事態を、この京都市による土地区画整理事業の経緯からうかがうことができるのである。今後は、こうした土木技術官僚の支配の構造を、地方都市の政治史・行政史の中でも位置づけていくことが課題となっていくだろう。

（1）　鶴田佳子・佐藤圭二「近代都市計画初期における京都市の市街地開発に関する研究――1919年都市計画法第

13条認可土地区画整理を中心として」(『日本建築学会計画系論文集』第四五八号、一九九四年四月)。

(2) 代表するものとして、伊藤之雄編著『近代京都の改造』(ミネルヴァ書房、二〇〇六年)。

(3) これは、都市計画法の第一二条に以下のように規定された土地区画整理の一般的な条文によるもので、「一二条認可」とも呼ばれる。「都市計畫區域内ニ於ケル土地ニ付テハ其ノ宅地トシテノ利用ヲ増進スル爲土地區劃整理ヲ施行スルコトヲ得前項ノ土地區劃整理ニ關シテハ本法ニ別段ノ定アル場合ヲ除クノ外耕地整理法ヲ準用ス」。

(4) これは、都市計画法の第一三条にある以下のような規定に従うもので、「一三条認可」とも呼ばれる。「都市計畫トシテ内閣ノ認可ヲ受ケタル土地區劃整理ハ認可後一年内ニ其ノ施行ニ着手スル者ナキ場合ニ於テハ公共團體ヲシテ都市計畫事業トシテ之ヲ施行セシム 前項ノ規定ニヨリ公共団体ノ施行スル土地區劃整理ニ付耕地整理法ヲ準用シ難キ事項ニ關シテハ勅令ヲ以テ必要ナル規定ヲ設クルコトヲ得」。

(5) 前注(1)鶴田・佐藤論文参照。

(6) 限定的なものとし、名古屋市での一九二六年の白鳥線区画整理や岩井線区画整理などがあるようだ。石田頼房「日本における土地区画整理制度史概説1870―1980」(『総合都市研究』第二八号、東京都立大学都市研究センター、一九八六年九月)。

(7) 三大事業とは、一九〇八年(明治四一)から始まる、第二琵琶湖疏水の建設と、それを利用した上水道の整備、および道路拡幅・電気軌道敷設事業のことである。京都市は、これら当時必要とされたインフラ整備を、一挙に実現させようとした。中川理「京都の三大事業」(『関西都市計画の歩みとまちづくりの智恵』日本都市計画学会関西支部、二〇〇一年)、前注(2)『近代京都の改造』など参照。

(8) 『京都日出新聞』一九一九年(大正八)一二月一三日。

(9) 『大阪朝日新聞』一九一九年(大正八)一二月二〇日。

(10) 伊従勉「京都市区改正設計」(丸山宏・伊従勉・高木博志編『みやこの近代』思文閣出版、二〇〇八年)。

(11) 京都市『京都の歴史 九』學藝書林、一九七六年、二五~二七頁。

(12) 高田景『大京都の都市計畫に就いて』一九三一年、一〇頁。

(13) 都市計画京都地方委員会において、道路新設の場合で三分の一、拡築で四分の一の工事費が、道路復員の五倍(旧市内)または一〇倍(新市域)の区域に対して科せられた。石田頼房「京都における受益者負担金反対運動」

（石田頼房『日本近代都市計画史研究』柏書房、一九八七年）。
(14) 前注(13)石田論文参照。
(15) 高田景「京都市に於ける土地区画整理」（『第四回全国都市問題会議議会2研究報告 第一議題甲編其二』全国都市問題会議事務局、一九三四年）。
(16) 『京都日出新聞』一九二六年（大正一五）八月三〇日。
(17) 『京都日出新聞』一九二六年（大正一五）九月七日。
(18) これが「京都市都市計画敷地割報告書」（京都市都市計画課）として残されているものと思われる。ここには、京都市内の建築敷地の間口・奥行・面積・街区寸法等の調査を行い、外国の事例も参照して、街区割の標準を、商業及住居地域、工業地域にわけて示しているという。前注(6)石田論文参照。
(19) 『京都日出新聞』一九二六年（大正一五）九月七日。
(20) 知事がこだわった修正意見とは、「鞍馬口通と今宮の西部を貫通する新設道路と共に、原案が八間となつていたのに対し六間説を主張して譲らず、他にも十一間道路の修正問題があり」などであったという。『日出新聞』一九二六年（大正一五）九月七日。
(21) 京都府・京都市『京都土地区画整理事業概要』一九三五年、一二頁。
(22) 京都市土木課『土地区画整理』一九二五年（大正一四）。
(23) 小栗忠七『土地区画整理の歴史と法制』（巌松堂書店、一九三五年）では、京都市でも宅地開発を目的に行われた耕地整理が六地区あったとされるが、前注(1)鶴田・佐藤論文によれば、それらは市街地に近接はしているが「純然たる農業基盤整備であったことが窺える」としている。
(24) 前注(6)石田論文参照。
(25) 前注(21)『京都土地区画整理事業概要』、一七頁。
(26) 『京都日出新聞』一九二五年（大正一四）九月一八日。
(27) 『京都日出新聞』が河原町線開通の時に報じた説明によれば、「例の三大事業によつて生れた市営の広軌電車と日本最古の布設にかかる狭軌電車の二種があつて市是として是非とも何等かの機会に於て之を統一せねばならぬといふ議論が喧しかつた時代であつた為め、都市計画の郊外線は後回しにして軌隔統一の必要上」中心部の路線が優先されたとしている。『京都日出新聞』一九二六年（大正一五）七月三日。
(28)『京都日出新聞』一九二六年（大正一五）八月三〇日。
(29)安田耕之助市長の説明の中での表現。『京都日出新聞』一九二六年（大正一五）五月二一日。
(30)『京都日出新聞』一九二六年（大正一五）八月三一日。
(31)『京都日出新聞』一九二五年（大正一四）一〇月二八日。
(32)都市計画京都地方委員会での審議を予想する『京都日出新聞』の記事には、「斯界の権威者を以て任ずる池田知事は自分の意見が本省に於て滅茶滅茶に叩き壊され市の立案に拠つて諮問する事となつたのであるから、多少は面目問題も加味されるであらう」としている。『京都日出新聞』一九二六年（大正一五）八月一二日。
(33)前注(21)『京都土地区画整理事業概要』、五頁。
(34)京都市土木局『京都都市計画土地区画整理とはどういふことをするか』一九二六年（大正一五）。
(35)初日だけで二万五千人を超える入場者があったという。『京都日出新聞』一九二六年（大正一五）九月二三日。
(36)『京都日出新聞』一九二五年（大正一四）五月三一日。
(37)「全国土地区画整理時報—京都府」（『都市公論』第一六巻第六号、一九三三年六月）。
(38)前注(12)高田著書、六四頁。
(39)前注(15)高田論文参照。
(40)大森吉五郎「京都市に於ける土地整理問題について」（『都市公論』第一六巻第六号、一九三三年六月）。
(41)前注(1)鶴田・佐藤論文および前注(15)高田論文参照。
(42)前注(15)高田論文参照。
(43)同前。
(44)伝記として、渡辺俊一・定行恭宏「池田宏伝　試論」（『土地住宅問題』五六〜六七号、一九七九〜一九八〇年）がある。
(45)『都市公論』第一〇巻第一〇号、一九二七年（昭和二）一〇月。
(46)前注(13)石田論文参照。
(47)玉置豊治郎「関東大震災と復興事業」（日本建築学会編『近代日本の建築学発達史』一九七二年）。

(48)　菊池愼三「街路事業の實行方法としての地帯区画整理と地帯収用」（『道路の改良』第七巻第四号、一九二五年四月）。
(49)　越沢明『東京都市計画物語』筑摩書房、二〇〇一年。石田頼房『日本近代都市計画の百年』自治体研究社、一九八七年。
(50)　前注(48)菊池論文参照。
(51)　同前。
(52)　さらには、この手法は「就中従来の街廓が新設拡築すべき街廓と併行的に配置してある場合は好都合である」としている。これは京都での計画環状幹線道路の条件そのものである。前注(48)菊池論文参照。
(53)　技術官僚たちによる土地区画整理の技術的・理論的な議論やその蓄積については、前注(6)石田論文に、都市計画史の立場から詳述されている。
(54)　泰郁彦『日本近代人物履歴事典』東京大学出版会、二〇〇二年。
(55)　永田兵三郎の経歴は、自費出版した『爾霊録』（非売品、一九三八年）と題された本から知ることができる。永田は、一九三四年（昭和九）に収賄の嫌疑を受けて収監され、その後無罪判決を得るが、その間の事情を自らまとめたのが『爾霊録』である。
(56)　京都市役所『京都市三大事業誌　第二琵琶湖疏水編』一九一三年（『明治後期産業発達史資料』第四七三巻、龍渓書舎、一九九九年）。
(57)　前注(55)の『爾霊録』によれば、「当時私は長く京都市に居りました為、少し語弊があるか知れませんが、土木局並びに電気局全体が私の部下若くは同僚と云ふやうな関係にあつたのであります。」と述懐している。
(58)　論文として、松田貞治郎・永田兵三郎「大阪市電気鉄道軌条摩滅に就いて」（『工学会誌』第三七八号、一九一四年一一月）、永田兵三郎「市街電鉄所見」（『土木学会誌』第三巻第四号、一九一七年八月）、永田兵三郎「横浜市の電車事業に就て」（『都市問題』一九三二年一月号）などがある。
(59)　永田兵三郎「大京都市の建設」（『都市公論』第五巻第三号、一九二二年三月）。
(60)　前注(11)『京都の歴史　九』、および前注(55)『爾霊録』。この間の市村市長と永田の対立については、白木正俊「市村光恵市長小論（一）」（『京都市政史編さん通信』第五号、二〇〇一年三月）に詳しい。

(61) 前注(60)白木論文参照。なお、両者の対立は、東山の開発をめぐる一九二七年(昭和二)の『京都日出新聞』誌上での論争でも知ることができる。これについては、中川理「東山をめぐる二つの価値観」(加藤哲弘・中川理・並木誠士編『東山/京都風景論』昭和堂、二〇〇六年)参照。

(62)「市民の利害に大関係ある区画整理と補助道路」というタイトルで、一九回にわたり連載記事が掲載されている。『京都日出新聞』一九二六年(大正一五)八月三〇日~九月一八日。他にも、都市計画京都地方委員会委員である、田辺朔郎や医学博士・小川瑳五郎、医学博士・戸田正三らがコメントを寄せている。

(63) 藤井肇男『土木人物事典』アテネ書房、二〇〇四年。

(64)『京都日出新聞』一九二六年(大正一五)九月一〇日。

(65)『京都日出新聞』一九二六年(大正一五)九月一一日。

(66)『京都日出新聞』一九二六年(大正一五)二月一三日。

(67) ただし石田頼房による日本の都市計画制度史の立場からの評価によれば、この京都での手法とその実行は、旧都市計画法でも規定された、収用によって敷地を確保して行う土地区画整理の手法の可能性が尽きてしまったことを象徴するものであると指摘している。前注(6)石田論文参照。

(68) 楠原祖一郎「京都市とその田園計画に就いて・前編」(『都市創作』第四巻第五号、一九二八年五月)。

(69) 楠原祖一郎「京都市とその田園計画に就いて・後編」(『都市創作』第四巻第六号、一九二八年六月)。

(70) 芝村篤樹『関一――都市思想のパイオニア――』松籟社、一九八九年、小路田泰直「『政党政治』の基礎構造――都市と地租委譲問題」(『日本史研究』二三五号、一九八二年四月)など。

地価分布からみた近代京都の地域構造

山田　誠

はじめに

現代都市の地域構造にとって地価が重要な意味を有していることは、ここで改めて指摘するまでもない。とくに日本の大都市のように、諸外国の都市と比べて地価水準がかなり高い場合には、都市の土地利用に対して地価のもつ意味はきわめて大きい。そのこともあって、都市の地価に関する研究は、その形成メカニズムを追及しようとする理論的研究や、地価分布を地域構造研究の指標として用いる研究など、多くの成果が経済学や地理学を初めとしていくつかの学問分野で蓄積されてきた。

今、筆者が直接研究の対象としようとしている近代の日本についても、当時の経済体制とりわけ宅地の所有制度が今日と本質的に変わりのないものであった以上、都市の地域構造の考察にとって地価のもつ意味は十分に存在すると考えられる。しかしながら、近代の日本の都市の地域構造の復原的研究に対して当時の地価分布を用いようとした研究は、皆無と言っても過言ではないように思われる。もちろん、戦前期の日本の都市の地価についてふれた文献そのものが皆無だというわけではない。たとえば杉村暢二は、都市地理学・商業地理学の立場から日本の主要都市四〇〇余を取り上げ、各都市の最高地価地点の位置が一九二六年（大正一五）から戦後にかけて移動したか否か、移動した場合にはどの程度の距離か、といった点について検討し、類型化を行っている。(1) また日本の都市における近現代の借地について法社会学の立場から論じた瀬川信久の研究においても、戦前期の都市の地価や地代の実態について、興味深い考察がなされている。(2) これらいずれの著書においても京都の事例への言及があり、本研究にとって貴重な先行研究と言うことができる。

近代の京都の地価そのものを対象とした研究としては、一九一二年（大正元）の四条寺町から鴨川にかけての地価分布を一筆ごとに表現するという、かつての筆者の試みがあり、(3) また最近では、その小文で筆者が用いたのと同じ『京都地籍図』『京都地籍図附録』を用いて、当時の京都市の地価の図化とその簡単な解説を行った例がある。(4) 筆者はまた、本章で扱う内容の概要ともいうべき小論文をすでに公表している。(5)

本章は、筆者自身のこれらの既往の成果をも利用しながら、近代の三つの時点における京都市内の地価分布を復原し、かつそれらの間の変化についても考察しようとするものである。ただ紙数の制約その他の理由から、そこで取り上げる三時点は必ずしも同一の精度で扱うわけではなく、第一の時期すなわち一八九〇年代末を最も詳細に考察し、後の二時点についてはそれとの変化に重点を置いて取り上げることとしたい。

一　戦前の日本における地価制度の変遷

近代の京都の地価に関する具体的な考察に先立ち、戦前期の日本の地価の制度的側面に関して、若干触れておくことが必要であろう。以下は、佐藤和男の著書(6)などによる、その概観である。(7) なお地価という場合、田畑や山林のものも当然含まれるが、ここでは本稿の趣旨に直接関係する宅地のみを対象とする。

なお今日においては、地価という用語はごく一般的に用いられ、そのため一口に地価と言っても、（1）固定資産税の基準となる評価額、(2)相続税・贈与税の算定基準である、いわゆる路線価、(3)地価公示制度により公表されるもの、(4)売買実例、など、性格の異なるものが含まれるが、戦前期、とりわけ明治期においては、「地価」と言う場合、地租の基準となるべき公定の評価額だけが意味されていた。しかし本稿では、この時期についても一般的な用語として地価という語を用いることとし、限定された意味で用いられている場合で、とくに区別する必要があると判断される場合には「地価」と表現する。

明治維新によって成立した日本近代国家は、その財政収入の基盤を地租に置いた。そのため、地租のベースとなる「地価」を定めることは焦眉の急とされた。全国を対象として行われたその作業は、一八八四年（明治一七）に一応の完成をみたが、本来五年に一度実態に即した見直しを行うこととされていたにもかかわらず、それがなされなかったために、一九〇六年（明治三九）ごろには、売買実例などとの間に大きな食い違いが生じたり、あるいは地域間での著しいアンバランスが生じたりしていた。そのため、一九〇六年から全国的に宅地地価の修正を行うこととなり、約五年をかけてその事業が完了した。当時『京都地籍図』『京都地籍図附録』以外にも、東京、大阪などの大都市において、土地一筆ごとの地価等級を含む諸情報を記した大部な書物が相次いで刊行されているが[8]、それは、修正された地価等級というものが、当時の大都市の土地所有者や借地・借家者にとって重大な関心事であったことを物語るものであろう。

これより先、一八九六年（明治二九）に制定された営業税法においては、物品販売業を初めとする各種の営業者に対して、いくつかの基準に基づいて国税としての営業税が課せられることとなったが、その際の基準の一つとして「建物賃貸価格」というものが含まれていた[9]。この語から直ちにその内容を理解することは困難であるが、その意味は要するに営業が行われている場所の土地および建物の評価額であり、業種によってたとえば物品販売業の場合は「建物賃貸価格」の〇・四％が、他の基準（たとえば従業員数など）によって算出される金額と合算して納付することが求められた。この制度の下では、自らの所有地上に持家を建てて営業しているケースでも、住居部分も含めて課税対象とされた。「建物賃貸価格」は法文上は営業者の自己申告に基づくものであったが、容易に推測できるように、その申告が適正であるか否かについては紛議が頻発することが予想された。そのため京都市では、商業会議所の主導で、関係官公庁とも協議の上、市内の宅地化されている箇所のすべてについて、土地に関する基準賃貸価格を、今日言うところの「路線価方式」で設定した。これは、公定地価とは性格を異にするものではあるが、それに準ずるものとは言えるであろう。(10) これと同時に京都商業会議所では、建物自体についての基準賃貸価格も設定しているが、これについては市内均一の基準であり、ここで分析対象とすべき性質のものではないと考えられる。

一九一〇年ごろに改められた「地価」は、その後十数年間にわたって地租算定の基準として用いられたが、一九二〇年代半ばに至って、それにも種々の問題が生じてきたようで、大蔵省の主導によって抜本的な「地価」の改定が行われた。(11) この時の改正では、それまで相互に関連づけられてはいなかった「地価」と「賃貸価格」(12) とを一体化し、まず賃貸価格を確定した上で、「地価」をその一〇倍と機械的に定めた。昭和戦前期の「地価」あるいは賃貸価格は、こうした経過によって定められたものである。この際の賃貸価格の具体的な決定作業の方法は、今日相続税等の算定に用いられる路線価が決定される際の方法と大同小異で、まず全国的なバランスの検討の下に税務監督局管区ごとの最高賃貸価格を定め、その後に個々の税務監督局管区に含まれる税務署管区ごとの最高賃貸価格の決定と個別税務署管区内の地区ごとの賃貸価格を決定するというものであった。地主の中から選任された委員が地区ごとの賃貸価格の決定に当たってある程度の発言権を有していたことは、むしろ今日の制度よりも民主的であったようにも思われるが、おそらくこれは、当時の地主勢力の発言権の強さを物語るものなのであろう。

二　一八九〇年代末の地価（賃貸価格標準）

本章で扱う京都について、筆者は残念ながら現在までのところ一八八四年に定められた地価等級の資料を閲覧・利用する機会を得ていない。そのため、それに代わる早い時期の京都の地価資料として、前述の営業税法上の賃貸価格の基準値（賃貸価格標準）を用いることとする。もちろん、これらは性格の異なるものであるから、ここでの分析結果と次節以下の分析結果を安易に比較することは謹まなければならない。

(一)資料とその性格

筆者が手元に置いて直接利用した資料は、『賃貸価格標準調査書』というものである。天地一九センチ、四〇頁足らずの小冊子で、京都商業会議所の刊行である。編者による序文の日付（明治三〇年一二月下旬）と奥付に記載された発行日（明治三二年一月二三日）の間に一年以上の時間差がある点は、一見したところでは理解しがたいが、これは、この資料に先立つ同様の内容の資料が存在していることで了解される。[13]つまり、筆者が入手した資料は「第二版」というべきものなのである。ただ、初版に当たるものと第二版に当たるものとは、内容こそ同一ではあるが、判型・活字等は異なっており、単純な初版と第二版の関係ではない。さらに国立国会図書館には、メインタイトルはこれらと同様で、「付　京都市特別営業税地位等級」という副題のついた小冊子が所蔵されており、[14]今日では「近代文献デジタルライブラリー」を通じてオンライン閲覧が可能である。この国会図書館所蔵の小冊子の凡例によると、そこに併せて示されているのは一九〇〇年（明治三三）六月に京都市公告第一四七号で制定された京都市特別営業税の等級である。この等級もある意味、当時の京都市の地価分布を示していると言えるが、等級の設定がわずか四等級（高い方から順に一等地から四等地まで）であったことから、本稿での分析対象とはしない。

これら三種類の冊子の内容は、一九〇一年刊行のものに付随的な情報が含まれているとはいうものの基本的には同一であり、筆者が、それらの内、第二版に当たるものとした一八九九年刊行の資料を用いて分析を進めることに、とくに大きな問題はないものと思われる。

なお、これら三つの資料のいずれにおいても、そこに表示されている「賃貸価格標準」なるものの面積単位については明示されていない。後に記すように最高価格が一〇〇円であることから、これを一坪当たりの賃貸価格そのものと考えると、一坪当たり五円程度とされていた、これより数年後の京都市の賃貸価格の実態[15]からは大きく上方に掛け離れることになる。この点については、この調査の中心的役割を担った京都商業会議所の出版物[16]から明らかにすることができる。それによれば、ここで設定された「賃貸価格標準」とは賃貸価格そのものではなく、あくまでも「賃貸価格の基準となるべき一坪当たりの標準価格」の意味であることが知られる。

(2)地価（賃貸価格標準）の分布

上記の資料をもとにして、当時の京都市内の地価（賃貸価格標準）の分布を図化すると、図1のようになる。この図では坪六〇円以上の部分を一括しているため、最高の地点がどこかを図から直接知ることはできないが、原資料によると、当時の京都市内で最高の「賃貸価格標準」を示していたのは、新京極通の四条通から錦小路通までの間で、一坪当たり一〇〇円であった。図1からも知られるように、その近くの新京極通や四条通には、一坪当たり六〇円以上の区間がかなり広い範囲で見られる。とりわけ、四条大橋を越えて祇園に至るまでの鴨東地区には、そこが当時から今と変わらぬ紅灯のちまたであったことを反映してか、高い地価水準を示す部分が多かった。こうした地域的性格をもつ高地価地区は、他にもたとえば、島原（下京・西部の飛地状の地区）や宮川町

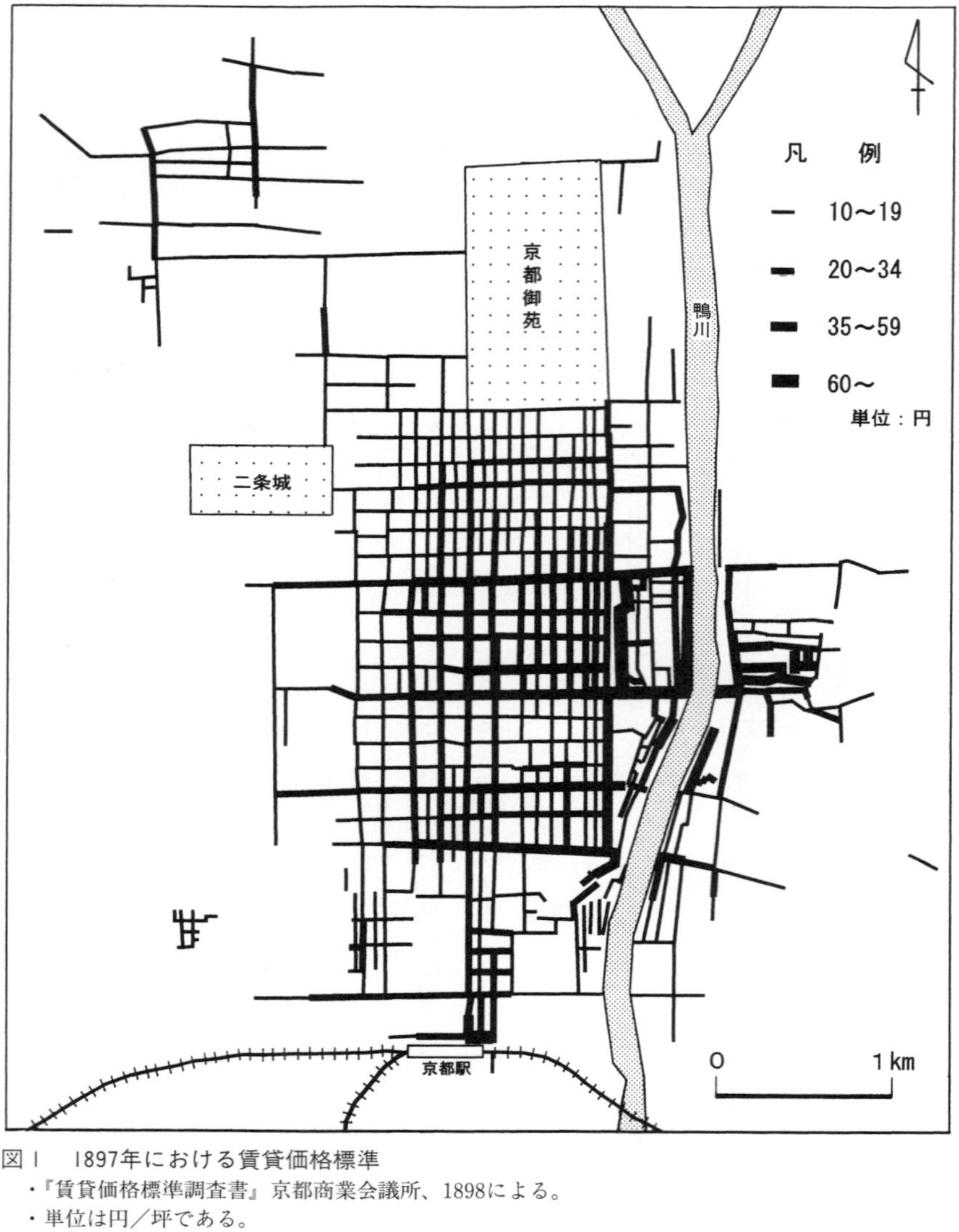

図1　1897年における賃貸価格標準
・『賃貸価格標準調査書』京都商業会議所、1898による。
・単位は円／坪である。
・鴨川・高野川に架かる橋は表現を省略している。

(下京・鴨東の鴨川沿いの地区)などに顕著に見られる。新京極通・四条通に比べるとやや低いものの、この付近でそれらに平行する通りの中にもかなり高い地価を示すものがあった。それらは、東西路としては北から順に三条通、錦小路通、松原通、五条通、南北路としては鴨川沿いの先斗町通(三条—四条間。ここも前述のいくつかの地区同様、花街であった)、寺町通(三条以北および四条から五条まで)、東洞院通(六角—四条間)、烏丸通などである。これらの内、先斗町通の地価設定方式は異例なものであった。つまりここでは、夏には床が設けられる通りの東側が高く、そういうことのできない西側が低く設定されていたのである。

最高の地価を示していた新京極周辺で注目すべきことは、河原町通の地価が著しく低かったことである。図1から読み取れるところでは、三条—四条間の一坪当たり地価は一〇~二〇円であり、原資料にまでさかのぼると、この区間での地価は一七円であった。この付近の南北路の水準としては、河原町通のすぐ西側を平行して走る裏寺町通とともに最低に近い。この時期の河原町通は今日と比べると幅員が狭く、現状への拡幅は一九二〇年代を待たなければならなかったのだが、しかし、幅員の狭さだけが河原町通の地価の低さの原因だったとは言い切れない。というのも、図1からも地価の高さが知られる四条通も、図1が表現している時点ではまだ拡幅されていなかったからである。

この、四条通・新京極通を中心とする高地価域とは不連続な形で、京都駅前にも一坪当たり六〇円を越える区間がわずかに見られる。原資料にまでさかのぼると、この区間は一坪当たり七五円を示していたことが知られる。ただし、七五円の地価を示す区間の長さはごく短く、塩小路通の烏丸通と不明門《あけず》通の間だけであった。距離にしてわずか五〇メートル程度にすぎない。その東に続く部分(東洞院通まで)が一坪当たり六〇円を示したものの、南北路の烏丸通は木津屋橋通(二〇〇七年二月まで存在したプラッツ近鉄の南側)以南、京都駅までの区間でも一坪当たり三六円にとどまっていた。

当時の京都市は上京区と下京区の二区から構成されていた。その境界は前近代からの伝統的な意識を引き継いでおおよそ三条通であった。上に見た高地価域はいずれも下京区に属する箇所であるが、では上京区において高い地価を示したのはどのあたりであろうか。三条通からすぐ北のあたりに見られる高地価域は、その南に続く高地価域からの延長部分と考えられるので除外すると、上京区での高地価域は西陣地区ということができる。中でも高かったのは上京区の北西部を南北に走る千本通で、一条—今出川間が一坪当たり三〇円、この区間の北に続く今出川—五辻間が一坪当たり二八円であった。これに次ぐのは千本通より五〇〇メートルほど東をやはり南北走する大宮通で、上立売—寺ノ内間で一坪当たり二八円を示していた。今日、近隣型商店街としてかなりの賑わいを見せている出町の桝形商店街（加茂川・高野川合流点の西側にある）は、一坪当たり一五円で、周囲の住宅地区よりはかなり高いものの、西陣地区には及ばなかった。

なお、下京について指摘した花街の地価の高さは、上京でも絶対的な金額はやや下がるものの同様に指摘することができる。図1の北西端付近の上七軒や、千本中立売の南西に位置する五番町などがその例である。

図1では表現上の限界をも考慮して、一坪当たり一〇円以上の地価をもつ街路のみを明示している。しかし当時の京都市の市街地には、これ以下の地価水準の地区も少なくなかった。とくにそれらは上京区内に多かった。市制施行時に市域に含まれるようになった鴨東北部（図1で凡例が描かれている部分）だけでなく、京都御苑の東西両側にも低地価の地区がかなり広く展開していた。

三　一九一〇年代初頭の「地価」

ここでは、筆者が以前にも用いたことのある『京都地籍図』および『京都地籍図附録』(17)の記載内容から、一九一〇年代初頭に改定された公定地価の分布について、前節での結果をも念頭に置きながら検討を行う。

（1）資料とその性格

『京都地籍図』および『京都地籍図附録』は、それぞれ三編から構成される。「上京之部」「下京之部」、それに「接続町村之部」である。『京都地籍図』はA四判よりやや小さい寸法のシートもので、枚数は「上京之部」「下京之部」はそれぞれ一五〇余枚、「接続町村之部」はそれよりかなり少ない枚数である。おそらく石版印刷と思われ、黒・肌・藍の三色が用いられているが、黒以外の二色はそれほど有効に利用されているようには見えない。縮尺は明示されていないが、おおむね一五〇〇分の一程度である。ただし周辺部の図幅にはより小縮尺のものが若干含まれている。図中に示されている情報としては、町名・町界・地筆界・地番・地目・面積が主なものであり、ほかに主要施設（学校・大規模商店・銀行・社寺・墓地・電車線路など）についても明示されている。

「地価」に関する情報は『京都地籍図』ではなく、すべて『京都地籍図附録』の方に含まれている。面積（一〇〇分の一坪単位）と地価総額（厘単位まで）、地価等級がその内容である。また『京都地籍図附録』には一筆ごとの所有者名と住所の情報も記載されているので、それらの情報を用いることによって、当時の京都の土地所有構造の研究を行うことも可能であり、事実、このテーマに関する研究成果も公表されているが[18]、本章ではこの点については立ち入らない。

（2）「地価」の分布

すでに指摘したように、立命館大学の研究グループによって上記の資料を用いた京都市域全体の一九一二年（明治四五／大正元）の地価分布の復原図が作成され、その結果に関する簡潔な紹介も公表されている[19]。したがってここでは、それとの重複を避けて京都市全域についての一筆ごとの地価分布の考察は省き、代わりに当時の京都市の地区ごとの地価分布に関する概観と、都心地区に限定しての一筆ごとの地価分布の表示・解説の二点を行うこととしたい。なお今回の小論では、対象を当時の京都市域に限定し、接続町村に関する分析については他日を期したい。

『京都地籍図附録』では、その記載の単位としてほとんどすべて「元○組」というものが用いられている。これは一八七九年（明治一二）から一八九二年（明治二五）まで用いられた地区単位であり、一部を除いて小学校区と重なっていた。その数は、『京都地籍図附録』では上京区、下京区に三四ずつであった。ただし下京区については番号で表示されているのは元三三組までで、この他に「西九条」地区があった（図2）。

図3は、これら六八地区を単位とした地区内最高地価の分布を示したものである。この図には併せて、一〇円ごとの等地価線をも示した。坪当たり八四円を示す下京区元六組を最高として、下京区のかなり広い範囲と上京区の南部に高地価域が分布し、京都駅前付近（最高三五・五円）と西陣地区（最高一七円）にも飛地状に高地価域がみられる。この図は一筆ごとの地価を個々に表現したものではないため、全般的な傾向よりも高めに表現されることには注意する必要があるが、京都市全域における地価分布のおおよその傾向をうかがい知ることは十分可能と思われる。全体として、前節で扱った一八九七年当時の状況と比べて大きな変動はみられない。

一九一二年に京都市内で最高の「地価」を示していたのは、筆者もすでに指摘したように、新京極通と錦小路通の交わる辺りであった。そこは一二四等級とされ、坪単価は既述のように八四円であった。当時の他の主要都市の最高地価について、手元の資料で知りうる限りで記すと、東京は一三三等級、一二一〇円（日本橋）、大阪は一三一等級、一一五円（道頓堀）であり、[20]これら二都市と京都の間にはかなり大きな格差が存在していたことがわかる。一九一三年の京都市の人口（五〇・九万人）が、東京市（二〇五・九万人）はもとより大阪市（一三九・六万人）にも大きく水をあけられていたことからの当然の帰結と言えよう。

図4は、一九一二年当時の京都の一筆ごとの地価分布を、都心部（東西は鴨川から烏丸通の直前まで、南北は三

条通から四条通まで）に限定して階級区分図の形で示したものである。本図の作成に当たっては、京都市発行の現行二、五〇〇〇分の一都市計画図を基本資料として、一九一二年以後に拡幅されたことの明らかな道路部分については以前の道路幅と思われる程度に修正して基図（ベースマップ）とし、その基図の上に『京都地籍図』に描

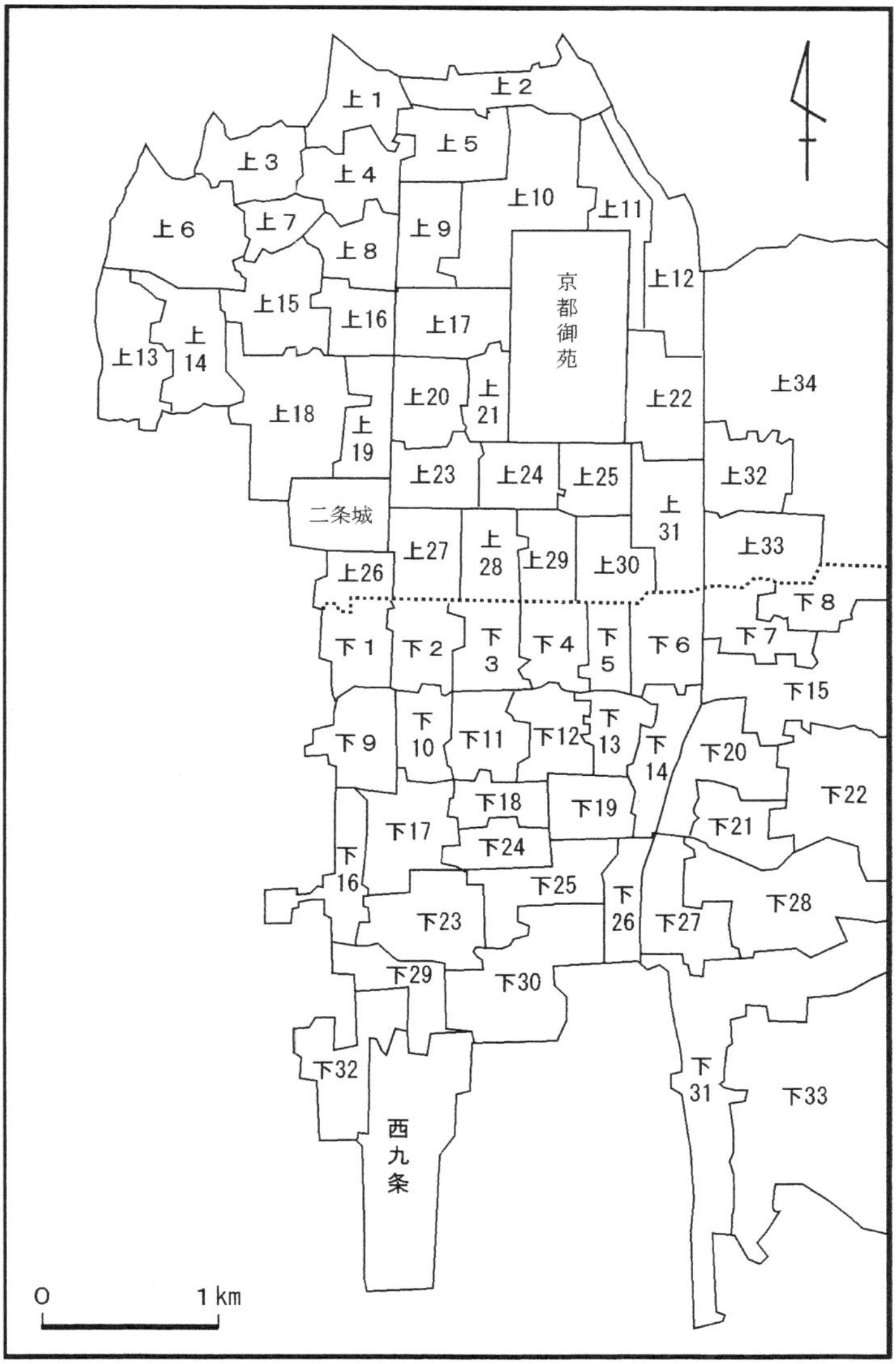

図２　『京都地籍図』における地区区分
・図中たとえば「上３」とあるのは、上京区元第三組を意味する。

かれた地筆界を移記するという方法をとった。[21] 図4から知られる事実としては、街路ごとに見た場合に新京極通（図4および図6では、「通」という文字はすべて省いている）が最高で、四条通がそれに次いでいたこと、先斗町通は道路の東と西とで地価にかなり大きな差が見られたこと、河原町通の地価はきわめて低かったこと、錦小路通

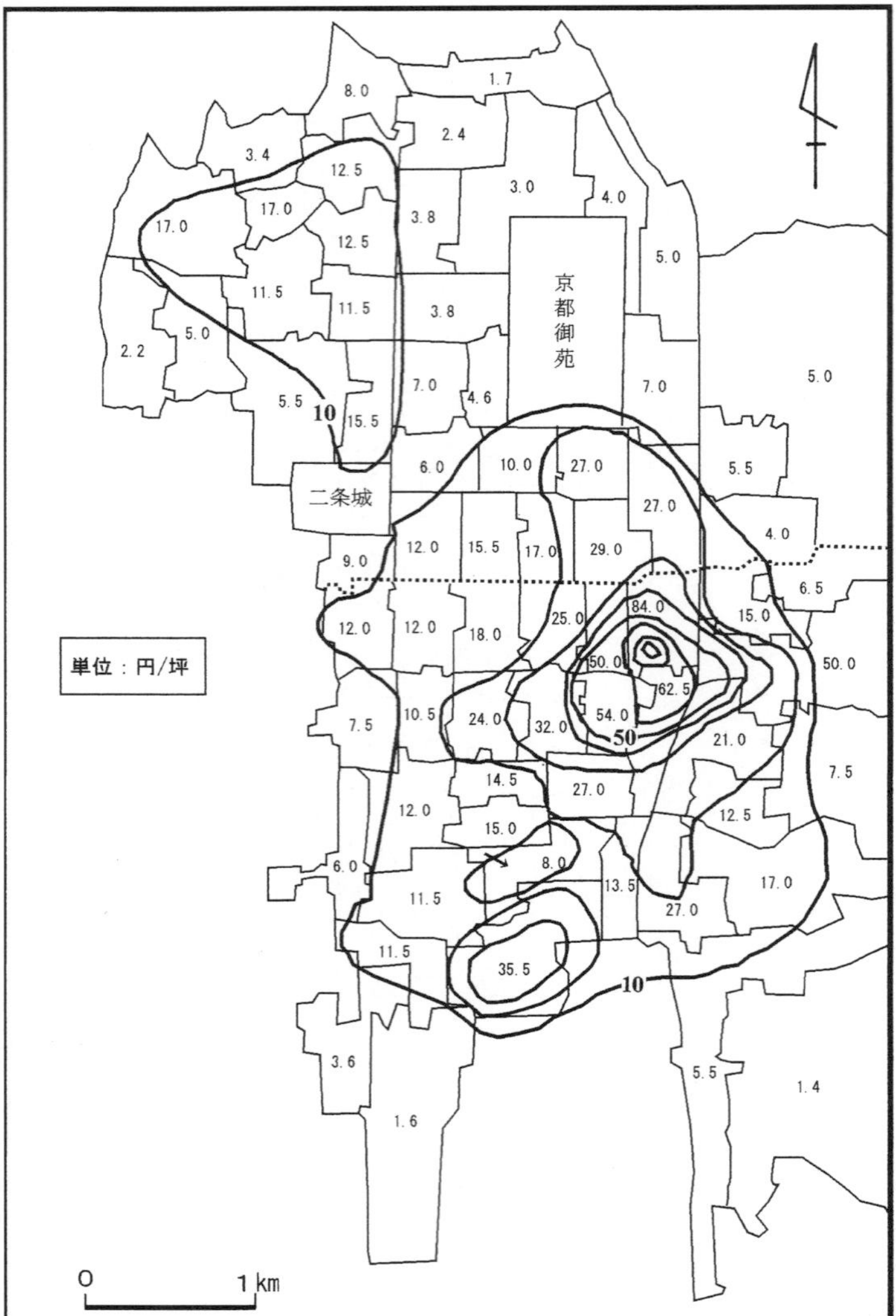

図3　1912年における地区別最高地価
・『京都地籍図附録』京都地籍図編纂所、1912による。
・図中に記入した等地価線の間隔は10円である。周りより最高地価の低い部分が内部に存在する場合には、地形図における小凹地の表現法にならって外から内に向けて矢印を記した。

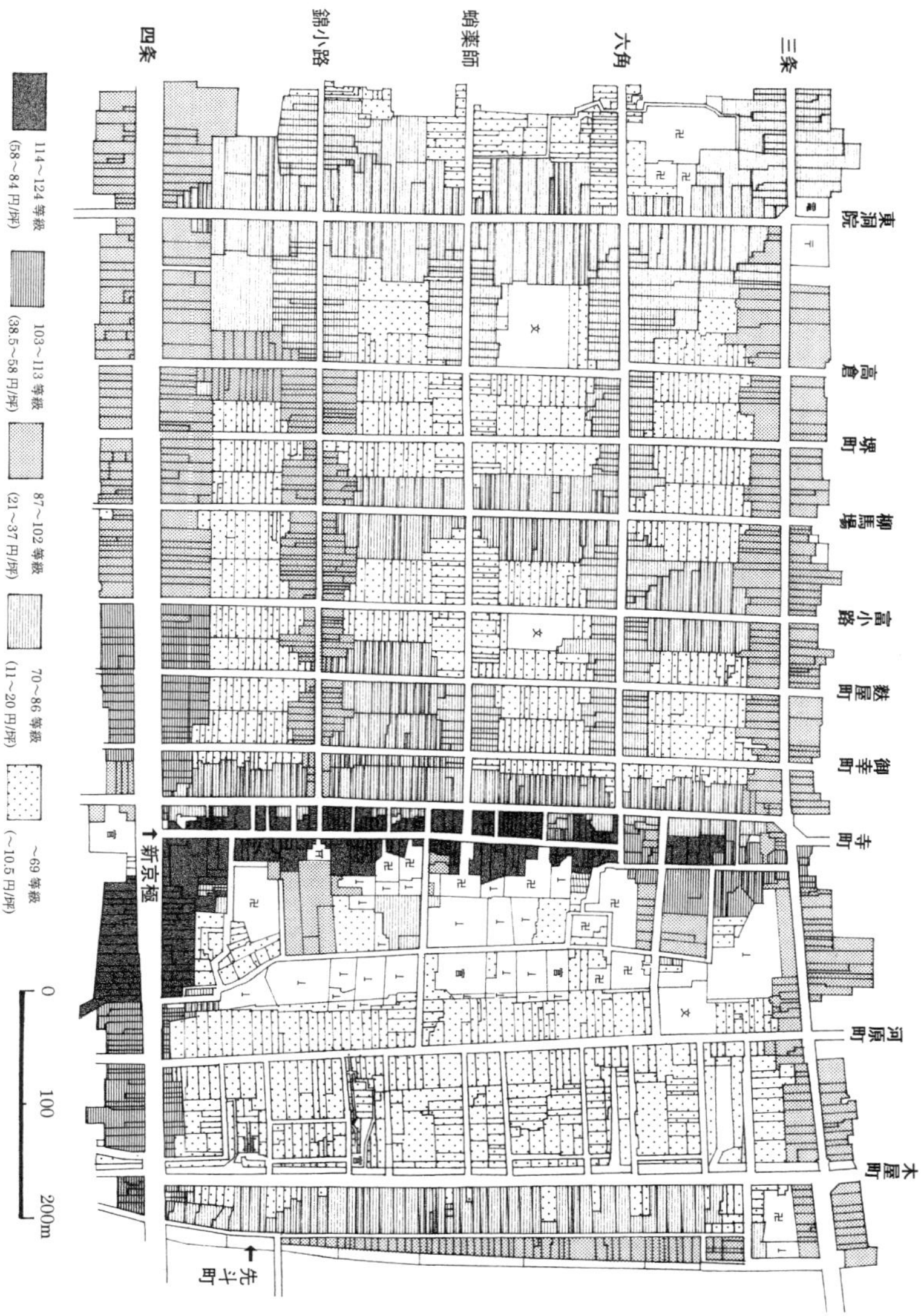

図4　1912年における都心部の1筆ごとの地価

・『京都地籍図 第二編下京之部』および『京都地籍図附録 第二編下京之部』京都地籍図編纂所、1912による。

とりわけ高倉通以東の地価は六角通や蛸薬師通と比べてかなり高い水準にあったことなどがあげられる。前節で見た都心部の高地価路線の状況がおおむね維持されていることがうかがえる。

四　一九二〇年代末の地価

(一)資料とその性格

ここで用いる資料は、『京都市土地賃貸価格表　第一編、第二編』と題するものである。[22]第一編は上京区、第二編は下京区を、それぞれ対象とし、どちらも学区ごとに記載がなされている。この資料には、前節で利用した『京都地籍図附録』とも共通する内容として、一筆ごとの等級と賃貸価格（一坪当たりの単価）が表示されている。ここで賃貸価格という語が用いられているのは、第二節で記した事情によるものであり、前節の分析で使用した「地価」と対比させるには、賃貸価格として掲げられているものを一〇倍した値を用いればよい。

この資料について残念な点は、『京都地籍図』に相当するような地図が添えられていないと思われることである。そのために、『京都地籍図』以後一五年余りに生じた分筆・合筆・国公有地化などによる地筆界等の変化の実態を知ることができない。後に示す図6（図4と同じ範囲を表現している）において、空白部分が図4よりもやや多いのは、こうした事情による。またこの資料では、『京都地籍図附録』にあった各地筆ごとの面積や所有者名などの情報は含まれていない。そのため土地所有に関する分析を、この資料を用いて行うことは不可能である。

(2)地価の分布

ここでは前節で行ったのと同様の方法で、一九二八年（昭和三）当時の京都市の地価の分布についての考察を行う。なおこの時期の京都市は一九一八年（大正七）に若干の周辺町村を合併した（村域の一部が合併されたケースもあった）ため、『京都市土地賃貸価格表』からデータの得られる範囲は、一九二二年の市域よりはかなり広い。しかしここでは、前節での考察との比較を容易に行えるよう、『京都地籍図』『京都地籍図附録』で採用されている地区割に完全に準拠した形で、その地区ごとの最高地価（賃貸価格）を割り出した。そのため、以下の考

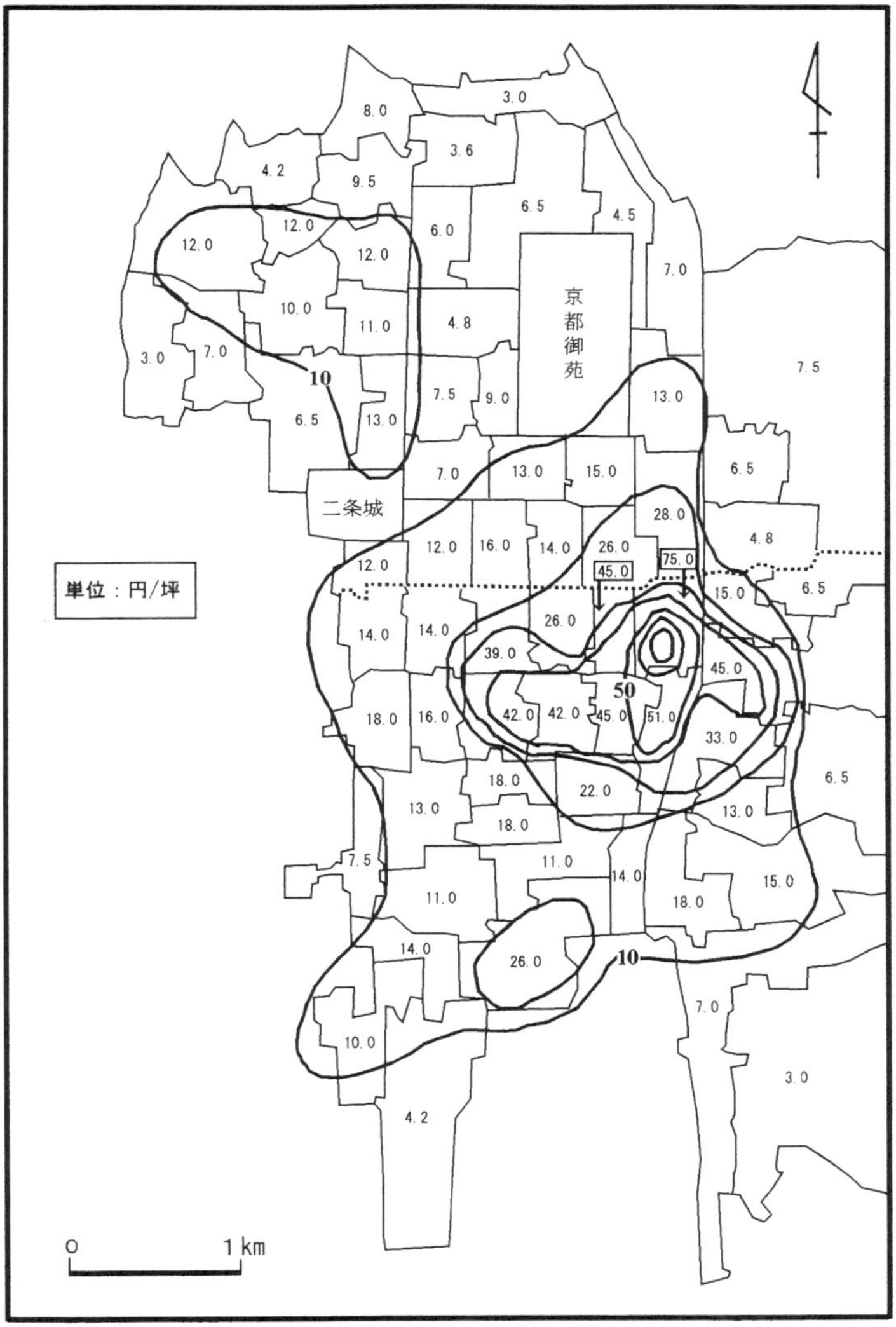

図5　1928年における地区別最高地価(賃貸価格)
・『京都市土地賃貸価格表』京都土地協会、1928による。
・本文中にも記したように、図3での地価と直接比較するためには、本図の数値を10倍することが必要である。
・図中に記入した等地価線の間隔は10円である。
・数値を地区内に記入できなかった2地区については、隣接地区に四角で囲って記し、本来の地区に向けて矢印を入れた。

表1　大正末〜昭和初期の主要都市の最高地価等級・賃貸価格(単位：円)

都市名	地価等級	賃貸価格	1925年人口
東　京	103	100.0	4,109,640
大　阪	103	100.0	2,135,257
京　都	98	75.0	851,572
神　戸	98	75.0	818,602
名古屋	96	65.0	842,835
横　浜	95	60.0	595,148
福　岡	89	42.0	277,219

・等級と賃貸価格は大蔵省主税局『大正15年4月現在　土地賃貸価格調査事業報告書』、同、1930による。ここでは89等級以上の都市についてのみ記した。
・1925年人口は、『昭和55年10月1日の境域による各回国勢調査時の市区町村人口(大正9年〜昭和55年)』総務庁統計局、1985による。なお当時は、周辺町村の合併時期の違いなどから、大阪市の人口が東京市のそれを上回っていた。そのため、1925年当時の境域の人口を用いると東京・大阪の実質的な規模の大小を示せなくなると考え、あえて1980年時点の境域での人口を用いた。

察の対象とされた範囲は、一九二八年当時の京都市の範囲よりかなり狭い。

図5は、図3と同じ範囲について各地区ごとの最高地価を表示するとともに、等地価線をも示したものである。すでに記したように、この当時の制度では地租の基準となる「地価」は賃貸価格の一〇倍とされたから、本図に示された数値を単純に図3のそれと比べることはできず、この間に八〜一〇倍程度の地価上昇（評価増）があったと解釈すべきである。各地区ごとの最高地価の分布状況を、この図全体として眺めると、図3で示した一九一二年当時の状況との間で大きな変化は見られないということができそうである。市内最高の地価（賃貸価格）を示した箇所は下京区第六学区（一九一二年の下京区元六組）の新京極通と錦小路通の交差点付近に見られる九八等級で、一坪当たり七五円であった。この金額と京都駅前付近での最高地価（八三等級、一坪当たり二六円）の比は約三対一であり、一九一二年と比べて格差はやや拡大した。

京都市の最高地価（賃貸価格）の一坪当たり七五円という数値は、当時の日本の大都市と比べてどの程度に位置づけられるのであろうか。幸いこの時期については、全国の市および主な町の最高地価（賃貸価格）の資料が得られるので、その点を表1として示した。これによると、東京と大阪が同額で一坪当たり一〇〇円とされ、京都の七五円は神戸とともにそれに次いでいた。京阪神が京浜と比べて過大評価されていたような印象を受けるが、一九二三年の関東大震災からまだ三年程度しか経過していなかった時期であったことと関係するのであろうか。

図6　1928年における都心部の1筆ごとの地価
・『京都市土地賃貸価格表』京都土地協会、1928による。

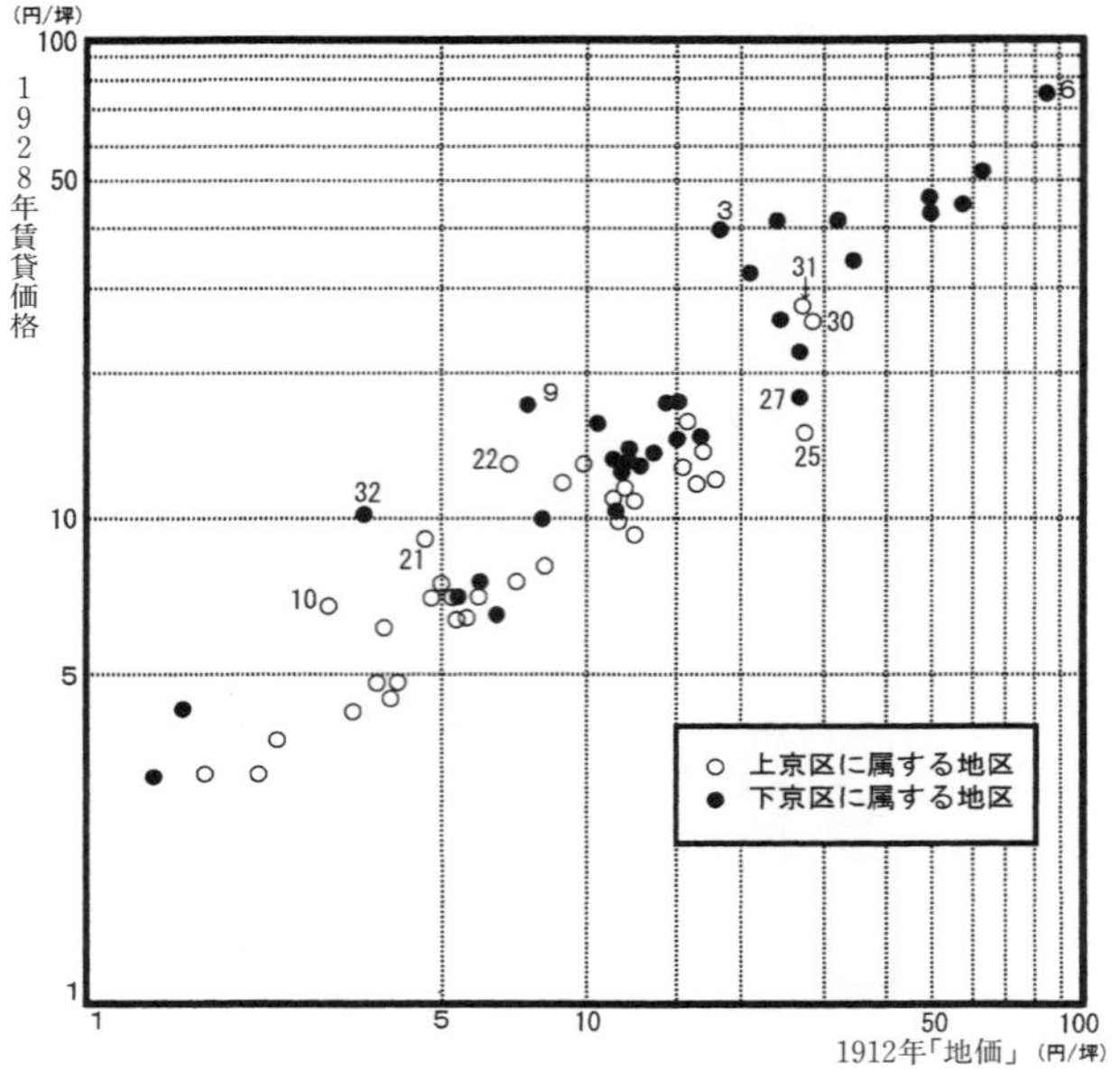

図7　1912年と1928年の地区別最高地価

・『京都地籍図附録』京都地籍図編纂所、1912および『京都市土地賃貸価格表』京都土地協会、1928による。

また大阪と比べての京都という点でも、当時の人口比や今日の京阪間の最高地価比(23)から見て、京都はかなり過大評価されていたように思われる。

図6は、図4と同じ範囲について同様の方法で一筆ごとの地価（賃貸価格）を階級区分図の形式で図示したものである。この図からすぐに気づくことは、河原町通に面する宅地の地価がかなり上昇していることである。この時期の直前に行われたこの通りの拡幅（およびそれに続く市電の敷設）が、京都の目抜き通りの一つとしての河原町通の成長にとって重要な契機となったことがうかがえるが、この点に関する実証は、商工案内図や業者名簿等の分析を行うことによって初めて可能となるであろう。

図7は、図3と図5に示したそれぞれの時期の地区ごとの最高地価を、それぞれ横軸・縦軸にとって、地区ごとの変化傾向を見ようとしたものである。回帰線と想定される位置から大きく離れた地区と最高値に近い地区については、地区名を付記している。前者の例の内、上方に離れた地区（地価上昇が著しかったとみなされる地区）としては上京区元二三組や下京区元三組がある。上京区元二三組の地価最高地点は、一九一二年には河原町通を

丸太町通から三〇〇メートルほど北に行った辺りの河原町通沿いであったが、一九二八年には河原町通と丸太町通の交差点の北西角付近へと移動している。河原町通の拡幅に伴い、二本の主要道路の交差点となったことによって、地価の上昇を見たものであろう。下京区元第三組の地価最高地点も、一九一二年には烏丸通と三条通の交差点を西に入った所であったが、一九二八年には四条通と烏丸通の交差点をやや北に行った辺りに移動している。この付近の金融・オフィス街化がすでに始まっていたとみなすべきなのであろうか。

むすび

以上本章においては、一八九〇年代後半から一九二〇年代半ばにかけての三つの時点の京都市内の地価分布に関する資料を整理・図化することによって、この時期の京都の地域構造の一端に迫ることを試みた。これらの三時点のうち二番目すなわち一九一二年の地価については、筆者自身によるものも含めて若干の研究例があり、ここでの記述・考察が必ずしもオリジナリティをもつものとは言えないが、他の二時点についてはこれまでに紹介されたことのないものと思われ、本章で行ったような初歩的な考察でも幾分かのオリジナリティを主張できるものと考える。

以上をまとめると、四条通と新京極通の交差点付近を最高地価地点として、その周辺にかなり広い高地価域が展開し、そことは不連続な形で京都駅前に副次的な高地価地点が存在するという在り方が明治中葉から昭和初期まで続いていたことが明らかとなった。このことは、最高地価地点が多少東に移動して四条河原町交差点北西部に変わっているとはいうものの、基本的に今日まで持続しており、京都の地域構造には近代から現代にかけて大きな変動は見られなかったと結論づけられる。

最後に、本章において論じるべきでありながら将来の課題とした点をいくつかあげておきたい。まず第一は、本章において分析を略した一九一二年における京都市の接続町村、および一九二八年における新市域に関する地価資料を、本章で行ったのと同程度のレベルで分析することが必要であろう。ただしこの点については、一九三一年に京都市と合併した伏見市の場合と異なり、あまり高い地価を有した箇所は含まれていなかったのではないかと推測される。また二点目としては、近代の京都の地価分布の状況を当時の日本の主要都市における地価分布状況と比較検討することがあげられる。この点についてはすでに若干の資料を収集しており、近くその分析結果を公表したいと考えている。最後に、本章で扱ったような近代の京都における地価分布の在り方が、今日のそれに向けてどのようにつながっていったのであろうか、という点の考察も、今後の課題として残されている。(24)

(1)　杉村暢二『都市の地価変動』大明堂、一九八七年。
(2)　瀬川信久『日本の借地』有斐閣、一九九五年。
(3)　山田誠「地形図と地籍図にみる明治の京都」足利健亮編『京都歴史アトラス』中央公論社、一九九四年、一〇六～一〇七頁。
(4)　井上学「明治・大正期の地価分布」矢野桂司・中谷友樹・磯田弦編著『バーチャル京都――過去・現在・未来への旅――』ナカニシヤ出版、二〇〇七年、六二～六五頁。なお、地価分布の提示がなされてはいるものの、解説はとくには行われていない文献として、矢野桂司『デジタル地図を読む』ナカニシヤ出版、二〇〇六年、矢野桂司ほか「歴史都市京都のバーチャル時・空間の構築」E-journal Geo 一―〇（創刊準備号）、二〇〇六年がある。なお、ここで資料とされた『京都地籍図』（附録を含む）の名称は、国立国会図書館や京都府立総合資料館の所蔵目録では『京都市及接続町村地籍図』となっている。確かに『京都地籍図・附録』の表紙や扉にはそのように表記されているが、地籍図そのものの収められた箱に付けられたタイトルは必ずしもそうではなく、上記の表記が絶対的なものとは考えられない。そのため本章では、簡潔な表現ということで、立命館大学の研究グループと同様『京都地籍図』の名称を用いることとする。
(5)　山田誠「近代京都の地価　上下」京都新聞、二〇〇四年一一月二五日・一二月二日、山田誠「まちの地価」丸山

宏・伊従勉・高木博志編『みやこの近代』思文閣出版、二〇〇八年所収。
(6) 佐藤和男『土地と課税――歴史的変遷からみた今日的課題――』日本評論社、二〇〇五年。
(7) 一九一〇年（明治四三）までは、「市街宅地」と「郡村宅地」の区別があった。
(8) 『東京市及接続郡部　地籍台帳』『東京市及接続郡部　地籍地図』『大阪地籍地図』など。これらの資料は柏書房から復刻されている。
(9) 例えば岸本玄之助『営業税法私解』報光社、一八九七年、広島法令館『国税営業税提要』同、一九〇九年などの文献により、この事実を確認することができる。なお、これらの文献については国立国会図書館のホームページ上で「近代文献デジタルライブラリー」として公開されているものによった。
(10) 他の都市において、この京都と類似の取り組みがなされた事例があるか否かについては、確認できていない。
(11) この事業についての全国的な報告書として、大蔵省主税局『土地賃貸価格調査事業報告書』同、一九三〇年があるほか、各地方（税務監督局）単位でも同趣旨の事業報告書を刊行している。
(12) 賃貸価格は、単に営業税算定のためだけに用いられていたのではなかったようであるが、現段階では詳細はつまびらかにできていない。
(13) 小菅慶太郎『賃貸価格標準報告書』京都商業会議所、一八九八年（京都府立総合資料館所蔵）。
(14) 中西勝太郎『賃貸価格標準報告書、付　京都市特別営業税地位等級』京都商業会議所、一九〇一年。
(15) 瀬川、前掲(2)によった。
(16) 『京都商業会議所月報』の一八九七年の各号には、この間の経緯についてかなり具体的な記録が記されている。なお本資料については、同志社大学商学部所蔵のマイクロフィルム版を、同大学図書館において閲覧させていただいた。謝意を表する次第である。
(17) 山田、前掲(3)および(5)。また河原典史「京都地籍図のデジタル化」矢野桂司・中谷友樹・磯田弦編著『バーチャル京都――過去・現在・未来への旅――』ナカニシヤ出版、二〇〇七年、五八～六一頁は、この資料に関する簡にして要を得た紹介である。
(18) 一例として、水島あかね「近代における大地主の土地所有の動向――京都西陣地域の明治・大正期の地籍図の分析を通じて――」日本建築学会計画系論文集五六五号、二〇〇三年、三七三～三七八頁がある。

(19)　井上、前掲(4)。
(20)　前掲(8)をチェックすることによって割り出した。
(21)　この基図の作成に当たっては、当時京都大学大学院生であった富田泰弘氏の手を煩わせた。謝意を表する。
(22)　武内義尚編『京都市土地賃貸価格表　第一編、第二編』京都土地協会、一九二九年。ここでは筆者所蔵のものを利用したが、京都大学経済学部図書室などにも所蔵されている。
(23)　平成一八年内の相続に伴う相続税等の算定の際に用いられる路線価についての比較では、大阪の最高値（梅田・阪急百貨店前、一平方メートル当たり四九六万円）に対して、京都のそれ（四条河原町交差点北西側、同二〇二万円）は四〇パーセント強にすぎない。
(24)　本研究には、科学研究費補助金（課題番号一七五二〇五三三）の助成を受けた。また本章に収録した図のトレースには、当時京都大学研修員であった筒井裕博士の手を煩わせた。謝意を表する。

丹後加悦の縮緬産業と近代の町並み

日向　進

はじめに

丹後半島の付け根に位置する旧・加悦町《かや》（現・与謝野町）加悦地区は、室町時代にはすでに絹織物の生産地であったことが知られている。享保七年（一七二二）に手米屋小右衛門らが京都西陣から縮緬製織技術を学んで後、丹後縮緬の生産地として繁栄してきた。

加悦地区上之町に保管されている約五〇〇〇点の区有文書のなかから、古い町絵図が一九八七年（昭和六二）に見つかった。もっとも古いものには「慶長七寅年　羽柴修理太夫様御代」と記されている（写真1）。「羽柴修理太夫」は慶長六年（一六〇一）に信濃国飯田から宮津に入った京極高知（一五七二～一六二二）である。天満神社の周辺を描くこの絵図で注目されるのは、道路の形態が二ヶ所で鍵の手になっていたことである。道路を屈折させる手法は、見通しを妨げて防御しやすくすることを目的として城下町では広く採用される。天和三年（一六八三）の絵図には、天満神社の山裾に、宝厳寺、吉祥寺、実相寺が現在と同じ位置に描かれている。

加悦地区の歴史的な変遷や空間構成を立体的にとらえるうえで貴重な手がかりを与えてくれるこれらの絵図の

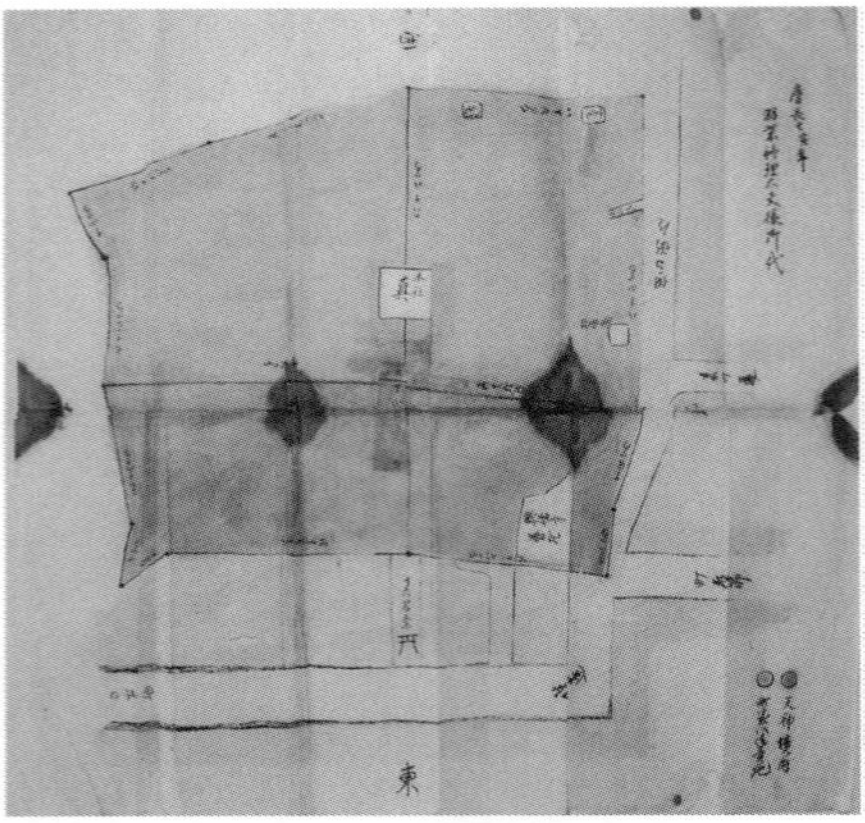

写真1　天神山一件古絵図写　慶長7年(1602)（加悦区有文書）

発見がきっかけとなり、従来は一貫して在郷町であったと認識されていた加悦地区の町並みを調べ、さらに歴史的な景観を保存する取り組みがはじまった。

絵図に描かれた道路の両側には、現在は短冊形の地割りのなかに、切妻造りで平入り、桟瓦葺きの主屋が接道して間口いっぱいに建ち並んでいる（写真2、図1）。また、短冊形に比べて広い敷地のなかに、主屋が道から少し後退して建ち、道沿いに塀を設けて露地門をあけ、座敷前に庭をつくる屋敷も点在する。これらの七、八割は昭和戦前までの建築とみられ、江戸期のものも数軒のこっている。幕末から昭和戦前までの、加悦の隆盛期の姿をとどめる落ち着いた家並みのなかに、近代の息吹を感じさせる洋風建築や、近代化遺産としての機業場やかつての織工住宅が混在する。

絵図に描かれた道路は近年「ちりめん街道」と称されるようになった。「ちりめん街道」は、旧町役場から加悦・後野《うしろの》境までの南北七〇〇メートルほどの、途中の二ヶ所で鍵の手に折れ曲がる旧街道と、さらに旧街道に面した地区を含む広がりをもつ地区名称としてもとらえられている。

加悦が城下町として機能したのは天正八年（一五八〇）から三年間であったが、近世中期以降は丹後縮緬を主とした製織の町として展開してきた。その町並みは「近世初期城下町の地割を基本に、製織業を中心として発展した町の基本的構造をよく残すとともに、江戸時代から昭和初期にかけて建てられた主屋や土蔵、縮緬工場、洋風建築等が一体となって、特色ある歴史的風致を今日によく伝え[1]」ているとして、平成一七年一二月に重要伝統的建造物群保存地区に選定された。

近代の丹後縮緬に関する研究はほとんどないとされるが、(2) 平成一五年度に行われた「ちりめん街道」の保存対策調査に際して、縮緬関連を含む各種職商の営業実態や家屋の構成に関する区有文書を調査することができた。以下において、明治一〇年代を中心に、縮緬産業と町並みについて検討する。

写真２　街道の町並み

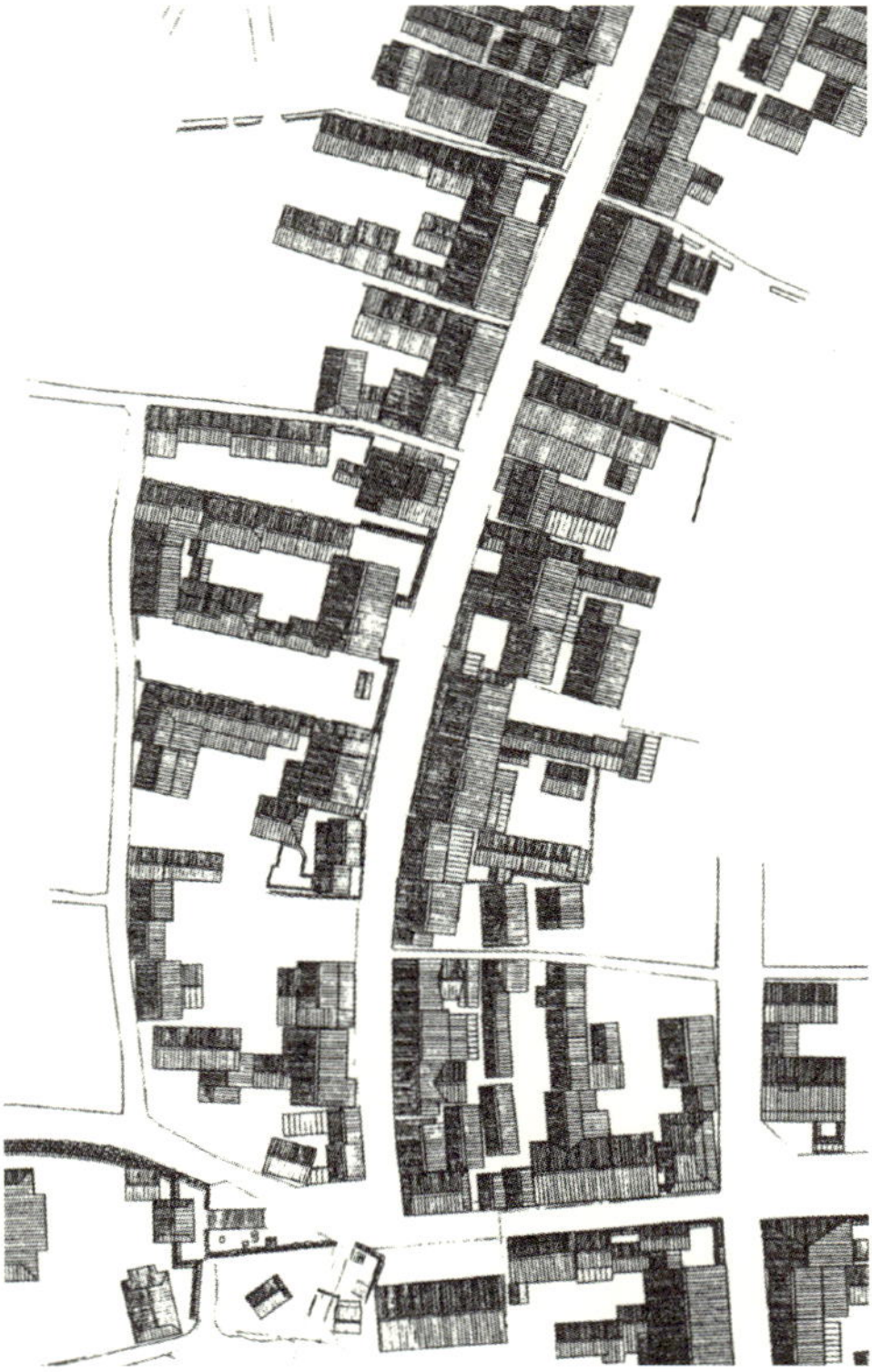

図１　街道と平行に棟が並ぶ町並み

一　明治一〇年前後の職業構成

(一)明治九年『諸鑑札取調書』にみる職商

明治一〇年前後の加悦地区は約二〇〇世帯で構成されている。明治九年には約一〇〇、明治一〇年代には次項で取り上げる記録により約七〇世帯の職商家があったことが知られる。

一八七六年（明治九）における職商の営業調書（『諸願書・諸伺取調書』区有文書22―1）によると、生糸売買が三六人、生糸製造が七人、縮緬仕立が二人、縮緬業は九人である。兼業する世帯があるが、約四割が縮緬関連の職商である（表1）。

縮緬関連の物流が盛んであったことを示す、「貸馬」、「川船」、「諸荷物」「荷持」という運送業が機能している。明治三〇年代までは野田川、加悦奥川の水運が主流であったが、道路整備によって水運は衰退する。川が生活の糧を得る場であったことを示す「川猟師」も何人かいた。

さらに大正一五年に加悦鉄道が開通すると、加悦駅周辺に運送店や「自動車屋」が集中するようになる。

この調書が作成された一年前の一二月に、片山多助から休息茶屋の営業許可願が出ている。

　　休息茶屋鑑札願

一、休息茶屋

右は農余業ニ相営申度と存上候ニ付、

新規御鑑札御下ケ渡被成下度奉願候、以上

　　第十三大区七小区加悦町農

　　　片山多助

明治八年十二月二十日

豊岡県権令三吉周高殿

片山多助の居所は二〇〇番戸、すなわち字加悦の南端、福知山方面からのちりめん街道への入り口にあたる（図4参照）。字後野との境界にあたる。加悦地区が後野とは異なる界隈性をもっていたことによるのであろうか。片山多助が「農余業ニ」といっていることにも注目しておきたい。

明治一〇年代初めの加悦地区の建物の構成を伝える記録（明治一三年『家屋敷建物坪数弁絵図面帳』、後出）に「午ヤ」（廐）が見られる。現存する主屋のなかに、平面形式が広間型（図2。土間に面して梁行全体をひとまとした広間があり、その奥に座敷と寝室が並ぶ間取り）に復原することができ、トオリニワに中戸が設けられないものがある。周辺の丹後型に属する民家と同じ系統に属するものであり、加悦地区が縮緬産業とそれを支える職商家で構成される一方、農業を抱え込んだ在郷町としての存在形態が存続していたことを推測させる。

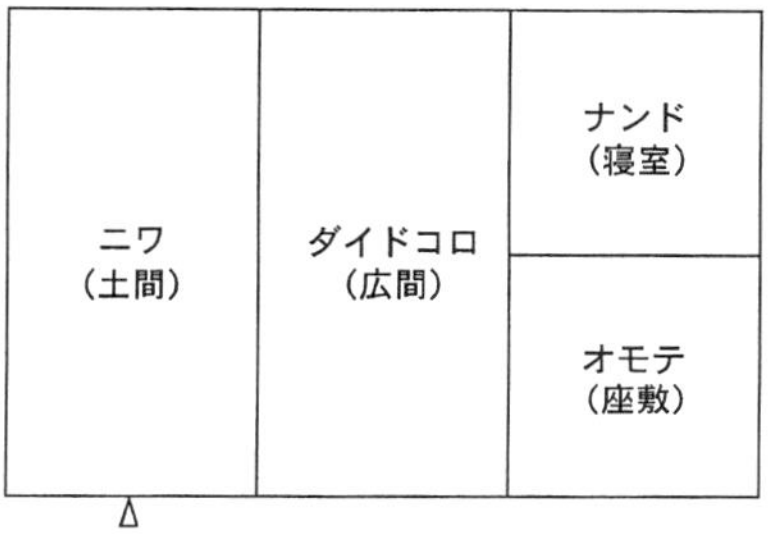

図2　広間型の間取り

（2）明治一〇年代の職商

明治一〇年代の加悦町住民の職業に関する記録から、加悦の近代の様態を一瞥してみよう。

その一つが『売上調』（区有文書46―8）である。タイトルはないが、末尾に「右之通、明治十二年中、売上等取調べ処、相違無之候間、保証人連署ヲ以、如此御届申上候也」とあって、与謝郡長宛に提出された明治一二年（一八七九）度の売上調書であることから、『売上調』と仮に呼ぶことにする（表2）。

『売上調』には小売商（理髪を含む）三六人の扱う品目と単価、一年の売上げが

名　前	鑑札名称	番戸
中谷べん	縞木綿小切	
杉村庄右衛門	宿屋	
立川こう	小間物	126
浜見利七	豆腐	112
藤田佐七	川舟稼	
坂本政平	大工	102
石川庄七	諸荷物	94
下田亀蔵	荒物	
細井和平次	諸荷物	
河内亀治	古道具 荷持	88
前田新蔵	豆腐	70
下村吉次郎	大工	79
塩野庄吉	鋳物	87
下村松蔵	髪結	
塩野治平	荷持	106
柴田まつ	荒物 米小売	
梶川佐太郎	鍛冶	138
赤野徳十郎	瓦焼	34
平木弥助	米小売	139
有吉善兵衛	荷持	147
有馬太次郎	肴小売	149
藤田勝蔵	桶職 材木商	53
冨田平兵衛	大工	163
渡辺利右衛門	桶職	168
森岡佐太郎	荷持	
安井源蔵	川猟師	
吉田佐七	髪結	
桜井嘉右衛門	玄鍬	170
柘植忠之助	傘張 豆腐	54
有馬儀平次	木挽	184
細見惣治	菓物	
前田利平	太物小切 豆腐 大工	113

表1　明治9年「諸鑑札取調書」にみられる職商

名　前	鑑札名称	番戸
尾藤久右衛門	川猟師 料理	
半田利七	荒物 太物小切 清酒	5
細見嘉兵衛	豆腐 荷持	
中上嘉四郎	荒物	189
下村清兵衛	荒物	
有馬善六	荒物	
小田長次郎	菓物 豆腐	
井上源次郎	こんにゃく 菓物 荒物	21
小西菊平	菓物	130
羽賀弥八郎	菓物 川猟師 貸馬	43
羽賀太蔵	貸馬	43
細見豊治	提灯張	52
有馬佐右衛門	荷売茶屋 麺類	44
今田政右衛門	小間物 荷持	127
細川清三郎	豆腐 荷売茶屋	124
杉本喜平次	茶種	
細井重五郎	紺屋 荒物	
山口嘉兵衛	菓物	
杉本庄次郎	茶製造 清酒	
橋本彦次郎	貸馬	
一社安治	鍬風呂	117
花野佐平	小間物	115
細見喜十郎	大工	
井上清助	大工	58

名　　前	鑑札名称	番戸
小林新七	生糸売買	157
小林忠七	生糸売買	156
森岡武右衛門	生糸売買 麻苧	
尾藤庄蔵	生糸売買	50
吉岡弥助	生糸売買	41
藤田伊助	生糸売買	199
藤田惣五郎	生糸売買	
藤田佐右衛門	生糸売買	
中谷治助	生糸売買 生糸製造 太物 小間物	6
中垣啓助	生糸売買	190
中垣佐助	生糸売買	193
前野治助	生糸売買	
塩見長右衛門	生糸売買	
大垣義平	生糸売買	121
前田忠治	生糸売買 大工	89
吉田八左衛門	生糸売買 鍬風呂	146
湯浅利助	生糸売買	145
山崎伊平	生糸売買	
岡田利七	生糸売買 畳職	99
尾藤□兵衛	生糸売買	
藤田吉右衛門	生糸売買 荒物	
山田喜助	生糸売買 仕立	
森岡国蔵	縮緬③	
森岡多右衛門	縮緬②	
米津清亀	縮緬	
細見啓右衛門	縮緬	
下村助二郎	縮緬	23

注記：番戸位置は図３、図４参照

名　　前	鑑札名称	番戸
細見久助	畳職	
塩見源助	鳥肉	67
今井重助	鍛掛(ママ)	
橋本卯平次	川猟師投網 川舟稼 鎊屋職	118
小谷清五郎	大工	179
細見亀右衛門	菓物	70
塩見弥四郎	荒物	
橋本善四郎	川船	
□□新蔵	縮緬仕立	
安田儀平次	縮緬仕立	
天野惣助	木賃宿 呉服	
森垣太右衛門	生糸製造 生糸売買	14
有馬義右衛門	生糸製造 生糸売買 縮緬②	141
杉本元二郎	生糸製造 生糸売買	
松村庄右衛門	生糸製造 縮緬	
下村与七郎	生糸売買	
小西文平	生糸製造 生糸売買 縮緬②	48
下村五郎助	生糸売買 清酒醸造	19
下村五平	生糸売買	132
杉本啓二郎	生糸売買 生糸製造 茶製造	195
杉本□平治	生糸売買	
杉本彦右衛門	生糸売買	
下村清右衛門	生糸売買	
加畑万助	生糸売買 縮緬②	155
小柴藤三郎	生糸売買	37
小林惣七	生糸売買	152

表２　明治12年『売上調』にみられる職商（番戸位置は図３、図４参照）

番戸	職種	名前	品目	単位	単価(銭)	数量	売上げ(円)
(189)	雑商小売	中上嘉四郎	塩	1俵	20	900	18.00
			莚	1束	50	55	27.50
			半紙	1束	18	400	72.00
			戸障子	1本	40	60	24.00
			鎌	1挺	12	150	18.00
183	雑商小売	渋 谷 儀 助	木履(下駄)	1足	8	100	8.00
			鼻緒	1足	5	90	4.50
			蓑	1枚	12	50	6.00
(127)	雑商小売	今田政太郎	石炭油	1升	19	200	38.00
			袋物	1袋	15	230	34.50
(21)	雑商小売	井上源次郎	木履(下駄)	1足	8	300	24.00
			鼻緒	1足	5	250	12.50
			反物	1反	60	90	54.00
(113)	雑商小売	前田利兵衛	反物	1反	80	250	200.00
			鏡台	1個	50	50	25.00
			針台	1個	30	30	9.00
184	雑商小売	有馬儀平治	塩	1俵	20	200	40.00
			炭	1俵	12	150	18.00
			陶器	1個	6	350	21.00
115	雑商小売	花野佐兵衛	反物	1反	70	85	59.50
			炭	1俵	12	50	6.00
(101)	雑商小売	柴田与左衛門	醬油	1升	13	350	45.50
			塩	1俵	20	100	20.00
			研石	1個	5	150	7.50
95	雑商小売	藤田亀治郎	炭	1俵	12	500	60.00
			塩	1俵	20	600	120.00
			反物	1反	70	50	35.00
92	雑商小売	河 内 亀 治	石炭油	1升	19	100	19.00
			ランプ	1個	30	50	15.00
			石盤	1枚	12	48	5.76
83	雑商小売	関小田忠兵衛	石炭油	1升	19	150	28.50
			釘	1把	10	250	25.00
			鎌	1挺	12	100	12.00
96	菓子小売	塩 見 甚 助	豆類	1個	1	900	9.00
			センベイ	10枚	0.5	150	7.50

番戸	職種	名前	品目	単位	単価(銭)	数量	売上げ(円)
	菓子小売	細井利兵衛	豆類	1個	1	800	8.00
			アラレ類	1個	1	700	7.00
54	飲喰店	柘植忠之助	蕎麦	1盛	2	1800	36.00
			湯豆腐	1丁	2	350	7.00
13	飲喰店	細見与助	湯豆腐	1丁	2	3500	70.00
			煮物	1盛	2	600	12.00
85	飲喰店	滝野清兵衛	蕎麦	1盛	2	2500	50.00
			饂飩	1盛	2	1750	35.00
44	飲喰店	有馬佐右衛門	煮売膳	1盛	12	2300	276.00
			煮物	1盛	1.8	900	16.20
177	飲喰店	米沢定七	蕎麦	1盛	2	6000	120.00
			湯豆腐	1丁	2	3500	70.00
43	飲喰店	羽賀弥八郎	飯	1盛	1.2	1100	13.20
			煮物	1盛	2.5	2100	52.50
	飲喰店	藤田吉右衛門	蕎麦	1盛	2	5000	100.00
			饂飩	1盛	2	3500	70.00
200	飲喰店	片山太助	飯	1盛	1.2	1800	21.60
			煮物	1盛	2.5	3500	87.50
	売薬請売商	中垣唯太郎	ひぜん湯茉	1袋	12.5	530	66.25
84	売薬請売商	天野勝治	死齢散	1箱	5	20	1.00
186	醤油小売	下村保治郎	上醤油	1升	12	500	60.00
			中醤油	1升	6	400	24.00
(93)	水車	杉本治助	挽臼	1個	10	1	0.10
			搗臼	1個	2	4	0.08
67	肉店商	塩見源助	鶏肉	100匁	14	50貫	70.00
			牛肉	100匁	9	80貫	72.00
57	油蠟燭小売	杉本利右衛門	石炭油	1升	19	800	152.00
			種油	1升	28	200	56.00
			桐油	1升	25	150	37.50
			蠟燭	100目	16	25貫	40.00
133	穀物小売	細見治右衛門	米	1升	9	2800	252.00
			舂麦	1升	8	500	40.00
185	穀物小売	小田喜助	米	1升	9	1100	99.00
114	理髪床	前田松蔵	理髪	1頭	2	200	40.00

番戸	職種	名前	品目	単位	単価(銭)	数量	売上げ(円)
87	鍋釜小売	塩野庄吉	鍋	1枚	25	800	200.00
			鋤ノ先	1枚	18	200	36.00
			鋤ノヘラ	1枚	27	15	4.05
81	鍋釜小売	永島元右衛門	鍋	1枚	25	70	17.50
			鋤ノ先	1枚	18	50	9.00
			鋤ノヘラ	1枚	27	3	0.81
25	料理屋	有吉　鼎	中等	1人	30	350	105.00
			下等	1人	20	720	144.00
46	料理屋	龍家与七	上等	1人	20	20	4.00
			中等	1人	18	60	10.80
			下等	1人	14	1200	168.00
1	料理屋	尾藤久兵衛	上等	1人	20	30	6.00
			中等	1人	18	300	54.00
			下等	1人	14	125	17.50
62	料理屋	松村円蔵	中等	1人	18	500	90.00
			下等	1人	14	320	44.80

記録されている。当時の物価を伝える記録としても興味深い。ただし、縮緬に関連する職商は書き上げられていない。「料理屋」は次の記録の職種では「旅宿屋」と重なる。旅館を兼ねたのであろう。

もう一つは、明治一三年度の各職商の売上調書『職工料取調』（区有文書46―4）である。これには四〇人の商家と三〇人の職人の営業成績が記録されている（表3）。

縮緬関係の職種としては、「生糸縮緬仲買」が八人おり、「縮緬仕立職」は二人書き上げられている。いずれも男性である。女性を含む各種下職がいたはずであるが、これらの記録からは知ることができない。

「通運商社」の営業実績については記事がないが、主な取引対象は縮緬関係であろう。「印判職」がたくさんの判子をつくっているのも、活発な取引や雇用関係が発生していたことを裏付けるものであろう。

宿屋（料理屋を兼ねる）は四軒あり、四軒の一年間の利用客は二五〇〇人を越える。一日平均一〇人ほどの利用があったことになる。加悦地区が、丹後と京都・大阪を結ぶ物流の拠点として、縮緬取引などの往来が頻繁で

表3　明治14年前後の職商(『職工料取調』他による)

番戸	職種	名前	営業内容、売上	
131	生糸縮緬仲買	下村與七郎	生浜糸、浜付、縮緬、絹縮み	売上6570.00円
50	生糸縮緬仲買	尾 藤 庄 蔵	生浜糸、浜付、縮緬、絹縮み	売上7162.00円
157	生糸縮緬仲買	小 林 新 七	生浜糸、浜付、縮緬、絹縮み	売上6656.00円
107	生糸縮緬仲買	塩見長兵衛	縮緬、絹縮み、浜付	売上2160.00円
47	生糸縮緬仲買	有吉善兵衛	生浜糸、縮み、絹縮み	売上2204.00円
6	生糸縮緬仲買	中 谷 治 助	縮緬、絹縮み、生浜糸	売上1702.00円
193	生糸縮緬仲買	中 垣 佐 助	生浜糸、売糸、縮緬	売上2172.50円
105	生糸縮緬仲買	大町六郎右衛門	縮緬、生浜糸	売上1656.00円
	通運会社	藤田惣五郎		
133	米穀小売	細見治右衛門	米、麦	売上 184.50円
185	米穀小売	小 田 喜 助	米、麦	売上 92.65円
23	米穀小売	下村助三郎	米、麦	売上 87.25円
86	醤油小売	下村保次郎	醤油	売上 63.00円
87	鍋釜製造	塩 野 庄 吉	鍋、釜、鋤先、鋤ヘラ	売上 288.00円
81	鍋釜小売	永嶌元右衛門	鍋、鋤先、鋤ヘラ	売上 32.50円
96	菓子小売	塩 見 甚 助	豆類、センベイ	売上 25.80円
80	菓子小売	関小田瀧三郎	豆類、アラレ類、センベイ	売上 35.00円
115	木綿類小売	花 野 佐 平	木綿、さらし、織色	売上 62.60円
127	袋物類小売	今田政右衛門	袋物、石炭油	売上 72.70円
113	反物類小売	前田利兵衛	絹織色、木綿晒、鏡台、針指	売上 152.30円
184	陶器類小売	有馬儀平治	陶器、塩	売上 135.00円
88	石炭油小売	河 内 亀 治	石炭油、ランプ、石盤	売上 68.50円
95	炭小売	藤田亀次郎	炭、塩	売上 211.20円
101	醤油小売	柴田與右衛門	醤油、塩、研石	売上 78.40円
48	塩小売	小 西 文 平	塩、木履、菓物	売上 47.40円
25	旅宿屋	有 吉 　 鼎	上等(25銭)125人、中等(20銭)260人、下等(18銭)180人	
62	旅宿屋	松 村 円 蔵	上等(同)510人、中等(同)120人、下等(同)230人	
46	旅宿屋	龍 家 與 七	上等(同)30人、中等(同)110人、下等(同)610人	
1	旅宿屋	尾藤久兵衛	上等(同)250人、中等(同)75人	
200	飲喰店	片 山 太 助	飯、煮物	売上 68.25円
44	飲喰店	有馬佐右衛門	煮売膳(12銭)2300膳、煮物(2銭)820盛	
43	飲喰店	羽賀弥八郎	飯、煮物	売上 63.50円
13	飲喰店	細 見 與 助	湯豆腐、煮物	売上 72.40円
177	飲喰店	米 沢 定 七	蕎麦(2銭)5000盛、湯豆腐(2銭)3200兆	
85	飲喰店	滝野清兵衛	蕎麦(2銭)2000盛、饂飩(2銭)1600盛	
54	飲喰店	柘植忠之助	蕎麦、湯豆腐、饂飩	売上 77.60円

番戸	職種	名前	営業内容、売上
67	肉店	塩見源助	鶏(百匁15銭)、牛(同12銭)　売上 132.00円
114	理髪職	前田松蔵	理髪(5銭)350頭、髪剃(2銭)1200頭
113	大工職	前田利兵衛	250人工(20銭)
79	大工職	下村吉次郎	220人工(同)
102	大工職	坂本政平	260人工(同)
58	大工職	井上清助	150人工(同)
179	大工職	小谷清五郎	175人工(同)
45	大工職	前田伊助	190人工(同)
	大工職	冨田吉助	260人工(同)
163	大工職	冨田平兵衛	218人工(同)
61	大工職	濱見忠治	215人工(同)
89	大工職	前田忠治	260人工(同)
80	傘職	関小田瀧三郎	傘(20銭)160本、日傘(18銭)180本
41	縮緬仕立職	安田増治	並巾(9厘)2600尺、小巾(1銭2厘)1050尺
13	提灯張替職	細見豊治	高張(17銭)320個、提灯(6銭)650個
	木挽職	武田豊治	工手間　180人工(20銭)
109	桶職	渋谷太兵衛	260人工(20銭)
108	桶職	武田茂七	280人工(同)
134	桶職	吉岡仙之助	290人工(同)
53	桶職	藤田勝蔵	450人工(同)
	桶職	渡邊利右衛門	270人工(同)
	桶職	本田清助	320人工(同)
117	鍬風呂職	一社安治	鍬風呂(20銭)135個、大鍬風呂(25銭)75個
76	縮緬仕立職	前田新蔵	縮緬　8600疋(9厘)
34	瓦職	赤野徳重郎	210人工(20銭)
60	金物職工	橋本九右衛門	髪留(8銭)135個、簪(13銭)155個、指輪(11銭)56個、鉄庫(13銭)123庫、耳かき(3銭)33本
5	表具職	半田利七	屏風(2円50銭)5双、襖(20銭)60本、軸物(13銭)30幅
138	鍛冶職	梶川佐太郎	釘(6厘)3500連、鍬(35銭)20挺、鎌(8銭)60挺、鉈(28銭)30挺
21	木履類小売	井上源次郎	木履、鼻緒、反物
183	木履類小売	渋谷儀助	木履、鼻緒、菓物
189	紙類小売	中上嘉四郎	半紙、塩、莚、戸障子
83	石炭油小売	関小田忠兵衛	石炭油、釘
	印判職	川北四十吉	実印(25銭)145個、押切印(15銭)160個、捨印(8銭)150個
93	畳職	濱見久助	表替(4銭)450畳、新床(20銭)320畳

あったことを物語るものといえよう。

蕎麦や饂飩、煮物などを提供する飲食店（資料では「飲喰店」）の利用数が多い。織工や家内労働者の食事などに利用されたのであろう。牛肉を扱う「肉店」がみられるところにも、「近代」が感じられる。

大工職は『職工料取調』によると一〇人（小谷清五郎は明治一六年に廃業）いた。このうち、前田忠治は『諸職営業人届略下』（区有文書46—2）には「縮緬機械大工職」とあり、機械（二三組、一組三円五〇銭）、糸索車（六挺、一挺三円）を扱っている。「縮緬機械大工職」は縮緬業界には不可欠な職種ではある。同人は『職工料取調』では「大工職」として二六〇人工と記録されている。建築大工から縮緬機械大工に転身したのか、双方を兼ねたのか、事情は不明である。

石炭油＝石油が販売され、あるいは種油＝菜種油、桐油やランプとともに、蠟燭も売られている。加悦町の電気事業が始まるのは一九一一年（明治四四）二月二四日のことである。縮緬工場などでは残業が常態であったから、夜間操業用の需要も少なくなかったはずである。

鏡台、針台は女工たちの必需品であったのだろうか。

表具職が一軒ある。幕末から明治にかけて縮緬産業の盛行を背景に、有力な町人のもとに与謝蕪村、富岡鉄斎といった知識人、画家たちが滞在し、襖絵や屛風などを残している。そのような環境のなかで、一定の需要が発生していたのであろう。

瓦職は一軒で、『加悦町諸営業届』によれば、五六〇〇枚（一枚八厘五毛）の瓦を売っている。四間に五間程度の建物では一棟で一〇〇〇枚ほど（一坪五〇枚として）が必要であるので、五軒分ほどの瓦を葺いたことになる。

明治期の加悦地区における屋根葺き材の様子は不明である。舞鶴市小倉の行永家住宅は文政三年（一八二〇）の建築で、丹後地域では桟瓦葺きで建てられた農家の早い例として重文に指定されている。実相寺門前の下村家は

表4　加悦町内家屋の屋根葺き材ごとの棟数

地区	草葺き	瓦葺き	合計
加悦	99	92	191
加悦奥	189	10	199
後野	147	94	241
算所	93	62	155
合計	528	258	786

注：大正5年3月30日調べ（『加悦町誌』）

明治初年には糸縮緬仲買商を営んでおり、主屋は文化元年（一八〇四）の建築と伝えられている。現在は桟瓦葺きであるが、下屋上部の外観に桁と束柱があらわれていて、当初は草葺きであった上屋を桟瓦葺きに改めたことを示す痕跡であろうと推測される。一九一六年（大正五）における加悦町の屋根葺き材の調査記録（『加悦町誌』所収）によれば、加悦・加悦奥・後野・算所の四地区を平均すると、この時期約三分の一が瓦葺きであった。純農村部である加悦奥地区では九割以上が茅葺きであったが、加悦地区はほぼ半数が瓦葺きであった。他地区に先行して、草葺きに対して耐火性が高い瓦葺きへと移行する過程にあったことを示している（表4）。

石盤は文字や絵などを書く粘板岩製の薄板。加悦の学校教育は一八七三年（明治六）の加悦小学校開設に始まる。子供たちの教材であろう。

釘は、石炭油や鎌を扱う店で売られている。明治一四年の『加悦町諸営業届』（区有文書46－4）によると、釘は鋤、鍬、鎌などとともに鍛冶が生産している。単位は「連」で、一連が六厘であった。いわゆる和釘（角釘）で、「連」は釘の助数詞または品名として使われてきた。前近代以来の伝統的な呼称である「連」で数えていたのであろう。丹後地方では明治二〇年代に入ると洋釘（丸釘）が使われ始めるようであるが、明治一〇年代には未だ和釘が生産、販売されていたことが分かる。縮緬産業と直接的な関連はないが、近代建築技術史の面から興味深い。

二　明治一〇年代の加悦の町並み

(一)縮緬業と町並み

加悦区有文書に「明治十四年度下半季分営業雑種税」の頭書のある簿冊（区有文書46―13）があり、「仲買」「製造」「職工」の三区分の税金が書き上げられている。

末尾に「機屋之分、御鑑札、三拾九枚、十五年三月廿四日、惣代渡」と記され、「職工」として三九人が書き上げられているので、「職工」すなわち「機屋」である。この記録から、機屋の営業に「鑑札」が発給されたこと、「惣代」という世話役（同業組合長のようなものか）がいたことが分かる。

「仲買」は七人で、いずれもこの前後の職業関係調書に掲出された「生糸縮緬仲買」と同一人物である。「製造」は一人で、同人は生糸縮緬仲買も営んでいる。明治一三年『諸営業雑種人　等級・税金』（区有文書46―11）には「織物製造」という職種がみえ、三人が書き上げられている。先の記録の「製造」にはこの三人以外の名前が記されているが、この「製造」は「織物製造」とみることができるであろう。

つまり、この調書は縮緬に関連する業種の税金簿である。「仲買」のうち三人が「職工」を兼ね、一人が「製造」を兼ねているのは、仲買の傍ら機業も営んでいたことを示している。また機屋の大半が、他の職商調書と照合してみると、その大半が兼業である。ちなみに、税額は「仲買」が一円五〇銭から三円五〇銭、「製造」が一円、「職工」が五〇銭であった。

『諸営業雑種人等級税金』に書き上げられた職種（大工などの職人は除外されている）のうち、縮緬関連職種（糸縮緬仲買、糸縮緬小売、織物製造、絹織物小売）を摘出して各職の所在地を示したのが図3である。また、地区内の職業構成を示したのが図4である。

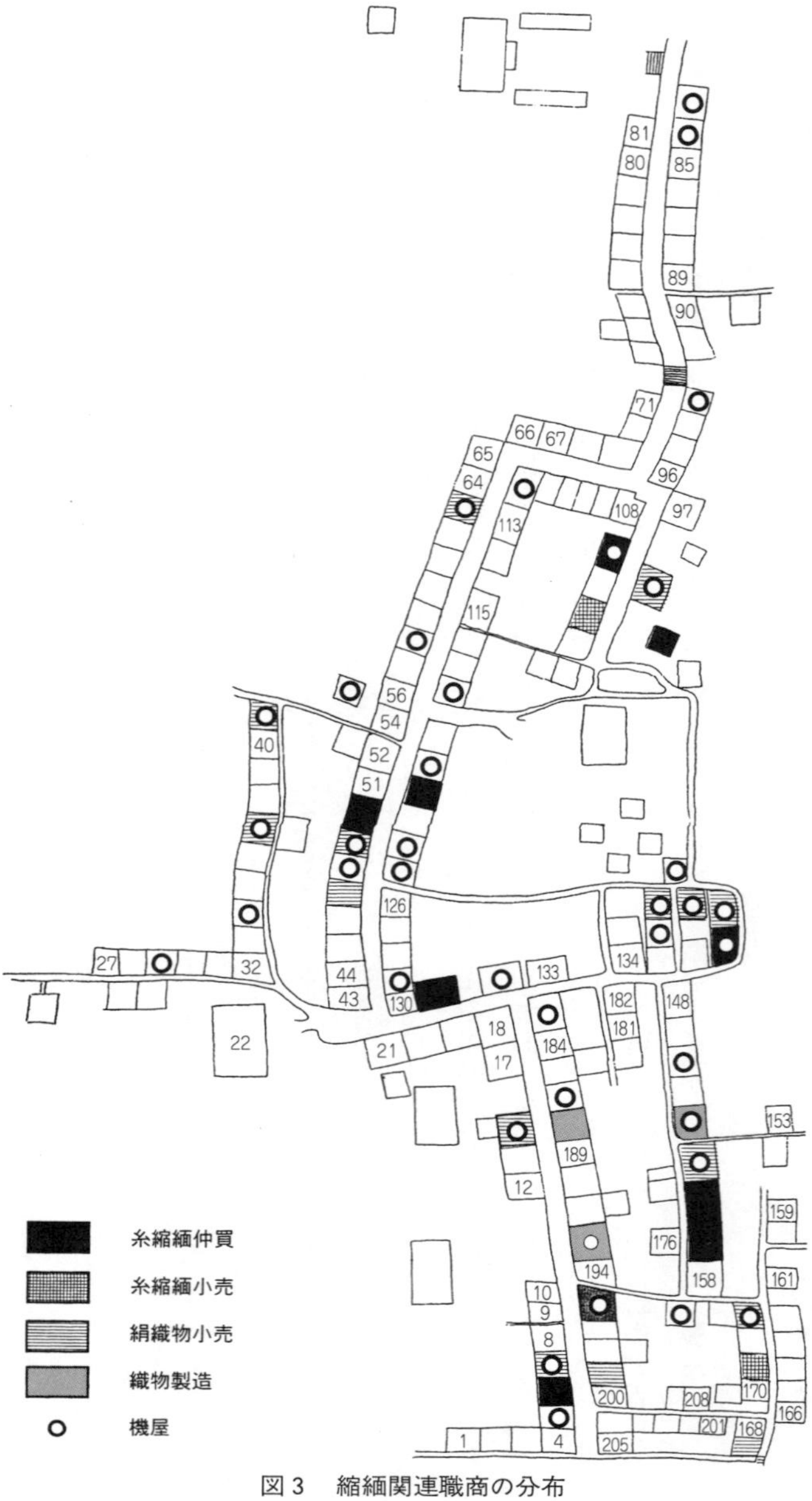

図 3　縮緬関連職商の分布

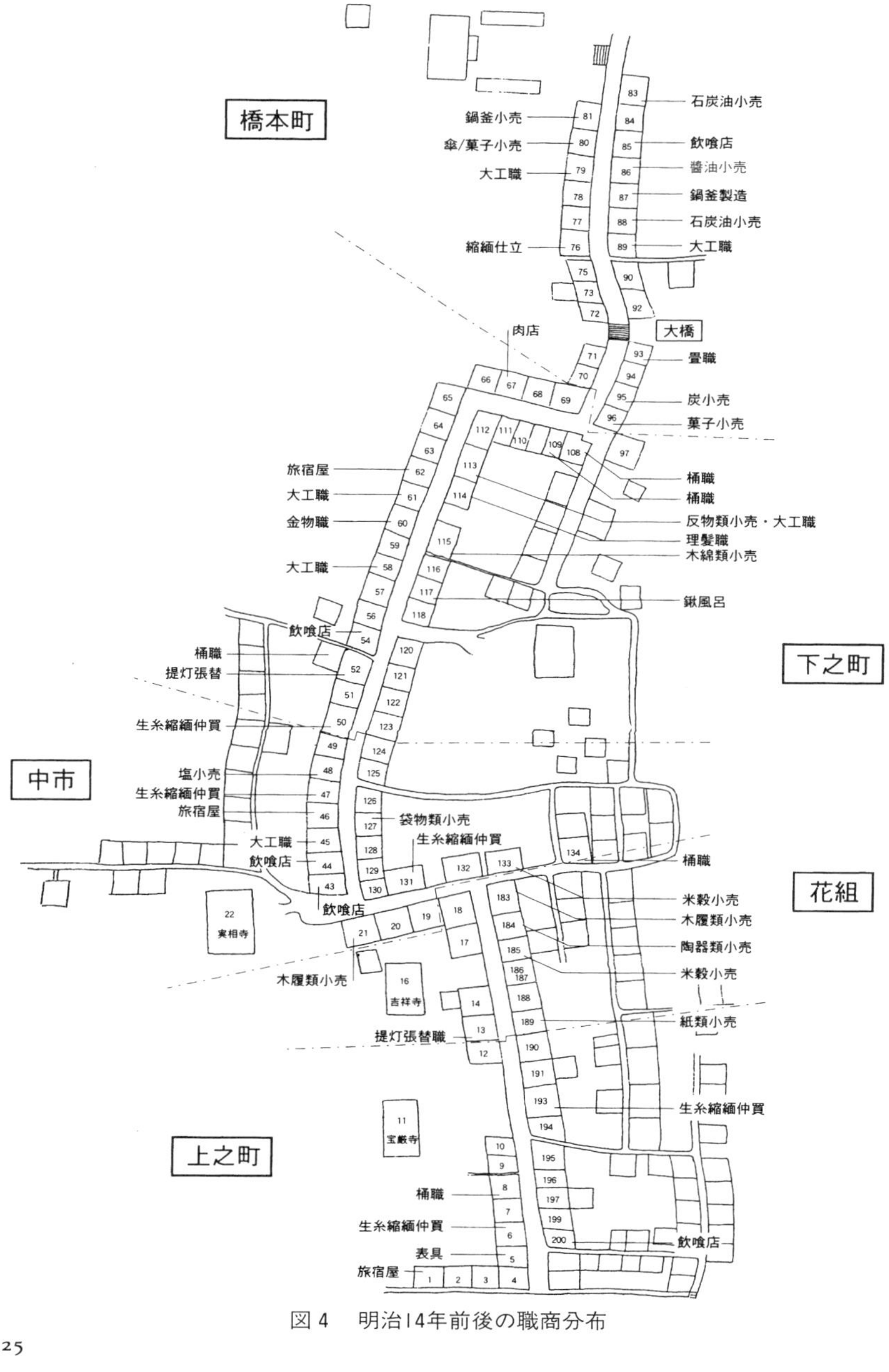

図４　明治14年前後の職商分布

仲買や小売は地区内の南半に集中する一方、機屋はほぼ町内全体に所在している。町内のどこからも、ガッチャン、ガッチャンという機織りの音が聞こえてきた様子が偲ばれる。

前節でみたように、休息茶屋をはじめた住人が「農余業ニ」としていることから、職商を記していない番戸のうち、あるものは農業であったと推測される。

(2)明治一三年『家屋敷建物坪数并絵図面帳』から読み取れる建物の様子

一八八〇年（明治一三）九月に作成された『家屋敷建物坪数并絵図面帳』（区有文書B6—21、以下『建物絵図面帳』）は、明治一〇年に制定された番戸ごとの、居住者、地主、敷地内各建物の間口、奥行、坪数、建物の総坪数に関する調書である。記載時以降に名義の移動が発生したときには、付箋によって年月日、移動先などが後筆される。便所や廊下という小規模な単位に区分されているので、各敷地内における配置構成の概要をかなり的確に把握することが可能である。

表5は主屋規模をプロットしたもので、横軸が桁行（間口）、縦軸が梁行（奥行）である。桁行は三間～五間、梁行は二間半～四間半に大きな固まりができる。桁行六間～八間が二〇軒あるが、梁行が五間半を越えるのは七軒（最大値七間）である。

文化元年（一八〇四）の建築と伝えられる下村欣也家主屋は「四六《しろく》」と呼ばれていた。それは梁行四間、桁行六間の規模に因む呼称であるが、梁行は前後の下屋《げや》（庇）を含むと五間になる。したがって「四六」とはいうが、梁行規模は『建物絵図面帳』の表記では五間に相当する。若狭湾に面する大浦半島の漁村集落成生《なりう》（舞鶴市）では、明治末年以降の鰤景気を受けて新築ラッシュが発生した。現在二〇戸ほどの主屋が密度の濃い集落を形成しているが、主屋は「四六」と呼ばれて規模も間取りも平準化している。一方、加悦地区の場合、下村家主屋が

「四六」と呼ばれたのは、それが当地区での標準的な規模であったことによるのではなく、近世末においては標準の規模より突出していたことによると考える方が妥当ではないだろうか。

総坪数が一〇〇を越えるものが六軒あるが、それらは「屋敷型」（写真3）と呼ぶ住戸構成タイプに対応している。

表5　明治13年家屋規模分布表

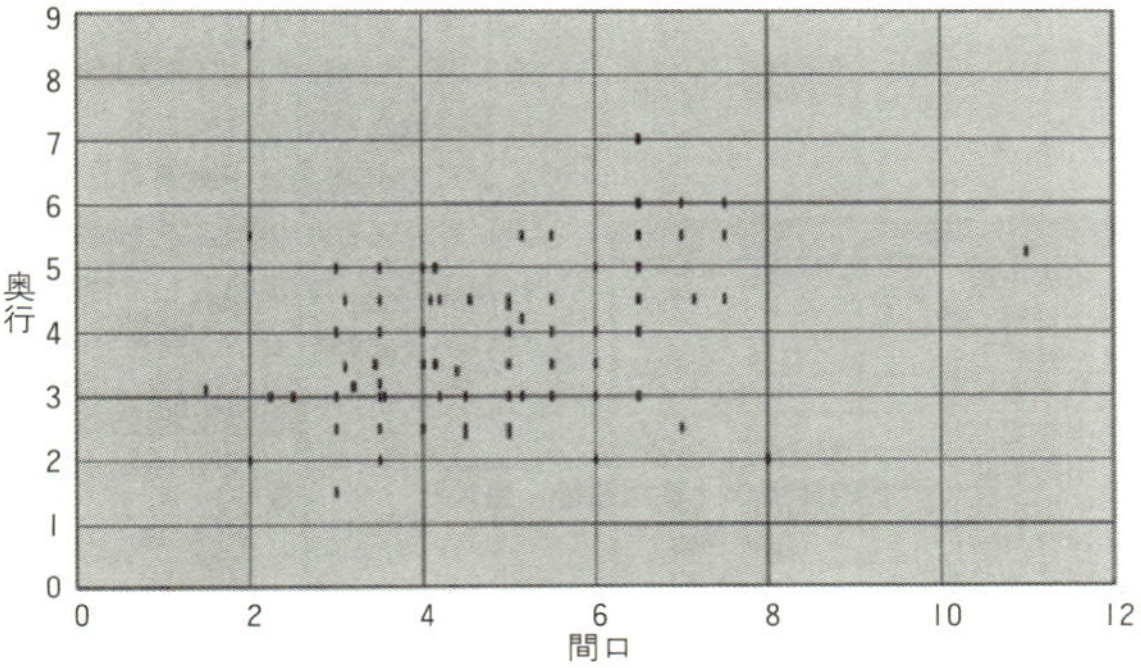

写真3　「屋敷型」の住戸

（3）明治一七年『畳敷調書』

明治一七年（一八八四）五月に作成された『京都府下丹後国与謝郡加悦町畳敷取調書上之控』（区有文書B3―118、以下『畳敷調書』）は、加悦区内各番戸建家の畳数を調べた絵図である。調査の目的は分からない。番戸と「四半」「六」などの漢数字、「△」の記号、また「空家」、「分署」、「寺」などと書き込まれている。「四半」は四畳半、「六」は六畳と解される。「十半」は六畳と四畳半の二室構成が想定される。

尾藤庄蔵家（五〇番戸）の畳数は四六となっている。明治一七年の時点で畳敷の居室があるのは主屋と奥座敷であった。畳数は、主屋一階が、ミセ（一〇畳）、ザシキ（八畳）、ダイドコ（八畳）、イマ（現状は八畳であるが六畳に復原される）、奥座敷一階が、オクザシキ（八畳）、ツギノマ（八畳）で、合計四八畳になり、『畳敷調書』の数値と大きく逸脱するものではない。畳敷の状態の正確な復原はされていない（主屋二階の畳数の状態は不詳）が、この調書には一階の畳数が書き上げられているとみることができる。

二〇畳以上は八戸。それぞれの職業は、明治一二、一四、一五年等の記録によれば、一番戸（二二畳）、四四番戸（二四畳）、四六番戸（四〇畳）、六二番戸（二〇畳）の四戸は「旅宿」「旅籠」である。五〇番戸（四六畳）は縮緬仲買、五七番戸（二〇畳）は油蠟燭小売、一八六番戸（三四畳）は醤油小売。一九〇番戸（二二畳）は縮緬仲買と推測される。これらの大半は、「座敷型」と分類した住戸タイプのものである。

一五畳以上あるもので職商が分かるのは、「生糸縮緬仲買」（二戸）、「醤油小売」、「油蠟燭小売」である。

⑷明治一九年『人員・畳数調書』にみる町並み

明治一九年（一八八六）八月の日付のある『町方居住人民・畳敷悉皆　総員数取調記』と題された調書がある（区有文書B3—123）。注記によると、同年八月六日現在の町内一戸毎に、畳数（二階を含む）、居住者（戸主家族、雇い人）、戸主が書き上げられている。人数の項に「内」とあるのは家族、「外」とあるのは雇い人であろう。この調書に続いて、九月一日付けの『倉庫取調記』があり、倉庫は八七棟（四〇五坪）と書き上げられている。

番戸は記されていないので、明治一五年の『改正戸籍番号帳』（区有文書B6—6）によって補い、同時期の職業調査によって判明する戸主の職業を加えて調書の内容をまとめたのが表7である。四ヶ寺を除く一九二戸のうち、二階屋は三七（一九％）あり、ちりめん街道にその多くが分布する。

明治一三年の時点で糸縮緬仲買商は一〇戸あった。内六戸が二階屋であり、平屋四戸のうち三戸が四〇畳以上の規模である（表6）。一〇戸の平均も約五四畳となり、資本力との関連が住まいに投影されている。雇い人があるのは四六戸（二四％）。尾藤庄蔵家をみると、「内」五人、「外」一〇人、そして「店」七人となっている。「外」は住み込み、「店」は通勤とみることができるのかどうか、調書から読み取ることはできない。

また、明治一七年五月付けの『畳敷取調書上之控』と題された絵図があり（B3―118）、番戸を示す図中に「四半」「六」などの数字が書き込まれている。これらの数値は明治一九年の『明座敷取調書』（区有文書B3―128）と合致する。また絵図の△印は同調書に「無」と記された番戸と合致する。

これらの調書に「徴兵令ニ付」と記されており、徴兵に関する他の書類とともにおさめられていた。軍事行動中の将兵の宿舎として提供可能な部屋の調査ではないかと思われるが、判然としない。

表6　糸縮緬仲買商の畳数（左）および、平屋の規模（右）

番戸	職商	名前	畳数
50	糸縮緬仲買商	尾藤庄蔵	上16／下72
131	糸縮緬仲買商	下村與七郎	48
157	糸縮緬仲買商	小林新七	上21／下68
122	糸縮緬仲買商	杉本喜平治	46
156	糸縮緬仲買商	小林忠七	上20／下40
6	糸縮緬仲買商	中谷治助	44
193	糸縮緬仲買商	中垣佐助	上8／下44
100	糸縮緬仲買商	赤野治助	上8／下45
107	糸縮緬仲買商	塩見長兵衛	上6／下32
147	糸縮緬仲買商	有吉善兵衛	26

畳数	戸数
30～39	13
20～29	8
10～19	45
40以上	57
10以下	29

(5)風呂屋について

明治に入って活発な営みが展開していた加悦らしい風俗として、公衆浴場＝風呂屋がある。

風呂屋をどのように呼んだかということについて、江戸時代末にあらわされた『近世風俗志』（『守貞漫稿』）は、大坂では「風呂屋」、江戸では「湯屋」（ゆや、ゆうや）と称したという。この願書では「湯屋」という江戸風呼称が使われている。

明治一八年（一八八五）一一月七日に山崎伊右衛門から「湯屋業」新

規開業の願いが出された。間口四間、奥行き六間の居宅の一画に、「湯台壱坪未満」の湯屋を開くというものである。願書に添付された図によると、入り口を入ったところが「板間」で、浴室は男湯と女湯に分かれている。板間は男女に区分されていない。浴室はともに三尺四方というから、脚を伸ばすことはできそうにない。この湯屋は一年足らず営業を続けたが、翌一九年八月一〇日に廃業届が出された。「都合ニ依リ」と記されているだけで、廃業の事情は分からない。

この間、湯屋が他にあったのかどうか分からないが、明治一〇年代半ばの職商調査記録には湯屋はみられない。けれど湯屋がない期間はさほど長くはなかった。山崎伊右衛門が廃業して二ヶ月後の一〇月四日、街道を挟んで相対する一一三番戸の前田利兵衛から湯屋開業の届が出された。申請に当たり、地主および両隣と向かいの二軒からの承諾書が添えられている。

前田利兵衛は自身が大工でもあったからであろうか、建築構造に関する次に記す仕様書を作成し、平面図が添えられている。

湯屋業構造方御書（『諸願御指合綴込』区有文書49）

一、湯家建物　壱棟　東西三間・南北壱間半
一、湯坪　竪幅六尺・横幅三尺壱寸五分　壱個
　但シ、男女ノ区別間ニ板ニテ境界アリ
一、浴場　壱間半ニ四尺五寸　但シ、板ハシリ
一、火焚場　但シ、東側ニ戸前アリ、南側ニ弐尺四方ノ窓アリ
一、烟筒　但シ、火焚場ノ屋根上江貫ヌキアリ
一、空気流通場　但シ、南側ニ壱間ニ三尺ノ格子障子ヲ開ク

表7　明治19年『人員・畳敷取調記』の記載内容

番戸	戸　主	畳　数	人　数	職　業
	冨田しう	上15／下49	内1／外2	
2	細見たみ	6	2	
	瀧本文蔵	9	1	
4	羽賀平吉	上8／下21	2	
205	山口嘉平	30	5	
5	半田利七	28	5	表具職
204	藤田吉治	20	4	
	細見十左衛門	19半	3	
6	中谷治助	44	6	糸縮緬仲買商
199	藤田伊助	54	8	絹織物小売
7	中谷市之助	36	3	絹織物小売
197	佐々木貞吉	22	1	
196	糸井伝七	25	内3／外1	
8	本田清助			
195	杉本啓次郎	上12／下58	内3／外2	織物製造
9	羽賀長兵衛	17	1	
11	宝厳寺	124	内3／外1	
10	中谷正雄	17	1	
193	中垣佐助	上8／下44	5	糸縮緬仲買商
	半田円蔵	9	1	
	細見な□	24半	6	
190	中垣啓助	上14／下50	4	
12	細見元泰	31	4	天満宮神職
13	細見与助	14	4	煮売商(湯豆腐、煮物)
189	中上助四郎	上8／下37	7	
14	森垣太右衛門	53	内6／外5	絹織物小売
188	下村清太郎	上6／下30	内5／外6	織物製造
16	吉祥寺	97	4	
19	稲田宗見	27	3	(分署)
185	小田喜助	17半	8	穀物小売商
184	有馬義平治	上14／下34	内8／外2	雑商(塩、炭、陶器)
186	下村貫蔵	90	内6／外5	醤油小売商
	渋谷七治	22	5	
133	細見治右衛門	27	7	穀物小売商

番戸	戸　主	畳　数	人　数	職　業
	木村弁七	48	内5／外5	
132	下村五平	上16／下18	2	職工
131	下村与七郎	48	内5／外5	糸縮緬仲買商
19	下村五郎助	94*	3	
20	小田惣右衛門	16	4	
21	井上源二郎	20	3	雑商(木履、鼻緒、反物)
130	小西菊平	12	4	
129	細見喜七	29	内5／外3	
43	羽賀太蔵	上16／下20	内3／外1	煮売商
44	有馬佐右衛門	上8／下50	内4／外1	
128	有吉栄三郎	11	内1／外1	
118	橋本亀蔵	9	3	理髪職
45	赤野勘治	上9／下38	内5／外4	
127	今田政右衛門	上4／下15	4	雑商(石炭油、袋物)
〈126〉	立川三平	16	2	
125	細見惣二	28	内6／外2	職工
46	龍家与七	上16／下54	内3／外3	旅籠屋
	松岡弥太郎	29	5	
123	塩見フミ	4	2	
48	小西文平	23	内6／外3	職工
	細川松助	47	内4／外1	
49	尾藤直蔵	33	内3／外2	絹織物小売
	塩田重蔵	28	7	
50	尾藤庄蔵	上16／下72	内5／外10／店7	糸縮緬仲買商
122	杉本喜平二	46	7	糸縮緬仲買商
	宮崎□三	14	2	
52	細見豊治	20	4	提灯張替職
51	細井重助		空家	
121	大垣義兵衛	26	6	職工
120	武田周平	上12／下25	5	酒製造所
54	柘植忠之助	16	5	煮売商(蕎麦、湯豆腐)
56	岡田定助	13	3	
59	橋本九左衛門	12	4	
118	橋本亀蔵	18	3	
117	一社安治(安羅庵)	21	2	鋤風呂職

番戸	戸　主	畳　数	人　数	職　業
116	中谷佐助	6	2	
57	杉本利右衛門	116	内2／外10	油蠟燭小売商
115	花野佐平	22	内2／外4	雑商(反物、炭)
60	安達友二郎	12	2	
61	濱見忠治	14	5	大工職
114	前田利平	上20／下34	2	雑商(反物、鏡台、針台)
62	松村文兵衛	46	内7／外3	旅籠屋
63	山崎伊平(伊右衛門)	34	内6／外1	絹織物小売
108	前田伊助	上6／下6	3	
112	濱見利七	27	6	
65	藤田佐七	上8／下28	6	
	細井泰蔵	9	5	
67	塩見源助	上12／下21	5	肉店
111	中嶋なか	8	1	
	坂根市蔵	12	2	
68	西馬繁二郎	上4／下10	2	
69	河辺勘助	14	1	
	奥田孝之助	11	3	
105	安田利助	10	4	
96	塩見甚助	10	3	菓子小売商
	佐藤五右衛門	9	3	
95	藤田亀次郎	16	4	雑商(炭、塩、反物)
76	前田新蔵	20	4	縮緬仕立職
94	石川庄七	13	2	
93	濱見久助	19	5	畳職
73	大町六郎右衛門	19	6	
92	河内武七	22	3	
75	前田与助	16	4	
90	志賀周助	17	3	
97	足立善兵衛	19	3	
89	前田忠治	上24／下54	内6／外1	大工職(縮緬機械大工)
	三井昌治	24	3	
77	三井長治	18	5	
92	河内亀治	7	3	雑商(石炭油、ランプ、石盤)
78	石田庄兵衛	上8／下28	3	

番戸	戸　主	畳　数	人　数	職　業
87	塩野庄吉	上８／下28	内６／下１	鍋釜小売商
79	下村吉次郎	20	4	大工職
85	滝野清兵衛	17	2	煮売商(蕎麦、饂飩)
80	関小田儀三郎	13	4	菓子小売商
84	天野勝治	21	6	売薬請売商
81	永島元右衛門	15	4	鍋釜小売商
83	関小田忠兵衛	上４／下30	内３／外１	雑商(石炭油、釘、鎌)
107	塩見長兵衛	上６／下32	内５／外２	糸縮緬仲買商
98	奥村きし	94*	1	
	空家(下村与八郎)	28		
106	塩見治平	5	5	
100	赤野治助	上８／下45	5	糸縮緬仲買商
	細井久左衛門	10	4	
105	小巻喜左衛門	11	2	
102	坂本政平	14	3	大工職
99	岡田太吉	10	2	絹織物小売
103	井上林吉	8	3	
101	柴田与左衛門	36	5	雑商(醤油、塩、研石)
119	浄福寺	上７／下99	6	
	砂野軍治	18	3	
139	平木たけ	10	1	
138	龍家久助	8	3	
136	梶川佐次郎	10	2	鍛冶職
137	安見げん	6	1	
135	矢田くま	14	1	
134	吉岡仙之助	上18／下13	内４／外１	
144	荒木勇助	20	3	
143	中垣藤兵衛隠居	7		
	吉田八左衛門隠居	6		
141	有馬義右衛門	30	内４／外２	絹織物小売
145	湯浅利助	22	内３／外１	絹織物小売
146	吉田八左衛門	24半	内３／外１	絹織物小売
147	有吉善兵衛	26	8	糸縮緬仲買商
	同人持	12	空	
182	加畑豊治	27	5	

番戸	戸　主	畳　数	人　数	職　業
181	中垣藤兵衛	21	5	
179	細見清五郎	13	3	
180	米沢善助	6	2	
150	渋谷利助	24	内５／外１	
151	有馬太次郎	25	7	
152	小林惣七	上16／下52	内６／外４	絹織物製造
155	加畑万助	28	内３／外２	絹織物小売
154	小林政七	19	4	
153	下村善助	24	3	
178	杉本助二郎	12	4	
140	米沢定七	上10／下21	内４／外１	煮売商(蕎麦、湯豆腐)
156	小林忠七	上20／下40	内８／外３	糸縮緬仲買商
163	杉本義助	23	6	絹織物小売
157	小林新七	上21／下68	内９／外８	糸縮緬仲買商
	藤田佐右衛門	40	上３／下３	
175	吉田佐七	上12／下27	内３／外１	
159	渡辺広蔵	18	2	
	下村仁左衛門	23	内６／外□	
161	安井太助	16	3	
174	渡辺与平	9	内３／外１	
173	岡本勝蔵	29	内３／外２	絹織物小売
	中垣	12	空家	
171	冨田松之助	23	5	
	橋本さき	11	内１／外１	
169	志賀利助	上６／下６	2	
165	杉本長兵衛	8	3	
166	坂田清吉	11	4	
168	渡辺利右衛門	11	3	桶職
167	加畑勝治	上８／下26	内４／外２	絹織物小売
		12	1	
163	冨田平兵衛	7	4	大工職
	山田しん	5	1	
		9	空家	
	小西忠蔵	8	3	
22	実相寺	上12／下247	内６／外１	

番戸	戸　主	畳　数	人　数	職　業
23	下村助三郎	21	3	
24	山崎忠治	6	1	
25	小柴藤三郎	上8／下26	3	絹織物小売
30	塩見松助	8	2	
26	福井庵	20	1	
27	森岡仁平	18	3	
28	有馬善右衛門	8	2	
29	藤田仙右衛門	28	7	煮売商(蕎麦、饂飩)
	同人持	21	空家	
142	白石栄助	10	2	
32	塩見つね	10	1	
33	赤野甚七	9	3	
34	赤野元助	18	5	
	安井□□	11	4	
	龍家与七持	6	3	
39	瀧野林蔵	14	6	
	金沢久蔵	4	2	
42	吉岡弥平	37	内4／外3	絹織物小売
40	吉岡源蔵	24	2	
35	吉田ぶん	10	3	
41	安田増治	25	4	縮緬仕立職
	藤田善蔵	上6／下24	5	

※『明治十九年第八月町方居住人民・畳敷悉皆総員数取調記』(区有文書B３―123)

一、汚水流出　但シ、東北ノ
南へ小溝ヲ設ケ、字大下
ナル田方ニ流通ス

入り口は女が北、男が西にあり、西と南の「空気流通場」は格子窓（空気流通場）になっている。なお、前田利兵衛宅は明治二〇年二月の下之町大火に罹災する。

ともかく、仕様書と平面図によれば、男女別の入り口を入ると休息所で、その先は一間半に四尺五寸の浴場（図では洗浴場）、そして男女に仕切られた湯坪になっている。休息所の奥行きは一〇尺三寸五分で、四畳半ほどの広さになる。休息所が一部屋になっているのはともかく、「板ハシリ」すなわち板敷きの浴場（洗い場）も男女の区別はない。湯坪（浴槽）は三尺に三尺一寸五分というサイズで、山崎伊右衛門のものと変わらない。

男女の湯槽が別になったのは、『近世風俗志』によれば天保年間（一八三〇〜四四）という。また同書には大坂、江戸の風呂屋、湯屋の図が例示されている。それをみると、規模の比較は難しいが、大坂の図は加悦の二つの事例とよく似ている。大坂の浴槽の内部は三方に二段の腰掛けが設けられているが、加悦の場合は腰掛けを設けることができる大きさではない。尾藤庄蔵家に樽風呂が残されているが、あるいはこのような樽が内部に置かれていたのかも知れない。

おわりに

小稿では、「ちりめん街道」の保存対策調査に際して得た知見をもとに、近代以降の縮緬産業と町並みに関して報告した。加悦地区の歴史的環境や個別の建築については、『加悦町加悦　伝統的建造物群保存対策調査報告書』（二〇〇五年三月）、『京都府指定有形文化財　旧尾藤家住宅保存修理工事報告書』（二〇〇五年一二月）を参照していただきたい。

（1）　選定説明『月刊文化財』五〇七号、二〇〇五年一二月。

（2）　北野裕子「縮緬産業の近代化　パリ万国博覧会と第五回内国勧業博覧会」『加悦町史　概要版』加悦町史編纂委員会、二〇〇四年一二月。

II 風景

近代京都と桜の名所

高木博志

はじめに

桜をめぐる京都の名所が、近世から近代への移行の中で、いかにその意味を変えていったかを考えたい。

江戸時代後期の嵐山、東山、そして京都御所や千本釈迦堂など、京都の桜の名所は、それぞれ古典文学・和歌や由緒を媒介とする、さまざまな物語とともにあった。たとえば内裏の九門内の近衛邸の糸桜や禁裏御所西側の「御車返しの桜」は、東山の桜の名所をめぐった庶民にも身近な存在であった。また今や場所も定かではない法輪寺の西行桜を描いた『拾遺都名所図会』(天明七年)では「なかむとて花にもいたく馴ぬれはちるわかれこそ悲しかりけれ(新古今)」と西行法師の歌とともに、桜を愛でる酔狂人が描かれる(図1)。まさに貴賤群集して桜を愛でる空間があり季節があった(1)。

明治維新とともに、天皇は東京へ「奠都」し、京都盆地のなかに京都御苑は空虚な空間として残る。しかし近世以来の京都の桜の名所はなかなか変わらない。たとえば京都御苑の整備方針が定まった岩倉具視の「京都皇宮保存ニ関シ意見書」(2)以降の状況であるが、一八八五年四月二三日の『日出新聞』には、御車返しの桜について、

図1　西行桜　典拠：『拾遺都名所図会』（天明7年）『新修京都叢書』7巻、臨川書店

「満開の好時期ゆゑ往来の人々は雅俗を問ず暫しハ花の下に足を停むる」と、近世以来の「雅俗」相まみえる空間であった九門内のあり方が、維新後においても持続していることをうかがわせる。

こうした状況も二〇世紀になると大きく変化する。ひとつには、桜が国の花となり、ナショナル・シンボルになったことである。たとえば一九一一年四月四日の『日出新聞』の論説には、「春は花なり、花は桜なり、我が民族は桜に於て花の代表を見る、陽春駘蕩、我が民族桜花に酔ひ、桜花に狂す、東台、墨堤、嵯峨、御室、東山（中略）大和民族の楽天的にして平淡なる趣味は桜花の爛熳美に傾倒せらるるなり」、と東京（上野と墨田堤）と京都の桜の名所が民族の花として一律に形容される。また昭和初期に、小学生向けに京都府教育会が編纂した『京都府郷土読本』（冨山房、一九三二年）の冒頭の章は、「京の桜」であり、「花にうもれるほど、至る所」の桜の名所として、御苑・平安神宮・動物園・円山公園・高台寺・清水寺・仁和寺・嵐山をあげる。京都府全体の『郷土読本』の巻頭が、京都市中の桜の記述ではじまるのだ。

しかし今日の京都の桜の名所を子細に検討すると、近世から名所図会などにも登場するところと、近代になって新たに植樹されたところがある。前者には、嵐山、仁和寺（御室）、平野神社、花の寺（勝持寺）、向日神社など、後者には植物園、賀茂川堤防沿い、岡崎公園、動物園、洛西公園小畑川沿いなどがある。

実は後者、すなわち近代に名所となったところには、桜の品種としてソメイヨシノが植えられている。ソメイヨシノは、葉と花が萌え出るヤマザクラとは違って、枯れ木に花だけが咲き豪奢である。ソメイヨシノは、幕末に江戸近郊の染井村で、山桜のオオシマザクラと里桜のエドヒガンザクラをかけあわせて創りだされた品種であった。実生から育つ山桜などとは違って、接ぎ木で増え、活着率（根づく率）が桁違いによく、数年で成長し花が咲く。ソメイヨシノは、新しい豪奢な品種であり、東京からやってきた「近代」「文明」であるとして、地方で積極的に選びとられていったと考えられる。[3] しかもソメイヨシノは、どの個体も遺伝子組成が等しいクローンであり、桜並木、すなわち群として桜が植樹された。この桜並木という植樹のあり様も、一八世紀の享保期、吉宗の時代にはじまった江戸・東京地域の文化であった。もっとも京都では、東北などの地方都市と違って、在来の物語・由緒と一体化した伝統種の桜の名所に恵まれ、ソメイヨシノが識者には忌避される傾向があった。しかし大正・昭和期を通じて、伝統種の名所と棲み分けながら新しいソメイヨシノの名所が形成されてゆく。

それでは近代の京都の桜を、「文明開化」、鉄道敷設・観光、ソメイヨシノ植樹といった諸相からみてゆきたい。

一　明治維新と桜の物語

「埋もれ木の人知れぬ身と沈めども、心の花は残りけるぞや。花見んと、群れつつ人の来るのみぞ、あたら桜の、咎にはありける」。西山に隠棲する西行が、都の人々の「貴賤群集」をいとわしく思うと、桜の花の精（白髪の老人）が現れ、「桜の咎《とが》」ではないと、舞う。

九重に咲けども花の八重桜、幾代の春を重ぬらん。しかるに花の名高きは、まづ初花を急ぐなる、近衛殿の糸桜。見渡せば、柳桜をこき交ぜて、都は春の錦、燦爛たり。千本《ちもと》の桜を植ゑ置き、その色を、所《ところ》の名に見する、千本《せんぼん》の花盛り、雲路や雪に残るらん。毘沙門堂の花盛り、四王天《しわうでん》の栄花も、これにはいかでまさるべき。上なる黒谷、下河原、昔遍照僧正の、憂き世を厭ひし華頂山、鷲の御山《みやま》の花の色、枯れにし鶴の林まで、

図２　嵐山の桜
典拠：『都名所図会』（安永９年）『新修京都叢書』６巻、臨川書店

思ひ知られてあはれなり。清水寺《せいすいじ》の地主《ぢしゆ》の花、松吹く風の音羽山、ここはまた嵐山、戸無瀬《となせ》に落つる、滝つ波までも、花は大堰川、井堰に雪やかかるらん。

一五世紀中頃に成立した謡曲「西行桜」（世阿弥）(4)の一節であるが、西山から東に京都盆地を見渡し、禁裏の八重桜、近衛邸の糸桜、町中の千本、毘沙門堂、目を東山に転じると、黒谷、下河原（永観堂の西）、華頂山、南に清水の地主桜。そして嵐山、歌枕の戸無瀬の滝、と桜の名所が眼下に広がる。

この謡の一節の本歌にあたる素性法師（遍照僧正の子）の「見わたせば柳桜をこきまぜて都ぞ春の錦なりける」（『古今集』春上）の歌は、『都名所図会』(5)（図2）では嵐山の桜の大堰川畔で踊る武家や被衣《かつぎ》の女性達を描く挿し絵にも登場する。また近衛家別邸（現在の同志社大学新町キャンパスあたり）の糸桜は、文献上は一五世紀後半の文明年間には確認でき、一六世紀前半（大永年間）の『洛中洛外図屏風』（国立歴史民俗博物館甲本）にもでてくるもので、この室町後期の由緒は近世内裏の築地内の近衛邸の糸桜に引き継がれたのであろう。[6] 安政二年（一八五五）二月一四日、孝明天皇はかねて約束していた近衛邸へゆき、糸桜をみて、「昔より名にはきけとも今日みれはむへめかれ《目離》せぬ糸さくらかな」をはじめ「名残あれやあかぬ心を木の本のはなにとゝめてかへる夜の空」までの、三〇首の組題を近衛忠熙に賜っている。[7] 並木誠士によると、すでに平安時代の後期には、清水の地主桜や八坂神社といった名所が、「東山」一帯の花の名所として認識されたという。[8]

すでにとりあげた、嵐山の右岸、法輪寺のそばにある西行桜。天明七年（一七八七）の『拾遺都名所図会』には、「なかむとて花にもいたく馴ぬれはちるわかれこそ悲しかりけれ」という『新古今和歌集』の西行の歌とともに記憶される。西行桜の下では、歌を詠む風流人の姿が描かれる。つねに、桜は西行の歌とともにある。『都名所図会』[9] の嵐山では、鎌倉時代末期の後宇多院の「あらし山これもよしのやうつすらん、桜にかかる滝の白糸」という歌を引く。吉野から移植された嵐山の桜という由緒を伝える。

京都御所とまわりの公家町は、日常的な観光スポットであるとともに、桜の季節には、庶民が集まる観光地であった。近衛邸の糸桜とともに菊亭家の築地のなかから、禁裏御所に面した道へと咲きこぼれる「御車返の桜」は、一七世紀の後水尾天皇があまりの美しさに車を返して愛でた物語とともにあった。

見開きの図3、一八七三年「明治六年三月大博覧会略絵図」（西京洛北高野川原新田、板元・下岡源助）では、「大博覧会」の会場である禁裏御所や禽獣会が開かれた仙洞御所だけでなく、東京「奠都」後も多数残る旧公家屋敷が催し物の場（パビリオン）となっている。中立売御門の東には、かつて「ひかき（檜垣）茶屋」であった「火防屯所」、元九条家邸には「料店茶店」、五条家の「西洋各国勝景目かね」、勧修寺家邸の「ゑんま堂狂言」、一条家邸の「浄るり身振り狂言・でんがく料りや茶店」などとにぎやかである。また、「左近桜」や、「元ノ菊亭家邸芝居並ニ料店、懸茶や、諸店、名木のむめさくら有」と、菊亭家の築地内にあった桜が書き込まれる。また

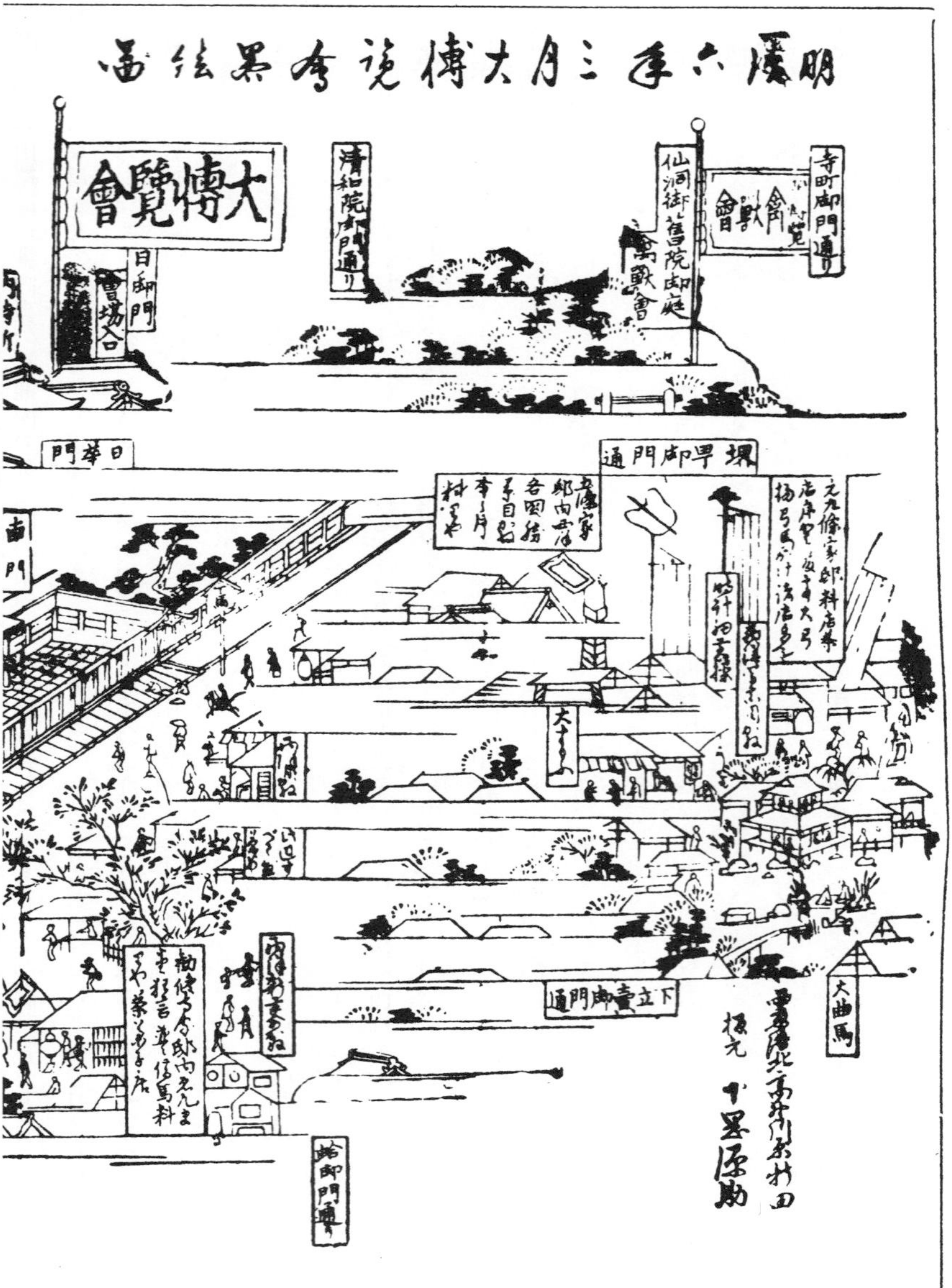
大博覧會
寺町御門通り
清和院御門通り
堺町御門通
下立売御門通
大曲馬

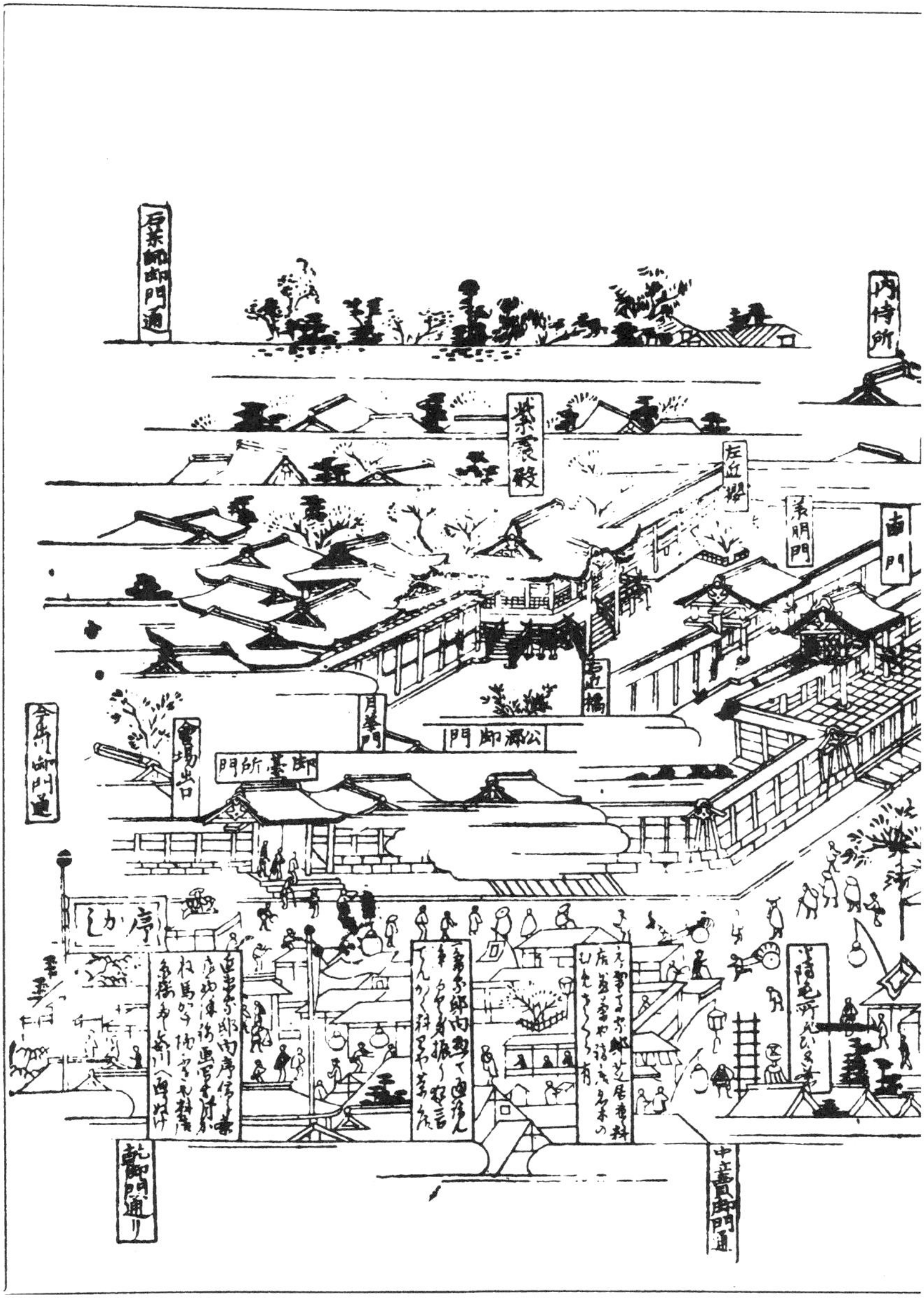

図 3　明治 6 年 3 月大博覧会略絵図

「近衛家邸内」は、「席借シ茶店、西洋錦画写真目かね、馬かけ場、ふきや、料店、糸桜多し」といった様である。[10]

近世の桜は、歌の世界や由緒のなかにあった。そして桜の脱神話化が、明治維新後におきるのである。

岸文和があきらかにしたように、近世では、絵画など美術作品そして作者である芸術家そのものが、伝説・縁起などの世界に生きていた。[11] 作品は単にモノではなく、いわば神話のなかに存在する。たとえば前近代の仏像は、薄暗い寺院のなかで信仰や縁起の世界にあった。一八九〇年代になって、仏像は博物館の明るい照明を浴びて彫刻の「美術」として鑑賞の対象になり、今日につながる価値へと転換がおきた。それは日本美術史成立の文脈においては、古典古代ギリシャに匹敵するものを奈良に発見し、古代の仏像を彫刻と読み替えてゆく、ヨーロッパの「文明」の文法を導入しようとする営為に由来する。

同じことが、名所や桜についてもいえる。西田正憲が『瀬戸内海の発見』[12]で論じたように、大きな歴史の流れにおいては、歌枕を追体験するものから、エーゲ海に比す多島海の景観へと瀬戸内海が近世後期に変化したように、名所は物語から離脱してゆく。同様に、クローンであるソメイヨシノの並木としての植樹は、均質な薄桃色の近代の景観を形づくる。

二　京都の桜の近代

(一)円山――「文明開化」の場

一八七三年の第二回京都博覧会で、会津藩士の山本覚馬が発行した、外国人向けのガイドブック（*The Guide to Celebrated Places in Kiyoto & the Surrounding Places for the Foreign Visitors*）では、桜の名所としては、嵐山と円山がとりあげられた。[13] 多くの桜と紅葉がある嵐山は、one of the finest views であるとし、外国人観光客が泊まるホテルがある円山では、春には多くの桜の花が美しく咲き誇り、多くの人々が集うホテルなど、山腹の家

図４　祇園林夜桜　典拠：『花洛名勝図会』（元治元年）

屋から一望にみおろす景観をたたえる（so the people go and feast there looking down upon the fine flowers from the halls)。四八頁の小冊子ゆえの制限もあろうが、外国人に向けて、近世以来の桜の由緒・伝説の説明ではなく、大堰川左岸からみる嵐山、円山から眺める京都の町などの景観を外国人に向けて売り物にしていることは、国際社会のなかで求められる近代の桜をめぐる景観を予兆させる。とくに円山の高台から京都盆地を俯瞰する視線そのものは、中村楼（屋）をはじめ円山や下河原（祇園社の南）に宿泊した外国人のもので、東山の桜を京都の町から見上げる近世の視線とは対称的である。平塚瓢斎の草稿をもととし、「東山之部」のみの出版で終わった『花洛名勝図会』（元治元年）冒頭「東山全図」の「ひんがし山を望みて」白雪に春の花をおもう、香川景樹の歌のごとく、近世において東山は、眺めるものであった(14)。

「文明開化」にかかわる桜の風景を考える上で、円山公園の開設（一八八六年）と、枝垂れの一本桜は象徴である。一八七三年一月一五日付太政官布告第一六号では「三府ヲ始人民輻湊ノ地ニシテ古来ノ勝概名人ノ旧跡等群集遊観ニ供」する地を「万人偕楽ノ地」として公園と定められるが、京都では祇園・清水・嵐山があげられ、新しい西欧の公園概念が京都の周辺部に近世の名所との連続のもとに出現する。[15] そしてたとえば近世における「祇園林夜桜」（図4）は、篝火がたかれ、「歌舞の妓婦花やかに往返し、酔客街に漂ひて最賑はし」と描かれたように、近世においても京都の町に隣接した花の名所であった。

しかし円山の場は、明治前期においては、とりわけハイカラな場として生まれ変わる。一八八一年に刊行された『京都名所案内図会　附録』[16]の「西洋料理（外国旅宿）」は、祇園鳥居前の自由亭・中村屋、円山の也阿弥の三軒であった。中村屋は明治元年に洋室を八室備え、一八七七年頃に自由亭が、一八八一年には也阿弥ホテルが開設した。一八七三年八月明石博高《ひろあきら》により温泉療養目的の人工鉱泉の吉水温泉が開設される。[17]「浴室ハ総て西洋に模し三重の楼閣等を経営」したものであった。[18]『明治改正京都名勝一覧図会』には、「北林」には、戊辰戦争に軍功のあった力士が明治二年に土地を拝領し明治三年八月よりこの地で興行した「相撲場《すもうば》」が書き込まれ、東側には「桜林」、南の楼門脇には「洋人宿」が書き込まれる。

明治四年三月七日の太政官布告で、「神武天皇御祭典ノ儀海内一同遵行」すべきことがふれられ、三月一〇日には神祇官より「府藩県庁内清浄ノ地ヲ撰ミ大和ノ方ニ向ヒ新薦《アラコモ》ヲ敷キ高机一脚ヲ置キ机上御玉串ヲ安スヘシ」と「遙拝式」の心得が申し渡される。[19] 明治四年四月二三日に京都の商家の福山升屋店武三郎から「か美東京本家」に宛てられた「神武天皇遙拝所祭ニ関スル書簡」では、京都の八坂神社周辺の状況がリアルに伝えられる。[20]

「当地当月十日従十五日迄之間八坂神社東南之隅、是迄之桜林之処、今般神武天皇謡（遙）拝所御取建シ（ママ）ニ相成申候間、市中一統上下京とも砂持を致、晴々賑々敷可致候様、被仰出候、初ハ頓トはづみ不申候得共、追々後数々出しを、組中幟を立半天之揃等ニ、且又屋形を拵祇園はやし等ニ而、日々出申候廿七番組も、幟之上、花傘ニ頭へ牡丹之花組中揃へ致紅福林半天金摺込之揃物ニ御座候」と、神武天皇遙拝所の造立、そのための町組をあげての祝祭としての砂持ちの賑わいを伝える。「神武創業」や「神武遙拝所」は「御一新」の象徴であり、「文明開化」状況の一環にあった。また「石、治兵衛」なる商人から「吉田若御主人様」にあてた同年六月二七日の書簡でも、「当年者遙拝所相建チ砂持踊リニ而賑々敷事ニ御座候事、七日神事ニハ鉾四本相立、長刀、函谷、月、放火(下)、須摩、山も、皆々不揃事ニ御座候、十四日ハ引山ハなし、山も不揃候、今年珍ら敷ねり物、足揃とも三度出来候」と、神武天皇遙拝所建設後の祇園祭の練り物、鉾立てについて伝える(21)。

さて円山の名木枝垂れ桜は、江戸時代には感神院の執行、宝寿院のなかにあったもので、庶民に近いものではなかった。古老（元下京第十五組学務委員青木太兵衛）の昭和初期の回顧によると、大谷より知恩院に通じる路上より、宝寿院の枝垂れ桜は、「僅に頂を眺め得たるにて、その樹の太さも左程ならざりし」といった状況だった(22)。

明治維新後神仏分離から此社は神社として立ち八坂神社と名づけられ坊をみな取毀つことになつた。この老桜は宝寿院建内氏の庭にあつたもので、その頃余り人に知られてをらず且つ此桜については古い記録もなかつた。慶応二年十二月六日同院失火後この桜が人の目につく様になつた(23)。

明治維新後、一八七三年に明石博高が吉水温泉建築のとき、偶然雑木払い下げの一環で桜樹が切り倒されようとするときに、五両を払いそのまま植えおかれたという。明治二〇年代には「毎夜観光社の水煙火および曲煙火」が打ち上げられ、アーク灯など「電灯高く照り輝き、所々に篝火を焚き、灯光火光相映」ず、といった景況であった［日出88 04 14、91 04 05］。近世では寺院の塀のなかの閉じた空間にあった寺桜が、明治維新を経て、市民に愛される円山公園の名木となる。したがって円山の枝垂れ桜は、「文明開化」の象徴であり、近代の桜であった。

また明治五年二月の『京都新聞』（第一八号）は、「遊楽園池」として、「先斗町ノ裏ニハ数十株ノ桜ヲ栽ヘ立芳野嵐山ノ面影ヲ加茂川ノ清キ流ニ写サントシ、夜ハ数百ノ灯ヲ輝カシ、陰ニ名妓ノ来往スルハ吉原ノ夜桜ニモ劣ルマシキ風情」と伝える。花街の桜も、「文明開化」のイメージであった。島原は、嘉永期以来、祇園花街の華やかさに賑わいを奪われ、一八八六年には「殆んど廃絶」の危機にいたった。しかし第四回勧業博覧会で大量出版された金森陸一編纂『京都名勝案内記　附連合府県』[24]には、吉原のごとき島原の桜並木の写真が掲載され、四月二一日の太夫道中の復興が伝えられた。

さて一八七七年に刊行された『改正各区色分町名京都名所巡覧記』[25]には、京都の桜の名所の平均的な開花時期が記される。

○桜

清水 四月二十日	西大谷 四月十五日	西行庵 双林寺 四月十五日
八阪社 夜桜 四月十八日	知恩院 四月十七日	若王寺 四月十五日
下鴨 四月十六日	上加茂 四月十八日	修学院 四月十二日
平野 夜桜 四月十九日	御室 四月十九日	広沢 嵯峨 四月十八日
法輪寺 嵯峨 四月十四日	嵐山 四月十五日	花ノ寺 四月十五日
松ノ尾 四月十七日	梅宮 四月十六日	太秦 四月十三日
鞍馬 口四月十五日 奥四月廿日	醍醐 四月十七日	焔魔堂 四月十八日
真如堂 四月十七日	島原廓 四月十八日	此外所々

○糸桜

長楽寺 四月十三日	知恩院 四月十一日	妙円寺 松ケ崎 四月十日

ここでとりあげられるのはまさに江戸期以来の名所であるが、名所案内・地誌の記述においても当然のことな

がらその内容は江戸期との連続性が強い。たとえば『京都名所案内図会　附録[26]』の西行桜の記述にある、「乙訓郡大原野勝持寺の前にあり、西行法師の植る処なり」との表現は、『花洛羽津根《からくはつね》[27]』の記載を踏襲していた。

さらに一八八五年（明治一八）四月一〇日から京都で発行された『日出新聞』の桜をめぐる記述を追ってゆくと、近世の桜の名所との連続は明かである[28]。

一八八五年四月一六日の『日出新聞』には、「洛東八阪神社の東林にある絲垂桜は明日此が好時機、また洛北平野神社の絲垂も今が真盛り、その他の山桜は一両日のうちに咲《わら》ひそむる容子なれば、嵐山・御室等は来る廿四五日が最上ならん」、と桜の便りを寄せる。ここには近世以来の名所が、報じられている。円山公園のしだれ桜の外に、伝統的な多品種の平野神社や遅咲きの御室桜、嵐山の山桜とつづく。また一八八八年四月五日付の『日出新聞』でも、「御苑内中立売御門内車返しの桜は（中略）これもむかしの主はあらねどまだしも御苑内を過る人々のア、奇麗になど称しつゝ詠むるものもあるべければ左近の桜に比ぶれば少しは花も嬉しからまし」と、伝える。禁裏御所のなかには、限られたときにしか人が入れないであろうことが予測される。

（2）嵐山——鉄道と観光

近世京都において、もっとも早い名所案内記である『京童[29]』に、嵐山は、「この山はよし野のさくらをうつしうゑられし所なり。さればこもりかつての御神すいじやくならせたまへる所なり」と記された。吉野から移植された桜とともに「隠り」たる神が現世に現れた（垂迹）のが嵐山の桜、との花神の物語が語られる。

近世の嵐山の桜は、京都所司代の監督のもとに天竜寺の寺領にあった。元文四年（一七三九）には、桜苗木の刈払いには科料がかされることが天竜寺より触れられたり、寛保二年（一七四二）や嘉永七年（一八五四）には、桜の「伐荒」で風景が損なわれたことへの町奉行からの問い合わせに、桜・楓の植栽によって対応することを天竜寺が回答している。(30) 天竜寺は、天保一〇年（一八三九）には桜約三〇〇本、嘉永三年から七年（一八五〇〜一八五四）には、桜約一五〇本、松約四〇〇本を植えた。明治維新後に、嵐山は明治五年（一八七二）に上知されたのち京都府の所管となり、一八八九年九月には農林省の所管となった。一九一六年一二月の風致保安林への編入をへて、一九二七年四月、史蹟名勝地指定、一九三〇年二月風致区域へと編入された。近代の植栽については、一八八三年頃に、桜・楓・松五八三四本を、「久邇宮、山階宮、岩倉、三条両公始メ三百余名」が寄附した。一八九六年には、「嵐山保勝につき京都小林《しょうりん》区署長より農商務大臣に桜楓樹苗三千本買収植付費を明治三〇年度予算に組込まん（中略）植付の苗は島桜二千本、これは駿河産にて成長早く一年に六七尺伸びふとるよしにて花は七重八重あり、頗るみごとなりと、山桜三千本これは今月に植付」［日出96 03 15］との動きがあった。一九二〇年三月に京都小林区署は桜四〇〇本、楓一〇〇本を「地元三部落から三十名出役」により植栽し、一九二三年三月にも京都小林区署が桜一〇〇本を植えた。(31) 一九四〇年発行の香山益彦《こうやまますひこ》『京乃桜』(32)の記述にいたっては、「京都営林署の調査に依ると現今約二千五百本の山桜」が咲き誇ることとなった。

一八八一年には、岩倉具視が中心になり、京都府知事北垣国道・久邇宮朝彦親王・内務省社寺局長桜井能監などとともに、京都や近畿地方の名勝・古蹟を保存しようとする保勝会をつくった。一八八三年六月、岩倉は北垣・桜井・井上馨・香川敬三・五辻安仲《いつつじやすなか》らと、桜楓の「新苗補植ノ方法ヲ設ケ」て「其風景ヲ回復スル」ことを目的に嵐山桜楓会の設置を企画した。(33)

一八九〇年四月に天皇・皇后の京都への行幸啓があり、京都府知事北垣国道・滋賀県知事中井弘の上奏により、九日には蹴上で琵琶湖疏水工事竣工式に臨御する。(34) 続いて『明治天皇紀』同年四月一一日条には、「侍従西四辻《にしよつじ》公業《きみなり》・侍従試補広幡忠朝を遠乗として京都府下嵐山に差遣せらる」とある。差し遣わされた侍従は、「北垣京都府知事の先導を得て同地に赴き小倉山へも登りて眺望し、実に亀山天皇の此地方を賞せられ殊に嵐山に桜樹を移し植ゑさせられしも全く小倉山辺より眺めたる全景を愛でさせられたるにてありつらんと坐《そぞ》ろに懐旧の情を動かし、矢の如くに降り頻れる雨をも厭はず充分眺望の上、帰京して其趣を奏上に及びしとなん」と『日出新聞』に、その顚末が伝えられる［日出90 04 16］。北垣国道が「小倉山山上より見たる嵐山の勝景」を、明治天皇に上申し、また土方久元宮内大臣もそれ以前に案内している。

北垣は嵐山や嵯峨野の景観の復興に力を尽くし、たとえば平安遷都千百年紀念祭の一八九五年には、嵯峨村村長の野路《のじ》井《い》孝治や井上与一郎・小林吉明や大覚寺門跡楠玉諦らが、明治維新後廃絶した祇王寺の再興の企てに対し、「北垣男爵は祇王が水利を興せし事実は感ずるに余ありとて、深く其事を称賛し、自己の別荘中の一棟を畳建具と共に寄附」したという。(35) 琵琶湖疏水を開発する北垣が、平清盛に請うて野洲郡祇王村で水利を引いた祇王の物語に共感したもので、『平家物語』の清盛と祇王・祇女・仏御前の世界が、一九〇二年の祇王寺再興というかたちで実現する。(36) 嵐山の桜の景観は、古典文学を具現する嵯峨野の風景とともに近代に再生する。平安遷都紀念祭協賛会会員に紀念章とともに頒たれた『京都名所手引草』(37) の「嵯峨野」の項目には、

小倉山亀山近傍の称にして古来の名所なり、上は帝王より公卿、学者、桑門（僧侶）、隠士、名姫、美人、皆其芳躅を此に留む前中書王の菟裘《ときゆう》（兼明親王の隠棲地）。融《とおる》公の別業。定家の厭離《えんり》庵。祇王祇女（祇王寺）。横笛。匂当内侍（瀧口寺）。小督《こごう》局なと枚挙に遑あらす。

とあり、『平家物語』『太平記』などの古典文学の名所（などころ）としての嵯峨野が前面に出ている。

ここで嵐山への鉄道開通と桜の名所の観光化について考えたい。

二条—嵯峨間に京都鉄道が開業するのは、一八九七年（明治三〇）二月（京都—大宮間は同年一一月）である。(38)『日出新聞』同年四月一四日付は「京都鉄道乗客は頓に増加し毎発車に乗切れざるより次の列車を待つものあり、収入金高は一日殆ど四百円にも及」ぶ状況で客車の連結を加えたとし、その盛況ぶりを伝える。

二〇世紀にはいると京都の四月のイメージは、都踊りと祇園の夜桜、嵐山の花見列車などとしてステレオタイプ化される。

この月は花の月なり、都踊りの月なり、瓢箪の時代なり、桜餅の時代なり、上戸も下戸も心浮き立つ遊覧の季節なり、嵐山の花見汽車は本日より始められ、祇園の夜ざくらは未だ綻《ほころ》び初めねど早や都踊の篝火も紅く、この廿一日には菜花の御影供に島原太夫の名物の八文字を踏む道中もあり、壬生にカンデン〳〵の狂言も催ふさるれば花の殿《しんがり》に藤も牡丹も咲き匂ふべく、京の美しさはげにこの月より美しきはなく［日出060401］

この「嵐山観桜臨時汽車」は、四月一日より臨時列車が、「京都駅より嵯峨行七回、二条駅より同八回」の運行となる。

嵯峨の停車場から群かる人と倶に出て行くと、嵯峨の町へ出るが、其の途すがらに、種々の土産物を売てゐる、桜の木細工、盆の類、ステツキ、嵯峨焼の抹茶茶碗、煎茶茶碗、猪口の類、鮎の酢に天竜寺納豆、小督の名を附た白粉もあり、丹波から持出した桑酒もあり、大堰川の奇石も出してゐれば、夏になると、蛍に河鹿まで売てゐる。(39)

この京都鉄道の嵯峨停車場からの雑踏は、天竜寺前の「花より団子」の新名物、酒旗、田楽幟にいざなわれて渡月橋へといたる。

この頃、外国人観光の隆盛を伝える記事がみられる［日出090403］。

京都ホテルは客室が八十余で少し無理をすれば二百四五十人の客を収容する事が出来、都ホテルは室の数が百五十余で百九十余名を泊める事が出来ると云つて居る、さうして京都ホテルでの一番忙しいのは矢張此春の季節で、一年中の収入の六分も七分も茲暫らくの間に得る、多くは日本のチエリー、ダンスとて態々都踊見物に来る外人にて（中略）其観光外人も随分あるさうだ、さうして其観光外人は年々歳々増加し去る三十六年中には男子四千五百二十三人、女子一千六百〇七人、合計六千一百三十人であつたが、三十九年には男子五千一百七十人、女子二千一百九十四人、合計七千三百六十四人に増加し、昨年中は約一万人と云ふ事になつて居る

京都ホテルは一八九〇年の常磐ホテル建設以来、河原町御池の立地であり、都ホテルは一九〇〇年以来、岡崎公園を望む蹴上の立地であり、初期の円山の外国人宿の立地からの変化がうかがえる。(40)また一九〇八年には、京都府で六三四八人の外国人止宿数があったので、約一万人の外国人観光客があったとは全国統計であろう。(41)

続いて嵐山への電車として、四条大宮からの嵐山電気軌道が一九一〇年三月二五日に開通した。四条堀川西を起点とし、約五マイルに九ヶ所の停車場があり、五分ごとの発車で約二〇分で終点の嵐山に到着した。同社では、春の桜、秋の紅葉に加え、和洋の花園を整備し、少年音楽隊の組織や、嵐峡館や瓢亭の支店など旅館・料亭を宣伝し、夏には有志で床几、船遊び、花火の納涼も企画した。(42)

翌年の嵐山電車（四条堀川西）の広告には「花半開の嵐山」と開花状況を知らせ、「春やはやき二日の日曜、人やおそき三日の旗日、行けや行け花に後れな、トク行けや人に後れな」と、人々をうながす［日出11 04 03］。同じ広告の誌面には、香里遊園・八幡・枚方・美豆《みづ》（淀）の「桃と桜」の名所を京阪電鉄は広告し、『太陽』は三上参次・三浦周行・黒板勝美などの「南北朝史論」を宣伝する。京阪電鉄は、一九一〇年三月末に、天満橋―五条間を全通していた。(43)

一九一二年四月一日付の『日出新聞』は、「京都シーズン」と四月を意味づけて報じた。

祇園、清水、長楽寺、東山一帯皆杖を引くに可、嵯峨やお室の花盛り、嵐峡の山桜に、仁和寺の厚物に、何れか春の人の遊意に適はざらん、或は行遊甚多からざる広沢や、大沢の水辺に閑適を求むるも、亦可ならずとせん（中略）京都シーズンは実に自然の花の開く時のみにあらず、亦工芸の花の開き、亦美術の花の開き、

亦人の花の開き、亦復《またまた》法の花の開くの節なり、知るべし花の都は自然の花の都たるのみにあらずして、又人事の花、文化の花の都なるを

また全国製産品展覧会、諸種大小の展覧会、祇園郷、諸種の大法会などの、京都の春のイベントを伝えるが、ここに京都の春は岡崎公園を中心とする博覧のイベント、美術展、祇園の花街、仏教界の法会などとして表象された。

(3)岡崎公園――ソメイヨシノの植樹

東京からソメイヨシノがやってくるのは、近代の開発や土木事業にともなう「風致」が一つの目的である。ソメイヨシノは、豪奢な花だけで画一化した、ある意味で無個性な景観を形づくる。近代化という大きな流れにおいて、桜が物語から離脱してゆくとき、この無個性なソメイヨシノの景観こそが、近代の風景にふさわしいといえよう。すでに述べたように、一八九五年（明治二八）の平安遷都千百年紀念祭・第四回内国博覧会は、京都の桜の名所の大きな転換となる。

このイベントを通じて、第一に、賀茂川の東側、鴨東地域が開発され、博覧会場や疏水が整備され、ソメイヨシノが近代の「文明」を象徴するものとして植えられてゆき、近代の新しい桜の名所が出現した。第二は鉄道や道路という交通手段が整ってゆき、大阪や京都の人々の日帰りの行楽を近畿圏へと広げていった。そして宇治や嵐山といった洛外が京都の名所として一体化してゆく。新聞には、嵐山、東山、吉野山、三井寺などが同じ誌面に掲載され、人々は誌面において一望の下にそれら花見の名所をながめ思いうかべる。それが行楽地選択の要素となってきた。第三は、京都市による『京華要誌』、英文ガイドである *The Official Guide-Book Kyoto and the Allied Prefectures Prepared Specially for the Eleven Hundredth Anniversary of the Founding of Kyoto and the Fourth National Industrial Exhibition*[44]といったものから、旅館の一枚物まで、いろいろなレベルで圧倒的な量の観光ガイド、地誌が発行された。しかし明治一〇年代の名所記が近世における名所記との内容的な連続性が強く、一つ一つが個性的な叙述であったのとは違い、一八九五年以降の観光ガイドブックは、量と種類は多いが内容の叙述がパターン化した。実際、一八九四年度に京都案内記の出版が四冊であったのに対し、翌一八九五年度には一挙に三三冊の大量出版となった。[45]九州から来た小学校教師は、一八九五年七月二〇日の日誌で社寺の拝観料の徴収に辟易している。[46]

大仏殿ニ行ク同大仏ハ張リ物ノ由ニテ拝観料ヲ要スル為メ見ス、此ク拝観料ヲ出サヾルハ敢テ金ヲ惜ムノ故ニアラス、各寺保存金ヲ積ム為トハ云ヘ、衆人ノ信仰ヲ博スヘキ仏像等ヲ拝セシムルニ、一定ノ金銭ヲ取ルトハ仏意ニ背カサルヘキカ、斯ル寺ハ態ト漫過スヘシトノ意ナリ

寛文七年（一六六七）に方広寺の銅の大仏は鋳つぶされ木像の大仏となるが、それも寛政一〇年（一七九八）には焼失しており、博覧会時の「張リ物」大仏を、拝観料を払ってまで見たくないとの記述である。[47]京都の社寺が信仰の場から、文化財拝観に金銭を取り「仏意ニ背」く観光の場へと転換するあり様への不快感が語られる。おそらく第四回内国博覧会において、京都の社寺が拝観料をとって観光化する契機になったと考えられる。

第四にはそのことともかかわり、この頃、明治二〇年代に生成した文化財を美術的価値でみる観念が、社会と接点を持ち広がろうとした。まさにこの時期、仏像が脱神話化し、信仰の対象から美術品になるのとパラレルに、桜の名所も物語から解き放たれ、景観そのものがソメイヨシノという近代の品種とともに重要になった。社寺も美術品（文化財）を有するあり方へと変化してゆく。

しかし桜の品種に注意して京都の名所をみると、明治期にはまだまだ近世以来の伝統的な桜の品種が植わっていた。第四回内国博覧会時に発行された『京華要誌』[48]の記述では、知恩院（円山）は「境内桜花多く、桜馬場を

はしめ、糸桜・浅黄桜等の名種あり」、平野神社は「当社境内は古来多く桜樹を栽え、尤も奇葩《は》異弁を撰み、筑波嶺、妹背、手弱女等の如きは稀世の絶品なり」、仁和寺は「此桜花は樹々皆老幹蟠屈、花は複弁にして一層の美観なり」、嵐山は「此山の桜はむかし後嵯峨帝吉野山より移させ給ひし」とされ、いずれも「ソメイヨシノ」ではない、古社寺の桜を愛でる。ここには江戸・東京地域の吉宗の一八世紀以降の人工的な上野や飛鳥山・隅田川堤など桜並木の文化とは異質な、京都独自の展開がみられる。

京都では、近代に全国的に普及するソメイヨシノに対して、近世以来のしだれ桜・山桜といった伝統種を重んじる気風があり、普及が京都以外の地域より遅いように思われる。たとえば一八九一年においても、京都御苑内の芝生に植えられた「高さ二間計の桜楓数百株」は「洛北岩倉村及静原村等」の在来種が移されたものであった[日出91 03 07]。また一八九二年の東山七条の帝国京都博物館の開館に向けて、京都府庁において入札の対象となったのも、「山桜、長サ地上一丈以上、回リ地上三尺ニテ五寸以上、弐百本」であった[日出92 03 05]。さらに一九〇一年（明治三四）においても、京都測候所の桜・桃などの花期一〇ヶ年（一八九〇年から一九〇〇年まで）の平均としてあげられている桜の種類は、彼岸桜（四月一日）、山桜（四月五日）、八重桜（四月一二日）であった[日出01 03 31]。

それでは、江戸で幕末に品種改良により創り出されたソメイヨシノは、いつ京都に植樹されるのか。

一八九五年（明治二八）の遷都千百年紀念事業の鴨東開発以後、実際には二〇世紀になって、疏水や動物園、そして賀茂川・高野川の堤防にソメイヨシノが植えられてゆく。『塵海』（北垣国道日記）一八九四年（明治二七）八月一五日条には、「午後三時大津馬場停車場着、汽車ヲ下リ疏水運河ニ出、点検、隧道前両岸ノ桜樹ハ我命令ニ従ヒ之レヲ傷《そこな》フ者ナク、今ヤ天然ノ森林ト為リ一層ノ風致ヲ呈セリ」と回顧され、疏水工事とともに明治二〇年代に京都府知事北垣国道が桜を植えたことがわかる。一八八八年四月に山科運河石垣へ、府技手南謙三以下三

図５　動物園の桜　典拠：田中緑紅『なつかしい京都』京を語る会、1958年

名が、桜一一五本（三四円五〇銭相当）の献納届けが出された[49]。当初は、樹種は主に山桜で、大津運河沿いの植樹に、一八八九年二月に滋賀郡役所から寄贈されたのも山桜一〇〇本であった[50]。確実に疏水にソメイヨシノが植えられるのは大正期である。『京都市内における各保勝地の自然環境と植樹に関する報告書[51]』には、インクライン沿の斜面には、「五十余年前［大正期］に植えられたソメイヨシノ」があると記述される。

また岡崎の動物園は、一九〇〇年の大正天皇成婚を記念し開園するが、一九〇四年（明治三七）一一月二日に東京に注文したソメイヨシノの苗木六〇〇本（苗木代四円五〇銭）が到着した。一九一〇年四月には観桜会をもよおし、一九一五年の大正大礼の年には四月八日より一週間の夜間開園がなされた[52]（図5）。この動物園の桜にかかわって、『古都名木記[53]』の著作があり、京都園芸倶楽部創設にもかかわる侍従の勧《か》修寺《じゅうじ》経雄《つねお》は、以下のように発言する[54]。

此の桜は京都在来の桜とは全く別種類の染井吉野桜である（此の種類は京都辺では動物園とか、公園とか、遊園地等にはまだよいが、其他の所では反て風景を損ふ恐れ

があるのは遺憾である）おそらく此の種類が京都へ移入せられた最初のものであろう

ここからは、ソメイヨシノに対する嫌悪感が読みとれるのと、その最初の導入地が動物園であることが証言されている。

岡崎公園においては「大極殿の枝垂桜が明治の生んだ新京名所でありとすれば、動物園の夜桜は大正に出来た新京名所」とされるが［日出27 04 11］、国風文化を疑似体験する平安神宮の大極殿から左右両閣楼につづく廻廊の外側には、仙台市長から寄贈された東に四本、西に六本の枝垂桜（遠藤種）が植えられ、第四回勧業博覧会の跡地の動物園や疏水沿いにはソメイヨシノが植樹されることになる。平安神宮の枝垂桜は、近衛家にあった「糸桜」が津軽藩主から仙台市の伊達家をへた、京都への「里帰り桜」との物語をもった(55)。

かくして一八九五年創建の平安神宮は、平安京の桜の「伝統」を体現してゆくことになる。谷崎潤一郎『細雪』(56)には、芦屋の三姉妹が毎年楽しみにしている、京都の桜の最高の瞬間を平安神宮の紅枝垂桜におく。「数株の紅枝垂《べにしだれ》、——海外にまでその美を謳《うた》はれてゐると云ふ名木の桜」に、彼女たちは毎年あやしく胸をときめかせ廻廊の門をくぐり、「忽ち夕空にひろがつてゐる紅の雲を仰ぎ見ると、皆が一様に、「あー」と、感歎の声を放つた」。

その他のソメイヨシノの名所をみておこう。一九二五年四月に「京の名桜」として『京都日出新聞』に連載されたのは、近世以来の伝統種の桜の名所として、祇園の夜桜、清水の一本桜、平安神宮の桜、御車返しの桜、真如堂の老桜、平野の夜桜、御室の八重桜、嵯峨野春色、嵐山、勝持寺の西行桜、醍醐千畳敷の桜などであるが、ソメイヨシノの名所としては、夜間電灯を点じる動物園と、植物園の敷地の運動場の南と西側の賀茂川堤防があがる（同年四月一日から四月一三日まで）。植物園の桜は、一九一五年（大正四）大正天皇即位を記念し開園して以降のものである。

賀茂川堤防には、一九〇五年に日露戦勝記念として京都府師範学校が、総経費三九六円七三銭、従事人員のべ一〇三三人をもって、桜二二七九本（志波む桜）、楓七三五本を植えつけた[57]。しかしソメイヨシノ以外の品種を植え、「種類を選ばなかつた結果」、根づかず「失敗」に終わった［日出240409］。また大正大礼を記念しては、上賀茂神社にいたる賀茂川堤防（室町口より御薗口まで）にも桜二五〇本、楓五〇本が植樹された[58]。

日本画家橋本関雪が、一九一八年ごろに若王子―白川間の疏水の沿岸、「哲学の道」にソメイヨシノを植えている[59]。ソメイヨシノの名所は、賀茂川とその東側の新しい開発にともなって成立した。また「清水と嵐山は山桜に吉野桜が交つてゐるために早くから遅く迄常に花を見せ」るとされるし［日出270402］、大沢池には「近頃（一九四〇年時点）、染井吉野や山桜が沢山補植された」という[60]。

一九二五年四月二〇日『日出新聞』のソメイヨシノの開花予想であるが、「彦根測候所内にある吉野桜の開花並に満開期の予察方法を大正六年から筒井所長が研究中」と報じられた。二月三月の平均気温により、ソメイヨシノの開花時期を「予察」するものだが、「桜の名所である大津、京都、奈良吉野地方」においてソメイヨシノが大正期には標準的な桜の品種になりつつあることが、推し量られる。

（4）向日町――洛外の桜

最後に、洛外の桜をみておきたい。とりあげる向日町は、江戸時代には西国街道を洛中（東寺口）から出た、最初の大きな町場であった。その町の中心が、幕末には国学者の六人部是香《むとべよしか》も生む向日明神（神社）の門前である。一八八七年に向日町は戸数八一戸、人口四二二人であった[61]。

黒川道祐『日次紀事[62]』には、洛中の桜の名所に続いて、乙訓郡の「久我、鶏冠木《カイテ》、向日明神、粟生光明寺。大原野勝持寺、世に花寺と謂うは是なり。小塩山、三鈷寺、善峰寺、西岩倉山金蔵寺、山崎離宮及び宝積寺、石清

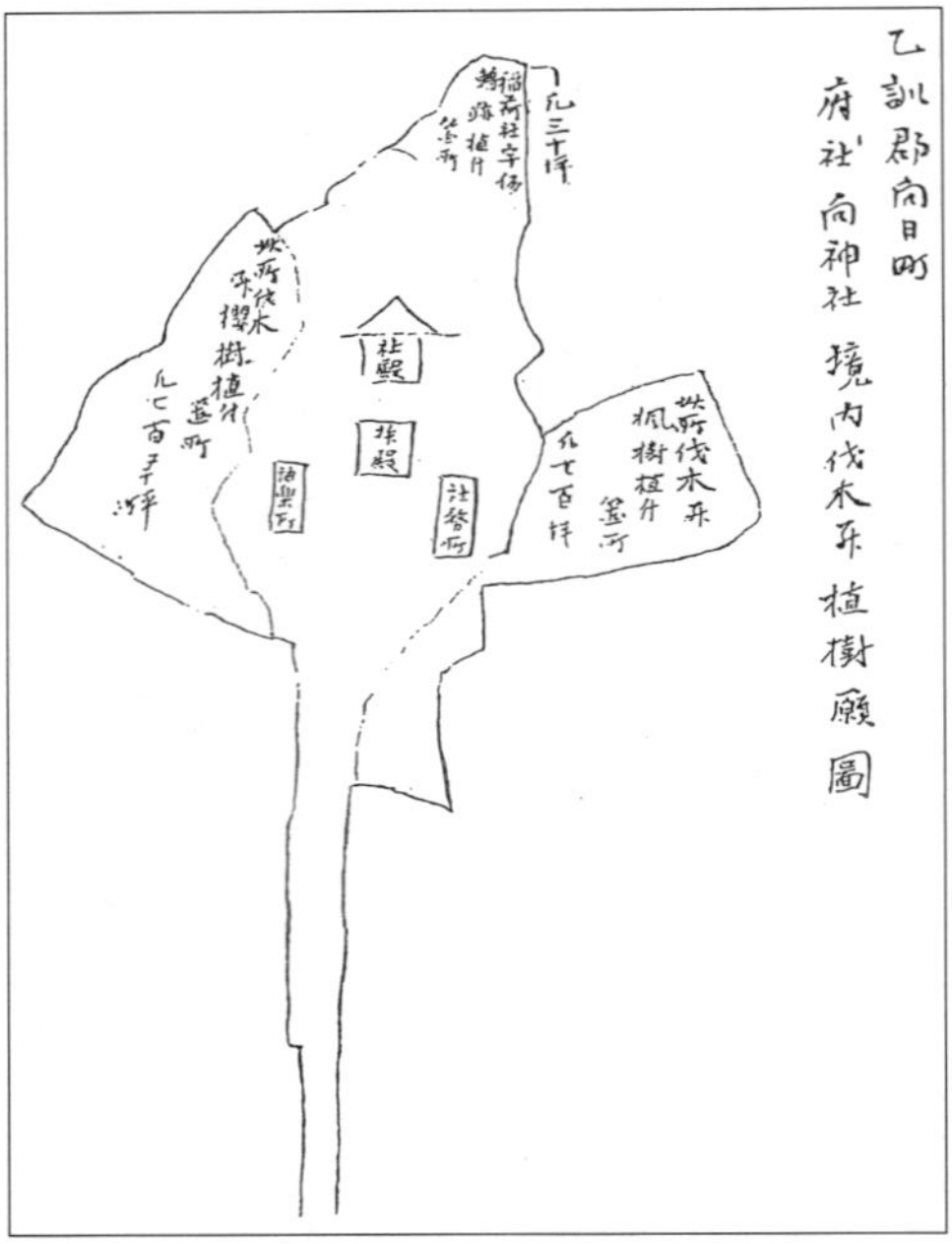

図6　府社向神社境内伐木并植樹願図（1888年）
典拠：向日神社文書

水八幡」と続いてゆく。ここに記される向日明神は、秋里籬島『都名所図会』(63)にも、街道沿いの人馬の往来とともに描かれた。

文政五年（一八二二）には、六人部是香が、向日明神参道両側に桜を植樹し、参道を整備した。文政頃に向日町の地域の文化サークルの中でつくられた、「社頭桜和歌集」には、鳥羽屋手代留吉（高橋春忠）の「むかひ山［向日神社のある向日山］散が桜におばた川、水のみどりは錦なりけり」など九名の和歌が掲載された(64)。

綾油業の九代目鳥羽屋九郎右衛門の手になる「御日並長」（文政一二年〈一八二九〉三月一二日条(65)）には「御主人様仰ニハ、其方申ことく殊ニ晴天之事也、桜見ニ可行、と仰られ、桜ずしをこしらへ、向日山之桜見並長岡之桜見御出被遊候也」とあり、年中行事の行楽として向日神社や長岡の花見が位置づく。

明治維新をへて、一八七六年（明治九）七月二六日、大阪―向日町間の鉄道が開通し、西国街道ではなく鉄道が人の流れをつくりだすようになる。一八八八年（明治二一）一〇月一六日には、「境内地植樹之義願(66)」がだされ、府社向神社祠官・六人部是暉《よしてる》ほかから、乙訓郡長松野新太郎に宛てて、「右当社境内ノ義ハ、稚小ノ樹木下草茂生シ社地ノ装飾ヲ減殺ラルヲ以テ、支障ノ分ヲ伐採シ桜楓樹植栽ノ義、本府エ出願候」と、一五〇〇坪の敷地に、桜樹七五〇本、楓樹七五〇本の植樹計画案が提出された（図6）。翌一八八九年（明治二二）七月二五日には、神官六人部是暉と一一人の惣代から京都府知事北垣国道に宛てて、「境内ノ桜楓ハ古人ノ吟詠スル所ニ候、後ハ弥々之カ保存ヲ図ルハ是輝等ノ急務ニ候ニ付（中略）又昨明治廿一年境内と壱千有余株ノ桜楓ヲ植増シ百方保存ノ事ニ拮据《きつきょ》罷在候」と、「宮繕金御下賜願」(67)がだされ、引き続き桜の名所の保護が画された。大日本帝国憲法が発布されるこの時期には、日本で最初の神苑で全国の神社のモデルとなってゆく伊勢神宮神苑も創りだされた(68)。

一八九八年（明治三一）四月七日の『日出新聞』には「乙訓の桜」と題し、

向日町停車場より西三十町大原野神社境内に桜花多く西に続きて勝持寺堂宇は桜花に包まれて花の寺の名空しからず、西岩倉金蔵寺前には特種の枝垂桜あり、三個寺のは西山第一の美観にして粟生光明寺には山桜八重桜あり、長岡にては鮮魚に美醸を呼びつゝ、眺むるを得べく是等を巡覧せば道程大凡五里余、若し歩行を厭はゞ人力車を通ずるの道もあり、花期は概して十五日より十日間とす

と、向日神社は掲載されないが、向日町停車場を起点とする、日清戦争後の乙訓郡の桜の名所が展開した。また一九〇〇年三月三〇日付の『日出新聞』には、「向神社　社前の縄手は山桜多く、南北には八重桜多し」と、向日神社の桜を報じた。

また時を同じくして、乙訓郡でも地域の名所記が刊行されるが、もっとも早いものとして、舟木宗治『乙訓郡名勝案内記』(69)があり、「向神社」について「社前馬場の桜は四月十日頃より二十日頃までをよしとし社殿南北の八重桜は御室のに似て極めて艶麗風景またよし、四月十七八日頃より二十五六日頃までよしとす」と紹介された。一九〇三年に刊行された中野庸三の『京都府乙訓郡名勝案内記』(70)にも、「桜」の名所として、「郡内到る所にあり早咲は大原野神社。花の寺。光明寺。向神社。中期は西岩倉。善峰。柳谷。宝寺。後咲は光明寺と向神社の八重桜とす。其他の社寺にも又桜花多し（四月）」と記述された。

一九〇一年四月一〇日に、向神社六人部是暉と惣代から乙訓郡長宛に出された「勝地保存費補助申請書」(71)では、「右当社境内ハ往古ヨリ桜楓樹多々有之候処、近来愷ニ世上勝地探検等之風行ハル、ニ随ヒ茲ニ一般参詣者ヲシテ西山風致ノ最大一ニ数ヘラレツ、有ル」とし、「西山風致」という景観保全を訴えた。同じ年に出版された舟木宗治編『勝区探遊、桜花案内記』(京都探勝会)では、「社前の縄手には山桜多く、本社の南北にある神苑には八重桜多し」と樹種を伝える。

昭和期には、向日町にもソメイヨシノがやってくる。一九三〇年三月には、向日町の地域ぐるみで、ソメイヨシノが植樹された。向日神社の「境内桜寄附芳名帳」(72)には、「見積書」に「染井吉野一丈二三尺モノ各壱本ニ付キ、原価金四拾銭也」とあり、向日区・寺戸区は個人で、一人一～五本、鶏冠井区・上植野区・森本区・岩見区・馬場区では区としてまとめて五～二〇本を寄附した(玉城玲子氏の御教示による)。もっとも京都市産業部観光課『京乃桜』(73)に、「向日岡の上にあり、その参道の両側に桜樹が並んでゐる。中に紅筋《べにすじ》山桜が数本混じてゐ《ママ》るのが珍らしい。この紅筋山桜の代表的のものは修学院離宮にもあると聞及んでゐる」とあり、ソメイヨシノの並木のなかには、伝統種の紅筋山桜が混じっていたと思われる。

向日神社の参道と西国街道が交わる場所は、向日町でもっとも賑やかな場であり、芝居小屋・射的場・高橋写真館から、神社の花のトンネルへと、向日町のひとびとは花見を楽しんだことであろう。(74)

乙訓高等小学校の正門(西国街道向き)の一九三〇年三月撮影の写真にはソメイヨシノらしき樹が植えられている。乙訓高等小学校の東にある向陽尋常小学校の卒業アルバム(一九三三年三月)には、正門(西国街道向き)の両脇にソメイヨシノが植えられている。

新神足村の岡本爺平が、出土古瓦や地名で鶏冠井字大極殿に大極殿址を比定し、建立された長岡京大極殿跡記念碑のまわりには、一八九五年五月三日に桜六二本(計六円三〇銭、一本一〇銭)が植樹され、一九四一年一一月

一九日には、井ノ内の森本春花園から購入された「吉野桜（ソメイヨシノ）」一〇本が植樹された。(75)
また新京阪鉄道株式会社が、一九二八年（昭和三）以降に開発する西向日住宅には、ソメイヨシノが街路樹として植えられた。浄水場完備の先端をゆく郊外住宅に、東京からやってきたソメイヨシノはモダンな景観としてふさわしいものであった。

最初は全道路に両側に同一間隔で小さい（桜）苗木を電鉄会社が植え、中央道路だけは桜と栂《つが》を交互に植えたのが今日のようになったのであるが、或時は施肥をしたり害虫駆除をして愛護した。(76)

昭和戦前期には、近代の象徴であるソメイヨシノが向日町に植えられると同時に、一九三五年には伝統種の桜の保存に力を注いだ笹部新太郎の桜の苗圃が開園するが、笹部が選んだその立地の条件には、京都西郊の近世以来の桜の名所との交歓を思わせる。(77)

むすびにかえて――ソメイヨシノと伝統種の桜――

以上、本稿では時系列に桜の名所を配し、「文明開化」の場としての円山、鉄道敷設により観光地として成長する嵐山、ソメイヨシノが最初に植えられる岡崎公園、そして洛外の向日町をみてきた。こうした近代京都の桜の諸要素の重なりを、昭和大礼の年にみて、まとめておきたい。

一九二八年（昭和三）は昭和大礼の年である。この年には、京都市役所から『京都名勝誌』など大礼紀念の地誌類が発行されている。また京都市観光課が、昭和大礼を受けて一九二五年には設置されることになる。京都市の宿泊人は、一九二八年、八二万一二三七八人で、うち外国人は七二七九人にのぼる。(78)

『京都日出新聞』一九二八年四月二日付には、

まだ桜花には早いが嵐山、御室を尋ねて出かける者多く、老人は瓢をかたげて茶人帽もなゝめ、若い新婚者らしい男女、モガ、モボ、店員、丁稚果ては遠く大阪あたりから来たものだらう、ありとあらゆる階級の人々が四条大宮嵐山電車、北野停留所に集ひ来る

と、嵐山電気鉄道では午後二時までに三万人の人出を記録する。

興味深いのは、桜の名所のはやりすたりの変遷を伝える記事である。

> 平野神社が何と云ふても昔からの得意持ち、最近に至つては動物園が平野神社のお株を横取りして満開期間夜桜を呼び者に万客を引いて居るし、厚物や枝垂桜は元より多数類を蒐めて客足を誘ふ植物園などの新名所が現はれて名所格を年々に高めて居る

ソメイヨシノの動物園の夜桜の盛況ぶりと、佐野藤右衛門もかかわった植物園の多数の伝統種の桜園を誇る植物園の人気が、報ぜられる［日出28 04 10］。

この年、京都市の委嘱を受けて京都府の山林水産課の公手《きみて》嘉一郎地方農林技師が京都近郊の名所の桜樹調査を行うこととなる（公手については辻真澄氏の御教示による）。

> 円山を中心として洛東の桜樹は祇園の夜桜を除いては極めて単調なるもので、殊に染井山桜の種類は、開花期が短時日で従つて遊覧期節花見シーズンを長くするためには八重、ぼたん、羽衣等を植樹しなければならず、府下は今回の調査に依つて是の種の桜樹を数千本移植する筈であると［日出28 04 13］

この公手の調査により、ソメイヨシノの開花期が短い欠点を、八重桜やぼたん桜などの伝統種で補って花見の期間を長くし、観光に資するようにする。同様に一九三八年には、平野神社の「桜品ノ豊富ナル名所」において、桜の根本を痛めないように「花路」を新設したり、排水をよくする工事に京都府学務部が乗りだすことになった。(79)

ここにソメイヨシノと伝統種の桜との共存という、今日につながる京都盆地の桜の空間配置が現出してゆくことになる。そのことを体現するのが、鴨東岡崎の場である。「歴史」や「伝統」を体現する遷都千百年紀念祭で

つくられた北側の平安神宮では、近衛の糸桜に起源する物語の伝統種の枝垂れ桜が咲き誇り、「文明」「開発」を体現する南側の第四回内国博覧会場跡の動物園・疏水沿い・美術館には、「近代」のソメイヨシノが薄桃色の並木の景観を形作ることとなった。(80)

(1) 白幡洋三郎『花見と桜』PHP新書、二〇〇〇年。
(2) 一八八三年一月「京都皇宮保存ニ関シ意見書」『岩倉公実記』下巻。
(3) 高木博志『近代天皇制と古都』岩波書店、二〇〇六年、補論。
(4) 「謡曲集」『新編日本古典文学全集』小学館、一九九七年。
(5) 『都名所図会』(秋里籬島、安永九年、『新修京都叢書』第六巻)。
(6) 渡辺悦子「文献史料から見た近衛殿　桜の御所」同志社大学歴史資料館ホームページ、二〇〇四年六月一五日。
(7) 『孝明天皇紀』第二。
(8) 並木誠士「名所としての東山」『東山／京都風景論』昭和堂、二〇〇六年。
(9) 『都名所図会』(秋里籬島、安永九年、『新修京都叢書』第六巻)。
(10) 雑誌『上方』五三号(一九三五年)にも、浅井勇助「京都博覧会と都踊の始り」の記事とともに本図は掲載されている(小嶋正亮氏の提供による)。近世の幕府にとっての正門である中立売門から鳥瞰しており、一八七三年段階で築地塀に囲まれた旧公家屋敷の多くが残存し、かつて旅客でにぎわった檜垣茶屋の記述があるなど、貴重な絵図である(高木博志『近代天皇制と古都』第三章)。
(11) 岩城晃一編『芸術／葛藤の現場』晃洋書房、二〇〇二年。
(12) 西田正憲『瀬戸内海の発見』中公新書、一九九九年。
(13) 小林丈広『明治維新と京都』臨川書店、一九九八年。
(14) 『日本名所風俗図会』七、角川書店、一九七九年、および前掲並木誠士論文参照。
(15) 丸山宏『近代日本公園史の研究』思文閣出版、一九九四年。
(16) 『京都名所案内図会　附録』(編輯者遠藤茂平・山口米次郎、一八八一年)。

(17) 丸山宏「円山公園の近代」京都大学造園学研究室編『造園の歴史と文化』養賢堂、一九八七年。丸山宏・伊従勉・高木博志編『みやこの近代』思文閣出版、二〇〇八年、丸山宏・天野太郎執筆部分。『京都の歴史』八、学芸書林、一九七五年。
(18) 樺井達之輔編輯『明治改正京都名勝一覧図会』風月庄左衛門、一八八六年。
(19) 日本近代思想大系5『宗教と国家』岩波書店、一九八八年。
(20) 橿原神宮所蔵文書。
(21) 同右。
(22) 香山益彦『京都の桜』第一輯、京都園芸協会、一九三八年、六七頁。
(23) 田中緑紅編著『明治文化と明石博高翁』明石博高翁顕彰会、一九四二年、二一三頁。
(24) 金森陸一編纂『京都名勝案内記、附連合府県』飯田信文堂、一八九五年。
(25) 福富正水『改正各区色分町名京都名所巡覧記』村上勘兵衛、一八七七年、京都府立総合資料館所蔵。
(26) 『京都名所案内図会　附録』(編輯者遠藤茂平・山口米次郎、一八八一年)。
(27) 『花洛羽津根《からくはつね》』(清水換書堂、文久三年、『新撰京都叢書』第二巻)。
(28) 京都新聞社史編さん委員会編『京都新聞社九十年史』一九六九年。
(29) 『京童』(中川喜雲、明暦四年、『新修京都叢書』第一巻)。
(30) 『嵐山風致計画』京都営林署、一九三三年。
(31) 同右。
(32) 香山益彦『京乃桜』京都市産業部観光課、一九四〇年。中嶋節子は、「近代京都における市街地近郊山地の「公園」としての位置付けとその整備」(『日本建築学会計画系論文集』四九六号、一九九七年)のなかで、嵐山や東山といった市街地近郊山地が「公園」として位置づけられて保護・保全が行われたことを論じる。
(33) 小林丈広『明治維新と京都』臨川書店、一九九八年。『岩倉公実記』下、一〇〇〇〜一〇〇一頁。
(34) 『明治天皇紀』一八九〇年四月九日。
(35) 堀永休編『嵯峨誌』嵯峨自治会、一九三二年、本史料は山本侑子氏の御教示による。
(36) 小林吉明『洛西景勝記』一九二五年。

(37)『京都名所手引草』村上勘兵衛、一八九五年。
(38)田中真人他編『京都滋賀鉄道の歴史』京都新聞社、一九九八年。
(39)「嵐山の花」(中川四明)『大日本名所図会』第七三号、東陽堂、一九〇九年。
(40)前掲天野太郎論文。
(41)『京都府統計書』警察統計、一九〇八年。
(42)「沿線名所案内」嵐山電車軌道株式会社、一九一〇年。
(43)前掲『京都滋賀鉄道の歴史』。
(44)*The Official Guide-Book Kyoto and the Allied Prefectures Prepared Specially for the Eleven Hundredth Anniversary of the Founding of Kyoto and the Fourth National Industrial Exhibition*, City Council of Kyoto, 1895.
(45)笠原一人「背景としての東山」『東山/京都風景論』昭和堂、二〇〇六年。
(46)『奠都祭博覧会、遊覧乃栞』あき書房、一九九三年、一八九頁。
(47)『京都市の地名』平凡社、一九七九年。
(48)京都市編纂部『京華要誌』一八九五年。
(49)福島幸宏「琵琶湖疏水建設の周辺」『総合資料館だより』一四九号、二〇〇六年。
(50)京都新聞社編集『琵琶湖疏水の100年』京都市水道局、一九九〇年。
(51)京都市景勝地植樹対策委員会『京都市内における各保勝地の自然環境と植樹に関する報告書』一九七二年。
(52)田中緑紅『なつかしい京都』京を語る会、一九五八年、香山益彦『京乃桜』京都市産業部観光課、一九四〇年。
(53)勧修寺経雄『古都名木記』内外出版、一九二五年。
(54)勧修寺経雄「京都の桜」『近畿京都』刀江書院、一九二八年、九七頁。
(55)『平安神宮百年史』本文編、平安神宮、一九九七年、四一〇頁。香山益彦『京乃桜』京都市産業部観光課、一九四〇年、九頁。
(56)谷崎潤一郎『細雪』一九四四年。
(57)佐野藤右衛門『京の桜』紫紅社、一九九三年。

(58) 上賀茂神社『日記』一九一三年三月三〇日条、賀茂別雷神社所蔵。
(59) 香山益彦『京乃桜』京都市産業部観光課、一九四〇年。
(60) 同右。
(61) 『向日市史』下巻、一九八五年。
(62) 『日次紀事』（黒川道祐、貞享二年、『新修京都叢書』第四巻）。
(63) 『都名所図会』（秋里籬島、安永九年、『新修京都叢書』第六巻）。
(64) 向日市文化資料館編『向日里人物志』一九九三年。
(65) 多田九郎右衛門家文書。
(66) 『向日神社文書』。
(67) 同右。
(68) 高木博志『近代天皇制と古都』第一章。
(69) 舟木宗治『乙訓郡名勝案内記』京都印刷株式会社、一八九九年。
(70) 中野庸三『京都府乙訓郡名勝案内記』図書文具商・中野商店、一九〇三年。
(71) 『向日神社文書』。
(72) 同右。
(73) 香山益彦『京乃桜』京都市産業部観光課、一九四〇年。
(74) 向日市文化資料館『図録、二〇世紀のむこうまち』二〇〇二年。
(75) 「経費支出証憑書　長岡京城大極殿遺址保存会」「長岡京城大極殿遺址紀念碑建設ニ係ル書類」『乙訓自治会館文書』京都府立総合資料館所蔵。玉城玲子「長岡京大極殿跡紀念碑の建立と地域社会」『社会科学』第七七号、二〇〇六年。
(76) 西向日自治会編『西向日史』一九七六年。
(77) 松島裕美子「向日町の〈桜の園〉」『図録、二〇世紀のむこうまち』。
(78) 京都市役所『昭和参年、京都市第弐拾回統計書』一九三〇年。
(79) 「境内桜花整備ニ付指導ニ関スル件」『昭和十三年、神職、神社経済、神社財産登録、祭典、国宝』京都府行政文

書。中嶋節子「近代京都における「神苑」の創出」『日本建築学会計画系論文集』四九三号、一九九七年。

(80) 中川理は、岡崎がもつ「歴史」と「近代」の二つの機能を指摘する。「「みやこ」とモダン建築」『NHK知るを楽しむ、なんでも好奇心』日本放送出版協会、二〇〇五年四・五月。

〔附記〕向日町の桜に関わる史料のご教示・ご提供を全面的に玉城玲子氏よりうけた。また新聞の調査に山崎真理子氏の協力を得た。

近代における京都の史蹟名勝保存——史蹟名勝天然記念物保存法をめぐる京都の対応——

丸山　宏

はじめに

明治政府が〝名所古蹟〟の保存について府県に達したのは、地租改正条例公布（一八七三年［明治六］七月二八日）を前に出された大蔵省達第二五号地券渡方規則（明治五年［一八七二］二月二四日(旧)）の第一〇条の追加である大蔵省達第五三号（同年四月一二日(旧)）が最も早いものであろう。

先般荒蕪地等払下ノ儀公布相成候ニ付テハ於各地方古来ヨリ声誉ノ名所古蹟等ハ素ヨリ国人ノ賞観愛護スヘキ者ニ付右等ノ場所ハ濫リニ破壊伐木セサル様篤ト注意可致事(1)（傍点筆者、以下同じ）

翌明治六年一一月の内務省設置により、〝名所旧蹟〟は同省の所管となる。『地理例規』を見てみると、例えば一八七六年（明治九）一月二九日の地理寮職制及事務章程（内規）の第三八条では「御陵及ヒ墓地公園名所旧跡（マヽ）ノ地事務ヲ処分スルコト」、一八八二年（明治一五）四月の内務省議定では地理局処務規定の第一一条に「旧跡名所公園地ノ存廃ニ関スル事」、あるいは、一八八五年（明治一八）六月二五日の内務省処務条例（内規）の地理局第二部に「旧跡名所公園地等存廃処分ノ事」と記されている。しかしながら、一八八六年（明治一九）二月二六日の勅令第二号内務省官制の第二五条で地籍課が職掌する事項の第六項に「旧跡名所公園地等ニ関スル事項」を最後に〝名所旧蹟〟は内務省官制・処務条例等には記載されなくなる。(2)これらの条項はいずれも〝名所旧蹟〟の所管を示すものであり、積極的に保存を目的とするものではない。この時期、〝名所旧蹟〟を保存する体制はまだ整っていない。

ようやく、一八九七年（明治三〇）六月一〇日に公布された法律第四九号古社寺保存法の第一九条に「名所旧蹟ニ関シテハ社寺ニ属セサルモノト雖仍本法ヲ準用スルコトヲ得」と記される。この条文は一九一九年（大正八）四月一〇日に公布される「史蹟名勝天然紀（ママ）念物保存法」まで存続したが、実際には準用されることはなかった。(3)というよりむしろこの第一九条を実際に運用するについては全国各地の〝名所旧蹟〟の現状把握も含め、実務的な面で障碍があったと考えるべきであろう。

本稿では古社寺保存法公布後、〝名所旧蹟〟の保存が史蹟名勝天然記念物保存法に収斂されていくプロセスを京都の内務省への対応を主軸に検討してみたい。

一　明治三一年内務省の名勝旧蹟調査訓令

〝史蹟名勝〟保存の実質的な動きは古社寺保存法公布の翌年、一八九八年（明治三一）の内務省訓令に端を発する。古社寺保存法の第一九条が直接の契機となったのかは不明であるが、明治三一年一二月二〇日付で内務省から名勝旧蹟調査の訓令が府県に達せられた（訓第一一〇四号）。以下は京都府への照会文である。

其府管内所在ノ名勝旧蹟ニシテ史書ニ著称セラレ又ハ其風景優秀ニシテ人口ニ膾炙シ永遠ニ保存スルノ必要アリト認ムルモノノ中ニ就キ顕著ナルモノヲ選ヒ別記様式ニ照準取調図面ヲ添ヘ来明治三十二年二月二十八日マテニ進達スヘシ(4)

内務大臣西郷従道名での訓令である。西郷従道は翌一九〇〇年（明治三三）に帝国古蹟取調会創立時の顧問となり、のち会長にも就任し、史蹟保存に尽力する。(5)

「別記様式」は各の名勝あるいは旧蹟について調査すべき項目として「名称」「所在地名」「広袤概略」「縁由概略」「保存法見込」をあげている。また、「社寺境内、公園、古墳墓、御料地、国有林野其他土地ノ種類ニ拘ハラス記載スヘシ　但御陵墓ハ之ヲ除ク」との但し書きがあった。特に「保存法見込」については「国費ヲ以テ補助スルコトヲ要スルモノアラハ其費額概算及方法ヲ記載スヘシ保存法ニシテ完全ニ成立セルモノアラハ之ヲ記載スヘシ」と付記している。(6)

提出期限が一八九九年（明治三二）二月末日と時間的な余裕が無く、京都府では十分な報告がなされたとは思えないが、前記訓令に対応するため、明治三二年七月三一日に庁達第四二号により、全七条からなる「名勝旧蹟保存委員会規程」(7)を設けた。その第一条には「名勝旧蹟保存委員会ハ名勝旧蹟ニ関スル事項ヲ調査シ及ヒ知事ノ諮詢ニ応シ意見ヲ開申ス」とある。第二条に調査すべき以下の九項目があげられている。「一、名勝旧蹟撰定」「二、名勝旧蹟保存方法」「三、名勝旧蹟地域ノ増減」「四、風致ニ関スル森林ヲ保安林ニ編入シ若クハ解除ニ関スルノ可否」「五、名勝旧蹟ニ影響ヲ及ホスヘキ土木水利其他各種ノ作業」「六、名勝旧蹟ニ関スル山林伐採植付ノ可否」「七、名勝旧蹟地ニ紀念碑及紀念建造物設置ノ可否」「八、古墳及発見埋蔵物ニ関スル査定」「九、名勝旧蹟誌ノ編纂」(8)

この「名勝旧蹟保存委員会」のメンバーは会長が府の書記官で、委員は若干名となっているが、誰が委員となったのか詳細は不明である。この委員会規定により正式に保存委員会が発足したが、実はそれ以前に京都府ではすでに「名所旧跡《ママ》取調委員」が設けられていたようで、前月の明治三二年六月に府の地理係から土木係へ、「名所旧蹟保存ノ件」として名勝地内の土木関連の事業について、注意を促す文書中にこの取調委員の名称が見られる。

近来鉄道其他工事施工ノ為メ名勝地内ノ潰地ニ係ルモノ有之候処中ニハ該工事ノ為メ自然ノ風景ヲ害シ古来ノ勝地ヲシテ破壊セシムルモノナシトセズ現ニ嵐峡ニ鉄道ヲ布設セシカ如キハ其一例ナリトス……加之高尾ノ渓流ニ於ケル銅線製造場設置以来煤煙ノ為メ年々楓樹ノ枯死セルモノアリ其他民有山林ノ伐木或ハ里道新設等ノ為メ頓ニ勝区ノ風致眺望ヲ損傷セルモノ少ナカラス……政府ニ於テモ夙ニ見ル処ヨリ名所旧跡保存ノ箇所及保存ノ方法等調査スヘキ旨曩日当府ヘ訓令セラレ当府ニ於テハ特ニ名所旧跡取調ル次第モ有之付テハ早晩保存ノ方法モ確立スヘク存候得共兎ニ角名所旧跡ニ係ル山林ハ森林法第八条ニヨリ保安林ニ編入相成度思考候間右取調委員ニ於テ調査ノ上地方森林会に付議ノ運ニ可致哉

但今後諸種ノ工事又ハ私山ノ伐木出願ノ者有之処分ノ際ハ勿論当府起業ノ工事ト雖モ名所旧跡地ニ関スルモノハ名所旧跡取調委員ヘ前以テ打合取扱ノ積添テ相伺候也(9)

内務省訓令第一一〇四号について触れ、さらに「名所旧跡」の保存について、京都府は森林法第八条の保安林規定に基づき、対処するのが有効であるとの見方をしている。

文中にある森林法は古社寺保存法に先行して一八九七年（明治三〇）四月六日、法律第四六号として公布され、その第八条に保安林を規定、「名所旧跡」の保存が盛り込まれている。

森林法の第八条から三〇条が保安林に充てられ、「森林ニシテ左ニ列記スル箇所ニ存スルモノハ保安林ニ編入スルコトヲ得」（第八条）とし、土砂流出防備林、水源涵養林、魚附林等が保安林として保護の対象となった。第八条第九項に「社寺、名所又ハ旧蹟ノ風致ニ必要ナル箇所」と記され、保安林に編入することによりその風致を維持することが可能となっている。

また、続いて一八九九年（明治三二）三月二二日、法律第八五号国有林野法が公布され、国有林政策も始まる。

その第三条に「社寺上地ニシテ其境内ニ必要ナル風致林野ハ区域ヲ画シテ社寺現境内ニ編入スルコトヲ得」とあり、上地された社寺林を境内地に編入するかわり、その風致維持を任せるかたちになっている。翌四月には法律第九九号国有土地森林原野下戻法が公布、不要存置国有林野売払規則が同年八月に農商務省令第二七号として達せられ、国有林野整理が大正一〇年まで続く。林野行政の合理化が図られる。

しかしながら、この不要存置国有林野中には名勝旧蹟が存在し、林野の売却により名勝旧蹟が湮滅するおそれが生ずることから、一九〇五年（明治三八）七月林発第二〇二号通牒で山林局は「名勝旧蹟等ノ林野処分方ノ件」として各府県に周知させた。

名勝旧蹟トシテ史書ニ著称セラレ又人口ニ膾炙スル顕著ナルモノヲ維持保存シ一般公衆ノ観覧ニ供スルノ目的ヲ以テ府県郡市町村ニ於テ名勝旧蹟ノ存スル不要存置国有林野ノ払下ヲ出願スルモノニ在リテハ其維持保存ノ方法確実ナルモノニ限リ国有林野法第八条第一号ヲ適用シテ処分スルコトヲ得ヘキコトニ省議決定相成候条此段及通牒候也(10)

第一号とは「公用又ハ公益事業ノ為必要アルトキ」である。さらに同年九月には内務省地理課長及び山林局長名で「名勝地組替方ノ件」（理甲第一三号）が発せられた。この通牒は前述の明治三一年内務省訓令第一一〇四号を再度、不要存置国有林野について府県に要請するものであった。

国有林野中不要存置ノ分ニ付テハ農商務省ニ於テ夫々整理中ニ有之候処右不要存置林野中ニハ去ル明治三十一年内務省訓令第一一〇四号ニ依リ貴県（府）ヨリ進達相成候名勝旧蹟ノ存在スルモノナキヲ保シ難シ然ルニ名勝旧蹟ヲ一般公衆ノ観覧ニ供スルノ目的ヲ以テ府県郡市町村ニ於テ維持保存セントスルモノハ成規ノ手続ニ依リ払下処分ノ事ニ相運フヘキ候条払下出願ノ事ニ御取計相成度(11)

と述べ、「将又右ニ依リ払下ヲ出願セス而シテ他ヘ払下クルヲ不利ト認メラレ候モノハ当該大林区署長ニ協議ノ上官有地トシテ内務省所管ニ地種組替方稟議相成度依命此段及通牒候也」と。「成規ノ手続」とは不要存置国有林野売払規則によるものである。この後、実施に当たって、七項目の注意事項を付している。翌一九〇六年（明治三九）三月、山発第二五四号通牒により、この理甲第一三号を「不要存置国有林野中ニ介在スル名所旧跡取扱方ノ件」として再度府県知事に通牒している。[12]

このように林野政策が進捗する過程で、〝名勝旧蹟〟の保存が浮上してきたことが理解される。

二　地方長官会議と史蹟勝地

地方長官会議は地方行政機関の長である府県知事を招集して、地方の実情の聴取と政府の施策を伝達するために設けられた会議で、一八七五年（明治八）六月に第一回が開催され、同一三年以降は毎年開かれているものであった。一九〇九年（明治四二）に開催された地方長官会議（五月六日から一五日まで開催）で、はじめて史蹟勝地の調査保存の問題が取り上げられた。

会議二日目の五月七日、平田東助内務大臣が訓示演説をおこなった。地方長官会議の目的は日露戦争後、地方改良事業を一層進捗させることにあり、この演説の中で今年から地方改良事業講習会を開催することを明言している。ちなみにこの講習会は二ヶ月後の七月一一日から三一日まで、国学院大学講堂で開催されている。さて、この大臣訓示に引き続いて、地方長官への指示事項が出され、それに対する協議が行われた。地方改良事業、地方民資の充実活用等とともに「史跡勝地の調査保存に関する件」が取り上げられている。[13]

また、一九一一年（明治四四）の地方官会議でも六日目の四月二〇日（四月一五日から二五日まで開催）、斯波淳六郎宗教局長から史蹟勝地保存に関して説明がなされ、協議が行われた。[14]〝史蹟名勝〟については内務省地方局から提出された議題であり、また内務省主導により、先に述べたように各府県に対して調査が続けられていた。

内務省においても史蹟名勝の保存は地方改良運動の一環として国民教化の上で重要な課題であった。

この明治四四年の地方長官会議開催の前月、三月一五日に、徳川頼倫、徳川達孝、田中芳男、三宅秀の四名が発議者となり、賛成者大原重朝他一一六名で第二七回帝国議会貴族院に「史蹟及天然記念物保存ニ関スル建議案」が提出された。この建議の母体となったのは一九一〇年（明治四三）一二月七日、南葵文庫において開催された史蹟史樹保存茶話会であった。(15) ちなみにこの第二七回帝国議会では貴族院に提出された「史蹟及天然記念物保存ニ関スル建議案」以外に、後の史蹟名勝天然記念物保存法に収斂していく建議・請願が出されている。貴族院では「老樹大木保護ノ法ヲ設定セラレタキ請願」（明治四四年二月）、衆議院で「名所旧蹟古墳墓保護ニ関スル建議案」（同年三月）、「御歴世宮址保表ニ関スル建議案」（同年三月）、「名勝地維持保存ニ関スル建議案」（同年三月）、それと貴族院ですでに可決された「史蹟及天然記念物保存ニ関スル建議案」が衆議院でも提出された。先に述べたようにすでに国の方では明治三一年以来調査が継続されていたが、こういう帝国議会での請願・建議の影響もあってか、地方長官会議で検討議題として取り上げられたと思われる。

さて、徳川頼倫等は四月一五日からはじまっていた地方長官会議の最終日の二五日、午後一時から南葵文庫で開催している茶話会に上京している府県知事に出席を求めた。地方長官会議は午前中に実質的には終了していた。この茶話会は史蹟名勝天然記念物保存活動、啓蒙を目的としたものであった。建議案の史蹟・天然記念物保存について直接、府県知事へ理解を求めたのである。今回の茶話会でその名称を「史蹟及天然記念物保存研究茶話会」にあらためた。

この日の芳名録には阪谷芳郎東京市長をはじめ府県知事二四名の名が見える。京都府からは大森鐘一知事が出席している。茶話会には主催者側の徳川頼倫、徳川達孝と南葵文庫主任の戸川安宅、建議案の発議者でもある三宅秀、政府関係者として、平田東助内務大臣、小松原英太郎文部大臣の両大臣をはじめ内務省関係者では一木喜徳郎内務次官、小橋一太衛生局長、斯波淳六郎宗教局長、嘱託の国府種徳等が出席した。宮内省からは山口鋭之助諸陵頭が出席した。学者も多く出席した。植物学の白井光太郎、伊藤篤太郎、三好学、白沢保美、川瀬善太郎、歴史学の三上参次、喜田貞吉、志賀重昂、黒板勝美、建築学の伊東忠太、関野貞、妻木頼黄、その他、坪井正五郎、大槻文彦、正木直彦も参加している。また、ジャーナリストの徳富猪一郎、坪谷善四郎も出席し、新聞社としては国民新聞、東京日々新聞、時事新報、やまと新聞等の各社が参集した。その時の様子を『東京朝日新聞』は次のように報道している。

都下に於ける史蹟及び天然記念物の調査保存に関する相談のため徳川頼倫、達孝二伯の発企により昨年十二月四日南葵文庫に於いて第一回茶話会を開きしが……此企ては寧ろ全国に普及せしめたしとの希望より昨二十五日午後一時より目下地方長官会議のため上京中なる各府県知事の出席を求めて第二回茶話会を同じく南葵文庫に於て開けり……別席には日本全国の名勝古跡に関する写真絵巻物等を多数陳列しあり……（明治四四年四月二六日付）

三　史蹟名勝天然記念物保存法公布までの内務省の史蹟名勝調査と京都府の対応

さて、一九一一年（明治四四）の地方長官会議終了後、同年九月一六日局発第六七号により内務省宗教局長斯波淳六郎名で明治三一年の名勝旧蹟調査で保安林に編入された土地所有について具体的に以下のような詳細調査の照会が府県になされた。

去三十一年十二月二十日訓第一一〇四号訓令ニ依テ進達相成居候名勝旧蹟調書中現ニ保安林ニ編入セラレ居ル箇所并該土地ノ所有区分等調査上必要相生シ候処右調書ニ於テ之等ノ区分明瞭ナラサル向有之且該調書進達後多クノ年数ヲ経過セルヲ以テ従テ右区分ニ異動ヲ来セシモノモ可有之ト存候ニ付此際別紙様式ニ依テ之

等現在ノ区分御取調御回報相成候様致度此段及照会候也(16)

以下が具体的な調査票である。より現実的な問題に対応するために現状把握を試みている。

名勝(旧跡)

名称	所在地	面積坪数				上欄面積ノ内保安林又ハ社寺境内地トナリ居ル坪		保存方法成立ノ有無	
		国有	公共団体有	個人有	御料地	保安林	社寺境内	有	無

備考一、名勝ト旧跡ヲ別表ニ取調フルコト

一、面積坪数ハ数字ヲ以テ記入スルコト

一、面積ニシテ表欄二以上ニ跨ルモノハ各々区別シテ其坪数ヲ記入スルコト

一、保安林、社寺境内ノ欄ニハ更ニ国有、公共団体有、個人有及御料地ヲ区別シテ其坪数ヲ記入スルコト

一、保存方法成立ノ有無ハ相当欄内ニ○印ヲ附スルコト(16)

これに対し、京都府は府下に調査の照会を行ったが、十分な回答は得られず、「右ハ別紙調書ノ通ニシテ書中空欄ノ箇所ハ其所在区域不分明ニシテ従テ其面積坪数モ判然セス此外当府ノ如キ尚ホ名勝旧蹟多々可有之候得共之レガ調査ニハ少カラザル時日ヲ要スベク到底急速ノ間ニ合ヒ兼候」（一〇月三〇日付）と回答した。宗教局はこれに対し、翌一一月二四日付で以下の点を留意し、至急回答するよう再度要請した。

一、御回答ニヨレハ別紙中空欄ノ箇所ハ其所在区域不分明ニシテ従テ其面積坪数モ判然セス云々アルモ右ハ

左記ニヨリ今一応御取調ヲ煩シ度候

一、所在地ノ空欄トナリ居ルモノハ多クハ二町村或ハ二郡市以上ニ跨リ居ルヨリノ事カト存候果シテ然ラハ其主タル郡市町村ヲ掲ケ何町村トシテ記入相成タシ

一、面積坪数ノ儀ハ確タルモノ急ニ取調難シトセハ約何程トシテ概略ノ数ヲ相当各欄内ニ記入相成度尤モ右ノ内保安林又ハ社寺境内ノ坪数ハ分明スヘクト存候ニ付相当御取調相成度候

一、保存方法成立有無ノ区別ハ畧ホ分明可致様被存候ニ付畧ホノ処ニテ相当欄ニ記入相成度候

一、先年進達ノ調書ニヨレハ名勝トシテ「社寺以外ノモノ」四十八ヶ所、「社寺ニ属スルモノ」六ヶ所又旧蹟トシテ二百九十六ヶ所（古墳、古戦場、古城趾トモ）外ニ著名ノ社寺トシテ三百六ヶ処報告有之候処今回ノ御調査ニヨレハ其内ノ一部ニシテ多数漏洩致シ居ル様被認候ニ付尚御取調相成度　以上(16)

「先年進達ノ調書」とは明治三二年の第一一〇四号訓令によって提出したものである。いつ京都府からこの調書が提出されたのか、また、その詳細な内容については不明であるが、少なくとも京都府は名勝が四八ヶ所、社寺に属する名勝六ヶ所、旧蹟二九六ヶ所それに社寺の三〇六ヶ所について報告していたことがわかる。この再度の調査要請に対し、京都府は一九一一年（明治四四）一二月一五日、宗教局長宛に「名勝所在地ハ欄内ニ加記シ又旧蹟ノ多クハ其名ノミ存シ実無之依テ元所在地概略ノ見込丈ヲ加記セリ」と報告するが、正確な実態調査は難しい旨、回答している。保安林に関しては「保安林ニ係ル分ハ付箋ノ通又面積ハ実測スルニ於テハ多少明喋スベキモノ有之ベクモ之ハ前回答ノ如ク容易ニ調査ノ運ビニ相成難ク其他畢竟名ノミ残リ果シテ何処迄ノ区域ガ該当スルカ判明セザル為メ仮令概数丈タリ候」と。さらに明治三一年の調書の控えが手元になく、出張中の潮書記官に問い合わせたところ、「平安通志ヲ以テ調書ニ代ヘ提出シ有之趣ニ付之ニ依リ取調候義ニテ……」と回答し、もし、内務省に府から進達した調書があればその写しを回送してほしい旨を述べている。(16) その後の文書は残され

ておらず、沙汰止みになったようである。ちなみに『平安通志』は一八九五年（明治二八）に開催された平安遷都千百年祭の関連事業として湯本文彦等が京都の通史を編集したものである。「巻之四十七」に「舊蹟志」、「巻之四十八」に「舊蹟志」と「名勝志」が掲載されている。

先に述べたように、一九一一年（明治四四）三月一五日、第二七回帝国議会貴族院に「史蹟及天然記念物保存ニ関スル建議案」が提出され、同年四月には地方長官会議で斯波宗教局長が史蹟勝地保存に関する件を取り上げた。さらに、同年一二月には徳川頼倫を会長に史蹟名勝天然紀念物保存協会が発会式を挙げる。こういう状況が展開する中、内務省は一九一四年（大正三）九月二五日付、下岡内務次官名で「名勝、史蹟及天然記念物ノ調査ニ関スル件」を府県に照会する。今回新たに調査対象に天然記念物が加わる。

名勝、史蹟及天然記念物ノ保存方法調査上必要有之候ニ付貴管下ニ於ケル別記様式ノ分取調ノ上本年十一月末日限リ進達相成候度候[17]

別記様式の天然記念物の項目には「名称」「種類」「所在地及其地種目」「面積又ハ大小、長短、数量」「所有者」「現状」「現在ノ管理保存方法」があげられている。備考には「本表ニハ例ヘハ名木、大木、珍奇ナル木竹、天成ノ洞窟、岩石ノ珍奇ナルモノ或ハ一定ノ地域ヲ限リ若ハ罕ニ棲息スル動物ノ類総テ記念スヘキ天然物ノ中重要ナルモノヲ掲クルモノトス」との説明がなされている。名勝旧蹟については「名勝又ハ旧蹟、古墳墓其他史蹟ニ関スルモノニシテ既ニ破壊セル分」の調査である。調査項目は「名称」「種類」「所在地及其地種目」「所有者」「現状」「現在ノ管理保存方法」で、備考には「近ク破壊ノ虞アル分ハ別表トシテ亦之ヲ掲クルモノトス」「本表ハ重要ナルモノ、ミヲ掲クルモノトス」とある[17]。緊急調査的意味合いを持つものである。

この内務省の要請に対し、京都府は同年一〇月八日に、同月末日を提出期限として各郡市長に照会する。しかし、期限を過ぎても報告はなく、京都府は一二月一四日付で京都市長及び八郡長に督促する[17]。

政府の方でも調査報告が出されないことに対し、翌一九一五年（大正四）三月三日、堀田内務大臣官房地理課長名で大森京都府知事宛に「客年九月二十五日発理第七号ヲ以テ内務次官ヨリ照会相成候史蹟名勝及天然記念物ニ関スル調査于今提出無之右ハ調査ノ都合有之候間可成速ニ提出相成度候」と催促している。しかし、これでも報告がなされず、同年五月二一日付、堀田地理課長名で大森京都府知事に再度督促した。ようやく報告書が内務省へ提出されたのは二年半後の一九一七年（大正六）一二月二五日付であった。「大正三年九月二十五日内務省発理第七号ヲ以テ御照会ノ名勝史蹟及天然記念物調査ノ件ハ当府下之分別冊ノ通ニ付此段及回答候也」と。さらに翌一九一八年（大正七）一月二五日付で山縣内務大臣官房地理課長名で今度は保存する価値があるものについての調査依頼である。

貴管下所在ノ名勝、史蹟、古墳墓中国家又ハ公共団体ニ於テ管理保存ノ価値アルモノニ就キ左記ノ事項御取調ノ上二月二十日迄ニ回報相成度候(17)

「左記ノ事項」には、まず、所有関係を国有地とその他の土地に分け、名勝、史蹟、古墳墓のそれぞれに対し、「管理保存費ノ概算見込」を記し、臨時費（一時的）と経常費の記載を求めている。「注意」には「費額ハ経常費ニ在テハ毎年維持ニ要スルモノノ大略概算ヲ掲クルモノトシ（使用ノ制限ヲ為ス必要アルモノハ基ク補償金年額ノ概算ヲモ掲クルモノトス）臨時費ニ在テハ土地ノ買収若ハ工作物ノ設置ヲ要スルカ如キモノニ就キ其大略概算ヲ掲クルモノトス」と詳細な調査を求めている。京都府は同年二月八日付で市郡長に照会している。(17)

その後、京都市からの回答はあったが、各郡からの回答は確認できない。

四　史蹟名勝天然記念物保存法案の意見聴取と保存団体の実態調査

このように、内務省から次々に詳細な調査依頼が続けられている状況の下、一九一九年（大正八）四月に公布されることになる史蹟名勝天然記念物保存法の成文化に向けて一九一八年（大正七）二月九日内務省発理第一号で山縣内務大臣官房地理課長から都道府県に対する法案についての意見聴取が行われる。

史蹟名勝古墳等ノ保存ニ関スル件ニ付テハ明治四十三年中諮問相成候次第モ有之候処本件ハ当期帝国議会ノ問題ト可相成被存候間別紙法案ニ対スル貴官ノ御意見本月二十八日迄ニ御申出相成度候

追テ一月二十五日発理第一号ヲ以テ及照会置候史蹟等管理保存費調査ノ件ハ法案トノ関係上必要ニ付期日迄ニ提出シ得ラレ候程度ニ於テ御調査ノ上回報相成度申添候也(17)

一九一八年一月二五日の調査依頼は法案との関係から緊急を要するものであった。この文中にある「明治四十三年中諮問」とは明治四三年に内務省が政府案として提出しようとした「史蹟勝地保存法案」に対する地方意見の聴取のことである。法案自体は日の目を見なかった。(18)

さて、この法案は八条と附則からなっていたが、この意見聴取に対し、京都府は同月二一日に回答している。以下が史蹟名勝天然記念物保存法（案）についての京都府の意見である。

（――は抹消、［　］は挿入された語あるいは文）

史蹟名勝天然記念物保存法案

第一条　本法ヲ適用スヘキ史蹟名勝天然記念物ハ内務大臣之ヲ指定ス

前項ノ指定以前ニ於テ必要アルトキハ地方長官ハ仮ニ之ヲ指定スルコトヲ得

第二条　史蹟名勝天然記念物ノ調査ニ関シ必要アルトキハ指定前ト雖当該吏員［職員］ハ其ノ土地又ハ隣接地ニ立入リ土地ノ発掘、障碍物ノ撤去其ノ他調査ニ必要ナル行為ヲ為スコトヲ得

第三条　史蹟名勝天然記念物ノ管理ニ関シ必要アルトキハ内務大臣ハ地域ヲ定メテ一定ノ行為ノ禁止制限其ノ他必要ナル命令ヲ発シ又ハ処分ヲ為スコトヲ得

［内務大臣ハ前項ノ規定ニ依ル命令ヲ発止若ハ処分ヲ為スノ権ヲ地方長官ニ委任スルコトヲ得］
［第四条　前条ノ命令若ハ処分又ハ第二条ノ規定ニ依ル行為ノ為損害ヲ被リタルモノニ対シテハ命令ノ定ムル
所ニ依リ之カ補償ヲ為スコトアルヘシ］
第~~四~~［五］条　史蹟名勝~~天然記念物~~ノ管理者ハ地方長官トス但シ内務大臣ハ郡長市長又ハ町村長ヲ指定シテ
管理ヲ為サシムルコトヲ得
第~~五~~［六］条　史蹟名勝~~天然記念物~~ノ保存ニ関スル費用ハ管理者ノ直接ニ管轄スル公共団体ノ負担トス
国庫ハ前項ノ費用ニ対シ其ノ一部ヲ補助スルコトヲ得
第~~六~~［七］条　史蹟名勝~~天然記念物~~ニ関シテハ命令ノ定ムル所ニ依リ租税其ノ他公課ヲ減免スルコトヲ得
第~~七~~［八］条　第三条ノ規定ニ依ル命令ニ違反スタル者ハ六月以下ノ禁錮若ハ拘留又ハ百円以下ノ罰金若ハ
科料ニ処ス
第~~八~~［九］条　本法施行ニ関シ国庫ヨリ支出スヘキ金額ハ一ヶ年拾五万円乃至貳十万円トス
［第十条　本法ノ規定ハ天然記念物及ヒ名苑ニ之ヲ準用ス］
附則　本法施行ニ関シ必要ナル事項ハ命令ヲ以テ之ヲ定ム
本法施行ノ期日ハ命令ヲ以テ之ヲ定ム
古社寺保存法第十九条ハ本法施行ノ日ヨリ之ヲ廃ス(17)

京都府は法案の名称自体を「史蹟名勝保存法」とし、条文にある「天然記念物」を抹消するよう回答している。その代わりに第一〇条で天然記念物については準用することを付け加えた。「名苑」もその範疇に入れた。欄外の説明では「社寺又ハ個人等ニ属スル名苑モ亦本法ノ範囲内ニ収メ保存シタシ天然記念物モ固ヨリ同様也法律ノ題号ハナルヘク簡単ニシタシ」とある。さらにあらたに第四条を挿入した。この条項は損害補償について規定したものであり、実現されれば自治体側にとっては法の運用上有効な手だてとなるものであった。この回答を送付した後、同日付で法案名称の「史蹟名勝保存法」とあるのは「史蹟勝地保存法」の間違いであると追加訂正の回答をおこなった。しかしながら、京都府の意見は法案作成に取り入れられることはなかった。

法案の方は、一九一九年（大正八）三月八日、徳川頼倫、小澤武雄、石黒忠悳、目賀田種太郎、阪谷芳郎、三宅秀、水野錬太郎の七名が発議者となり、賛成者六九名で、貴族院に「史蹟名勝天然紀念物保存法案」を提出、同月一三日に可決、即日衆議院に送付、特別委員会を経て、二一日に法案が可決する。結果的に当初の法案では八条あったものを六条に整理し、四月一〇日法律第四四号として史蹟名勝天然記念物保存法が公布される。本法の施行は同年六月一日となる。

史蹟名勝天然記念物保存法公布後、同年七月三日付発第二〇号により、山田内務大臣官房地理課長名で各府県に地方の史蹟名勝天然記念物保存の実態について、以下の事項を至急取り調べるよう照会があった。

一、庁府県令若ハ訓令告示等ヲ発シタルコトアラハ其ノ写竝施設ノ概況
二、下級行政庁又ハ史蹟名勝等ノ保存ヲ目的トスル学会協会等ノ公私団体ニ於ケル施設ノ概況
三、同上施設ヲ助成セシコトアラハ其ノ概況
四、以上各項ノ施設ニ関スル経費予算
五、学会、協会等ニシテ資産ヲ有スルモノハ其ノ資産額
六、調査報告書、学会、協会等ノ会則其ノ他ノ印刷物アラハ各一部廻付相成度(19)

京都府は七月一四日に「本月三日発第二〇号ヲ以テ御照会相成候史蹟名勝天然紀念物調査保存ニ関スル施設等取調候処別紙之通ニ有之候条此段及回答候也」と以下の一五団体について回答した。公共団体によってもうけられたのは「京都府史蹟勝地調査会」「宇治郡史蹟天然記念物保存会」「加佐郡名勝旧蹟保存会」である。京都府史

蹟勝地調査会は京都府庁内に設置されたもので、前身は先に述べた明治三二年設立の「名勝旧蹟保存委員会」である。大正六年に調査会規定を設けた。また、公共団体以外では「史学地理学同攷会」「京都郷土趣味社」「京都史蹟会」「光悦会」「長岡宮城大極殿遺址保存会」「天王山尚義会」「宇治保勝会」「井出保勝会」「八幡保勝会」「笠置保存会」「安国寺保勝会」「宮津保勝会」である。(20)

一例として、最も詳細な報告がなされた京都史蹟会について、以下に記載内容を示す。

一、事業

一、研究会　隔月一回

二、講演会　随時開催

三、史蹟ノ調査　必要ノ時宜史料ヲ蒐集又ハ調査セシム

四、書籍ノ刊行　調査事実ハ時宜ニヨリ編纂シテ刊行シ当分毎年二回会誌ヲ発行シテ会員ニ頒布ス

五、史実ノ保存　有益ナル史実ハ本会ノ発展ト共ニ漸次其保全ノ途ヲ論ス

六、史蹟踏査及展覧会　時宜ニヨリ有名ナル史蹟ヲ踏査シ或ハ史料展覧会ヲ催ス

一、目的及組織

京都ニ関スル史実ヲ広ク調査シ歴史ヲ開明シ社会ニ貢献セル事績及保存シ又ハ顕揚セントスルヲ目的トシ左ノ会員ヲ以テ組織ス

一、特別会員　研究会講演会ノトキノ講師

二、維持会員　弐十三名　但、一会員ヨリ金拾円以上ヲ受納ス

三、通常会員　壱百名　但、一会員ヨリ一ケ年ノ会費金弐円四拾銭ヲ受納ス

四、役員　会長、幹事、評議員、調査員、書記

一、資金及出資方法　寄附金及会費ヲ以テ資金トシ幹事会ニテ出資方法ヲ議決ス
一、一ケ年ノ予算ナシ(19)

京都史蹟会は一九一三年（大正二）二月に設立された。呉服商西村喜一郎（吉右衛門）の主唱により大正天皇侍従である清岡長言子爵を会長に、顧問として京都帝大教授三浦周行を迎えた。賛同者には郷土史家の碓井小三郎、大丸呉服店の下村正太郎、西陣織の伊達彌助等がいた。同会は第一回大典資料展覧会を一九一三年四月一九日から二一日まで、京都府立図書館で開催した。即位式大嘗祭に関する資料の展覧である。また、同年六月一二日、第一回講演会は烏丸通今出川の北東角にあった華族会館で開催された。碓井小三郎が「大内裏より土御門内裏に到る沿革」について講演した。第二回は同年八月一二日、岩倉の妙満寺方丈で京都帝大の喜田貞吉が「平安京条坊の由来」と題して講演している。また、第二回大典資料展覧会を同年一一月二五、二六日の両日、第一回に引き続き京都府立図書館で開催した。(21)

この後も講演会は第三回が一九一四年（大正三）一月九日（碓井小三郎「土御門内裏以来の沿革」）、第四回が同年六月二三日（三浦周行「京都の研究」）、第五回が一九一五年（大正四）一月三一日（川島元治郎「朱印船貿易と京都商人」）、第六回が同年六月一七日（江馬務「京都民間歳事史」）、第七回が同年一〇月二〇日（碓井小三郎「高台寺附近の沿革」）、第八回が一九一六年（大正五）一月二八日（喜田貞吉「平安京以前に於ける京都」）と開催されている。また、大正四年の夏には史蹟講習会が八月二一日より八日間連続で開催された。開催にあたり初日に京都府知事、京都市長の祝辞が代読された。市長代理で市の学務課長川島元次郎の代読中にドイツの「ハイマートクンデ」（郷土研究）について言及しているところがある。

唯今此郷土に関する研究が新しい学界の傾向として頻に行はれて居ります、欧羅巴の方に於きましては長く此研究が盛んであつたのでございますが、我国には十年ばかり以前から其必要が認められまして、所謂郷

土科といふ名目を以て盛に研究せられるやうになりましたのは洵に学界の為めに慶賀すべき所であると考へるのでございます。

郷土科、即ち独逸で謂ひます所の（Heimat Kunde）といふのはHeimat 故郷、Kunde は知識といふことでありますが、此ハイマートクンデといふものが欧羅巴の方ではなかなか盛であり、殊に独逸が此研究の根本になつて居りますので、ハイマートクンデといふ独逸語は有らゆる国に於いて用ひているのであります……(22)

さて、史蹟名勝天然記念物保存法公布後、政府の方でも府県に対する啓蒙活動について積極的に動き出している。一九一九年（大正八）九月二五日、発第三九号により山田内務大臣官房地理課長名で管内で講習会等が開催される場合には史蹟名勝天然記念物に関する事項を加え、また、講師の派遣の希望があれば申し出るように照会した。

史蹟名勝天然紀（ママ）念物保存法施行セラレ候ニ付テハ同法ニ依リ漸次調査保存ニ着手セラルヘキ義ニ候処元来史蹟名勝天然紀念物ノ保存ハ国民挙テ其必要ヲ理解シテ之ヲ愛護スルニ至ラサレハ之カ目的ヲ達スルコト困難ナル次第ニ有之候ニ就テハ口演ニ文書ニ能ク此ノ趣旨ヲ広ク宣伝スルコト最モ必要ノコトト被存候因テ貴庁管内ニ於テ講習会等開催ノ場合ハ史蹟名勝天然紀念物ニ関スル事項ヲ其科目中ニ加ヘラレ候様致度講師派遣希望モ有之候ハ、事情ノ許ス限リ御希望ニ添フ様可取計候間右御含ノ上御配慮ヲ煩シ度申進牒候也(19)

一九一九年年四月、史蹟名勝天然記念物保存法の公布後、京都府では表1にあるように、一九二一年（大正一〇）三月に史蹟二ヶ所が初めて指定され、その後、順次指定されていく。

表１　京都府における史蹟名勝天然記念物指定年月日(昭和10年まで)

指定年月日	史蹟・名勝・天然記念物の名称
大正10．3．3	史蹟：函石浜遺物包含地(久美浜町)・西寺跡
11．3．8	史蹟：銚子山古墳(網野町)・天皇の杜古墳・伊藤仁斎宅(古義堂)跡ならびに書庫・頼山陽書斎(山紫水明処)・荷田春満旧宅
	史蹟及び名勝：平等院庭園
	名勝：大沢池附名古曽滝跡・天橋立
	天然記念物：稗田野の菫青石仮晶(亀岡市)
12．3．7	史蹟：神明山古墳(丹後町)
	史蹟及び名勝：南禅院庭園・西芳寺庭園・天竜寺庭園
12．9	史蹟及び名勝：大徳寺方丈庭園・真珠庵庭園・大仙院書院庭園・孤篷庵庭園・龍安寺庭園
	名勝：御室(サクラ)
	天然記念物：オオミズナギドリ繁殖地(舞鶴市)
14.10．8	史蹟及び名勝：鹿苑寺(金閣寺)庭園・慈照寺(銀閣寺)庭園
昭和 2．4．8	史蹟及び名勝：嵐山
6.14	史蹟及び名勝：醍醐寺三宝院庭園・高台寺庭園
	天然記念物：深泥池生物群集
3．1.18	史蹟：石川丈山墓
2.17	史蹟：丹波国分寺跡附八幡神社跡
3.28	史蹟：詩仙堂
4.12.17	天然記念物：郷村断層(網野町)
5．7．8	史蹟：御土居・蛭子山古墳(加悦町)・作山古墳(加悦町)
10．3	史蹟：丹後国分寺跡(宮津市)
6．2.20	史蹟：慈照寺(銀閣寺)旧境内
7.31	名勝及び史蹟：妙心寺庭園・玉鳳院庭園・東海庵書院庭園・霊雲院庭園・退蔵院庭園・桂春院庭園
10.21	名勝：円山公園
7．3.25	史蹟：岩倉具視幽棲旧宅
4.19	史蹟及び名勝：笠置山(笠置町)
	天然記念物：遊龍松
10.19	名勝：瑠璃渓
9．1.22	史蹟：栗栖野瓦窯跡・高瀬川一之船入
3.13	史蹟：教王護国寺境内：金胎寺境内
12.28	史蹟及び名勝：本願寺大書院庭園
10.12.24	史蹟：聖護院旧仮皇居・神泉苑

注：文化庁文化財部記念物課編『史跡名勝天然記念物指定目録』(2005)より作成

五　高瀬川の史蹟名勝指定願

本節では京都市の都市計画事業進展の過程で生じた街路拡張計画で、史蹟名勝天然記念物保存法を論拠に反対運動をおこした事例について述べたい。

都市計画法は史蹟名勝天然記念物保存法と同年に公布される（一九一九年四月五日）。京都市では前年の一九一八年（大正七）四月一四日法律第三六号により都市計画法の前身である東京市区改正条例が準用され、同年六月一日に施行された。一九二〇年（大正九）一月の都市計画法施行まではこの準用で都市計画がなされた。[23] 一九一九年（大正八）一二月二五日に開催された京都市区改正委員会で、街路の新設及び拡張が議定され、内務大臣に具申される。[24] その街路拡張計画の内、第五号線に二条五条間の木屋町通筋が含まれていた。原案の内務省案では第五号線は河原町線であったが、市区改正委員会で修正された。その後、紆余曲折があり、結果的にはこの案は再度修正され、河原町線に落ち着くことになる。その過程で高瀬川暗渠による木屋町通拡幅案に反対するため、高瀬川の史蹟名勝指定の陳情が起こる。

一九二一年（大正一〇）九月一七日市会第九三号により京都市会議長川上清から京都府知事若林賚蔵に対し、高瀬川を史蹟名勝地に指定するよう要望書が出された。この五日後の九月二三日には四条木屋町在住の村田幸吉他二七名から「史蹟名勝指定願　出願之趣旨」が内務大臣床次竹二郎宛に提出された。それに対抗して翌日の九月二四日、木屋町線期成同盟会委員長杉本重太郎から史蹟名勝地指定の反対の陳情書が府知事に出される。[25]

さらに二日後の九月二六日には藤田常治郎他五名代理人弁護士吉田佐吉から内務大臣床次竹二郎に宛て、大正八年法律第四四号史蹟名勝天然記念物保存法により「高瀬川全部ヲ国家的史蹟名勝ト御指定相成度」と「史蹟名勝指定願ニ付上申書」が提出される。ここでは九月二六日の上申書について検討したい。

上申書には史蹟名勝指定の理由として、まず高瀬川の歴史性をあげる。「東京帝国大学史料編纂官ノ編輯セル大日本史料古文書」等の文献から近世以来の高瀬川開削の経緯を縷々述べる。

高瀬川二条五条間ハ皇居御造営ノ為メニ特ニ開堀慶長十三年角倉了以大仏殿建立ノ為メ伏見ヨリ五条迄高瀬川ヲ開ク次テ慶長十六年了以ハ皇居御造営御用材運漕ノ為メ特ニ五条ヨリ二条樋口ヲ径《ママ》加茂川荒神河原迄高瀬川ヲ開堀ス（大日本史料古文書）……

禁裏御所御造営後高瀬川ハ公共一般ノ交通運輸用ニ供セラレ京都大坂間ヲ連絡シ天下其利便ニ浴ス寛永、承応、万治、寛文、延宝、宝永、寛政、安政年度御所御造営御用材悉皆高瀬川ニ依リ運漕ス（古文書、年表、記録、京都大学所蔵）

皇居、京都、高瀬川ノ三者ハ慶長以降今日ニ至リ今後尽未来不可離不可分ノ貴重ナル史的関係アリ故ニ二条五条間高瀬川ハ皇室ニ対シ京都ニ対シ国家ニ対シ運河トシテ帝国唯一無二至重至大ノ活タル史蹟タル事ハ東京帝国大学史料編纂官ノ編輯セル大日本史料古文書ニ照シテ明白ナリトス

二条五条間高瀬川ハ名勝地ナリ(25)

さらに「史蹟名勝保存ト都市計画」と項をあらたにし、以下のように都市計画より史蹟名勝保存が優先されるべき事を展開する。

夫レ史蹟名勝ハ絶対ナリ都市計画ハ絶対ニアラザルナリ史蹟名勝分ツテ二種トス一ヲ国家的ト云ヒ一ヲ地方的ト云フ高瀬川二条五条間ノ史蹟名勝カ国家的ナルコトハ帝国史官ヲ始メ天下具眼者ノ等シク認ムル所ナリ

……高瀬暗溝論者ハ木屋町ニ原案河原町線ヲ修正スルトキハ五十六万余円ヲ節減シ得ヘシト唱フレトモ其実際ハ修正説ハ内務省提出ノ原案ヨリ百余万円多額ノ経費ヲ要スルヲ知ラサルカ如シ彼輩ハ運河通航権水利使用権（二百年以上ニ渉ル生洲ノ如キ）喪失ニ対スル補償金ヲ全然無視シ一銭ヲモ計上セサルニ非ラスヤ暗溝費

五十万円ノ如キハ識者カ其過少ナルヲ嗤フ処ナリトス
衛生的見地ヨリノ暗溝論者二三ノ人ハ其心術公正ナルトモ多クハ刀圭家（医者―引用者注）ニシテ高瀬川ヲ西洞院川堀川ト同一視シ之ヲ下水溝トナサントスル前提論ニ誤ラレ之ヲ改善スル事ニ想及セサルカ如シ
出願人ハ高瀬川ヲ保存シ之ヲ改善シ其沿岸ニ風致樹ヲ植ヘ益々其流水美ヲ発揮セシメ樵街道路ヲ逍遙散策ノ公園トシ都市民衆ニ之ヲ利用セシメ以テ精神慰藉思想善導ノ材料タラシメントス
以上ノ次第ニ付何卒高瀬川全部ヲ国家的史蹟名勝ニ御指定相成度此段願上候也(25)

一九二二年（大正一一）六月九日の第三回都市計画京都地方委員会で、結果的に第五号線は河原町通に変更となる。その理由として、前年の一一月一八日、市会議長から内務大臣に宛てた意見書に、木屋町線は必ずしも河原町線に比べ建設費が安くつくわけでもなく、かえって「高瀬舟通行ノ断絶、淡水魚類飼養場タル生洲ノ壊滅ニ対スル損害亦尠少ナラス……故《コトサ》ラニ路線ヲ彎曲セシメテ都市ノ美観ヲ傷ツクルノミナラス……殊ニ慶長年間以後皇居ト不可離不可別ノ重大関係アル史蹟ニシテ……」(26)とある。しかしながら、高瀬川は史蹟名勝天然記念物保存法により史蹟あるいは名勝に指定されることはなかった。

六　むすびにかえて――都市計画と史蹟名勝保存――

都市計画は新たな都市改良事業を推進することが目的であり、〝史蹟名勝〟を破壊することにもつながる可能性もある。史蹟名勝天然記念物保存法は〝史蹟名勝〟を価値付けし、それを保存することが目的となる。この両者は場合によっては反目する状況をつくりだす。史蹟名勝の多い京都市ではこういう状況に対処するため、都市計画法の実質的な起草者でもあった池田宏が京都府知事として、意見を開陳している。

池田知事が一九二六年（大正一五）九月に神奈川県知事に転出する前に府政に関して浜田恒之助知事への引き

継ぎ事項を記した大正一五年の「事務引継演説書」の中に「史蹟名勝天然紀《ママ》念物保存ニ関スル件」がある。

本府ハ史蹟勝地ニ富メルコト全国ニ冠絶シ之カ保存ノ緊要ナルニ鑑ミ大正六年以降府費予算ニ史蹟勝地保存費ヲ設定シ本庁ニ史蹟勝地調査会ヲ置キ官公吏及篤学者ヲ委員ニ大学教授及民間篤学者ヲ評議員ニ委嘱シ以テ調査保存ノ途ヲ企図セリ而シテ史蹟調査ノ成績ハ之ヲ印刷ニ附シ報告スルコト、シ本年既ニ七冊ヲ刊行セリ然リト雖モ調査保存スヘキモノ史蹟名勝ニ関シテ尚甚ダ多ク天然紀念物ニ関シテハ京都帝国大学河村教授ニ之カ調査ヲ委嘱シ其ノ歩ヲ進メツ、アルモ勝地ニ関シテハ嵐山高尾笠置山通天宇治加茂川堤防等尚指定保存ヲ要スヘキモノアリ就中嵐山ニ関シテハ目下指定手続中ナレハ近ク指定セラル、見込ナリ[27]

もうひとつは「社寺史蹟保存竝ニ都市ノ風致ト都計法及市街地建築物法トノ関係ニ関スル件」である。

京都市ノ如キ神社寺院ノ由緒深ク其規模太ダ大ナルヲ多数包含シ而モ其伽藍ノ布置竝ニ建築様式ヲ保存スルノ切要ナルモノアリ且ツ史蹟名勝古墳等殊ニ重要ナルモノ夥多ニシテ之ガ保存ヲ以テ生命トセル都市ニ於テハ特ニ膨張セントセル其環境ト共ニ都市計画法ニ本《ママ》ヅク実施（路線ノ設定・区画ノ整備等ニ付）竝ニ市街地建築物法ノ適用（第十五条ニ依ル美観地区ノ設定）ニ就キ格段ノ考慮ヲ要スル点多ク寧ロ如上ニ法ノ適用上該法ノ認ムル例外ヲ主眼トシテ之ヲ拡大スルヲ要スルノ点太ダ少シトセズ、故ニ如上ノ旨趣ヲ透徹セントスル方法上都市計画委員ニ史学考古学専攻ノ学者竝ニ社寺関係ノ官吏ヲ入ルルコト、市街地建築物法ニ認ムル美観地区ヲ設定シ鴨東ニ両加茂ヲ含ム区域、舟岡山、金閣衣笠山ヨリ妙心寺仁和寺双ケ岡即チ花園村ニ属スル地域ヲ調査ノ上適当除外スルノ切要ナル事ヲ認ム[27]

池田知事が「事務引継演説書」に述べたように京都は「史蹟名勝古墳等殊ニ重要ナルモノ夥多ニシテ之ガ保存ヲ以テ生命トセル都市」であり、都市計画を行う上で「格段ノ考慮ヲ要スル点多ク寧ロ如上ニ法ノ適用上該法ノ認ムル例外ヲ主眼トシテ之ヲ拡大スルヲ要スルノ点太ダ少シトセズ」とその京都の特殊性を考慮する必要を強調している。木屋町の例は史蹟名勝推進者にとって「史蹟名勝ハ絶対ナリ都市計画ハ絶対ニアラザルナリ」という史蹟名勝天然記念物保存法と都市計画法が対峙する構図を持っていたが、行政担当者にとってこういう事態は避けることが必然であったと考えられる。池田知事が指摘したように都市計画委員に歴史学者あるいは社寺担当の行政官を加えることは行政上枢要なことであった。木屋町筋の街路拡張計画が変更され、史蹟名勝的価値を持つ高瀬川が今日まで残されたことは京都にとって幸いであったが、史蹟あるいは名勝の指定は行われず、都市計画法との正面切った衝突は回避されている。史蹟名勝天然記念物保存法の限界もそこには存在したとみるべきであろう。高瀬川についてはその後、表1にあるように高瀬川一之船入が一九三四年（昭和九）に史蹟指定されたにとどまった。

(1)『法令全書』明治五年ノ一、大蔵省、五五九頁。
(2) 内務省庶務局地理課『地理例規』明治二五年。
(3) 高木博志「史蹟・名勝の成立」『近代天皇制の文化史的研究』校倉書房、一九九七年、三二一頁。
(4) 京都府庁文書『内訓書綴』官省之分、知事官房、明治三二年。
(5) 帝国古蹟取調会については拙論『「史蹟名勝天然紀念物」解説・総目次・索引』（復刻版解説、不二出版、二〇〇三年、六～一二頁）を参照されたい。
(6)『大阪府公報』第一四五六号、明治三二年一月二三日。京都府庁文書には「別記様式」が欠けている。
(7) 名所旧蹟取調委員とは別に、京都市では明治二九年（一八九六）四月二四日に常設保勝委員規定を設けている。委員は三名からなり、史参事会員一名、市会議員二名である。
(8) 京都府庁文書『庁達命令正誤』知事官房往復掛、明治三二年中。
(9) 京都府庁文書『規則綴』第一部土木課地理掛、自明治三三年至同四二年三月。
(10) 農商務省編『農商務法令輯覧』［第5冊］下巻（2）、一九一一年、六七四頁。
(11)(10)に同じ、一〇四頁。

(12)　(10)に同じ、六七四～六頁。
(13)　『万朝報』一九〇九年五月八日付。
(14)　『東京朝日』一九一一年四月二一日付。
(15)　茶話会については前掲(5)の一四～一八頁を参照。
(16)　京都府庁文書『国宝　名勝旧蹟』社寺部、明治四四年。
(17)　京都府庁文書『名勝旧蹟』大正七年。
(18)　(3)に同じ、三一一～二頁。
(19)　京都府庁文書『法人公園名勝旧蹟』社寺部、大正八年。
(20)　京都府の回答した一五団体には記されていないが、明治一四年、岩倉具視の発意により創設された「保勝会」がある（保勝会編『明治十四年創立　保勝会一覧』一九二九年）。
(21)　京都史蹟会編『京都史蹟講演集　第一号』一九一六年、五二六～五三二頁。
(22)　(21)に同じ、四頁。同様の言葉にハイマートシュッツ（Heimartshutz・郷土保存）がある。(5)の二二頁参照。
(23)　内務大臣官房都市計画局編『都市計画要鑑　第一巻』第三編、京都都市計画、一九二三年、五～六頁。
(24)　京都市市政史編さん委員会編『京都市政史』第四巻、資料、市政の形成、二〇〇三年、四九〇～四頁。
(25)　京都府庁文書『神社什宝　名勝旧蹟　寺院国宝　公園』社寺課、大正一〇年。
なお、この時期京都府史蹟勝地調査会の委員に評議員として東京帝大教授黒板勝美、京都帝大教授内藤虎次郎、同三浦周行、同浜田耕作、評議員兼委員として西田直二郎、川村多美二、臨時委員に大阪女子専門学校教授魚澄惣五郎が委嘱されている。
(26)　(24)に同じ、四九八頁。
(27)　京都府庁文書『池田前知事浜田知事事務引継演説書』大正一五年一〇月。

「昔の東京」という京都イメージ——谷崎潤一郎の京都へのまなざし——

藤原　学

はじめに

都市はさまざまなイメージを持っている。とりわけ文学作品に描かれると広く知られるところとなり、文学散歩などといって多くのひとを惹きつける。その表現が成功したものであればあるほど、イメージはもとの文脈から切り離され、勝手に一人歩きをしがちである。名作とは書き出しはみんな知っているが、だれも全編通して読んだことがない作品、というのは有名な警句だが、それと同じことがいえるかも知れない。谷崎潤一郎（一八八六～一九六五年）の「細雪」での平安神宮の花見のシーンなどはそのよい例といえよう。

このイメージや第二次世界大戦後の一〇年ばかりの間、彼が京都に実際に住んだことも手伝って、谷崎文学には京都が適確に表現されているという印象が強いのではないか。だが谷崎文学に表現された京都イメージは、あくまでも谷崎潤一郎という強烈な個性によって作り出されたものであるということを忘れてはならない。まなざされたものは、それをまなざしたひとの見方を反映せずにはおかない。作家の個性を受けいれ、そのまなざしをもって都市をながめるのも楽しいであろうが、少し批判的にそのまなざしを検証してみるならば、かえって作家の人間性が浮き彫りになり、より深い理解へと導いてくれるであろうし、新たな都市の見方をみずから発見することにもつながるであろう。本論が目指すのは、こうしたことである。

谷崎潤一郎は東京日本橋に生まれたが、その当時の東京のイメージを京都に見ている記述を繰り返し表現している。この京都イメージは、先の「細雪」や『源氏物語』の現代語訳に代表される王朝イメージの陰に隠れて決して表立ったものではないが、谷崎が生涯のおよそ半分の期間、かわらず抱いていたイメージなのである。このイメージが作り出された背景を明らかにすることが、本論の課題である。

一　「昔の東京」という京都イメージ

谷崎潤一郎は「都市情景」（一九二六年）と題された随筆の中で、京都について次のように述べている。

> 四五年前、永井荷風氏が何年ぶりかで京都に遊ばれて、閑寂な町の情趣に深く心を動かされたことを、当時の中央公論に書いてをられたが、その後荷風氏にお目に懸つた折、私はさういつたことがあつた。「嘗てわたしも十年ぶりで京都へ行つたとき、矢張あなたと同じやうに感じたことがあるのです。さうしてその時に考へたのは、今の京都が自分の心を動かすのは、十年前の東京を想ひ出させるからだ。もう東京では滅びてしまつて、われ〳〵自身が既に忘れてゐたところの古い習慣や風俗が、京都へ行くと未だに保存されてゐて、はからずもふつと眼につくことがある。あゝ、さうだつた。昔はこんなこともあつたけと、幼年時代のおぼろげな記憶が不意にわれ〳〵に戻つて来る。つまり京都といふところは日本の旧式な都会の俤を、何処よりも長く伝へてゐるからではないでせうか」――たしか荷風氏も私の説を肯定されたやうであつたが、無論京都には京都独特の美観もあれば魅力もあつて、単に古いといふことばかりが誇りではないとしてからが、最も強くわれ〳〵を惹きつけるのはその点だと思ふ。[1]

谷崎は「古いといふこと」が京都の最大の魅力であるといっている。しかしその歴史性は「十年前」という極めて近い過去であり、せいぜいが彼の幼年時代に遡る程度である。この随筆を執筆した時、谷崎は四〇歳だから、たかだか三〇年ばかり昔のことに過ぎない。京都の歴史性を讃えるならば、平安朝以来の歴史をいうのが一般的であろうし、その効果も増すであろう。実際、別の随筆で谷崎は「人間が余計な小細工をさへ加へなければ、平安朝以来の美しさを容易に失ふことのない都会(2)」と、千年を越える京都の歴史性を讃えている。この言葉と比較すれば、先の引用はずいぶんと卑近なものに映る。これだけならば荷風への世辞とも受け止められかねないが、谷崎が昔の東京のイメージを京都に見出すのは、この時ばかりではないのである。

たとえば「私の見た大阪及び大阪人」（一九三二年）では、「今日の東京の下町は完全に昔の俤を失つてしまつたが、それに何処やら似通つた土蔵造りや格子造りの家並みを、思ひがけなく京都や大阪の旧市街に見出すのである(3)」と述べている。また、「瘋癲老人日記」（一九六一～六二年）でも、「予モ本所割下水ニ生レタノデ、生粋ノ江戸ツ子デアルニ違ヒナイ、ガ、ニモ拘ハラズ予ハ近頃ノ東京ガ面白クナイ。京都ノ方ガ昔ノ東京ヲ思ヒ出サセル趣ガアツテ却テナツカシイ(4)」と主人公に言わせている。およそ四〇年間、谷崎は京都に対して、「昔の東京」というイメージを変わることなく抱いていたことになる。それは生涯のほぼ半分の期間であり、相当に強固なものであったといわなければならない。

ところで、執筆の時期に着目するならば、谷崎が「昔の東京」を懐かしむのは、関東大震災と第二次世界大戦によって、東京が変貌を余儀なくされたからだと考えられるかもしれない。事実、「一八八六（明治十九）年に日本橋の蠣殻町に生まれた谷崎にとって、一九二三（大正十二）年の関東大震災と一九四五（昭和二十）年の戦災というふたつの壊滅的な大打撃をこうむり、復興された戦後の東京は、もはや故郷というより、まったくの見知らぬ異境ともみなされたのであろう(5)」と、岩波文庫版『幼少時代』の解説で千葉俊二は述べている。確かに、この二つの災害によって都市東京の姿は大きく変化した。そのことに間違いはない。しかし谷崎は、関東大震災以前に執筆した随筆「生れた家」(一九二一年)を「昔の東京の下町が、今と比べてどんなに美しい好い町であつたかを、読者に知らせたくも思ふ」(6)と結んでいる。また、「「つゆのあとさき」を読む」(一九三一年)では「尤も私の東京嫌ひは震災以前からのこと」(7)といい、東京の街をこころよく思っていなかったのは、関東大震災以前からであったことを断言している。

ここでわれわれは、一八八八年に公布される東京市区改正条例に基づいた、東京の都市計画の影響を考慮するよう促される。しかし、谷崎はこの計画について、まったくといってよいほど言及していない。たとえば夏目漱石「こゝろ」(一九一四年)には「電車が通《とほ》るやうになれば自然町並《まちなみ》も変《かは》るし、その上《うへ》に市区改正もあるし、東京が凝《ぢつ》としてゐる時《とき》は、まあ二六時中《じちう》一分《ぷん》もないと云つて可《い》い位です」(8)と、その変化の激しさ、忙しさを述べたくだりがある。この時期、谷崎もまた日常的にこうした光景に接していたはずである。

それだけではない。実弟である英文学者の谷崎精二は、「私たちの少年時代」という随筆の中で、「此の家も市区改正で其の後取払はれてしまつたが、土蔵だけは今でも残つてUと云ふ料理屋の一部になつて居る」(9)と書いている。「此の家」とは谷崎兄弟が幼少時代の大半を過ごした南茅場町の家(東京市日本橋区南茅場町五六番地)を指している。『日本橋区史』によれば、同番地は東京市区改正事業による道路拡幅によって、一九〇七年(明治四〇)度に土地収用されていることがわかる。(10)関東大震災はおろか、大正の声を聞く前に、谷崎の幼少時代の記憶の、少なくともその一つは失われていたのである。それにもかかわらず、谷崎は東京市区改正事業には言及していない。まるで、沈黙を保つことで批判的態度を表明しているかのようである。

一方で、この家が関東大震災後の帝都復興事業による区画整理によって跡形もなくなったことについては、「自分が七歳から十二三歳の頃まで暮らした南茅場町の家の跡などは、千代田橋から永代へ通ふ大道の真ん中になつてゐると云ふ有様」[11]と述べているから、みずからが育った環境の変化に無頓着であったわけではない。年譜などと比較すると「七歳から十二三歳の頃」というのは記憶違いで、実際には九歳から一六歳までの七年間なのだが、幼少時代に父の経済的事情で日本橋区の狭い範囲の中で転居を繰り返した中にあって、最も長い期間を過ごした家のことはやはり気にかかったのであろう。谷崎は一六歳から築地精養軒に書生兼家庭教師として住み込む[12]ことになるので、少年時代を家族と過ごした最後の家であったからかもしれない。その家や町並みが大きく変わったことを嘆くのは自然なことであろう。

もっともこの一事をもって、谷崎が「昔の東京」を懐かしむようになったとみなすのはいまだ早計であろう。そもそもこの「昔」とはいつを指しているのだろうか。本節冒頭に引用した「都市情景」では、「十年前」といわれ、また「幼年時代」とも云われている。その間にはかつての自宅が失われている。この二つの時期を比較しても東京は、少なくとも谷崎にとっての東京は、大きく変化しているわけである。そのため谷崎が京都に見出した「昔の東京」とは、いったい東京のどのあたりを指し、いつの「昔」であるかを特定する必要があるだろう。その前にまずは谷崎と京都との関わりを見ておこう。

二　谷崎が見た京都

一九一二年（明治四五）四月、谷崎ははじめて京都を訪れた。このときの見聞記が「朱雀日記」（一九一二年）として発表されている。

「午後二時ごろ、七条停車場に着いて、生れて始めて西京の地を踏」んだ谷崎は、三条御幸町の大阪毎日新聞京都支局へと向かった。その道中の眺めを「渋のやうに燻んだ色の格子造りが軒を並べ、家の中は孰《いづ》れも真暗で、何百年の昔の匂が瓦や柱に沁み込んで居る」[13]と記している。

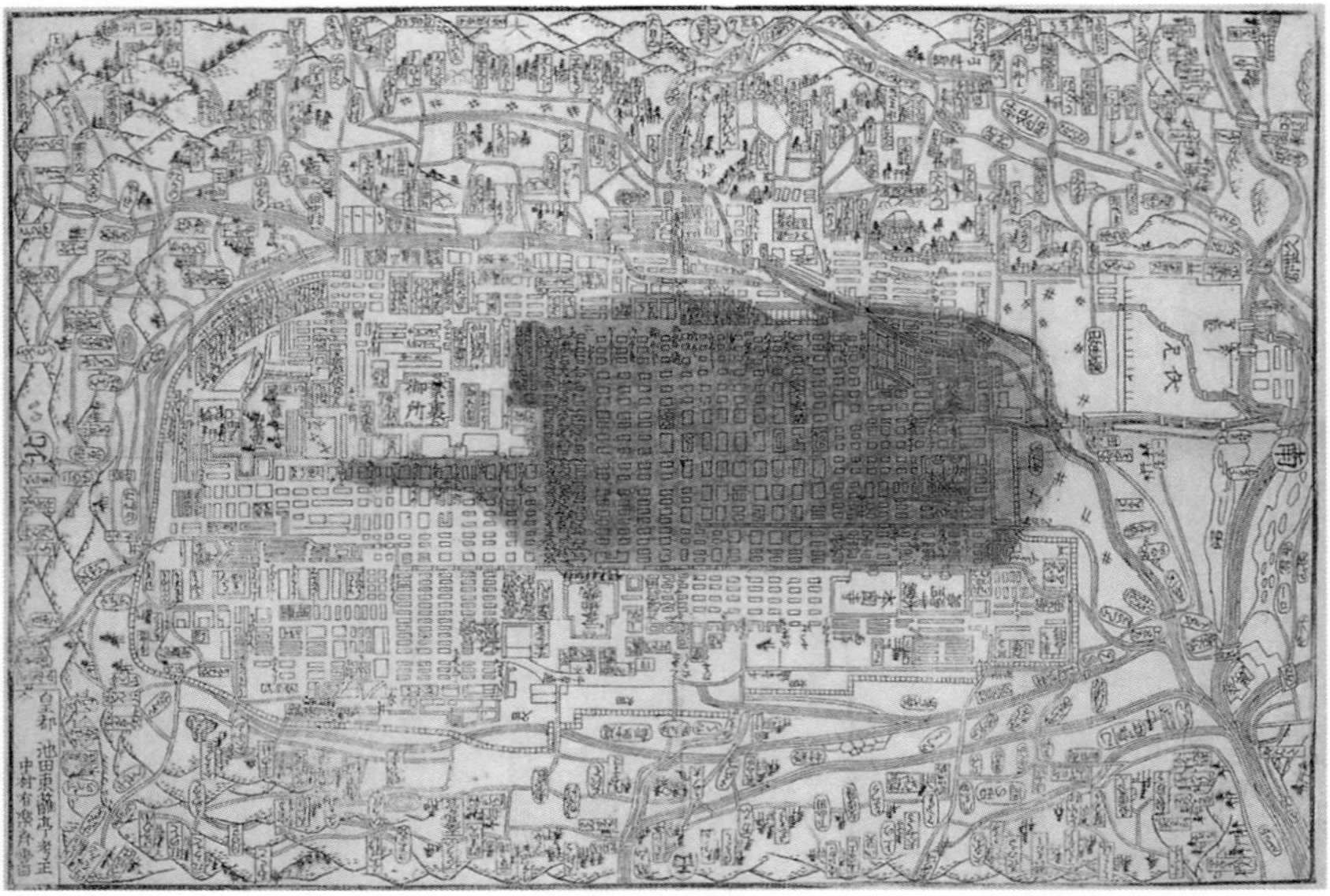

図1　禁門の変での焼失範囲を示す絵図(出典:「禁門の変(仮)」元治元年(政争:No.16)、東京大学大学院情報学環所蔵)

後年になってこのときのことを振り返った谷崎は、「私は俥の幌の間からその狭い烏丸通りの両側に並ぶ家々を、東京では見ることの出来ない紅《べに》殻《がら》塗りの格子造りの構へを、「これが京都かなあ」と思つてなつかしくも物珍しくも眺めた」[14]と書いている。いかにも旅行者らしく、東京との違いが目にとまったようである。このとき、「昔の東京」を京都に見るまなざしは、まだ備わっていない。

ところで谷崎は、京都の町家には「何百年の昔の匂が瓦や柱に沁み込んで居る」と書いているが、その道中の大半は、元治元年(一八六四)の大火で焼失しているから、「何百年の昔」の町家よりは、たかだか五〇年ばかり前に建てられた町家の方が多かったに違いない。おそらく谷崎の平安朝好みが、こうした文章を書かせたのであろう。その嗜好は平安神宮を訪れた際に、一層顕著になる。

谷崎は平安神宮の大極殿(拝殿)を見て、「平安朝の芸術を愛するよりも、平安朝の生活に憧れる人々に取って、此の建物は絶好の企てゞあらう。

私は京都に滞在して居る間、何度も〳〵此処を訪れて、じツと石甃《いしだゝみ》に腰を据ゑつゝ、遠い古へを偲ばうと思ふ(15)」と云っている。

周知のように、この建物は第四回内国勧業博覧会のために、一八九五年に「模造大極殿」として建造されたものである。設計者の一人である伊東忠太が「あれは全く失敗の作でありました。規模は勿論、様式、構造、設備、装飾、一も平安当時の復原ではありません。たゞ大極殿に似た建物が出来たと云ふ程度のものであります。あの建物を見て延暦の昔を偲ぶなどは思ひもよらぬ事でありますから、御注意迄申上げて置きます(16)」と回顧しているように、歴史的に正確な復原というものではなかった。無論、谷崎にとって歴史的に正確であるかどうかは、問題ではなかった。平安時代と関連しているものならば、それでよかったのである。だからこそ、また別の日に、千本丸太町にある大極殿跡を訪れるのである。「朱雀日記」の記述を読めば、谷崎が彼と同時代の京都、つまり一九一二年当時の京都に対して、どのようなイメージを抱いていたかがよくわかる。

> 長い間逗留して居るうちに、だん〳〵せゝこましい京都の風俗が鼻へ着いて来た。何んだか広々とした海洋のまん中から、古臭い沼のほとりへ引張り込まれたやうな気がする。
> 「どうも此の辺は閑静なことで、まことに風流なお住居でげす」など、顎をしやくつて乙《おつ》がつてばかりも居られなくなつた。昔桓武天皇奠都《くわんむてんわうてんと》の当時の平安京は、どれ程堂々としてどれ程活気に充ち〳〵て、新鮮な感銘を庶民に与へたであらう。〔中略〕碧瓦《あをがはら》を葺き、鴟尾《しび》を飾り、円楹甃瓦《ゑんえいしうぐわ》、丹雘粉壁《たんわくふんぺき》、出来たてのほや〳〵の羅城門《らしやうもん》を潜つて、朱雀《すざく》大路を真直ぐに、廟堂へ参内する公卿達も定めて胸がすが〳〵しかつたらうと思はれる。(17)

当時は「「己は江戸ツ児だ」と云ふ向う意気が邪魔をし(18)」ていたことや、「神経衰弱症」の気があったことを(19)差し引いても、谷崎が同時代の京都について、陰気で、閉塞的な印象を持っていたことがわかる。対して、平安朝にはいかにも晴れやかなイメージを描き出している。さらに、都良香の句に羅生門（羅城門）に住む鬼が対句を加えた様子を空想し、「気霽《レテハ》風櫛《リ》二新柳髪《ノヲ》一／氷消《エテハ》波洗《フ》二旧苔鬚《ノヲ》一」という句が、「うら〳〵と晴れ渡つた春の朝」の都大路の「実際の情景にしつくりと適合している」[20]と語っている。

『十訓抄』十ノ六や『撰集抄』八ノ三にみられるこのエピソードは、一九一七年発表の戯曲「鶯姫」でも用いられている。谷崎にとってお気に入りの平安朝のイメージだったのであろう。「鶯姫」の主人公は、関東に生まれながら京都が好きなばかりに、京都の女学校に勤務している老国文教師である。物語は、老教師が羅生門の鬼に手引きされ平安時代の京都にタイムスリップする夢を見た、というものである。「平安朝の昔に、わしが殿上人の公達に生れたと想像して、〔中略〕古風な恋を楽しんだら、どんなに世の中が面白からうと、そんな妄想に耽ることはあるかも知れない」[21]という老教師には、「平安朝の芸術を愛するよりも、平安朝の生活に憧れる」と書いた「朱雀日記」の谷崎が投影されているであろう。

つまり谷崎にとってみれば、同時代の京都そのものよりは、そこが王朝時代のイメージを喚起することが重要なのである。だからこそ「模造大極殿」を「絶好の企て」と評したのである。もし谷崎が、同じ歴史好きでも、考証に重きを置くようなら、決してそのような評価はしなかったに違いないし、新建の町家に数百年の歴史が沁み付いているなどとは考えなかったであろう。この時期の谷崎は、同時代の京都を陰気で閉塞的な町と見ながらも、そこがかつて平安朝の殿上人が闊歩した場所であるという歴史的知識によって、ゆたかにイメージを膨らませていたのである。

「朱雀日記」の次に谷崎が京都を訪れるのは、一九二一年（大正一〇）春のことである。当時、大正活映の脚本顧問を務めていた谷崎は、自身みずから脚色した上田秋成の「蛇性の婬」の撮影のため、京都奈良を訪れているが[22]、そう述懐されているだけで、どこを訪れたかは不明である。

続いて、一九二三年と二四年にも谷崎は京都を訪れている。「佐藤春夫に与へて過去半生を語る書」（一九三一年）で、「大正十一年の春には、僕は彼女（引用者注：当時の夫人である千代のこと）と娘とを伴つて両親の白骨を高野山へ納めがてら吉野や京洛の地に遊び、その翌年の春にも、娘の学校を休ませてまで京都から奈良へ連れて行つた。〔中略〕雨のそぼ降る四條通りに俥を連ねて都踊りを見に行つたうすら寒い宵のことを、彼女は覚えてゐるだらうか」[23]と語っている。この両年の京都探訪についても、いま引用した以上のことは語られていない。なお、ここで谷崎は「大正十一年」と書いているが、それは記憶違いであり、ただしくは大正一二年、つまり一九二三年であることが、千葉俊二によって解明されていること[24]を断っておく。

この一九二三年は谷崎にとって大きな転機となる年である。関東大震災によって関西に移住するのである。はじめ京都の等持院に住むが、寒さが娘の体調によくないとのことで、一二月に六甲苦楽園に移って以後、第二次世界大戦で疎開を余儀なくされるまで、転居を重ねながらも、阪神間に住み続けた。そして戦後に京都に居を構え、昭和三一年末に熱海に移るまで、京都に住んでいた。

京都在住の期間、谷崎は同時代の京都に関する文章を書いてはいるが、「交渉のあるのといえば、芸能界の人とか、花柳界の人とかで、土地の人との交渉はあまりない」[25]というように、一般の京都の人々の世態などはほとんど書かれていない。それは町の様子についても同じである。「鍵」（一九五六年）や「夢の浮橋」（一九五九年）は、京都を舞台にしているけれども、前者は文字通りの閨房小説であり、後者は「潺湲亭」と名付けられた下鴨にある谷崎の住まいを専らその舞台としていて、両者ともに町の様子はほとんど描かれていない。

「都市情景」（一九二五年）で、東京には都市としての情趣が失われたことを嘆く谷崎は、「私の見た大阪及び大阪人」（一九三二年）において、都市の情趣を形作るものとして「一つの家庭、一つの社会に於いて長い間に自《おのづか》ら出来上つた一定のしきたり、——年中行事である」ところの「生活の定式」の重要性を説き、東京ではそれが失われてしまったが、関西の都市にはまだ残っているとして、都踊りの団子の提灯が街角に掲げられた春先の京都の様子を一例に挙げている。[26]ここでもやはり目が向いているのは花柳界である。谷崎文学を通覧しても、より多くの人が関わる町衆の「年中行事」である祇園祭のことは、全くといってよいほど語られていない。「僕は一般の京都人は好かない。因循で、消極的でけちくさい。けちくさいのもある程度はいいが、人に不愉快を与える所があるから困る」[27]と云っているから、「一般の京都人」が関わる祇園祭のことは、書きようがなかったのかもしれない。総じて、いわゆる洛中の記述を、谷崎の著作に見いだすのは困難である。もっとも、京都人の気風を備えた女性を主人公にして、「京都に特有な雰囲気を醸しださう」[28]として、「鴨東綺譚」という小説を書き出したが、それは中絶を余儀なくされたため、結局、谷崎文学に、一般の京都人やその町の詳しい様子は描かれなかった。

そんな中にあって、「都市情景」以来「瘋癲老人日記」に至るまでの四〇年ばかりの間、かわることなく「昔の東京」という京都イメージを谷崎は抱いていた。町家の記述が出てくることからも伺えるように、そのイメージは都市の中心部についてのものである。それは谷崎文学において決して表立ったものではないけれども、あるいはかえってそれゆえに、谷崎の深層にあり続けた京都イメージといってよいのである。

三　谷崎と蠣殻町

谷崎が荷風の京都観に同意を示した「都市情景」の引用を再び問題にしてみよう。

この引用中、荷風が京都を訪れたことを当時の『中央公論』誌に書いていたとあるのは、「十年振」（『中央公論』一九二二年二月号）のことである。谷崎が「四五年前」と云っていることとも符合するし、この時期に荷風が『中央公論』誌に寄せた随筆の中で、京都のことを書いているのはこれのみだからである。また、「閑寂な町の情趣に深く心を動かされた」という内容の点からいってもこの随筆と特定してよい。[29]

これはその表題の通り、荷風が一〇年振りに京都を訪れたことを記したものである。随筆末尾には「大正十一年十一月稿」とある。荷風の日記である「断腸亭日乗」によれば、同年一〇月一日に知恩院前で行われた、二代目市川左団次の芝居を観るために、九月末から二週間ほど京都に滞在し、同年一〇月二六日に稿を起こし、一一月四日に中央公論社に原稿を寄せたことがわかる。(30) だがその後、谷崎が「都市情景」を執筆する一九二六年九月までの間に、谷崎と会ったという記述は「断腸亭日乗」には記載がないから、谷崎がいつ荷風に「あなたと同じやうに感じたことがある」と云ったかは、荷風の詳細な日記をもってしても特定できない。

ともあれ、「十年ぶりで京都へ行つたとき」という谷崎の言葉を字義通りとるならば、はじめて訪れたのが明治四五年であるから、大正一〇年の「蛇性の婬」撮影時のことを指していると考えられる。もっとも正確にはその間は九年間であるし、その後数年の間にたびたび訪れた記憶が渾融していることも考えられるから、厳密にこのときであると決めずに、一九二一年から二四年の間と考えておけばよいだろう。だとするならば、「十年前の東京を想ひ出させる」と谷崎が云うとき、想定しているのは、一九一一年から一四年の頃、すなわち明治末年から大正初頭にかけての東京だということになる。したがって谷崎が嘆く東京の変化は、おおむね一九一〇年代、つまり大正のはじめの一〇年の間に生じたものと理解できる。谷崎もまた「電車が恐ろしく雑沓するやうになつたのは、世界戦争に引き続いての好景気時代からで、その以前には悠々閑々たるものだつた」(31) と「都市情景」のなかで書いている。「世界戦争」とは第一次世界大戦（一九一四年）のことであるから、この時期の東京の変化に敏感であったことが知れる。

遅々として進まなかった東京市区改正事業も、この時期に大きく進展する。市区改正委員会は、一九〇六年に外債を発行し、東京市臨時市区改正局を設置した。そして市区改正速成計画を立案し実施する。一九〇九年に日本橋大通りの改良がはじめられ、一九一四年にはほぼ市区改正事業が完了したから、(32) 谷崎の記述は妥当なものと捉えられる。

だが問題はその先にある。谷崎は「都市情景」で続けて「昔はこんなこともあつたけと、幼年時代のおぼろげな記憶が不意にわれわれに戻つて来る」と云い、自分が七、八歳だった頃のことを具体的な例を示しながら語っているのである。一八八六年の生まれである谷崎にとって、「十年前」と幼年時代とは重なるものではない。既に見たように、その間には道路拡幅によって幼年時代を過ごした茅場町の家も取り壊されているから、時期が異なるだけではなく、谷崎に関わる「東京」もこの両年代の間では変化している。それにもかかわらず、谷崎はこの二つの時期を「昔の東京」と呼び、同一のイメージで表現している。この点にこそ谷崎特有の問題が潜んでいるのである。

「十年前」と云われる時期、谷崎にとって、あるいは谷崎一族にとって大きな事件が起きている。一九一五年八月二日、伯父谷崎久兵衛が自殺したのである。そしてこれが原因となり、谷崎が生まれた、東京市日本橋区蠣殻町二丁目一四番地の谷崎本家が人手に渡ることになるのである。彼らにとってこの事件がいかに衝撃を与えたかを理解するために、谷崎の家系と彼が生まれ育った蠣殻町界隈について見ておこう。

谷崎潤一郎は父・谷崎倉五郎と母・関の間に一八八六年（明治一九）七月二四日に、東京市日本橋区蠣殻町二丁目一四番地（現東京都中央区日本橋人形町一丁目七番一〇号、以下「谷崎本家」と呼ぶ）の祖父の家で生まれた。その家は「「谷崎活版所」という、巌谷一六の隷書の看板が掲げてあつた黒漆喰の土蔵造りの家」[33]であった。

祖父久右衛門は、元は深川の釜屋の番頭であったが、明治維新で東京の地価がいったん下がったことに乗じて旅館を買い取り、経営が成功すると、蠣殻町に移り住み、活版印刷業をはじめた。石川悌二「谷崎潤一郎の生い立ち」に収録された戸籍[34]によれば、一八八二年（明治一五）七月二日に、蠣殻町一丁目三番地より、二丁目一四番地に移ったことがわかる。祖父は一代で財を築きあげ、「下町で相当名を知られた成金だった」[35]とのことであ

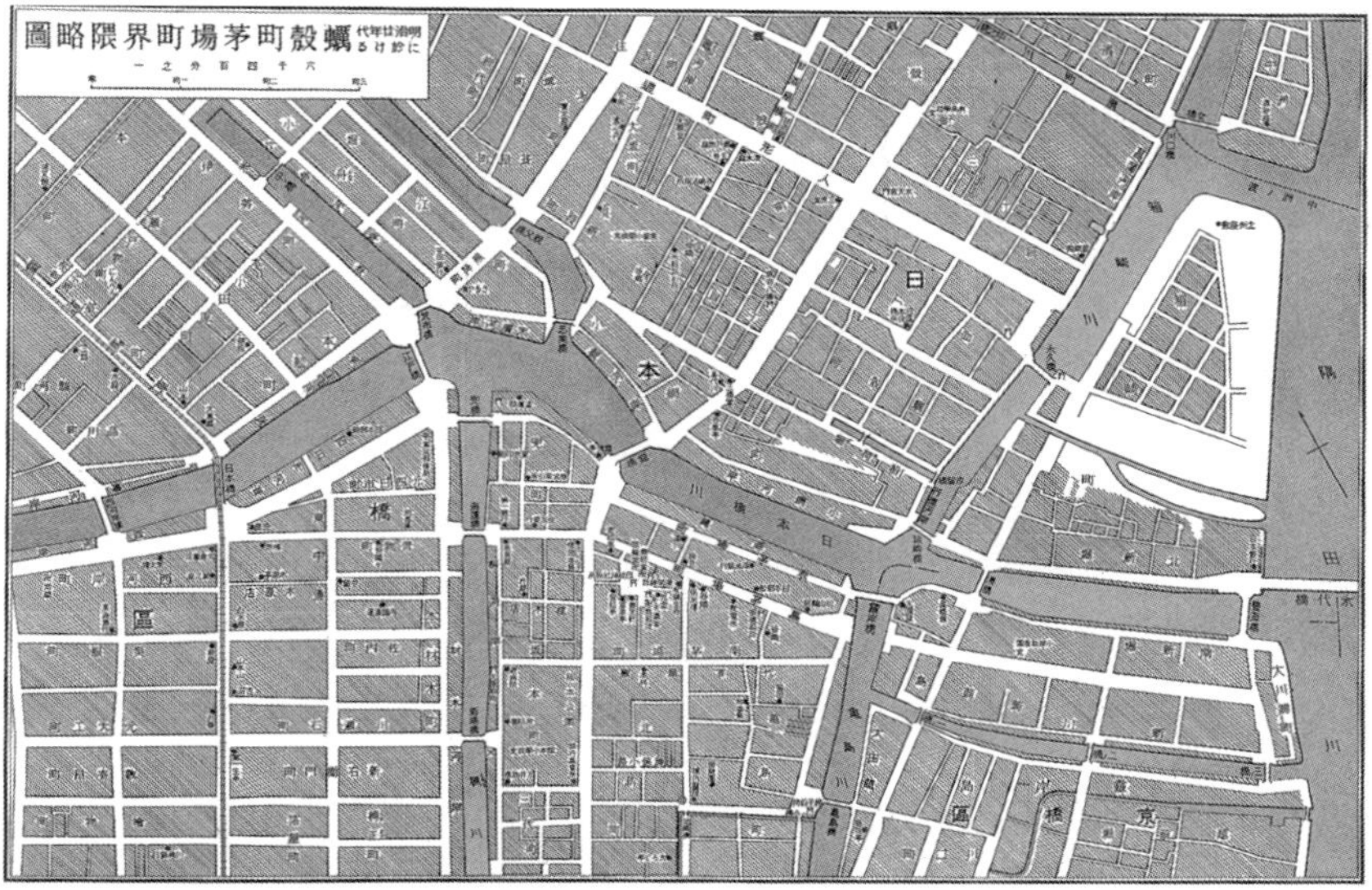

図２　明治20年代の蠣殼町・茅場町界隈略図（『幼少時代』文藝春秋新社、1957年3月）

る。

久右衛門には八人の子が生まれたが、五番目以降の子は里子などに出された。残った四人は、長女花、次女半、三女関、長男の庄七（後の二代目久右衛門）であり、三女が潤一郎の母である。久右衛門は次女に以前経営していた旅館を付け嫁に出したが、長女には久兵衛を、三女には倉五郎をそれぞれ婿養子を迎えた。久兵衛と倉五郎は兄弟であり、二人は神田にあった玉川屋というかつては名の知れた酒屋の息子であった。つまり潤一郎の両親と長姉夫婦は共に兄弟同士が結婚した、絆の強い関係にあった。

祖父久右衛門は、蠣殼町一丁目に開設された東京米穀取引所の米相場を印刷販売し、新聞などの発達していない当時、「谷崎物価」と呼ばれて活況を呈した。そのほかにも、コーヒー雑貨や洋酒などを商う店を出させたりして、「釜屋だの宿屋だのと云ふ古臭い商売からハイカラな職業に転じた訳なので、祖父は当時の文明開化の尖端」[36]をいっていた訳である。

　潤一郎の父である倉五郎と兄の久兵衛はともに米の仲買人であった。久兵衛は順調に発展していったが、倉五郎はうまくいかず、職を転々としたが、結局は相場師の世界から抜け出さないまま亡くなった。そのため、家運が傾くのにつれて、潤一郎一家は住まいを転々としたが、その範囲は蠣殻町、浜町、南茅場町で、谷崎本家から歩いていける距離の家ばかりであったし、谷崎本家で暮らすこともあった。「幼少時代」には、どこに住んでいても絶えず本家に出入りしていたことが書かれている。こうした日常的な結びつきには、経済的にゆとりのある谷崎本家に潤一郎一家が庇護されていた側面もあるだろうが、谷崎一族の繁栄を一代で築き上げた祖父の終の住まいである蠣殻町の「本家」は、潤一郎一家のみならず、谷崎一族にとっても特別な存在であったことを示している。

　実際、祖父久右衛門が亡くなって、庄七が二代目久右衛門と改名し谷崎活版所を継ぐが、放蕩がたたりその本家を手放さなくてはならなくなった際には、「本家の広い邸宅は、もう一人の伯父の久兵衛が買い取った[37]」と云う。この本家が、谷崎一族にとっていかに重要であったかがわかるエピソードである。

　祖父久右衛門亡き後、谷崎一族で唯一成功したのは久兵衛である。家計の事情で進学できない潤一郎を経済的に援助し、東京府立一中に通わせたのも、この伯父である。彼は「永年米穀取引所仲買人委員長を勤め、祖父久右衛門の立派な後継として一般の信用を博していた。だが長男が放埒で、無茶な相場に手を出して借財ができたので、伯父は潔《いさぎ》よく責めを負って三崎沖で投身自殺をした[38]」のである。それが一九一五年（大正四）八月二日のことである。

　一九一八年（大正七）七月訂正再版『日本各種営業者姓名録』には、蠣殻町二丁目一四番地に谷崎の名はなく、塚越正司事務所（金融業）の名が見えるから、久兵衛の死後、遅くともこのときまでに谷崎一族は、初代久右衛門が本家とした家を失ったのである。それは祖父久右衛門が一代で築き上げた谷崎家の没落を決定的なものとしたのである。

この本家は土蔵造りであったという。この「土蔵造り」と呼ばれる建築様式は江戸に特有のものであった。大きな箱棟と出桁、それに黒漆喰が特徴的な土蔵造りは、享保五年(一七二〇)に建築が許可され、元来は火災の延焼に対処するものであったが、こうした防火機能に加えて、商人の経済力を誇示するものでもあった[39]。その建物は形式的にも谷崎一族の本家として、いかにもふさわしい建築表現であったわけである。

だが、この建物は江戸時代からあったものではなかった。蠣殻町は江戸時代には武家地であったからである。蠣殻町二丁目の町が開かれるのは、明治五年(一八七二)のことである[40]。だから谷崎本家は少なくともそれ以降、つまり明治五年以降に建てられたものである。また土蔵造りが広く普及するのは明治一四年の東京防火令以降のこととされているから[41]、江戸時代の限られた富裕商人の建築様式が一般化したところで、その形式を明治維新後の成功者である祖父久右衛門が取り入れたのであろう。

ところで、潤一郎が生まれた翌年の明治二〇年一二月に、蠣殻町界隈を焼き尽くす大火災があった。『日本橋区史』には「明治二十年十二月十九日、蠣殻町二丁目十五番地劇場中島座より出火、同町二丁目・松島町へ延焼し、全焼千六百五十二戸、半焼三十八戸、合計千六百九十戸、負傷七人。近年の大火災たり[42]」とある。この火災を伝える『読売新聞』(一八八七年一二月二〇日)に、谷崎久右衛門・久兵衛連名の御礼広告が掲載されており、その内容から谷崎本家は被災を免れたことがわかるが、この火災をきっかけとして、蠣殻町の区画整理が行われ、人形町通りも拡幅されることになる。つまり潤一郎が幼年時代に見知った蠣殻町の街並みは、彼が生まれるのとほぼ同じ頃に造られたものなのである。

また、その蠣殻町は水天宮や米穀取引所を背景とした、歓楽街でもあった。たとえば水天宮の繁盛ぶりは「たいそう人気があって、浅草観音の参詣人をすっかり引きつけてしまった。〔明治〕十八年十月の『親釜集』の流行廃物くらべに「猫も杓子も水天宮」「ガランガランの浅草観音」と見えるから、浅草観音は早晩潰れるのではないかと思われるほどの流行ぶりであった(43)」といわれるほどである。

ほかにも「芳町芸妓あり。〔中略〕今浪花町・住吉町・新和泉町・元大坂町・蠣殻町二丁目に居住する歌妓の総称にして、大小芸妓五百十二人あり。〔中略〕米商会所設立以来、所謂浮雲銭を以て浪りに抛ちしより、妓籍に入るもの俄かに増加し、声価頓に増し、今は東京第四位の綺羅叢となれり(44)」といわれ、東京を代表する歓楽街であることが伺える。

また、こうした公許の場所だけではなく、私娼窟があったことも知られている。そのことは「幼少時代」で「矢場の女」のことを書いているし(45)、なかば自伝的要素を含む「異端者の悲しみ」（『中央公論』一九一七年七月号）には、「その頃、Masochist の章三郎は、何でも彼の要求を聴いてくれる一人の娼婦を見つけ出した。その女に会ひたさに、彼はあらゆる手段を講じて遊蕩費を調達しては、三日にあげず蠣殻町の曖昧宿を訪れた。〔中略〕水天宮の裏通りの其の女の許に通つた(46)」とあるから、蠣殻町を覆う猥雑な雰囲気を谷崎はよく承知していたはずである。

四　喪失感と京都へのまなざし

谷崎が蠣殻町の生家を語るとき、繰り返し用いる情景がある。「都市情景」においてもそれが語られている。

凍《い》てた霜夜の、新内流しや冴えた下駄の音、………新内流しは兎に角として、あの下駄の音はどうして近ごろ聞こえなくなつてしまつたのだらう。今でも地面は凍てるであらうし、下駄は使はれてゐるのであるが。………そして私は、あの下駄の音を聞きながら乳母に抱かれてすや〳〵と眠る、父や母が留守の晩などあの下駄がお父《と》ツつあんかな、あれがおツ母《か》さんかなと、寝床の中でぢつと耳を澄ましながら。………(47)

蠣殻町の生家の前を通り過ぎてゆく新内流しの節や下駄音が、かえってあたりの静けさを強調し、父母を待つ子供の寂しさを際立たせている。「二つ子の魂」というわけでもないであろうが、谷崎晩年に執筆された回顧譚である「幼少時代」（一九五五〜五六年）においても、この情景は描かれている。生家を語るのに切り離せない記憶であったのだろう。

「母を恋ふる記」（一九一九年）では、このイメージはより重要なものとして用いられている。この小説は、母を失った少年が新内流しを追いかけていくと、実は失われた母親であった、という夢物語である。谷崎の実母は一九一七年に亡くなっているから、『母を恋ふる記』はそのタイトル通り、母へのレクイエムといった趣向である。この小説で呈示された「母性思慕」の主題は、谷崎文学を貫く大きな流れとなり、最晩年に至るまで繰り返し追い求められた。その過程で母は実母の肖像から離れ、理念的な「母」へと表現が変化していった。

これとちょうど同じようなことが生家の描写にも見いだせるのである。いわば喪失感を動因として、谷崎は理念的な「ふるさと」を作り出していくのである。新内流しの静けさに、歓楽街の猥雑さが削除されているのは一例であるが、この過程で京都が重要な役割を担っている。これまでの整理を兼ねて、谷崎の一九一〇年代を簡単に振り返ってみよう。

一九一二年春　はじめて京都を訪れる。「朱雀日記」執筆。京町家の紅殻格子に東京との異質性を見る。禁門の変の大火から再興されたであろう町家に数百年の歴史を見ようとする。

一九一五年八月　伯父久兵衛、死亡。

一九一七年二月　戯曲「鶯姫」発表。

同年五月　母関死亡。

一九一八年七月　この時期までに蠣殻町の谷崎本家が人手に渡る。

一九一九年八月 「母を恋ふる記」
　同年同月 父倉五郎死亡。
一九二一年春 映画「蛇性の婬」撮影のため、京都を訪れる。
　同年九月 「生れた家」
一九二二年一一月 荷風「十年振」
一九二三年九月 関東大震災によって関西に移住する。
一九二六年一〇月 「都市情景」

谷崎にとって一九一〇年代とは、両親が共に亡くなるだけでなく、伯父の突然の死によって蠣殻町の本家も失い、みずからの幼年時代に関わる人と場所を同時に失った時期なのである。さらに東京市区改正事業と震災復興事業によって、見慣れた町並みも消え去っていく。「生れた家」（一九二一年）では、「生れた家は、その頃の商店の構へと云へば大概どれも同じやうに、間口のひろい、総二階の土蔵造りの家であつた。さう云ふ構へは、今でも小舟町や馬喰町辺の問屋などに俤を留めてゐるので、私はあの辺の店の作りを見ると、何だか懐かしいやうな気がするのである」(48)と述べているが、関東大震災での日本橋区の焼失割合は一〇〇％であるから(49)、そうした面影も消えてしまったに違いない。幼年時代の記憶につながる人や風景が、東京からことごとく失われたとき、谷崎はそのよすがを京都に求めたのである。それが「昔の東京」という京都イメージなのである。それは単にイメージを呈示するにとどまらず、ふるさとの表象を形作っていくための参照体系のようなもので、ふるさとと京都イメージとは表裏一体で一方が成立しなければ他方も成立しないような関係なのである。典型的な例を引用する。

私の家は蘆田氏の家ほど立派ではなかつたけれども、浜町時代よりは体裁のよい、先ず中流の商人の邸宅らしい表つきであつた。今はあゝ云ふ表つきの家は東京では何処にも見られないやうになつたが、京都の花見小路へ行けばあれが軒並に並んでゐる。つまり祇園のお茶屋の造り、——間口全体が櫺子《れんじ》格子になつてゐて、その一方の端に、やはり格子戸の入り口が附いてゐるあの造り方で、たゞお茶屋と違ふところは、暖簾《のれん》が吊つてないだけである。米屋町の仲買店なども総べて此の造りで、店舗でも邸宅でも下町の者は門構への家などに住むことはなかつた。格子戸を潜つて中に這入ると、土間が真っ直ぐに奥まで突き抜けてゐて、片側に上り框、片側に竃《へつつひ》だの流し場だのがある工合も、京都のお茶屋と同様である。いや、京都では普通の町《まち》家《や》でも、旧式な所では未だにさうなつてゐるので、実用には不便であるけれども、昔が偲ばれてなつかしいのである。(50)

「幼少時代」からの引用である。子供の頃ごくわずかの間、住んだ家が京町家を例にして説明されている。何気なく読み過ごしてしまいそうであるが、語られているのとほぼ同時代に書かれた平出鏗二郎『東京風俗志』(一九〇一年)によれば、あまり適切な説明だとはいえないようである。同書は「東京の都市生態を知るために、これほどの著書はない」(51)と評される書であるが、そこには東京の町家の特徴として二点指摘されている。

一つは土間の形式についてである。谷崎は町家の片側に奥まで真っ直ぐに通じる、京都では「トオリニワ」と呼んでいる土間の住宅に住んでいたといっている。平出はこの形式は東京では「似たるがあれども、裏口にまで通ずるは少」(52)なく、「店の前に僅ばかりの土間を画りて、椅子、腰懸を据ゑて客を待つもあり」(53)といっている。東京では「トオリニワ」形式は一般的でなく、「フミコミドマ」と呼ばれる町家の道路側を土間とした形式の商店が多いことを指摘している。平出の観察に従うならば、谷崎が住んだ家は東京ではあまり一般的な形式ではなかったことになる。

もう一点は土蔵造りについてである。その形式は「土蔵作は何れも紺色壁を用ゐて、柱楹を露《あらは》さず、櫺《れんじ》も鉄棒を用ゐ、戸も銅板を以て包みたり」(54)というものである。東京の土蔵造りは、柱や垂木の木地を見せず、それまでも黒漆喰で塗り包み、櫺子も木ではなく鉄棒を用いているといっている。これは火災対策のためであるが、何とも重厚な外観である。蠣殻町の谷崎本家の櫺子も鉄格子であったそうだから、平出の観察は的を射たものといってよい。こうした土蔵造りの町家が並ぶ町並みを、果たして京都で見いだすことは出来たのだろうか。

町家の東西比較の古典といえば『守貞謾稿』[55]があるが、そこには京阪の町家は「屋の外面壁にて漆喰塗なり江戸のごとく下見板さらにこれを用ひざるなり」とある。つまり、江戸の町家は板を重ねそれを縦桟で留める下

図3　東京市日本橋区通旅籠町の土蔵造りの町家（出典：『東京府史蹟』洪洋社、1919年）

図4　大正時代の京都市上京区「大市」の町家（出典：岩井武俊他編著『京都民家譜』日本資料刊行会、1977年7月）

見板貼り仕上げであるのに対して、京阪では板を用いず漆喰（この場合は主として白漆喰）仕上げとしているというのである。この点については谷崎も違いに気づいたようで、東京の「町の光景を何よりも哀れに醜くしてゐるものは、あの外囲ひの下見《したみ》である。上方の借家は、外側が壁か、でなければ杉の焼板を縦に張つてあるので、まだ見られるが、東京の下見と云ふ奴は立派な家のでも薄汚い。まして安普請になると、あれがカラ〲に乾いて、干割れたり膨れ上つたりしてゐて、見るからに掘立小屋のやうである」[56]と書いている。漆喰の白と下見板のくすんだ色との違いは鮮明であろう。しかしながら谷崎はこうした町家が作り出す町並みの違いについては一切ふれていない。

それだけではない。谷崎本家だけでなく、「幼少時代」によれば、南茅場町の家もまた土蔵造りであったようである。[57]黒漆喰の箱棟と出桁造りのこの形式は、いわゆる京町家とは一見して異なる印象を与えるだろう。その違いは下見板仕上げよりも顕著であるかも知れない。大場修は「昭和六年に便利堂より刊行された『京郊民家譜』には、元治の大火後の町家の内外観写真が多く収録され、いずれも近世以来の伝統形式を確認することができる」[58]と述べているから、明治以降に東京で普及した土蔵造りの町家をどれほど京都に見いだせたかは疑わしい。無論、今日でもこの形式を残す町家は僅かながらも残存しているので、関西にも存在したことは間違いないが、京都の一般的な町並みとはとても言い難い。何よりも、京都の紅殻格子に目を見張り、下見板仕上げを嘆く眼の持ち主が、この違いに気づかなかったはずはない。谷崎は違いには触れずに、黒漆喰の蠣殻町の面影を京都に見ようとしている。それは視覚表現ならぬ文学表現だからこそ成立するレトリックなのである。

　　ふるさとは田舎侍にあらされて昔の江戸のおもかげもなし[59]

「京都を想ふ」（一九六二年）の中に記された谷崎の歌である。意味するところは明瞭であろう。自分のふるさと蠣殻町は江戸時代以来の伝統的な町のたたずまいであったが、明治維新以後の中央政府要職についた薩長土肥出身の政治家が、その江戸の良さをすべて壊してしまった、というものである。

だが、われわれはもはやこの歌を素直に受け入れることは出来ない。ふるさと蠣殻町は明治になって開かれた町であったし、土蔵造りの生家もまた明治初期の経済的成功を形にした建築であった。成功を収めた谷崎の祖父は、維新に乗じて活版印刷などハイカラな商売を行ったひとであった。いうなれば田舎侍のお陰で成り上がったのが谷崎家なのである。その後の谷崎家の没落はいわば自滅的なもので、都市の近代化とは無縁である。もちろん政府や東京市による都市計画が及ぼした影響は大きい。しかしそれによって失われたからこそ、谷崎は蠣殻町を江戸以来の面影を残していた町として、みずからの作品に表現することが可能になった側面も否めない。

「朱雀日記」の谷崎は、京町家が東京の町家とは異なることを認識していた。しかし蠣殻町の本家やふるさと界隈を喪失して以後の谷崎は、その違いにほとんど言及することなく、京都と同じであるという説明を繰り返していく。京都と同じであるのは谷崎がいま目にしている東京ではなく、かつてあったがいまはない自分のふるさとである。だからこそ京都に「昔の東京」を見いだすことができたのである。ここには二重の仕掛けがある。一つは失われたふるさとの町並みを文学的に再興したことである。しかしそれは決して忠実な再興ではなく、「母」の理念化と同じようなふるさと蠣殻町の理念化である。歓楽街の猥雑なイメージは消され、閑寂で伝統的な日本の都市の良さをもった町、つまり「昔の東京」として蠣殻町は表現されることになる。

それと表裏して京都は「日本の旧式な都会の俤を、何処よりも長く伝へてゐる」(「都市情景」)町として表現されていく。だがここでも、谷崎が実際の京都をつぶさに表現していたかは疑わしい。京都の特殊性や個性は無視され、「昔の東京」と相通じる、日本の都会の典型として類型化された都市像が描かれているからである。そして蠣殻町が明治になって開かれたことには触れずに、そこが近代以前からあった町であるかのように表現するために、その「京都」を利用したのである。「昔の東京」といって谷崎が京都に向けたまなざしは、実際の都市を見つめるものではなく、失ったふるさとを理念化するためのまなざしでしかなかったのである。

※谷崎潤一郎の著作からの引用については、現行の『谷崎潤一郎全集』（中央公論社、一九八一〜一九八三年）を底本とし、「作品名」初出誌、全集巻数、頁数を示すことにする。

(1)「都市情景」『週刊朝日』秋季特別号、一九二六年一〇月、全集第二三巻、一八二〜一八三頁、傍点原文。
(2)「京都を想ふ」『毎日新聞』一九六二年一二月一九日、全集第二二巻、四八二頁。
(3)「私の見た大阪及び大阪人」『中央公論』一九三二年二月号〜四月号、全集第二〇巻、三九一頁。
(4)「瘋癲老人日記」『中央公論』一九六一年一一月号〜一九六二年五月号、全集第一九巻、一三八〜一三九頁。
(5) 千葉俊二、岩波文庫版『幼少時代』解説、三三三〜三三四頁。
(6)「生れた家」『改造』一九二一年九月号、全集第七巻、五一八頁。
(7)「「つゆのあとさき」を読む」『改造』一九三一年一一月号、全集第二〇巻、三〇〇頁。
(8)『漱石全集』第九巻、岩波書店、一九九四年九月、一三〇〜一三一頁。
(9) 谷崎精二「私たちの少年時代」『新潮』一九一七年三月号、二四頁。
(10) 東京市日本橋区役所編『日本橋区史』第一冊、一九一六年九月、二七〇頁。
(11)「東京をおもふ」『中央公論』一九三四年一月号〜四月号、全集第二一巻、二六頁。
(12) 本論とは直接に関係ないが、この件に関して、あらたな資料が見つかったので注記しておく。
従来、築地精養軒主人の北村家に谷崎を斡旋したのは、東京府立一中教師の渡辺盛衛であったとされてきた。しかしながら、福井久蔵「教壇五十年」（『饗宴』第九号、日本書院、一九四七年一二月）には「谷崎君は父君の商業上の失敗から、家庭教師の口を相談されたので、亡妻の父がもとの北海道長官原保太郎氏を知つてをり、原さんは築地の精養軒と姻戚関係があつたので、その方へ口添をしたことなどもあつた」と回顧している。事実関係を具体的に述べているので、ここに嘘があるとは思えない。福井久蔵は当時、東京府立一中の国漢文主任であり、学芸部長であった。つまり、渡辺の上司ということになる。

管見によれば、この点に関して渡辺盛衛の名が表れるのは、濱本浩「大谷崎の生立記」（『文芸』一九三四年七月号）がはじめてであるが、この文章が『谷崎潤一郎読本』（『文芸』臨時増刊、一九五六年三月）に再録された際には、渡辺の名が消えている。この間に、その名を消さねばならない事情が生じたのであろう。しかしながら、第二次大戦後の本格的谷崎研究書の嚆矢といってよい、中村光夫『谷崎潤一郎論』（一九五二年一〇月）に附された年譜では、濱本の訂正前であるから当然のことであるが、渡辺の名が記されている。この書はその後の谷崎研究に大きな影響を与えたから、年譜もまたこれに基づいて、適宜、増補されていったとすれば、渡辺の名のみが今日まで伝わっていたとしても不思議ではない。

また、福井の回顧録には「震災以後、君は西に居を移されたが、十二年前私が糟糠の妻を失つた際にも、情味あふれる悔み状を寄せられたことを覚えている」と記されているから、谷崎がこの恩師に対して随分と後までも敬意を抱いていたことが伺われる。こうした点からも、福井久蔵の名を谷崎年譜に加えておく必要があるだろう。

(13)「朱雀日記」『東京日日新聞』『大阪毎日新聞』一九一二年四月二七日～五月二八日、全集第一巻、三三四～三三五頁。
(14)「青春物語」『中央公論』一九三二年九月号～一九三三年三月号、全集第一三巻、三九八頁。
(15)同右、三三八頁。
(16)伊東忠太「殿堂建築の話」、芳賀矢一編『日本趣味十種』文教書院、一九二四年、所収、四一九頁。
(17)「朱雀日記」全集第一巻、三五五頁、傍点原文。
(18)「青春物語」全集第一三巻、三九七頁。
(19)同右、四一八～四三九頁。
(20)「朱雀日記」全集第一巻、三五七頁、傍点原文。
(21)「鶯姫」『中央公論』一九一七年二月号、全集第四巻、二七二頁。
(22)「東京をおもふ」全集第二一巻、二三頁。
(23)「佐藤春夫に与へて過去半生を語る書」『中央公論』一九三一年一一月号～一二月号、全集第二〇巻、三三七頁。
(24)千葉俊二「谷崎潤一郎年譜考」『日本文藝論集』山梨英和短大日本文学会、一九八〇年。
(25)「京都に寄す」『京都新聞』一九五六年六月一七日、全集未収録。

(26)「私の見た大阪及び大阪人」全集第二〇巻、三六七〜三七三頁、傍点原文。
(27)同右「京都に寄す」。
(28)「『鴨東綺譚』著者の言葉」『週刊新潮』一九五六年三月二五日号、全集第二三巻、三〇八頁。
(29)「十年ぶりに来て見た京都の市街は道幅の取広げられた事、橋梁河岸の改築せられた事、洋風商店の増加した事、人家の屋根の高くなつた事なぞ十年前の光景に比較すれば京都らしい閑雅の趣を失つた処も少なくはない。〔中略〕然し京都には幸にして近世文明の容易に侵略する事を許さぬ東山の翠巒がある。西山北山を顧望するも亦さほどに都市発展の侵害を被つてゐないやうに見えた。〔中略〕大体に於て今日の京都は今日の東京の如くに破壊せられてはゐなかつた。〔中略〕自動車も人力車も通らない坂道の曲角、または寺院の古びたる土墻に沿うた小道なぞで、わたしは物買ひにでも行くらしい京都の女の銘仙か節糸織の縞の袷に前掛をしめた質素な小ざつぱりした姿を見るたびく、何のわけもと知らずわたしは東京の町の女の二十年ほどむかしの風俗を思出すのであつた。」(永井荷風「十年振」『中央公論』一九二二年一二月号、引用は『荷風全集』第一四巻、岩波書店、一九九三年一一月、三八〇〜三八一頁)。
(30)『荷風全集』第二一巻、岩波書店、一九九三年六月、一九七〜一九八頁。
(31)「都市情景」全集第二三巻、一八二頁。
(32)藤森照信『明治の東京計画』岩波書店、一九八二年一一月、二二八〜二三九頁。
(33)「幼少時代」『文藝春秋』一九五五年四月号〜五六年三月号、全集第一七巻、四五〜四六頁。
(34)石川悌二「谷崎潤一郎の生い立ち」『近代作家の基礎的研究』明治書院、一九七三年、二二九頁。
(35)谷崎精二『明治の日本橋・潤一郎の手紙』新樹社、一九六七年三月、八頁。
(36)「幼少時代」全集第一七巻、四六頁。
(37)谷崎精二『明治の日本橋・潤一郎の手紙』新樹社、一九六七年三月、六九頁。
(38)同右。
(39)伊東毅「江戸の町家」高橋康夫ほか編『図集日本都市史』東京大学出版会、一九九三年、二二七〜二二八頁。
(40)『日本橋区史』第一冊第三章街衢第七節各町誌の蠣殻町の項には次のように記されている。「此の辺は元海洲にして埋立のため陸地となりしを以て此の称あり。従来皆武家地なり。明治四年十月、華族井上氏邸、及び酒井氏別邸地其の他付近の土地を合し、里俗の称を取りて町名とし、之れを三町に別つ。蓋、寛永図に小網町の北より東に渡る橋に「かきから」と註す。町の起因古きを知るべし。一丁目は米商多きを以て里俗米屋町と呼ぶ。二丁目は明治五年水野周防守中屋敷、幕府諸士の宅地、及び銀座址を合して名づく。里俗本町南北の通路を人形町通と云ひ、稲荷堀（今は埋立て町家となれり）に沿ふ通路を土井小路といふ。土井甲斐守邸前を流れたる入堀にして、土井堀の名ありき。当町に明治十三年扇橋より移せし観音堂と、明治六年矢の倉より移せし道了堂及び末廣稲荷あり。三丁目は明治五年松平摂津守・林肥後守の上屋敷・水野周防守・永井越前守の中屋敷・紀州徳川家・松平三河守の下屋敷及び、津山・土浦・加納・高島四藩主の邸地を合す。尚当町には明治五年赤羽より移せし水天宮あり」（東京市日本橋区役所編『日本橋区史』第一冊、一九一六年九月、一九三頁）。

(41) 伊東毅「江戸の町家」高橋康夫ほか編『図集日本都市史』東京大学出版会、一九九三年、二二七～二二八頁。
(42) 東京市日本橋区役所編『日本橋区史』第四冊、一九一六年九月、二九七頁。
(43) 田村栄太郎『江戸東京風俗地理二　銀座京橋日本橋』雄山閣、一九六五年一月、一一八頁。
(44) 東京市日本橋区役所編『日本橋区史』第四冊、一九一六年九月、四三九頁。
(45) 「幼少時代」全集第一七巻、五九～六〇頁。
(46) 「異端者の悲しみ」『中央公論』一九一七年七月号、全集第四巻、四四六頁。
(47) 「都市情景」全集第二二巻、一八三～一八四頁。
(48) 「生れた家」全集第七巻、五一一頁。
(49) 内務省社会局編発行『大正震災志』上、一九二六年二月、三三一頁。
(50) 「幼少時代」全集第一七巻、七四頁。
(51) 芳賀登「刊行の辞」、日本風俗叢書『東京風俗志（全）』日本図書センター、一九八三年三月、八頁。
(52) 平出鏗二郎『東京風俗志』中の巻、冨山房、一九〇一年八月、七九頁。
(53) 同右。
(54) 同右八一頁。
(55) 喜多川守貞著、宇佐見英機校訂『近世風俗志（一）（守貞謾稿）』岩波文庫、一九九六年五月、七九頁。
(56) 「東京をおもふ」全集第二一巻、三九頁。

(57)「幼少時代」全集第一七巻、一一六～一一七頁。
(58) 大場修『近世近代町家建築史論』中央公論美術出版社、二〇〇四年一二月、六〇二頁。
(59)「京都を想ふ」全集第二二巻、四七八頁。

御大典記念事業にみる観光振興主体の変遷

工藤泰子

はじめに

一九三〇年（昭和五）五月二二日は、京都市の観光政策の節目となった。すなわち、「遷都千百年や御大典、あるいは寺院の大遠忌などのビッグイベント時の受入れを中心としたイベント観光行政から、恒常的な観光行政に転換（傍点引用者、以下同じ）[1]」すべく、全国の地方自治体に先駆けて行政組織の中に観光課を設置したのがこの年なのである。そのわずか二年前には、昭和御大典の挙行（一九二八年）があった。したがって、御大典が京都市の観光行政のあり方を転換させるきっかけとなったことが推測できる。

本章では、地方観光行政の黎明期ともいえる、大正・昭和の二つの御大典事業を通して、京都市の観光振興主体の変遷について論じる。

京都は平安遷都以来、皇室や公家社会との関係から、京都産でさえあれば品質に関わりなく高く評価されるなど、「輦轂の余沢」（天皇のお膝元であることによって生れるメリット）を京都ブランドの裏づけとしてきたが[2]、それは近代以降、さらには今日の京都のもつイメージあるいは京都の観光にもいえることでもある。

皇室と最も縁の深い空間の一つ、京都御所は、現在、毎春秋の一般公開時に多くの観光客が訪れているが、明治期においては博覧会会場としても機能した。当時の新聞が、その状況を「皇居拝見トテ殊ニ群集シ、京都近郷ハ更ナリ遠国ヨリモ上京シ頗ル繁華ヲ極メリト云」(3)と伝えたように、会場がそれ以前の開催場所（寺院）から御所に移ったことで博覧会の入場者数が激増した。

明治五年（一八七二）、皇紀法制化（太政官布告第三四二号）以後は、皇紀に由来した行事開催による地域振興が相次いだが、(4)特に京都においては、その傾向が顕著であった。京都市内で開催された博覧会だけをみても、他都市と競合の末に「平安奠都千百年紀念祭」の最大イベントとして誘致が決定された「第四回内国勧業博覧会」（一八九五年）や、「(大正) 大典記念京都博覧会」（一九一五年）、「東宮殿下御成婚奉祝記念博覧会」（一九二四年）、「皇孫御生誕記念こども博覧会」（一九二六年）、「(昭和) 大禮記念京都大博覧会」（一九二八年）等、皇室に由来したものが数多く開催され、いずれも相当な集客力を示している。

このように京都では、事実上の東京遷都以降もかつての「輦轂の余沢」の余韻を利用した行事が繰り返し行われてきた。それらのイベントを開催するにあたり、入洛客の誘致活動や接待等、観光振興の主体となる人物あるいは機関が必ず存在していたはずだが、次節からそれをみていく。

一　大正御大典事業にみる観光振興主体の移行――京都市主催の博覧会――

(一)御大典以前の博覧会開催組織

近代における京都は、博覧会を通して「甦生京都を紹介宣伝し、我国第一の観光都市としての揺ぎなき地位を知悉認識せしめ」(5)てきたと京都博覧協会が後に回顧しているが、博覧会の開催主体をみることで観光振興組織の変化が確認できる。

我が国初の博覧会は、明治四年（一八七一）、三井八郎右衛門、小野善助、熊谷直孝といった京都の有力商人の下で計画・実行された「京都博覧会」（会期一〇月一〇日～一一月一一日）である。この博覧会開催の背景には「鳳輦御東遷の後を受け、満都の市民色を失して茫然」としていた京都が、「一つは産業振興のため、また一つには今日でいふ観光都市として生き」〔京博史、六頁〕ていかねばならない事情があった。「京都博覧会」の入場者は一万人以上にのぼった。その成功を受け、彼らは京都府と合同協力して、半官半民組織「京都博覧会社」（明治三〇年に「京都博覧協会」と改称）を創立、「文化の向上、美術の振作（ママ）、古典の復興、観光の宣伝とあらゆる方面に手を差し延べ」〔京博史、三五〇頁〕ていくことになる。

後の時代から回顧すると、当時、「世界的観光都市においては、博覧会の開設は他の追随をゆるさざる、より大なる効果を齎らすもの[6]」と考えられており、京都博覧会社主催の博覧会は、明治五年（一八七二）の「第一回京都博覧会」以後、毎年開催されることになる。

近代初期の京都における博覧会開催をみると、地元の有力者（名望家）の経済的投資や主導が非常に重要であった。同時に、彼らは、その業績や行政的な手腕が買われて府の吏員に登用されるなど、多くの面で行政と連携し[7]、京都市制施行後も行政への関与を続けた。

当時の明治政府にとっては、国家統一のために、公益を私益に優先させる名望家を各地域社会で育成させることが必要であり、地方自治の確立がその手段でもあった[8]。そのことは、一八八八年四月二五日に公布された法律第一号に付属する「市制町村制理由」にみることができる[9]。

京都市の場合、一八八八年市制（一八八九年四月一日施行）における京都市参事会を構成していたのは、市長・助役と名誉職市参事会員であり、市参事会員は、京都市行政の中軸となるような重要な任務を担っていた[10]。また、「第四回内国勧業博覧会」開催時（一八九五年）には、京都市参事会が『京華要誌』（一八九五年）や『The Official Guidebook to Kyoto and Allied Prefectures』（一八九五年）といったガイドブックを編纂するなど、観光振興も行っていた。

しかし、都市の中間層の台頭により土着の名望家の権限が次第に制限されていった[11]。また、この頃、京都府と京都市の事務分掌が整備されてくる[12]。その様子が京都博覧会開催主体にも現れる。京都博覧協会は、設立当初、地元の有力者が主導し、行政（府）がそれをサポートしてきたが、京都市の関与の仕方の変化を確認しておこう。『京都博覧協会史略』には次のように記されている。まず、一八八八年市制が施行された直後、京都博覧協会にとっては、「何らこれに関聯する記録なく、引續き府を以て對象としてゐる。市が府と共に本博覧協會の事業に對して後援の任に當つたのは、後述する通り明治二十四年を以て最初」［京博史、一六〇頁］であったと。

そして、一八九一年（明治二四）、「京都市工業物産會」というように、初めて「京都市」の冠がつけられ、出陳物は京都市内製品に限定された。このとき、京都博覧協会は京都市から千円の補助を受けて陳列場増築の費用にあてているが、その前年には、京都府から同額の補助金を受けていた［京博史、一六二、一六八～一七〇頁］。一八九一年に京都市が博覧会社に補助金を与えて以後、ときには経費の半額をも市が負担した年もあった。このことから、地元有力者が主体となって創始された博覧会開催を通した観光振興であったが、明治初頭には京都府が、市制施行後には、少なくとも費用面で京都市が後援していたことがわかる。

京都博覧協会は一九三〇年（昭和五）まで存続するものの、博覧会を通した観光振興主体は民間（有力者）から行政（市）へ移行していく。その顕著な例が大正御大典記念事業の一つ「大典記念京都博覧会」であった。

（2）京都市主催「大典記念京都博覧会」――京都府から京都市へ――

一九一二年（明治四五）七月三〇日、明治天皇崩御により、皇太子嘉仁《よしひと》が践祚《せんそ》、大正の時代が幕を開ける。当初、大正の御大典は一九一四年（大正三）に挙行される予定だったが、昭憲皇太后の死去により翌一五年に延期された。御大典とは、前帝の崩御や譲位の直後に行う践祚式と天皇の即位礼および大嘗祭のことを指す。本来別の意味を持つこれらの儀式が「登極令」（一九〇九年）によって事実上一体化され、「御大典」あるいは「御大礼」と呼ばれるようになった。

近世における天皇の即位式は、明正天皇時の「御即位行幸図屛風」で庶民が物見遊山に近い雰囲気で見学する様子や、一八世紀の即位式において庶民に対して拝見用切手札が出されるなど自由な様子が伺えるが、(13) 明治天皇（睦仁《むつひと》）即位時には庶民による拝見が制限された。(14)

さらに、登極令以後の「御大典」になると、国民への周知が徹底的に図られる。(15) 特に「皇室典範」（一八八九年）によって御大典挙行地に規定されていた京都においては、市内のいたるところに幕・国旗・提灯が掲げられ、奉祝の提灯行列や旗行列が連日繰り広げられる等、奉祝ムードに浸り、多くの記念事業が展開された。なかでも、一九一五年（大正四）一〇月一日から一二月一九日（八〇日間）まで開催された「大典記念京都博覧会（以下「大正大礼博」）」は最大の御大典記念行事であると同時に、京都市が主催した初めての大規模行事でもあった。

一九一二年（大正元）一〇月の市会では、早速御大典記念事業に対して次のような積極的な姿勢をみせる。

> 此の機会は京都市をして列国に照会する唯一の好機会であると思います、或は博覧会を開くとか何々をするとか種々の事をして御即位の大典を行はせらる、に当り全世界の代表者が悉く京都に集まる……［京都市会会議録（以下「市会録」）12 10 26］

ところが、当時の京都市は、本格的な都市経営事業の始まりである「三大事業」（琵琶湖第二疏水と発電事業、水道事業、道路拡張と電鉄敷設事業）を完成したばかりで（一九一二年六月一五日、竣工祝賀式典挙行）、財政難に陥っていた。

都市における様々な問題に対して行政が積極的に関与していく「都市経営」という言葉は、京都市の三大事業の立案過程（一九〇六年一二月）に初めて登場するが、[16]当時の京都市は、三大事業によって近代的都市としてのハード面の基盤がほぼ確立していたものの、観光事業のようなソフト面の充実が未確立であった。そのような時期、京都で御大典が挙行されることになり、大正大礼博への関与が市による観光事業推進のきっかけとなる。

当初は、大正大礼博主催が京都府の予定だったこともあり、京都市では、博覧会よりも、交通問題（軌道敷設）や衛生問題を解決すべきといった議論が展開されていた。

ちょうどその頃、京都市は民営の京都電気鉄道（以下、京電）の買収交渉中であり、御大典を機に電鉄統一の声が高まる。「世の識者も統一の必要を認識し、市民も亦之が実現を期待せるものの如く、特に御大典の御儀もいいいい近づきたれば、市政界を賑すこと一段なり……交渉は存外に早く進捗せり」[17]と、御大典を機に仮契約締結まで進んだものの、交渉は決裂。その後、大森鍾一京都府知事が、御大典に際して「共通切符」の発行を提案するが、これも両者の折り合いがつかず不成立に終わった。[18]電鉄統一問題に関して、京電は京都市から様々な不当な扱いがあったとの指摘もあるが、[19]最終的に一九一八年（大正七）に決着する。明治期終盤から大正初期にかけて、都市における事業経営の主体が民間から京都市へ移行していく転換期であったことが、この京電買収の流れからも読み取れるだろう。

さて、大正大礼博開催主体について状況が一変するのは、一九一三年（大正二）八月二三日、京都府が当博覧会開催中止を発表してからであった。その後の市会の動きをみると、御大典を利用して市の発展を目論む意見と、御大典を利用することに批判的で財政上の負担を抑えようとする意見とに分かれる。はじめは後者（消極的意見）が優勢だが、しばらくすると前者（積極的に博覧会推進）の考え方にシフトしている。以下、消極的な意見である。

「京都市が御大典を奉祝する為に云々と仰有たやうですけれども無理に市債を起し永遠の負担を市民に残してまでも奉祝する必要はあるまい」［市会録13 09 06］「（大典事業に市債を募集することについて）美名の下に百参拾萬円の起債を強ひて市民を欺き己を欺」くこと［市会録13 09 22］

「御大典と云ふ名義の下に此の御大典の紀念事業と云ふやうな名義を果して此の市会で用ひて宜いか悪いか私共は懸念して居る」［市会録13 09 22］等、御大典の奉祝事業そのものに経費をかけることに対して批判的であった。大正大礼博に対しても「御大典の美名を利用してやると云ふことは畏れ多」いこと、また、府の計画が不成立に終わったのだから京都市も投資するのを避けるべきという意見が多く、京都市助役も博覧会開催を明確に否定している［市会録13 09 25］。

しかし、一二月になると、七日付で提出された予算案が一〇日の市会で可決され、京都市主催の大正大礼博開催が決定する。そのときの市会の議論をみると、大正大礼博は観光客（当時は「来遊客」）誘致を狙ったものであったことがわかる。

「……多数の来遊客に対して一日半日の見物すべき場所を設備すると云ふ事も無用の事ではあるまいと云ふ趣旨に由りまして当市は茲に博覧会の設備を完うし」たいと［市会録13 12 10］。ただし、京都市の生産品の展示を主とした、経費を抑えた小規模な計画である。それに対し、京都市の体面を保持するためにも規模を拡大すべきという意見や、名称を「大典記念京都博覧会」ではなく「京都市博覧会」にすべきとの意見、更に財政上の不安を訴えるものもみられた［市会録 同右］。

小規模な大正大礼博計画に関して、メディアでは「京都市民の千載一遇ともいふべき皇室令御制定後最初の御大典に際し、誠意をつくしたるものと認められざる」としつつも［『京都日出新聞』（以下、「日出」）14 04 01］、とがめられないと諦めた様子であった。

（3）「大典記念京都博覧会」開催までの道のり

一九一三年（大正二）一二月、市会に於て、京都市主催の大正大礼博開催が可決されたが、翌一四年四月、昭憲皇太后死去により御大典挙行延期が決定、博覧会延期も発表された。このことが「今少しく多大の経費を投じ出来得る限り博覧会らしき博覧会を開催し度」［日出14 07 22］というように、博覧会規模拡大の必要性を促す。というのも、当初は準備期間が短く、既存施設を利用した小規模なものが計画されていたが、同年三月（昭憲皇太后死去より前）から一足早く「東京大正博覧会」（会期一三四日間、入場者七四六万人）[20]が開催されていたため、それを視察してきた市勧業委員等が京都市で企画中の大正大礼博の規模が狭小であることを慨嘆［日出14 04 13］、市会においても京都の荒廃を嘆き、博覧会を通して勧業政策を推進すべきという発言等［市会録14 09 28］、規模の拡大が期待されていった。しかし、その一方で、財政上の懸念から再び弱腰になる。

「茲に於てか市の事業となすより寧ろ市の有志者の組織に係る奉祝會其他有志団体等の事業とし相当の資金を醵集せし上にて十分の設備をなし」た方がよいといった、民間の有力者にその経営を任せる考え方が浮上する［日出14 07 22］。当時、奉祝記念事業の大規模な推進組織として、京都府・市による行政機関のほか、地元有力者によって形成された「大禮奉祝會」があった。「大禮奉祝會」は、京都商業会議所のメンバーが中心になり、府市において経営し得ない事業に対し、市民自らが実行するために設置されたものであった[21]。一九一二年（大正元）一一月一〇日、当時の濱岡光哲京都商業会議所会頭をはじめ、内貴甚三郎、田中源太郎、雨森菊太郎、稲垣恒吉、飯田新七、大村彦太郎、西村総左衛門、中井三郎兵衛、下村正太郎、奥繁三郎等有志者が奉祝慶賀の方法を計画し、同月二三日、市内及伏見町の有志者一八二名が発起人たることを認諾、会則を議定。会員になるためには寄付金を納めることが条件付けられ、総額一三万二、五七〇円が集まった(22)。これは、当時の京都市の財政状況を鑑みると非常に大きな金額である。しかも、この後の全国紙には次のような報道がなされている。一九一四年（大正三）一二月一九日、京都商業会議所で大典の奉祝會評議員会が開かれ、「……市と協議して奉祝會の事業として博覧会を開催することを議決」[『読売新聞』（以下、「読売」）141222]したと。さらに、翌一五年四月の新聞に次のような記事まで現れる。

市理事者にては博覧協会に対し三万円程の補助を与へて経営せしめては如何との事にて之が案を立て勧業委員会に諮りたるに委員会にては寧ろ此の際市営として適当に規模を拡張して開催する方宜しかるべし……参事会にては財源の問題につきて未だ何等決するに至らず……[日出150407]

大正大礼博を市営にするか、明治初期以来博覧会を主催していた「京都博覧協会」に経営させるか議論される。「京都博覧協会」の役員構成は、一八九七年（明治三〇）の「創設二十五年紀念博覧会」から一九二〇年（大正九）の「全国勧業博覧会」にかけての「大禮奉祝會」の役員と重複している場合が多く[京博史、二〇三～二九四頁]、団体名こそ違っていても、組織を動かす中心的人物はほぼ同じだったと考えられる。このことから、行政の基盤が整ってきたとはいえ、地元有力者が市にとっては無視できない重要な位置を占めていたことがわかる。それは、当時の大森京都府知事の次の談からも読み取れる。

京都の有力者と称せらる、人々は悉く深甚なる皇恩に浴して今日ある者のみである敢て他人の勧誘を俟つ迄もなく快く分に応じ相当の寄付ありて此大禮奉祝會の事業を完成せらるべし[日出140203]

結局、連日の議論の末、一九一五年（大正四）四月九日「博覧会を市自身において経営するなく博覧協会に委するは京都市の體面にも関する訳なれば如何にしても市営とすべし」との意見が多数を占め、参事会にて京都市の主催が決定する[日出140410]。同月二〇日の市会にて予算案（博覧会開催に要する総経費一四万七千百円は、教育資金及慈恵基金から八万円を繰入れ、残額六万七千百円は博覧会自体の収入とする）が可決され、財源問題がひとまず解決する［日出15 04 21］。同年一二月七日、九、二三七円を追加予算として市会の承認を得、それ以前の準備金二一万四、三七一円四五銭とあわせ、通算三七万七〇八円四五銭をもって経費総額とし、大正大礼博は開催された（会期は同年一〇月一日から一二月一九日）(23)。入場人員総計八六万人以上、予定人員（三二万人）を二倍以上も上回る大成功を収めた(24)。

また、大正御大典時、京都市民に対し、入洛観光客への接し方にも注意が促される。

五〇万市民が心を合せて注意をして、清潔法や、道路の修繕はもとより、参列諸員や、諸役の宿舎、雲とあつまる拝観者のためにも、非常な苦心で便宜をはかり……集って来る多くの人たちに対しては、途上に於ても充分丁寧親切にし、左側通行を守って混雑をさけ、商業上の行いに於ても、一時の利欲にかられることなく、よく徳義を守って御大禮挙行地の住民たる品位と面目とを保たなければならない(25)。

これは、京都市小学校校長によって編纂された『御大禮』だが、小学生児童にも配布され、教育的役割を持っていた。このような呼びかけは新聞紙上にも頻繁に現れ、京都市民は御大典挙行地住民として誇りを、さらには入洛者に対する心構えが植え付けられていった。

二　昭和御大典事業にみる観光行政組織の形成

一九三〇年（昭和五）五月二一日、京都市は全国の自治体に先駆けて行政組織の中に観光課を設置した。

当時は、鉄道の普及による旅行ブーム、新聞社主催の「日本新八景」選定（一九二八年）、国際観光局設置（一九三〇年）、あるいは国立公園法公布（一九三一年）など、観光事業が促進される様々な要因があった。

国際貿易収支が赤字へと落ち込んだ一九一六年（大正五）、経済調査会（大隈内閣の諮問機関）が外客誘致に関する決議を行い、貿易赤字修正の手段として国際観光が脚光を浴び、国際観光局が設置されたことで観光事業が本格化する。(26)

全国の観光機関は、大正末期から昭和初期にかけて急増し、一九三三年（昭和八）時点でその数三二八件にのぼった。(27)しかしながら、その多くが地元有志・会員から成る保勝会（保勝協会）や観光協会であり、地方自治体の行政組織の中に「観光課」として組み込まれていたものは、京都市観光課のほかには日光町観光課（一九三一年四月設立）、熱海町観光課（一九三一年八月設立）、宇治町観光課（一九三二年四月設立）、奈良市観光課（一九三三年四月設立）の、わずか五件であった。昭和初期までには多くの地域で観光振興をしていながらも、なかなか行政組織に明確に位置づけられるまでには至らなかったようである。

これから論じるように、京都市の観光課設置には、全国的な観光ブームによるものだけでなく、一九二八年（昭和三）の御大典（裕仁天皇即位時）が影響している。

既に、大正天皇即位時の御大典（一九一五年）を経験している京都市および市民は、この一大行事が有力な観光資源となることを充分理解していた。したがって、京菓子、清水焼、京人形など土産物屋は店員を増員、仕入を数倍に増やし［大阪毎日新聞（以下「大阪毎日」）28 11 01］、行幸道路に面した家は、「軒先一軒につき廿円の席料」を設ける等［読売28 11 04］、この絶好の機会を大いに利用しようと企てた。大正大礼博を主催した京都市は、その後、一九二四年（大正一三）に「東宮殿下御成婚奉祝記念博覧会」（入場者一二〇万人以上）でも成功を収め、大規模な観光事業の経験を積み重ねていた。

(一)近代的都市の構築と観光振興

当時を振返ってみると、昭和の御大典は「近代的な観光都市化」の起点であり、(28)「観光都市京都」を印象づけたものといわれる[29]など、観光事業の発展との関わりが非常に深い。「観光都市」の語は、後述の一九三四年（昭和九）の『京都市会会議録』にもみえるように、当時常套句となっていたことが確認できるが、それ以前には「日本ノ公園」[30]や「遊覧都市（遊覧的都市）」という形容が一般的であった。

昭和御大典前後の京都市における開発事業をみると、一九一九年（大正八）に公布された都市計画法の適用を受け、都市計画区域制定（一九二二年）、「大京都」実現（一九三一年）に向けて動き出し、大規模な交通網整備が進められていた（表1参照）。京都市制発足時（一八八九年）、面積は二九・七七平方キロであったが、第一次京都市域拡張（一九一八年）により約二倍に、さらに一九三一年の「大京都」の誕生によって、市域は二八八・六五平方キロとなった[31]。大京都へ向けた交通網整備は、「名勝地ノ盛衰ハ即チ京都市ノ盛衰ニ大関係アリ」[32]といった、北垣国道（第三代京都府知事）以来の為政者たちの名勝地を活かした京都繁栄策であり、東山・大文字・叡山遊覧道路等、点在する名所旧跡を連絡し、市域全体を遊覧都市とする積極的な計画が樹てられた[33]。それには、近郊の名勝地を京都市に編入する必要があったことが、次の市域拡大を求める府知事から内務大臣に宛てた上申からも読み取れる。

> 由来京都市ハ山紫水明ヲ以テ著聞スト雖モ、其ノ風光ノ美ハ郊外山川ノ秀麗ニ相俟ツモノ多ク、之ガ風致ノ維持保存ト遊覧設備ノ完整トハ、遊覧都市トシテ京都市ノ声価ヲ増ス上ニ至大ノ関係アリ。此ノ故ヲ以テ近郊ノ名勝地ヲ京都市ノ地域ニ編入シ、統制アル方針ノ下ニ諸施設ヲ完成スルハ、独リ京都市ノ為必要ナルノミナラズ、関係各町村ノ利益亦甚大ナルモノアルベシ[34]

開発の一方、一九三〇年（昭和五）、京都市では風致地区（約三千五百ヘクタール）が全国で二番目に指定され、風致保護も積極的に進められたが、この頃は景観の自然放置から人工的な風致造成へと自然保護思想の変化が見られた時期でもあった[35]。

表1　昭和御大典前後の近代的観光都市化に関係する事業（T7＝1918年〜S5＝1930年）

年月日	事柄
T7.4.1	京都市大合併
T8.4.5	都市計画法公布
T11.8.2	京都市都市計画区域決定
T12.2.6	京津電気軌道三条・三条大橋間開通
11.3	大典記念京都府立植物園開園
T13.3.20	東宮殿下御成婚奉祝博覧会開催（〜5.20）
4.5	都ホテル増築竣成
T14.2.3	嵐山電車軌道太秦・嵯峨間複線化竣工
5.5	京阪電気鉄道京津線札の辻・浜大津間営業開始
11.3	嵐山電気鉄道北野支線北野・高雄間営業開始
12.20	叡山電気鉄道鋼索線竣工
12.—	八瀬遊園地開設
T15.3.10	嵐山電車軌道北野支線高尾口・帷子ノ辻間開通
3.11	同線北野・帷子ノ辻間全通式
7.1	皇孫御生誕記念こども博覧会（〜8.20）
11.15	愛宕登山電軌鉄道認可（嵯峨・清滝川間及嵯峨・愛宕山間鋼索鉄道）
S2.4.19	京都市新庁舎竣工式
4.22	市電駅前循環線営業開始
4.25	市乗合自動車営業免許申請
4.—	市電塩小路線、東洞院線の軌隔拡張工事、新高倉線の新設工事着手。5月竣工
7.18	自動車増加で京都駅構内営業の人力車夫廃業続出。廃業車夫の解散式
7.—	駅前に「京都市設案内所」設置
12.24	市営バス営業許可
S3.1.10	京都駅待合室拡張工事着工
1.13	京都商業会議所、京都会館（名産品陳列、入洛者宿泊等目的）建設計画
2.—	京都ホテル竣工
5.2	御大典を控え、生活改善同盟会京都支部「旅館講習会」開催（〜5.22）
5.1	京都市営バス出町・植物園間運転開始
5.16	京都市営バス出町・北白川天神前間運転開始
5.23	京都市営バス大宮今出川・大徳寺間運転開始
5.25	京都市営バス七条大宮・第二中学前間運転開始
6.15	新京阪鉄道、西院・四条大宮間地下鉄工事着工
7.9	警察署、御大典を前に旅館業者営業上の講習会開く（〜7.10）
8.21	京都府新庁舎落成
8.25	京阪線四条駅改築工事
9.2	大禮記念京都大博覧会開催（〜12.25）
10.12	平安神宮に大鳥居完成
10.17	車折神社「三舟祭」復活

10.21	比叡山空中ケーブル開通
10.27	市バス新路線開通（京都駅を起点に烏丸通・丸太町通・河原町の循環系統、西院・祇園石段下間の２線）
11．9	高山彦九郎像完成除幕式
11．9	新京阪電鉄、桂・嵐山間運転開始
11．1	昭和天皇即位式（京都行幸11．7～11.26）
11.15	奈良電、西大寺・京都間全通
12．1	御跡式場拝観開始（～Ｓ４．４.30）
12.―	嵐山電車軌道(株)四条大宮・太子前間運転開始
Ｓ４．４.12	愛宕山鉄道嵐山・清滝間開通
４.12	京都名所遊覧乗合バス会社設立
７.25	愛宕山鉄道、清滝川・愛宕間鋼索線開通
11.13	京都商工会議所、東京・大阪間超特急列車の京都停車実現を鉄道省に陳情
Ｓ５．１.24	都市計画風致地区指定
５.22	京都市観光課新設

資料：拙稿(2005)「御大典事業にみる観光行政――京都市観光課成立に与えた影響――」『第20回日本観光研究学会全国大会学術論文集』p.91、京都府立総合資料館編(1970)『京都府百年の年表』７、建設・交通・通信編、『京都日出新聞』1927年１月１日～1930年５月23日より筆者作成

また、大正末期には、市民生活に与える影響からも、観光（遊覧）だけに依存すべきでないという考え方が存在していたことも指摘しておきたい。

民風ノ上ヨリ之ヲ見ルニ遊覧都市ノ市民ハ兎角華美ニ流レ遊惰放逸ノ弊ニ陥リ潑剌タル生気ヲ欠キ質実剛健ノ気風ニ乏シキハ海外諸国ニ其例乏シカラス、本市モ亦山紫水明ノ都市トシテ常ニ多数ノ遊覧者ニ接スル結果、延テ此ノ弊風ニ馴致サレタル者少カラサレハ、本市将来ノ為誠ニ遺憾トスル所ニ有之候[36]

昭和御大典を控えた京都にとっては、交通機関の充実が重要な課題であり、市電の拡充、乗合バスの開始、道路舗装、街路の化粧等がなされ、「蒼然たる時代の苔に埋もれてゐたこの京都も、大分近代都市らしく」なった［日出281101］。こういった昭和御大典前後の様子は、大正御大典前後の三大事業（明治四五年完成）や市域拡大の背景と共通する点がある。近代的都市基盤（ハード）が整備された上で、一大行事の挙行地として、ソフト面が大きく前進する。

大正御大典時には「京都宿屋業組合連合会」（一九一四

年五月）が設立されるが、昭和御大典時には更に発展。旅館業者を対象とした講習会開催や［大阪朝日新聞（以下「大阪朝日」）28 07 05］、一見さんを冷遇する旅館への戒め（京都市七条署では朝鮮からの応援巡査に対し、接遇態度の悪かった旅館の主人を呼び出して訓戒。強硬な態度で臨む）など［大阪朝日28 01 05］、行政側からサービス業者への指導も入り、受入側の対応が改善されていった。

（2）「遊覧都市」京都における御大典

一九二六年一二月二五日、大正天皇の崩御により、昭和天皇（裕仁）が践祚、京都は大正天皇時に引き続き、二度目の御大典（一九二八年）を迎えることになる。当時、前年からの金融恐慌で深刻な状況であったのにかかわらず、御大典は異常なまでに人々を熱狂させた。即位礼（一一月一〇日）には、「日本全国津津浦浦迄、萬歳を奉唱せるに至りては、誰か其の溢るるが如き至情に感激せざる者あらんや」[37]というように、全国民の意識が即位式に集中、天皇の下に統合された。

京都ではその盛り上がりが一層激しい。

全市民の奉祝踊　四日間では物足りない　一週間は踊りぬくか［日出28 09 25］

徹底的踊り抜ける　来月二十六日から一週間　奉祝踊を奨励する［日出28 10 05］

というように、御大典関連の記事が連日掲載され、「御大典いよいよ迫って慌しい気分が京の町をかけめぐり、瑞気至るところに漲り歓びの声は湧」き、「京都市民はただ訳もなく嬉しさと歓びに酔」いしれた［大阪毎日28 11 01］。

例えば、一一月一〇日市主催男子生徒・各学区団体連合による提灯行列（参加者約一万六千人）、一五日京都府主催男子生徒による提灯行列（約一万六千人）、女学生による旗行列（一万三千人以上）、一六日市主催学校生徒・

専修学校生等による提灯行列（一万千四百人）、小学校児童等による旗行列（九千人）等、奉祝行事は枚挙にいとまがない［『昭和大禮京都府記録（以下「大禮」）（上）』五七四～五八一頁］(38)。

京都における熱狂的な様子は、当時『中央公論』の編集者であった木佐木勝の日記にも現れる。

> 最近の新聞は近く行われる天皇即位の大典の記事でにぎわっている。いま全国民の関心は京都へ向けられているように見える。少なくとも毎日の新聞が大典当日の盛況を予想して、いまから国民の眼を京都へ集中させるように仕向けている(39)。

京都は、御大典によって経済的にも潤っていく。

> 新聞は相変わらず十日に行われる大典の記事でにぎわっている。京都ばかりは不景気風が吹いていないようである。巨額に上る大典関係の費用が京都の町にどのくらい落ちるか知らないが、京都ばかりでなく、大礼の余恵をこうむって東京の提灯やさんや旗やさんもホクホクもの(40)

大禮費として国および宮内省が支出した費用は約二千万円であったが（政府支出大禮費九五四万円、大禮施設費六七〇万円、宮内省支出三四三万円）(41)、御大典による間接的な消費をあわせるとその五倍の一億円に上るほどであったという(42)。西は、この現象が大正天皇崩御から足かけ二年にわたる全ての「代替わり」の行事やマスコミの煽り立て等、あらゆる事象が総動員された結果と分析したが(43)、たしかに大正御大典時以上の熱狂ぶりがうかがえる。

主な御大典関連行事としては、①天皇の京都行幸（昭和三年一一月七～二六日、期間中計十回の鹵簿奉拝者約一八四万人）、②昭和大礼博（昭和三年九月二〇日～一二月二五日開催、入場者約三一〇万人）、③御跡式場拝観（昭和三年一二月一日～昭和四年四月三〇日、入場者五三〇万人以上）が挙げられる。御大典終了後、式場は「国民ノ熱望ヲ満タシ御大典ノ意義及其ノ大精神ノ一班ヲ国民ニ徹底セシメ国民教化上多大ノ効果アルモノ」とするため、儀式当時の装飾状態のまま、一般国民に拝観が許された［「大禮（下）」三三九頁］。

但し、奉拝者数および入場者数には、多くの地元住民が含まれているため、各種資料から入洛客対応に関する記事を探してみた。まず、即位礼の参列者二、二三六人、(44)期間中の京都府外からの応援警官が四千人［日出28 09 22］、関係者だけでも市内の宿泊施設が不足し、寺院や個人邸宅がわりあてられた。さらには、三流以下の木賃宿、空家や仮間、寺の畳に至るまで部屋が埋まり［日出28 10 31、読売28 10 22］、隣接町村の民家にも調査・選定が及ぶ［日出28 09 05］。

特に、六日から一〇日にかけての京都駅は入洛者数が著しく増加し、「大禮専用列車到着の際は、毎日一時に三百人以上に達し、その他の急行列車にても一回百人は下らず」［「大禮（上）」三〇〇頁］という状況で、平常に較べ、二倍から三倍半、その他、二条駅でも二倍から四倍で、京阪、新京阪電鉄利用者は平均三割増であった（一一月六日から一〇日までの乗降客数は、京都駅・二条駅の乗車約九万四千、降車一二万五千、京阪・新京阪乗車約二〇万、降車約三六万四千）［「大禮（下）」五六二頁］。鉄道利用者の急増から、鉄道従業員とその家族用鉄道パスの使用を制限せざるを得なかった［読売28 11 12］。

式場跡拝観においても、異常なまでの国民の熱狂ぶりであった。

早いところで午前五時から押しかけ午前中はや数萬を突破し、正午富小路切通の交通遮断を行ったときは無慮十三萬人と見られたがこんなに多くの人が御苑内を埋め尽くした為、午後四時頃になって未だ朝の九時頃に来た連中がウロウロしてみることの出来ないやうな有様［日出28 12 02］

(3)過剰報道と外れた予測

御大典挙行で京都はお祭騒ぎとなるが、その一方で、過剰な報道や受入態勢の不備もみられた。入込予想と現実とに大きなギャップが生じたのである。御大典を四ヶ月後に控えた一九二八年（昭和三）夏の新聞記事にはこうある。

> 御大典めがけて殺到する外人　京都市内のホテル奈良、神戸に収容しても一日精々五百人　早くも収容難の嘆『一生に一度の機会!日出づる國の盛儀』とアメリカ式の標語を掲げて世界一の旅行業者トーマス・クック社やジェームス・ボーリング社其の他大小の旅行業者が宣伝に努め、今や黄金の國アメリカ人の旅行の興味の中心はコロネーション・タワー《ママ》（御大典旅行）に集中してしまった観がある……〔日出28 07 20〕

一九一二年（明治四五）に設立されたジャパン・ツーリスト・ビューローには御大典見学を目的とした旅行者の問い合わせが急増し、スタッフは宿泊施設の確保に四苦八苦する。ジャパン・ツーリスト・ビューローは、一九二六年（大正一五）、既に京都大丸に案内所を設けていたが(45)、御大典に向けて博覧会場内に臨時案内所（一九二八年八月二五日）を、同年九月一日には京都駅内に案内所を設けるなど(46)、入京外国人に備えて一層意気込みを高めていく。同様の記事は他にも見つかる。

> 御大禮拝観の外人四千名　押すな押すなの秋の観光客　目算成った旅館割当……この大典旅行客殺到のためツーリスト・ビューローではニューヨークに出張所を急設する騒ぎで……御大典期間には比較的京都に近い大阪、神戸、奈良等のホテルを利用することにし、その後は東京、日光、箱根、別府等約十五の優良ホテルにふりまく予定で種々準備中である、尚各汽船会側ではホテルに溢れた客を目当てに、大阪港その他に汽船を停泊しキャビンでホテルの代用せしめ様としている向もある様である〔朝日新聞28 08 14〕

まるで多くの外国人が京都に雪崩込むかのような報道が相次ぎ、受け入れ側の期待が益々高揚した。

しかし、それから数ヶ月後、実際にジャパン・ツーリスト・ビューローが斡旋した外国人奉拝者は、一一月七日、二六日の両日に、それぞれわずか五四人と三八人。それ以外の団体と合せても外国人鹵簿奉拝者は合計三五八人であった〔「大禮（上）」五〇〇～五一三頁〕（表2参照）。これには、外国人奉拝者の受入を躊躇していた京都

表2　海外からの団体鹵簿奉拝（Ｓ３＝1928年）

月　日	団　体　名	入場券発行数（内入場実数）	
11月７日	外務省取扱外国人	150（110）	73%
	ツーリストビューロー取扱外国人	100（54）	54%
	汎太平洋学会取扱外国人	91（27）	29%
11月19日	御大典拝観母国観光団	34（0）	0%
	天津御大典拝観団	21（10）	48%
11月22日	北米仏教青年会母国見学団	11（2）	18%
	（日印協会）	32（8）	25%
11月23日	（日印協会）	57（28）	49%
	大連新聞主催大禮拝観団	20（10）	50%
11月24日	（日印協会）	32（2）	6%
（泉山行幸）	満州日報社主催大禮拝観団	120（39）	33%
（同還幸）	（日印協会）	57（30）	52%
11月26日	ツーリストビューロー取扱外国人	100（38）	38%

資料：『昭和大禮京都府記録（上巻）』550～513頁

府の姿勢が原因する。それは一九二八年九月六日、鉄道次官から大海原重義京都府知事宛に送った、次の外国人の鹵簿奉拝についての照会からはじまる。

今秋貴地ニ於テ御挙行可相成御大典ニ際シ、鹵簿拝観ヲ希望スル漫遊外客多数可有之見込ニ付之等外人ニ対シ一定ノ場所ヲ選定シ拝観ノ機ヲ得セシメ度旨ジャパンツーリスト、《ママ》ビューロー会長貴官ニ対シ別途願出候趣ヲ以テ当省ニ申出有之候処右ハ当省外人誘致上関係ヲ有シ候ニ付テハ願意達成候様御高配相煩度此段得貴意度候［「大禮（上）」四九四頁］

多数の漫遊外客誘致対応だが、京都府は内務省警保局長宛に御着輦（一一月七日）及御発輦（二六日）の両日を百名以内に人数制限するよう申出る。また、京都府は次のような文書（同年九月一八日付）を以て、鉄道次官および警保局長に対し、警保局証明のある者に限り奉拝を許可した。

京都御着輦並東京還幸ノ際ハ最早奉拝場ニ余裕無之候得共京都御駐輦中各所ニ行幸ノ際ニ於テハ内務省警保局ノ証明有之者ニ限リ当時事情相許シ候際ハ可成願意達成致候様取計度尚右奉拝者ハ奉拝場入場券交付ノ要有之候ニ付奉拝希望ノ向ハ別紙様式ニ依リ至急出願相成様致度ジャパン、《原文ママ》ツーリスト、ビューロー会長

ニ対シ右ノ旨御通達相煩度　右得貴意度候［「大禮（上）」四九四頁］

京都府が申出た通り、一一月七日、二六日両日共に百枚ずつの入場券が発行されるが、結局は半分にも満たない入場者数で、京都側の受入態勢の不十分さ（受入の躊躇）によって旅行希望者が入洛を敬遠してしまったものと考えられる。邦人入洛客に関しても、類似の現象が見られた。

入洛者少なく宿屋大恐慌　京都市は意外に入洛者少なく宿屋は大恐慌を来して居る、之が為め市長は全国一万二千の市町村並に三千五百の中等学校に対し入洛勧誘状を発送した［読売28 11 08］。

あれほど宿泊施設がないと騒がれていながら、実際には宿泊客不足に陥っている。また、宿屋業組合は京都市と府に挟まれるなど、行政の対応に苦慮していたようだ。

京都市では、御大典記念博覧會見物の為入洛する人の旅館を、勝手に占領されてしまっては、こっちの都合が悪いからとの抗議があって、宿屋業組合でも京都府の言い分ばかりを聞いてをれず、板ばさみの形になり、京都府の方針が決定しないので、予約の申込みがあってもうっかり引受けることもならず、弱っている模様［大阪朝日28 02 28］

鉄道省では、売れる見込みで発行した五〇万枚の大禮紀念神詣廻遊券が、なんと「売れたのはタッタ百十六枚」であり、「多客であるのに其前に一儲けしようと欲張ったのが誤りであったと同省旅客課ではこぼして居」た［読売28 11 18］。この廻遊券は、請求した駅から京都・大阪・奈良・山田を廻って、葉書大の図案入りで美しく、社寺印を押捺するのに好都合、途中下車自由で京阪方面への観光客を狙ったものだったが[47]、あまり人気がなかったようである。

三　京都市観光担当部署成立における御大典の影響

(一)行政組織の中の「観光課」

一九三〇年（昭和五）、観光課が設置された当時の『京都日出新聞』をみると、市役所に観光課を設置することは「相当久しい間の懸案」であったが［日出30 05 18］、五月に追加予算案が通過し、二二日付けでようやくその実現に到った［日出30 05 23］。直前の市会においても「風光明媚デアリ名勝ニ恵マレテ居ル我ガ京都市ガ遊覧都市トシテノ真価ヲ発揮スル為ニ観光課ヲ新設スルト云フコトハ洵ニ喜ブベキコト」［市会録30 05 19］との発言が見られる。

京都市観光課設立当初の顔ぶれをみると、課長を筆頭に、一三名中七名が他の部署と兼任しており（秘書課六名、ほか一名保健部）、特に秘書課との関わりが強い。その後も引き続き兼任者がみられたが、徐々に観光課を専任とするメンバーが揃っていった（表3参照）。

また、当初、観光課はどこの部にも属さない独立課であったが、その後、庶務部観光課（一九三三年）、産業部観光課（一九三五年）へと転じている。

京都市における観光の位置づけは、観光課の所属部署の変遷でもよくわかる[48]。たとえば、一九三四年（昭和九）度以前の庶務部には、観光課のほか、市の産業に関係する事業（産業課、染色試験場、工業研究所、中央卸売市場等）と、社会的事業（社会課、中央職業紹介所、労働紹介所、児童院等）が混在していた。一九二七年（昭和二）に京都駅前に設置された市設案内所についての記述をみると、「本市観光事業の近代的発祥の基をなす[49]」、「我国最初の施設たる観光案内所[50]」等、観光案内所としての認識が揺ぎ無い。しかしながら、実際の事業内容をみると、観光事業のほか、「人事相談に関する事項」、「紹介並案内上必要なる事項」など、就職や移住を目的にした入洛

表３　初期京都市観光課職員（Ｓ５＝1930年～Ｓ10＝1935年）

<table>
<tr><th>年</th><th>Ｓ５</th><th>Ｓ６</th><th colspan="2">Ｓ７</th><th>Ｓ８</th><th>Ｓ９</th><th>Ｓ10</th></tr>
<tr><td>部署</td><td colspan="4">観　光　課</td><td colspan="2">庶務部観光課</td><td>産業部観光課</td></tr>
<tr><td>課長</td><td colspan="2">天矢景光*〔内記〕</td><td colspan="5"></td></tr>
<tr><td rowspan="2">課長（主事）</td><td colspan="2"></td><td colspan="2">小泉烝*〔庶務〕</td><td colspan="3"></td></tr>
<tr><td colspan="4"></td><td colspan="3">西田利八〔宣伝〕</td></tr>
<tr><td>主事</td><td colspan="2"><u>木寺基一郎*〔内・宣〕</u></td><td colspan="5"></td></tr>
<tr><td rowspan="10">書記</td><td colspan="5"><u>吉川彌一*〔内記〕</u></td><td colspan="2"></td></tr>
<tr><td colspan="7"><u>西山永之輔*〔内記・宣伝〕</u></td></tr>
<tr><td colspan="5">森田潚〔経営〕</td><td colspan="2"></td></tr>
<tr><td colspan="3"></td><td colspan="2">赤尾徳造</td><td colspan="2"></td></tr>
<tr><td colspan="5"></td><td colspan="2"><u>藤村卯三郎〔内記〕</u></td></tr>
<tr><td colspan="3"><u>小笹三十郎*〔内記〕</u></td><td colspan="4"></td></tr>
<tr><td colspan="3">近松圓次郎**〔経営〕</td><td colspan="4"></td></tr>
<tr><td colspan="2">吉村貞一*〔内記〕</td><td colspan="5"></td></tr>
<tr><td colspan="2"></td><td colspan="2"><u>古川義一*〔内記〕</u></td><td colspan="3"></td></tr>
<tr><td colspan="2"></td><td colspan="3">宮崎潕***</td><td colspan="2"></td></tr>
<tr><td rowspan="10">雇</td><td colspan="7"><u>細野銕太郎</u></td></tr>
<tr><td>原森一郎〔経営〕</td><td colspan="6"></td></tr>
<tr><td></td><td colspan="4">伊藤益次郎</td><td colspan="2">（書記へ）</td></tr>
<tr><td></td><td colspan="2">右田善太</td><td colspan="4"></td></tr>
<tr><td colspan="3">馬越鶯松</td><td colspan="4"></td></tr>
<tr><td colspan="3"></td><td colspan="2">中川暉敬</td><td colspan="2"></td></tr>
<tr><td colspan="3"></td><td colspan="4">大久保忠一</td></tr>
<tr><td>宮本正雄</td><td colspan="2"></td><td colspan="4">宮本正雄</td></tr>
<tr><td colspan="5"></td><td colspan="2">伊藤武雄</td></tr>
<tr><td colspan="5"></td><td colspan="2">鈴木亮一</td></tr>
<tr><td rowspan="3">嘱託</td><td></td><td>山田盆彦*</td><td colspan="5"></td></tr>
<tr><td></td><td colspan="6">原田泰*</td></tr>
<tr><td>宮本宗十</td><td colspan="6">（書記へ）</td></tr>
</table>

註：①＊は秘書課との兼任、＊＊は保健部給水課との兼任、＊＊＊は都市計画課との兼任者をさす。
　②斜字は『京都名勝誌』の編纂関係者をさす。③下線は丸太町通鹵簿奉拝所における係員をさす。
　④〔　〕内は、大礼博職員時の配属先部署をさす。

資料：京都市（1931～1934）：『京都市職員録』昭和６～９年度版、『京都日出新聞』1930年５月23日、『京都市大禮奉祝誌』、『昭和大礼京都府記録（上巻）』、『大禮記念京都大博覧会誌』より筆者作成。

表4　京都市における観光の位置づけの変化

京都市設案内所取扱事項(S2)	産業部観光課事務分掌(S12)
一、人事相談ニ関スル事項 一、公私社会施設ノ紹介、 　　官公署ノ案内ニ関スル事項 一、神社、仏閣、名勝旧蹟ノ案内ニ関スル事項 一、団体遊覧日程作製ニ関スル事項 一、其他紹介並案内上必要ナル事項	一、内外観光客誘致、宣伝ニ関スル事項 一、観光施設ノ助長、改善ニ関スル事項 一、観光事務ノ調査ニ関スル事項、 一、観光客ノ案内、接遇ニ関スル事項 一、市設観光案内所ニ関スル事項 一、市設無料休憩所ニ関スル事項 一、名勝、旧跡、天然記念物ニ関スル事項 一、其ノ他観光ニ関スル事項

資料：京都市(1927)「市設京都観光案内所設置一件」(京都市役所所蔵)
京都市(1937)『京都市職員録』(京都市役所所蔵)12頁

者への情報提供も行い、社会的な事業を担っていた(51)。また、増加する入洛者に群がる「朦朧車夫」や悪徳な客引きを追放することは、京都を優良な遊覧都市にすると同時に、誘拐事件等犯罪を防ぎ、都市の治安向上につながるとみなされ、社会的な側面からも必要とされていた（表4参照）［日出270419、270426］。

一九三五年（昭和一〇）、産業部の設立によって、観光課は産業関連の事業課（商工課、農林課、市場課、染色試験場、工業研究所、中央卸売市場等）とともにその傘下に入り、社会事業と引き離されたが、このときにも、観光を一産業として強調したい市の思惑があったと考えられる。すなわち、「観光都市ト云ウケレドモ、私ハ産業都市ニ重キヲ置ク……」と観光を産業とは別個のものととらえ、「観光ノ都市タラシメル為メニ如何ニ多額ノ費用ヲ投ジマシテモ直接百万市民ノ福利増進ニハナラナイ」とする議員等への対応ではないだろうか［市会録340227］。産業部所属後の事務分掌をみると、それ以前とは明らかに異なり、観光専門の業務を行っていた（図1・図2参照）。また、この頃までには、従来の「遊覧都市」を「観光都市」に改めていることにも注目したい。

さらに、一九四一年（昭和一六）になると、産業部観光課は解体され、それまでの機能が教育部文化課に引き継がれる(52)。戦時下においては、「観光事業に対して、為政者も世間も、一般に冷淡な態度を示すように」なり(53)、「観光」という言葉が敬遠されたのである。京都市以外の多くの自治体も、同様に、「郷土課」「文化課」など他の名称に変更していた。

(2)初期観光課の事業内容

戦前の観光課における事業内容は、前項でみたように、主に、誘致宣伝、観光施設に関すること、観光調査、名勝・旧蹟・天然記念物に関することであった。

図1　市設京都観光案内所
資料：京都市産業部観光課編（1938）『京都市観光事業要覧』（京都府立総合資料館所蔵）

図2　市設二条観光案内所
資料：京都市産業部観光課編（1938）『京都市観光事業要覧』（京都府立総合資料館所蔵）

事業内容の詳細については『京都市観光事業要覧』（一九三八年）に記載されているが、その前年度の観光課調製の宣伝印刷物数からも、特に誘致宣伝に非常に力を入れていることがわかる。

一九三七年（昭和一二）度、ポスター計一万九千枚、パンフレット計二八万三千部、絵葉書（四枚一組）二万部、地図計九万五千枚、冊子計一万七千五百部、アルバム二千部が印刷されている。また、それら印刷物は、量だけでなく、質も優れたものであった。例えば、「当局創設前にも絵葉書発行があるが、印刷技術の幼稚のゆえ、着色があまり芳しくないものばかりだった。文化でも優れていると威張ることができなければ外客誘致にも影響するので、着色にも特に注意した」(54)と記されているように、印刷の質にもこだわっていたことがわかる。

一九三三年（昭和八）に観光課が発行した案内書、『京名所案内記』は、「名所案内人の手引とするために作ったもの」(55)で、非常に専門的である上に、執筆者名も記載し、責任の所在を明らかにしているなど、観光宣伝における独創性と熱心さが外部の事業者からも高く評価されていた(56)。

もちろん、観光課が誘致宣伝を重要視するのは当然だが、他の事業内容と比較しても、次第にその力の入れ具合が高まっていることが、観光事業費の面からも判明する。観光課予算のうち、一九三〇年（昭和五）と一九三八年を比較してみると、誘致宣伝費が三九・四％（一万二千五百円）から四四・八％（三万一八四五円）へと増大している。しかし、その一方で、「調査費用」が三千百円から七百円へと大幅に削られており、誘致宣伝に比較して観光研究調査に費用をかけなくなっていくことがわかる。

(3) 初期観光課職員の御大典への関与

京都市が御大典にかかわったことにより、後の観光課設立に結びつく事業が登場したことを確認しておこう。まず、案内施設をみると、京都府及京都市は大礼期間中、京都駅前の大広場に共同で案内所を設置した。それは、「京都府市大禮事務局出張所」（設置期間一九二八年一一月一〜一二七日）として府市共同で営まれ、期間経過後は建物が京都市に継承され、「京都市大禮奉祝事務局案内所」となった[57]。建設費は府市で折半で共同で事務処理を行ったとはいえ、規定上の庶務内容をみると、「京都府大禮事務局」が案内する対象は御大典関係者であった。京都府接待係の庶務内容は次の通りである［「大禮（上）」二九二〜三〇一頁］。

一、大禮関係及参列員ノ発着ニ関スル調査
二、同駅前ノ接待並案内ニ関スル事項
三、同宿舎案内ニ関スル事項
四、同駅前ニ於ケル車輌ノ斡旋ニ関スル事項

それに対し、「京都市大禮奉祝事務局」の事業は、専任事務員二名、兼任事務員一二名、使丁二名（いずれも無料休憩所兼務）で、参列者並に一般入洛者を対象としていた[58]。

案内事項をみると、「一般入洛者市内案内」として、一、市内簡易地図ノ発行、二、宿舎ノ斡旋、三、名所案内人ノ紹介、四、車、自動車ノ斡旋、五、博覧会ノ案内、六、市内電車乗車券ノ発売、「同上（一般入洛者）市外案内事務」として、一、洛外名所略図発行、二、市内及附近（嵐山）名所旧跡ノ案内、三、二條、桂、修学院各離宮拝観者ノ便宜、四、天橋立見学団ノ組織を挙げている[59]。さらに大礼後に、市は御式場跡拝観を目的とした入洛者のために京都駅前案内所隣接地と二条駅前および御苑内に無料休憩所を設置している。

さらに、観光案内書をみると、京都市では大正につづき、御大典記念『京都新名勝誌』を発行している。その編纂に関わったのが調査課一三名のほか、秘書課二名（観光課設立当初からのメンバー木寺・西山両氏）と社会課一名（三代目観光課長西田氏）であった（表3に斜字で表記）[60]。ここに、まず、初期「観光課」との接点が見出せる。

京都市主催の昭和大礼博は、岡崎公園一円面積約四万坪を東会場、千本丸太町角の元刑務所跡の市有地二万五

図3　大礼記念京都大博覧会絵葉書
資料：乃村工藝社提供

千坪を西会場、東山七条の恩賜京都博物館及構内一万三千坪を南会場にあてられ、会期は御大典を中心に九月二〇日から一二月二五日（九七日間）。参加範囲は、一道三府四十三県、朝鮮、台湾、樺太、関東州、南洋の植民地を網羅していた(61)。

　京都市の「大禮記念京都博覧会事務局」では、職員が内記部、庶務部、経営部、宣伝部、余興部、建設部、電気部、土木部、衛生部に配属されている。そのうち、観光課初期メンバーの多くは接遇に関する庶務を司る部署、「内記部」に属し（天矢・木寺・吉川・西山・小笹・吉村氏等および昭和九年配属の藤村氏計七名）、木寺・西山両氏および三代目観光課長の西田氏は、観光事業に欠かせない「宣伝部」員であった。宣伝部の事業分掌は、①新聞記事に関する件、②会報に関する件、③立看板、船車広告、宣伝ポスター準備実施に関する件、④標語に関する件、⑤各種大会に関する件、⑥その他宣伝報道に関する件であった(62)。

　宣伝部では、吉田初三郎の京都名所鳥瞰図交通案内図（邦文二万二千部、英文五千部）や、大礼博宣伝ポスター（総数八万五千枚）、絵葉書（七万二千二百部）等印刷物を数多く作成し（図3）、博覧会節および博覧会歌の選定、自動車宣伝によって大々的な宣伝を行い、集客に努めている(63)。

　さらに、初期観光課のメンバーは御大典挙行における接遇・宣伝業務と深い関わりがあった。行幸時、京都側の準備は、京都府による組織、すなわち「京都府大礼奉祝事務局」によって行われ、京都市からはその顧問として土岐市長、参与に岡田・安川両市助役らが参加しているに過ぎない。にもかかわらず、鹵簿七日間の丸太町通奉拝場には、京都市職員二〇名が係員として受付、奉拝場整備、接待、救護等に協力を要請された。その中には観光課設立当初からのメンバーである、木寺・吉川・西山・小笹・細野氏等五名と、古川氏および藤村氏（各々昭和七年、九年に配属）計七名が（表3に下線で表記）、市からの数少ない接待要員として選ばれていた［「大禮(上)」五一三～五二四頁］。

「京都市役所では御大典に入洛した人々のためにいろいろな計画（時代祭、園遊会、晩餐会等）をたて、秘書課ではその準備に忙殺されている、何しろ案内状だけでも何万枚という膨大な数……御大典は多忙で、市の秘書課は転手古舞の姿（括弧内筆者）」［大阪毎日28 10 27］であったというように、御大典事業における京都市の観光業務は秘書課が中心となっていたこと、中でも観光課設立時の職員との結びつきが非常に強かったことがわかる。また、このときの宣伝活動業績が、観光課設立以後の業務にも反映されたと考えられる。

おわりに

京都市観光課が昭和初期になした事業は、京都観光行政の礎となって現代にも受け継がれている。

本稿では、観光課設立の背景、さらには、観光振興主体の民間および京都府からの京都市への移行を、御大典事業を中心にみてきた。京都では、皇室を最大の観光資源として利用してきたことが確認できるが、その中でも大正・昭和の二度にわたる御大典挙行は、京都市における観光行政の大きな転換期となった。

それぞれの御大典挙行は、市域拡大を目前に控えた京都市が、近代的都市改造を進行させていた時期に重なり、観光都市としての基盤が整備され、ハード面の充実が図られていた背景を持つ。大正御大典時には、はからずも大正大礼博の開催という大事業が京都市の手にまわり、様々な議論が展開されるものの、結果的に大成功を収める。これが、それまで京都の観光振興主体となっていた、地元有力者あるいは京都府からの京都市観光行政独立のきっかけとなった。京都市主体の観光事業のはじまりといえるだろう。

さらに、昭和御大典においては、当時の秘書課や後の観光課設立時のメンバーが京都市が分担した事業の中核をなし、その後の観光課設立、そして初期観光課に引き継がれたことが分かった。

(1) 京都商工会議所百年史編纂委員会編『京都経済の百年』京都商工会議所、一九八五年、三八四頁。
(2) 小林丈広『明治維新と京都――公家社会の解体――』臨川書店、一九九八年、九五〜九六頁。
(3)『新聞雑誌』九一号、一八七五年四月（京都市『京都の歴史⑧古都の近代』學藝書林、一九七五年、一七頁所収）。
(4) 古川隆久『皇紀・万博・オリンピック――皇室ブランドと経済発展――』中公新書、一九九八年。
(5) 大槻喬編『京都博覧協会史略（以下、「京博史」）』京都博覧協会、一九三七年、三三七頁。
(6) 京都市『京都市制史』京都市役所、一九四一年、六四七頁。
(7) 小林丈広「幕末維新期京都の都市行政」伊藤之雄編『近代京都の改造』ミネルヴァ書房、二〇〇六年。
(8) 小路田泰直「帝国の都市と『自治』」成田龍一編『都市と民衆』吉川弘文館、一九九三年。
(9) 原田敬一『日本近代都市史研究』思文閣出版、一九九七年、七九頁。
(10) 秋元せき「明治地方自治制形成期における大都市参事会制の位置――京都市の事例を中心に――」『日本史研究』四七二号、二〇〇一年一二月。
(11) 小路田泰直『日本近代都市史研究序説』柏書房、一九九一年。
(12) 秋元、前掲論文。
(13) 森田登代子「近世民衆、天皇即位の礼拝見」笠谷和比古編『公家と武家III――王権と儀礼の比較文明史的考察――』思文閣出版、二〇〇六年、一二一〜一六四頁。
(14) 高木博志『近代天皇制と古都』岩波書店、二〇〇六年、一一七頁。
(15) 西秀成「昭和大礼と国民――『昭和大礼要録』を中心として――」西秀成・荻野富士夫・藤野豊編『昭和大礼記

録史料解説』不二出版、一九九〇年。
(16) 伊藤之雄「都市経営と京都市の改造事業の形成」、前掲(7)伊藤編書。
(17) 京都電気鉄道株式会社『京電整理三年誌』一九一六年、七七頁。
(18) 同、七七~八六頁。
(19) 田中真人「京都電気鉄道の「栄光」」、前掲(7)伊藤編書。
(20) 寺下勍「日本の博覧会年表」湯原公浩編『別冊太陽日本のこころ一三三　日本の博覧会寺下勍コレクション』平凡社、二〇〇五年、六三頁。
(21) 高橋眞一編『京都商工会議所史』京都府商工経済會、一九四四年、二九七頁。
(22) 荘林維新編『大禮奉祝會記要』大禮奉祝會、一九二三年、一頁。
(23) 京都市役所編『大典記念京都博覧会報告』一九一六年、四六五頁。
(24) 同、三三九~三四〇頁。
(25) 京都市小学校長編『御大禮』一九一五年(大正四)(府立総合資料館所蔵)。
(26) 砂本文彦「『国際観光委員会』の組織と都市施設整備課題――国際観光政策に伴う都市施設整備に関する研究その一」『日本建築学会計画系論文集』第五〇三号、一九九八年。
(27) 国際観光局『外客誘致の話』一九三二年(北海道大学附属図書館所蔵)。
(28) 京都市『京都の歴史⑨世界の京都』一九七六年、四頁。
(29) 井ヶ田良治・原田久美子編『京都府の百年』山川出版社、一九九三年、一六六頁。
(30) 内貴甚三郎市長の市会答弁、『京都市会議録』一九〇〇年六月二六日。丸山宏・伊従勉・高木博志編『みやこの近代』思文閣出版、二〇〇八年、四二頁。
(31) 京都市『京都の歴史⑧古都の近代』一九七五年、朝尾直弘他『京都府の歴史』山川出版社、一九九九年、年表七~二二頁他。
(32) 「北垣市長市制実施に関する談話」一八九〇年二月八日[日出900214]。
(33) 高田景(京都市土木局)編『大京都の都市計画に就いて』一九三一年、三〇頁。
(34) 京都府庁文書「京都市近接町村編入一件」(佐上信一京都府知事から内務大臣に宛てた文書)一九三〇年九月三

〇日（京都市市政史編さん委員会編『京都市政史4』京都市、二〇〇三年、四三九～四四四頁所収）。
(35)　中嶋節子「昭和初期における京都の景観保全思想と森林施業――京都の都市景観と山林に関する研究――」『日本建築学会計画系論文集』第四三九号、一九九四年。
(36)　「京伏合併問題ニ対スル意見回答」（安田耕之助市長発京都府内務部長宛）京都府庁文書「京都市近接町村編入一件」一九二五年五月一四日（前掲『京都市政史4』四三六～四三八頁所収）。
(37)　内閣大禮記録編纂委員会編『昭和大禮要録』内閣印刷局、一九三一年、五一六頁。
(38)　京都府『昭和大礼京都府記録（上巻）』一九二九年、五七四～五八一頁。
(39)　木左木勝日記（一〇月二九日）（田中伸尚『一九二八年。「御大典」の裏側で』第三書館、一九九三年、一九九頁所収）。
(40)　同前（一一月一三日）。
(41)　前掲『昭和大禮要録』、四九～五〇頁。
(42)　田中伸尚、前掲書。
(43)　西、前掲(15)、五～二八頁。
(44)　前掲『昭和大禮要録』、一六三頁。
(45)　日本交通公社社史編纂室『日本交通公社七十年史』一九八二年、三五頁。
(46)　同、一七頁。
(47)　KA生「初詣と京都廻遊」『旅と伝説』第二巻。
(48)　京都市『市制概要（昭和一〇―一七年度版）』一九三五～一九四二年。
(49)　京都市総務部庶務課編『京都市制史（上）』一九四一年、六六二～六六三頁。
(50)　京都市『市制概要（昭和一六年度版）』一九四一年、四七～五二頁。
(51)　京都市「市設京都観光案内所設置一件」一九三七年（京都市役所所蔵）。
(52)　京都市『市政概要（昭和一七年度版）』一九四二年、四〇頁。
(53)　国際観光協会・日本観光連盟編『観光』第八号、一九四一年、二頁。
(54)　「地方だより」国際観光協会編『国際観光』第三巻第一号、一九三五年、一三六頁。

(55) 京都市庶務部観光課『京名所案内記』一九三三年、凡例頁。
(56) 「新しい案内書の方向」国際観光協会・日本観光連盟編『観光』第一巻第七号、一九四一年、五頁、「京都観光通信」『観光』第二巻第一号、一九四二年、三七頁。
(57) 京都市役所『京都市大禮奉祝誌』内外出版印刷株式会社、一九三〇年、五五〇頁。
(58) 同、五〇頁。
(59) その他、京都市外名所略図発行（宇治、大津、八瀬、比叡山、奈良方面）、付近名所の案内も行っている（同、五五一頁）。
(60) 同、二四～二五頁。
(61) 京都市役所『大禮記念京都大博覧會誌』一九二九年、二頁。
(62) 同。
(63) 同、七〇～八〇頁。

近代絵馬群へのまなざし――洛外村社と民俗・近代京都――

長　志珠絵

はじめに

近年、「民俗」「民俗文化財」といった概念は、一九九〇年代以後、戦後の文化財行政の変化を射程に入れつつ再検討が進む。ことに、従来の「民俗」概念が〈近代〉と対比的に設定されることで時間軸を凍結した伝統性を前提とし、結果として近代社会と切り離した分析枠組みを内包してきた点は、多くの批判的言及がある。(1) これらの研究が具体的に扱う対象は主に「無形」文化財としての芸能・祭礼であり「民俗」概念と地域の関係である。本稿は同じく戦後の文化財保護体制下で秩序づけられたもう一方の民俗文化財、「有形民俗文化財」指定の対象となる「絵馬」を検討する。J・アーリ『観光のまなざし』は、文化資源を創出する構造化されたしくみへの喚起を促すが、地域に残された絵馬群がどのような文脈でとらえられてきたのか、個々の検討が必要だろう。

ところで絵馬研究は一般に、役者絵や物語絵など絵馬堂等に奉懸された鑑賞的な性格の強い大型の扁額絵馬「大絵馬」と小型で量産可能な「小絵馬」に区分される。それらは優れた「作品」や書き手の評価、他方「民俗」世界の証左を見出す二つの関心に分かれるが、いずれも絵馬を伝統社会の産物としてきた点で通底するものだった。しかし前者については近年、地域の寺社が所蔵する大絵馬について悉皆調査が進み、自治体の博物館での展示企画や図録出版、「有形民俗文化財」指定といった動きがみられる。(2) 量的な比較を可能とするこうした調査は、エリア内部での共通した画題・技術交流、交通圏を明らかにすることで、地域の歴史文化遺産としての絵馬情報は豊富化されてきた。(3)

特に大正末には減少するものの、奉納時期や題材は「近代」に対立するものではなく、「近世から近代にかけての仕事の様子や衣服・道具など」描かれる題材と現実の地域の近代化過程との関係や他方、墨名など奉納者との密接な距離が特徴とされる。(4) いずれにせよ、地域の悉皆調査によって実際に扱われる大絵馬の多くは明治以後を奉納記年とする、いわゆる近代絵馬であった。一九世紀後半を中心とする近代絵馬像として議論の組み替えが迫られる段階にあると言えるだろう。(5) 加えて画題については、「参詣絵馬は近代の産物」(6)とすら指摘される点は、歴史学が明らかにしてきた近代の神道政策と地域との関係を考える素材としても注目する必要があるだろう。著名な絵師による大作歴史画から身近な体験を描く風俗画題としての参詣画への変化はどのような特徴と問題構成を指摘することが可能だろうか。

図１　指定50、1884.3「六地蔵木幡子供中」奉納、910×1210（mm）

本稿は、京都洛北上高野に存する戦前旧村社、三宅八幡所蔵の近代絵馬群及び、奉納先である村社の近代を素材とする。図1は、二〇〇一年（平成一三）、「三宅八幡神社奉納育児・成人儀礼関連絵馬」として、京都市有形民俗文化財に一括指定された大型絵馬一三三点中の一点である。以下、「指一」等と略記する。

このような代表的な画題「参詣行列絵馬」は、主に明治期を中心に奉納され、一社に奉納された近代絵馬群の量として群を抜くが、その再発見と調査は二〇〇〇年以後の動きである。(7) だが興味深い点は、後述するように三宅八幡は近世後期以降、幕末明治を経て、子どもの疳の虫信仰で知られ、一九四〇年代をピークに広域からの参詣客で賑わう村社だった。加えて民俗学的な研究領域からは早い時期から注目され言及された。大正期、田中緑紅らの『郷土趣味』は誌上で小絵馬収集をよびかけ、全国規模展での小絵馬展を企画するが、「三宅八幡の小絵馬」の出品は、「京都」における民俗的慣習の証左となる。(8) 緑紅は戦後も京都の民俗文化を紹介する事典に「虫八幡」の項目をたて、「小児の病気祈願で京都中の人に知られた八幡宮で、藁細工のお土産も昔なつかしい思い出」(9) と言及した。さらに戦後、一九六〇年代後半以降、民俗学の立場から小絵馬研究を意味づけた岩井宏実は、三宅八幡蔵として鳩の小絵馬を図示することで、「日本の」民俗・民間信仰の所在を確認していたのである。(10)

ここからはかつての「民俗学」的関心が、三宅八幡を「小絵馬」が奉納された村社として位置づけていたことが分かる。しかしながら、そうした学的関心の特徴は、匿名の民間信仰、伝統社会を前提とした民俗性への確認に置かれていたことも明らかだろう。何よりも小絵馬に注がれた関心は、選択的でもある。前出の『郷土趣味』誌上で大正期、小絵馬への関心を寄せる柳田国男は小絵馬蒐集に向けて会員に、「東京」の調査ではなく「田舎の小さな絵馬の方の研究を総論して貰いたい」(11) と繰り返し提起する。緑紅は「奈良へ行つた時殆ど小絵馬の影を見なかつたがたまにあつても丸髷や束髪の拝礼図じゃいやになつてしまう」(12) と小絵馬の画題に流行の女学生・女性風俗などの同時代性の描写が用いられることを強く批判する。小絵馬という造型表現への言及が匿名の庶民性・ノスタルジア化された民俗性の探求と結びつくものであるならば、小社の大絵馬群が見出される契機はなかったろう。

加えて三宅八幡の場合、洛中の周辺部に位置する点にも留意する必要があるだろう。近世の洛中著名寺院所蔵の大絵馬はすでに、『扁額軌範』(五巻、文政二年)をはじめ、『拾遺扁額要覧』(『山州扁額要覧』付録、嘉永元年)等が知られる。ことに戦後の京都の絵馬研究は、近世での言及を再発見しつつ、著名絵師が著名寺社に残した近世絵画作品としての大絵馬保護を主眼とした。このため文化財行政下の指定カテゴリーも「絵画」部門となり、「民俗文化財」ではない。評価軸は、絵馬という板絵の形式で書かれた美術作品の史的位置づけや、絵馬堂・絵馬舎等の建築物が公開性を有していた点が「ギャラリー的機能」として注目され、報告書に反映された。しかしここでも大絵馬への関心は限定的なもので、剝落絵馬など鑑賞的価値の低いもの、近世以後の記名を持つものについては基礎情報そのものさえ簡略化する傾向にあった。(13)

いずれにせよ、それぞれの学的問題関心に応じて絵馬とその所蔵先は予見的に選別されてきた。村社三宅八幡の近代絵馬群は、洛外の近代絵馬であり、庶民生活を画題とする。明治の風俗絵馬一般としては、描かれた「民俗」を前提視するのではなく、社寺の変化の内実、変化の相をふまえて検討を要する素材である。この点に加え、「伝統」や「日本文化」を読み出す空間としての国家戦略・地域戦略が展開する場、いわば近代京都言説に隣接した場において、周辺化された地域での文化的民俗的営みはどのような眼差しを向けられ、見出される(見出されない)のだろうか。

本稿は洛外の一村社に奉納された近代絵馬群及び、その所蔵先である洛中村社の近代史の検討を通じて、近代絵馬を取り巻く意味の変化を明らかにし、近代京都の近代絵馬群を考える。

一　近代化と村社

(一)ある村社の来歴

まず三宅八幡を取り巻く神社行政の変化との関係を考えておきたい。絵馬にとどまらずその所蔵先についても検討する理由は、村の神社の近代での変容といった観点は、絵馬研究においては組み込まれて来なかったように思われるからである。

洛北上高野、高野川の東岸に位置する三宅八幡は、近世では禁裏御料の高野村に、明治以後、愛宕郡編入となって村政が再編制され、一八八九年（明治二二）修学院村に合併、一九四〇年（昭和一五）に京都市域に編入された。伝統社会での神仏習合的世界にあって慶応年間には『大般若経』六〇〇巻が奉納された三宅八幡は、後述するように、新政府下では村社の位置を得るが、では「神社」としての起源をどのように語るか。そのナラティブは、時期によって変化がある。

例えば明治期の三宅八幡側の認識として、一九〇〇年（明治三三）の記事を最後とする『三宅八幡宮　古今記録下調』（三宅八幡社蔵、以下『古記録』と略記）を見てみよう。(14) ここでは南朝の忠臣とされた備後三郎三宅高遠邸の鎮守とする一方、「寛政享和ノ頃ヨリ御神威益々盛既遠近ノ男女詣輩足跡ヲ断タズ各所ニ講所ヲ結ビ中ニ近江国大津町ニハ三宅講ト称シ日々参詣ノ輩不少候」とある。史料の後段、三宅八幡が近世後期にいたって「大津」を含む広い地域から信仰を集めていた、という認識については、天保二年（一八三一）、「三宅八幡」を記録した刊本初見と考えられる『改正京町絵図細見大成』での記載(15)や、奉納された発句会扁額（天保四年、指定外）・現存する石灯籠など奉納物（天保一五年・二基、文政一二年・二基、共に「大津三宅講中」奉納）からも確認できる。これらは「大坂」や「大津」「伏見」等の地名を冠する講社からの奉納物であり、講名を地域名とすれば、高野川左岸の社が洛中―洛外に収斂されない「遠近ノ男女詣輩足跡ヲ断タズ」として信仰の対象となっていたことがわかる。

ところで現在の三宅八幡境内に残された各種の奉納物がおさまる容れ物としての建造物およびその空間については、天保期の『高野村寺社書上帳』（天保四年一二月）に提出された境内配置図面写しがあり、数値記載も含め、本殿―御膳所―絵馬堂の三つの建築要素が確認できる。(16)絵図添付書類によれば図面は、以前の「御改之節」―天明年間（一七八一～一七八九）とされるうえ、享和三年（一八〇三）以後、「禁裏御所様御寄付被為在日年奉願重而御仕右之外御制禁之作事繕様等無御座候」とある。さらに続けて「禁裏御所様」からの寄付により檜皮葺屋のある本殿を持ったが、「禁裏御所様」への「御仕」のほかは「制禁之作事繕」などは行っていない点を強調するものである。ここからは、天保段階で再度、境内絵図を提出する理由が、「禁裏御所様」を含めた三宅八幡への評判に対する介入・統制にあったことが類推されるが、天明年間、遅くとも天保期には三宅八幡は現在の場所に位置し、覆屋のある本殿と絵馬堂、土間や待ち合いを有する御膳所といった空間を有していた。

嘉永年間（一八四八～一八五四）になると、子どもの遊びを描いた大絵馬が登場する。(17)子どもとの関係については、嘉永六年（一八五三）九月、乳児時代の祐宮（後の明治天皇）「大患」の際の准后夙子による代参をはじめ、禁裏御所での現世利益社寺の対象として組み込まれると同時に、指定外の発句会扁額（一八五一年、五二年各一点、一八五九年一点）や石泉の井筒（一八五二年、八代目市川団十郎名）、灯籠（一八五二年）など三宅八幡への多様な奉納物の存在が、現存する「境内石造物銘文」及び『古記録』から確認できる〔『報告集』巻末資料〕。以下では節を改め、近世後期、洛中との直接的な関係が確認できる信仰空間が、社寺の近代をどのように経たか、見ておきたい。

（2）神道政策過程と洛外村社

京都府の神社統制政策は多くの寺社に激変を与えたとされる。しかし三宅八幡に即し、明治以後の京都府神社行政記録『神社明細帳』、及び『古記録』からは、神社公認を得ることで存続、発展していったことがわかる。[18]

もちろん、一八六九年段階、既述してきたような建造物を有しつつも、まずは村内氏神である崇道神社の「境外末社」と格付けされるなど、近世後期での隆盛から落差があったと考えられる。あるいは社掌は、一八七九年（明治一二）、村社認定段階でおかれたが、今日にいたるまで世襲ではなく、比較的短期間で交代が繰り返される不安定な体制であるうえ、江戸期の出土物が「国宝」指定を受けた（小野毛人金銅墓誌、一九一四年指定）村内の氏神崇道神社をはじめ、同じく同社の境外末社とされた伊多太社の三社兼任の体制であった。社掌が主に執務した社屋は時期によって変化し、明治前期は崇道神社の現お旅所（里内）に上高野村戸長役場が置かれ、村政文書が混在した崇道神社所蔵文書の表紙には三宅八幡社記録類が再利用されている。

これら部分的に残る神社蔵の行政文書から例えば、三宅八幡本殿の大がかりな建て替えに関わる一八八七年（明治二〇）の村政記録の記述[19]をひろってみると、「例年之通村社三宅八幡社奉納角力之事（一〇月一五日）」、「当村三宅八幡神社土様式執行候事（一一月二日）」「三宅八幡社被正遷被可執行事（一一月三日）」、「臨時祭典三宅社ニテ執行ス（一一月四日）」「三宅社記之祭典ニテ仕舞之事（一一月五日）」といった記事が経費とともに記載され、本社立替・落成が出費を伴う村の大きな事業であり関心事であったことがわかる。いずれにせよ、府の社寺行政にとって、補助金対象となる社格ではないため、三宅八幡社の維持資金は村の経営裁量が大きく、奉納者をどう集めるかが重要課題であったことが予想される。

しかし社勢という点からみると三宅八幡は、幕末維新期を通じて絵馬や石灯籠をはじめ多様な奉納物を受け、順調に寄付を集めていた。明治以後、神社行政史の時期区分に照らすと、こうした軌跡は「村社」像としては異彩を放つ。多くの社寺が壊滅的な打撃をうけた維新期の神仏分離政策期、三宅八幡は、まず「末社」から「村社」格を認定（一八七九年）され、社格を上昇させた。[20] 他方、神饌幣帛料を付与されるようなより上位の社格神社においてさえ、経費・営繕費の官費支給が制限され、あるいは断たれた明治二〇年代では、社殿建築許可（一八九〇年）と落成の後、供所の再建及び「神供所」への改名願と認可（一八九一年）により社務所の落成、翌一八九二年（明治二五）には「信徒改組」によって人員を整理、五年後の一八九七年では組織変更を村内信徒により協議のうえ、「社掌一　社務員一　雇　若干名　取締一名　会計係一名　社丁一名」による体制に切り替えた。この間、境内西の入り口より岩倉道路まで道を三〇間に延長、三間幅に拡げ、絵馬舎の新築（一八九四年）、石造鳥居への改造（一八九五年）のほか、「平安遷都千百年紀念祭」には、記念奉賛会事業に参加し、内容不祥ながら「什宝を庶人へ縦覧を許」［『古記録』］した。明治後期の記録簿『諸収支簿』によると年間一〇組程度であった参詣講は明治三〇年代では倍加し、絵馬奉納集団とも重なるうえ、そもそも収入も三倍の四～五〇円となっていた［『報告書』］。

ことに郷社以下、村の村社・末社整理・統廃合の嵐が吹きすさんだ明治末の地方改良運動期から大正期では、同じく境外末社格であった村内伊多太神社は崇道神社合祀（一九〇八年）される一方、三宅八幡は新たな展開を見せる。

例えば一九一〇年では京都府に対し、修学院村他七ヶ村長の連署で「京都電気鉄道三宅線」設置速成請願［日出10 0 26］を行い、路線名を冠する参詣鉄道敷設案が提出され、同年「天長節」建立の日付、北垣国道の篆額による「韓國合併奉告祭碑」が境内参道脇に残る。[21] 参詣鉄道の核となる「村社」が地域で勢力を持っていた証左とみておきたい。このように愛宕郡修学院村では村社の位置にあった三宅八幡は、明治期を通じて絵馬も含めた奉納物と資金を蓄え、近代神社としてのインフラ整備、景観整備を展開し、より広域からの参拝者を獲得するための準備を進めていたのである。

この一方、三宅八幡は直接府政から名指しで制限を受け、絵馬奉納数に直接的な影響を残した。[22]その文脈は、信仰対象をめぐるイデオロギー的対立ではなく、むしろ近代医療に対立する「因習」とみなされた。しかし開化行政が反近代と捉えたにせよ、ただちにこれらを過去世界―伝統社会に属する「民俗」世界と理解することは妥当だろうか。他方、神社行政史は従来、官社と郷社以下の小社とを区分して扱い、官的性格を帯びる前者に対し、後者を民俗世界を反映した庶民信仰として前提視する傾向を持つが、[23]「信仰」の内容について、文化的側面からの言及は少ない。ここにも絵馬研究史と同様の「民俗」への期待感、近代化との関係を問わない民俗概念像が織り込まれてきたのではないだろうか。

以下では、描かれた絵馬の画題を検討する。奉納絵馬そのものの画題は極めて同時代的な世俗画としての側面が強く、因習――旧世界風俗の継承や肯定ではなく、むしろ、積極的な近代受容の姿を示す。近代絵馬は、人びとの側からする「近代」表象の資料群、言い換えれば近代受容の視覚表象として読まれる必要がある。以下、村社に奉納された近代絵馬群の読み解きを通じ、「因習」／「伝統」／「民俗」の内容について考えたい。

二　近代絵馬群を「読む」

(一)近代絵馬群にみる「近代化」

二〇〇五年に出版された調査報告書『洛北上高野　八幡さんの絵馬』(三宅八幡絵馬保存会、全一八四頁、以下『報告書』と略記)の成果をふまえ絵馬群[24]の概略を述べると、まず指定絵馬のうち、絵画表現を持つ絵馬一一九点(追加指定八点を含む)の奉納期間は、嘉永五年(一八五二)～一九三五年(昭和一〇)の八〇年に及び、数量的なピークは一九〇〇年に至る、明治三〇年代前後となる。描かれる材質や手法の大半は板地着色であるが、紙本や

図2　指定76、1896.6奉納、367×462(㎜)

明治期に新しく登場した押し絵の他、漆喰によるコテ絵なども存在する。(25) 一方、名を残す絵師は少数にとどまるため、書き手に求められる要件は画題についての卓越した技巧力ではなく、書き込まれる個々の人々——子どもの風俗や三宅八幡社及びその近辺の景観に関する情報を奉納者側と密接に交換しあう点だった。ここからはさらに、注文生産としての大絵馬を生産するしくみが機能していたことも伺わせる。また同社蔵の絵馬群には「小絵馬」は含まれず、『郷土趣味社』が大正期に集めた古小絵馬は現存しない。

このうち典型的な画題は、多数の無名の人々——子どもを多く描く「参詣図」である。行列を作って参詣の様子を描いた「参詣行列図」は五〇点、特に画面左上から右下に蛇行させながら行列を描く構図は冒頭図1のように一〇〇～二〇〇人規模の多人数の行列のうち多くを子どもが占める。また最大人数の行列絵馬としては、総勢六三八名（指一一、法量一〇五五×一九七七ミリ）を数えた『報告書』(26)。このような絵画表現を持つ絵馬の奉納期間は安政二年（一八五五）～一九三五年（昭和一〇）と長期に及ぶものの、参詣図・参詣行列図絵馬に画題を限定すると、「行列参詣」画題の絵馬奉納は幕末以後明治一〇年代中心に、また少人数の「参詣図」絵馬（図2）は明治後期中心の奉納である。画題的な特徴からは、集団による「参詣行列」絵馬から「参詣図」絵馬への重複しつつの移行が指摘された『報告書』。ではここでの特徴から「近代絵馬」としての普遍性や他方、個別性は見いだせるだろうか。

図３　指定43、1892.3奉納、759×1215(mm)の一部分

図４　指定97、1904.5奉納、596×919(mm)の一部分

まず近代絵馬の特徴、「世相を描く」点において、展示図録を中心に、近年の絵馬研究は、風俗資料としての絵馬に注目する。三宅八幡絵馬群は参詣絵馬であるため、移動やハレの日の装束も含め非日常的な世界との関わりを描く点が特徴だが、近代化を描く、近代化を受容した人びとの自己表象の姿でもある。(27) 開化風俗の肯定的表現という点でいえば例えば幕末維新期では、成人女性の丸髷に流行した半襟刺繍が、開化期では、こうもり傘の携行や散切り頭の男性が目をひき、集団の先頭者や引率者は新しい様式の吹き流しスタイルの旗を持った。学区名という新たな集団の幟を持つ男性の装いは、羽織・股引姿で頭髪は散切りの上に山高帽といった時代性を刻印

した新旧混交スタイルとなる。全般に洋装は成人男性、男児とおぼしき子どもたちで、全体の構図の中で目をひく「記号」としての役割を果たす。乳母と思われる付き人から行列中に乳をもらう押し絵絵馬での乳児の姿（図3）は明治後期には消えて変わりに乳母車が登場する。(28)

このように参詣図とはいっても、宗教的な寓意ではなく、新たな風俗開化の直接的な記号が埋め込まれることで、細部の変化が顕著な風俗画としての性格を持つといえるだろう。子どものかき分けも時期を通じて変化がおえる。明治前期の集団行列の子どもについては、髷の形をかき分ける絵馬の例（指一一など）が指摘され、書き手は年齢差表現に意を用いるが、明治後期になると次第に性差の区別がはっきりし、日清戦争以降一九世紀末に及ぶ時期の絵馬の画題をみると、子どもの遊びの情景には時代のシンボルとしての戦争ごっこや旭日旗が登場する（図4）。また洋装の学生服姿や束髪の女学生姿も頻繁なものとなる。

このように、一ヶ所の奉納先にまとまって奉納された絵馬群は、人びとの自己表現の内容の変化を象徴的に描き、同時代的な風俗を示す記号が積極的に取り入れられた。

第二に、(29)長方形横長の大型画面を持つ必然性について『報告書』では、行列を幾重にも折り連ねることで大人数を描き、その個体を着物柄も含めて描き分け、名を記す特徴的な画題との関係が重視されている。実際、行列絵馬の多くは、上からの付箋貼付や刻名によって個々の名前を残す工夫がなされている。ここでは子どもの名を描くという点にさらに注目しておくと、(30)描かれる子どもが単に背景や群衆像にとどまらない点、一方的にまなざされ、客体化された対象ではない点は重要だろう。

そもそも参詣者の姿及びその名前は、刻名された文字も含め、画面上にしめる割合が高い。最大面積を持つ指定絵馬（指一〇〇、一〇六〇×一五二〇ミリ、一九〇八年九月）は、絵馬奉納の場面を描き、動きのある「画中画」というモティーフを持つ点で興味深いが、画題部分は、画面右上の上部にとどまる。赤児を正面に、子ども名が

図５　指定86、1896.6奉納、801×1243（mm）

描かれた祈禱札が一面に舞い散る構図も存在し、名前—文字情報はデフォルメされ、画題として取り入れられている（図５）。全般に、奉納社集団や個々の名前を記すスペースは他にも四面の額での発起人名や世話人名・講社名が記される。画題にも個々の行列への個人名の付箋、画面の一部に奉納者名等々と、観点を変えるとこれらの行列絵馬、参詣絵馬とは奉納者や奉納集団の名前に満ちていることがわかる。

同時に制作者側は、名を記すことの重要性に意識的であった点も指摘する必要があるだろう。例えば刻名者が「筆者名」として自身の名を刻んだ例、額に発起人と並び「工作人」名を刻む例を確認できる[31]など、絵画表現の書き手にとどまらず、名を記し刻む側の役割が重視された可能性は高い。

ここでの近代の集団参詣絵馬という表現形式からは付箋や刻銘等も含め、自らを名を持つ主体として描く表現方法にとって文字情報が積極的な意味を占める点に注目すべきだろう。絵馬を絵画表現として眺めることに慣れた私たちの視線はしばしば画面に占める文字情報—個々人の名前を捨象しがちだが、興味深い画題を持つ参詣絵馬群の中には、画面の右上右下など四分の一を占める部分が実は、奉納者名記載で占められる例は多い。これまでの絵馬研究はいわば、書かれた画題にのみ注目し、分析対象としてきたが、そうした関心の偏在は同時に、文字情報も含め、奉納する側の情報や奉納先の寺社側の事情を看過してきたのである。では描かれる「体験」、近代風俗を織り込んだ表象は奉納者と奉納先の神社との関係においてどのような特徴を持つのだろうか。

他の地域での「参詣絵馬」事例紹介のうち、特に村社レベルでの奉納大絵馬の画題の多くは、伊勢参詣や金比羅参詣など地域の氏子たちによる氏神への報告的な意味合いを持つ。このような画題の場合、描かれた参詣先とは、奉納先の寺社にとっての外部の見知らぬ空間・異文化体験であり、地域の奉納主体が奉納先の寺社とともに画題を眺める、という関係を想定できるかもしれない。しかし三宅八幡奉納絵馬群の場合、描かれる参詣対象は「三宅八幡」に限定された。この点を以下、節を改めて検討してみたい。

（2）画題としての村社

記述される対象としての「三宅八幡」はどのように表現されるのだろうか。すでに絵画表現の最初にあたる絵馬（指一、一八五三年）に登場して以降、三宅八幡境内を風景として描く際、ほぼ断続的に登場する画題は絵馬舎である[32]［『報告書』］。絵馬舎の描写には、絵馬の奉懸の様子が描き込まれ、例えば絵馬が画中画として整然と並べられることで、境内の奥行きや遠近感の効果がもたらされている（指一八・一八七一年、指八二・一八九七年）。三宅八幡は、絵図の最初の登場段階ですでに「絵馬堂」を有し、本殿―御膳所（神供所）―絵馬堂（社）の三つの建築物の要素は一八七一年での提出絵図にも連続性が確認できる。奉納絵馬画題に確認していくと、本殿に重なり合って絵馬がかかるもの（指二二・一八七三年）や本殿前の絵馬懸けを描くもの（指七二・一八九四年）等もあるが、奉納絵馬の画面そのものの中に風景としてでなく、特定可能な「絵馬」が書き込まれる場合もある。例えば既に奉納された馬絵の絵馬（指五・一八六五年）と思われる絵馬が図中、絵馬堂に奉懸された様子が描写され（指七五・一八九六年）、最大規模の大絵馬では[33]、「朱の大鳥居の脇に大絵馬が置かれ」［『報告書』］る。動きを伴う「画中画」の手法によって、上から下へ、横長の画面全体に時間的な流れを作る効果をもたらす。イメージの中にイメージが記されているのである。さらに先にふれた（指一〇〇）絵馬は、俵を載せ牡丹の妻飾りのついた屋根をあしらった山車様の車を曳いて絵馬を奉納する行列の図様で奉納者自らの経験を描く――という点でも興味深いが、図中の車には本絵馬そのものが描かれている。

では絵馬舎の機能と奉納の関係を長いタイムスパンで考えると、どのような変化が指摘できるだろうか。

図6は、調査前での絵馬堂及び拝殿の様子であり、鈴なりに重なりあった絵馬群を金網が覆っている。

調査前の三宅八幡は絵馬舎と拝殿の二ヶ所が絵馬堂の機能を果たしていた。ところで絵馬が奉納されるための建築物、絵馬堂・絵馬舎については、近世京都の大寺院・大寺社について関心が寄せられ、絵馬堂・絵馬舎の持つ「画廊的機能」は、「一部の鑑賞者の間だに秘蔵されてきた伝世品ではなく、常に多くの人々の共感に支えられてきた」[34]、といった捉え方の根拠となってきた。その場合、例えば洛中著名寺社の絵馬舎は北野天満宮のように、絵馬を一列に並べての奉掲を行い、「画廊的」展示が意識的に行われていたことが確認できる。しかし、図6のような金網に覆われ、絵馬が幾重にも折り重なった状態は、絵馬舎の存在を指摘するだけで、展示や公開性が意識されているかどうか、検討の必要がある。では金網設置はいつか。この点について、三宅八幡社の記録には一九二六年（大正一五）二月二八日付で「絵馬堂金網張、永瀬彦太郎支払一一五円四十四銭」とある[35]。明治期の画中の絵馬舎も、絵馬を重ねて描かない。いわば、奉納絵馬が鑑賞対象として配置された場合の境内景観である。そして絵馬群中、昭和期以降の奉納は稀である。絵馬奉納が次第

図6　旧絵馬堂絵はがき

に間遠になったことと金網掛による大絵馬の封鎖は連動したものと考えることができる。

一方、三宅八幡は、今日では「八幡信仰」と結びつけられて理解されている。この場合、シンボルマークとして鳩を結びつける議論は盛んであり、戦後の民俗学知において説明原理ともなっている。ところが、明治期中心の指定絵馬群の中での「鳩」は画題の振幅が大きく、直接画題とする表現は少ない(36)。むしろ、巨大な鳩車を参詣者——子どもが曳いて歩く、やや新奇な画風を持つもの（指一四・一八六九年）の他、多くは本殿垂れ幕の向かい鳩図柄や扁額の留め部分、境内や参道で飛び立つ数羽の鳩像など装飾的・象徴的な描かれ方が多く、鳩の作り物が、数人の参詣を描く形式では、見世棚の上に（図2）、行列絵馬では、行列中の人の持ち物として用いられている（指五〇・一八八四年）。明治期の神社行政記録上三宅八幡の鳩舎図面は一八八三年（明治一六）の「略絵図」が初めてであり、「鳩屋」として社殿両脇、絵馬舎南側の合計三ヶ所、大きく描かれる。同年は石清水八幡宮で放生会が再興し、扁額絵馬の墨書からも同年九月、三宅八幡でも放生会が行われたことが確認できる。この点は、既出の境内描写の緻密な境内図にも、鉄製に見える鳩の餌台が登場し、図面との相似も指摘できる。放生会再興は「伝統の創造」としての政治的文化的意味を持つが(37)、鳩を八幡信仰と結びつけ、シンボライズする見方も検討の必要があるだろう。神社と鳩をどのように結びつけ、視覚表現を取るのか。「経験を描く」近代絵馬群からは、意味の定着しない鳩像が、シンボリックではあっても、様々な表現が思考された痕跡として捉えることが可能だろう。

いずれにせよ、大絵馬が盛んに奉納された一九世紀後半、奉納者集団自身を積極的に書き込んだ奉納絵馬は同時に自らの体験の背後——ランドマークとしての三宅八幡境内をも描き、しばしば画中画としての絵馬や絵馬舎の空間が選ばれていたことが分かる。奉納者はいわば非日常的な体験としての参詣・参詣行列や非日常的な風景として対象化された「三宅八幡」をも記号として書き込むことで、自らの経験の可視化をはかったのである。同時に、絵馬を奉納する側とこれを受ける神社との間にははっきりした役割分担が存在する。境内の奉納物や玉垣ではなく、絵画表現を持つ大絵馬はすべて、地域の外部者を主な奉納主体としていた[38]。このような奉納先との関係を持つ絵馬の場合、絵馬の読者は、奉納先の神社を訪れる不特定多数の人びとではなく、奉納者集団／奉納者自身であったこともわかる。絵馬の奉納者と絵馬の読者が一致し、奉納先と奉納者の関係が直接的でもあった絵馬奉納の時代、人びとの経験と同時代性を描く絵馬の画題として安定した記述対象は、境内空間であり、シンボルとしての絵馬舎だったのである。こうした奉納者と奉納先との密接な関係、自らが奉納した自らを主体的に描く絵馬を読む読者と、このことによって成り立つ奉納者と村社との関係はどのような変化を見せるだろうか。以下では最後に、ポスト絵馬奉納の時代における村社三宅八幡を辿っておきたい。

三　ポスト絵馬奉納の時代と洛外村社

(一)郊外ツーリズム時代の洛外村社

三宅八幡は、戦前京都においてよく知られた存在であった。一九〇三年生まれで京都育ちの刑法学者、井手成三の『京洛ところどころ』(一九四一年)は新村出の序文を持つ紀行文エッセイである。文中、子どもの目線に仮託しつつ捉えられた大正期の三宅八幡像は「牛車が繁々と通つていた」「何となく京のはづれといふ感」を抱く、市中の都会生活、日常生活から乖離した空間として描かれる。

「松や」を尋ねるのは大抵三宅八幡さんに参る時だつた。三宅八幡さんの森にゆくまでは随分遠くて、御社までくるとほつとした。御社は小さくて由緒など深かりそうではないが、子供の虫気に霊験ありとして市民の群衆する社である。糯でつくつた小さな鳩の御供物は、今でもおいしいと思ふ。神信心のお蔭にもよることであるが、一年中陋巷に住み殊に蟄居勝ちの京都市中の婦人子供が、田園の清い空気のなかを遠くあゆむ

といふことそのことが自らなる保健で、御社にたどりつくまでに大抵の虫気はなほつてしまふのではないかと思ふ

（『京洛ところどころ』三七〜八頁）

井手の文章は、往事母の子守をしていた女性「松や」を洛北・山端に、母に伴われて尋ねた情景をつづる。そこでは女性二人が「昔言葉で話つづけ」る記憶の中に、「京都市中」の外部に位置する「市民の群衆する社」の心象風景が重ねられている。時間的にも空間的にも距離のある洛北は、京都市中の人びとにとっては、移動し、周遊する外部空間として設定されている。郊外と都市の対比も明確だろう。井出はこの文章に続けて、鉄道敷設を通じた郊外地域の開発と変貌によって「子供の虫気の霊験」への影響を危惧するが、実際、大正から昭和にかけての三宅八幡をとりまく外的環境は大きく変化した。

一つは、市域の拡大及び郊外電鉄の発展である。三宅八幡は、その名を冠する駅やバス停がおかれたいわば、集客力のある郊外神社と見なされていた。鞍馬自動車バスの下鴨宮川町―岩倉門前町線開通（一九二二年）では「三宅八幡」バス停が、さらに京都電灯叡山電鉄・出町八瀬線「三宅八幡駅」（一九二五年）、鞍馬電鉄「八幡前駅」（一九二八年）でそれぞれ社名を持つ駅が設置された。うち叡山電鉄「三宅八幡」駅の場合、高野川をはさんで駅から直線の参道の整備や朱色の大鳥居の寄進など、神社に至る道程の近代的な神社景観が創出され、境内外側の鳥居に至る参道両側には茶店が立ち並んだという。駅から川をはさんで鳥居に至る大掛かりなインフラ整備について、三宅八幡社側からも「参詣道」要請として京都府に対し、道路拡幅願書類が提出されている。申請の特記理由として神社・崇敬社総代側は自動車、牛馬車の通行禁止を前提に、「当神社参詣者ノ大部分ハ婦人小児ナルヲ以テ其通路危険ナルヲ慮リ(39)」と説明した。直線に伸びる参道、朱の大鳥居に加えて「婦人小児」に向けての利便性が追求されていたのである。「郊外」が見いだされる時代、女こどもへのご利益が主題化されていたことがわかる。

図7　「比叡山名所遊覧交通図絵」（1926、京都府立総合資料館蔵）の一部分

二つ目は、郊外鉄道が主導したエリア開発とその商品化、「観光」という組織化されたしくみが登場したことの影響である。郊外電鉄はそれぞれ積極的に広報活動を展開し、設置された駅を拠点に観光スポットを紹介する。こうした鉄道会社の沿線パンフレットは、吉田初三郎の画として知られるが、細部に注目すると、三宅八幡がそれぞれ書き込まれていることが分かる。例えば叡山電鉄（出町柳〜八瀬）開通記念の円形鳥瞰図「叡山頂上一目八方鳥瞰図」（観光社、一九二六年）には左下、三宅八幡が登場する。また鞍馬電鉄、叡山電鉄のそれぞれ駅をアプローチ部分入口とする三宅八幡に至る道程と社の様子は克明に描かれるものの、鞍馬電鉄版・叡山電鉄版ともに展開する空間が大きく異なる。鞍馬電鉄版は上方左右をはるか下関—釜山（右上）と、東京—富士山（左上）によってつなぎ、右端神戸大阪につながる空間としての洛中—北東隅に岩倉—「八幡前」駅を、叡山電鉄版は上部左右に富士山と比叡山頂上を配す。

図7「比叡山名所遊覧交通図絵」は、初三郎鳥瞰図の一部であり、主題は画面中心に聳える比叡山を軸に画面右上に坂本—大津を、他方、右下には、延暦寺とその麓に開発された八瀬の景観を配す。初三郎は、職人を配置し、工房化をはかったが、[40] 詳細に書き込まれた図中の三宅八幡は、叡山「三宅八幡」駅から高野川を挟んで朱の大鳥居に至る直線的な参道や、境内の構造物に加え、西側、岩倉道に面した参道も有した開放的な神社であり、巨眼的には、新たに開発された娯楽スポットである八瀬遊園の手前、アクセス至便な郊外空間にその位置を占める近

代神社としての表象を備えることとなった。(41)

こうしたメディア媒体を通じての宣伝がどれほど新たな参拝客を集めていくのか。直接的な影響関係は不明だが、少なくともポスト絵馬の時代、三宅八幡への参拝者は飛躍的な数字を見せ、神社側の動きや残された記録からは、こうした外部の変化に対し、積極的に応じる姿を指摘することができる。

たとえば昭和戦前期、三宅八幡では道路拡張、参道整備、噴水設置等「神苑」景観の形成につとめていた(『報告書』巻末年表参照)。人的にも拡大し、日々の業務の繁忙が記憶され、村社にも関わらず、常時七、八人の神職が業務に携わったという。記録の上でも、一九二九年には社掌定員の二名増加を府に申請し、年俸給四八〇円とした。(42)また京都府神職会との関わりが深く、一九三三年段階では京都市北区支部が三宅八幡社に置かれ、社掌松室千佳之助は理事補に、一九四一年四月には、社掌渡辺竹次郎が北区理事となり、翌年には同会の評議員と、さらに市部会理事をつとめた。(43)

こうした昭和戦前期での三宅八幡の隆盛を訪問者側の数字と年齢構成で確認しておきたい。三宅八幡には一九二六年(大正一五)以降、一九四一年(昭和一六)に至る間、合計一八冊の『御祈禱簿』が断続的に残る。(44)和綴じの見開き一面、六件分の祈禱者名、住所祈禱料等が記され、一週間分とする。祈禱料は五〇銭。よみがな等もふってあり、記録というよりは、神社側の祈禱用控え兼領収書控の帳簿として用いられていたと思われる。一冊分ほぼ六〇〇件前後の祈願の記載である。特に一九四〇年(昭和一五)分の祈禱簿は、全一八冊、概算で一万人を越す祈禱者についての名簿が綴られている。これは前年一冊、翌年六冊に比べ飛躍的な数字であり、参拝者全員が祈禱料を払った人々ではないだろうから、この年の参拝者数と境内の混雑ぶりが想像される。一九四〇年の祈禱簿からまれに書き込まれる祈禱理由をあげると、その大半は「虫」「かんの虫」等であったが、一例だけ「二十八歳、女産」といった産育関係が予想される内容のほか、市内居住者ではあるが、「十九歳男、出征兵士皇軍幸久」「三十三歳、北支派遣軍　野戦兵」といった日中戦争下であることを直接反映する祈願内容が記される。しかし、祈願内容を記さない圧倒的な人数を占める祈願者の年齢は二歳以下（但し表記上なので、満年齢と数え年齢の混在が予想される）の幼児乳児であった。特に例大祭日の九月一五日はこの一日で一冊分に和綴じされた。九月一五日を受付日とする祈禱申し込みは、四二五組、五五八人。女児二五〇人、男児三〇六人と性別（但し筆者が氏名表記から判断した）は男児が多い。その殆どは一九四〇年段階での市内、三四八件。他、八〇〇人規模の祈禱者名が並ぶ。郊外鉄道にアクセス可能でアプローチ部分も整備された、外部に開かれ、子どもの信仰へと特化された村社が、戦前に参詣者のピークを迎えていた事態を『祈禱簿』の参詣者ははっきりと示している。

メディアの記事も、こうした数字に対応した叙述を確認できる。九月一五日、市中の他の祭礼が多いなか、洛中から人びとが移動し、群衆するお社という像は共通する。例えば一九三〇年例大祭翌日では、朝から子供連れの参拝客がおおく、叡山電鉄の増発に加え、所管の下鴨署では非番の巡査を招集し、「事故防止につとめた」［『日出』30 09 16］。次いで一九三六年九月一四日、石清水八幡をはじめ、翌日の例大祭前に「お祭りオリンピック」と書き立てた『京都新聞』の紙面は、「虫八幡」の三宅八幡に対し「子供の諸病平癒祈願のため参詣する母親たちで物凄い雑踏を呈する」との事前予想を記している。

（2）「京都」観光言説と洛外村社

最後に、広域化した参詣者の一方、ポスト絵馬時代の民間信仰的「特徴」と洛中観光言説との関係を確認しておきたい。郊外鉄道は、市内からの群衆を集める「小児疫虫除の神」の駅名を冠する三宅八幡を、至便なアクセス環境、開発・整備されたエリアとして描いた。この一方、戦前観光言説はいち早く市の観光課を設け、洛中―「京都」イメージを商品化していく。しかしこの一方、洛外の村社であった三宅八幡のイメージ上の位置は、定着した像を結ばない。

まず京都市編入以前、地域の郷土教科書では「三宅八幡宮は虫八幡といって四時参拝者が絶えない」[45]とその信仰内容の面では特化されていた。神社紹介でも「京都市外」での名だたる官幣社群、賀茂別雷神社（官幣大社）・貴船神社（官幣中社）・松尾神社（官幣大社）等と並び、「小児疫虫除の神と申し奉る」、「叡山電車三宅八幡下車」[46]とある。では、観光のイメージ上はどうだっただろうか。

一九三〇年設置された京都市観光課は、『京の秋』（田中左川、一九三二年）、『冬之京都』（田中緑紅、京都市観光課、一九三三年）、『京の春』（田中左川、一九三四年）など文化人による観光案内書のほか、『京都案内』（一九三三年）等のビジュアルパンフレット地図に吉田初三郎の鳥瞰図を用いた。これら京都行政から発信される観光言説は、史蹟名勝としての寺社や皇陵を核に、「京の土地そのものが直に以て我が国の歴史を物語るもの」（『京都観光案内』）といった、皇室との由緒によって格付けされた大社寺所蔵の様々な史蹟や国宝について、訪れるに値する歴史的文化的遺産として、観光言説上の消費対象として特化していた。あるいは「帝都としての京都」、「京都は国民精神の郷土である」と強調する『我等の郷土』（京都市教育会、一九三二年）は、疏水や発電施設に象徴される近代都市の開発のありようと「帝都」が備えるべき「伝統」や「日本文化」像の共存を「京都」に見いだす。

このように古代重視・「美術史」の制度化によって格付けされた「国宝」に占有された古都の空間を語る言説[47]は、近代化言説としての観光言説と親和性を持った。あるいは「皇陵史蹟名勝」は史蹟とツーリズムが交差する重要な要素の一つであるが、興味深いことに、市内外の鉄道周遊による「皇陵参拝図」コースが設定されると、出町以降、八瀬・大原に至る叡山電車路線は皇陵の欠落地域となる。洛中という文脈で京都ブランドが紹介される際、先の初三郎鳥瞰図は桃山御陵―京都駅―御所に至る南北のラインを大きく描く。ところが皇陵を欠いた洛北の村社エリアの場合、強調される文脈はむしろ、洛中との異質性であり、歴史や文化に対峙する自然、景勝であった。例えば『京の秋』(田中左川)では「北山巡り」中、「(五)岩倉から貴船へ」において、「三宅八幡」が項目化されているが、その説明の仕方は、「俗に虫八幡サン」との常套句に加え「この付近も近年紅葉で知られる」と郊外名勝観光への誘いであった。(48) 一方の、「民俗」や大衆寺社参詣に対しては、イベント性も期待されている。緑紅『冬之京都』は、お茶屋遊びも含め、洛中の冬の社寺の諸行事を「習俗」として観光対象へと記述した興味深い試みであって、地域祭礼を新たな観光資源として見いだすが、洛北紹介は低調で、小野毛人名墓誌が国宝指定を受けた村の氏神神社、崇道神社の方を皇室との関係も深く、と特記するに止まっている。「虫八幡」という庶民信仰に特化した洛外村社は、帝都の軸となるような皇室像の補強を必要とする観光言説の文脈において歴史遺産「商品」とならない。

もっとも、観光戦略の中でどのように洛北や洛外村社としての三宅八幡が見出されるか、この点と実際の三宅八幡のありようとは重ならない点も強調しておこう。なぜなら現実の三宅八幡は、宮中との具体的で個別的な関係を継続させていたからである。既述したような近世後期から幕末での「禁裏御所様」との関係は明治以後、明治天皇直系に関わって「代参」「お仕向け」となった。特に明治期には、中山慶子(明治天皇生母)名による「大婚」セレモニー(明治天皇銀婚式一八九四年五月、皇太子嘉仁「成婚」一九〇〇年五月)を理由とした「金子」下賜がなされている。さらに大正末期にいたっても、千種任子名による三宅八幡に直接あてた封書(一九二五年一一月二五日付)があり、「御祈禱之御礼」は、女官長を代参させる旨がある。一二月に向けた時期の「代参」事情については、戦後、占領下での一九四八年二月一一日付、侍従職から書陵部にあてた通達(写)「御内儀の件」から類推可能で、これによると三宅八幡は、北野社と並び、九月一五日の「参拝」及び六月末、一二月末日の「御仕向け」が行われ、戦後も「従来通り」継続する、とある。(49) あるいは昭和期にいたっての京都府神社界での地位を反映してか、現実の天皇巡幸では、上高野内では、国宝を有する氏神村社・崇道神社及び三宅八幡は参詣場所として行程に組み込まれている。三宅八幡側に残されたこれら記録からは、近世来の禁裏御所との密接な関係を強調し、再構成することも可能だろう。しかしこうした情報は、一九世紀末の『古記録』に記され、戦前に隆盛した村社に断片化された情報として残されつつも、昭和戦前期以降の帝都京都言説の中で、活用されることはなかった。

以上、ポスト絵馬時代の三宅八幡は、その来歴や同時代の皇室との関わりとは無関係に、大都市近郊に位置する洛外村社として参詣者の波が押し寄せた。鈴なりの大絵馬を絵馬堂の金網内に封じ込めた村社は、「洛中」ブランドと表裏一体をなす、村のお社に「民俗」を発見しようとするまなざしと、他方、至便な郊外鉄道のエリアとして売り出す観光戦略上の視線が交差する場と化した。これらの力学のはざまにあって、実際の参拝者としての「群集する市民」―「婦人と子ども」は、村社と個別の関係を維持する人々に限定されるわけではなく、人々そのものを描いた近代大絵馬という存在は、その読者を急速に失った。いずれのカテゴリーにもあてはまらない村社の大絵馬群は過去の遺物と化していったのである。

おわりに

近代化過程において、明治の開化行政は現世利益的な「村社」と人々との関わりを「因習」と指弾した。しかしそうした文脈をもってしても、絵馬奉納や残された絵馬群をただちに近代と対立的な意味での「民俗」ととらえ、近世以来の慣習の残滓ととらえることは妥当ではない。本章で検討したように、ここでの近代大絵馬の特徴は、奉納者集団自身を描き、あるいは奉納者側にとっての非日常的な経験の表現として、奉納絵馬や奉納先を様々に描き込む相互方向的で身体化されたまなざしの存在である。これらは奉納者側にとっては、「近代化」に対する表象であると同時に、地域社会の変化を積極的に受け入れた階層、集団による自己表象の姿であった、と考えるべきだろう。

しかし近代化と近代絵馬の関係は同時に、では以後、こうした大絵馬群がどのように捉えられて行くのか、地域に残された人びとの文化的な営みをどう見るか、この点への関心も惹起する。三宅八幡の場合、その位置した空間への注目は重要であるように思う。ポスト絵馬の時代の三宅八幡は、郊外鉄道の開通によって蝟集する参拝客で賑わいつつも、個別の関係をもった大絵馬奉納者との関係は希薄となっていく。他方、小絵馬に関心を寄せる「民俗」へのまなざしは、封印された絵馬堂に掲げられた大絵馬群への言及はないまま、藁人形細工や鳩餅、腫れ物信仰の存在など郊外民俗ブランドを模索していったと思われる。いずれにせよ、自らの姿としての「近代風俗」を描いた大絵馬は、主な読者を失う一方、残された大絵馬は、美術作品／信仰／民俗、あるいは戦後の「文化財」といった様々な特権化されたカテゴリーにあてはまらない存在だった。洛外の村社の文化資源とは、村社がそもそもどのような文脈において何が把握されるのか、この点と深く関わるのである。

二〇〇三年、ナショナルなレベルでの「民俗文化財」の扱いは、地域主体の登録制度によって文化政策上の大きな変更を加えられることになった。「指定」という公的権威を通じた文化への名付け、ことに「民俗」表象を通じた文化政策はそれぞれの地域振興、ことに観光言説をめぐるさまざまな力学と密接な関係を作りつつある。こうした文脈をふまえて、近年の三宅八幡での動きをみると、むしろ地域に即した新たな文化資源の再発見過程がすすむ。三宅八幡に奉納された大絵馬群は、京都市の指定に先だつ二〇〇〇年に降ろされ、過去の氏子の奉納物から調査対象へと地域での位置づけを大きく変化させたからである。地域の人々にとって、奉納された大絵馬群はさほど認識される存在ではなく、この時点での絵馬降ろし作業すらそもそも絵馬舎修復を目的としたものだった。このため絵馬降ろし作業の際、幾重にも重ねられ、剝落していた大絵馬群の奥から、次々と鮮やかな色彩を残すより古い年代表記の近代絵馬が登場し、幼少の頃よりこれらを見慣れていた崇敬会の高齢の人々に衝撃を与えたという。(50)以後地域では、高齢者の住民中心に、同社崇敬会・上高野歴史保存会を核とする絵馬保存会が結成、定期的に研究会や作業部会が開催され、「指定」をはさんで周辺調査や絵馬細部への解読が取り組まれていった。大絵馬と地域の人びととの関係は大きな転機を迎えたのである。

調査過程では絵馬の読み解きに止まらない発見が繰り返された。例えば境内の灯籠をはじめ、天保期にさかのぼる「大坂」や「大津」「伏見」地名を冠する講社からの多くの奉納物が確認された。記録史料が殆どないとされてきた同社だが、蔵からは新たに八点の明治期の中程度の絵馬と昭和期の同社関係史料が、また旧上高野村氏神・崇道神社(旧村社)お旅所からは近世・明治期の行政文書ほか奉納された大般若経が見つかった。その後も調査書に向けた基本データ整理用の絵馬の仕訳作業過程では、近世後期の句会の扁額(天保四~明治二〇年、計一〇点)を確認した。さらに奉納者の子孫探しすらも進められて成果を得、二〇〇五年には報告書を作成・出版の運びとなった。現在、保存・公開のための方途が模索されている。

「洛中」ブランドが席巻していく近代「京都」にあって、周辺化された空間はどのような位置を与えられ、在来の文化的記憶や営みとの断絶、継承及び摩擦を引き起こしてきたのだろうか。全体的な見取り図は今後の課題である。

(1) 地域芸能の活用・地域振興を定めた通称「お祭り法」(一九九二年、「地域伝統芸能等を活用した行事の実施による観光及び特定地域商工業の振興に関する法律」)は、従来の保護行政と「観光資源化」の二つの異なる文脈をつうじて、民俗認識をめぐる新たな段階をもたらした。無形民俗文化財の概念形成とその実践、地域との相互関係を意識的に議論しようとする文献としては以下参照。菊地暁「民俗文化財の誕生」『歴史学研究』(七二六、一九九九年)、橋本裕之「民俗芸能の再創造と再想像——民俗芸能に係る行政の多様化を通して——」(『民俗研究の課題』

日本の民俗学第一〇巻、雄山閣、二〇〇〇年）、岩本通弥「民俗学と『民俗文化財』のあいだ」（『國学院雑誌』一〇九九、一九九八年）、同「『民俗』を対象とするから民俗学なのか」（『日本民俗学』二一五、一九九八年）、同「『文化立国』論の憂鬱」（『神奈川評論』四一、二〇〇二年）、岩本通弥編『ふるさと資源化と民俗学』（吉川弘文館、二〇〇七年）等。

（2）『絵馬――EMA GALLERY――』（福井県立博物館、一九九三年）、『絵馬――瀬戸内に咲く民衆の華――』（大三島町教育委員会、一九九六年）、『企画展　絵馬』（秋田県立博物館、二〇〇一年）『愛媛・絵馬堂へようこそ！』（平成一五年度企画展、愛媛県歴史文化博物館編、二〇〇三年）、『絵馬発見――知られざる熊本の遺産――』（熊本市立熊本博物館考古学同好会、二〇〇五年）等参照。

（3）江戸後期から明治に至る時期は彩色顔料が変化し、土人形・版画・絵馬は彩色的特色を共有する。たとえば青色顔料は明治以後、「藍色」に変わり、ブルシアンブルーなど鮮やかな輸入合成顔料の使用がふえる。明治期絵馬の特色も「朱と合成群青と花緑青の色鮮やかな彩色」が指摘される（『絵馬と色刷り版画でたどる彩色のうつろい――江戸から明治へ――』元興寺文化財研究所、二〇〇四年）。地域でも同様の指摘があり、瀬戸内海域での船絵馬調査研究を手がけた宮瀬温子は、輸入品としてのウルトラマリンブルーなど化学染料の登場・使用によって「絵馬の色調は幕末期を境に大きく変化」したとみる（前掲『愛媛・絵馬堂へようこそ！』解説論文）。

（4）たとえば「過程としての近代」「特定の社会的状況や技術段階のなかで時代的産物としてそれらが産み落とされ特定の地域に定着してゆく過程」が提起される（板橋区立郷土資料館『絵馬と農具にみる近代』一九九〇年）。あるいは、前掲『企画展　絵馬』では県北・県南といった地域単位の特徴を指摘する他、地域の産業勃興との密接な関わりを示した解説論文・高橋正「秋田市飯田神明社の養蚕絵馬」などがある。

（5）地域の寺社蔵絵馬の悉皆調査をふまえた考察では同様の指摘が多い。例えば熊谷市立図書館が行った企画展示・調査による市内三〇四点の絵馬中、制作年代のわかる二二〇点について、明治期が最多の一二二点、ことに明治一〇〜三〇年代に集中している、とする（平井加余子「熊谷の大絵馬」『熊谷の絵馬――庶民の祈りと暮らし――』立正大学北埼玉地域研究センター、一九九二年）。

（6）前野雅彦「変わりゆく参詣――社寺参詣絵馬の変遷――」（『民具研究』一一七、一九九八年）。

（7）詳細については『洛北上高野・八幡さんの絵馬――三宅八幡神社奉納育児・成人儀礼関連絵馬調査報告書――』

（三宅八幡宮絵馬保存会、二〇〇五年）参照。以下本文中、『報告書』と略記する。なお本稿は『報告書』所収論考及び以下の拙論をふまえ、その後見つかった新たな史料と論点を加えて再構成したものである。長志珠絵「〈近代〉の絵馬奉納と京都洛外の一村社」（『同志社大学人文科学研究所　社会科学』七六、二〇〇六年三月）、同「絵馬から見る近代」（丸山宏・伊従勉・高木博志編『みやこの近代』思文閣出版、二〇〇八年）。

（8）小絵馬の本格的な蒐集、調査に加え、全国規模での小絵馬展示会が岡崎の京都府立図書館で開催された。京都在住の二名の郷土趣味社会員は、三宅八幡所蔵の小絵馬を三点、「親子拝礼之部」「小児拝礼之部」（明石染人出品）、「鳩之部」（間部）として出品、紹介している。なお緑紅の絵馬展覧会については、宮瀬温子「田中緑紅と郷土趣味社の活動――『絵馬鑑』『小絵馬集』『郷土趣味』の分析から――」（『愛媛県立文化博物館紀要』九、二〇〇四年）に詳しい。

（9）田中緑紅『京の寺社、俗称』（京の文化研究会、一九四八年、三四頁）。ちなみに三宅八幡の藁細工については『報告書』にも聞き取り及び現存する藁細工の写真が掲載されている

（10）岩井宏美・神山登『日本の絵馬』（河原書店、一九七〇年）。他、福田栄治「京都府の民間療法」（倉田正邦他編『近畿の民間療法』明玄書房、一九七七年、八三頁）にも腫れ物信仰の対象として言及がある。なお現在の三宅八幡社では、古小絵馬の存在は確認できず、絵馬保存会でも知られていない。

（11）「絵馬行脚」（『郷土研究』三―三、一九一五年五月）、「荘司瓦全君」（『郷土研究』三―四、一九一五年六月）でも再度提起されている。

（12）『郷土趣味』三―一（一九二二年六月、三三頁）。

（13）この時期の京都の絵馬調査に関する刊行物は以下。『京都市文化観光資源調査会報告書』（京都市文化観光局文化財保護課、一九七四年）、『京都の絵馬（第一集）』（同右、一九七五年）、『京都の絵馬』（同右、一九七九年）、『京都の絵馬』（京都府立総合資料館、一九八〇年）等。集大成でもある『京都の絵馬』（一九七九年）冒頭「序文」は、近代における京都の絵馬研究史を紹介し、特に戦前の土居次義の一連の美術史調査・研究を高く評価するほか、『西鶴織留』他、近世文芸作品に描かれた洛中絵馬についてのエピソードにもふれている。一九七〇年代前後での京都市域の本格的な社寺所蔵大絵馬調査においては建築学と美術史の観点から、北野天満宮や清水寺に代表されるような国宝所蔵クラスの寺社がその主な対象とされ、記録・調査の対象として当初より「明治以後を捨象する」と

明記された。

(14) 『三宅八幡宮　古今記録下調』の記述は一八八三年（明治一六）、京都府に提出された調書（『愛宕郡神社明細帳』京都府立総合資料館蔵）と基本的に同文であり、『古記録』記述の元と考えられる。

(15) 『改正京町絵図細見大成』記述では位置が高野側東岸となるが、この点について村上忠喜は、より著名な玉山稲荷（享保年間に御所から上高野へ移転、明治初期に伏見稲荷に合祀）との混同を指摘している。村上「江戸時代の八幡さん」（前掲『報告書』所収）。

(16) 天保一四年一二月高野村庄屋、奉行所宛「三宅八幡宮絵図」（『高野村寺社書上帳綴』崇道神社蔵）。

(17) （指一・一八五二年奉納、一三六七×二一一二ミリ、世話人洛東　子供総中　栄永講）。『報告書』所収。〈指〉は京都市有形民俗文化財指定番号。

(18) 長前掲二〇〇六年論考参照。なお大般若経六〇〇巻（全巻刊本・折本）については『報告書』及び長同右参照。また祐宮病気平癒のための「加持祈禱」記述についても、神仏分離行政以前の信仰のあり方が類推できる。なお、二〇〇二年の調査の際、大般若経と共に修験道の装束と思われる道具が見つかった。この点と関わって、保存会・福本萬生の最近の調査では、大津三宅講の現信者から大正期の三宅講とされる写真が確認された。集合記念写真上の三宅講の姿は、全員男性で山伏装束であった。

(19) 『明治二十二年一月ヨリ　諸人足控帳　高野村総代』（崇道神社蔵）。

(20) 村社認定を受けた二年後、高野村の戸数は一五〇戸七五二人の規模だった（『戸長役場文書　諸願綴』崇道神社蔵）。

(21) 一九一〇年「天長節」日付「韓国合併奉告祭之碑」は北垣をはじめ、湯本文彦の讃、書家山田得多の書と錚々たる名を連ねる。なお同碑文の存在については水野直樹氏にご教示を得た。建立及び戦後もこの碑が残ってきた経緯は現在のところ不明である。

(22) 長前掲論文参照。槇村時代の一八七六年三月八日、三宅八幡を名指し参詣行為を戒める府令が出され、絵馬奉納も欠落年となった。府令原案（医務掛提出）は「陋習之愚民、動モスレハ疾病ニ係ルト雖モ医薬ヲ需メス徒ラニ神仏ニ委託スルノ弊未タ全ク難説、就中三宅八幡様御下預ト申候如キハ信徒最モ多ク往々不幸ヲ蒙候者有之候之趣ニ付」（『府令原書』M10-5）と民間治療を危険視した。同様に批判された府下の他例としては、長岡・柳谷観音の眼病治癒信仰がある。なお柳谷観音の明治期の村行政との関わりを示す史料は、『長岡京市史』資料編所収。

(23) たとえば米地実『村落祭祀と国家統制』(御茶の水書房、一九七七年)、森岡清美『近代の集落神社と国家統制』(吉川弘文館、一九八七年)、喜多村理子『神社合祀とムラ社会』(岩田書院、一九九九年)等参照。

(24) 「絵馬」の定義について、地域の悉皆調査をふまえた柏村裕司「絵馬の概念規定——栃木県の絵馬調査をもとにした試論——」(『栃木県立博物館研究紀要』三、一九八六年)では、材質(板かそれ以外、瓦、ガラス、漆喰等)・描写内容(絵画表現かそれ以外、文字他木彫レリーフや写真、軍帽貼付等)など多様な絵馬の形態について紹介・言及している。本稿では「絵画表現を持つ絵馬」とする。

(25) 落款判明中、「絵師」として名を残し、画歴をたどることが可能な人々は、鈴木百年、前川文嶺のほか、梅川東南の子、梅川東挙、京都の浮世絵師であった野村芳国など少数である(松村葉子「画題の変化と絵師」『報告書』)。

(26) 他にも画面一〇〇〇〇平方センチ～二五〇〇〇平方センチ、三〇点、五〇〇〇平方センチ～一〇〇〇〇平方センチ、一五点と大絵馬の形式を持ち、比較的少人数による「参詣」風景を描いた「参詣図」絵馬二九点についても一〇〇〇～五〇〇〇平方センチの画面面積を持つ。

(27) 特定集団による参詣行列を描く絵馬として、大津では、近代消防団装束による大絵馬が存在する。横長画面に左上の鳥居から右下にかけて参詣行列が蛇行して描かれ、先頭者が幟方の旗を掲げる構図は近似している。個々の身体は消防団服に身を包み、均一化されながら、画面の下半分には参詣者名が列挙されている(『近江の絵馬』大津市歴史博物館、一九九八年所収)。

(28) 三宅八幡周辺、上高野村において、聞き取りによって乳母車の貸し出し業が確認されるのは、明治末のことである。また大正期の路線開通までは人力車による参詣も盛んであったと思われ、現左京区元田中から「車連中」として奉納絵馬がある(追加指定一・一九一〇年奉納、一二五〇×一八一〇ミリ、神功皇后図)。師岡佑行は被差別部落から奉納された絵馬として、一九七〇年代後半と思われる三宅八幡訪問記/印象記を記している(「絵馬と田中車連中」『京都部落史研究報』七、一九七八年七月二五日号)。本文献の存在については小林丈広氏よりご教示を受けた。なお師岡は、絵馬堂の「金網」の理由として「盗難」とする宮司の談を紹介するが、現段階での聞き取りではそうした証言は得られず、「鳩害」として説明、理解されている。

(29) 読み取り作業が進むにつれ、髪型や衣装から乳母と思われる人を除き、行列中の成人女性の姿は実は少ないとの指摘もなされた。子どもが成人男性と共に頻出する像は、幕末維新期、欧米圏の男性知識人による日本旅行記述に共通する。

(30) なお近世絵馬においても身分や役割呼称を持つ参詣行列絵馬で同様の様式は存在するが、儀礼の復元や地域の身分制の視覚化と関わる画題であり（「祭礼図」一八一二年、二〇五×四二二ミリ、日野町・馬見岡綿向神社、前掲『近江の絵馬』）、子どもを中心に、多数のいわば「無名」の人々が名を持つ存在として自らを画面に残す点で大きな隔たりがある。

(31) 指五五・一八八五年「京都御膳講　信者　子供中」、八七七×一五一五ミリ、大宮四条、絵師市むら林峰、画題は参詣行列絵馬、合計三一二名が描かれ、個々の名前が付箋状に刻名され、裏面には「筆者名　高木音吉」とある。子どもの衣装も襟巻、三角帽、迷子紐を持つ先頭の子ども、デンデン太鼓など描写が細密である。

(32) 絵馬舎の変遷と奉納絵馬画題との関係については特に松本喜一「絵馬にみる八幡さんの境内」（『報告書』所収）に詳しい。なお三宅八幡社殿棟札（三宅八幡社蔵）によれば、明治二〇年段階では、三宅八幡よりもその拝殿屋根は大きかったとある。

(33) 指一一（一八六九年、行列絵馬　計六三八人中子ども四五八、内訳・男児一七九、女児二二七、赤児五二）。

(34) 前掲「序文」（『京都の絵馬』五頁）。

(35) 『大正一四年度　経費支出簿』三宅八幡社蔵。

(36) 例えば中心的な画題とするものは、指四六・一八八三年、指六六・一八八二年など。

(37) 高木博志『近代天皇制の文化史的研究』校倉書店、一九九七年。

(38) こうした事実は、調査が進むにつれ、地域の絵馬保存会の人びとを残念がらせた。また保存会によって、かつての奉納者子孫への追跡・聞き取り調査がなされたが、昭和戦前期生まれの「子孫」は「絵馬奉納」の事実を幼少の頃に聞いた記憶を持つ例が複数あった（前掲『報告書』所収）。

(39) 府庁文書『大正十五年　地理土木一件　郡役所』。

(40) 吉田初三郎の鳥瞰図については、高岡市立博物館編『企画展　絵図にみる観光名所——吉田初三郎の世界——』（同館、一九九五年）、『別冊太陽　吉田初三郎のパノラマ地図』（平凡社、二〇〇二年）等参照。特に後者は巻末の都道府県別データが詳しい。なお京都府立総合資料館では、同館蔵による吉田初三郎絵図の企画展示『京の鳥瞰図

絵師 吉田初三郎展』（二〇〇二年二月二一日～三月三一日）が開催された。
(41) 他にも初三郎の絵図中、『御大礼紀念京都御案内』（大丸）、『京名所御案内』（いもぼう）など、市民生活になじみの広告地図では三宅八幡について、その境内の構造物まで描かれている。
(42) 「履歴書」三宅八幡社蔵。
(43) 『諸綴簿』三宅八幡社蔵。
(44) 『御祈禱簿』については『報告書』にも言及があり、一九二六年（三月一六～三一日、四〇二件分）と一九四〇年（五月一六～六月四日、五五一件分）との比較の数字があがる。これによれば、一〇〇人前後の増加に加え、府下が七割、大阪・滋賀・兵庫圏域で二割弱だが、一九四〇年では「朝鮮」「京城」「北京」「満州」がそれぞれ一件となっている。
(45) 『愛宕郡誌　尋常小学校四年用』（京都府教育会愛宕郡部会、一九三五年、八頁）。
(46) 『京の神まいり』（京都史蹟宣揚会、一九三一年、一七頁）。
(47) 高木博志『近代天皇制と古都』岩波書店、二〇〇六年。
(48) 『秋の京都』（京都市観光課、一九三三年、二八頁）。
(49) 『古記録』には、一八九四年（明治二七）五月、「従二位中山慶子」より明治天皇銀婚式初穂料金子三〇〇疋の記事及び一九〇〇年（明治三三）五月、「従一位中山慶子」より皇太子成婚につき初穂料金子五〇〇疋との記事がある。また絵画表現を持たない扁額絵馬「本社建築有志者名標」（指五八・奉納一八八七年）には、大津三宅講ほか上高野村内の奉納者名が残るが、その墨書には、「東京女官弐捨円」とある。なお、一二月末の「お仕向け」は今日も継続されている。
(50) 二〇〇三年一一月二〇日、三宅八幡にて行われた絵馬保存会研究会特別例会でのインタビュー。

[附記] 本稿作成に際し、史料閲覧については、京都府立総合資料館、三宅八幡宮絵馬保存会、ならびに三宅八幡宮宮司、菅原武弘氏に御世話になりました。記して感謝する次第です。

III 文化

凋落と復興——近代能の場面——

小野芳朗

はじめに

谷崎潤一郎は京都で能楽金剛流宗家の金剛巌を目撃した。『陰翳礼賛』（一九三三年刊〔昭和八〕）の中で彼は舞台上の金剛巌の装束からのぞく白い手の美しさを礼賛する。金剛巌（野村金剛初世、一八八六～一九五一）を谷崎が京都で見たとしたら四条室町上ルの金剛能楽堂であろう。今は移転してマンションになっているが、かつては間口の狭い街中の屋内にできた能楽堂で、家元金剛家の居住空間でもあった。そこには菊水の井戸と、祇園祭の菊水鉾が保存されてもいた。舞台は谷崎の言うように薄暗く、明り取りの窓が高い位置にあり、南向きの能舞台に夕方になると西日が差し込み、舞台の上を金色に染める効果があった。周囲を御簾席がめぐり、そして一般の見所は桟敷であった。谷崎は言う(1)。

能に附き纏うそう云う暗さと、そこから生ずる美しさとは、今日でこそ舞台の上でしか見られない特殊な陰翳の世界であるが、昔はあれがさほど実生活とかけ離れたものではなかったであろう。何となれば、能舞台における暗さは即ち当時の住宅建築の暗さであり、また能衣装の柄や色合は、多少実際より花やかであったとしても、大体において当時の貴族や大名の着ていたものと同じであったろうから。私は一とたびそのことに考え及ぶと、昔の日本人が、殊に戦国や桃山時代の豪華な服装をした武士などが、今日のわれ〳〵に比べてどんなに美しく見えたであろうかと想像して、たゞその思いに恍惚となるのである。

と表現することで、能は「陰翳」のある薄暗い空間でなされていたと印象付ける効果をもっている。

この谷崎の文は、京都の能楽堂の場面は「陰翳」であり、またそれが江戸時代以前の住宅建築の暗さと同等だ、

しかしながら、谷崎の見た薄暗い能楽堂とは貴族や大名の見ていたものではない。それは近代のものであり、そして谷崎の発見した「陰翳」の美しさも近代の美であると考えてよいのではないか。なぜならば、多くの「能舞台」が屋内に建設され、「能楽堂」となったのは明治以降だからである。能舞台の形状そのものからわかるように、屋根を戴いている姿は屋外に建っていた証であり、屋内の能舞台の周囲に残されている白州は客席の全面に広がっていた。いやむしろ、白州の庭に能舞台が建てられたというのが正確であろう。また、舞台の正面に位置する階段「階（きざはし）」は、修飾物ではなく、御簾席と舞台をつなぐ装置であった。つまり、かつて多くの能舞台は廊下を有する座敷に隣接する白州の庭に建てられ、その座敷や廊下が本来の客席で舞台正面席にあたり、とくに脇正面にあたる白州空間は町人や農民が招かれて座る場であった。

また能が興行される時間帯は、朝から日の暮れる午後四時ごろまでであって、したがって谷崎の言うような「屋内の薄暗い」場所で金糸や銀糸がきらめいて見えるということはなかったはずである。夜、興行されることは即ち薪を灯しての事であり、それは稀なことであった。明治以降、能舞台の屋内化（能楽堂化）と白州空間の、桟敷や椅子席への転換がなされ、それゆえに谷崎のいうような陰翳にあふれる空間も可能になったと考えるべきであろう。

京都の金剛能楽堂はその典型であったと考えられる。ではこうした谷崎の好むような陰翳のある、屋内の能舞

台出現の意味はなんであろうか。そこに陰翳という「近代的な美」を発見した空間が出現する意味はなんであろうか。本稿では、能という文化メディアが、近世から近代にかけて、どのような「場」を与えられ、どのような記憶を〝伝搬〟する様式を持ち、そして能の持つ「物語」がどのように人々に〝曝露〟されていったのかを考察する。それは能という物語性をもった戯曲が、近世にはどのくらいの人々に共有され、それが近代に至って大衆化（素人化）していくプロセスをみていくことでもある。

一　「場」の再構築――明治初年の能楽復興――

明治二年（一八六九）七月二九日、東京で維新以来絶えていた能の興行が、紀州赤坂藩邸で、英国皇太子の御前という形で催された。能役者のまとめ役は宝生九郎。番組は「弓八幡」を喜多勝吉（六平太息）、「経正」（経政とも書く）を観世鐵之丞、「羽衣」を宝生太夫（九郎）、「小鍛冶」を金剛太夫（唯一）が演じた。能は「未ノ刻三分前御始リ申ノ刻四分前ニ御済」とある。[2] つまり、狂言二番を含んでこれだけの演目を二時間ですませたことになる。当初、宝生、金剛、喜多の三太夫で行う予定に観世鐵之丞が頼み込んで[3]増えたこともあるが、維新後公式の場での復活能としては、なんとも窮屈な番組編成であった。「弓八幡半能。経正初同[4]ヨリ直ニ切ニナル。[5]羽衣前ノ方ナシ。舞モ無シ。[6]小鍛冶半能。御急ニ付右之通リニ致ス」[7]実質二時間[8]の合間に四座の太夫それぞれの顔をたてた結果が、御能の概論のような番組になり、それぞれの物語性、劇としての成り立ちなどほとんどなかったであろう。当日の幹事役の宝生九郎に頼み込んで出演できた鐵之丞の「経正」など、「殊に又かの青山といふ琵琶を」の一段落の初動を地謡が謡った後、いきなりキリに「あら恥かしや瞋恚の有様」とつないだのだから、実質五分でおわったであろう。それでも、「鐵之丞殿初而ノ御用ニ付悦ニ廻ル」[9]とある。

この英国皇太子の前での能に至る一年間は能役者にとっては解雇の嵐がふきあれていたのだから、悦に廻るのも無理はないかもしれない。およそ、能役者の日常はひたすら稽古と演能の繰り返しの日々であった。少なくとも幕末の上方での騒ぎをよそに、江戸は日常が続き、能役者たちは江戸中の武家屋敷に参上しては、能や舞を舞ったり、稽古をつけたりしていた。

彼らの日常が壊されるのは、官軍が江戸に侵攻してからのことである。予兆はすでに明治元年（一八六八）二月、梅若家の領地である丹波船井郡馬路村が官軍によって接収されたとの報により察知はされていた。「当月廿六日舟井郡馬路村御役所江召出シ二相成何歟御尋ニ相成此度官軍様御百姓ニ相成候間此儀御届申上候。二月晦日」の報に当主実（梅若六郎）は驚き、事実の照会を何度も地元にだしている。(10) 官軍による領地接収というより、梅若家は室町以来の丹波の領民に見捨てられた格好になった。(11)

幕府御抱えの能役者にも進路を決めるときがやってくる。明治元年（一八六八）八月一三日、幕府奉公をやめて朝廷へ奉公を願う人数は、喜多六平太（シテ方）、観世鐵之丞（シテ方）、福王繁十郎（ワキ方）、梅若六郎（ツレ方）都合二八名。観世流にも御暇を願う者在り、また金剛太夫以下弟子御暇、宝生太夫並びに弟子同断、金春太夫は朝臣となることを願い出た。(12)

こうして幕府御抱え、あるいは地方においては大名家の御抱えだった能役者は、パトロンである家が廃藩置県のあった一八七一年（明治四）までに消滅して収入源を絶たれる。一部は朝廷に登用されるが、多くは収入源を弟子の組織化、もしくは新たな資本家に求めていくのである。

その近代の能を語るときに、岩倉具視は避けては通れない。竹本裕一は明治の能楽復興に関与した岩倉の事績を報告している。(13) それによれば、遣欧大使であった岩倉具視のスポークスマンとなった久米邦武は、欧化から国粋へ社会が向かう中での能の地位向上、すなわち伝統芸能としての能の位置づけに寄与したとされる。しかしながら久米は、能楽発祥の論を歴史地理学者吉田東伍に批判され否定される。(14) 久米は実証的史学を標榜しながら、能に関してその口を封印され、むしろ幽玄能こそ能楽の神髄であると主張することで、「日本固有」「国民娯楽」を看板に「伝統」を創出したこととされる。

久米が能楽そのものの復興にはそもそも興味がなかったということは、竹本の指摘するところではある。しかしながら、欧州でオペラを観て、こうしたものを文明国は持っているのだ、それを日本も持つべきだと観覧者たちが考えたことは想像できる。

然るに欧州の宮殿にある、その壮麗なオペラ座を見るに至って、痛切に国民娯楽の必要を感じ、而してかかる精神上の慰藉から種々な結果を来す娯楽には、一時的流行のもの、今日あって明日なきもの、又は外来の浮ついたものでは所謂立派なものは出来ぬ、どうしてもシツカリと国民性の奥に根を持って居るもの、即ち日本固有の歌舞音曲でなければならぬ。若し此選択を過ったなら、国民的娯楽の欠乏から、日本は非常な不幸に陥らねばならぬ、と、其処で能楽の芸術的価値を思ふに至った。(15)

岩倉たちの欧米回覧の途からの帰国後、梅若実や金剛唯一らの自宅に於ける能舞台での興行や、岩倉邸での天覧能（一八七六年＝明治九、梅若実、宝生九郎出演）など、単発的に能の復興のきざしがみられる。それらが組織的になってきたのは、一八七九年（明治一二）七月英照皇太后の伊香保行啓の折に九條道孝と坊城俊政が板橋駅で見送りの話の中で始まったとされる。(16) 竹本論文による時間的推移を同様に辿ることになるが、ここでは高浜虚子の記述でその経緯を追ってみる。高浜虚子は、古市公威（初代土木学会会長）より「能楽社史」に維新以来の能楽の歴史をかけと依頼されていた。古市は虚子の実兄である池内信嘉を松山より一九〇二年（明治三五）東京に呼びよせ能楽復興（能楽館設立と雑誌「能楽」創刊）を手がけさせた人物である。

板橋駅での九條と坊城の「申合せ」は、一八七九年（明治一二）、米国前大統領グラントが来朝し、岩倉邸で能を観てこれを激賞したことを受けて、とされる。(17) 能楽の通史によれば、一八八一年（明治一四）の岩倉肝煎りの「能楽社」の設立と芝能楽堂の建設、一八九〇年（明治二三）能楽堂へ改組、一八九二年（明治二五）観世飯田町仮舞台、喜多会飯田町舞台開設など流派が独立性を高めていく。

さて、久米邦武が能の復興にあたって、能にどのような世界を求めたのかをここでは注目する。久米は、「物語」の世界を愛でる階層であった旧貴族（公家・武家）の代弁者であったといえるかもしれない。そして実証史学を能楽史において試み、吉田東伍にその起源説で自説を論破される。ここで、久米は能を「伝統芸能」と位置づける発言を繰り返した。能楽研究の本流は、吉田東伍の圧倒的な実証力の前に、文学者の参画が減っていく。物語性を重視した能楽から、実証的な歴史の能楽研究への転換は、日露戦争の頃であった。

　その中に日露戦争が起り、……能楽文学研究会を起し、……私にも相談があって歴史の方面を受け持ったが、吉田（東伍）博士が能の歴史に精通されて居るのを知ったのも同じく此時であった。何時も吉田君の説が最後の断定となるので、初めの中は然うでも無かったが、研究嫌ひの日本の文学者は終には一人も出席しなくなった。何うも文学者に能楽に気のある人が少ないと池内（信嘉）君がその時云はれたが、此会もそんな事から倒頭消滅して了ひ、自然私も止めて了まつた。

　然し此会は当初の目的とは斜めに外れて、田中理学博士の言葉から拍子の研究ともなり[18]、……

そして能楽研究そのものは田中正一理学博士や工学士山崎楽堂による「拍子の解析」という「伝統芸能」を科学的に、西洋音楽的に理解する方向に転換していく。

昔の人は敢へて拍子拍子と言はずとも、自ずから拍子に叶ふような稽古を経て来たのですが、今日の我々は維新頃の一時殆ど廃滅したかと思ふ程の悲運の後に生れて来たので、今では何でも拍子の事を十分知らねば謡が本当のものにならぬ、……どうしても科学的解剖的研究を最初に尽くして置いて、それから一般の人の心に落ちるやうに説明すれば、拍子の観念が確かになりますから、それさへ出来れば謡を謡ふにも鼓を打つにも、又舞を舞ふにしても、拠り処が出来てくるといふ事は明白でありましやう。[19][20]

こうした拍子の科学的解析は、実際の稽古の現場でも使われるようになる。昭和の初期の京都における稽古現場が描写されている例をみる。

> 昭和六年五月頃であったと思う。京大成瀬無極先生の紹介で、三高教授阪倉篤太郎先生の御長男篤孝さん(その当時京大文学部大学院の学生)、同じく文学部の藤本喜八さんの二人が……京大観世会として稽古を始めたい。……皆しびれを切らせ足の方に気を取られて謡を覚えるどころではない……次からは椅子のある部屋に移り、黒板を据え、音階や節の図解説明と共に口うつしの合唱、一寸ひとり歩きが出来るようになると半枚ずつ順番に謡わせて見たり、又ヨワ吟にはピアノによりドレミファを利用して、音程をはっきり覚え込ませた。ト調のド・1を上音と仮定して上の浮きは・2、中音は5、中下げ、中の浮は6、クリはリ(黒ケンの処)下音は2カヘテが3になる。〃鞍馬の山のうづ桜　手折りイ枝折をしるべにて、・1・2・2555555555―25　6・1・26・1・2・2555555という工合、もとより謡は斯様な簡単なものではないが、根本の音階を早く覚えさせる為の一手段である。[21]

謡をピアノの音階で覚えさせ、拍子をメトロノーム的に解説することは可能ではある。実際の謡は、囃子とのある約束の下に掛け合い、かつ劇の場面を表現するものであり、西洋音楽的な説明だけではすまないのであるが、かつての職人集団の芸事であった能楽に素人が参入するようになったことへの技術的対応が「拍子の理解」と捉えることができるのではないか。

こうした時流の中、久米が標榜した能らしい能とは、「幽玄の能」であった。世阿弥作の幽玄能を、オペラに匹敵する国民劇と彼はみなしていた。数ある能作品のうちで「現在能」は、むしろ芝居に近いものとしてとらえていた。「安宅」や「正尊」、「橋弁慶」や「夜討曾我」のような直面で役者が演じるものは劣等で通俗的とみなすのである。それらは「歴史を基礎として忠孝等の教訓をくつつけたものには何うにも愚作悪作」であり、「安宅よりも正尊の方が更に劣等で、正尊よりも満仲の方が更に厭うべしという説に至って一層同感を禁じ得」ないと断じるのである。(22)これらは物語が義理人情にかかわるものである。それらは「騒々しく趣味の乏しい（橋弁慶）」か「亦素人ものにて名工の能楽師に演さする程の価値はない（夜討曾我）」(23)。では、久米のいう幽玄の能とは、その詩趣・美観とはどういうものであるかというと、

言を永くして諷ひ文の裏に含みたる趣味を引出し、是を形に露はして観者の想に印象さするものなれば、読だ計りでは勿論、謡ふた計りでもまだわからぬ。（中略）文芸には想が大事なもので、昔しは思出と謂た。（中略）景色に情致を添て其想に映りて趣味を興するのである。(24)

つまり、型が少なく謡も簡潔であるが、想像を膨潤させることができる、あるいは物語によって想像をかきたてるものを詩趣・美観といったことがわかる。こうした久米の嗜好は、一方で「実証的史学」の看板の前に能は歴史ではまったくなく、物語だというのである。

物語本は女物には源氏、男物には平家、是を主要の材料となして謡曲を書下したるものとは誰も知てゐることなれど、是までの学者は、伊勢、源氏、大和等は文学の書、平家、保元、平治、曾我等は歴史として読んで居た。(25)

「杜若」という能の詞章を評価し、「抑物語と日記とは性質の大違ひな物であるのに、古い時代から物語を業平の日記とみなした処から疑問が潮の如く湧出したのである」「謡曲は狂言綺語である。教訓の文ではない。材料は物語から出てゐる。歴史ではない」(26)

久米は当初、能楽の「歴史的」「伝統的」正当性の実証＝国民劇としての岩倉の意図する能楽復興運動の広報担当として岩倉に引き入れられた。そのスポークスマンを続けるうちに、久米はある役割を担うようになる。右

記の久米の能楽への評価、つまり歴史ではなく物語だという断定、現在物ではなく幽玄の能が正当という主張は、当時同様に「国民劇」として伸びてきた歌舞伎を意識したものであった。

ベルサイユのオペラ座を観た岩倉等が、能楽の復興を国民劇として意識するほぼ同時期に、国民劇は歌舞伎だ、という芽がめばえていた。明治五年（一八七二）、政府は歌舞伎三座に勧善懲悪、史実に反せぬ筋を組めと申し渡すのである。興味深いことに、岩倉や久米と同じく欧米を視察する伊藤博文は、オペラを観て全く別の発想をする。

参議、西洋の劇をみたりしに、その傑構の雄大なることは、言葉にも述尽くしがたし。また演ずる所は多くは温和平坦のことにして、剣戟争闘の劇少なし。人の殺さるゝことあれども、これを話中に示して劇中に出すことなし。男女の情をのぶること多かれども、猥抱甚しきに至ることを見ず。その俳優も有名の人ありて、士君子といへどもこれを軽視することなし。我国の優伎にかくこそありたきものなれ。(27)

歌舞伎の国民劇化に関する事情は、兵藤裕己『演じられた近代』(28)に詳しい。ここでは兵藤の援用にとどめるが、一八七八年（明治一一）、参議伊藤博文は、市川団十郎らの役者を前に、右記のようなことを述べたという。条約改正が背景にあることが指摘されているが、一八七九年（明治一二）六月にドイツのハインリッヒ親王、七月にグラント前アメリカ大統領が観劇している。能をこれぞ日本の劇と褒めたというグラントは歌舞伎も熱心に観ていた。

市川団十郎は「活歴」と称し、「夜討曾我狩場曙」を一八八一年（明治一四）六月新富座で時代考証の装束をつけて演じる。一八八六年（明治一九）伊藤内閣では、「演劇改良会」筆頭会員外務大臣井上馨、末松謙澄（伊藤の娘婿）、外山正一（帝大文科大学長）、渋沢栄一らが、

今や我邦の演劇は猥褻野鄙にして紳士淑女の眼に触る可らざるもの極めて多し。……宜しく之をして高尚な

るも人情に遠からず閑雅なるも世態に背かず優美と快活とを兼備へ楽しんで淫せず和して流れず上等社会の観に供して恥る所なきの域に達せしむべし

と三大方針をだす。

このように、同じ欧州でオペラを観た岩倉・久米の旧貴族等（公家・武家）は日本の国民劇としての能楽復興に走り、その物語性・歴史性に着目していくが、一方で伊藤・井上等いわば新興貴族は歌舞伎を国民劇として位置づけていく。背景にあるのが条約改正という政治的思惑で国民劇を構築しようとしていることは推察されるが、その選択の方向に彼らの持つ文化の基準がみえるのではないか。

梅若実は市川団十郎の「勧進帳」を観て、能では「安宅」を演じることで客を惹き付けたという。そして当時「安宅」のような現在物、つまり久米のいう幽玄でないものが流行した、というのである。久米が幽玄がいいと論をはり、現在物をひたすらこき下ろすのは、一方での伊藤・井上らの歌舞伎振興への文化的反発があったといえる。

安宅は……観世の五代目信光の作……作為は義経弁慶が頼朝と不和になり、……これは畢竟当時の社会状態から時代の感情を窺ひ、その嗜好に投ずる為に作られたに相違ない。……明治の初期能楽梅若実が見料をとって客足を引いたのは、此曲であった。同時に芝居の方でも勧進帳が盛ん……実の安宅、団十郎の勧進帳……勧進帳は市川家の十八番だったが、初代才牛以降流行しなかった。天保十一年、海老蔵が大人気をとる。梅若実の十代に印象を与えた。(29)

この久米の芝居への文化的反発は、彼の周囲の旧貴族階級にも共有したものがあったと推察されるが、一方で観客の側からみれば能も歌舞伎もなく、勧進帳が観たいという要求があったのではないかということが以上のことから推察される。

二 「曝露」と「伝播」――物語の流布――

ここではどのような人々が能を観たのか、を中心に考えてみたい。一般に能は武家の文化であるという先入観は、それが幕府式楽であり武士階級の必須の教養として江戸時代を通過したからであろう。実際には、岩倉や坊城らが復興運動の先鞭にあったように禁裏でも盛んに能が興行され、公家階級は重要なスポンサーのひとつであった。また、歌舞伎の題材が能の物語をリバイスもしくはデフォルメしたものが多いのも、歌舞伎は庶民が楽しめるよう能の演目を手本にした。したがって能はサムライ、歌舞伎は町人の文化、という二律対抗型の文化史観をつくる下地になっているかもしれない。能と歌舞伎というと今でこそ、日本の伝統芸能の代表格ではある。世界文化遺産ともなった芸能は、その指定が能がはやかったのが象徴的で、やはり芸能として先輩格を能が保ったようである。しかし、おそらく観覧者は圧倒的に歌舞伎が多いのではないか。そして両芸能を共有する観覧者はそう多くないのではないか。

能の観覧者に話を戻すと、それは武家や公家だけの文化ではなく、庶民も意外に頻繁に見る機会があり、それは謡曲人口となっていたということである。つまり、能を演じるのは能役者であるプロ集団や、武家・公家であったが、謡曲を嗜むのは町人あるいは農民までも経験があり、それがゆえに、能を鑑賞でき、さらに踏み込んでいえば、デフォルメされた歌舞伎を楽しむことができたのではないか。[30] このことは換言すれば、能や歌舞伎に共通する物語性を共有した人々が階層を越えて存在したと推察される。

久米邦武は能の「見物は老人や、町人、印判纏、上のほうでは公卿、大名」と書いてあることから、能舞台を身分の階層によらず観ていたことがわかる。[31] いわゆる町入能というもので、城内の能楽堂に町人をいれた興行のことであろう。[32]

延享二年（一七四五）一一月の九代将軍家重の将軍宣下の祝賀で江戸城本丸能舞台に町人が招待される。

朝一番五百五人、二番五百四人、三番五百人、四番四百八十七人、五番五百五十五人、合二千五百五十一人

昼一番五百四人、二番四百九十八人、三番五百十七人、四番五百一人、五番五百四十七人、合二千五百六十七人

一日のうちに約五千人の町人が招待されたことになる。彼らは能舞台周囲の白州の上に着座した(33)。屋外であるので、天候に左右されやすい。入り口で傘を授けられる場合もあったようだ。明治の名人といわれた宝生九郎の談話に(34)、

町奉行が出る頃にはいろいろなことを言って嘲弄したり、将軍様の御簾が上がると親玉といって褒めたり、甚だ乱暴なものでありましたが又随分勇ましいものでありました。無論五日共翁付でありましたが三番迄済むと、ここでお中入りがあり、町の者も交替となりますが、此の内に便所の設けがある訳でもありませんから、お白州の隅々は大便さへやってゐる程で、実にその立った後は乱雑なものでありました。

その他、勧進能としてひろく一般に「観覧チケット」である鑑札を売り、興行するもの(35)や、奈良興福寺の薪能は、奉行、衆徒、寺僧の他、「諸人拝見場」が設けられており(36)、能の興行が諸人に開かれていたものであることがわかる。

岡山池田藩では綱政治世時、将軍綱吉への代替わりがあり、この祝儀として老中を江戸上屋敷へ招請し、能を饗応している(37)。延宝九年（一六八一）二月一一日の饗応では、老中稲葉美濃守、堀田備中守、板倉内膳正、前老中松平因幡守をはじめ御側衆、御旗本衆などが招待された。主賓三名が能舞台正面に着座する。そして屏風を以って老中席を隔て、右隣に御相伴者つまり藩邸の女性たちが着座する。主賓の左隣から格の順に招待者が居並ぶ。この日の能は翁から始まる五番物で狂言が二番。翁を観世三郎次郎、弓八幡を同者、兼平を金春八左衛門、井筒

を金春太夫、船弁慶を観世久米助（左近実子童形、とある）。喜多七太夫が実盛と船弁慶のところ前日腫れ物ができ、不参。代役が金春八左衛門と観世久米助であった。このように、能の饗応には江戸住まいの能役者が雇われた。他にも池田家でキープした役者がいたようだが、あくる一三日に江戸城内で桂昌院（綱吉実母）に能を見せるため動員され不参、とある。この延宝九年（一六八一）二月一二日に町人が同じ能を見たという記録はないが、宝永七年（一七一〇）一一月一六日の六代家宣の代替わりの老中招請のやはり能の饗応では、正面に老中秋本但馬守、大久保加賀守が着座、あとは例のごとくであるが、白州に「町人拝見所、下に板を敷畳を敷」とあり、町人席が設けられていたことが図面上わかる。(38)

江戸に限らず、地方都市でも庶民に能を見せたという記録がある。池田綱政は綱吉が亡くなってから宝永四年（一七〇七）に岡山城東後背の「御後園」に能舞台を建設する。同年九月二一日、「翁」・「高砂」に続き、「田村」・「江口」・「紅葉狩」・「芦刈」・「鞍馬天狗」・「邯鄲」・「金札」が狂言三番をはさんで興行された。この時、在方の男一八〇〇人、女五〇〇人、町方の男七〇〇人、女七〇〇人が招待されている。(39) そして彼が亡くなる正徳四年（一七一四）までの七年間に約一四〇〇回の能をその舞台で催し、綱政自身がシテを務め、町人、農民を招待している。

伊予松山藩でも、宝暦九年（一七五九）に町方並寺院能拝覧のため、人数書付て差し出すよう高書があり、この時の能組には藩能役者である宇高四郎三郎・喜蔵父子や高橋甚七・民二郎父子他、囃子方に町方の者をよんでいる。このことは、町方にも能を興行できる人材が存在したことを伺わせる。(40)

また、嘉永七年（一八五四）に松山城の火災による修復工事の完成祝儀として各郡へ御酒と御能の拝見勝手次第の御触れが出る。(41) これを受けて同年の三月に和気郡姫原村で庄屋松本柳太郎名で村民たちに麻裃着用の上、御城へ罷り出でるようとの記録が残っている。(42)

京都では、天明五年（一七八五）禁裏での御能催しのためのチケット（白札）を誰に配ったのかを記録したものである。そこには町人の実名もみえる。三河屋、桶屋、釜屋などの屋号をもった町人たちが白札を持っている者として記録されている。[43]

また、京都の内裏に出入りした役者は町方の役者であったことが明らかになっている。賀茂別雷神社の御戸代神事における猿楽を分析した五島邦治[44]は、宝永から宝暦の江戸中期に出てくる川勝太夫の子孫に彦根井伊家に出入りした川勝権六郎に言及しているが、京都の江戸期の四流の役者は、野村家が阿波藩お抱えであったように、通常は出仕していて居住せず、町人出身の役者が内裏に出入りしていた。[45]

町人が能を観た機会は、それなりにあった。では、その町人が能と歌舞伎をどのように共生させていたのか、となると実証が難しくなってくる。池内信嘉は、明治年間、今様能というものを松山で経験している。あるいは照葉能ともいったようだが、流しの芸能集団である。能の本業（宇高や高橋という正規の雇い役者）からクレームが出るので、囃子の間に三味線をいれたり、幕を横に引いたりした。そのうち女が舞台に上がるようになって、歌舞伎にだんだんと近づいていった、とある。[46] そして池内の前で舞った小作という女の「羽衣」が美事だったので能を本式に始めたようだが、囃子方を本業に取られて廃業においこまれたとある。こうした事実をみると、民間に能とも歌舞伎ともつかない芸能が存在し、ときおりプロと接触していたことが考えられる。歴史の表に出てくるのは旧武家・公家に近かった能役者とその記述であるが、町人・農民からは両者混交の芸の心性があったというのはいいすぎだろうか。梅若実が勧進帳に影響されたのも、「土蜘蛛千筋の伝」がうけたのも、観客（武家・公家ではない客）のニーズにあわせた、いいかえればそこには能の様式と歌舞伎の様式をあわせて有する「客」の存在があったのではないか。

三 「伝搬」の様式――舞台と役者――

能を興行するにあたって、能舞台は必然的、かつ居住空間内の建築物としては特殊な装置である。三間四方の屋根付きの舞台空間は演じられる場である。その後方の囃子座と正面右方の地謡座は、バックグラウンドミュージック担当部門が、観客に剝き出しで接している。「橋掛」という特殊な「架け橋」は、能の物語のあの世とこの世をつなぐ空間装置として働くことが多い。正面に描かれた「影向の松」や、右手奥の舞台と楽屋を行き来する出入り口、「切り戸」の竹の絵など、様式が決まっている。能舞台正面には階《きざはし》があり、舞台の廻りは白砂利が敷き詰められた。

近世江戸において、武家屋敷内にこうした能舞台が存在したことは、その興行記録から推定はできるが、それが様式通りの能舞台であったかどうかは計り知れない(47)。また屋敷内、あるいは城内家屋中に舞台が設置されている場合は絵図上から判別しがたい。屋根を戴いた能舞台の様式から本来、屋外や庭園中に独立して建設されたことが推定できる。現在の屋内の能舞台が屋根を戴いているのは、庭園内に存在した能舞台の様式を引き継いだものである。舞台周囲の白砂利は、かつての白州の様式を残しているものである。白州が屋敷の庭に敷かれ、そこが町人たちの位置であったことから、その延長上に能舞台が建てられることが多かった。白州は、町人や農民の席として位置づけられ、現在みられる能楽堂の脇正面の観覧席とみることができる。

江戸城中には町入能として庶民にも能興行を解放していたこともあり、本丸入り口にその存在が見える。この能舞台は、本丸の表にはいったすぐの白州の庭の中に建てられた屋外のものである。大名たちの詰め所であった大広間から観覧する構造になっている(48)。もうひとつ、能舞台が本丸中奥に確認できるが、これは将軍御側の者のためのものと考える。

その他、地方都市の城中のものとして、姫路城三ノ丸の屋外に確認できる。(49)肥前鹿島城本丸高津原屋敷内の屋外能舞台、(50)二条城二ノ丸の寛永時の図面にも御広間から観覧する舞台と楽屋が記されている。(51)岡山池田藩では、城中に能舞台があり、池田綱政治世時には城中御能はここで興行されたようだ。岡山大学にある池田家文庫中、元禄年間の城内絵図(52)には、庭園に能舞台が描かれている。大書院である「招雲閣」一三畳が綱政の執務室になるが、そこから庭園へ抜けると能を観覧する造りになっている。綱政は七〇歳となった宝永四年（一七〇七）、城東の旭川を隔てた御後園（現在の後楽園）に新たに能舞台を建設した。同年九月二二日、舞台披きの能番組は、辰の刻（午前八時）より「翁・高砂・田村・江口・芦刈・鞍馬天狗・邯鄲・金札」。間に狂言を五番入れて、申の刻（午後四時）に終了した。番組編成は、翁・高砂から始まる定番のものであるが、綱政が特に好んで自らがシテを務めたとされる「江口」がみえる。

この能舞台はその後、何回か修築されている。綱政の子、池田継政の時、御後園の記録を書いた「御後園諸事留帳」には、享保一七年（一七三二）一〇月一七日「御城に有之候崩御舞台、御後園ニ取立候様、万代団右衛門・谷川一之進・千賀万右衛門江被仰付候、」とある。城中舞台の移転を指示したものである。新築ではないので、柱立ての儀式も簡略化された。一一月晦日、「御柱立有之、古御舞台御取立ニ付、御規式無御座ニ付、奉行、役人平服」で御神酒、御熨斗を供えた。この作事は一二月一七日になって「御日柄能、御舞台御上棟御座候」と完成した。(53)したがって、これ以降の城内の絵図の能舞台のあった場所は、庭園の池水が拡大され、城内から能舞台が消える。(54)

池田家の江戸上屋敷において、五代将軍綱吉への代替わりのため、老中を接待するために二つめの能舞台を建設したという記録が残っている。これは仮舞台の予定だったらしいが、それによれば、延宝八年（一六八〇）一一月「同五日縄張仕之廿四日ヨリ作事初ル十二月十九日切組仕廻当二月朔日出来」とある。翌九年（一六八一）

にできた舞台は「御書院前弓場所之西ニ構之三間四方」で、鏡の間、用事場、楽屋を備えていた。この舞台の構造は残された記録によれば仮設舞台であり、「三間四方外ニ半間ニ三間之付御露シ一間半ニ三間之後座者し可、里七尺ニ五間」と三間四方の舞台の上手に半間の地謡座、後ろに一間半の囃子座、そして橋掛が七尺の幅で五間であったという。(55)

京都では、寛永の絵図にえがかれた禁裏御所中に東の御学問所の外の庭に能舞台（小堀遠州作事）が見えるが、延宝時の火災後、岡山藩が単独で修復した延宝の改築後にはこの東側の空間は池水を備えた庭園となる。禁裏では盛んに能の興行が行われたが、その修復以後は舞台を図面上に確認できない。(56)禁裏から舞台が移されたのか明らかではないが、天保の土山家の記録からわかるように、御所内での町人への舞台開放は行われていたのであるから、屋外の能舞台は存在したと推測できる。伊予松山城でも能舞台が三ノ丸に完成していることが記録からわかり、祝儀として町人や農民を招待しているが、図面上からは同定できない。(57)

このように、能舞台は城中・禁裏・侍屋敷中に建設され、その三間四方の空間は屋外に建てられた舞台であり、白州の庭に独立して建てられた。それは町人などが拝見するための空間であると考えていることは前述した。江戸城中奥にも舞台があり、また岡山城表書院にもあった舞台は白州の中で、脇正面にあたる空間が狭い。ここはいわばプライベートな舞台であり、公開する場ではなかったためであろう。公開する舞台は脇正面が広く取ってあり、したがって「橋掛」が長いのが特徴である。岡山池田藩の上屋敷における老中を招いた仮設舞台は、町人をいれるために、もともと存在していた舞台では手狭なゆえに、脇正面の白州空間を広く取った舞台を仮設した。橋掛は、前記のように五間と屋敷における既設の舞台に比べると長いことがわかり、これが町人を入れるために設けられた空間であることが推察される。

このような屋敷内の舞台では、各流派（太夫家）の役者たちが共存した。一個の番組に対しての共演は、演出が異なるためにありえない。しかし、一日の番組の中でいくつかの太夫家筋の役者たちが出演するのが常態であった。換言すれば、能役者たちは、各所に分散する能舞台へ出かけてゆき、そこで流派ごとに演じた。通常、能五番と合間に狂言で構成される一日の興行は、各流派で五番を「分担」した。そしてそのセットが、流派の組み合わせを演目のバリエーションに応じて、「場」を変えて江戸や京都の中を「巡業」したと見做してもよいのではないか。近世における能は、形態としては、各流派連合による「巡業」であったと考える。

明治になっての能役者の失職とは、能興行のスポンサーである武家や公家の消滅ばかりではない。「巡業」の場であった舞台も侍屋敷の消滅とともに消えることになった。

梅若実の日記をみるかぎり、官軍が江戸に進駐した最初の一年間は能の興行が皆無である。(58) わずかに、金剛唯一の麻布飯倉の舞台で能を稽古していたとされる。(59) しかしながら梅若実の明治二年（一八六九）時の日記をみると、前年ははたと止んだ能興行もいくつかの屋敷で行われるようになっている。

岩倉が帰朝後、能の復興を称え、一八七六年（明治九）岩倉邸で、天覧能が実現する。一八七八年（明治一一）、明治天皇は青山御所に舞台を建設し、観世清孝・宝生九郎・金剛唯一・梅若六郎（実）・三宅庄市に宮中能御用掛を命じた（これに観世鐵之丞・金春広成が加わる）。江戸幕府の御用であった太夫たちの人脈に梅若六郎のようなツレ方の家筋が加わったことになる。

一八八一年（明治一四）、能楽社の結成とともに、芝公園内に能楽堂が完成する（一九〇二年＝明治三五、靖国神社へ移築、九段能楽堂となる）。能楽師たちが、流派に関わりなく、同じ舞台で興行することが復活する。明治になってできた「共用の」能楽堂において、各流派が共演するのは不自然なことではなかった。

奥富利幸は、舞台の屋内化に焦点を当てた。(60) 青山御所舞台と能楽社の舞台建設が、岩倉の意図した「日本のオペラ座」を意識したものであった。ただ青山御所舞台が、伝統的白州空間に絨毯を敷き詰め、椅子を玉座に据え、その能舞台を地謡座裏から脇正面にかけて観客が囲むことで、脇正面の観覧席としての地位が高まったことを指摘している。芝の舞台に至っては、桟敷の観客席が舞台を取り囲み、舞台と客席が一体となる舞台の室内化、すなわち近代能楽堂への転換がここで行われたとするのである。

奥富はまた、大正天皇御大典時に建設された宮中能楽場（片山東熊設計）は、屋内に舞台を入れ、見所に椅子を設置し、トップライト、シャンデリアなど、近代的能楽堂の要素を備えた雛形として位置づけている。(61)

こうした能舞台の室内化と、白州空間の桟敷から椅子席への転換を建築史上、近代化とよぶ一方で、興行の形態も変化を見せる。

流派ごとに舞台を建設するようになるのが、もうひとつの「近代化」である。一八九二年（明治二五）、観世清廉は飯田町に舞台を、一八九七年（明治三〇）、宝生会猿楽町舞台、一九〇〇年（明治三三）観世会大曲舞台、一九一五年（大正四）牛込富久町に金剛宗家舞台、一九一八年（大正七）細川侯爵邸舞台で金春流の月次会が始まるなど、流派の独立性が各流の舞台開設とともに強まっていく。

このことは即ち舞台をもっているところが能を興行、観覧できることになる。近代において能楽堂や能舞台が、各流派家元の「舞台」となってからは舞台の存在はその流派の存亡にかかった。その典型的事例が金剛流である。金剛流は現在家元が京都に根拠地、すなわち金剛能楽堂を置いている（現位置は烏丸一条）が、この家は近世から近代にかけては野村金剛と称し、金剛の名乗りを許されているものの本家の坂戸金剛とは別系の家であった。

金剛流は、他の流派（太夫家）と同じく将軍家召抱えの家であるから、本拠は江戸にあった。これが明治のある時期から他流派の東京における能楽堂建設による本拠地化と同一の意思をもちながら、京都への移転を余儀なくされてしまう。金剛流は幕末を飯倉町三丁目、俗に言うお能横丁で迎えた。(62) この能舞台は、江戸在住の能役者たちがお役御免となった時分、金剛唯一氏成の舞台として能の場を提供していた数少ない舞台であった。一八七八年（明治一一）、老朽化のため芝愛宕下町四丁目五番地に新築したが、「引き移ってから、面倒な事ばかり持ち上がって仕方ないので」神田小川町の旧淀藩主稲葉子爵邸に移った。唯一は一八八四年（明治一七）に没している。その後を継いだ泰一郎は小川町舞台の失火に遭遇し、一八八七年（明治二〇）喪心のうちに没したとされる。息子の鈴之助は当時一六歳で、京都の野村金剛である金剛謹之輔の元に身を寄せた。その後、東京の観世清廉が呼び戻し、一九一〇年（明治四三）右京を名乗り、一九一五年（大正四）市ヶ谷富久町に舞台を設けるが、一九二一年（大正一〇）火災、翌年赤坂表町に舞台を設けるも翌一九二三年（大正一二）大震災で退転を強いられる。ここで再び右京は京都に移住し、双岡の野々村仁清の釜跡に居を構えたが、能楽界からは引退し金剛流の断絶を宣言し、後嗣を決めず、一九三六年（昭和一一）没する。このの ち野村金剛の謹之輔の後嗣、巌が継ぎ、その後二世を継いで（二世巌、永謹）現在に至っている。

このように金剛流の場合は、幕末に独自の舞台を有していたことにより、一時期スポンサーを失った各流派の能役者の拠点となるのではあるが、この舞台が次々と被災していくことにより拠点を失い放浪し、ここに後継のないことも重なり断絶、弟子筋への宗家転換という形で家元制が存続する。近世から京都に在住した野村家が曲折を経て金剛宗家となったのは、多くは独立した流派の能舞台の拠点化という問題に起因するところが大きい。

おわりに

能楽文学研究会で「実証的」な役割を果たしていながら、能の持つ物語性に強い関心があった久米自身も、吉田東伍との能楽起源説に敗れ、身をひいていく。その他の文学者も同様であり、能のもつ物語性は語られがたくなった。このことは記憶に残る人物と場に付着した戯曲である能の鑑賞が、物語に頼るばかりでなく、実証的歴史と解析的音楽の要素が加わっていく「近代化」の波にさらされていったことを意味する。理系の学者による解析的な音楽の解釈は、経験と口伝、その伝授による継承が、誰でもそれなりにできるスタイルに変わっていく。かつては役者と武家・公家・裕福な町人の占有であった能は、ここで謡曲のみを嗜んでいた「素人」の参画が可能になっていく。

しかしながら、能に参画する以前、「物語の共有」により武家・公家と町人は同一のフェーズに居た。そしてその観客としての共同性が能の劇としての興行を下支えしていた。むろん町人共は白州から、橋掛に出てくる役者と舞台を観た。

一方、能舞台の所有者は将軍家を筆頭に大名家や武家屋敷であり、これらの舞台に各太夫家の役者たちが〝通った〟。舞台所有者がスポンサーであり、役者はいくつものスポンサーの「場」を廻った。

明治になりこれらスポンサーが消滅すると、それに頼っていた役者たちは正規の職を失う。やがて流派毎の舞台をもち、「家元」の舞台として、役者たちはその場に固定されていく。建築構造的には、屋内化した「能楽堂」となり白州が消え、その空間に椅子席が出現する。これを服装の西洋化による変化と考えるのが自然ではあるが、白州へ座らざるを得ない町人が、能への「素人」の参画と共に椅子席へ登ってきたと考えることもできよう。椅子席の後方には、かつて貴賓が座った席が御簾席として形を留めることになった。

流派毎、家元毎に能楽堂を持つ。分散する舞台から流派への集中の構造は、裏返せば能楽堂依存の興行体質を生む。その象徴的事件が伝統的太夫家であった坂戸金剛家の消滅である。火災は不可抗力とはいえ、数度の被災は宗家金剛右京から「場」を奪い、嗣子のいなかった事もあわせ宗家断絶に至る。幕藩期なら江戸市中の舞台を経巡ればよかった興行は、そのものが困難となり断絶の後、京都の金剛家（野村家）を宗家として一世毎に家元会で認証するという措置で、能楽界の五流派体制が維持される。谷崎が居合わせた京都の能楽堂は、金剛右京が引退し、亡くなる三年前のことであった。彼が見たのはそのような「場」が変転していく「陰翳」であった。近代の京都に能の家元が出現するのは、その「場」の構造の変化がもたらした結果としてみることができるのではないか。

（1）谷崎潤一郎『陰翳礼賛』中公文庫、一九七五年。
（2）『梅若実日記』第二巻、八木書店、二〇〇二年、二三六頁、明治二年七月二〇日。
（3）『梅若実日記』第二巻、二二九頁、明治二年六月一二日。
（4）初動、地謡が最初に謡う場面。
（5）切、能の最後の場面をいう。この場合は最初に地謡が謡いだし、いきなり最後の場面へとんだことを意味している。
（6）中入り前の前半部分の場面を省き、天女が舞う序の舞も省き、切部分である最後の場面だけを舞った。
（7）『梅若実日記』第二巻、二三六頁、同日。
（8）池内信嘉の記録では三時間。池内信嘉『能楽盛衰記』下巻、東京創元社、一九九二年復刻版。
（9）『梅若実日記』第二巻、二三六頁、同日。
（10）『梅若実日記』第二巻、一六七頁、明治元年三月一三日。
（11）領地安堵はこの年一一月になって朝廷より安堵。『梅若実日記』第二巻、二〇八頁、明治元年一一月二日。
（12）『梅若実日記』第二巻、一九六頁、明治元年八月一三日。
（13）竹本裕一「久米邦武と能楽復興」『幕末・明治期の国民国家形成と文化変容』新曜社、一九九五年。
（14）吉田東伍、一八六四年生、歴史地理学者、新潟県保田村生、『大日本地名辞書』発刊、「風姿花伝」をはじめとする『世阿弥十六部集』刊行。近代能楽研究の出発点となる。「一時は人の集まりもよく、講演者も多かったが、吉田氏の弱法師の新説が発表されて以来といふものは、荒肝をひしがれた気味があり、話が専門的に細かくなって来たので、浮かと談すのを憚るやうになり、人の集まりも少なくなってきた」池内信嘉『能楽盛衰記』下巻、能楽研究、四頁参照。
（15）『久米邦武歴史著作集』第五巻、吉川弘文館、一九九一年、第一編第一〇「能楽の過去と将来」、明治四四年。

(16) 高浜虚子『志能夫草』、一九一七年二月、愛媛県立図書館虚子文庫蔵。
(17) 高浜虚子前掲書。
(18) 『久米邦武歴史著作集』第五巻、吉川弘文館、一九九一年、第一編第一〇「能楽の過去と将来」、明治四四年。
(19) 山崎楽堂『謡曲拍子講義』わんや書店、一九二一年七月。
(20) 山崎楽堂、一八八五年生、紀州藩士の出。東京帝国大学建築卒。工学士。喜多流謡。葛野流太鼓。地拍子の理論確立。梅若能舞台、細川家能舞台、松平家能舞台（旧染井能楽堂）修復。長男有一郎は横浜能楽堂館長。
(21) 藤井久雄『雞肋抄』一九八三年、七七頁、藤井は観世流職分。
(22) 『久米邦武歴史著作集』第五巻、吉川弘文館、第一編第九「歴史を題材とせる謡曲の価値」、明治四五年。
(23) 久米同書、第二編第五「能は劇か」、明治四〇年。
(24) 久米同書、第二編第三「謡曲の詞と謡と歌」、明治三九年。
(25) 久米同書、第二編第五「能楽は劇か」、明治四〇年。
(26) 久米同書、第二編第六「杜若の唐衣と透額冠」、明治四〇年。
(27) 依田学海『学海日録』第四巻、岩波書店、一九九二年。
(28) 兵藤裕己『演じられた近代』岩波書店、二〇〇五年。
(29) 久米同書、第一編第九「歴史を題材とせる謡曲の価値」、明治四五年。
(30) 能の舞囃子や、鼓や地謡を理解し、みずから舞台をかけるには、相当の稽古を積み、それなりの資金が必要になる。舞台をかけることはただ謡曲を楽しむ町人の趣味の領域ではなかったと推察される。京都からは裕福な町人から役者になる者がでてきたことが宮本圭造『上方能楽史の研究』和泉書院、二〇〇五年に詳しい。
(31) 『久米邦武歴史著作集』第五巻、吉川弘文館、一九九一年、第一編第一〇「能楽の過去と将来」、明治四四年。
(32) 『能・狂言辞典』平凡社、一九九九年版、二八八頁。
(33) 『能楽盛衰記』上巻、一八九頁、町入能、延享二年一一月、九代家重将軍宣、町触。
(34) 『能楽盛衰記』上巻、一九六頁、徳川実記、寛永一八年九月九日、若君誕生、傘を授けられる、五一〇一人、宝生九郎明治三八年談。
(35) 『能楽盛衰記』上巻、一九九頁。

(36) 『能楽盛衰記』上巻、二七八頁、「薪能出仕略図」。
(37) 延宝九辛酉年二月一二日、『御老中御招請日記』岡山大学附属図書館池田家文庫所収。
(38) 宝永七庚寅年一一月一六日、『御老中御招請日記』岡山大学附属図書館池田家文庫所収。
(39) 神原邦男『大名庭園の利用の研究――岡山後楽園と藩主の利用――』吉備人出版、二〇〇三年、岡山大学附属図書館蔵「池田家文庫」の池田綱政当時の「日次記」の翻刻により、元禄の能興行が盛時であった時の実態が明らかにされている。池田綱政は天寿院（千姫）の孫にあたり、徳川将軍家と連枝にあたることもあり、将軍家の政治方針に接近する目的もあり、将軍綱吉とともに能を舞うことを務めたとされる。綱政と能については、西脇藍『岡山藩主池田綱政と「能」』吉備人出版、二〇〇五年に詳しい。
(40) 「町方並寺院能拝覧書付」宝暦九年八月長屋家文書、『松山市史料集』第七巻、一九八六年、一一六七頁。
(41) 「御触書控帳」嘉永七年寅二月、『松山市史料集』第四巻、四九頁。
(42) 「嘉永七年和気郡姫原村寅歳諸御用日記」、『松山市史料集』第六巻、一六三頁。
(43) 京都府立総合資料館蔵、土山家文書『天明五巳年四月ヨリ　御能札後帳　五月七日御能』。
(44) 五島邦治「御戸代神事と猿楽能」『上賀茂のもり・やしろ・まつり』思文閣出版、二〇〇六年所収。
(45) 宮本圭造『上方能楽史の研究』和泉書院、二〇〇五年には、京都の町人層で元禄前後に能の流行があり、その町役者の中から江戸中期以降の京都の能界を担う家系が成立することを指摘している。これらは、近代を経て今日の京都の能をになう家系となっていく。それらは、片山（現観世流片山家）、土肥、川勝、野村（現金剛流金剛家）、寺田という家である。
(46) 故池内信嘉遺稿『能楽逸話』今様能といふもの、協和書院、一九三六年二月。
(47) 『梅若実日記』第一巻。
(48) 「江戸城御本丸御表御中奥御殿向御櫓御多門共惣絵図」東京市史稿所収。
(49) 「播州姫路城図」中根家蔵、『よみがえる日本の城四　姫路城』学習研究社、二〇〇四年所収。
(50) 「高津原屋敷図」佐賀県立図書館蔵、『よみがえる日本の城二　肥前名護屋城』学習研究社、二〇〇五年所収。
(51) 「二条御城城中絵図」中井家蔵、『よみがえる日本の城一九　二条城』学習研究社、二〇〇五年所収。
(52) 元禄一三庚辰年三月御改、『御城内御絵図』岡山大学附属図書館池田家文庫所収。

(53) 宝永四丁亥年九月二一日、『日次記』岡山大学附属図書館池田家文庫所収。
(54) 寛保四甲子年三月、棟梁鳥羽六郎右衛門、安永六丁酉年八月、「御住居替改」、棟梁同治郎右衛門、岡山大学附属図書館池田家文庫所収。
(55) 延宝九辛酉年二月一二日、『御老中御招請日記』、C‐6、54、岡山大学附属図書館池田家文庫所収。
(56) 藤岡通夫『京都御所』中央公論美術出版、一九六七年、二一頁「寛永度御造営内裏指図」、二七頁「延宝度御造営内裏指図」。
(57) 『松山城』松山市役所、一九七〇年。あるいは『松山城三ノ丸図』松山市立子規記念博物館蔵。
(58) 『梅若実日記』第一巻、明治三年の記録。
(59) 『能・狂言事典』平凡社、一九九九年版、能狂言史年表より。
(60) 奥富利幸「明治初期における能楽堂誕生の経緯」日本建築学会計画系論文集、第五六五号、二〇〇三年、三三七～三四二頁。
(61) 奥富利幸「宮中能楽場からみた能楽堂の近代化について」日本建築学会計画系論文集、第六一九号、二〇〇七年、一八一～一八五頁。
(62) 金剛右京談、三宅襄聞書『能楽芸話』檜書店、一九七一年。

京都の初期博覧会における「古美術」

並木誠士

はじめに

近代美術についての研究は、この二〇年ほどの間に格段の進歩を遂げた。一九九〇年代から相次いで登場したいくつかの仕事は、「美術」が近代の産物であることを明確に示し、それにまつわるさまざまな制度・用語・装置もまた近代社会のなかで形成されてきたことを具体的に提示してきた。(1)フェノロサや岡倉天心といった従来から注目を集めていた人びとに加え、町田久成、蜷川式胤といった人びとの業績もつぎつぎに明らかにされていった。(2)

このような近年の傾向は近代研究にとって好ましいことではあるが、同時に手放しで喜べない状況をも生み出している。それは、ここで語られていることの多くは東京での出来事であり、同時代における他の地域、とくに京都の動向に関する視点が明らかに欠落しているという点である。

たしかに首都である東京におけるさまざまな状況は、明治新政府の方針を直接的に反映するものとして、近代美術研究の中心的な対象であることは否定できない。しかし、幕府が江戸に移ったとはいえ、京都は御所を擁し、平安時代以来の伝統を伝える「都」として、東京の国家主導的な体制づくりとは異なったあり方で近代を迎えている。そして、その有り様は東京だけではなく、他の都市とも異なる京都の特性であった。

そのような京都の特性を考えると、明治五年（一八七二）の東京湯島聖堂における文部省博覧会に対する明治四年の京都博覧会、明治一二年に開校した東京美術学校に対する明治一三年開校の京都府画学校というように、形式や規模に相違はあるものの、博覧会、美術学校という近代美術を考えるうえで重要な二大要素において、いずれも京都が先行しているという事実は、重要な意味をもっていることがわかるだろう。博覧会や美術学校というシステムを誰がどのように企画し、利用したかという点も含めて、東京とは異なる京都の動きは、近代研究にとっても重要な視点になると思われる。

本稿では、近代美術を京都という場から考える試みのひとつとして、明治四年の京都博覧会と明治五年の第一回京都博覧会をとりあげて、その意義と、とくにそこにおける「古美術」の位相について考えてみたい(3)。まず、第一節で、明治初期の博覧会と「古美術」をめぐる状況を概観したうえで、第二節で、明治四年の京都博覧会（以下、京都博と略す）開催の経緯とそこにおける「古美術」を、第三節では、まず明治五年の第一回京都博覧会（以下、第一回博と略す）開催の経緯を概観し、その後、京都博と比較しつつ、第一回博の「古美術」のあり方を考えてみたい。なお、ここでいう「古美術」とは、のちに詳述するように、同時代作家の作品ではなく、前時代つまり、江戸時代までの「美術」を指す。ここで「古美術」について注目する理由は、やはり後述するように、まさにこの明治四、五年頃から「古美術」をめぐる状況が大きく変わってくるからである。

一　明治初期の博覧会と「古美術」——問題提起として——

(一)明治初期の博覧会をめぐる動向

まずはじめに、明治初期の博覧会をめぐる動向を概観してみたい。

一般に、わが国で最初の「博覧会」として語られることが多いのは、明治五年(一八七二)三月に文部省博物局が湯島聖堂で開催した博覧会である。そして、その博覧会を準備したものとして、明治四年五月に東京九段の招魂社境内で開催された大学南校による物産会をあげることが多い。明治二年に人文・社会系の研究教育機関として設置された大学南校にしても、そして、言うまでもなく文部省博物局にしても、いずれも政府の機関である。つまり、これらのイベントは、いずれも政府によりおこなわれたものであることは明らかである。

明治五年の博覧会は、翌年のウィーン万国博覧会参加の準備的な位置づけであったが、そのこと自体が国策としての博覧会運営をものがたっている。つまり、万国博覧会への参加とそれに向けての準備とは、国際社会のなかに日本を定位しようとする政府の対外政策の一環であり、同時に国内に向けては殖産興業というスローガンの実現に向けての具体的な対応策でもあった。そして、この流れを受けて、明治六年四月には、東京内山下町に設立された博物館を会場に文部省博覧会が開催されるにいたる。この文部省博覧会は、明治七年にもおなじ内山下町の博物館で開催されている。このような流れは、明治一〇年の第一回内国勧業博覧会にいたり、ひとつのピークを迎えると言ってよいだろう。以降、明治政府は、海外での万国博覧会を視野に入れつつ、国内での、というよりは東京での博覧会を続けてゆくことになる。たしかに、国威・国益のための博覧会という面から考えれば、東京を舞台とするこれらの博覧会が、博覧会史の中心テーマになることは必然的だろう。

しかし、この時期に博覧会をおこなったのは、かならずしも東京だけではなかった。本論で話題にする京都は言うまでもなく、明治四年には名古屋の総見寺で、また、翌明治五年には金沢、和歌山や広島の厳島などで博覧会が開催されている。それぞれの博覧会は、会場、集客などの規模という点で、東京のそれには及ばないものもあるが、博覧会という新時代にうみ出されたイベントの実践という点では同列に論じるべきものである。(4)

東京における一連の博覧会は、国策としての博覧会という点で、確かにこの時代を語る際に欠かすことのできないイベントではあるが、博覧会史として、それだけを語るということは、日本の近代化における地方の位置を軽視することにつながりかねない。このような傾向は、近代以降の東京中心主義の悪弊と言ってもよいだろう。一九九〇年代から現代までの近代美術研究は、まさに基礎資料を収集・整理し、分析してゆく時期にあたっており、おそらく研究史的には、いまだ揺籃期である。しかも、先述したように、「美術」というもの自体が国家とのかかわりで整備されていったということを考えれば、この時期に東京中心の視座で近代美術についての研究が進められるのはやむを得ないことではある。そして、近年の博覧会史もまた、このような近代美術研究の動向をまさしく反映しているのである。しかし、言うまでもなく、近代美術は、政府主導のシステムだけから生み出されたものではない。近代美術の豊饒さを再認識するためにも、東京一極集中主義に陥らない研究が必要だろう。このような観点から、本論では京都の博覧会をあつかうが、もちろん、京都だけではなく、それぞれの地方、都市における博覧会が検討されるべきであることは言うまでもない(5)。

石井研堂の『明治事物起源』に記されている「明治四、五年頃より十年頃までは、都鄙ともに博覧会の大流行だった(6)」という一節は、わが国の最初期の博覧会が明治の四年、五年という時期であったことを示すと同時に、「都鄙ともに」という一節から、東京以外でも博覧会がつぎつぎとおこなわれていたことが認識されていたことは示している。しかし、ここで問題としたいのは「都鄙」の二元対比のなかで、東京以外の都市における博覧会がすべて一括りになっている点である。このような捉え方からは、それぞれの都市がその特性から必然的に博覧会を求めていたことについての視点がまったく欠落することになる。そして、このような捉え方が現代にまで継続しているために、先述したような京都の特性もまた、ここでは「府県の博覧会(7)」のなかに埋没してしまうのである。

ここで、本論の立場を明確にするために、東京と比較をしたときのこの時期の京都の状況を見ておこう。図式的な枠組みを示せば、東京の場合は、前述のように、明治新政府の殖産興業というスローガン実現のため、なによりも万国博覧会というワールドワイドなイベントに向けての博覧会運営が試みられた。つまり、不平等条約の改正に象徴されるような国力の充実のために、博覧会もまた国策として整備されていったのである。

一方で、京都の場合は、東京のように対外的な要請から博覧会を実施する必要は直接的にはなかったと言ってよいだろう。京都においては、東京遷都に象徴される新たな局面にあたって、京都の町の活力をいかに維持し、発展できるのかということが、緊急の課題であった。とくに、御所を中心とする宮廷文化とともに発展してきた伝統産業の維持が現実的には最大の課題になっていた。つまり、友禅染、西陣織、清水焼といった伝統産業が町の基幹産業として存続し、そのような地場産業の保護・育成が博覧会開催にあたって大きく意識されていたという点が東京との決定的な相違であった。そして、地場産業と密接に結びついているということは、博覧会を開催するという意志が必然的に土地の人びとと密接に結びついていたことを示している。

明治初期の各府県の博覧会を見ると、そこには大なり小なり地元の有志が参画している。彼らは地方の名士であったり、地場産業の担い手であったりするわけだが、そのような人びとが博覧会を求めた理由について考えることにより、当時の人びとが博覧会という新種の大規模なイベントに何を期待していたのかということが見えてくるはずである。この点については、今後の博覧会研究においても自覚しておく必要があるだろう。(8)

話を京都に戻せば、産業との結びつきが強いこと、そのために、そこに住する人びととの結びつきもまた強いことが、東京と比較したときの京都における博覧会の大きな特徴であった。また、遷都という事態の直接的な影響を受けているという点で東京や他の都市とはまったく異なる様相を示すという点も特徴として指摘しておくべきだろう。つまり、この時期に東京に先駆けて博覧会を開催した京都のあり方は、近代におけるひとつの個性ある状況として、十分に考察すべき必然性があるのである。もちろん、この一連の京都博覧会の目標に対外的な視点が鮮明に意識されているわけではない、しかし、だからといって博覧会を国策の視点からだけで語るのは間違っているだろう。

(2)明治初期における「古美術」

つぎに初期博覧会のなかで「美術」、とくに「古美術」の占める位置について考えてみたい。

初期博覧会を考えるうえで、そこにおける「美術」の位置は非常に重要な問題である。

すでに指摘されているように、そもそも「美術」という語は、明治六年のウィーン万国博覧会の出品規定を翻訳する際に誕生した(9)。また、わが国で最初の美術館の登場は、明治一〇年の第一回内国勧業博覧会での出来事であった。そもそも博覧会における「美術」は、新製品製作のために過去の優れたものを見せるという啓蒙的な意味を有していた。つまり、博覧会を考える際に、「美術」は欠かすことのできないテーマなのである。そして、博覧会に関してまずあつかわれるのは、過去の優れたものという点で、必然的に「古美術」であった。もちろん、本論で問題としているのは、まさに「美術」という概念と用語が登場しようとしている時期なので、「古美術」という語ももちろん誕生していない。ここでは、まず、この時期に、同時代のものではなく過去に制作された書画や工芸品をどのように語り、どのように博覧会に取りあげていたかを、東京での例から見てみたい。

明治四年四月に大学が「集古館建設」を文部省に進言しており、それを受けて明治四年五月一四日から七日間にわたりおこなわれた大学南校による物産会では、「古物之部」という分類がなされている。しかし、ここであつかわれているのは銅鏡などの出土品や古銭であり、のちに「美術」と呼ばれるような書画あるいは工芸品の類は出品されていない。「陶器の部」もあるが、ここでは、各産地の陶磁器を見本的に並べているという性格が強い。わずかに「雑の部」に蜷川式胤出品の「業平画像　古画模写」や高橋由一出品の「油画額」が載せられているにすぎない。(10)

また、明治四年五月二三日に新政府は太政官布告により「古器旧物」の保存を宣言する。ここで列挙されている三一項目におよぶ「古器旧物」のなかで、いわゆる「古美術」のうち絵画にあたる項目としては、まず「古書画之部」をあげることができる。そこには具体的な内容として「名物、肖像、掛幅、巻軸、手鑑等」と記されている。分類の次元が統一されていないという点に、この時期の未整理なあり方が端的に示されている。また、「屋内諸具之部」も設けられており、ここには灯燭類などとならんで「房室諸具、屛障類」が記されている。襖絵、屛風絵などはここに含まれている可能性もある。この「古器旧物」という語は、翌明治五年一月に、博覧会開催に関して出された文部省布達にも用いられている。また、明治五年からおこなわれた社寺宝物調査（壬申調査）にあたって、調査に参加した蜷川式胤に出された「出張の心得」および「辞令」には、「宝物」「古器物」「古器」といった語が見られる。そして、その際の報告書は、『壬申検査古器物目録』となっている。(11)

これらの例から見ると、この時期にはかならずしも一定した語が用いられていたわけではないことがわかる。まず、「古物」あるいは「古器」というように「古いもの」という規定をしたうえで、その下位概念として、従来用いられている呼称をそのまま並べているという状況だったようだ。

このように、明治四〜五年という時期は、明治新政府によるいわゆる「古美術」保存の初期的段階である。つまり、京都博、第一回博が開催されたまさにその時期に、「古美術」が調査され、何を保存するべきかが模索されていたのである。そして、保存すべきものが奈良・京都に多く存しているという認識も当然のことながらあったと考えるべきだろう。実際、蜷川が参加した「壬申調査」では、明治五年六月末から八月初めにかけて東寺、清水寺、知恩院など京都の数多くの社寺の宝物調査をおこなっている。(12)この調査そのものは、第一回博終了後におこなわれたものであるが、このような政府の一連の方針は、当然京都における博覧会開催にも何らかの影響を及ぼしたと考えてよいだろう。

二　明治四年　京都博覧会

(一)開催の経緯とその後

明治初期の京都の博覧会を語る資料は限られている。おもなものとしては、『京都博覧会沿革誌』(以下、『沿革誌』と略す、京都博覧協会編纂、明治三六年)、大槻喬編『京都博覧協会史略』(以下、『史略』と略す、京都博覧協会発行、昭和一二年)および出品目録(13)があるだけと言ってよい。

まず、『沿革誌』編纂の意図について概観してみたい。明治三五年一〇月の金子錦二による緒言には、京都が「全国ニ率先シテ」博覧会を開設したことが語られたうえで、第五回内国勧業博覧会(明治三六年、大阪)が開催される時期にあたり、「歴年ノ沿革ヲ編纂」することになり、記録をさまざまに補いつつ「事蹟ヲ整」えて『沿革誌』を編纂したことが記されている。なお、『史略』の記述は原則として、先行する『沿革誌』の内容を踏襲している。

ここで注意する必要があるのは、『沿革誌』を編纂した立場が、全国ではじめて博覧会を開催した京都の地で、以後継続的に博覧会を続けている京都博覧会社(のちに京都博覧協会と改称)がみずからの沿革をとりまとめるというものであった点である。したがって、京都博、第一回博の位置づけについては、上記の立場から、開催後三〇年を経た時点で整合的に捉えようとしているという側面を考慮に入れておく必要があるだろう。その点に留意したうえで、ここでは『沿革誌』によりながら、まず、明治四年の京都博開催の経緯について見てゆきたい。

明治政府が成立した明治元年四月に京都府が成立し、初代府知事の長谷信篤が就任した。一方、天皇以下の東京移転も徐々に、しかし着実に進められ、明治二年には東京遷都が決定的となった。このことが京都市民に与えた衝撃の大きさは想像を超えるものがあったと考えられる。精神的なダメージももちろん大きかったと思われるが、現実的には、天皇周辺のさまざまな調度、道具類を製作していた産業界のダメージが大きかったということもまた事実であった。このような産業界の危機的な状況を打破する手段のひとつとして博覧会が企画された。

『沿革誌』によると、展覧会が挙行されるにいたった経緯は「一ハ知識材藝ヲ啓開スルノ導線トナシ　一ハ満都衰色ヲ復活スルノ機器《ママ》トナサント」というものであった。この京都博の企画を打ち出し、会主として事業を推進した中心人物は、三井八郎右衛門、小野善助、熊谷直孝の三名であった。「新時代には新時代に即する産業があるべき筈である」(『史略』「緒言」)という観点、つまり、皇室ご用という旧来の産業に依拠しない新しい産業を模索し、確立しようとする試みであった。「消極から積極へ、老いたる京都から若き京都へ、保守的な京都から近代的な京都へ、位負けの京都から捲土重来の京都へ」(『史略』「緒言」)という威勢の良い一文にこの時期の京都の人びとの動きを読み取ることができる。

さらに『史略』「緒言」には、博覧会の目的が「文化の向上、美術の振作、古典の復興、観光の宣伝」と記されている。このような見解は、歴史都市として京都を定位しようとする後代からの意義の後付けという感は否めないが、いずれにしても、東京遷都という未曾有の危機に直面した京都の人びとが起死回生の試みとして博覧会を企画したことは想像に難くない。このような点からも、京都博が地場の動向と結びついて成立したことがわかるだろう。

ここで、中心的位置を占めた三人について簡単に見ておこう。

三井八郎右衛門(一八〇八～八五)は、京都生まれ。三井銀行、三井物産の生みの親ともいえる三井家八代目当主で、一三代八郎右衛門を称した。明治新政府の政商筆頭になり、三井財閥の基礎を築いた。王政復古とともに新政府に協力し、朝廷に巨額の献金をしたことでも知られる。

小野善助（一八三一〜八七）は、近江出身で金融業を営む井筒屋の京都本家の当主。三井家とはライバル的な関係にあり、ともに明治二年には、新政府の為替方になり、明治七年には第一国立銀行の開設に関与したが、やがて経営的に破綻することになる。

熊谷直孝（一八一七〜七五）は、京都の鳩居堂七代目当主で、幕末には勤王家として知られた。明治二年には、京都に、日本で最初の小学校である上京第二十七番組小学校を作るなど、京都の近代化に積極的に貢献した。

この三人は明治四年に成立した京都博覧会社の会主にも名を連ねているが、博覧会開催と相前後する時期に三井と小野は拠点を東京に移すことになる。

この三人が博覧会へ資金を供出し、府知事長谷信篤が中心となり、博覧会が西本願寺の書院を会場に開催されたのが、明治四年陰暦の一〇月一〇日であり、一一月一一日までの会期で、一一、〇〇〇人を超える入場者があったという。『沿革誌』によると、国内製品が一六六点、中国（清国）製品が一三一点、ヨーロッパ製品が三九点で合計三三六点のさまざまな「モノ」が展示された。そして、純利益二六六両二分一朱をあげるという盛況であった。この京都博が、興行的には採算のとれたイベントであったという点については、記憶にとどめておく必要があるだろう。

しかし、この京都博覧会について、『沿革誌』には、「然レトモ、此時陳列スルモノ悉ク皆古物ニ止リテ骨董会ノ感ナキニアルズ、故ニ創立ノ名ヲ存シテ今回ノ回数ヲ算セザルモノナリ」と記されている。さらに、翌明治五年の第一回博のために京都府知事が出した布達には、京都博について「日数限リアリテ未タ其趣意ヲ尽サス」「古器ノ蒐集ニ止マレルヲ以テ短日支ニ之ヲ閉鎖」したと記されており、また『史略』にも「古物或は骨董会の感があって、所謂新時代の産業振興といふ角度から視ると凡そ縁遠い存在でしかあり得なかった」と言われている。つまり、京都博は、準備にもあまり時間をかけることができず、「古器」「古物」を集めただけに終わり、産業振興という当初の目的から考えると、骨董会のようなものでしかなかったと位置づけられている。実際に、京都博後に発足する京都博覧会社は、翌明治五年の博覧会を第一回京都博覧会と称して、明治四年の博覧会をカウントしないという立場をとっている。つまり、すくなくとも協会内部の視点からは、京都博は失敗として捉えられていたのである。この背景には、京都博覧会社が設立された明治五年の第一回博からカウントしたいという協会側の意図を感じることができる。そして、上記のような内容が、明治四年の京都博覧会を語るときにかならず引用されることにより、「明治四年の京都博覧会＝骨董会＝失敗」という図式が流通していると考えてよいだろう。

つまり、興行的には成功であったとはいえ、京都博覧協会の立場からすると京都博を博覧会と認めることはできなかったということがわかる。『史略』に載せられた、「内国製品百六十六点は、武具、古銭、古書画、珍石、古陶器等を以て殆ど全部を占め、鹿の孕み子、両頭の蛇など縁日の見世物に等しい」という「古老の談」を信じれば、「骨董会」と呼ばれた理由は、「古美術」だけの問題ではないようだが、いずれにしても、京都博の特色を明らかにするためには、どのような点で「骨董会ノ感」があり、それに対して望まれた博覧会とはどのようなものであったのかを明らかにする必要があることがわかるだろう。

(2)京都博覧会における古美術

それでは、「骨董会」と称されることになる京都博の出品作品はどのようなものであったのだろうか。出品目録からおもに絵画を対象に抜き出して検討を加えてみたい。その前に、どのように出品が要請されているかを見ておこう。

『史略』に収録されている「勧誘状」によると「和漢古器珍品ヲ書院ニ陳列シ」と記されている。この勧誘状を見る限り、東京での博覧会のように「古器」「古物」に接することが新製品製作のための資料になるというある種啓蒙的な観点は設定されていないことがわかる。このように出品を促された京都の人びとが、所持する書画を出したことになる。そこには審査制度もなく、希望者は自由に出品できたように見受けられる。そして、その結果として「小楠公の冑、左甚五郎作鞍、空海、慈鎮、信長、秀吉、家康、清正等の書、鳥羽僧正、信玄、又平等の画、及東京滝野川紅葉の写真等が記録に残されている」(『史略』)という展示になった。そして、さきにも引用したように「内国製品百六十六点は、武具、古銭、古書画、珍石、古陶器等を以て殆ど全部を占め」ていたと記されている(『史略』)。ちなみに、出品者のなかには会主をつとめた小野、三井もいる。また、『史略』にも触れられているように「蜷川氏」出品の「東京滝野川紅葉の写真」がある。これは蜷川式胤が横山松三郎に撮らせた写真である可能性が高く、そうであれば、京都出身の蜷川は京都博を見ていたことも考えられる。明治二年に東京に出仕した蜷川は、まさにこの時期に東京で大学南校物産会や文部省博物局博覧会に携わっている。そのような立場の蜷川が故郷の京都で開催された博覧会に関心を示さなかったとは思えない。京都博の様子は、蜷川を通して東京の博覧会関係者に伝えられたと考えてよいだろう。

それでは、この京都博の「古美術」について、出品目録から読み取れることをまとめてみよう。

京都博における出品物は、「皇国(日本)」「西洋」「支那(中国)」に分けて展示されている。「古美術」もそれにしたがっているが、「古美術」のなかでも絵画は中国画家のものが多い。(14)

京都博の出品リストにおける「古美術」を見て、まず気がつくことは、社寺による出品がほとんどないという点である。言うまでもなく、京都には多くの社寺があり、それぞれに虫干しや開帳というかたちで所蔵する絵画が公開される場合もあり、また、什宝として名所図絵的なものに収録されているものも多かった。そのような、ある意味で人びとの耳目に触れていた絵画がまったく出品されていなかった点を第一の特徴としてあげることができる。もちろん京都では書画会的な催しはさかんにおこなわれていたため、そこで披瀝されたことはあったと考えてよいだろうが、ここに出品されている個人所蔵の書画は、公的にはあまり公開されることのなかった絵画であった可能性が高いのである。

この出品リストを見て気づく第二の点は、現時点（二〇〇八年時点）において存在が確認できる作品に該当すると考えられる絵画がほとんど収録されていないという点である。管見の限り、すくなくとも文化財指定を受けているような作品は、西本願寺の障壁画群をのぞいては見られない。このことは、京都博に出品されている絵画が、現在「名品」として宣伝されているような作品ではないということを示している。博覧会開催とほぼ並行しておこなわれている古美術調査がおもに社寺の什宝を対象としていることと対比させて考えても、京都博は骨董的という印象があったのではないだろうか。また、『沿革誌』を編纂している明治三〇年代は「日本美術史」が整備され、帝国博物館が設置されるというように、国家の歴史を語るにふさわしい「名品」が定められてゆく時期である。その点から見ても「名品」の基準から漏れた京都博の出品作品は「骨董会」と言わざるをえないものであったと考えられる。(15)

そのようななかで、会場である西本願寺の障壁画類が出品作品と同列に扱われていることには注目する必要がある。

西本願寺を会場にすることがどのような経緯で決まったかは『沿革誌』も触れておらず、その障壁画が出品物とともに併記されている理由についても記されていない。したがって、ここではあくまでも推測するしかないが、目録の詳細な記述から考えても、西本願寺の障壁画類は、たんに展示の背景として存在したとは考えられない。むしろ、この京都博におけるひとつの目玉であったのではないだろうか。

次節では、明治五年の第一回博を検討してみたい。

三　明治五年　第一回京都博覧会

(一)開催の経緯と京都博覧会社

明治四年一一月に京都博が、すくなくとも収支的には成功裡に終わった後、博覧会を継続的に開催することを目的として、京都博覧会社が設立された。

『沿革誌』に収録されている第一回博のための京都府知事の布達によると、明治四年の京都博は「日数限リアリテ未タ其趣意ヲ尽サ」なかった。この点について『沿革誌』には、「古器ノ蒐集ニ止マレルヲ以テ短日支ニ之ヲ閉鎖」し、そのために、「同志ヲ協合シテ一ノ会社ヲ組織」したのが京都博覧会社であると記されている。会社設立の目的は、博覧会の内容整備という面も大きかったと考えられるが、同時に、興行的に成功の見込める博覧会を継続的に実施するという側面も強かったと考えてよいだろう。当時の京都府知事長谷信篤も全面的に協力し、京都府からも職員を出して、まさに「官民一致」して博覧会の継続的開催をはかっている。京都府の吏員から、典事西尾為忠、権典事木村正幹などが協会御用掛に参画し、同じく御用掛に「京都市民」として、会主にさきの三人、つまり三井、小野、熊谷が、大年寄に熊谷以下五名が名を連ねている。

明治四年中には早くも翌春の博覧会のために京都府知事が布達を出しており、そこでは、人工物については、「織物、塗物、彫物、染物、組物、絲物、金物、鋳物、陶器其外奇品妙品」を列ねることの意図が示される。このような具体的な記述から、伝統工芸も含めてさまざまな分野での出品を促すことにより、地場産業の発展を図ろうとしていることが推測できる。また、博覧会稟告には「天産ノ器物ヲ集メ遍ク人造ノ妙器ヲ列ス」とある。出品勧誘の段階で京都博に比して具体的になると同時に、すでに啓蒙的な要素が強く前面に打ち出されているこ

図　第一回京都博覧会知恩院会場　イラストレーテッド・ロンドン・ニューズ（尼崎市教育委員会所蔵）

とが明らかになる。このことは、京都博との対比で注目しておく必要があるだろう。

博覧会は明治五年の三月一〇日から五〇日間にわたり開催され、出品物は総計二、四八五点にのぼった。会場は、西本願寺対面所、白書院、黒書院、建仁寺方丈、知恩院大方丈、小方丈である。外国人の入京についての許可が申請されたり、「都踊ノ開創」「東山名所踊」「能楽ノ興行」など附博覧会と呼ばれるさまざまな催しがおこなわれた。また、天皇の臨幸を賜り、買い上げの栄誉に浴するということもあり、博覧会としての華々しさは、前年の京都博の比ではなかったことがわかる。つまり、博覧会としての規模や形式的整備、あるいは周辺の整備とそれによる波及効果という点で、あきらかに第一回博は協会の意向を満足させるものであったと思われる。

『沿革誌』の緒言にも、さきに引用した「然レドモ当年（明治四年）事業忽率ニ出テ設備全ク充実セリト謂ハズ」に続き、明治五年の第一回博にいたり、外国人に門戸を開き、天皇陛下の臨幸を賜ったことが記されている。博覧会の恒常化、レベルの向上、京都の活性化という目的のために設立され、三〇年間博覧会を継続してきた協会の側からすれば、明治四年の京都博は、博覧会としての体をなしていなかったということであり、そのために、この京都博については、カウントしないという論理が確立したことがわかる。明治五年の時点では、協会発足後の最初の博覧会という意味での「第一回」という呼称であったと思われるが、『沿革誌』編纂の時点では、明治五年を京都の博覧会の第一回と明確に位置づけると同時に、京都博を「骨董会」的として切り捨ててゆくという方向に向かっていったと考えてよいだろう。

(2)第一回京都博覧会における古美術

明治五年の第一回京都博における古美術について、出品目録にもとづいて明治四年の京都博と比較しながら、その特徴を考えてみたい。(16)

「古美術」関係としては、西本願寺に「新古書画、錦絵」、建仁寺に「新古器物」「細工物」があり、この展示区分に関しては、ジャンルが優先され、「新」つまり同時代の制作品と「古」は区別されていなかったことがわかる。ジャンルを優先する展示区分がすでに、この第一回博の形式的整備をものがたっている。

第一回博の「古美術」に関して京都博と異なる第一の点は、社寺所蔵の品々が出陳されていることである。京都府下では、仁和寺、大徳寺、相国寺などがあげられるが、そのほか「聖武天皇御寄附花鳥屏風一双」を出品している南都東大寺のように、他府県の社寺から出品されている例も、多くはないがあげることができる。社寺からの出品は「新古書画」に限らず認められるが、いわゆる「古美術」の占める割合は大きい。このような傾向は、社寺の所蔵する「古美術」を「古器旧物」としてリストアップし、保存してゆこうとする明治新政府の方針とまったく無縁ではないだろう。先述したように、この時期には新政府が、なにを保存すべきかを模索しており、社寺の側からも、所蔵の「古美術」を世に問いたいという気運が高まっていた可能性がある。

また、ここに出品されている絵画は、相国寺が出した「若冲画三十幅」のように、現存する作品との対応が可能なものが認められる。相国寺の「若冲画三十幅」は、伊藤若冲（一七一六～一八〇〇）が一七五七年から一七六六年にかけて相国寺に寄進した作品であり、明治二一年に皇室に献上され、現在では宮内庁三の丸尚蔵館の所蔵になっている。一般に動植綵絵と呼ばれるこの作品は、相国寺で明和六年（一七六九）以降、毎年六月一七日の懺法講で方丈に掛け並べており、ある程度京都の町では目に馴染んでいたものであった。なお、この動植綵絵は、『明治天皇紀』明治二一年三月一五日条により、廃仏毀釈により窮乏した相国寺が皇室からの保護を受けるために献上し、「寺門保存費」として一万円をもらい受けたことがわかっている。(17)第一回博は明治天皇の臨幸を賜っているため、そのときに見た動植綵絵の記憶が明治天皇にあった可能性もある。なお、この動植綵絵は、明治五年夏の壬申調査の折にも調査されており、蜷川式胤は、その時の記録に「若冲三十巾、甚奇也、三尺巾」と記している。

動植綵絵のほかにも、高山寺所蔵の華厳縁起（華厳宗祖師絵伝）、東福寺所蔵の伝雪舟筆の東福寺伽藍図、円満院所蔵の円山応挙筆牡丹孔雀図など、現在、国宝・重要文化財などに指定されていたり、社寺の什宝の代表的存在として知られている作品が出品されている。

以上のように、第一回博においては、社寺伝来の、つまりある程度、由緒、伝来の明らかな「古美術」が多く出品されていたことがわかる。このような変化により、骨董会のようであった京都博の印象が払拭されることになったのであろう。この変化の理由を具体的に文書類から追跡することはできないが、前述したような政府あげての古美術保護政策がまさに実施されはじめた時期であることを考えると、第一回博での出品作品選択にあたっては、なんらかの「指導」があったことは推測可能である。そのことは、ジャンルを優先させる展示区分からも見て取ることができるだろう。

おわりに　近代京都における初期博覧会の古美術

これまでの考察から推測できることを結論としてまとめておきたい。

前述のように、初期の京都博覧会を語る資料の数は少ない。その限られた資料のなかの「古美術」に焦点をあてて両博覧会の相違を考えた結果、展示される「古美術」の質が変わったことが指摘できた。具体的には、個人所蔵の来歴が明確でないものから、寺社が所蔵する伝来のはっきりとした什宝類へと大勢がシフトしているのである。京都の寺社が所蔵している「古美術」類は、京都の人びとにとって目に馴染んだものであっても、博覧会を訪れる人びとを視野に入れれば、それは見せるべき「価値」のあるものであったと考えられる。そして、その変化には、政府が進める古美術保護政策が影響を与えている可能性を考えることができる。つまり、新政府の布告や社寺の宝物調査を通して、守るべきものが定められ、それが価値づけられてゆくという流れが生まれ、その流れを直接的に受けて、出品された古美術が変化したと考えられる。そして、そのような変化を感じ取ったからこそ、京都博覧協会は、京都博覧会を「骨董会」というような評語で葬ろうとしたのではないだろうか。

『沿革誌』緒言では、「全国相競フテ博覧共進ノ諸会ヲ起シ、以テ今日邦家ノ隆盛ヲ見ルニ至レルモノ究竟我京都ガ有益ナル博覧会ヲ創設セルニ基因シタリト誇称」している。それだからこそ、「骨董会」的な京都博よりは、第一回博を前面に出して語ることが常套化されたのだろう。つまり、京都博と第一回博に出品されている「古美術」の変化には、新政府の方針を感じ、くみ取った京都側の方針転換が端的にあらわれているのである。そして、このような京都の博覧会の傾向は、大枠としては明治一〇年代まで続くことになるのである。

（1）北澤憲昭『眼の神殿――「美術」受容史ノート――』美術出版社、一九九〇年。
吉見俊哉『博覧会の政治学――まなざしの近代――』中公新書一〇九〇、中央公論社、一九九二年。

木下直之『美術という見世物――油絵茶屋の時代――』平凡社、一九九三年。

佐藤道信『「日本美術」誕生――近代日本の「ことば」と戦略――』講談社メチエ九二、講談社、一九九六年。

佐藤道信『明治国家と近代美術――美の政治学――』吉川弘文館、一九九九年。

北澤憲昭『境界の美術史「美術」形成史ノート』ブリュッケ、二〇〇〇年。

鈴木廣之『好古家たちの一九世紀――幕末明治における《物》のアルケオロジ――』吉川弘文館、二〇〇三年。

（2）関秀夫『博物館の誕生――町田久成と東京帝室博物館――』岩波新書、二〇〇五年。
米崎清美『蜷川式胤「奈良の筋道」』中央公論美術出版、二〇〇四年。

（3）後述するように、明治四年に京都博覧会が開催されるが、その年に京都博覧会社（のちの京都博覧協会）が発足し、翌明治五年にあらためて第一回の京都博覧会を開催している。

（4）東京文化財研究所編『明治期府県博覧会出品目録　明治四年～九年』二〇〇四年。明治初期の全国の博覧会については、同書所収の解説に詳しい。

（5）京都の博覧会をあつかった数少ない論文のひとつに丸山宏「明治初期の京都博覧会」吉田光邦編『万国博覧会の研究』思文閣出版、一九八六年がある。

（6）石井研堂『明治事物起原6』ちくま学芸文庫、ちくま書房、一九九七年。

（7）（4）前掲書、また、鈴木廣之前掲書。

（8）P・F・コーニッキー「明治五年の和歌山博覧会とその周辺」吉田光邦編『万国博覧会の研究』思文閣出版、一九八六年などに地方における博覧会開催の経緯が語られるが、その数は少ない。二〇〇七年秋に石川県立歴史博物館で開催された「石川のお宝史――名宝から文化財へ――」では、明治五年に兼六園で開催された博覧会、および明治七年開催の金沢博覧会について紹介している。

（9）（1）にあげた諸書であつかわれるが、とくに佐藤道信『「日本美術」誕生――近代日本の「ことば」と戦略――』講談社メチエ九二、講談社、一九九六年に詳しい。

（10）（4）前掲書。

(11) 米崎清美前掲書。
(12) 米澤清美前掲書。
(13) (4)前掲書には、明治四年の京都博について、大阪府立中之島図書館蔵の「博覧会目録」から出品作品があげられている。なお、筆者は、尼崎市教育委員会所蔵の「博覧会目録」に関しての調査をおこなった。
(14) 目録から明らかに「古美術」とわかる絵画(「古画」)は三八点であり、そのうち一〇点が「皇国部」であり、のこりは「支那部」である。皇国部には、その他、後述するように、油画一点、写真二点も出品されている。なお、目録には、「皇国部」「西洋部」「支那部」のほかに会場である西本願寺書院の障壁画についても詳細に記されている。
(15) さらに、目録から読み取れる主題から判断する限り、一五世紀以降の制作と考えられる絵画が多く、しかも、伝承作者名をあげているにもかかわらず、「無款」とされている作品があることにも注目すべきである。筆者の調査経験からすれば、このような絵画は、ほとんどが後世の伝承が付された贋作である。
(16) (4)前掲書参照。なお、筆者は、尼崎市教育委員会所蔵の「博覧会目録」に関しての調査をおこなった。
(17) 『花鳥の美——若冲から近代まで——』宮内庁三の丸尚蔵館、一九九四年。

近代の茶の湯復興における茶室の安土桃山イメージ

桐浴邦夫

はじめに

明治維新による価値観の変化、人々の消長によって多くの茶室は廃棄された。廃仏毀釈による寺院の荒廃に伴って、悲惨な運命を辿ることになった茶室も少なくなかったと考えられる。しかし一部は理解を示す人々によって保存され、移築され、のちに伝えられた。あるいは新たに復興されることもあった。やがてそれらが影響し、近代数寄者たちの活躍もみられ、殷盛を極めることになる。そのときの茶の湯における凋落と復興の状況が、まさに茶室において如実に反映されている。(1)

この小論は二つの骨子をもつ。一つは、明治維新を迎えて衰微した茶の湯が、復興する過程について。そしてもう一つは、近代茶の湯の安土桃山イメージ創出とのかかわりについて、である。

茶の湯の復興に際して、注目されたのは安土桃山イメージである。もとより茶の湯は、この時代に武野紹鷗や千利休ら当時の茶人たちによって、ほぼ現在の形式が生み出され、それには織田信長や豊臣秀吉ら武将たちも深くかかわっていた。茶の湯のための建物、茶室が現在みるような形態になったのもこの時代であり、茶の湯の大成期といえる。したがって、近代において茶の湯が復興されるに際して、この時代が大きく参照されるのは自明のことのように思われるが、果たしてそうであろうか。

その参照された安土桃山イメージとは、近代京都における古都のアイデンティティとして重要な「町衆」のイメージに通ずるもので、平安時代の「雅」のイメージと並び称される大きな要素である。これに関しては、林屋辰三郎の町衆論などの文化史社会史研究の流れを引いて、高木博志が『近代天皇制と古都』(2)において、近代における古都京都のイメージの創出についてまとめている。それを受けて本章では、茶の湯、あるいは茶室の復興に関連して創出されたそのイメージについて吟味してみたい。

一　猿面茶室への眼差し

安土桃山イメージを帯びた猿面茶室の話からはじめることにしたい。

猿面茶室は、床柱の節の表情が猿の顔に似たところから名付けられた茶室で、四畳半大目下座床の形式をとり、旧法による国宝(3)に指定されていた。長らく名古屋城にあったが、明治になって移築を繰り返し、一九四五年（昭和二〇）、戦禍によって焼失した。この茶室はその後、名古屋城や徳川美術館などに復元されていることはよく知られている。また一方、猿面茶室が存在していた昭和初期、京都東山の太閤坦《だいら》に、その写しとして桐蔭席が建てられる。この猿面茶室に向ける近代の眼差しを観察することは、明治維新によって没落した茶の湯復興のプロセスを垣間みることであり、近代の安土桃山イメージの創出経緯の一端をみることにもつながる。

詳しく近代における猿面茶室をみていきたい。長らく名古屋城にあった猿面茶室は、明治維新を迎え、二の丸が鎮台となる際に払い下げられ、刑部陶痴(4)が末森村入船山（現、名古屋市千種区）に移築した。一方この頃、全国各地で博物館が開館し、博覧会が開催されていた。たとえば東京では、寛永寺境内の一部が博物館の所管地となり、その場所で内国勧業博覧会が行われた。そのような状況に触発され、名古屋でも博覧会の開催と博物館建設の気運が高まった。一八七八年（明治一一）には、織田信長に由緒ある裏門前町の總見寺境内に名古屋博物館が開館し、その落成を記念して愛知県博覧会が開催されるに至った。そして翌年の第二回博覧会のとき、博物館の庭内に猿面茶室が移築されたのである。このときのようすを名古屋市史編纂の資料となった『耕南見聞録』(5)が伝える。

> 名古屋城内に高名なる猿面の茶室ハ、天正の頃古田織部正の所好にして、織田右府との茶室なりしを、名古屋城新築の節、清洲城より引移され、上使饗応の時に用ひらるゝ定例なりしに、廃藩の後、鎮台となるの際翫古の好事家愛知郡末森村士族刑部玄氏か払い下けを得て、同所の山荘とせしを、今回斯く有名物の僻地に埋れんを歎き、同氏を始め数名の有志者か名古屋博物館の庭中江移さんと謀り、松尾宗五氏に依頼して既ニ着手となり。就てハ、来明治十三年四月開館博覧会以前ニハ必竣功の目的なりと、明治十二年十二月廿六日愛妓（ママ）日報第九百六十三号にあり。

非常に面白いのは、「有名物の僻地に埋れんを歎き」とあるところで、元来茶室は、私的な要素の強い空間として、住居の中でも特に奥まったところに位置するのが通例である。隠れていること、あまり目立たない場所に位置することが一般的であるにもかかわらず、しかしここでは埋もれてしまうことを嘆き、博物館の庭内、そして博覧会場という大衆の面前にそれを展示しようとしているのである。既往研究によって示されているように(6)、ヨーロッパにおいて喫茶の習慣が庶民レベルで普及しはじめた一九世紀後半、かの地の万国博覧会場において、茶は重要な展示、実演品目となっていた。そして博覧会という新しいイベントの手法を採り入れた明治の日本で、ローカルな博覧会においても、茶は重要なデモンストレーション要素となっていた。それにより、一部の茶室はこの頃、その位置する環境を大きく変化させていたのでる。

この博物館に所在していた猿面茶室には、名古屋城内にあった頃の茶室の模写とその由来を小田切春江《しゆんこう》[7]が記した軸があり、またその文章は扁額として茶室内に掲げられていたという[8]。軸の内容はのちの『建築工藝叢誌』[9]に採録される。由来には「明治十七年八月」「小田切春江自識」と記されていた（以下本文では「春江由来記」と記す）。

織田信長公尾張国清洲在城ノ頃（割註略）、大ニ茶事ヲ好マレ、京都ヨリ古田織部正重勝《ママ》ヲ招キ、同人ニ命ジテ茶席ヲ好マセ、城中ニ建築有リシ所ニシテ、其床前ノ柱頭双節両点、克ク猿眼ニ類ス、此レ其名ヲ帯ブ所ニシテ日本三茶席（割註略）ト称セラル、有名ノ茶席ナリ、或時秀吉公イマダ木下藤吉郎ト云テ信長公ニ奉仕ノ頃、此席ノ茶ノ湯ニ連リシガ、公戯レニ床柱ノ双節ヲ指示シテ、汝ガ顔ニ克ク似タリトテ興セラレシト云

ここで注目したいのは、まず日本三茶室という言葉である。引用では省略したが、日本三茶室とは、奈良から東京上野の博物館に移築された六窓庵、大阪一心寺の八窓庵、そしてこの猿面茶室が挙げられている。次に由緒であるが、織田信長が清洲城に古田織部を招いて作らせたとあり、さらに信長が、木下藤吉郎と呼ばれていた頃の秀吉に、この茶室の床柱の節が顔に似ているといって戯れた、との逸話が紹介されている。じつはこの逸話が後に大きな展開をみせる。注意してみていこう。

一九〇一年（明治三四）に記された『門前町誌』[10]に、名古屋博物館に移築された猿面茶室の話題が掲載される。門前町は現在の名古屋市中区の地名で、名古屋博物館の位置していた場所である。

猿面茶室は弘治、文禄《ママ》の頃織田信長茶事を好み、京都の宗匠古田織部正重勝《ママ》を招して清須の城内に作りしものにて、床柱に二つの節ありて猿の面の如く見ゆれば、以て室の名をなせり。或時豊臣秀吉未、藤吉郎にてありし頃、此の茶室に連なられしに、信長公戯に其の方の顔に能く似たりと申されしとぞ。後、慶長十五年

僊府の時、名古屋城内へ移せり。此の茶室は日本三茶室の一なりと云う先の「春江由来記」を参照した内容となっている。そしてこの『門前町誌』の書かれたすぐ後の一九〇五年（明治三八）、博物館として『猿面茶席の記』[11]なるものが記される。これも先に挙げた「春江由来記」をほぼ踏襲し、信長と秀吉の逸話などが記されている。茶室が博物館という公の場所に位置したこと、日本三茶室という言葉、そして信長と秀吉という、当時注目されるべき人物についての話題が添えられることなどから、エピソードと共に猿面茶室に対する注目度が、この時期に大きく高まりをみせたものと考えられる。

しかしこの逸話は、あくまでも伝承であって、後に示すように、現在の研究からは、はなはだ矛盾をはらんでいることが指摘されている。まず織田信長の清洲在住は弘治元年（一五五五）から約一〇年であり、この頃は、一般に四畳半の茶室が主流で、猿面茶室の四畳半大目という特殊な形態が現れていたとは考えにくいこと。また信長は天文三年（一五三四）生まれで、その頃の年齢は二〇代、天文一三年（一五四四）生まれの古田織部にいたっては、まだ一〇代かあるいは二〇歳になるかならないかの時期であり、両者にとって、このような茶室を創作するにはいかにも時期が早すぎることなど、話が矛盾に満ちている。

この逸話を含んだ矛盾に満ちた解説を、近代における茶室研究の未熟な時期における誤り、と考えることもできる。が、むしろ学術的な側面より時流を重視したもの、あるいは場合によっては意図的な側面があったかも知れない、とも考えた方がよいかもしれない。江戸末期に記された『金城温古録』[12]では、現代の研究からみても冷静に記述されている。

御数寄屋 四畳半、薄柿葺、蒲天井 往初清須御城より御引移の所と云り。然ば清須古城主織田内大臣信雄卿より伝はる所にや。慶長十五年御普請の砌、御本丸へ御引建か。元和六年御本丸より御移徙の節、此所へ御移にや、未だ詳ならず。往昔は此所へ賓客を御招請遊さるゝ御事も間々有ける由、上使の節も、此所にて御手前を給ひしが、今は止させ給ひて、願はれ次第、拝見許りにて、御茶事無しと也。

ここには信長の次男である織田信雄より伝わるとあり、また信長と秀吉の件のエピソードは記載されていない。そして、これまで何の断りもなく「猿面茶室」と記述してきたが、ここでは「御数寄屋」と記されているのみで、「猿面茶室」あるいは「猿」の文字すら記載されていない。だが、内容からして、いわゆる「猿面茶室」に間違いはない。逆に「猿面茶室」あるいは「猿面茶席」など「猿面」を冠して呼ばれるのはいつからかは明らかではないが、その呼び名が普及するのは明治以後、とりわけこの博物館、あるいは博覧会場での展示が大きな影響をもったとも、ここから推察されるのである。

またのちのものではあるが、一九一五年（大正四）の『名古屋市史　風俗編』[13]においては、「床柱に二の節ありて猿面の如しよりて俗に席を猿面の茶屋と云ふ」として「猿面」の語を説明しているが、件のエピソードは記されていない。そして『金城温古録』を参照した文章となっている。

このようにみてくると、一方で冷静な記述がある反面、大衆に対して開かれた場所に位置するところから、話題性を重視した記述が多くなる傾向が認められる。信長が作り、そこに秀吉とのエピソードが紹介される、という物語性が優先された解説記事が採用されるのである。このストーリーの当時における認識の拡がりがいかほどであったかは明らかではないが、公の施設における建物の話題性のある伝承は、茶室内に扁額として掲げられ、それは風評も手伝ってさらに大きく拡がったことは容易に想像できる。その後の拡がりについて、いくつかの文献によって傍証される。

一九一八年（大正七）の本多契山（錦吉郎）『閑情席珍　茶室図録』[14]には次のように記載されている。

其猿面の名は、床柱の松の削りの釿目が顔の皺に類し、木目の節が両眼と見へ、恰も猿面の如くなるより、或時、木下藤吉郎の秀吉が席ありしに、信長戯れに、此柱は其方の面に似たりと云ひしより、遂に、室の名となれりと、席は信長隆盛時の天正六七年頃ろの造営なり。

少し解説を加えておくと、この本多錦吉郎は一八九三年（明治二六）に『茶室構造法』[15]を上梓し、ここに取り上げたものは、その大幅な増補改訂版のような位置づけの書籍である。ただ明治二六年の出版では扱っている茶室の数も少なく、この猿面茶室は掲載されていない。ここでの扱いは、前述の文献と若干違った表記もあるが、床柱のデザインが猿の面に似ていること、そして信長と秀吉とのエピソードの紹介が記載されているなど、先のものとの類似に注目したい。また一九三五年（昭和一〇）の北尾春道『数寄屋聚成』[16]にもこのストーリーが掲載される。

そして一九四〇年（昭和一五）の『裏門前町誌』[17]では次の通りである。

信長は此の名づけに苦労した、彼が新しい茶席を検分したその時、目についたのが床柱の節だ。「ほう」と声を出した彼は近習を反り見て、「この節は藤吉郎の顔そつくりだ、そうだ以後猿面茶席と呼べ」と彼は近頃奇策を以て彼の愛を独占して居る「猿」事、木下藤吉郎を連想して言った。

さらに話題性はグレードアップする。後に示すように、すでにその誤りが指摘されているにもかかわらず、である。いかにこのエピソードのもつ意味が大きかったか、ということを物語っている。

もちろん、先に挙げた一九一五年（大正四）の『名古屋市史』のように、冷静な記述がなされたものもあったが、大きな拡がりをみせたこの説の矛盾を指摘するのは、一九三五年（昭和一〇）の『門前町史雑記』[18]である。「秀吉公と信長公との猿面云々の雑話は牽強付会の如し」と、牽強付会、すなわちこじつけであると指摘している。そして佐分雄二は『茶道全集』[19]においてこのエピソードを強く否定する。一九三六年（昭和一一）である。

床柱は鉈で削つたもので天井より一尺位下の中央に削り目が垂下して鼻筋とも見られ、その両側に節目が相対し両眼とも感じられ何か動物の顔を思わせる。清須に在つた頃、織田信長が秀吉に、おまえの顔のやうだと譬喩したと伝えられ、猿面茶屋と呼ばれる所以である。これは後世の茶人等が座興とした漫談であらう。城内にあつた頃は単に御数寄屋と呼ばれて居た。

佐分雄二は「猿面茶屋」と題して、『茶道全集』に「全国主要名席解説」の一つとして五頁にわたっての解説を行い、ここに件のエピソードを漫談と切り捨てる。またこれによると「猿面」の名もこのエピソードと共に伝えられたとのことである。文章はその後、この伝説とその批判、そして仮説を述べている。この後の茶の湯あるいは建築関連の文献においては、ここで示された視点で記述されているものが多い。しかし第二次大戦の戦禍によってこの茶室は焼失し、そもそもの件のエピソードについての注目の度合いも、大きく低下した。

二　豊公三百年祭と茶の湯

名古屋で『門前町誌』あるいは『猿面茶席の記』が記され、信長と秀吉のエピソードが拡がりをみせたちょうどその頃、京都において豊臣秀吉にかかわる重要なイベントが行われている。一八九八年（明治三一）、東山阿弥陀ヶ峰一帯で行われた豊公三百年祭である。この行事は明治期の京都における重要な行事の一つとして知られ、近代の京都における位置づけも大きい。ここでは茶の湯との関連に注目したい。

この行事の盛況ぶりは、津田三郎『秀吉英雄伝説の謎』(20)に詳しい。しかし茶に関してはあまり触れられていない。熊倉功夫は『近代茶道史の研究』(21)において、これについて書いており、このときの盛大な献茶のようすの一端が記されている。熊倉によると、このような形で献茶がはじまるのは一八八〇年（明治一三）の北野神社の献茶からである。その後、同年には栂尾高山寺での明恵上人六百五十年遠忌の献茶、ついで八六年の北野大茶の湯三百年記念献茶、九〇年の利休三百年忌において各所で献茶などが行われている。しかしこれらの献茶は、あくまでも茶の湯、あるいは献茶を行うことそのものが、その目指すところである。高山寺の中興の祖としての明恵上人も、ここでは日本最古といわれる茶園を栂尾に開いた人物、としての扱いが大きい。しかしここでみる豊公三百年祭での献茶は、本来の意味からすると必ずしも茶の湯が主たる目的とはならない。豊公三百年祭はあくまでも豊臣秀吉の墓所としての阿弥陀ヶ峰の整備が竣工したことを記念して、秀吉を顕彰する意味で行われた行事である。そこに献茶ならびに茶会がかかわるものであった。

それでは、豊公三百年祭をみていきたい。この行事を詳しく記した文献に、一八九八年（明治三一）五月に発行された『風俗画報』臨時増刊第一六四号「豊公三百年祭図会」(22)がある。これを中心に、行事を追ってみよう。一八九八年三月二八日、阿弥陀ヶ峰の墓所の工事が終了し、三〇日に竣工式が行われ、四月一日には奉告祭が行われる。そして四月一八日から三日間、山廟において三百年祭が行われる。この三日間を大祭と呼んでおり、三百年祭の行事の中でもっとも活況を呈するところである。内容は「豊公三百年祭図会」の「祭典次第」(23)によると次の通りである。

初日（四月十八日）、御墓前及び拝殿装飾、着席、清祓、供神饌及び幣物、献茶、奏祝詞、会長祝詞、斎主捧玉串拝礼、祭員同上、参列員同上、撤幣及び神饌、退出

第二日目（四月十九日）、御墓所及び拝殿装飾、着席、斎主捧玉串拝礼、会長同上、祭員同上、参列員同上、式能、撤神饌、退出

第三日（四月二十日）、御墓所及び拝殿装飾、着席、清祓、供神饌、献茶、奏祝詞、斎主捧玉串拝礼、会長同上、祭員同上、参列員同上、撤神饌、退出

この三日間の違いは、参列者の寄付の金額や功労の等級などによって区別されるものである。これを内容でみると、初日と三日目には献茶が行われ、二日目には能が奉納されたとある。しかしじっさいは、「茶事部」(24)の項目、あるいは『豊太閤三百年祭大茶会記』(25)をみると三日間献茶がなされたようである。第一日は表千家、第二日は藪

内家、第三日は裏千家、がそれぞれ担当している。とりわけ三日目には、伊集院兼常が蘭奢待を使用しての献香も行ったと記録されている。(26) 式能も太閤坦に能舞台が建てられ、一九日から四日間行われたとのことである。厳かな式典にあって、茶と能という中世以来の代表的な芸能が組み込まれていることが注目される。茶と能は江戸期の御成などにみられる迎賓のための芸能セットでもあった。さらにこの式典の中で茶の湯がかなり大きな位置を占めていたことも、「豊公三百年祭図会」から伺い知ることができる。注視したいところである。茶の湯に関してもう少し詳しくみていくことにする。

第一日の式典における拝殿の装飾を同書の「大祭の景況(27)」は次の通り伝える。

> 式場は太閤坦なる拝殿を以て充られ、其の装飾たる極めて簡素を尚《たっと》び拝殿に七五三《しめ》を廻らし、前に剣璽を吊せる紅白の大幣を樹て、新薦《あらごも》を布《し》きたるまでにて、他には例の繊細なる装飾とは之を施さず、拝殿の中には神饌を供する高八脚《たかやつあし》を並べ、南手に献茶の式を行ふべき假屋をしつらひ、高案《たかつき》に金銀色の茶碗及棗等を並べ、下に風爐《ふろ》釜を据えたるが器具は一切特に新調せしものをぞ用ひたる。

極めて簡素な装飾にあって、献茶のための道具がいかにも重要な意味をもつことが読み取れる。とりわけ金銀の茶碗や、あとに示すような金彩の施された火舎《ほや》香炉などが使用され、簡素な装飾にあって目を惹くものであったに違いない。

飾り付けが行われた後、以下に示す次第で式典が進行する。まず清祓が行われ、神饌が供えられる。そして千宗左表千家家元により、拝殿の台子前で茶の点前が行われる。その間、茶事部委員長渡邊男爵は、台子の脇座へ進み、永楽作の大形の金襴手《きんらんて》火舎《ほや》香炉に名香を炷《た》き、献香する。家元は天目茶碗に濃茶点て、これを臨津宮司が伝供する。のち、再び家元により薄茶を点てられ、これも宮司が伝供する。その後、宮司が祝詞を奏し、豊国会会長黒田長成の祝辞、副会長蜂須賀茂韶告文、評議員京都府知事内海忠勝の祭文、和歌の献詠、玉串奉奠、神饌の撤収と続いて終了する。

このように、厳粛に典礼が執り行われていく。繰り返すが、これは豊臣秀吉の墓所が完成した記念の行事である。しかしこのようにみていくと、献茶が、いかにこの式典における重要な位置にあるかが読み取れる。そして同書には献茶に用いた道具類について克明に記録されている。それらは京都の茶道における、著名な職人たちによって作られ、また表千家家元自らも手作をなしたものという。ここには茶壺、台子、釜など作者名も共に記されている。目録によって、作者はそれぞれ現在の千家十職であることがわかる。またこの献茶に続いて、奉納が終わり、神器となった道具で宗徧流の献茶も行われる。

右の品々にて奉納を終われば既に神器と成たり。此神器を用ひ引続脇坂子爵は自流の献茶をせられたるなり。脇坂子の自流といへるは其祖先淡路守安治深く茶技を愛し利休の孫宗旦が門人たる山田宗偏《(ママ)》の所作を喜び之を習ひて家の流としたるなれば即ち宗徧流といふべきなり。

翌、第二日も三日目も同様に式典が進み、二日目は藪内紹智、三日目は裏千家千宗室によって献茶が行われた。この大祭は、阿弥陀ヶ峰山腹の太閤坦において、以上のごとく式典が行われたのであるが、同時に周辺各所において、さまざまな行事が繰り広げられた。芸能文化的なものとしては、先に記した能楽、あるいは詠歌や連歌、包丁式などが太閤坦で行われた。宗教行事としては、神式の行事以外に、仏教各寺院による仏祭が一二日から一八日にかけて太閤坦において執り行われ、耳塚の供養なども行われている。円山公園しだれ桜北東の場所では、豊国会の夜会が開かれた。模擬店や余興が行われたというが、秀吉の醍醐の花見を倣ったものだという。夜会における茶の湯関連では、円山公園の南側に西行庵を復興した宮田小文が、抹茶席を設けている。

明治になって再建された豊国神社においては、四月一六日から三日間祭典が行われた。このとき妙喜庵の茶室を摸した茶室が作られたとのことである。残念ながら管見においては詳細は不明である。

また太閤担における献茶とは別に、京都の各所において茶事も行われていた。日程は四月一五日から二八日、場所に充てられたのは、北野神社、平安神宮茶寮、豊国神社拝殿、妙法院、妙喜庵、大徳寺真珠庵、大徳寺玉林院、高台寺、建仁寺両足院、大徳寺孤篷庵、表千家残月亭、南禅寺金地院、大徳寺聚光院、藪内家燕庵で、それぞれ数日ずつ割り当てられていた。また四月一一日から五月八日まで三条粟田口の良恩寺、五月一六と一七日には金閣寺庭園にて茶事が行われた(28)。

このようにみてくると、この豊公三百年祭における茶の湯の占める割合がいかに大きいか、ということが実感される。茶の湯は安土桃山時代の重要な芸能であった。近代における安土桃山のイメージづくりに茶の湯が重要な役割を演じていたことが、ここから読み取れるのである。

三 『南方録』と近代の茶室文献にみる精神性について

豊公三百年祭は、茶の湯が豊臣秀吉イメージと深くかかわりをもって、クローズアップされる行事であった。このようなイヴェントの開催以外に、近代の茶の湯の復興に際して、もう一つ忘れてはならないことがある。それは精神的支柱の必要性である。

明治維新以後、茶の湯の没落の要因の一つに、その一側面である遊芸的性格への蔑視が挙げられる。明治五年(一八七二)、京都府は課税のため、茶の湯の家元に「遊芸稼ぎ人」の鑑札を与えようとしたが、三千家の家元は異を唱え抗議したという(29)。この事件は、このときの茶の湯が、世間からさげすまれる傾向があったことを象徴している。そのような状況に対し、さまざまな方策がとられたが、先の豊公三百年祭での献茶もその一つであろう。神事と茶の湯を融合させ、明治の国家神道政策への照応を希求したものとみることができる。

また明治期の茶室を含む茶の湯関連の文献における、精神性を顕示した表現も重要である。そこに引用されている文献の代表は『南方録』である。すでに茶の湯研究の立場から指摘されているように、[30] 千利休の秘伝書として知られる『南方録』は、利休没後一〇〇年の元禄時代、黒田家家老、立花実山によってそれまでの伝承を元に整理編集され、あらためて創作された茶書であり、現在われわれが知る利休像は、その多くがこの『南方録』からの知識である。ここでは、近代の茶室文献における『南方録』の影響など、精神性を強意した部分に着目したい。

詳しくみていきたい。もちろん江戸期においても『南方録』への眼差しは小さくなかった。とりわけ松平不昧、井伊直弼は『南方録』を通じて、千利休への思慕の念を強くし、それぞれ『贅言』や『茶湯一会集』を著している。往時の茶の湯を取り巻く状況は、遊芸的な方向に強く傾いたものであった。彼らにかかわらず遊芸的性格が強くなることに異を唱え、茶の精神性を訴えるに際して『南方録』が大きな役割を果たしていたと考えられる。幕末に向かって大きな流れとしてその遊芸的な性格を強くした茶の湯は、明治維新を迎えると、さらなる大打撃を受ける。江戸期は遊芸的な傾向が強くとも、それでも茶の湯そのものが大きく否定されることはなかった。しかし新しい時代がはじまると、人々の視線は外国に向き、そもそも茶の湯を継承してきた寺院や大名などの没落と共に、茶の湯は時代に合わないものとして扱われることになる。文化としての茶の湯は、はじまって以来の危機を迎えることになる。そこで、この遊芸性を払拭するために茶の湯のもつ精神性が強調されるのであり、それは明治の茶の湯における特色の一つとなる。

大きく注目されるのは、すなわち千利休であった。それは主として『南方録』に記された利休像である。熊倉は『近代茶道史の研究』において、既存の茶に異を唱え、大日本茶道学会を設立した田中仙樵を挙げて説明する。[31]『南方録』との出会いによって、茶道の体系の改革につながるのであった、と。

一方、筆者はこれまで、一八八一年（明治一四）に東京芝公園に開設された紅葉館、および一八八四年（明治一七）に同麴町公園に開設された星岡茶寮における利休堂の設置について言及してきた。[32] また茶室の文献における『南方録』の影響は、武田五一について述べてきた。[33] ここで京都とのかかわりの深い武田について、その概要を示しておきたい。

一八九七年（明治三〇）、武田五一は帝国大学の卒業論文として『茶室建築』を著した。東京大学建築学科図書室所蔵のこの論文は、日本語で記述されたものであり、のちの一八九八年（明治三一）一月から一九〇一年（明治三四）八月にかけて『建築雑誌』に断続的に掲載され、さらに一九四六年（昭和二一）には武田博士論文選集の一篇として、藤原義一・棚橋諒の編輯で高桐書院より出版されたものである。それぞれの内容は、基本的には同じであるが、一部に違いがみられる。原本には参考文献が掲載されているが他にはないこと、『建築雑誌』に掲載されたものには原本になかった傍点が一部に打たれ、それはのちの高桐書院版にも引き継がれていること、などが挙げられる。この傍点は引用文などに打たれているが、武田が特に強意したいところだと考えられる。

さて、その内容において注目したいところがある。それは、秀吉・利休の時代に茶道の全盛時代をみている点、その後の江戸時代においては形骸化したものだけが伝わり、その精神はみられず、秀吉の時代の利休を追想するのみであるとする点、以上の二点が特徴であり、茶道史の解説はもとより、各論における茶室の解説の表現にもその考えが読み取れる。

この武田の論文には多くの引用があるが、のちに傍点が打たれるなど、特に重要な点を採集すると、『南方録』全七巻の最終巻「滅後」の二条目の文にみられるものが多いことがわかる。「滅後」の巻は、利休没後百年において立花実山の強い思い入れのある部分であり、この現実の茶の湯に対する強烈な批判と利休への回帰を説いたものである。武田は論文において、利休を茶の湯を大成した人物と捉え、茶室においてもそれまでの因習を打ち破り新機軸を打ち出した、とみている。逆に、利休以後を衰弊の時代と称し、『南方録』と呼応する内容を記している。江戸時代は全く自由がなく、利休が創造し、それが形骸化したものを受け継ぐのみであって、その利休の創造の精神は潰えてしまうことを強調する。

武田の『南方録』への注目は、熊倉がいう、田中仙樵の『南方録』への注目が一九〇一年（明治三四）であることから、武田の方が早く『南方録』に行き着いたことになる。もっとも、一方は茶人であり、その後の茶道改革に尽力する立場と、建築を学ぶ学生の卒業論文では、その意味合いが大きく違っている。この武田の研究が意味するところは二つある。一つは建築の視点からである。『南方録』が示す千利休像の中に、建築の近代性、すなわち様式建築から抜け出し、自由な造形を求める近代建築運動へと向かうプロセスを予見していたこと。もう一つは、本論に深くかかわる、近代の茶の湯復興にかかわることである。茶の湯の中心にいたというわけではない武田が、『南方録』に注目していたということ。つまり、近代の茶の湯復興に際して、その精神的支柱として『南方録』に記された千利休像が大きな役割を果たしていたことが、ここにおいても再確認されたのである。以上が、これまでの論文に記した要点である。

さて次に、新時代における精神性を強意した他の茶室の文献として、一九一一年（明治四四）、杉本文太郎の『茶室と茶庭図解』[34]について触れておきたい。杉本は、同書のほか茶室や茶庭に関する書籍を多数出版している。やはり武田同様、茶の精神性を強弁するくだりがみられる。『茶室と茶庭図解』より引いておく。「繁盛の実は却て衰微」という項目に、いくぶん逆説的ではあるが、以下のように記される[35]。

古書に、

（前略）義政公の賞翫ありしより、貴人の翫びとなり、其風流を近国に行はるゝといへども、いまだ普ねからざりしに、近世は都鄙に普ねく、四民ことゞゝくもてあそぶ事、茶道の繁昌と申され候へども、事は盛なれども実は衰微したる類多し。たとへば近世菊をもて遊んで、園に垣し、簾を覆ひ、幕を垂れ、甚きものは扉に錠し、鎰を懐にし秘蔵すとも、花を憐む心、古にはしかず。籬に重陽を待ちほころびたらんは、自にしてあかぬ詠めなるらん。異花彩英、古に百倍すとも、淵明が心に背く成るべし。されば茶湯も古に百倍すとも、盛なるにはあらず、衰へたるなるべし。

この「古書」とは、特にタイトルが記されていないが、内容から『源流茶話』であることがわかる。『源流茶話』は藪内竹心が、元禄期における茶道界の隆盛に対し、利休への回帰を説いた啓蒙書である。たとえばなしはもちろん違うが、ここには『南方録』同様の思想が組み込まれており、その内容を杉本が引いていることに着目したい。そして同書より利休教歌を引いている。(36)

釜一つもてば茶湯は成るものをよろづの道具好むはかなさ
釜なくば鍋湯なりともすくならばそれこそ茶湯日本一なれ
かくいひて有る道具をも押隠しなきまねをする人も拙き

史実かどうかは、ここでは問わない。利休が詠んだとされるこれらの歌は、その精神性に重きを置いたものであり、これに杉本は注目するのである。続けて茶の湯が「清浄」「正直」「礼譲」「質朴」を旨とすることを記している。

そして、「豊太閤と家康と茶道」そして「茶道と国家の礼式」として、以下のように記す。(37)

絶世の英雄豊太閤が、深く茶道を好まれし所以は、単に其式法のみを愛してゞはありますまい。其一方に式法の愛すべきものあると同時、他に積年の変乱は、一旦公の力に依りて平定せられしも、猶ほ未だ人心の殺気を脱すること能はざるより斯道は以て此の人気を鎮圧するに適すと看破されたからでありましょう。老獪なる徳川家康も亦是を捨てず、却て益々奨励して、後には諸藩に御数寄屋役といふを設くるに至らしめ、全然茶式を国家の礼式となさしめたのであります。

国家を安定させるための礼式として、豊臣秀吉が茶の湯を深く好んだことを述べている。そして徳川家康においても秀吉を倣って茶の湯を重視し、さらに諸藩に御数寄屋役をおいた、とその論考を進め、展開している。ここでは利休だけではなく、秀吉においても茶の精神性を強く推しだしている。まさにこの観点は、明治時代の国家観にうまく合致したものと受け止めることができるのである。

このように、ここでは深く触れなかったが茶道改革を進めた田中仙樵をはじめとし、社交施設における利休堂の設置、そして茶の湯の必ずしも中心にいたわけではない武田五一や杉本文太郎らにおいても、それぞれかかわりは違うものの、求道的な側面の千利休イメージの影響がみられた。それは『南方録』や『源流茶話』における利休像であり、明治における国家観と秀吉像との関連と相まって、大きな意味を持つものとなった。つまり遊芸的側面への蔑視を克服し、明治時代の思考への照応を進めるものとして、これらのイメージの広がりが確認されることは、それが近代茶の湯の復興を精神的側面から牽引するものとして重要であったことを物語っている。

四 豊臣秀吉と近代の茶室

茶の湯復興における茶室の具体事例を次にみていこう。

豊公三百年祭以来この地では、表千家、裏千家、藪内家によって献茶が続けられており、その場所に有形のものとして常設化された茶室がこれで、三軒建てられている。一九二五年（大正一四）に豊国祭、正確には豊国神社再興五十年祭北政所三百年貞照神社鎮座祭が挙行され、茶室の普請はこれを契機として行われたものである。祭事は一一月一八日から五日間にわたり行われた。このとき神社境内に、小座敷と上段のある書院座敷をもった豊秀舎が藪内家および野村得庵により献納され、廟域内太閤坦に表千家の残月写しの残月舎が造営された。[38] また、裏千家はこのとき不幸が続いたため、昭和に入ってから猿面茶室写しの桐蔭席を太閤坦に設けた。

（一）豊秀舎と残月舎

豊秀舎の建築は、野村得庵の発起ならびに寄付によるものである。一九二四年一一月に竣工し、席開きが行われている。(39) 屋根は瓦葺で軒先部分は銅板腰葺、内部は三畳大目の小座敷、七畳敷きに上段の間の三畳、一間半の床の間、そして付書院が備わった広座敷、四畳半大目の次の間、八畳の控室、土間、水屋などからなる。小座敷は、藪内家の燕庵にあるように相伴席が付設された三畳大目である。床の間は点前座風炉先に設けられ、境に開けられた格狭間の塗回し窓は、点前座の風炉先窓の役割を果たしている。天井は平天井と化粧屋根裏天井、そして点前座上部の落天井からなる。

書院座敷は三畳の上段の間をもち、格天井が張られている。上段の間には一間半の床の間と火灯窓を供えた付書院が取り付いている。これは柳橋の間とも呼ばれ、飛雲閣招賢殿を写したものといわれる。(40) しかしいわゆるコピーではない。上段に取り付いた付書院には花頭窓が付設され、床の間にも窓が開けられており、これは招賢殿の上段と上々段との関係に似た構成となる。豊国会が発行した『豊国祭記要』によると、「豊秀舎は藪内宗家に伝来せし古田織部正の燕庵と、両《ママ》本願寺に存する旧伏見城内飛雲閣とを模せるものにして」(41) とある。燕庵とのかかわりは先に述べた。飛雲閣は聚楽第の一部だとの伝えもあるが、ここでは伏見城と伝える。もちろんそれらの説は実証されたものではなく、あくまでも伝承ということだが。いずれも豊臣秀吉が造営した建物の遺構だと伝えられていたことが、ここでは重要である。

表千家が建てた残月舎は、いわゆる残月写しであるが『豊国祭記要』によると、本歌の残月亭は「豊公より聚楽第にありし残月亭を其祖千利休に賜はりしもの」(42) とあり、当時の認識による、秀吉とのかかわりある建物の写しとなる。その本歌の床柱は、ここを訪れた秀吉がもたれかかり、突き上げ窓より名残の月を眺めたといわれている。いずれも伝承の一つである。

（2）桐蔭席

桐蔭席は、一九二九年（昭和四）に竣工した。屋根は瓦葺に銅板の腰葺、内部は玄関と寄付《よりつき》、四畳半大目の小座敷、八畳の広座敷などからなる茶室で、茶事を行うに際し、非常に機能性の高い茶室で、意匠的にも洗練されている。[43]この四畳半大目の席が猿面茶室の写しである。もっとも躙口の位置や、給仕口の形態、天井の構成など、本歌との違いもみられるが、床柱には猿の目のようにハツられた二つの節があり、猿面ということを意識した造形となっている。

この茶室は一九二五年（大正一四）の豊国祭のために建築されるはずであった。しかし第一三代宗匠の円能斎の死去、あるいは敷地の問題などが起こり、建築が遅れたものである。桐蔭席建設に際して、裏千家では桐蔭会が発足している。一九二六年頃、『茶道月報』毎号に、桐蔭会による「豊国廟茶室献納趣意書」が掲載されている。そして一度掲載されなくなったのち、一九二八年三月に「附言」を加えて再掲される。そこには建設の経緯などが記されている、一部引いておこう。[44]

贈正一位豊臣秀吉公ハ、蓋世ノ雄才ヲ天下ニ臨ミ、尊皇撫民ノ志シ厚ク、国威ヲ海外ニ宣揚シ、美術工芸ノ如キ一トシテ公ノ恩沢ニ浴セザルモノナシ（中略）

先年既ニ不審庵氏燕庵氏ニ依リ完備セル茶席ノ寄進ヲ見タレドモ吾流派ニ至ツテハ当時圓能斎ノ不幸ニ遭遇シテ今日ニ至レリ（下略）

附言

本茶室建築ノ儀ハ、別格官幣社豊国神社再興五十年奉祝並ニ北政所三百年祭挙行迄ニ竣工セシムルノ計画ニ有之候処、其ノ建設セントスル敷地ガ、一旦其筋ノ御許可アリタルニモ係ラズ、京都府知事ノ更迭ニ依リ、該敷地ハ廟域内狭隘ヲ告ゲ、支障アリトノ当局ノ意見ニ依リ空地ノ儘、将来ニ存置ノ必要アリトシテ、他ニ

変更スベキコトヲ示達セラレ候為メ、本計画ニ一頓挫ヲ来タシ（下略）

ここでの注目は、秀吉にみる精神性をまず掲げている点である。そして不幸により建設が遅れたこと、さらに知事の更迭により敷地が定まらなかったこと、などが記されている。この時期京都府知事は頻繁に替わっていた。第一五代池田宏は一九二四年（大正一三）一二月から二六年九月まで、第一六代浜田恒之助は翌二七年四月まで、第一七代杉山四五郎は同年七月まで、第一八代大海原重義は二九年七月まで、という具合である。その煽りを食ったことになる。結局、二八年一〇月に地鎮祭を行い、二九年五月に竣工式が行われている。(45)

一方、この茶室の建設が一時滞っていた一九二七年二月、『茶道月報』には「猿面の茶室」(46)という記事が掲載される。木村幸一郎、田邊泰によるものである。「その変遷の詳細は、現在茶室内に掲げられて居る小田切春江氏筆の扁額に依って明かである」と一で言及した信長と秀吉のエピソードが記されている。また献納茶室披露会における記事(47)においても、この逸話が紹介される。秀吉と本歌猿面茶室、ひいてはこの桐蔭席との結びつきを強く感じさせる内容となっている。滞っていた茶室建設に向けて、モチベーションを高める意味で、少なからぬ影響をもったことであろう。そして茶室は、その二年後竣工する。

このように、これらの茶室の建設において、秀吉との関係はとりわけ強く意識されたものとなった。秀吉にかかわりの深い場所で秀吉を顕彰する意味をもったものであるから当然ではある。しかしそれぞれにおける優れた造形や機能性などはあまり話題にも上らず、この物語性が極めて重要な意味をもつことのようすは、近代茶室のもつ側面を象徴的に現しているとみることができるのである。

おわりに

茶室は歴史を具現化する装置としての側面をもつ。その歴史は史実の場合もあり、また伝承のような場合もあり得る。それは歌舞伎や文楽などの伝統芸能が、歴史を物語り、それらを人々の心に深く刻み込むのに似ている。

最後に小論の二つの見地についてまとめておきたい。

まず、近代の茶の湯復興の視点から述べる。近代における茶室、とりわけ明治大正期のものをみてくると、維新直後からの茶の湯の没落に対して、復興を考慮した側面が大きくなっていったことが挙げられる。それまで奥向きにあった茶室が、博覧会での展示や記念物的な立場として表に出てきたことが大きい。そして、千利休の顕彰がある。東京の星岡茶寮および紅葉館における利休堂の建築があり、立場は違うが武田の茶室研究もあった。当時、遊芸的とみられていた茶の湯に、『南方録』に記されるような利休像の精神性を示すことが重要だと考えられてのことである。そして秀吉への着目である。意気消沈していた茶の湯は、秀吉の人気が大きな牽引となって、その勢力を復活させてきた側面もみられた。それは秀吉にまつわる逸話などによる人気もさることながら、その治世や海外とのかかわりなど、明治時代の精神性というものが作用していたことも大きい。

次に、近代における安土桃山イメージについてである。茶の湯は安土桃山を表現するのに恰好の手段であった。それは豊公三百年祭をみるがごとくである。さらに近代の安土桃山イメージというものを茶の湯が支えていたという側面もある。近代になって表の側へとその位置を変化させた茶室は、目に見える形として歴史を具現化したものとして扱われる。秀吉を見える形にして、猿面茶室が扱われ、豊秀舎や残月舎、桐蔭席が作られた。その床柱に秀吉の顔を作り込んだと伝えられる猿面茶室と、その写しはまさにこの安土桃山の具現化であった。そのようにみてくると、このイメージがつくられていく意図的な側面も見逃せない。

このように近代の茶の湯は、安土桃山イメージの創出に大きくかかわってきた。そしてこのことは、維新を契機として大きく没落の危機を迎えた茶の湯の、復興へのプロセスをあわせてみたとき、その両者のかかわりは、それぞれに相乗的な効果をもたらし、近代における大きなうねりを生み出すための重要な役割を果たしていたとみることができるのである。

(1) 茶の湯の近代における凋落と復興については、熊倉功夫『近代茶道史の研究』日本放送出版協会、一九八〇年、茶室に関しては、拙稿『近代の茶室と数寄屋』淡交社、二〇〇四年。
(2) 高木博志『近代天皇制と古都』岩波書店、二〇〇六年。
(3) 一九三七年、国宝保存法(一九二九年施行)による国宝指定、一九四五年、焼失により指定解除。
(4) 刑部陶痴、一八四二～一九〇八、幼名玄。刑部家は代々尾張藩に仕え、玄は若年の頃藩主義宜の小姓として近侍、明治になって鎌倉宮の主典を務め熱田神宮に奉仕、のち瀬戸の陶器館長。
(5) 『耕南見聞録』写本(名古屋市鶴舞中央図書館蔵)。
(6) 角山栄「開国と茶」『茶道聚錦　六　近代の茶の湯』小学館、一九八五年、八六～九五頁、および、拙稿『近代数寄屋建築の黎明』(東京大学学位請求論文)、二〇〇〇年、『近代の茶室と数寄屋』承前。
(7) 小田切春江、一八一〇～一八八八、尾張藩士で画家、幼名は忠通、通称は伝之丞、号として春江、別号として歌月庵喜笑ともいう。一八八二年(明治一五)に東京で開催された「内国絵画共進会」に出品した『尾張名所図会』などがよく知られている。
(8) 『茶道月報』茶道月報社、一九二七年二月号、一九～二四頁。
(9) 「建築工藝畫鑑第十輯解説　猿面茶室」『建築工藝叢誌』第一〇冊、一九一二年、八六～八七頁。
(10) 牧野市太郎『門前町誌』、一九〇一年、一三～一四頁。
(11) 『猿面茶席の記』(名古屋市博物館蔵)は、一九〇五年(明治三八)一月に著されたもので、猿面茶室と松月斎の図が記載されている。
(12) 尾張藩士奥村得義が文政年間から調査し、万延元年(一八六〇)に脱稿し献上した名古屋城の大記録書。名古屋市教育委員会『名古屋叢書続編』第一五巻金城温古録(三)、一九六七年、一三七頁。
(13) 名古屋市役所『名古屋市史　風俗編』一九一五年八月、五三六頁。
(14) 本多錦吉郎『閑情席珍　茶室図録』六合館、一九一八年、二七頁。
(15) 本多錦吉郎『茶室構造法』団々社、一八九三年。

(16) 北尾春道『数寄屋聚成一 数寄屋建築史図聚 東山・桃山時代』洪洋社、一九三五年。
(17) 『裏門前町誌』一九四〇年。
(18) 神戸直三郎『門前町史雑記』一九三五年、二九～三〇頁。
(19) 『茶道全集 第三巻』創元社、一九三六年、五六二～五六六頁。
(20) 津田三郎『秀吉英雄伝説の謎 日吉丸から豊太閤へ』中央公論社、一九九七年、三〇四～三三四頁。
(21) 前掲(1)熊倉。
(22) 『風俗画報』臨時増刊第一六四号「豊公三百年祭図会」東陽堂、一八九八年。
(23) 同前、七頁。
(24) 同前、八頁。
(25) 望月允武編『豊太閤三百年祭大茶会記』一八九八年。
(26) 同前。
(27) 前掲(22)八～九頁。
(28) 同前、二四頁。
(29) 熊倉功夫「近代の茶の湯」『茶道聚錦 六 近代の茶の湯』小学館、一九八五年、七四頁。
(30) 熊倉功夫『南方録を読む』淡交社、一九八三年、など。ただし『南方録』は、他の茶書との一致する部分も多く、すべてを創作とみるべきではないと考えられる。
(31) 前掲(1)熊倉、一七三～一九二頁。
(32) 拙稿「紅葉館と星岡茶寮について 一八八〇年代の数寄屋」『茶の湯文化学』五号、一九九八年、三一～四七頁。
(33) 拙稿「武田五一『茶室建築』をめぐって――その意味と作風への影響――」日本建築学会『計画系論文集』五三七号、二〇〇〇年、二五七～二六三頁、および、拙稿「刊行物にみる茶室近代化の黎明――本多錦吉郎・武田五一を通して――」中村昌生先生喜寿記念刊行会編『建築史論聚』思文閣出版、二〇〇四年、三四八～三七四頁。
(34) 杉本文太郎『茶室と茶庭図解』建築書院、一九一一年。
(35) 同前、三頁。
(36) 同前、四頁。
(37) 同前、五頁。

(38) 桐蔭席の建設経緯については、松本康隆「近代における家元の建築活動(口頭発表)」茶の湯文化学会二〇〇五年大会、を参考にした。
(39) 北尾春道『数寄屋聚成四　数寄屋建築史図聚　明治大正時代』洪洋社、一九三六年。
(40) 前掲(8)『茶道月報』、一九二五年一月号、七八～八〇頁。
(41) 豊国会『豊国祭記要』京都日出新聞社、一九二六年、二二頁。
(42) 同前。
(43) 大工は三代目木村清兵衛、洗練された造形のようすは、中村昌生『数寄の工匠　京都』淡交社、一九八六年、七六～九〇頁、などに記される。
(44) 前掲(8)『茶道月報』、一九二八年一一月号、七九～八一頁。
(45) 同前、一九二九年六月号、三九頁。
(46) 同前、一九二七年二月号、一九～二四頁。
(47) 同前、一九二九年六月号、三九頁。

Ⅳ 政治

北垣府政期の東本願寺——本山・政府要人・三井銀行の関係を中心に——

谷川　穣

はじめに

本稿の目的は、一八八〇～九〇年代における東本願寺（真宗大谷派）教団の一様相、特に北垣国道京都府知事（一八八一年一月～九二年七月）や政府要人との関わりを描くことにある。いうまでもなく、京都は明治以降も、仏教各宗派の本山を数多く抱える都市である。他方で、観光地・京都にとって寺院が重要な目玉となっていることも確かだろう。その中で東西本願寺は、近世期には伊勢神宮や禁裏御所周辺の「内裏空間」[1]とも並んで、関西周辺地域の主要な観光スポットであった。と同時に、全国から門徒が集い、今なお信仰の現場としての姿を表出させている点で、多くの観光寺院と比べても特異な位置を占めていると言える。とりわけ東本願寺では、禁門の変の際に焼失した阿弥陀堂（本堂）・御影堂（宗祖親鸞の肖像画を納める）の両堂を再建するという大事業に一八八〇年（明治一三）より着手する。その結果、一八九五年に両堂の再建は成り、現在でもＪＲ京都駅烏丸口から最も近い大寺院として、観光客や門徒を出迎えている。

さてこの両堂再建期は、北垣国道が府知事をつとめた時期と重なっている。再建過程については宗門史の研究者のほか、奈良本辰也らの研究によって、法主ら本山と門徒の強い信仰の絆、そして門徒の献身的な努力によって達成される点が強調されてきた。(2) ただその過程には、北垣や彼のもとを頻繁に訪れた東本願寺僧侶・渥美契縁《かいえん》の周旋、そして岩倉具視・井上馨・松方正義ら政府要人とのつながりも大きく作用しており、その様相を含み込んではじめて、再建過程が立体的に浮かび上がる。本稿ではひとまず、北垣の日記『塵海』を軸としつつ、渥美が残した自伝『厳華自伝』や、政治家たちの伝記・書翰等を用い、同教団の政治的活動、とくに宗政の権力抗争と財務整理をめぐる動向を素描することに課題を設定したい。史料の性格上、事件史的な叙述とならざるをえず、全貌を描ききることはもとより困難ではある。だが、それは宗教都市・京都の一齣を照らすだけでなく、近代日本における仏教教団の〈近代化〉過程、ひいては政教関係の形成を具体的に考察する基礎作業ともなろう。

※紙幅の都合上、以下のように典拠を略示する。

『塵海』（京都府立総合資料館所蔵）→［塵海（年月日）］／『厳華自伝』（大谷大学真宗総合研究所所蔵）→［厳華］／『井上馨文書』（国立国会図書館憲政資料室所蔵）→［馨（文書番号）］／『三条家文書』書翰の部（同前）→［三条（文書番号）］／『松方正義関係文書』（大東文化大学東洋研究所編）→［松方（巻、頁）］／『岩倉具視関係文書』（岩倉公旧蹟保存会対岳文庫所蔵）→［対岳（文書番号）］／同前（国会図書館憲政資料室所蔵・川崎本）→［川崎（文書番号）］／『東本願寺書類其十三／十四』（文書番号追2182／2183、三井文庫所蔵）→［三井13／14］／『厳如上人御一代記Ⅲ』（大谷大学真宗総合研究所編）→［一代記（頁）］／『世外井上公伝』→［世外（巻、頁）］／『本山報告』（真宗大谷派本願寺寺務所文書科編）→［本報（号）］

一　東西本願寺の葛藤——北垣着任初期の問題——

八七九年（明治一二）五月、光勝は再建を指示する親諭を発する。柏原祐泉によると、一八七六年一一月、長年請願してきた親鸞への大師号宣下がなされ（見真大師）、再建機運が高まってきたという(5)。ただし、維新期に北海道開拓などで新政府へ多額の献金を行ってきた本山にとって、今までにない厳しい出費を覚悟せねばならないものであった。

親諭につづいて翌七七年一月、両堂再建事務局から「木材伐採等心得」が達せられ、全国の講中（門徒）は欅や松など、建築用木材の買収・献納に奔走した。越中射水の有力門徒・射水伊三郎の回顧録には、渥美契縁らに指示され大量の木材を購入し、時には「朝鮮竹島」からも多く運び込んだとある(6)。

その木材買い付けに関わって、ある問題が持ち上がる。八二年三月、渥美の弟である高木契則が、鈴木慧淳と図って神奈川で木材を不正購入した、との噂が流れた［厳華］。これを幹部の長円立が批判、同じく石川舜台・篠塚不著らも長を支持し、谷了然、橘智隆、佐々木呉牛ら末寺僧侶も加わって、宗政の実権を握りつつあった渥美への対抗姿勢を明確に示した。そこから、末寺僧侶が教団運営に参与する総会議設置を請願する運動へと発展してゆく。同年六月二日付の山田顕義・松方宛岩倉書翰には、不平の徒が次期法主・光瑩を擁して東京で団結を企てているとの噂があること、東京に根拠地を置き本山を制御するという策動があること、光勝の次男・大谷勝縁に解決を懇請したものの成功せず混迷を深めていること、などが記されている［対岳17―11(31)］。長は八月上旬、上京中の勝縁に対して、内密に助力を乞うた［一代記142］。さらに光瑩の師・谷鉄臣（元彦根藩士）も長支持に加わる［厳華］など、形勢は一気に動き出す。

(2)長派の改正掛就任と紛議

九月一八日、長派の声に押された法主父子は、渥美に辞表を出させ、翌月二〇日、石川県小松・本覚寺へ帰坊させることになった。代わって、本山の改革を担う「改正掛」のポストに長・篠塚・橘・足立法鼓が選出される。しかし、長派は必ずしも門徒層の支持を得たわけではなかった。早くも翌二一日には在洛中の有力門徒が猛反発、彼らの改正掛解任を要求し、教団は俄かに混迷の度を深めてゆく［厳華］。

これを憂慮した光勝は二八日、関西へ来ていた井上馨に紛議解決を依頼する。一方、紛議解決を図った北垣は翌二九日、改正掛の一人・橘に周旋を命じた。橘は長・篠塚らと在神戸の井上のもとへ向かう。北垣が井上を頼るよう促したものと思われるが、それとは別に井上は、数日前に岩倉具視から東西本願寺の関係者を神戸へ呼び寄せるよう指示を受けており［馨329—3］、その流れもあって井上への面会を果たそうとしたと考えられよう。しかし、井上は翌三〇日、今回の件については一切関与しない、と長らへ伝達した。実は北垣が、橘らを送り出した直後に東本願寺の内偵調査の結果、解決は困難であると井上に伝えていたため、周旋を拒絶したのである。収まらないのは橘ら長派である。(7)一〇月一日に帰洛した橘は急ぎ北垣と面会し、事情説明を求めた。ここで北垣は、介入してもよい結果など得られない、「知事の職に在る者之れに関係すれば終に其職を汚かすに至る」と考え、一転して関係しない旨を通告する［塵海82 10 01］。府知事として、本願寺の厄介な内部抗争に巻き込まれるのは御免、というわけである。

この間、門徒の不満は高まる一方であった。二日、先月に引き続き門徒が改正掛をはじめとする幹部一七名を更迭すべしと訴えたにもかかわらず、五日には光勝より篠塚・石川らを改正委員に任ずるとの直諭が出される。これに対して射水伊三郎・礪波庄太郎ら有力門徒は、本山の金庫の鍵を預かるという実力行使に出る。さらに翌六日に改正事務を委任された勝縁の名で寺務所の組織改革が通達されると［一代記145〜147］、門徒が次々と本山広間に押し寄せ、九日の夜は徹夜で居座って新体制の打破を要求した。門徒には、長派が勝縁を担ぎ出し光瑩廃嫡を狙っているのでは、との疑念が渦巻いており、そうした不満が一気に沸騰したのである。さすがに翌一〇日、光勝は門徒の要求を容れ、長ら改正掛四名を更迭し、ようやく事態は鎮静した［塵海82 10 12］。

(3)岩倉らのテコ入れ――北垣、介入を開始――

とはいえ、これで紛議が完全に終結したわけではない。二二日、岩倉より北垣へ電報が入る。近々内務卿山田顕義から「府下人心に関係すること故」知事としてこの件を処断せよ、との指令がそちらへあるようだが貴殿の意思はどうか、という問い合わせであった。これに対し北垣は、その通り二五日に山田の命を受けたこともあるので、処断に乗り出すつもりである旨、岩倉へ返答した。前日二四日夕方、光勝からも直接依頼があったが［同82 10 23〜25］、気の進まぬまま引き受けることとなったようである。

二九日には岩倉家家令の香渡晋が京都へ来着する。二七日付岩倉宛北垣書翰によると、山田、井上、さらに桜井能監内務省社寺局長へ示談するなど、紛議処理について岩倉が積極的に動いた様子がうかがえるが、香渡晋の来京については光勝からも依頼があった［対岳17―11(21)］。北垣は、翌三〇日より周旋を開始し、事情聴取と門徒制御、そして本山内紛議の核心へと深く関わってゆく。

翌一一月の『塵海』記事は、連日のごとく幹部・末寺僧侶・門徒らが本山改正の意見を携えて北垣を訪問していたことを伝えている。この過程で、北垣は東本願寺関係の人脈や内部の様相を把握し、人材を見出していった。たとえば九日、執事・阿部慧行を老齢ながら徳望と気力を備えた東本願寺の「元老柱石」と評し、「始て共に談すへき一老僧を拾ひ得たり」と好意的に記している。それとともに、不穏な動きの中心に祭り上げられた勝縁という存在がはっきり浮上してきた。北垣は一三日に迎賓館にて光勝・光瑩と会談するが、前日香渡から得た意見に従い、ここに勝縁を参加させることなく、まず法主父子に指示して本山改革への道筋をつけようとする。すなわち、大谷勝珍（光勝の三男）・阿部慧行を幹部として勝縁を排斥し［一代記150］、滋賀県長浜へ退隠させることとなった［塵海82 11 29］。反対勢力の輿望を担った勝縁を遠ざけ、法主光勝をとりまく一部に権力を集中する人事刷新であった。一七日には内務省より尾越蕃輔が派遣されてくるが、その来着を待たずに事態を進展させた北垣の手腕に、尾越は大いに驚いた。

一二月七日、北垣は東本願寺に立ち寄り光瑩に面会したのち［塵海82 12 07］、東京へ出張する。二二日には岩倉・山田と会談し、二ヶ年による改革計画、反対者の住職剥奪、香渡の法主後見役就任、という案を示した［同82 12 22］。だが北垣上京中に、京都では紛議が再燃しつつあった。出張に際して、紛議発生を危惧した阿部から出張延期を希望されてもいた［同82 12 05］。その不安は的中し、出発直前に石川舜台の現体制批判［同82 12 07］、一三日には「小松党五六十名顧問を退けと強く迫り未た引かす」という事件が起こっており［同82 12 14］、北垣は自分を含めた行政側の重しが必要と痛感させられることになったのである。

（4）一応の落着

翌一八八三年（明治一六）、政府は東本願寺の紛議に最終的な収拾を図った［以下厳華］。中心人物である岩倉は当初、長・石川に接近するが要領を得ず、一転して帰坊していた渥美に目を向ける。その後は病の床に伏せった岩倉と連携した井上が、本山に乗り込んでゆくことになる。井上は東本願寺の内紛を嘆き、「別種の病」さえ生じている（後述）と危惧しており［対岳58―15］、現状の克服には渥美が必要と判断した。この動きに形勢不利を看てとった長らは、渥美との和睦を求める。だが渥美はこれを拒否、六月七日には岩倉・北垣の電報を承けて上洛し、木屋町生庄楼にて井上と面談している。そして同一二日、井上は関係者を枳殻邸《きこくてい》（本山の飛地境内地）に集め会談を催す。参加者は光勝・光瑩、岩倉具経（具視の代理）、井上、桜井、北垣、尾越、旧役員（渥美・長・石川ら）と新役員（阿部・勝珍・小林什尊・藤原励観ら）であった。

ここで何が話されたのか。それを直接示す記録は見当たらないが、その後の井上の動きから類推可能である。井上は一七日付岩倉書翰で桜井社寺局長と連携して内紛処理に当たるよう指示を受けており［馨330―5］、おそらくそれを踏まえ、二三日には渥美・平野履信・阿部・長・足立・橘の六名を本山整理委員に選出［塵海83 07 06］、光瑩・勝縁とともに改革と「法主内規」作成の方針を指示した。そこでは、①大谷家の父子兄弟は親睦を深め骨肉の情を尽くし、法主は何事も連枝（法主の弟、および次三男）に内談する旨を内規書に記載すべきこと、②渥美ら六名は一致協力して法主らを補佐して、家族仲を保たせ、本山の基礎を確立する柱石たることが求められた［同83 07 09］。

二八日、法主父子は指示を終え帰京した井上へ感謝の意を示す挨拶状を送っているが［馨619―3］、光勝は必ずしも納得してはいなかった。七月九日、北垣は光勝・光瑩・連枝・本山整理委員らと枳殻邸にて集会し、右の①②につき光勝に意見を求めたところ、光勝は①に違和感を表明する。それを聞いた北垣は内規の草案を東本願寺が自前で作成し、井上のもとへ届けるよう指示した。その結果、八月七日には東本願寺の憲法ともいうべき「真宗大谷派宗制寺法」が内務大臣から認可され、同三〇日には諮詢所を設置し特選賛衆二〇名を選出、翌九月一二日には宗制寺法を門末へ公布した（8）。この寺法には、①のうち連枝との内談の義務化は盛り込まれていない。それまでの内紛の過程から、光勝は父子兄弟間の軋轢を水平な対話ではなく垂直な関係、つまり法主権力の強化によって克服すべきとの方針を採ったのである。

なお、これは単に東本願寺だけの現象ではない。法主の権限を強め上層幹部による宗政システムを形成する動きは西本願寺も同様で、一八八一年より開かれた「集会」（宗議会）も、徐々に地方末寺・門徒の声が届きにくいものへと変質していったという（9）。そこには近代仏教教団の「自治」形態の先駆として、本山の中央集権化を推進してゆく東西真宗の姿を見て取ることができる。

三　財務立て直しへの試行錯誤——相続講路線の定着まで——

(一)真利宝会の失敗と不正借財

さて、岩倉・井上そして北垣の介入により紛議は一応収拾されたが、その過程で「別種の病」が浮き彫りとなった。井上が寺法改正とともに求めた「会計法」の整備、すなわち逼迫した財務の改善である［対岳58—15］。以下、東本願寺の財務再建の道筋を追う。

天明以来数度の本堂再建だけでなく、慶応元年（一八六五）には後嵯峨・亀山陵修理に四千両、慶応三年一〇月の大政奉還時には朝廷へ三万両、翌年一月に新政府軍へ一万三千両と米四千俵、明治二年からの三年間で北海道開拓の命を遂行する費用として二五万両と［一代記194〜195］、多額の出費を余儀なくされた東本願寺では、明治五年の時点ですでに八〇万両の負債を抱えていた。その後一旦は持ち直すものの、毎年の収入が四万円にとどまり、全く改善の目処は立たない状態であった。

その抜本的解決策を探るべく、一八八一年、執事篠原順明は参議大隈重信に相談をもちかける［厳華］。大隈は横浜正金銀行頭取・中村道太を紹介し、中村の提案する積極策を採用する。すなわち、株式を発行して資本金を得、そこから諸事業（開拓、工業、農業肥料購入資金の融資、投資信託など）を展開する、というものであった。さっそく同年九月一〇日、「真利宝会」と名づけた会社組織の開会式を行い、岡山県児島湾の干拓事業などに乗り出す。(10) しかし松方デフレによる地価下落もあり全く不調、早くも同年末には失敗が明瞭になり、負債数十万円を抱える結果に終わる。これで篠原が失脚した（一八八二年二月）だけでなく、放漫な財務状況が知れ渡ったことで、以後利子の高騰とともに信用を失墜してゆくことになる［世外3、633］。

加えて、長・石川らの不正借財が発覚する。一八八三年七月一六日、大蔵省御用掛前野真太郎から北垣へ、長らが大阪の第二十六銀行より公用と偽って八万円を借用しているとの報告がなされた［塵海83 07 16］。これについて、二四日には長・石川および渥美ら他の役員らも呼び出され、霞ヶ関にて井上から譴責をうけ、長・石川らを用いることとまかりならぬと本山へ厳しい戒告が下された［世外3、631］。岩倉・井上が当初接近していた長らを見限り、渥美の復権を選んだのも、この事件が大きな契機となったであろう。そして紛議の核心が財務問題であり、その克服なくして本山の建て直しもあり得ないとの意を、彼らが強くしたものと考えられる。

（2）講中の不満——予算定額の設定と財務監査の整備——

九月に入ると、門徒からも本山財務に対して批判が噴出した。二日、尾張講中・谷伊三郎より財務状況への批判が訴えられ、さらなる紛議に至った。本山はこの鎮静を北垣に依頼する。北垣は六日、京阪および諸国から上洛中の有力講中を呼び出し、彼らの不満を聴取した。そこで浮かび上がったのは、とくに「収支相償」を望む声であった。前年の収入が一二万円なのに支出が三四、五万円という現状を憂い、せめて収入と支出を合わせてほしい、財務改善のためなら現在抱えている一五〇万円の負債利子の返済を負担する覚悟だが、改善されなければ手を引くしかない、と強い態度で願い出たのである［塵海83 09 06］。要するに、予算の作成・遵守という観念を、との切実な要望であった。

九日、渥美は北垣に対して、講中に示した寺務定額予算書を開示する。その額、一〇万一二五六円。講中は収入の範囲内（月額一万円以下）に切りつめた点を評価した［同83 09 09］ものの、依然不満は燻っていた。一四日には講中九名が出頭要請をうけて北垣を訪問し、問題があると映った役員（平野履信ら）を名指しして排除すべき旨を訴えた。これに北垣は、寺務所予算の設定など役員の改善部分をまずは受け容れ、負債償却に尽力せよと諭告する。そして役員排除論に対しても、「義理と人情」という語を用い、本山と講中の絆を強調して鎮静を図ったのである［同83 09 14］。しかし講中は役員ら本山幹部個々に対して辛辣な評価を持っており、北垣はその講中の「面従腹疑」に対して危惧も抱いていた。この疑念を払拭すべく、渥美は財務のチェック担当者として商量員・検査員を一〇月一日に急ぎ設置する、それでも不穏なようであれば、さらに別の方策の検討を依頼したい、との見通しを告げてきた［同83 09 27］。おそらく不穏な状勢は消えなかったゆえであろう、同一三日には商量員の下に用談方を追加設置し、礪波・射水・谷ら財務に不満を唱えてきた講中六名を任じるという策に出た。これは本山の出納について相談をうけ、また下調べなどを担う役職であった。それでもなかなか不満は消えず、橘・平野ら本山役員は講中の紛議により、理財・度支両課の運営が依然困難である旨を北垣に訴えている［同83 10 30］。

(3)相続講への道

翌一八八四年五月二七日、北垣の勧めをうけて会計部（同年四月に度支・理財両課を改組継承。表1④参照）内に融通掛を設けるなど、本山の財務体制の整備は徐々に進んではいた［川崎47―29(22)］。渥美も九月八日に北垣と面談した際、今年の会計は順調と告げていたが、各国講中が負担するはずの負債償却は水害救助などのため遅れ気味であると漏らしていた［塵海84 09 08］。結局この年も年収約一四万円に対して、累積の負債は総額三〇〇万円余という額に膨らんでしまう。

ここにきて再び、東本願寺は政府要人の援助に頼ることになる［以下厳華］。一八八五年夏、来阪中の大蔵卿松方へ金策を依頼するが、一度は拒絶される。だが再び七月二二日、渥美は東上して改めて松方、そして井上に三六万円という当座の工面を嘆願する。このとき法主父子（光勝・光瑩）は、太政大臣三条実美にも口添えを頼んでおり［三条286―3］、切迫した状況であったことがわかる。渥美は再度松方と面会したが、井上のもとへ行く

表1　東本願寺の本山寺務所機構変遷概表（1882〜86年）

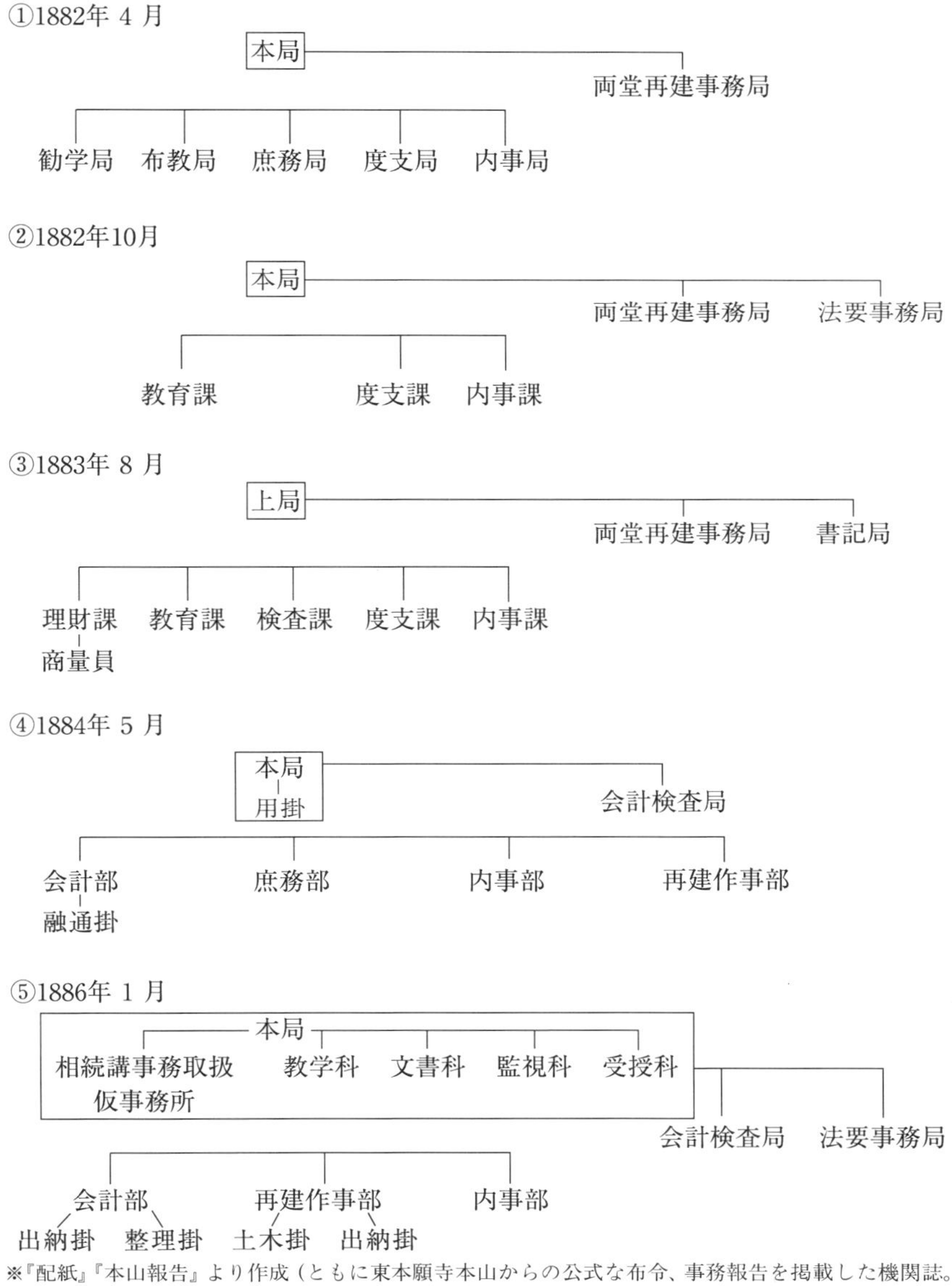

※『配紙』『本山報告』より作成（ともに東本願寺本山からの公式な布令、事務報告を掲載した機関誌。『「宗報」等機関誌復刻版』1 〜 4 巻、東本願寺出版部、1988〜89年、所収）、大きな変更のみ採録。

よう指示される。しかし井上には、財務までは面倒を見きれない、と断られてしまう。それでも渥美は執拗に懇願を続け、一〇月には松方から、三井銀行副長・西村虎四郎を紹介される。そのとき上京中の北垣が仲介役となり、西村と渥美の会談が実現する。

その結果、金策として案出されたのが、「相続講」の創設である。相続講とは、男性二円以上（女性は一円以上、「女人講」）の講員を門徒より募って組織される講で（講金は一括納・漸納ともに可）、法統の相続を期す、という意味がこめられている。さっそく一一月二三日、相続講発令の親諭書を光勝より全国門末へ向けて出し、二九日には相続講設立趣意書を発表、規約・講金取扱手続を制定し、翌一二月二日には相続講事務取扱を本局所轄とし、仮事務所を設置すると発表した［本報6］。一方で一一月二九日、光勝は相続講で得た資金の健全な運用と、教団内改革とを松方に誓約する。同時に西村も、元東本願寺寺侍で三井銀行神戸支店勤務の小谷政一を本山に派遣することを決め、財務の目付け役とした。

渥美は一二月に小谷を伴って再東上し、松方を通じて西村から三〇万円を借りることに成功する。うち半額の一五万円で公債証書を購入し三井銀行に預け、残りの一五万円を現金で二六日に本山へ持ち帰ることとなった［厳華］。相続講という形式と財務改善体制の整備によって、まずは返済能力について信用を認められたわけである。

とはいえ、そこには単に本山の自浄努力によってのみなされたというより、北垣の仲介が大きく作用した。北垣は一二月七日付書翰で西村に年内の融資を依頼しているが［三井14］、それは同日の法主父子との会談において、改革への意志を確認し、本山へ一定の信頼を寄せたためであった。四日、北垣は松方へ本山改革への取り組みの状況を上申したあと、松方・井上からの急便を受け取る。そこには、法主らに覚悟がなければ我々は今後一切協力しない、との意思が記されており、北垣も同様の姿勢である旨本山へ伝えた［同、13日付松方→北垣］。その厳告をうけようやく決意を固めた法主父子は、北垣のもとを訪問し、書面とともに具体的な決意表明を行った。その意志の固さを見て取った北垣は、病身ながら東上して財務援助を懇願しようとした光瑩に代わり、特段の配慮を松方へ願い出たのである。その際、他の仏教各宗の景況は前途の見込みが無く、将来の「拡張」は両本願寺をおいてほかにない、との見通しを強調している［同、8日付北垣→松方］。また同日井上に宛てた書翰でも、両本願寺だけは「宗教拡張」の希望を託しうると述べ［馨372―1］、以前と変わらぬ支援を頼み置いている。会談をうけて出された八日付松方宛光勝・光瑩書翰には、自家の私有財産を用いてでも負債償却、会計は三井銀行に委任して財務整理方法を確立、「内外一和」、などの方針が述べられているが、その基本には、北垣の示諭を服膺して「宗教拡張」、勧学・布教・「非常之節倹」に努める、と表明されている［三井14］。

ここで問題となるのは、北垣の「宗教」観であろう。直接的に示す材料は多くないが、少し述べておく。一八八四年八月、政府は内務省達第一九号により、これまで神職・僧侶を統轄する制度としてきた教導職制を廃止、神仏各宗派の長に教団「自治」を委ねる管長制へと移行した。それをうけ翌九月一九日、北垣は府内の官国幣社神官を迎賓館に招集して「時事懇話」を行い、教導職制廃止に伴う氏子や郷村社などの状況を聴取した［塵海840919］。その際、北垣は神道とキリスト教が軋轢を起こすのは当然としても、布教面や教理面で切磋琢磨し「道徳智識」で競争するよう説いている。(11)「宗教」が物理的な暴力を伴うような抗争とは異なる形で競いつつ、社会の安定のために拡張してゆくことを望んでいた、といえよう。本願寺はその点で他と比較にならぬほど影響力をもつ宗派なのだ、と強調することが、政府要人に対して有効なアピールになる。北垣の目算、ないし「宗教」認識はその辺りにあったのだろう。

またこうした周旋は、本願寺問題に取り組まざるを得ない着任当時からの職務遂行というだけでなく、おそらく今回の法主光勝の決意に対する高評価の表れであり、本山との結びつきを強め積極的に動く姿勢がうかがえる。

財務再建の道筋は相続講という方法でつけられ、一八八六年を迎えて加入者は順調に増加していった。もっとも小谷政一は、相続講での収入は全て従来の負債償却に充当するとの契約上、これを担保に三井銀行よりさらに借入をせねば相続講の基礎は十分固まらないのでは、との危惧を表明していた［塵海86 02 02］。道のりは未だ平坦ではなかった。

四　財務整理の継続――光勝引退まで――

(一)法主父子の募財巡教

四月五日、法主父子は北陸へ巡教すると表明した。北垣は彼らの出発前に本山に出向き、この件につき指示を与える［塵海86 04 08］。一〇日に本山を発った一行は、福井・石川・富山と回り、光勝は五月二六日に帰洛後、北垣にその報告を行っている［同86 05 29］。

巡教は言うまでもなく、相続講への積極参加と献納を自ら呼びかけるためのものであった。渥美は先に三月九日、西村に宛てて会計担当の小谷へ同行命令を出すよう求め［三井14］、それを受け同行して会計管理と募財を担当した小谷は、帰洛後、その成果として志納金三万二千円を得た旨北垣へ報告している。この志納金は、以前返済期限を延長していた他の債権者への利子返済に充てた［塵海86 06 02］。だが同六月には早くも別の借金返済のため五千円の融資依頼が出されており、依然として利子完済に苦慮する様子が見て取れる［三井13、22日付京都三井銀行元締→西村］。

業を煮やした西村は、これでは劇的改善には程遠いと判断し、抜本的な提案を渥美にもちかける。本堂再建の中止勧告であった［厳華］。渥美は断固反対するが、本山内でも意見は割れていた。確かに相続講の組織化のため再建事業は現状として停滞していたものの、再建掛は来年五月に予定している上棟式執行に向けた調書作成を進めており、他方会計掛は相続講が軌道に乗るまで式は延期すべきと提言していた。これについて北垣は、来年五月まで再建費を一万円分立て替えてやり、その分上棟式挙行の際に得られる志納金を全額受け取るというのであれば支障ないのでは、と西村に提言、渥美と内談して何とかやり繰りすべき旨を願い出た［三井14、7月7日付北垣→西村］。この書翰に先だって小谷を東京へ派遣するなど［塵海86 06 19］、北垣は漸進的な財務改善に向け、手を打っていた。

ところが、七月後半に次期法主光瑩が東京へ出向き［同86 07 17］、金策のため松方のもとを再度訪ねたことをきっかけに、またも危機を迎える。光瑩より三井への取次を求められた松方は、従来の歳出節減のみでなく毎年の収支計画を立てる改革を、光瑩や渥美でなく法主光勝を中心として周囲が協力する体制で行わねばならない、そもそも姑息な資金調達が現在の困窮を招いたのだ、と光瑩の単独行動を厳しく叱責する。そして北垣へ、光瑩に事情聴取と然るべき処分執行を命じるとともに、法主の改革への決意が徹底されない現状では援助しない、貴殿も余計なことに関わらずほどほどに断れ、と諭す書翰を認める。[12] 光瑩とともに叱責を受けた渥美はその書翰を携え帰洛、北垣および本山へ伝えた［同86 08 21］。八月末、北垣が本山改革の速やかな実行を求める忠告書を光勝へ送付したところ、翌九月一日、光勝は各局課の経費を年五万三千円にまで節減する決定を下す。

すると、本山はまたも同月下旬に渥美を東京へ送り、松方・西村へ援助を依頼する。言われた通りの改革実施で「実績」として認められるだろう、と当て込んでの行動であったと思われるが、やはり断られる。そこでさらに、一一月には尾張方面へ巡教を行い、相続講奨励の実績を積んだうえで、一二月一日に再度松方へ嘆願する。折れた松方は三井へ指示、一六万円を借用することに成功した［厳華］。

松方から本山改革の指導をうけつつ、その条件をクリアし実績を示すことで、逆に粘り強く財務援助を求める。そうした本山の様相がまず浮かび上がるが、第三節(2)で見た講中の要望、つまり収支が合うよう予算を組む会

表2　相続講事務取扱所の設置状況

年月日	場　所	決定／設置
1886. 3.12	難波、長浜、福井、加賀	決定
6.15	京都、福井、金沢、富山、高田、三条、東京、名古屋、桑名、岐阜、長浜、大阪、鹿児島、広島、仙台、山形、北海道	決定
8. 7	久留米	設置
8.15	岡崎	設置
9.20	静里(岐阜)	設置
12. 5	七尾、高岡、高山	設置
1887. 6. 2	長野	設置
8. 7	秋田	設置
1888. 2.24	長崎	設置
7. 4	大分	設置
1890. 3.21	仙台	設置
10.20	須知(京都)	設置
12.10	高知	設置
1891. 2.20	四日市(大分)	設置
3.17	松江(境港より)	移転
11. 4	静岡	設置
1892.11.12	静岡	設置
1893. 1.28	赤野井(滋賀)	設置

※真宗教学研究所編『近代大谷派年表』(東本願寺出版部、1977年) より作成。「決定」：本山が設置を決定した日付。長浜、静岡など記述が複数あるものもそのまま掲出。

計運営のあり方が、この時点でようやく実行に移されようとした点も確認しておきたい。

(2)三たび援助要請

一八八七年（明治二〇）五月二三日、渥美は北垣のもとを訪れ、財務改善の現況を具状した。それによると、前年一一月一日から四月一〇日までの地代（相続講を除いた）収入が四万二八四九円四〇銭七厘、経常支出が二万五三六六円七一銭九厘、整理掛への回付金が一万六五八一円二七銭三厘、差し引き残高は九三一円四一銭五厘となり、ともかくも経費節減が行われ予算内で運営されている。同二七日には大津に出張中の松方が東本願寺へ来山し、相続講の確立に尽力せよ・節倹を守れ・衆説に惑わされるな・一家および本末の和を保て、と厳諭した。それをうけ翌六月九日、渥美・小谷らは、負債を増やさず予算を超えない健全な運営を改めて北垣と約した［以上塵海］。昨年来の懸案であった相続講と再建事業のうち、上棟式は延期され、相続講の組織化が優先的に推進されていった。参考までに、表2に各地の相続講事務取扱所の設置状況を挙げておく。

相続講の組織化にももちろん、経費は必要であった。八月、相続講奨励に向け本山内で議論がなされたが、門徒の負担額などをめぐり意見が分かれ難航したため、渥美は方針を変更して寺格授与や未満継席（僧侶の昇級特進）、法主が揮毫した寺号扁額の掲示許可などを通じて、末寺から収益を得るという方策を打ち出した。特に寺号扁額の許可は本山の勅額拝領を模倣するもので、それまで別院にのみ許可していた特権を末寺へと拡大するという重大な意味をもつ「最後之奥之手」であった。それを自覚しつつ、五千ヶ寺から一九万円の収入を見込んで［三井14、8月19日付渥美→西村］、九月九日にそれらを法制化する［本報27］。一方、相続講金未完納で死亡した門徒は読経法名記に記載されない、よってその遺族は講金残額を速やかに納めよ、と門徒へ懇諭するよう末寺に通達している［三井14、8月16日付］。さらに、京都にいる各地相続講事務取扱所主任を招集し、相続講施行に関する相談会を主催するなど［同11月26日付］、末寺から資金を吸い上げ従来の債務返済・収入の増額をはかると同時に、相続講加入の強制力を高め、講金収入の確保に向けても種々手段を講じたのである。

（3）軌道に乗る相続講と光勝の引退

ところがこの期間に、またしても光瑩の単独行動が問題化していた。一〇月九日、光瑩は北垣のもとを訪れ、東上する旨を告げる。北垣は長らく滞在せぬよう忠告したが、翌一一月四日、七日、一三日と、本山役員小早川鉄仙らより光瑩の件で立て続けに相談をうけた［以上塵海］。光瑩が役員人事や財務などの権限の委譲を法主光勝へ要求、それが聞き届けられねば帰山しないと主張して、光勝や役員が頭を悩ませている、というのである。この事情を聞いた北垣は一三日、三条実美に宛てて、本山内の一和親睦が崩れかねない、門末人心への悪影響や相続講の瓦解にもつながる一大事なので、何卒光瑩へ帰山を促し和睦するよう説諭していただきたい、と依頼した(13)［三条213―2］。

この件は松方へも当然伝わり、松方から再度厳重注意がなされた。一二月一〇日付の松方宛北垣書翰には、尊

表3　東本願寺本山経常収入の状況

年度	地場収入	再建収入	相続講収入(%)	小　計
1886	76,525	54,608	41,623(24.1)	172,756
1887	82,126	52,373	258,760(65.8)	393,260
1888	87,600	54,327	311,569(68.7)	453,497
1889	98,913	129,642	244,105(51.6)	472,661
1890	98,173	96,956	141,948(42.1)	337,078
1891	89,749	134,041	83,534(27.2)	307,326
1892	121,741	174,474	125,091(29.7)	421,307
1893	93,672	29,174	52,113(29.8)	174,960
合計	748,503	725,597	1,258,747(46.1)	2,732,848

※出典は『真宗大谷派宗門時言』大谷派本願寺文書科、1900年、652～659頁。太多誠「真宗大谷派本山両堂再建事業と加賀門末」(橋本哲哉編『近代日本の地方都市』日本経済評論社、2006年)、171頁より転載。金額は円、銭以下は切り捨て。

論のごとく油断せず本山を厳しく監督し、浪費せず少額でも返済しつづけるよう渥美や小早川へ注意する、と述べられている［松方7、160～161］。北垣はその直後に光瑩を譴責し謝罪させるが、その際光勝の今後に向けた「精神」に感心し、一二日付書翰で松方へ今後の配慮を願い出、一五日ごろ東上する渥美への面会もあわせて依頼している［同、165］。前項で挙げた収入確保策、そして光瑩の謝罪と光勝の姿勢が認められ、渥美は三井から三たび三〇万円余を借り入れることに成功した。同時に、以降は相続講で得た金は全て三井へ預け、必要なときには三井にのみ借用するとの約定も取り交わす［厳華］。本山と松方、そして三井との関係が一層深まっていった[14]。

翌一八八八年から、本山の財務改善に向けた動きは少しずつ軌道に乗り始める。同年五月六日、北垣がその存在感を高く買っていた執事阿部慧行が世を去る。参務であった渥美は教学部長・内事部長も兼任、年末には執事職を継ぎ、専権体制を固めた。この年渥美は一度も上京することなく、各地の相続講組織化に向けて北海道や北陸へ赴く一方、翌年五月の御影堂上棟式の実施を発令している。相続講収入を大きな柱として、再建事業の進展と式挙行に際しての志納金も含め、本山の状況は好転していった（表3参照）。一八八九年初め、渥美らは北垣へ相続講の好調と門徒の高額寄付を報告［塵海89 01 09］、同四月四日には一八八五年に二八万にのぼった負債利子を昨年八万まで減らし、今年三ヶ月での相続講金収入が月額二万円余あると申し述べており［同89 04 04］、財務改善が順調に進んでいたことがうかがえる。五月九日には発令どおり、御影堂の上棟式が挙行された。

そして同年一〇月七日、七二歳という高齢により引退を表明していた光勝が、正式に東本願寺住職を退くことになった。それに先立つ同三日、北垣は渥美を通じて光瑩へ布教・教育・負債償却・両堂再建という四大事業につき申し送り事項を伝える［同89 10 03］。引退前日の六日には光勝の訪問をうけ、これまでの指揮・監督に対する謝意を表明された。この日の『塵海』には、一日分の記述としては異例の長文で、北垣着任以来の東本願寺の歩みの概略が記されている。最後の部分は、光勝の徳望の厚さや財務改善・両堂再建の困難をしのいだ功績と、渥美と阿部という側近の実力が称えられ、上棟式と住職交代を見ることなく亡くなった阿部を惜しむ記述で結ばれている。北垣が渥美と阿部へ厚い信頼を寄せつつ、光勝に対し強い思い入れを持っていたこと、そしてその引退に感慨をこめて、東本願寺問題の一応の区切りを見出していることが看取できよう。

おわりに

本稿で辿ってきた東本願寺の動向は、全貌の表層、ごく一部にすぎない。政府要人との関係という点から別のトピックを一つ挙げれば、侯爵位を要求したロビー活動がある。一八八九年秋ごろから九一年にかけて、東からは法主光瑩が三条をはじめ伊藤博文、爵位局長岩倉具定らへ働きかけを行っている［三条192―5、286―5、287―1、353―14・15など］。これは実現せず、結局授爵は一八九六年のことになるのだが（伯爵）、法主の社会的・政治的地位向上と門徒への影響力という点からも、こうした動向は注目に値しよう。

そして、北垣が一八八九年を一区切りとみた財務改善と両堂再建事業も、落成まではまだ少なからぬ紆余曲折を要した。一八九二年（明治二五）八月、渥美は上京した折三井より負債約九〇万円の返済を強く督促されている。さらに年末には、東本願寺が京都に所有する全地所を登記して負債の抵当とするに至る［厳華］。これは西村に代わって三井銀行の実権を握った中上川彦次郎が、四月から同行の不良債権貸付金整理に乗り出したためでもあったが、七月に北垣が北海道へ転出したことも、おそらく無関係ではないだろう。さらに一〇月には、清沢満之らが財務整理と停滞した教学の振興を訴える建言書を提出するなど、本山の内外で切迫した状況が作り出されていった。

これをうけ翌九三年一月、財務整理のため臨時整理局を設置し渥美が局長となり、相続講事務局で扱う一切の事務を兼担するとともに、光瑩は今年一年で負債償却できるよう尽力せよとの親諭を発表、来山した松方へさらなる財務援助を依頼した［本報91］。何とかその年末に負債償却金七〇万円余を集めて償却を終え、一八九五年四月一五日、両堂落慶の日を迎えた。両堂で要した総人員・工数は約一八五万名、工費だけで六〇万円を超え、買い付けた木材費約五八万円、(15)さらに奉仕者への日当などを加算すれば、とてつもない額の出費が負債整理と並行して、また重なり合って行われたことがわかる。しかし前年一月、前法主光勝は落慶式を見ることなく没している。

これまでの叙述で明らかなように、三井銀行からの財務援助を「さしたる支障もなく進捗した」とする奈良本辰也の評言は当たっていない。(16)それは本山・北垣・松方・西村らの再々の交渉や揺れ動き、あるいは葛藤のなかで、何とか進められたというべきものである。三井からの援助に限らず、表1のような事務機構のめまぐるしい変遷ひとつとっても、当該期の本山内の流動的な様相は容易に見て取れよう。

最後に残された数多くの課題について述べておく。明治中期の仏教教団については、羽賀祥二がその「自治」の混迷を論じているが、(17)国家との距離・緊張・依存・追従といった視角を保ちつつ、政治史的に深く掘り下げる余地は大いにあろう。そのためには教団内史料の発掘・公開とともに、思想史的分析だけでない多面的な把握が求められる。

その点で言えば、末寺僧侶や門徒の側に軸足を置いた考察[18]に加え、反渥美派（長派）、とくに渥美と並ぶ宗政の大物である石川舜台の側から見る作業も考えられる。[19]これまで渥美は「現実的で緻密であり、官僚的」な保守派、石川は「近代化のプロモーターとして、広い識見と大胆な政策」を行う開明派、という図式で捉えられがちであった。[20]だが本稿では、北垣・政府要人・三井銀行と頻繁に、粘り強く交渉し、さまざまに財源を創出しつつ「予算」に基づいた財務体制を集権的に作り上げようとする〈近代的〉な渥美像も浮かび上がる。宗門人の評価は難しい問題を孕むが、少なくとも、一面的な位置づけにとどまらないことが必要であろう。如上の多角的把握から、他日詳細な検討を試みたい。

（1）高木博志は今日でいう「京都御苑」に重なる範囲を、「禁裏・仙洞御所・宮・公家屋敷などからなる九門内の築地空間」を「内裏空間」と呼んでいる。同『近代天皇制と古都』岩波書店、二〇〇六年、九九頁。
（2）奈良本辰也・百瀬明治『明治維新の東本願寺』河出書房新社、一九八七年。ほかに柏原祐泉「両堂の再建と復興」（大谷暢順監修『明治造営百年　東本願寺』下、真宗大谷派本廟維持財団、一九七八年）、同「近代真宗大谷派の歴程」（『真宗史仏教史の研究〈近代篇〉』平楽寺書店、二〇〇〇年。初出は「近代大谷派の歴程」『真宗』一〇〇九～一〇一一号、一九八八年）など。
（3）井上は一八七八年一二月に大谷光尊から「超然」の法名を授けられているが、家の宗旨は禅宗であり、とくに真宗に帰依するようなことはなかったという［世外5、475～476］。
（4）『品川弥二郎関係文書』第二巻、九九頁。なお、このあと五月一七日に東京芝・紅葉館で両本山法主主催による東西両派協和の宴が開かれ、大臣・参議・内務卿らが招待されている［一代記140］。
（5）柏原前掲「両堂の再建と復興」一〇一頁。
（6）射水伊三郎「報恩実歴」（京都市歴史資料館所蔵写真版、SM90『佐々木一子家文書』）。この史料については木場明志氏よりご教示を賜った。
（7）ただし法主引退時の北垣の回顧では、渥美退任後の橋は大谷勝縁を擁立し、石川は「石川県無頼士族」と徒党を組み、また小松凌空は「新平民」を扇動して、それぞれ長と対立していたとも記されており〔塵海89 10 06〕、簡単に「長派」と括るのはいささか留保が必要かもしれない。ここでは反渥美で糾合した新体制の人々、という意味で用いる。

(8)『配紙』一七〇六葉。『「宗報」等機関誌復刻版』二、真宗大谷派宗務所出版部、一九八九年、四一五・四一九頁。

(9) 中西直樹「明治前期西本願寺の教団改革動向（上・下）」（『(京都女子大学宗教・文化研究所）研究紀要』一八〜一九号、二〇〇五〜二〇〇六年）、参照。

(10) 等観寺（京都市上京区）所蔵文書。同寺は阿部慧行が住職を務めた。なお真利宝会については、『大隈文書』（早稲田大学図書館所蔵）にその開設趣旨・概則などが残されているが（A四一四二、A四一四六―一・二）、そこでは名称が「真教宝会」となっている。ちなみに、一八八一年一〇月一日付大隈重信宛福沢諭吉書翰（慶應義塾編『福沢諭吉書簡集』第三巻、一四一頁）には、企画者である中村の自画自賛ぶりが述べられている。また一八八二〔カ〕年三月五日付中村宛福沢書翰で、福沢は以前慶應義塾に寄宿していた旧津軽藩士・佐藤弥六（詩人サトウハチローの祖父）を真利宝会の青森地方の担当者として中村に紹介している（同前、二七一頁）。

(11) 山口輝臣『明治国家と宗教』東京大学出版会、二〇〇〇年、九八〜九九頁。

(12) 佛教大学近代書簡研究会編『宮津市立前尾記念文庫所蔵　元勲・近代諸家書簡集成』宮津市、二〇〇四年、四八三〜四八九頁、〔一八八六〕年八月一七日付北垣宛松方書翰。

(13) 国立国会図書館参考書誌部編『三条家文書目録二　書翰の部』国立国会図書館、一九八二年、九七頁では、同書翰は一八八九年（明治二二）かと推定されているが、内容からそれより二年早いものと考えられる。

(14) 一八九一年一〇月一二日、雄上了岳・伊藤春太郎ら本願寺総会請願同盟委員は松方へ宛てた書翰で、三井への巨額負債と教団財政状況の非開示を批判したあと、松方の周旋が何らかの密約に基づくのではと噂されている旨述べている〔松方18、117〜120〕。

(15) 名畑崇「両堂再建の歴史」（木場明志ほか監修『両堂再建』真宗大谷派宗務所出版部、一九九七年）、一三五頁。

(16) 奈良本ら前掲『明治維新の東本願寺』、四七七頁。

(17) 羽賀祥二『明治維新と宗教』筑摩書房、一九九四年、第六章。

(18) 加賀門徒の両堂再建への関わりについては、太多誠「真宗大谷派本山両堂再建事業と加賀門末」（橋本哲哉編

『近代日本の地方都市』日本経済評論社、二〇〇六年）が詳論している。

(19) 石川についての専論は、多屋頼俊「石川舜台と東本願寺」（『講座近代仏教』二、法蔵館、一九六一年）、辻村志のぶ「石川舜台と真宗大谷派の東アジア布教」（『近代仏教』一三号、二〇〇七年）、がある程度である。

(20) 森龍吉「解説」（『真宗史料集成　第一二巻』同朋舎、一九七七年）二六～二七頁。

京都府会と都市名望家──『京都府会志』を中心に──

原田敬一

はじめに

日本近代の都市史研究は、未開拓の分野や分析が行き届いていない問題などが山積していると、いまだに指摘されねばならない状況だろう。本稿では、最初の府県会を設けた府県会規則期の京都府会議員選挙の制度的枠組みを確認し、その実態を探ることを目的としている。府県会規則期とは、一八九〇年に「府県制」が公布され、それに基づき新しい府県会が始まるはずだったことを受け、府県会規則による府県会の設置である一八七九年から一八九〇年までを指すのが一般的だが、後述するように京都府では一八九〇年府県制が施行できなかったので、新しい府県会に生まれ変わるのは、一八九九年の改正府県制になってからである。そこで、京都府の場合、京都府会をめぐる時期区分としては、

第Ⅰ期　府県会規則時代　一八七九～一八九八年
第Ⅱ期　改正府県制時代　一八九九～一九二一年
第Ⅲ期　選挙権拡大時代　一九二二～一九二六年

第Ⅳ期　普通選挙権時代　一九二六～一九四五年
第Ⅴ期　戦後　一九四五～現代

のⅤ期に区分できる。第Ⅰ期は、他の時期と異なり、府会議員総定数の半数改選が、二年ごとに行われた、といという点で、第Ⅱ期以降の時期と大きく異なった特徴を持っている。本稿は、この第Ⅰ期に絞って検討していく。第Ⅰ期のほとんどの時期については、事実を整理した『京都府会志』が、京都府によって刊行されている。

一　『京都府会志』と湯本文彦

湯本文彦という、明治時代の「京都府属」（現在の京都府職員を意味する）がいる。「明治時代の勝れた歴史家」とも「鋭い史眼を備え、該博な知識を蓄えていたたぐい稀な歴史家であった」[1]とも絶賛される湯本であるが、現在ではほとんど忘れられた存在となっている。「象牙の塔」と在野の間に高い壁が存在した戦前社会にあっては、いっそう湯本を歴史学者として遇する機会は少なかった。

湯本文彦は、鳥取藩士の子として、天保一四年（一八四三）六月七日鳥取に生まれ、一九二一年（大正一〇）九月二五日京都市門前町で亡くなった。湯本の業績が脚光を浴びることになるのは、一九二八年（昭和三）のことになる。平安宮豊楽院の遺祉が発掘されたため、重要な参考文献として、湯本の『平安通志』が再発見されたのである。湯本を再発見したのは、京都府下の史蹟研究を続け、「文化史学」の旗揚げをしようとしていた日本史研究者西田直二郎である。以上、前掲角田「解説」によれば、アカデミックには注目されなかった不遇の在野学者という像が結ばれよう。

西田による『平安通志』再発見は、一九二四年（大正一三）母校京都大学の国史学講座に教授として着任して四年目、湯本が没してから七年後のことである。京都大学文学部史学科を中心にして、一九〇七年（明治四〇）

一二月「史学研究会」が結成され、一年後には会員数七〇余名に達した。五名の評議員は、内田銀蔵、内藤虎次郎、三浦周行、中山再次郎、坂口昂の五名で、史学科の教員が勢揃いであり、京大史学を代表しているものだが、その機関誌ともいうべき『史学研究会講演集』の第四冊（冨山房、一九一二年五月）に、湯本は「因幡国網代の正平古鐘」という「寄稿」をしている（二九九～三〇一頁）。文章の末尾に「（明治四十三年八月鳥取にて）」と付し、古鐘の銘文について「猶専門大家の考証を望む」と求めていることから、湯本はゆかりのある京都にできてまもない史学研究会に質問を寄せた、ということだろう。第一冊（一九〇八年一一月刊行）から第四冊までの「彙報」欄、「本会記事」欄を見ても、湯本の入会は確認できない。にしても、湯本の側からはアカデミズムの見識を無視することはなかったことを示しており、湯本の寄稿に対して、史学研究会の「編者」は、三浦周行教授の「附考」二頁を掲載し応えていることから、湯本の名前や業績はアカデミズムの側でも既知のものだったと思われる。湯本の関与した平安遷都紀年祭委員である市会議員碓井小三郎（一八六五～一九二八）は、生糸商でもあり多能な人物であったが、最初の段階で史学研究会に入会している(2)。

『平安通志』は、「平安遷都千百年祭」に際して編まれた「千百年間に発達した事績を明確にした一大著述(3)」である。しかも「平安通志編纂委員会」の「主事兼編纂員」、実質的にはただ一人の執筆者として湯本が存在していた。『平安通志』の首巻の冒頭には、一八九三年四月八日付の「平安通志編纂議」が掲げられ、編纂の経緯を示している。執筆者は湯本文彦である。名称も編纂へのきっかけもすべて湯本の提案であった。「編纂議」掲載に続いて、京都府書記官兼京都市助役兼平安通志編纂事務長である一阪俊太郎が「編纂ノ事由ヲ明カニス」るため掲げたとの説明文もある。それだけ湯本の功績は大きかった。

湯本の本職は「京都府属」であった。島根県で県庁の修史御用係や県立中学校長などを務めた後、一八八八年（明治二一）一二月「京都府雇」に採用され、さらに一八九四年（明治二七）二月「京都府属」に任じられて以来の「京都府属」である。一九〇二年（明治三五）六月宮内省から京都帝室博物館書記の兼任を命じられ、一九〇四年一月には東京帝国大学史料編纂員を委嘱されているが、本務は「京都府属」であった。彼が「京都府属」を辞任するのは、一九一五年（大正四）一二月、七三歳のことである。(4) 四半世紀京都府に勤めたことになる。その間、湯本は、『京都府愛宕郡村志』（愛宕郡役所刊、一九一一年一月）のほか、「京都府治志稿」（一九〇二年脱稿）、「京華史話」五冊、「長岡京旧趾略考」一冊、「山城国郷略考」二冊、「山城皇都旧趾考」二冊などを書いているが、「湯本文彦は執筆することには熱心であるが、発表しようとする意欲に乏しく、これら貴重な遺稿は未だに印刷に付されず、稿本のまま眠っている」と角田文衞氏が嘆いている。

これら注意を払われてきた湯本著作以外にも、重要なものがある。「京都府会志」という。これも湯本が執筆したもので、京都府から一八九七年（明治三〇）一一月刊行されており、一〇一八頁にもなる大冊である。稿本は、京都府総合資料館に所蔵されており、それには刊本には付されていない、湯本自身が執筆・編纂の経過をまとめた「京都府会沿革誌題言」という一三〇〇字余りの文章が付されている。次に引用するように、①編纂の経緯、②巻首の肖像（山本覚馬）・題字（山田信道知事）の理由、③稿本発見と保存の意義、の三点についてまとめられている（傍線及び網掛けは引用者）。

京都府会沿革志題言

京都府会沿革志ハ明治廿七年ノ府会ニテ府会創立已来年所未タ幾何ナラサルニ其沿革已ニ明瞭ナラス　之カ
志書ヲ編纂スルハ今日ノ要務ナリトテ其経費ヲ支出シ事業ヲハ府知事ニ托スル事ヲ議決セリ　明年度ニ入リ
テ府庁ハ第一課長庄林維新ヲシテ他ノ吏員ト共ニ其事ニ当ラシメシモ成功ナク紀年祭編纂部ヨリ官房属岩本
範治阿形精一府庁ニ帰ルニ及ヒ之ニカハラシメシモ猶編纂ノ端緒ニイタラス　遂ニ府会ノ質問スルトコロト
ナリ庄林ハ手ヲ引キ第四課長壁谷属ヲシテ其後ヲ受ケシメシモ遂ニ成蹟ナシ　廿八年度ハ空シク経過セシヲ

以テ廿九年度ニ組入レタリ　此時余ハ紀年祭事業ナル平安通志其他京華要志紀年祭紀事等ノ編纂ノ主事トシテ府ノ事務ハ執ラサリシカ廿九年四月ニ及ヒ其事ヲ終ヘンニ府知事山田信道男府ハ府会沿革志ノ編纂往年府会ノ建議アリシモ今ニ成ラス　已ニ府会ノ督促スル所トナリ主任ニ命シ其事業ヲ急クモ成蹟ヲ見ス　此事到底子ヲ煩ハサヽルヲ得ス　其帰庁ヲ待ツ久シ　是非其局ニ当リ今年府会ニ提出スルヲ得セシメヨ　其方案及ヒ人員ノ如キハ一ニ意見ニ準スヘシ　幸《ママ》ニ府ノ為メニ努力アランヿヲ望ムトノ事ナリ　余ハ嘗テ此事ノ我上ニ及ハンカト憂ヒシニ知事ノ委托此ノ如シ　府庁ノ軽重ニモ関スルヲ以テ已ヲ得ス之ヲ諾シ　現況ヲ調査スルニ一年以上何事モ成ラス一ノ取ルヘキナシ　於是更ニ体例ヲ定メ編目ヲ分チ準則ヲ草シ裁可ヲ得其人員モ更ニ撰択シテ以テ編纂ニ従事セシハ廿九年ノ五月ナリキ　余ハ最初ヨリ吏務ヲ執ラヌ約束ナレハ府会ノ事ニ関セス　創立已来ノ関係吏員ハ一人モ存スルモノナシ　文書帳簿ハ不備ナル常置委員ノ書類ノ如キ已ニ蠹触シテ見ルヘカラサルモノアルニ至レリ　之カ為メ非常ノ困難ニ逢ヒシモ桔据経営日夕従事其十一月ニ至リ府会市部会郡部会沿革志十五冊ヲ成稿シ具状提出シ之ヲ第一課ト常置委員ノ討議ニ附シ十二月ニ至リ府会ニ提出セリ　府会ニテハ其成功ヲ喜ヒ京都府会創立ニ大功アリシ当時ノ議長山本覚馬ノ肖像ト府知事山田信道男府ノ題字ヲ巻首ニ挿入シ之ヲ印刷ニ附シ内務省ニ納本シ其他ニ配付セリ　山本翁ハ会津藩ニテ学漢洋ヲ兼テ内外時勢ニ通シ大事ヲ斡スルノ才アリ　維新前後非常ノ困阨ニ当リ両目ヲ盲シメタルモ槇村知事ノ知ヲ受ケ之ヲ佐ケ一新ノ治ヲ施シ議政ノ本ヲ聞キ教育勧業ヲ第一トシ其盲後シハ其夫人ニ扶ケラレ議長席ニツキ府会ヲ整理粛然タラシメシ俊傑ノ士ナリ　故永ク其功労ヲ表スル為メ其肖像ヲ掲付セシナリ　此ニ小伝ヲ記スヘシト論セシモ用ヒラレサリシハ惜ムヘシ　今日ハ翁ノ事ヲ知ルモ他年ニ至リテハ其後堙滅シテ何故ニ此像アリシヤヲ知ラシテ却テ恠シムニ至ルヘキナリ　余ノ此困難事業ニ当リ已ニ年度ヲ徒過シ府会ノ質問ヲ受ケ主任者モ手ヲ引キテ去リシ後ニ当リ辛苦シテ半年間ニ成稿セシモ徒ニ印刷ニ附シタルノミニテ其後如何セシニ

ヤ其所在サヘ知ラサリシカ今回文書整理ニ当リ第一課議事仮目録中ニテ発見セリ　已ニ蠹触残破見ルヘカラサルモノアリ　当年ノ辛苦ヲ回想シ今日我身ヲ顧ミ相共ニ其老朽ヲ卿チテ感慨ニ堪ヘサルモノアル　此書已ニ印刷ニ附ス雖トモ其間省略セシモノナキニアラス則チ其原本ハ固ヨリ保存セサル可ラス況ヤ感慨ノカ、ル所豈空シク蠹虫ノ餌ニナスニ忍ヒンヤ　因テ修制ヲ加ヘ之ヲ府庁編纂図書ノ中ニ加ヘ保存スル事トシ他年見ル人其事実ヲ知ラサルヲ恐レ其概略ヲ記シテ巻首ニツクト云フ

明治三十五年八月十一日　　臨時文書整理委員　湯本文彦

①編纂の経緯は、一八九四年の府会本会議で、府会の沿革誌をまとめること、そのための経費と府知事委託が決議された。翌九五年、第一課長庄林維新と部下に編纂を始めさせたが、完成しなかったので、庄林たちは「平安遷都千百年祭」編纂部から岩本範治と阿形精一を指名して、府庁に戻し、庄林たちに代えて編纂作業にあたらせたが、進捗ははかばかしくなかった。府会での追及があったため、庄林が編纂事業から撤退し、壁谷第四課長に交代したが、「遂ニ成蹟ナシ」。これらの出来事は一八九五年度の中でのことであった。この間の湯本は、『平安通志』の編纂にあたっており、さらに『京華要誌』『紀念祭紀事』編纂の主事であった、という。

『平安通志』の編纂過程や編纂従事者について克明な調査と分析をした小林丈広によれば[5]、「京都府属―補助員I」一〇名中に岩本範治と阿形精一は入っている。湯本の補助員として彼らが紀年祭編纂部に在籍していたことは間違いがない。しかし、湯本は彼ら二人は一八九四年度中に府に戻された、と述べている。実際「『平安通志』編纂工程表[6]」を見れば、岩本は第三七巻「人物志」の起稿を中村鼎五とともに担当しているが、その後の再稿→初修→再修にはその名はなく、再修は湯本と編纂員中野太朗が分担している。岩本範治は「もっとも著名」で、「槑城と号し、書家として知られていた[7]」というが、工程表に一ヶ所名があるだけで、姿を消している。阿形精一は、第三三～三五巻「仏寺志」に、起稿（阿形、生野、編纂員生田目経徳）→再稿（阿形、生野）→初修（阿形）

↓再修（湯本、阿形）と一貫して関わったが、これは『平安通志』編纂事業開始以前に、湯本・阿形・井関良顕（補助員）の三人で着手していた「府寺志」とのつながりがあるので継続し得たのだろう。阿形が編纂に携わったのは、第三七巻「人物志」の再稿（中野、中岡と共同）、第三八巻「陵墓志」（補助員水茎磐樟とともに）の起稿と初修（阿形単独）、第四四〜四六巻「宝物志」の起稿（補助員大村西崖、同山田得多、生野と共同）と初修（生野と共同）、第四七巻「旧蹟志」上巻の起稿（編纂員中野太郎と共同）、と起稿には四種類にあたったが、次の再稿段階では二種類、初修段階では三種類、再修段階では一種類と徐々に関与の数を減らしていることがわかる。つまり①で述べているように岩本と阿形は一八九四年度中に府庁に復帰し、業務の一つとして「府会沿革志」準備に取り掛かっていた、と推測できる。

『平安通志』の編纂作業は、一八九三年六月から一八九五年六月まで続いた[8]。和文ガイドブックである『京華《けいか》要誌《ようし》』の編纂も、湯本ら編纂部に委任され、作業は一八九四年初頭から[9]、一八九五年三月[10]まで『平安通志』と並行している。「平安遷都千百年紀念祭」実施の経過をまとめた『平安遷都紀念祭記事』（京都市参事会、一八九六年六月）の編纂経過も、同書「例言」に次のようにある。

　一　本書ノ編纂ハ紀念祭事務所ニテ客年三月編纂部ノ建議ニヨリ委員総会ニテ其事ヲ決シ同六月其事項ヲ定メ同十一月紀念祭結了セシヲ以テ其十二月ヨリ之カ編纂ニ着手セリ本年一月紀念祭事務所ハ廃セラレシモ編纂部ハ本事業中ナルヲ以テ之ヲ市参事会ニ受継キ以テ其編纂ヲ結了セリ

文章の意味は、①一八九五年三月編纂部が「紀念祭記事」の編纂を建議した、②紀念祭委員会は承認、③同六月事項を決定、④同年一一月紀念祭終了、⑤「紀念祭記事」編纂を開始、⑥一八九六年一月紀念祭事務所が廃止されたが、編纂事業は継続した、というものである。『紀念祭記事』冒頭の「緒言」には「明治二十九年三月　京都市参事会」とあり、刊行奥付も「明治二十九年五月三十日発行」である。湯本らの紀念祭関連編纂事業は、一八九六年春には終局にあったと言えよう。先に引用した文章「沿革志題言」で、湯本が「廿九年四月ニ及ヒ其事ヲ終ヘンニ」と述べている文章はこうした状況に対応している。

一八九六年四月、山田信道知事に呼ばれた湯本は、大意次のように命じられている。

こういう事業は、是非あなたに頼らねばならない。いつ本庁に戻ってくるかと首を長くしていた。是非とも編纂を担当して、今年中に府会に提出できるようにしてほしい。方法や人員などは御意見に従う。京都府のために是非とも尽力してほしい。(11)

湯本には、内心期するところもあった。「余ハ嘗テ此事ノ我上ニ及ハンカト憂ヒシニ」とあるように、以前から「府会沿革志」の編纂が不調で、湯本自身が、いずれ自分の出馬が必要になるだろう、と考えていたのである。引き受けた湯本は、基礎から取り組む決意で方針を立て直し、人員も集めて、その翌五月編纂事業を再スタートさせた。最初の府会議員選挙が行われたのは一八七九年だから、湯本たちが編纂事業に取り組んだこの年までで、すでに一九年たっており、「文書帳簿ハ不備」は言うまでもなく、「常置委員ノ書類ノ如キ已ニ蠹蝕」、虫食いでひどい状態にあった。しかも、期限はすでに過ぎているという切迫した状況だった。湯本の起草した「府会沿革志編纂方法稟議」(四月八日付)の中に、

二　期限ノ事

廿七年通常会議決ニヨレハ廿八年度中ニハ成功セサルヘカラス、然ルニ已ニ一年度ヲ経過シ今日ニ至テ未タ成功セス、今期限ヲ本年通常会トスレハ廿八年度ノ初ヨリ今日マテハ徒鋳ニ属シ今日ヨリ僅々七八箇月ニ成功セサルヲ得ス、到底完成ヲ期スルコトハ得ヘカラス、故ニ完成ヲ要スレハ其成期ヲ延スヲ要シ此期限ニ成功ヲ要スレハ完成ハ期シ難シ、此二途ニツキ決定スルヲ要スヘシ

とあって、山田府知事に、期限と完成のどちらを優先するのか、と問うている。回答は期限であったようで、湯

本は、半年後の一一月には「府会市部会郡部会沿革志」一五冊を纏め上げるという壮挙を成し遂げた。その後府庁第一課と府会常置員の審議を一ヶ月ほどで終え、山田信道京都府知事へ、次のような上申書を提出した（草稿）。

京都府会志編成ニ付上申
京都府会沿革志第一編第二編第三編別冊目録ノ通起草セリ、本事業ハ昨明治廿八年度ノ事務ナリシモ未ダ成功ニ至ラサリシヲ以テ本年度ニ移サレ本年五月ニ至リ更ニ文彦ニ命スルニ其事ヲ以テセラル、於是編纂ノ方法ヲ規画シ綱領作例等ヲ考定シ、之カ編纂ニ着手セリ、然ルニ目下府会開設已来実歴アル吏員ハ已ニ転免シ其人ヲ存セス、加フルニ文書散亡完全ナラス、且係員中府会事務ニ関係セシ者ナク、之カ編纂ヲ為スニ於テ甚ダ困難ヲ極メタリ、今仮定ノ綱領ニ基キ合併スヘキモノハ之ヲ合併シ別立スヘキモノハ之ヲ別立シ交互参照以テ府会ノ全体沿革ノ経過ヲ見ルヲ旨トシ之ヲ起草セリ、本志ノ事タル其関スル所甚広ク之ヲ精密ニセントスレハ一大部ノ編纂ヲ為スニアラサレハ尽スヘカラス、到底今回事業ノ了スル所ニアラサルヲ以テ其中間ヲ執リ此程度ヲ以テ編纂セリ、其地方税事業ノ施設ヲモ記載セント欲スルモ其事府政ノ区域ニ属スルヲ以テ之ヲ省キ本志ノ記事ハ府会ノ議決セシ区域ニ止メタリ、今草稿正ニ成ルト雖トモ係員不足事実切迫猶未タ検討校訂ノ暇アラス、然レトモ目下府会開設中ナルヲ以テ既成ノ稿本ヲ以テ進覧ヲ仰ク、其繁簡大小ノ体編録次叙ノ事等ハ高裁ノ上更ニ修訂加除以テ完成ヲ期セントスルナリ
　　明治廿九年十二月廿二日　　　　　主任属　湯本文彦
　京都府知事男爵山田信道殿

ここまで、「府会沿革志」編纂を、短い時間と少数の係員、おそらく予算も少なかっただろう状況でやり遂げた湯本の言揚げを紹介してきた。事実は湯本の言うとおりで、二一〇年分の年史を編纂するのは困難な事業である

ことは間違いない。しかし、「勝れた歴史家」湯本文彦をもってしても、京都府会議員選挙の実態は未解明のことがあるというのが、本稿の指摘であり、解決すべき課題である。京都府立総合資料館には、「京都府会志」稿本一三冊と、刊本である『京都府会志』「自明治十二年至明治二十八年」(京都府、一八九七年一一月)全一〇一八頁の一巻が所蔵されている。

二　府会議員の選出をめぐって

一八七九年から始まる府県会設置は、自由民権運動との対決の中で、大久保政権が打ち出した地方政策の一つとして、よく知られている。(12) ここでは、現行制度と相当異なっている選挙制度や実態などに絞って、説明しておきたい。

(一)根拠法

まず府県会が最初に設置された法令である①【府県会規則】(一八七八年(明治一一)七月二二日太政官布告第一八号)。大久保利通政権のもと、自由民権運動との対抗により、いわゆる豪農民権家を行政の側へ引き込むことを狙って設けられることになった。この時、郡区町村編制法(太政官布告第一七号)・地方税規則(同第一九号)と同時に制定されたので、のちに「三新法」とまとめて呼ばれる。府県会には、府県知事しか議案提出権はなかった(第三条)が、議員の過半数の決議で中央政府への建議はできたし、予算(第一条)・決算(第六条)・地方税の審議(第五条)は府県会が承認権限を持っていた。

全国一斉に施行され、京都府会は一八七九年三月二五日に開設される。だが、北海道と沖縄県には施行されなかった。次の制度である府県制(一八九〇年)も同じく施行されなかった。二つの地域では、道会・県会の設置

運動が長く展開されることになる。(13)

一八七八年公布施行の三新法時代における府県会選挙の実態は、全国的に不明であることが多い。府県会議員選挙を何月に行うかは府知事・県令の布告によるが、実際の投票日（「選挙会」と言う）を決め、公告するのは郡長（その下に町村長がいる）・区長の責任である（第一五条）。実際に郡・区ごとにずれた投票日で実施されている。

選挙権は、二〇歳以上の男子で、選挙区内に本籍を持ち、当該府県内で地租五円以上を納めている者に限られた。投票する選挙区に本籍があれば、必要額の地租納入は選挙区外でもよいことになる。被選挙権は、二五歳以上の男子で、当該府県内に本籍を持ち、三年以上居住し、当該府県内で地租一〇円以上を納めている者に限られる。選挙権・被選挙権ともに、「地租」納入を資格基準としており、地主・自作層が前提となり、都市部に居住する商工業者は二の次となった。都市部居住者は、借地・借家層が圧倒的で、繁華街の表店に営業している豪商でも、借地の上の家持ちという形態が、江戸時代以来続いていた。

選挙は、設定された投票日に（第一六条）、選挙権者が被選挙権者の中から一人を選ぶ直接選挙である（第一七条）。投票の形式は、記名投票である（第一七条）。この形式は厳重なもので、選挙人と被選人の両方の、住所・姓名・年齢を書かねばならなかった（第一七条）。被選人の辞退は認められており、その場合次点を当選者とする（第一八条）。複数選挙区で当選した場合、どの選挙区で当選したかは当選者の「好」に任せるという第二〇条の規定は、なんらかの機関に立候補を届け出る立候補制が設けられてなかったことを意味している。立候補制は、次の府県制（一八九〇年）や改正府県制（一八九九年）でも設けられず、いわゆる男子普通選挙法が府県制の選挙にも適用されてからのことである。

議長・副議長・議員、いずれも無給（第一一条）。会期中は「滞在日当及ヒ往復旅費」が支給される。府県会の通常会は、毎年三月、会期三〇日以内で開かれる（第三一条）。

一八七八年七月二二日、三新法(府県会規則、地方税規則、郡区町村編制法)が公布施行された際、その施行順序について、同日「太政官達(無号)」が府県宛に出された。その第六項は、府県会議員選挙に関わる通達である。

②【太政官達(無号)】一八七八年(明治一一)七月二二日

六　議員ノ員数郡区ノ大小ニ応シ均一ナラサルヘキニ就キ初度ノ選挙ニ於テハ地方官ノ見ル所ヲ以テ各郡区ノ多寡ヲ定メ更ニ議会ノ議ニ付シ其第二度選挙[即初年度ヨリ第三年]ヨリハ議会ノ議決スル所ノ員数ニ従フヘシ

この達により、最初の府県会議員定数や選挙区を府県知事が定めることとなり、京都府知事は次のように選挙区と定員を定めた。それによれば、一九選挙区に各区等しく五名とし、京都府会議員総定員数を九五名とした。

上京区・下京区・愛宕・葛野・紀伊・乙訓・宇治久世・綴喜・相楽・船井・何鹿・北桑田・南桑田・天田・与謝・加佐・中・竹野・熊野の各郡

府県会規則は、その後しばしば改正されている(一八七九、一八八〇、一八八一年)。なかでも一八八〇年四月八日の改正(③【太政官布告第一五号】)は、全文改正だった。

この府県会規則全文改正に対応して、新たに「府会議員撰挙手続」(京都府・甲第一七五号。一八八一年九月二九日)が制定され、「選挙人届」「被選挙人届」「地租金保証書」「投票用紙書式用紙」「当撰状書式」「府会議員当撰請書書式」「郡区長・議員当撰御届書式」が例示された。[14] 当初の府県会規則では、投票用紙に、住所・身分・姓名・年齢を記入する規定だったが、この府県会規則全文改正以後は、年齢記入が外される。

府県会が設置されて二年目を終わろうとする頃、政府は、府県会に新たに「常置委員」を設けるよう、府県会規則に「第五章　常置委員」(第三六条から第四九条までの一四箇条文)の追加を布告した(④【太政官布告第四九号】）。府県会は期間を決めて開催されるものであるから、府県会が開かれていない時期への対応として、府県会が権限を持つ地方税支弁事項について府知事・県令の諮問を受け、協議する（第三七条）ことを権能とする常置委員（五〜七名）を置くことができることになった（第三六条）。常置委員設置の意図は、「府知事県令と議会との間の風通しをよくして、不必要な相互の誤解や疑心暗鬼をあらかじめ排除しておこう」であり、「府県会を、体よく懐柔する意図が秘められていた」（都丸前掲書三一二頁）。その典型的な条文は、第四八条であろう。府県会議員は「俸給ナシ」（府県会規則第一一条）であるのに、常置委員は「三拾円以上八拾円以下」の月手当が、会期と関わりなく出されることになった。府県会の通常会は、毎年三月に三〇日未満の日程で開会されるだけで、それ以外の一一ヶ月に対応する役割を負うことが常置委員に期待されたのだから、月手当が出ても不思議ではないが、無給から有給に格上げされるのは大きい。この有給は薄給ではない。衆議院議員で年俸八〇〇円、貴族院議員で同一〇〇〇円に対して、この常置委員は年俸三六〇円から九六〇円の計算となる。

なお常置委員会の審議は秘密会だったが（第四五条）、京都府会では、一八八一年六月（日付不明）、府会議員に限り傍聴許可の措置を取った（『京都新報』同・六・一七）。

府県会の最重要審議は、府県税の収税方針であり、その使途であった。とりわけ限られた財源をどこに振り向けるかは、府知事県令の腕のふるいどころであり、府県会議員の選出母体へのアピールの拠り所だった。都市部と農村部（区部と郡部）が利害を異にする府県が多く、対立・抗争が生じていた。そこで、一八八〇年には、地方税の徴収に関して（同年四月八日太政官布告第一六号地方税規則改正により新規定）、区と郡の経費を別個に審議・決議することを許可し、内務卿の認可を必要とする（同年五月二七日太政官布告第二六号）、東京府の営業税・雑種税の徴収と水道費・瓦斯灯費・火災予防費の扱いは特別処理（同日太政官布告第二七号）と、対応する布告を定めた。

さらに制度を整えて、三府(東京・京都・大阪)と神奈川県に限り、審議の場を、区部会・郡部会・区郡連帯会(全体審議)と三区分にする「三部経済制」が採用されることになり⑤【太政官第八号布告】一八八一年二月一四日)、前年の太政官布告第二六・二七号は廃止となった。一八八一年三月の京都府会で、区部会・郡部会を創設する(『府会志』)。

またこの布告が都市部(区部)にとって有利なのは、区部の議員定数を内務卿の許可の下に府知事県令が定める、とした点である(第三条)。一八八一年の府県会規則では、各選挙区五名以下という制限が設けられていた。京都府は、直ちに区部選出府会議員定数を各区(上京区・下京区)一五名以下と布告した(布達第一〇六号、一八八一年二月二五日)。

ここまで府県会規則時代の府県会議員の選出方法を中心に紹介・検討してきた。帝国憲法体制の発足に伴い、地方制度も新たな段階を迎える。市制町村制(一八八九年四月一日公布、施行は順次)・⑥【府県制】(一八九〇年五月一七日公布、施行は順次)・郡制(同)が相次いで定められ、施行されていった。「府県制」により、府県会議員の選出制度は、直接選挙から間接選挙に変わった。市長・市会・市参事会合同選挙会と郡長・郡会合同選挙会でそれぞれ投票し、選出する(第三条)。変わらなかったのは、制限被選挙権(第四条)、無給の名誉職であること(第五条)、任期は四年で二年ごとの半数改選(同)。

⑥【府県制】により、府県会議員のあり方は大きく変わった。有権者の直接選挙から、市会・郡会がそれぞれ府県会議員を選出する間接選挙(複選挙制)になった。有権者の意思は直接反映されず、市会・郡会を通じてしか表現できなくなった。また、市町村会議員とも異なる性格であることが明確化された。⑦【市制】第八条の規定内容は町村制第八条と同じで、意味するところは、市町村会議員に選出された公民住民は拒否できない、受任するのが公民の義務である、という点にある。このシバリは、府県会議員選出規定にはない。地主層や自作層は、

地域の名望家として共同責任を持つべきだ、という内務省の名望家期待論は、町村長と市町村会議員に向けられたもので、かつ無給とすることにより、小作層や貧困層が就任することを拒否する制度であった。府県会議員の場合は、地域といっても広く、拒否することは、第一回府県会議員選挙の時から全国で続いており、新たに市制町村制のような規制をかけるのは無理があった。

【市制】

第八条　凡市公民ハ市ノ選挙ニ参与シ市ノ名誉職ニ選挙セラルヽノ権利アリ　又名誉職ヲ担任スルハ公民ノ義務ナリトス　左ノ理由アルニ非サレハ名誉職ヲ拒辞シ又ハ任期中退職スルコトヲ得ズ

一疾病ニ罹リ公務ニ堪ヘサル者

二営業ノ為メニ常ニ其市内ニ居ルコトヲ得サル者

三年齢満六十歳以上ノ者

四官職ノ為メニ市ノ公務ヲ執ルコトヲ得サル者

五四年間無給ニシテ市吏員ノ職ニ任シ爾後四年ヲ経過セサル者及六年間市会議員ノ職ニ居リ　爾後六年ヲ経過セサル者

六其他市会ノ議決ニ於テ正当ノ理由アリト認ムル者

前項ノ理由ナクシテ名誉職ヲ拒辞シ又ハ任期中退職シ若クハ無任期ノ職務ヲ少クモ三年間担当セス又ハ其職務ヲ実際ニ執行セサル者ハ市会ノ議決ヲ以テ三年以上六年以下其市公民タルノ権利ヲ停止シ且同年機関其負担スヘキ市費ノ八分ノ一乃至四分ノ一ヲ増課スルコトヲ得　前項市会ノ議決ニ不服アル者ハ府県参事会ニ訴願シ其府県参事会ノ議決ニ不服アル者ハ行政裁判所ニ出訴スルコトヲ得

一八九〇年の府県制により、府県会議員の選挙制度は大きく変わったが、問題はその施行である。府県制と同時に郡制も公布されたので、郡制施行が府県制施行の前提となった。郡制が施行されるには、郡の設置と郡役所の場所が示されねばならない。各府県では、郡制の施行が困難な事業であった。郡をどう限るのか、行政拠点としての郡役所をどこに設けるのか、で地域の利害は真っ向からぶつかった。そのため一八九〇年府県制公布から、改正府県制公布の一八九九年までの一〇年間に、一八九〇年府県制を施行できなかった府県が二府四県あった。[15]一八九八年に一府二県が郡制を施行できたので、「一八九〇年府県制の施行されなかった府県」には入らなかったが、一八九八年府県会議員選挙の施行後であったため、結局この一府二県を含めた三府六県では、複選挙制を一度も実施することなく、改正府県制の直接選挙制度に移行することになった。

⑦【府県制と郡制】

A．一八九〇年府県制の施行されなかった二府四県[16]

東京府、京都府、神奈川県、岡山県、広島県、香川県

B．各府県の郡制施行年度[17]

一八九一年　青森、秋田、山形、石川、福井、山梨、長野、愛知、徳島、高知、大分

一八九四年　宮城

一八九六年　茨城、群馬、埼玉、富山、静岡、兵庫、鳥取、島根、山口、福岡、熊本

一八九七年　岩手、福島、栃木、千葉、新潟、岐阜、三重、奈良、和歌山、愛媛、佐賀、長崎、宮崎

一八九八年　大阪、滋賀、鹿児島

京都府会史第II期にあたる改正府県制時代の根拠法⑧【改正府県制】（一八九九年三月一六日公布）の特色は、直接選挙制、制限選挙権（ただし有権者の納税資格条件は、地租のみから直接国税に広げられ、納税下限も五円から三円に低減。被選挙権者も直接国税に広げられたのは同じだが、納税下限は一〇円で変化がなかった）、四年任期（二年ご

との半数改選は廃止、四年ごとに全数改選）、立候補制は依然として設けない、というもので、半数改選制がなくなったのみで、ほとんど三新法の府県会規則時代と似たものとなった。

【「予選体制」】

第Ⅰ期の府会議員選挙制度の特色は、

①直接選挙制

②制限選挙権（男子、年齢、納税額）

③半数改選（全数改選より変動幅が小さい）

④立候補制がない

と四点あった。これに市制町村制の特色である、

⑤階級選挙（納税額ごとに議員を選出する）

を加えると、府県会規則時代の地方団体における選挙制度の特色となる。特に④立候補制がない、というのは、地域にも被選挙権者にも弊害が大きかった。本人の知らないところで勝手に投票され、選出されてしまい、市町村会議員の場合、処罰規定があるから辞退は出来ない。また複数の選挙区で当選した場合、辞退した選挙区ではもう一度選挙を実施する可能性もあった。そこで全国各地で有権者たちは同じ様な行動にうつる。

⑥有権者団体が候補者の「予選」実行

である。有権者たちにすれば自衛行動でもあるこの「予選」は、名望家の利害を調整する上でも、地域団体が必要とされていたので、有権者団体づくりと並行して「予選」作業が広がっていった。江戸時代の村々を合併させて成立した近代村（行政村）では、「とにかく自部落の村議を一人でも多く当選させる」ために、「予選」が行われている。(18)「予選」は、協議で済む場合もあり、さらに事前投票に及ぶこともあった。また地域が選出しなければ

ばならない他の名誉職（商業会議所の会員、徴兵参事員、所得税調査委員など）の選出にも、この有権者団体と「予選」が活用された。[19] この六種の特色を原則的に持ち、社会的に広がった、都市名望家の名誉職選出システムを「予選体制」と呼ぶことを拙著で提案している。

（2）京都府における府会選挙の実態――一八七九～一八九五年――

選挙の実態を知る方法は、新聞に掲載された情報を見つけだし、検討・分析することが重要である。京都府については、府立総合資料館に次の三新聞（マイクロフィルム）が現存分に限って所蔵されている。年月日は残存分のものである。

『西京新聞』一八七七年、一八七八年、一八七九年、一八八〇年、一八八一年、一八八二年（ただし欠号多し）。
『日出新聞』一八八五年四月一〇日～一八九七年六月三〇日
『京都日出新聞』一八九七年七月一日～一九四二年三月三一日
『京都日報』一八八九年三月一〇日～一八九一年二月一日（ただし欠号あり）

この発行と残存状況では、府会議員選挙のうち第一回、第二回、第三回の計三回については、新聞情報が得られない。

まず、議員定数だが、一八七九年の発足時は、一律に五名を定員としたが、この時から人口を基準とする考えはあっただろう。単独郡区が殆どだが、宇治郡と久世郡は合同させて一つの選挙区としていることから推定できる。一八八〇年に府会は議員総定数を変更する。基準は現住人口である。「府会志」は「人口ニツキ其割合ヲ立テ撰出スルコトニ定メタリ、人口十万人以上ハ五人、六万人以上ハ四人、三万人以上ハ三人、三万以下ハ二人トス、爾後人口ノ増減ニ従ヒ変更スルモノトス」（二頁）と述べている。府県会規則（一八七八年）や府県制（一八れる。

九〇年）には、議員定数基準の明文化はされず、改正府県制（一八九九年）になって初めて、次のように明記さ

第五条　府県会議員ハ府県ノ人口七〇万未満ハ議員三〇人ヲ以テ定員トシ七〇万以上百万未満ハ五万ヲ加フル毎ニ一人ヲ増シ百万以上ハ七万ヲ加フル毎ニ一人ヲ増ス、各選挙区ニ於テ選挙スル府県会議員ノ数ハ府県会ノ議決ヲ経内務大臣ノ許可ヲ得テ府県知事之ヲ定ム、前項議員ノ配当方法ニ関スル必要ナル事項ハ内務大臣之ヲ定ム

この新法により、京都府会の議員総数は、三五名（うち上京区五名、下京区七名で京都市部合計一二名。ただし、一九〇九年一二月に上京区七名、下京区八名、市部合計一五名、総数三八名に増員される）と府会は決議した（一八九九年七月一日）。

第六回半数改選選挙を迎える時には、区部（「京都市」はまだ歴史に登場していない）と郡部で、四六名ずつと折半する定数になっている。毎回の選挙で改選されるのは半数だから、例えば上京区では当選者一人につき有権者一五人、船井郡では二五八二人と、その格差は一七〇倍以上になっている。実際には投票率は低減していくから、区部の府会議員の必要票数は数票レベルにまで落ちる。

京都府会の第Ｉ期における選挙は次のように行われた[20]。

第一回　一八七九年（明治一二）三月実施。総定員九五名。

臨　時　一八八〇年（明治一三）三月実施。伏見区、紀伊乙訓郡、宇治郡、久世郡の府会議員を選挙（定員各五名）。

区部増員　一八八一年（明治一四）三月一二日。区部は定数が二区計一〇名から計四六名へ大きく変更されたので、選挙会を行ったが、郡部は変更がなかったので選挙会を行わなかった（「府会志」三九

頁）。

第二回　一八八二年（明治一五）七月半数改選
第三回　一八八四年（明治一七）六月半数改選
第四回　一八八六年（明治一九）一月二〇日二三日半数改選
第五回　一八八八年（明治二一）一月一九日～半数改選
第六回　一八九〇年（明治二三）二月五日半数改選
第七回　一八九二年（明治二五）二月二〇日半数改選
第八回　一八九四年（明治二七）二月一五日半数改選（府庁文書27―39）
第九回　一八九六年（明治二九）二月半数改選
第一〇回　一八九八年（明治三一）二月半数改選

この全一〇回の選挙のうち、特徴的なものを紹介してみよう。

【第一回】一八七九年三月実施。議員全数選出。

第一回府会選挙は、一八七九年三月に一九の選挙区で行われた（定員九五名）。府県会規則第一五条の規定により、投票日は郡長・区長が決める。第一回選挙は、三月二四日から二六日にかけて選挙会（投票）が行われた。選挙会の会場には、愛宕郡・智恩寺、葛野郡・妙心寺、綴喜郡・酬恩庵、与謝郡・智源寺、熊野郡・西方寺、など寺院の使用が多かった（「明治十三年府会一件」）。

第一回府会議員選挙が終わった直後の一八七九年四月、紀伊郡から伏水区を分置し、残った紀伊郡と乙訓郡を一つの選挙区として、各区五名定員とした（京都府布達第一三五号）。総数は変化がない。さらに五月には、京都府布達第一六三号で、宇治・久世郡として一つの選挙区だったのを分離して、独立郡とし、それぞれ定員五名の選挙区とした（京都府・布達第一六三号）ので、議員総数は一〇〇名となった。

一八八〇年五月第二回通常府会は、議員定数を審議し、総定員五六名を決議した。

上京区・下京区　　各五名

愛宕郡・紀伊乙訓郡・綴喜郡・相楽郡・船井郡・何鹿郡・南桑田郡・天田郡・与謝郡・加佐郡　　各三名

北桑田郡・熊野郡・中郡・竹野郡　　各二名

しかし、これでは都市部と郡部がアンバランスである。翌年二月、政府が区郡部会規則を制定し（太政官布告第八号）、区部選出議員の定数を二五人まで増加させることが可能になったため、京都府は一八八一年二月二五日、「区部議員数上京区廿一人下京区廿五人ト相定」め、「其不足ノ人員即上京区一六人下京区廿人ノ撰挙会」を「来ル三月中」に開く、と告示した（京都府・示第一〇七号）。これで総定員は九二名となり、区部と郡部は同数となった。以後第II期になるまで定数は変更されない。

この時期の特徴は、辞退者が多いことである。実は当選状を当選者に渡すまでの段階で、続々と辞退者が出ている。自動的に当選状が渡されるのでなく、被選人から「府会議員当撰請書」を提出する規定であり、まだ「請書」が出ていない、などの新聞記事も見られる。

第一回選挙（一八七九年三月）の上京区・下京区での事例については、別個に紹介しているので参照してほしい。[21]

「府会志」の選挙会の記事には、得票数は掲載されておらず、当選状交付までの経過も記していないが、次のようなことが判明した。

【第一回】上京区：石東市郎兵衛（住所：第一組瑞光院前町）が六五票で五名中二位当選となったが、辞退したため次点の吉岡安寧（住所：第三組中猪熊町）を当選者とした。／下京区：三井源右衛門（住所：第三組西六角町）

が八二票で五名中二位当選となったが、辞退したため、次点の上原三右衛門（同：第三組衣棚町）を繰り上げたものの、再び辞退したため、次々点の柴田弥兵衛（同：第一四組清水町）を当選者とした。

【第四回】上京区：山鹿米次郎が、二六票で一一人中第九位当選だったが、辞退したため、次点の中島武市を当選者とした。／下京区：岸本久七（住所：一五組宮本町）が一五八票で一二名中九位当選、脇坂房三（住所：六組中の町）が一四八票で同一〇位当選だったが、二人は辞退したので、次点・次々点だった今井弁次郎と清水吉右衛門を当選者とした。

【第五回】上京区：大貝武布（住所：第三〇組上□〔一字不明〕町）が四二票で一〇人中第四位当選だったが辞退したため、三三票で次点の畑道名（住所：第一二組梶井町）を当選者とした。／竹野郡：梅田重助（溝谷村。農）が一四九票で一人中一位当選だったが、辞退したため、一三三票で次点の永島勝治（徳光村。商）を当選者とした。

第一回の情報は、京都府庁文書「明治十三年府会一件」により、第四回・第五回は新聞記事と「京都府会志」を照らし合わせた。当選者が「請書」を出さず、辞退するのが毎回あったのが実情だった。当選後の辞退、というのは、補欠選挙会でも見られる。一八八三年二月二一日天田郡では補欠選挙会を開いたが、一週間たっても当選者二名のうち一名が辞退して請書を出さないので、欠員で報告している（「府会ニ係ル郡区府会伺指令届」）。

それに準じる事態として、任期を全うせず、辞職する議員を挙げることが出来る（表）。半数改選だから、第一回選挙で当選した議員の半数は第三回選挙まで任期があったが、当該の期間中に何人が辞職しているかが問題であるから、就任期や就任期間などは無視して表を作成した。表によれば、第一回選挙から第二回選挙までの辞職率二八・四％、四人に一人が辞め、次の期間には、倍化して二人に一人が辞めて、五六・五％という数字になる。

一八八二年三月、下京区の中井三郎兵衛が、所有地売却のため、地租額が減少し、そのため府会議員資格を失

表　任期途中辞職した議員数

年月	区部	郡部	合計
【第1回選挙】1879年3月当選→任期中辞職27名（95名中28.4%）			
小計	7	20	27
【区部増員選挙】1881.3→任期中辞職52名（92名中56.5%）			
小計	26	26	52
【第2回選挙】1882.7→任期中辞職30名（92名中32.6%）			
小計	17	13	30
【第3回選挙】1884.6→任期中辞職13名（92名中14.1%）			
小計	6	7	13
【第4回選挙】1886.1→任期中辞職23名（92名中25.0%）			
小計	10	13	23
【第5回選挙】1888.1→任期中辞職31名（92名中33.7%）			
小計	17	14	31
【第6回選挙】1890.2→任期中辞職17名（92名中18.5%）			
小計	5	12	17
【第7回選挙】1892.2→任期中辞職13名（92名中14.1%）			
小計	6	7	13
【第8回選挙】1894.2→任期中辞職27名（92名中29.3%）			
小計	8	19	27
【第9回選挙】1896.2半数改選、【第10回選挙】1898.2半数改選（任期は1899.9まで）			
1896年中	3	2	
1897年以降	4	19	
小計	7	21	28

（出典）第１回から第８回までは「京都府会志」。第９回・第10回は『京都府会志』第二編（京都府、1913年）。第１回から第９回までは「死亡」「失格」を含まないが、『京都府会志』第二編を根拠とした1895年以降は、理由未記入のため含んでいる可能性がある。

ってしまう。こうした事例は、都市部選出の議員の場合よく見られた。郡部の地主は、失格となるところまで地租額が減ることはないが、本来都市地主という側面を持たない商工業者や代言人（弁護士）の場合、十分あり得るケースであった。

この時、京都府吏員（庶務課会議掛）が連想したことは、辞めていく議員の多さという、この状況であった。「立案主任：大谷九等属」の起案文書を読んでみよう（「明治十五年甲号布達原書」）。

補欠撰挙会之義ニ付布達按伺
府会議員ノ内下京区中井三郎兵衛所有地売却地租減少之故ヲ以退職届出候ニ付テハ補闕撰挙会御開相成度　然ルニ是

迄区部ニ於テハ兎角ニ辞職欠員多ク既ニ府会開設ノ今日ニ在テ其都度撰挙会ヲ開クモ手数及冗費ノミナラス補欠員撰定迄大ニ時日ヲ打移シ候義ニ付本年太政官第十号布告ヲ以テ府県会規則第十条ヘ（毎郡区議員定数ノ外補欠員トシテ十人以下ヲ増撰スルコトヲ得）ノ追加アルニ依リ右補闕議員ノ外別ニ補闕員トシテ五名増撰候様為致度　依テ布達按佐ニ相伺候

大谷属の新提案は、北垣国道知事・国重正文大書記官・谷口少書記官の賛同を得て、三月三一日、下京区の府会議員欠員一名と、「並ニ定数外補闕予備員五名撰挙会」として開かれると告示された（京都府・甲第七〇号）。上京区でも実施が求められ、月日は不明だが、京都府・甲第八七号により撰挙会が告示されたと思われる（「明治十五年甲号布達原書」）。翌一八八三年二月上京区では、この補欠員が問題となった（「府会ニ係ル郡区府会伺指令届」明治一六年）。府庁に上京区長から伺（質問）が届いた。

府会議員補欠撰挙会之義ニ付伺

本年二月示第拾号及第廿七号告示ニ依リ同月廿六日府会議員当区補欠員六名撰挙会相開候処富田半兵衛以下三名ハ請書差出シ既御届置候　外二名補欠員投票二点ノ者迄モ此次当選状下付候得共悉ク辞撰候ニ付前条上申仕候共更ニ選挙会之義御達可相成義ト相心得動労得共為念此段相伺候也

前年と同じように補欠員六名を選ぶ選挙会を開き、高点の者に当選状を渡したが、拒否した者が二名いて、決まらない。もう一度選挙会を開かねばならないが構わないか、という質問であり、京都府は「書面伺之趣」で告示するようにと指令した。それにより、下京区長は、五月一四日再度選挙会を開くと告示した（二九日午前八時より）。その後の当選者がすんなりと引き受けたのかどうかは、史料がない。残り二名の当選者氏名を府に報告し、下京区が六名全員の氏名を告示できたのは七月五日だった。再選挙の会から一ヶ月以上経過していることから考えて、再選挙会の結果も引き受け手がおらず、難航したのだろう。

規定の府会議員以外に、辞退者が出ればすぐに穴を埋めることができる「補欠員」を選出する、ということはあまり知られていない。しかし、大谷属が指摘しているように、一八八二年太政官布告第一〇号は、それを許容していると言う。第一〇号布告は、府県会規則の改正を指示したもので、その中に、

第十条へ追加　毎郡区議員定数ノ外補欠員トシテ十人以下ヲ増選スルコトヲ得

とあり、「補欠員」規定が登場している。この一〇号布告について、議員による建議が、内務卿だけでなく府知事県令へも可能になったこと（第七条改正）や、被選挙権の欠格事項の拡大による自由民権運動への対処（第一三条改正）が指摘されることはあっても、第一〇条追加は見過ごされてきた。府県会議員の選挙実態を追究することで、この条項追加が、名望家の相次ぐ辞退、という予想外の状況に対処するものであったことが確認できよう。三新法下で、区町村の合議機関を制度化したのは、一八八〇年四月八日に公布された区町村会法（太政官布告第一八号）であるが、一八八四年五月七日全文改正された（太政官布告第一四号）。第二条のみ、両者を比較してみる。

（一八八〇年）区町村会ノ規則ハ其区町村ノ便宜ニ従ヒ之ヲ取設ケ府知事県令ノ裁定ヲ受クヘシ

（一八八四年）区町村会ノ会期、議員ノ員数、任期、改選及其他ノ規則ハ府知事県令之ヲ定ム

当初から、区町村会に対して府知事県令の指揮権は、区町村会の停止や解散まで行える（第六条等）強いものであったが、第二条改正は、その日常的運営を左右する内容まで、区町村会が自主的に決める権利を取り上げ、府知事県令が制定権を持つ、とさらなる強化を果たしたものである。ただ京都府ではこの第二条を使い、同年七月二二日「区町村会議員定員ノ外補欠員トシテ十人以下増撰不苦事」が指示された（甲第七二号）。ここには、府会議員と同じように、選出されても辞退する地域名望家の姿が垣間見える。

これが都市部・郡部を問わず、「名望家」の実態であった。面倒な役職に就くのを厭うという心情だけではな

く、地域の対立構造を考慮して、早めに議員を辞職して交代する、という考えから退いた議員たちもいただろう。どちらがどれだけの割合かはわからないが、当選直後の辞退と、任期途中の辞職という議員の状況が、逆に府知事県令や郡長という、内務省直轄の官僚たちに、自由に府県政を処理させる原因ともなっていた。闘う民権家の活躍の場としての府県会、という歴史像は、「物言う住民」を強く印象づけるが、一方で「逃げる名望家」というのも実像の一つであったのではないか。いわば地方分権の意味もあった江戸時代の庄屋システムを、無理矢理中央集権的システムに変えたとき、地域の名望家は、辞退することで無言の発言をしていたのかも知れない。

むすびにかえて

湯本文彦が「京都府会志」編纂に着手したのは、京都府知事山田信道の依頼によるものだったが、その依頼は京都府会の要望によってうまれた。府知事にすれば、府会の要望で応えられるものには応えておいたほうが、その後の関係を円滑にするだろう。そのために期限を厳しく要求された湯本には迷惑であったかも知れない。「歴史家湯本文彦」の令名は、つとに『平安通志』編纂によってあがっているが、「京都府属」という一官吏の立場からすれば、「京都府会志」の仕事のほうが本務の範囲であった。「京都府会志題言」で湯本自身が述べる言葉からは、そのような「本務」を果たしている、という責任感よりも、「歴史家湯本文彦」の余業遂行感が垣間見える。「京都府会志」も『京都府会志』第二編も、やはり「史料集」であり、「歴史」をまとめている、という実感はなかっただろう。それをどのように解釈するのかが、本稿の課題であった。

その中で、二冊の史料集が提供している事実は、京都府会第Ⅰ期を考えるうえで重要な材料を提供していると気付いた。府会議員就任をめぐる名望家の意識である。本稿では、仮に「逃げる名望家」と名づけてみた。内務官僚たちは、そうした状況に気が付いていたのかどうか。少なくとも「逃げる名望家」という状況が全国に存在していたことが、一八八八年「市制町村制」を制定した時、市制にも町村制にも第八条の同一文で、名誉職を分担するのは公民の権利であると同時に義務である、拒否すると罰せられる、という条項を設けさせ、他の法律にはない「理由書」という前文を付けて、名誉職や名望家の意義を口が酸っぱくなるほど説教しなければならなかった本当の理由である。このことは「京都府会志」だけでなく、全国の府県会史を検討することで再確認できるだろうと、現在推定している。

(1)　角田文衛「解説」(京都市参事会編『平安通志』復刻版、新人物往来社、一九七七年、七四五頁)。
(2)　前掲『講演集』第一冊、「彙報」欄。第一冊「彙報」欄の会員数は六三名。
(3)　前掲角田「解説」。
(4)　同。
(5)　小林丈広「『平安通志』の編纂と湯本文彦」(明治維新史学会編『明治維新と歴史意識』吉川弘文館、二〇〇五年四月)。
(6)　同、一二〇～一二二頁。
(7)　同、一一六頁。
(8)　『平安通志』「凡例」に「一此著編纂ニ着手セシハ、明治廿六年十二月ニシテ、其成稿ハ本年六月ニアリ」と記されていることを根拠とする。「凡例」の執筆は「主事湯本文彦」で「明治廿八年六月」の日付。
(9)　『京華要誌』「凡例」に「昨年初其編纂を当部に付託」とある。
(10)　同「凡例」の記載。
(11)　「沿革志題言」の該当部分より大意を示した。
(12)　大石嘉一郎『日本地方財行政史序説』(御茶ノ水書房、一九六一年)、大島太郎『地方行財政史序説』(未来社、一九七五年)、都丸泰助『現代地方自治の原型・明治地方自治制度の研究』(大月書店、二〇〇〇年)などが、代表的研究書である。

(13) 道会の設置運動については、船津功『北海道議会開設運動の研究』(北海道大学図書出版会、一九九二年)を参照。念のために付け加えておけば、大日本帝国憲法下で「議会」を自称できるのは「帝国議会」のみで、それ以外の議会機能を持つ機関は、「府会」「県会」「市会」「郡会」「町会」「村会」という呼称しかない。
(14) 京都府総合資料館編『京都府百年の資料』一政治行政編(京都府、一九七二年)一八〇〜一八四頁。
(15) 居石正和「明治地方制度の成立とその特徴――1 府県制の成立過程を中心に――」『島大法学』第三八巻第一号、一九九四年五月。
(16) 前掲居石論文から。
(17) 大霞会編『内務省史』第二巻から中村政則が作成。
(18) 大石嘉一郎・西田美昭編『近代日本の行政村』(日本経済評論社、一九九一年)一一三頁。
(19) 拙著『日本近代都市史研究』(思文閣出版、一九九七年)。
(20) 京都府議会事務局編『京都府議会歴代議員録』京都府議会、一九六一年。回数は筆者。
(21) 拙稿「第一回選挙一件」(丸山宏・伊従勉・高木博志編『みやこの近代』思文閣出版、二〇〇八年)。

旧彦根藩士西村捨三における〈京都の祝祭〉、そして彦根

鈴木栄樹

はじめに

日清戦争の講和会議、講和条約締結から戦後処理が進められていたさなかの一八九五年（明治二八）四月一日より七月三一日まで、京都市において第四回内国勧業博覧会（以下、内国博または第四回内国博と略記）が開催された。ついで一〇月二二日には平安遷都千百年紀念祭（以下、紀念祭または遷都紀念祭と略記）が挙行されたことは、現在にまで続く同日の時代祭（初回のみ一〇月二五日に挙行）の起原として知られている。[1] 当初、この紀念祭は、内国博と同時期開催――たんなる同年開催ではなく――ということで四月三〇日に設定されていたものの、直前の二八日になり、臨幸が予定されていた明治天皇の風邪気のため急遽延期され、一〇月二二日に再設定されたものである。そのため、内国博に代わる呼び物として、にわかに創作・演出された催しが時代祭となる神幸列であった。このように、本来は同時期開催として企画されていたこれら二つの事業（以下、〈京都の祝祭〉と総称することもある）に加えて、さらに大阪府他八県（愛知・岐阜・三重・滋賀・兵庫・岡山・広島・香川の諸県）において府県連合事業（二府八県連合事業）が開催された。[2]

遷都紀念祭や内国博についての研究は、近年、小林丈広氏・国雄行氏らによって格段に深められてきている。(3)そして、そのなかで、当時、農商務次官、平安遷都紀念祭協賛会（以下、協賛会と略記）幹事を務めた西村捨三という人物が果たした役割にも注意が向けられつつある。(4)たとえば、小林氏は、「農商務省において京都開催を推進したのは佐野常民と西村捨三であった。二人は、博覧会や都市振興策に関心の高い開明派官僚に属すると思われるが、紀念祭協賛会においても中心的な役割を果たした」［小林「都市祭典」一三二頁］とされ、また、協賛会副会長の佐野とともに平安神宮創建の主唱者であり、「実質的」な役割を果たした人物とされている［小林「平安神宮」一八頁・二六頁など］。西村を「開明派官僚」と規定しうるかどうかはさておき、実際、西村は第四回内国博開催地が京都市に決定される過程において、主管庁である農商務省における事実上の責任者であった。(5)ついで、農商務次官を退職後、紀念祭を支える全国的組織として一八九三年四月に組織された協賛会の幹事となり、全国的な募金運動に東奔西走した。また、府県連合事業を企画・組織し、時代祭を考案したのも西村であった。

西村捨三が、このように〈京都の祝祭〉の開催、そして府県連合事業の組織化に身を挺して奔走した理由はどこにあったのだろうか。本稿は、そうした疑問に答えるため、まず第一に、西村の出自・個性と土木事業や鉄道事業への関わりに注目する。旧彦根藩士として幕末維新期の彦根藩の動向に深く関わった西村は、皇室と井伊家への崇敬の念が極めて篤く、古今の忠臣・義人の顕彰や史跡の保存に熱心であり、祭礼の演出にも巧みであった。また、明治に入って以降、内務省に入省し、沖縄県令・土木局長・大阪府知事を経て農商務次官に至る過程で、西村は、沖縄の道路改築事業や木曽三川の治水事業、大阪の上水道敷設や築港事業を積極的に推進し、次官辞任後は北海道や関西の鉄道事業に携わり、また大阪市築港事務所長として大阪築港事業に余生を捧げた。こうした西村の多面的な個性や関心、その行動力と実行力は、〈京都の祝祭〉や府県連合事業の構想とその実現に決定的な影響を与えたと考えられる。

本稿は、第二に、その西村の出身地であり府県連合事業の開催地でもあった彦根地域における当時の状況との関わりに注目する。西村が生まれ育った彦根は、かつては譜代の筆頭井伊家三五万石の城下町であった。しかし、後述するような幕末維新期の過酷な時代を経て、県庁を大津町に置かれ、また一九三七年（昭和一二）二月まで市制を施行されることなく、(6)政治的にも経済的にも近代化の波から取り残されようとしていた。旧彦根藩士グループの重鎮としての西村が、〈京都の祝祭〉、あるいは府県連合事業に奔走した背景には、当時のこうした彦根の状況との関わりがあったと考えられるからである。

一　西村捨三の生いたちとその個性

(一)彦根藩士西村捨三と京都

西村捨三は、一八九三年（明治二六）三月九日に農商務次官を辞職後、協賛会に関わった理由について、在職当時に博覧会開催地をめぐって「三府の希望引張り凧となり」、ついに京都に決まったものの「行掛り此《(マヽ)》事業を十分ならしめん」と考えたと述べている［『草紙』七七頁］。東京・京都・大阪三府の間で第四回内国博の誘致合戦が繰り広げられた結果、西村が案出したと思われる「三府輪環の順序」として、第四回内国博を京都で、第五回を大阪で開催することが決められた［『紀事』巻下、二三丁］。しかし、なぜ第四回開催地が大阪ではなく京都なのか。一八九三年一月一一日の衆議院議場において内国博関連予算を審議する際に、政府委員として説明にあたった西村は、「此度ノ京都ハ万世一系ノ君ガ百王千年ノ都府ヲ祝スルタメニ、実ニ好機ト言ハナケレバナリマセヌ」として、「是《ここ》ニ於テ政府ハ断然トシテ京都ニ開設スルコトニ決定致シマシタ」と述べていた。「断然トシテ」という表現に、西村の意志が窺える。遷都紀念祭の開催が、第四回内国博開催の場を京都に与えた決定的な要因であった。西村はさらに、「西京ト云フ所ハ片辺僻ノ場所デハゴザリマセヌ、日本目抜ノ場所デアル、千年ノ都府デアル」と強調し、「随分此東京ノ大都府ニモ負ケヌ様ナ仕事ガ沢山アラウ」と京都での開催を根拠づけていた。(7)彦根藩士として幕末維新の激動期を生き抜いてきた西村にとって、「万世一系ノ君ガ百王千年ノ都府」京都という都市は、特別な意味合いを帯びていたのである。

西村捨三は、天保一四年(一八四三)七月二九日、彦根藩井伊家三五万石の城下に作事奉行西村又次郎を父として生まれた。又次郎は養子で、母は捨三を生んだ翌年に逝去、六歳になった年に父が江戸勤めとなったため、捨三は母の実家に預けられることになった。実家には、外祖母のほかに二人の読書家の叔父がおり、三人の影響を受けて捨三は「字識の端緒を開」かれたという。「六歳の時より源平盛衰記一の谷坂落しなど功名談を聞」き、「八、九歳の比《ころ》より忠孝は人間百行の基とて、先考より曽我物語、忠臣蔵などの稗史《はいし》を授けられた」『草紙』二頁」。忠臣・義人の顕彰家という西村の個性は、こうした環境のなかで培われてきたのであろう。そして一〇歳の時、捨三は、藩主直弼の息愛麿《よしまろ》、後の藩主直憲(一八四八~一九〇四年)の伽小僧に召し出され、その後の直憲との親密な交わりが始まる。ついで、一五歳より藩校弘道館に学び、一九歳の時に江戸遊学を命ぜられ、塩谷宕陰《とういん》らに学んだ。ペリー来航による開国、井伊直弼の大老就任と安政の大獄、そして桜田門外の変という動乱の時期であった。

ところで、彦根藩では、家康からの内命とされる京都＝天皇守護という使命を代々にわたって強烈に意識してきた。安政元年(一八五四)四月九日、直弼が幕府より京都守護を命ぜられたものの、桜田門外の変後の文久二年(一八六二)閏八月二〇日、直憲はこの任を免ぜられ、代わって会津の松平容保が京都守護職として任ぜられる『彦根市史』九六~九七頁」。さらに追い打ちをかけるように、同月二四日には、藩領のうち神崎・蒲生両郡の上知が命ぜられた。当初は上知分の代替地が約束されていただけに、一〇月五日に一〇万石減封の内命が示された——一一月二〇日には公式に命ぜられた——ことは、彦根藩士民に大きな衝撃と動揺とを与えた。一一月七日、藩士の加藤吉太夫《きちだいう》が老中井上正直宛に抗議書とも言える嘆願書を提出して自害を試みたことが、そうした衝撃と動揺の甚大さを物語っている。その嘆願書は次のように述べていた。

　直憲の京都守護罷免と両郡の上知とは、「誠ニ以、家中一同驚入候事」である。元来、井伊家が譜代中にあって過分の大禄を頂戴し、京都近くに領地を与えられたのは、「権現様（徳川家康）深キ思召《おぼしめし》」によるものであり、「御深密之御用」を仰せつけられたからである。このため二〇〇有余年にわたって、京都＝天皇の非常の折にはすぐさま軍勢を派出することができるよう常に用意してきた。それなのに、今俄《にわか》に家格も土地も召し上げられては、「国気衰弱、士心但（沮）衰仕リ、遂ニは御用筋も難相勤相成」、ひいては「権現様以来格別ニ思召被下置候御深意も消失可仕哉と歎ヶ敷《なげかわしき》次第」である［『彦根市史』九九～一〇一頁］。

　藩主直弼の非業の死、「権現様深キ思召」、「御深密之御用」たる京都守護の罷免、領地の三割近くにも相当する一〇万石の減封という、幕府の厳しい、というよりも冷酷な措置に対する彦根藩士たちの悲憤、またそれによる彦根藩の窮状は、その後の維新期、さらには明治の時代にあっても、意識の深部において長く共有され、旧藩・井伊家への求心力として作用していたように思われる。[8] 西村捨三自身、晩年においてなお次のように語って止まなかった。

　〔桜田門外の変後〕其時其状を具して幕府の命を乞はんとせしに、幕府慰諭百方、〔直弼の〕死を秘せしめ、家茂将軍より誠忠の二文字を自揮して賜はるなど至らざるなき取扱ひなりし。文久二年中、〔中略〕同将軍より〔直弼の〕執政中の専横を責め、封禄十万石を削られ、幕府の主権執持の為め、身を犠牲とせし苦心は水泡に帰せり。設令《たとえ》、変通の略乏敷《とぼしき》にせよ執権者の責任としては内に疚《やま》しきことなかるべし。明治竜興の秋《とき》は開国進取の国是となれり。直弼公は畢竟《ひっきょう》開国の率先者なかるべしと雖も、家臣として恨を呑む点なきにあらず。予等、明治の昭代、世間並の人間役を果さんと耳順まで生き延びたるは心なき仕合せと、中夜暗涙の種なり［『草紙』九～一〇頁］。

西村は二一歳の時に京都周旋方を命ぜられ、大和天誅組の乱の鎮圧、禁門の変での禁裏御門守衛と長州藩兵との戦闘、ついで第二次征長戦への参加というように、尊攘派鎮圧の主力となった彦根藩の動向に深く関わっていくことになる。また、藩の用命を帯びて四国・九州まで出向いたこともあった。しかし、王政復古にともなう政治状況の激変のなかで、西村ら藩内勤王派の主導により同藩は討幕側へと転換した。戊辰戦争が始まると、彦根藩兵は東山道先鋒総督麾下《きか》に組み入れられ、石黒務・大東義徹らを中心に「官軍」の主力として、関東・北越・東奥へと転戦、西村自身も有栖川宮熾仁《たるひと》親王軍の軍事方（参謀）となり、下野から会津での戦闘に加わった。

また、西村は彦根藩の公議人を務め、版籍奉還後には同藩の小参事から権大参事へ、ついで廃藩置県後には長浜県の権参事、さらに島根県の参事に就任する。しかし、明治五年一月には同職を辞し、一〇月二四日、同藩の橋本正人らとともに、懇意にしてきた旧主井伊直憲とその弟直安（旧越後与板藩主）に随行して横浜を出発、アメリカからイギリス・フランスなどを遊歴して翌年一一月一五日に帰国し、(9) 一八七四年から三年余にわたって井伊家（在東京）の家令を務めることになる。

（2）勤王家西村捨三における顕彰と祭礼

西南戦争勃発前後の一八七七年二月、西村は、権少書記官として内務省に入る。同じ旧彦根藩士の日下部《くさかべ》東作（書家の鳴鶴）を介して伊藤博文、さらに大久保利通内務卿の知遇を得たことによるものである。西村は、後年まで旧主直弼と塩谷宕陰に加えて大久保に敬服の念を抱き、「公正剛毅、申分なき大宰相なり」と賞賛している［『草紙』四〇頁］。そのため、翌年五月一四日の大久保暗殺の際には直弼の遭難を重ね合わせ、その不幸を嘆いた。その後、遭難の地である麹町区清水谷に「贈右大臣大久保公哀悼碑」が建立されるにあたって尽力し、一八八八年五月に完成させた［『草紙』四四頁以下］。同哀悼碑は、西村が関わった顕彰事業の中でも初期の代表例であった。

西村の顕彰事業については、西村自らが著した『双烈遺事』(10)中に、小楠公こと楠木正行を祀る四条畷神社、日清戦争時の征清軍紀念碑、木村長門守重成表忠碑という大阪府下の三つの事例が記されている。これらに加えて、先の大久保公哀悼碑、そして木曽三川の治水に関わる宝暦治水碑を挙げることができるだろう。(11)なかでも遷都紀念祭・府県連合事業と関わって注目されるのは、西村が大阪府知事時代に関わった四条畷神社の創建である。四条畷神社は、一八九〇年四月五日、楠木正成の子正行を祀る神社として、その墓所に近い飯森山の西麓に創建（遷座）された。

河内国四条畷の地は、正平三年（一三四八）正月五日、楠木正行ら南朝方の武将たちが北朝方の高師直軍と戦った地であり、正行は深手を負い自害した。この正行に対して一八七三年一二月には従三位が追贈され、さらに一八七七年二月一七日、明治天皇の奈良・京都への行幸の途次、式部寮七等出仕多田好問を勅使として差遣し、正行が「父ノ志ヲ継ギ力ヲ王事ニ尽シ、遂ニ国難ニ斃《たお》」れたとして、「其世忠ヲ追感」し金幣を下賜した。(12)他方、当時の堺県令税所《さいしょ》篤（旧薩摩藩士）は、その塋域の地千坪を購入して土居を繞《めぐ》らせ、大久保利通の揮毫になる「贈従三位楠正行朝臣之墓」と題する豊碑を建立、一八七八年一月五日、御魂還《みたまうつし》の式が執り行われた［『遺事』一頁、『草紙』六九頁］。

一八八九年三月一六日に大阪府知事に就任した西村は、それから間もない六月一七日、「小楠公神社創立幷ニ社格宣下」を松方正義内務大臣宛に上申する。上申書は、「楠正行卿ガ誠忠純孝、天地ニ貫通シ、鬼神ヲ泣カシメ、臣子ノ亀鑑タルハ今更申迄モ無之」としたうえで、一八七八年の墓碑建立以来「該地人民、非常ニ感発追敬」し、とくに小学校児童たちが「［正行］卿ガ忠孝ヲ自家ノ模範トセントスル者ノ如」き状況が見られ、「父兄モ亦発憤、信仰ノ余リ」、神社創建を願い出るに至ったという〔『遺事』二頁〕。同地では、すでに王政復古後、神職らが正行ら南朝方の武将を祀る神社の創建を願い出ていた。これに対して西村は、今回の神社創建の願望は、「建碑以来ノ積年ノ丹誠ニ出タル義ニテ、一二三ノ社司、数四ノ因縁者ガ単独ナル希望ニ出ル等ノ比ニ無之、全ク河内国人民一般、正行卿ガ誠忠純孝ヲ欣慕追崇ノ誠意ニ出デ候義」〔同前〕であると説明している。

西村が神社創建に関わるきっかけは、郡部巡回の途次、正行の墓地に参詣し、次のような光景を目にしたことによるという。

> 予、参拝せし日、小学校の生徒共、戎装銃を執り、其墓を繞り、延元二年云々、父正成がなくならば、世は尊氏に帰しぬべし云々の哀歌を唱へ回向《えこう》せり、感涙止まず、嗚呼《ああ》南朝の忠臣名和〔長年〕・結城〔宗広・親光〕の面々まで皆別格官幣社の栄典を辱《かたじけな》ふせり、正行卿も亦優るも劣るなし、此一基の墓地に甘心すべきや、世道を維持する、如此なる可らずと憾憤せり、已に有志の請願もあり、別格官幣の祭神たらずんばあるべからずと大に斡旋し〔後略〕〔『草紙』六九～七〇頁〕

事前の根回しがあったものか、西村知事の上申に対して、早くも同月二九日に内務省より神社創立の許可が降りた。同年一二月一四日には、宮内省から大阪府に対して「楠正行神社創立ノ趣被聞召《きこしめさる》」として金千円が下賜され、ついで一六日、山県有朋内務大臣から大阪府宛に「四条畷神社」を別格官幣社に列する旨の達があり、祭神は楠正行とされた。また、神社建築費補助として三千円、保存のための一時金として一万円が下賜され、「永久保存ノ方法」を講ずるよう求めていた[13]。他方、「宮方資金」として、有栖川宮など九宮家から、都合三百円が寄付されてもいた〔以上、『遺事』五～六頁〕。西村は、「寄付総額八万円余、二万円の保存金を残せり」〔『草紙』七〇頁」と記している。この寄付金額が集められた期間については判然としないものの、地元を中心に一般からの寄付金も少なくなかったことが知られる。

一二月二〇日、本殿の竣工式が執行される。翌一八九〇年二月一日には、「地方諸官員、府県立公私立諸学校生徒等ノ奉送迎」のなか、宮内省より奉送された神霊が大阪府に到着、こうして四月五日に神霊奉納式、ついで翌六日から三日間にわたって鎮座祭が執り行われたのである〔以上、『遺事』三〜六頁〕。

このように見てくれば、四条畷神社の創建が平安神宮の創建と通じる点の多いことが明らかとなる。小林丈広氏の研究によれば、紀念祭の祭場を摸造大極殿として建設することは決まったが、「それを神社とすることについてはほとんど議論されていない」ところへ、西村が「協賛会の中で初めて「平安社」について言及した」とされている。「平安社」、すなわち後の平安神宮建設の創唱者が西村捨三だというのである。その後、協賛会副会長の佐野常民が「平安宮」創建を熱心に唱え、それを西村が「実質的」に支えたという〔小林「平安神宮」一八頁・二六頁〕。

また、さらに注目されるのは、時代祭との関わりである。時代祭は、紀念祭が延期されたことにより、内国博に代わる「賑ヒ事」として、西村の発案によって実現した〔『協賛誌』玄武編、四八丁以下参照〕。その際、西村によれば、「京都の奠都祭は、光輝ある国史を発揮するとの精神故、〔中略〕其祭典も亦歴史的ならざれば不可なりと思ひ、偶然の考付にて時代祭を誘導した」〔『草紙』八〇〜八一頁〕という。ここで西村は時代祭を「偶然の考付」と述べてはいるが、しかしすでに四条畷神社創建の際に、神幸列に供奉するそうした祭列を演出していたのである。西村は四条畷神社の神幸祭について、その祭典行事の具体化を任されたという。そこで西村は、吉野如意輪堂にて死を決し、過去帳に記名した一四三人の郎等を再現させるため、小学校生徒一四三人を選び、狩衣・烏帽子・弓箭を携えて神輿に随行させたという〔『草紙』七〇〜七二頁〕。この神幸祭は、その後の時代祭のように連年行われたわけではないものの、一八九七年四月の「小楠公五百五十年祭」のおり、同月三・四の両日、「渡御神事」として同様の神幸祭が実施されている〔『遺事』六〜七頁〕。

また、それから四年後の一九〇一年四月三日から五日にかけて、西村の故郷である彦根において、藩祖井伊直政卿開城三百年紀念祭が、犬上郡など旧彦根藩領七郡を巻きこんで盛大に挙行された。そしてこの紀念祭のなかで、直政・直孝を祭神とする佐和山神社と金亀山（彦根城）との間を、直政の「御魂」を載せた輿が盛大な行列とともに往復するという一大神幸祭が繰り広げられたのである。[14] この祭列も、西村が彦根関係者から「一切委任するとのこと」で依頼され、実施したものであった。そして当初は、彦根町のみで、三千円の予算、借用装束で実施予定のところ、「湖東七郡に渉る井伊家旧領の村長有志輩、直政公は彦根の専有物にあらず〔中略〕寧ろ一町七郡の御祭りにせん」との希望により、借用装束をやめて一切新調し、都合一万円の祭事になったという〔『草紙』一一六頁以下〕。

このように見てくるならば、西村捨三という顕彰家、祭礼の演出家を通じて、四条畷神社創建と神幸祭、平安神宮創建と時代祭、そしてさらに井伊直政卿三百年紀念祭での神幸祭という、時期と地域とを異にする三つの祭礼・祝祭がつながっていたことが明らかとなる。

三　府県連合事業と彦根地域

(一) 西村捨三による府県連合事業の企画と組織化

紀念祭・内国博に合わせ、近畿諸府県を中心に東は愛知県、西は広島県に至る諸地域において、府県連合事業が開催された。この連合事業を企画・組織したのが西村捨三であった。西村は、一八九三年（明治二六）三月九日、第四回内国博の予算が成立するのを待っていたかのように農商務次官を辞し、府県連合事業の組織化に乗り出した。早くも翌四月三日に西村は京都を訪れ、連合事業の開催を鼓吹するのである。『協賛誌』は「西村捨三氏ハ大ニ此《（紀念祭）》事業ヲ拡充セント欲シ、廿六年四月京都ニ来リ、之ヲ紀念祭委員及本会ニ謀リ、〔中略〕以テ二府八県聯合事業ヲ創立セリ」〔『協賛誌』玄武編、二七丁〕として、連合事業が西村によって企画されたことを明らかにしている。

四月四日に河原町共楽館で開催された西村の演説会には、千田貞暁《さだあき》知事以下の府高等官・市参事会員・市会議員・商業会議所員・紀念祭委員、その他の有志者五〇〇余名が出席したという。実はこの日、勅令第一六号によって第四回内国博が一八九五年四月一日より七月三一日まで京都市上京区岡崎町で開催されることが公布された(官報登載は翌五日)。出席者の規模から見ても、この演説会、そして西村の上洛が、この勅令の公布に合わせて準備されてきたものであったことは疑いない。そして、千田知事によって、「第四回内国勧業博覧会ニ就テ尽力セラレタル前ノ農商務次官」として紹介された西村は、次のように連合事業の構想について長広舌をふるい、その意義を強調するのである。

西村は、紀念祭は「日本臣民ノ忠愛ナル気象ヲ発揮シ」、博覧会は「我国力ノ興隆ヲ招キ国利民福ヲ進メ」るべきものと位置づける。そのため、この「一大好機会」を、たんなる京都だけのものに止めるのではなく、これに付随した「頗ル大仕掛ノ工夫」によっておおいに内外人の来観を促し、「外ニハ二千年来発揮セル我国光ヲ示シ、内ニハ国富上ノ識見ヲ充分ニ開キタイ」と述べる。具体的な開催地域としては、東は名古屋・伊勢山田、南は奈良、西は広島まで――西村は、京都を頭とし、奈良を尾として「恰モ鳳凰ノ羽根ヲ広ゲタル如キ地理」と形容している――、「鉄道斯《ここ》ニ連絡シ、汽船此ニ備ハリタル日本の中心、目貫《めぬき》トモマウスベキ場所」を想定していた。また、内容面では、あまり費用を使うことなく「有合セ物ヲ持チマシテ、古器物ノ陳列場ナリ、勝景ノ遊覧ナリ、出来ル丈ノ仕事ヲシタナラバヨカロウ」と提案する。こうした構想を、西村は、「二年ノ先キヲ思起シ、手舞足踏ノ至リニ堪ヘマセン」と興奮気味に語りつつ、「御国ノ世界無比ナル国光ヲ輝シ、各国ヲ凌駕スベキ国力ヲ増殖シタキ考ヘ」を強調していた〔『協賛誌』玄武編、二八～三〇丁〕。

こうした西村の連合事業構想の直接の背景には、第四回内国博をめぐる京都や大阪・神戸など関西の都市間の誘致合戦があったと思われる。京都での演説会後の四月一四日、府県連合事業への勧誘のため、西村は、かつて府知事を務めた大阪に赴く。そして、「昨年十月比《ころ》、拙者ガ出張致シマシタル際、博覧会開設ノコトデ当市ノ希望モアリマシテ、京都市ト殆ンド競争ノ姿デアリマシタ」と半年前を振り返り、「殊ニ当市ハ前在職ノ因モアリ、旁《かたがた》両地ノ競争ヲ調停スルニハ頗ル当惑ヲ致シ」たと述べている。そのため、西村は市会議員へも相談して、既に京都に内定し、かつ「千載一遇ノ桓武天皇祭モ併行サル、」ので「第四回ノ開設希望ハ断念サレタキ旨申述」べた。そして、むしろ京都に開設される二事業を発揚して、「大ニ国光ヲ輝スベキ手段ヲ取リ」、「我日本ノ中心、目貫トモ可申場所ニ鳳凰ノ左右翼ヲ伸シタル如キ姿ヲ以テ、新古ノ建築ナリ、物品ナリ、又山川勝景ナリヲ示シ、頗ル大仕掛ノ工夫ヲ凝シ、内外人多数ノ来観ヲ促シテハ如何ト御注意申」したと言うのである〔『予定大略3』四〇頁〕。これによれば、半年後に開始される府県連合事業の構想が、すでに一八九二年一〇月段階で出来あがっていたことになる。

さて、先の四日の演説会で、一両日の間に各地を訪れ「十数日間ニ此事ヲ大略纏メタイ」と断言したとおり、府県連合事業組織化に向けての西村の精力的な活動は早くも六日から開始された。この西村の遊説には、京都の遷都紀念祭委員たちも分担して随行していた[15]。四月六日、西村たちがまず向かったのは、伊勢神宮を抱える宇治山田町であった。ついで八日には、熱田神宮と名古屋城を擁する名古屋へ、さらに踵を返して「鳳凰ノ右翼」にあたる中国地方へ向かい、一〇日には広島と厳島で勧誘演説を行い、その後は、岡山・奈良・大阪・神戸・大津へと、文字どおり東奔西走の毎日であった。

四月二〇日、京都府庁内において三五名の出席のもと、千田知事や博覧会事務官も臨席して府県連合委員会が開催された。ついで翌二一日に寺町大雲院に会場を移して開催された連合委員会には四二名が出席し、西村が座

表　４月21日開催の府県連合委員会への各地の参加者

府県名	市町村名	出席者名	連絡先
愛知県	名古屋市	井上茂兵衛・堀部勝四郎・伊藤次郎左衛門・蜂須賀武輔・鈴木善六	名古屋市役所
三重県	宇治山田町	村井恒蔵・島田長兵衛・山本伊兵衛	宇治山田町役場
岐阜県	岐阜市	箕浦宗吉・野口代治・永井靖九郎	岐阜商業会議所
滋賀県	彦根町	阿知波勘次郎・大村利平・林好本	彦根町役場
	大津町	西村文四郎・村田六之助・高谷光雄	大津町役場
京都府	京都市	内貴甚三郎・田中善右衛門・西村治兵衛・浜岡光哲・中村善右衛門・雨森菊太郎・中村栄助・碓井小三郎・久世通章・山本清助・貞広太郎・矢野長兵衛・西村義民・堀五郎兵衛・村田栄次郎	京都商業会議所内紀念祭事務所
	伏見町	藤井総左衛門・田山実・島田弥一郎	伏見町役場
奈良県	奈良町	李田登太・鳥居武平・青田吉三郎・阪田稔	博覧会社事務所
大阪府	大阪市	甲斐宗治・森作太郎・安井正	大阪市参事会
	堺市	上林惣三郎・辻本安七	堺商業会議所
兵庫県	神戸市	船井長四郎・杉山利助	神戸市役所
岡山県	岡山市	新庄厚信・木村寅次郎・荒木忠一郎	岡山市役所
広島県	広島市 厳島	八田謹二郎・桐原恒三郎・田原亮吉・楢原禄郎・竹内松太郎	広島商業会議所 廿日市町役場
香川県	琴平町	神崎勝海	琴平神社社務所

出典：『予定大略１』
＊京都府からの出席者24名は省略してある。また、伏見町の参加者が、『予定大略３』とは異なる。

長となって、各地委員の提出による連合事業の施設計画案を審議した。当日の各地の出席者は、表のような顔ぶれであった。

この日の連合委員会で決定ないしは議題にのぼったのは、次のような諸事項である。まず、連合事業の内容としては、①祭典・法会の執行、②古物旧器の展覧会、③「諸賑ヒ事」など娯楽事業、④名勝や古跡の遊覧、などが挙げられていた。また、そうした催事や名勝・古跡への集客手段として、①汽船・汽車の運賃割引や運行回数などの点での便宜、②宿泊・移動（人力車）・案内などの面での便宜、③内外国人への宣伝、とくに外国人に対しては喜賓会[16]への協力依頼、④伊勢講などの既存講社の勧誘、⑤連合事業開催地間の相互連絡、などが列挙されていた。そして、六月二〇日までに各地の計画を確定することとされた［『協賛誌』玄武編、三一丁］。

府県連合委員会のあと、西村は出身地である彦根（二八日）、そして岐阜（二九日）へ立ち寄り、さらに堺へ向かう予定のところ、所用のため京都の紀念祭委員に依頼して勧誘させた。しかし、堺と奈良の両市は、結局のところ府県連合事業には参加しなかった。

西村は、府県連合事業の組織化に目鼻がつくと、次は紀念祭の寄付金募集のため、「北ハ北海道ヨリ西ハ長崎ニ至ル迄各地方ヲ巡廻シ」［『協賛誌』朱雀編、二丁］た。また、この年（一八九三年）一一月、西村は北海道炭礦鉄道会社社長に就く（～一八九七年八月）。前年七月に北海道庁長官に就任した北垣国道らの要請によると言われ(17)、すでに五月段階で同社顧問を嘱託されていたから(18)、連合事業の組織化が軌道に乗ったことで正式に社長を受諾したのであろう。九月三日の大極殿地鎮祭の挙行により「一段落ヲ告ゲ、紀念祭ノ初度ノ足並ヲ揃へ」てまもない一七日、西村は、連合事業の発端となった共楽館で、京都市の紀念祭協賛会員を前に、「告別ノ辞」を演説し、紀念祭と連合事業の意義をあらためて強調するとともに、それへの期待を披瀝した［『予定大略3』五三頁以下］。

翌一八九四年にはいって、六月半ば段階での連合事業の準備は、「大ニ歩ヲ進メタルモノアリ、或ハ設備ノ未ダ十全ナラザルモノアリ」という状態であった。そのため、七月一日に予定されていた平安神宮立柱式を機会として、連合府県の各地委員に上洛を促した結果、伏見三名、大津一名、奈良二名、大阪二名、神戸三名、琴平一名、彦根二名が集まった。立柱式後、祇園中村楼での談話会には西村や京都市紀念祭委員が出席し、一〇月までには必ず施設事業を確定したうえ、協賛会へ報告すべきことが決定された。その後、紀念祭委員や協賛会委員が各地に出張して施設の準備を協議し、予定どおり一〇月に至って各地より施設事業確定の通報があったという［以上、『協賛誌』玄武編、三二～三三丁］。

（2）彦根地域における連合事業と彦根城

彦根町では、一八九三年四月二〇・二一両日の府県連合委員会へ林好本町長ほか阿知波《あちわ》勘次郎・大村利平ら三名の委員を出していた（表）。それからまもない二八日、彦根の楽々園（一七世紀後半に造営された井伊家の下屋敷で直弼の生誕地）において、西村の談話会がもたれた。会場には、県官や県会議員・各郡長・町村会議員ほか有志者二三四名が来会したという。「此地有志者ハ此ノ挙ニ就キ予メ議スル所アリ」［『協賛誌』玄武編、三一丁］というから、すでに下準備は出来あがっていたことになる。府県委員会の場で彦根町委員から提出された計画は、①社寺における祭典法会の執行や宝物の展覧を行う、②彦根城のある金亀山昇降の坂道を修繕し、山上に古器物を陳列する、③楽々園の山水の景色を眺望できるようにする、④湖辺にて地曳網や魚釣りなどの娯楽を提供する、⑤鉄道により長浜町と連携し、各地への遊覧の便を図る、などであった［『予定大略3』一七頁以下］。

彦根地域での連合事業の区域には彦根（彦根城・天寧寺・大洞《おおぼら》山・楽々園）を中心とする犬上郡（多賀神社・多景島《たけしま》）のほか、湖北の坂田郡（長浜）・伊香郡（木之本・余呉湖・賤ヶ岳）・東浅井郡（竹生島）、湖東南部の愛知郡（金剛輪寺・百済寺）・神崎郡（能登川）・蒲生郡（観音寺山・安土山・伊崎）という七郡を含んでいた。実は、これらの七郡は、井伊家の旧領が存在した地域でもあった。前述したように、一九〇一年四月に彦根藩の藩祖直政卿開城三百年紀念祭が行われた際にも、これら旧領七郡による祭典として挙行されている。明治の半ばから後半にかけても、依然として旧藩意識は維持されていたのである[19]。そして、彦根地域における事業の中心には、当然のことながら金亀山とそこに聳える彦根城が据えられる。彦根城こそは、旧彦根藩士民にとって象徴的な建築物であった。

廃藩置県の翌一八七二年二月、彦根城は建物・敷地ともども明治政府に接収され、陸軍省の所管とされる。ついで、一八七八年には、城郭の破却ないし一部移転が決定され、天守閣は八〇〇円という価格で売却されることとなった。おりしもその年の一〇月、明治天皇が中山道を巡幸の途次、随行した参議大隈重信の意見を容れ、特旨をもって彦根城破却の中止を命じ、従来どおり陸軍省に管理させたうえ、滋賀県に保存策を講じさせることとなった。その後、一八九一年一〇月、彦根城は陸軍省より宮内省へ移管されて皇室地付属地に編入、「彦根御料地」と称され、さらに一八九四年五月一八日、地所建物一切が井伊直憲へ下賜され、永久保存すべきものとされた。(20)この間の事情について、『明治天皇紀』は、井伊直憲が、皇室御料地たる彦根城を期限付で拝借し、私費を投じてその保存に努めていたものの、庭園・建築物などの損壊が多く、また翌年は京都市に第四回内国博が開催され、内外人の遊覧者も多くなるだろうから、大修築を加えて「湖東景勝の行楽地」としたいが、拝借地のままでは不便も少くないので払下げを出願するに至った、と記している。(21)

こうして一八九五年四月二〇日から六月八日にかけて金亀山・彦根城において彦根物産古器物展覧会が開催された。この展覧会は、「金亀山存在ノ城閣及天然ノ風景ヲ利用シテ展覧会ノ位置トシ、一ハ現時ノ物産ヲ出品セシメ以テ実業上ノ奨励ヲナシ、一ハ彦根城ニ縁故アル武器及美術的古器物ヲ陳列シテ公衆ニ縦覧セシメ、以テ紀念祭ノ光彩ヲ添ヘント」[『協賛誌』玄武編、四一丁]するものであった。これに先だち、三月には彦根町会が開かれて支出費用についての同意が得られ、事務処理のため委員二〇名が選出された。

展覧会への出品総数は一、五八〇点(内、物産一、〇六一点、古器物四九〇点)、物産のなかには、京都府や福井県からの出品(参考品)も見られた。古器物としては、井伊直政・直孝着用の甲冑や佩刀《はいとう》、直弼の自筆書画類や楽器などであった。入場者総数は二万六、九六八人、一日平均五三七人であったが、一日の入場者が一、九〇〇人にのぼる日もあったという。また、事業の準備として、城山の周囲の架橋四ヶ所が井伊家の負担で架け替えられ、ほかに坂路の修繕、楽々園・八景亭の増築修繕などが関係者の手によってなされ、「大ニ面目ヲ改メタ」とされている[『協賛誌』玄武編、四二丁]。

上記の展覧会以外では、天寧寺の五百羅漢や什器の展覧、多賀神社の臨時祭典と宝物展、西明寺（犬上郡）・金剛輪寺（愛知郡）での本尊開扉と宝物展、「大洞山の眺望、湖山の遊楽等、交互来観者ノ便ヲ与ヘタリ」と総括されている。なお、松浦果著『彦根物産古器物展覧会案内記』が刊行され、「四方遊覧の人々、此記を携へて巡覧を試みられんには贅足《ぜいそく》を運ばずして後日見遺しの悔なかるべし(22)」と謳っていた。

以上見てきたように、彦根地域では旧彦根藩領七郡を範囲とした連合事業を計画・実施し、それを機に彦根城の井伊家への下賜という念願を実現させた。そして、彦根城を会場として、古器物による井伊家の顕彰、物産の出品・展示による産業改善の奨励を目的とする展覧会を開催するとともに、また彦根城・琵琶湖ほか社寺などの史跡・名勝への観光客の誘致を企てていたと言える。

四　西村捨三と近江鉄道の敷設

既に述べたとおり、西村は、一八九三年五月に北海道炭礦鉄道会社の顧問に、ついで一一月には社長に就任した（～一八九七年八月）。西村は、治水や築港事業とともに鉄道事業にも深い関心と意義とを認めていた人物である。この点で、まず興味深い点は、先の四条畷神社と鉄道との関係について、西村が、前述した一八九三年九月一七日の「告別ノ辞」の中で次のように述べていることである［『予定大略3』五三頁以下］。

〔大阪の〕南北の鉄路モ茲《ここ》ニ起工セントシ、或ハ忠節ノ亀鑑トシテ打造ラセラシタル小楠神社四条畷辺マデモ小鉄路ヲ通ジ、亦廿八年迄ニ成功セントス、其期ニ至ラバ彼契符旅行也大割引也ヲ利用シ、聯合地方二府八県ノ中学以上各種ノ学生ヲシテ、先ヅ紀念祭ニ参拝セシメ大ニ忠愛ノ心ヲ鼓動シ、或ハ博覧会ヲ参観セシメ致富ノ智識ヲ啓発シ、殊ニ小楠神社ニ参拝セシメ、〔中略〕此賊斃サナ斃ルマジト一心凝《こ》ツタル正行卿ノ神慮ヲ慰メ奉ラバヤト感憤シマシタ西村が言う「鉄路」とは、一八九五年八月に片町・四条畷間に開通した浪速鉄道のことであり、同社の創立には四条畷神社参拝の便の改善を意図する西村自身が関わり〔『草紙』七二頁〕、一八九四年四月の株主総会で、西村は監査役に就任することになる。(23)

府県連合事業が当時の鉄道と汽船とによって結ばれ、あるいは結ばれようとしていた地域を区域として開催されていたことは、先の西村の演説からも明らかである。こうした府県連合事業の組織化と併行して、彦根以南の湖東地域において西村捨三が関わっていた鉄道事業があった。一八九三年一一月二九日付で創立願を当局に提出した近江鉄道である。注目されるのは、この会社の創立には、西村捨三だけでなく大東義徹・林好本という彦根の旧藩士族や阿知波勘次郎らの資産家が深く関わっていたことである。なかでも西村は、その計画の主唱者とも言える存在であった。

近江鉄道株式会社の直接の歴史は、府県連合事業が始められた年である一八九三年一一月二九日付で、日野の有力資産家中井源三郎ほか四三名を発起人として、創立願書・起業目論見書および仮定款が滋賀県庁を経て逓信大臣に提出された時に始まる。(24) この目論見書によると、資本金一〇〇万円の株式会社を創立して、彦根(官設の東海道線に接続)と深川(私設の関西鉄道に接続)との間を南北に結び、その路線上に高宮・愛知川・八日市・桜川・日野・水口の各駅を設置しようとするものである。(25) 創立願書が提出された翌一八九四年五月の鉄道会議において満場一致で承認され、七月二六日付で会社の仮免状が下付されるに至る。ところが、その直後に勃発した日清戦争のため「世上百般ノ事業、進行力ヲ妨ゲタルヲ以テ暫ラク時機ノ来ルヲ待チツ、アリ」ということとなり、翌年の日清戦争終局後、一一月から初めて株式募集に着手することとなったという。(26)

一八九五年一二月二四日、京都有楽館において開催された創業総会で大東義徹が社長に就任し、専務取締役には林好本・中井源三郎が、そして取締役に西村捨三・小林吟右衛門ら五名、監査役に阿部市郎兵衛・下郷伝平ら三名が選ばれた。創立願書では名を出していなかった西村が、社長の大東とともに、同社の幹部としてここに登場してくることになる。

創立願書に名を載せていた愛知郡の豪商、「丁吟《ちょうぎん》」の屋号で知られる小林吟右衛門家の近江鉄道への投資を分析した石井寛司氏は、次のような同家所蔵の文書を紹介している。それは、「近江鉄道是迄の経歴を案ずるに、最初西村捨三氏の発意に成り、率先自ら県下の品位、夫《そ》れに伴う利害関係を四方に説き、県下有力者を勧誘し、遂に壱百万円の株式会社を設立為すの運びに至」った、というものである。そして石井氏は、近江鉄道のイニシアティヴをとったのは、近江商人側ではなく旧彦根藩士であった士族層の一部であったとし、「西村捨三の動きがとくに留意さるべきであろう」と述べている。(27) 石井氏は、西村が農商務次官退職後、出身地彦根を起点とする近江鉄道建設の意義と必要性を精力的に説いてまわり、「旧城下町彦根の発展策に苦慮していた町長林〔好本〕がこの呼びかけに真先きに応じた」のではないかと推測している。(28)

それでは、近江鉄道との関わりについて、当の西村自身はどのように述べているのだろうか。ここでも西村の回想から引用する。

郷里江州地方は勤倹にして相応富饒《ふじょう》の聞へありて、富庶の場所柄なり、二十六年、京都奠都祭寄付金勧誘の途次、江州日野町に遊べり、同地は蒲生郡山部著名区にて日野商人の名は天下に響けり、然るに山辺に僻在する為め交通利器の便なく、諸方の出稼ぎ頻繁なるも尚田舎然たる光景なり、且同地は前来参宮街道と唱へ、井伊氏が徳川幕府の名代として伊勢参宮をなす道筋にて、日野・八日市・愛知川・高宮・水口などは沿線著名区なれど交通利器なきを以て、東海官線と関西線との間に斜行線を開設せば、沿道千戸以上の地五六ヶ所もあり、湖東湖南五郡の便利となり、富庶に加ふるに此利器を以して地方の福利を増進すべしと考へ〔後略〕〔『草紙』一一一～一一二頁〕

西村が回想しているように、実際、創立願書に名を連ねた四四名のなかには、蒲生郡からは日野町の中井源三郎を筆頭に一六人（うち、日野町五人）が加わっていた。また、ほかにも近江商人を出した甲賀郡・愛知郡・神崎郡などからの参加者が多かった。と同時に、四四名のなかには、石黒務・堀部久勝・林好本・阿知波勘次郎ら彦根の旧藩士族や有力資産家たち一一名が加わっていた。このうち、林と阿知波は、先の一八九三年四月二〇日の京都での連合府県委員会に彦根代表として出席していた人物であることも注目される。

近江鉄道と彦根との関わりについて次のような点が指摘されていることにも注意すべきであろう。やや後年（一九二七年）のものであるが、『近江実業新報』紙上の連載をまとめた赤井安正『彦根町政秘史』は、近江鉄道の設立には大海原《おおみはら》尚義・武節《ぶせつ》貫治らの旧彦根藩士族が関わり、彼ら「創業者の主旨は、彦根町勢の発展を第一眼目としてゐて、この鉄道によつて湖東方面の物資の集散を彦根に集め、旅客を彦根に吸収せうとすることにあつた」と彦根側の意図を紹介している。[29]

この彦根側の意図を理解するうえで、先の西村の回想にあった「参宮街道」、いわゆる「御代参街道」の役割が重要である。「御代参街道」とは、天照大神を祀る伊勢神宮と伊邪那岐《いざなぎ》・伊邪那美《いざなみ》の二神を祀る多賀神社とを結ぶ街道であり、東海道土山宿から日野・八日市を経て中山道愛知川宿の南の五個荘までに至る道筋——五個荘より北へ鳥居本宿までは中山道——である。この「御代参街道」は、江戸時代以来、近江商人が伊勢から東海地方へと往来する重要な街道であり、また彦根と水口・日野・八日市・八幡・愛知川など近江商人が活躍する地域とを結びつける湖東の幹線道路でもあった。そして近江鉄道の路線は、この御代参街道の道筋にほぼ沿って建設されていたのである。[30]彦根の旧藩士族や有力資産家たちは、この「御代参街道」を近代的な鉄道で結ぶことにより、彦根を中心とした湖東地域の経済的な再興を願っていたと考えられよう。西村にとって、〈京都の祝祭〉と府県連合事業は、こうした役割を期待された近江鉄道の敷設計画に弾みを与える好機であったと思われる。

とはいえ、日清戦争の勃発もあり、近江鉄道のその後は、西村をして「吾輩の畢生《ひっせい》困難せしは近江鉄道の経営なり」、「山間の小鉄道など国力の度合に協《かな》はず、如此惨況に陥るは当然のことなり」(31)と回想させているように、厳しいものであった。第一期線（彦根・八日市間）が完成したのは、連合事業から三年後の一八九八年五月から七月にかけてであり、ようやく一九〇一年一月に至り、「近江鉄道全通祝賀・開業式」を彦根停車場において盛大に挙行することができたのである。先の井伊直政卿開城三百年紀念祭開催の三ヶ月前のことである。

このような苦難の末に開通した近江鉄道ではあるが、その後の彦根にとっては大きな意味を有した。先の『彦根町政秘史』は、昭和初年という時点から振り返って、「其の車輛、その設備充分でなかつた同会社ではあつたが、彦根の発展に寄与した功績は実に著明なものであらう、一つの催し物、一の企業にもこの鉄道の利便を借らないものはなからう」として彦根と同会社との関係が「唇歯補車〔輔〕」の関係にあったと述べている（六〇頁）。西村らの苦労は報われたと言えよう。

おわりに

彦根城を会場とした展覧会が終わってまもない一八九五年六月二〇日、西村は、府県連合事業が「当初ノ目的ヲ串徹セシヲ以テ」、各府県の委員の慰労のため京都市紀念祭委員や協賛会委員とともに各地を巡回した。これに対して、連合各地においても西村の勧誘によって「予期外ノ好結果ヲ得タ」とのことで、「大ニ優待シテ其好意ヲ謝シタ」という［『協賛誌』玄武編、三二一～三二二丁］。しかし、日清戦争の勃発もあり、連合事業が当初の予定どおり実現しえたのかどうかは、各地の実情を詳しく見ていく必要があるだろう。

筆者は本稿を、これまで京都市の視点からのみ扱われてきた〈京都の祝祭〉を、連合事業と関わらせつつ広域的な枠組みのなかで捉え直す作業の一環として位置づけている。その作業の手はじめとして、本稿では、西村捨三に即して〈京都の祝祭〉における平安神宮創建と時代祭の原型としての四条畷神社とその神幸祭について、また府県連合事業開催地である彦根地域との関わりについて新たな事実を明らかにしえたと考える。

ところで、〈京都の祝祭〉が構想される少し前、一八九一年一〇月に県庁を彦根に移転する建議案が滋賀県会に提出され、一二月に可決された(32)。また、この時期、後に近江鉄道会社社長に就任する大東義徹も県庁移転を推進している〔『彦根市史』三六四頁〕。当時、京都市が紀念祭・内国博と京鶴鉄道とを「三大問題」と位置づけ、その「京都策」としていたように、彦根町では市制施行、県庁の移転、近江鉄道の敷設は、いうなれば彦根の「三大問題」であり「彦根策」であったと言えるだろう。〈京都の祝祭〉と連合事業の開催は、彦根地域の開発を図り、そうした目標へとつなげていく得がたい機会であった。そして、それらの担い手が旧主井伊家を仰ぐ旧藩士族層や地元の有力資産家たちであった。西村は、そうした集団の中心に位置する人物の一人であり、その「開発ナショナリズム」とも言える思想が、彼の実践を支えていた。

本稿では、紙幅の関係で大阪築港事業を加えることができなかった。西村が、関西の鉄道事業とともに大阪築港事業に熱意を注いだのは、彦根地域を含む湖東地域から京都を経て大阪へ、さらに海外へつながる物資流通の便を図ることにより関西圏の経済的開発を進めつつ彦根の開発をも構想していたのではないかと推測している。西村は、先の「告別ノ辞」の中で、「大阪如キハ吾邦商工業ノ中心、五方雑処、天然自然ノ繁華ヲ占ムル土地柄ナレド、内外郵船商船ノ出入スラ十分ナラヌハ残念至極」であるとして、「今ヤ百方計画中也、恰《あたか》モ二十八年位ニハ〔築港事業の〕起工ノ場合トナリ」、四、五年を経れば「新大阪ノ繁栄、今日ニ倍蓰《ばいし》」〔『予定大略3』五四頁〕するであろうと述べていた。こう考えれば、〈京都の祝祭〉を機とした連合事業も、こうした西村の構想のなかにしかるべく定置されていたことになる。

＊史料の引用にあたっては、適宜読点・並列点や濁点を付した。また、闕字は採用していない。引用文中の〔　〕内は筆者の注記を示す。表記については、本文中では「連合」、引用文中では「聯合」を使用、また、現行表記の「記念祭」は本文・引用文中とも歴史的表記の「紀念祭」のままとしている。

(1)　第四回内国勧業博覧会・平安遷都千百年紀念祭についての基本的文献としては、第四回内国勧業博覧会事務局編『第四回内国勧業博覧会事務報告』巻一・巻二（同事務局、一八九六年）、京都市参事会編『平安遷都紀念祭紀事』巻上・巻下（京都市参事会、一八九六年、以下『紀事』と略記）、若松雅太郎編『平安遷都千百年紀念祭協賛誌』蒼龍編・朱雀編・白虎編・玄武編（若松雅太郎、一八九六年、以下『協賛誌』と略記）を挙げておく。また、ごく最近になって刊行された京都市歴史資料館編（秋元せき・小林丈広担当）『近代自治の源流（叢書　京都の歴史10）』（同館、二〇〇八年）には、一八九三年から一二月までの「平安遷都紀念祭事務所報告」が収載され、遷都紀念祭・第四回内国博・府県連合事業の準備過程を具体的に窺うことができる。

(2)　府県連合事業については、平安神宮百年史編纂委員会（代表上田正昭）編『平安神宮百年史』本文編（平安神宮、一九九七年）。第一章第四節「平安遷都千百年紀年事業」中の「二府八県連合事業」（水戸政満執筆）が比較的まとまった記述をしている。府県連合事業関係の史料としては、『協賛誌』玄武編、三三丁以下のほか、『平安遷都紀念祭・第四回勧業博覧会聯合計画予定大略』がある。これは、最初、一八九三年五月九日付に発行され（発行者は藤井孫兵衛）、ついで増補再版が同年七月一五日付で、増補三版が一八九三年一〇月三一日付で発行された（発行者はいずれも石黒劔次郎）。本稿では、異同がない場合には増補三版を使用し、以下、『予定大略3』などと略記する。

(3)　小林丈広「都市祭典と政治――都市間競争時代の歴史意識――」（『日本史研究』五二三号、二〇〇六年三月、以下、小林「都市祭典」と略記）、同「平安遷都千百年紀念祭と平安神宮の創建」（『日本史研究』五三八号、二〇〇七年六月、以下、小林「平安神宮」と略記）、国雄行『博覧会の時代――明治政府の博覧会政策――』（岩田書院、二〇〇五年）。ほかに、吉岡拓「平安遷都千百年紀念祭と京都実業協会――「桓武天皇御開都千百年紀念祭挙行希望ニ係ル建議」の立案過程――」（『新しい歴史学のために』第二六六号、二〇〇七年一一月）などがある。

(4)　西村捨三については、その晩年に口述を筆記した内山鷹二『御祭草紙』（大林帳簿製作所、一九〇八年）がある。本書からの引用に際しては、『草紙』と略記して頁数とともに本文中に記す。また、「侍中由緒帳」（彦根城博物館

所蔵）や大植寿栄一編『西村捨三翁小伝』（故西村捨三翁顕彰委員会、一九五七年）も参照。

(5) 西村が次官を務めた当時、農商務大臣は陸奥宗光・河野敏鎌・佐野常民・後藤象二郎と頻繁に交替したため、西村が議会での「説明は一切引受申す姿」であったという（『草紙』七六頁）。

(6) 一八八八年の市制公布の際、一一月に彦根九二ヶ町では、総代人弘世助三郎以下一一三名が、「市制施行願」を知事宛に提出した（彦根市史編集委員会編〈担当編集委員鈴木栄樹〉『新修彦根市史』第八巻〈史料編　近代一〉彦根市、二〇〇三年、以下、『彦根市史』と略記）三一六～三一七頁。なお、大津町は一八九八年（明治三一）一〇月に市制施行を実現させた。

(7) 『帝国議会衆議院議事速記録』6（東京大学出版会、一九七九年、六〇三頁以下）。なお、これに先だつ一二月五日・一三日の衆議院予算委員会での発言（『帝国議会衆議院委員会議録』3、東京大学出版会、一九八五年、八〇～八一頁・二三九～二四〇頁）も参照。

(8) こうした結束を象徴するのが、一八八一年から始まる井伊直弼顕彰碑の建設運動であった。この運動は、一九〇九年に横浜の掃部山に直弼の銅像が建立されるまで続けられた。前掲『彦根市史』九一九～九三九頁に筆者により関連史料が掲載されている。

(9) 鈴木栄樹「最後の彦根藩主井伊直憲の西洋遊学――大名華族の西洋体験――」（佐々木克（彦根藩資料調査研究委員会）編『彦根城博物館叢書1　幕末維新の彦根藩』彦根市教育委員会、二〇〇一年）参照。なお、幕末維新期の彦根藩の動向については、同書所収の宮地正人「幕末彦根藩政治過程」、佐々木克「彦根藩の戊辰戦争」を参照。

(10) 西村捨三『双烈遺事』（国光社、一八九七年、以下、『遺事』と略記）。

(11) 大久保利通公哀悼碑・宝暦治水碑については、『草紙』四四～四五頁・五七～五八頁参照。また、羽賀祥二「治水の神の誕生――宝暦薩摩義士と木曽三川流域――」（『歴史学研究』七四二号、二〇〇〇年一〇月）も参照。

(12) 『明治天皇紀』第四（吉川弘文館、一九七二年）七五頁。また『双烈遺事』一頁参照。四条畷神社については、ほかに四条畷市教育委員会編『四条畷市史　改訂版』第一巻（四条畷市役所、一九八四年）九二八頁以下も参照。

(13) 『明治天皇紀』第七、四三四頁。

(14) 前掲『彦根市史』第八巻、九五二～九五四頁に筆者により関係史料が掲載されている。

(15) 『協賛誌』玄武編、三〇～三二丁には、西村たちによる「各地遊説」の概要が掲載され、その詳細については、『京都日出新聞』紙上で逐一報道されている。また、前掲『近代自治の源流』収載の「平安遷都紀念祭事務所報告」も西村や遷都紀念祭委員らの動向を詳記している。なお、同書中の「府県連合委員会要録」や「紀念祭博覧会に就て西村捨三君演説大意」(一八九三年四月二四日)も参照。

(16) 喜賓会は、この年(一八九三年)、渋沢栄一らにより国際観光事業の必要性と有益性を唱え、日本で初めて外国人観光客を誘致する目的で創設された組織である。

(17) 前掲『西村捨三翁小伝』六八頁。

(18) 「北海道炭礦鉄道略記」(野田正穂・原田勝正・青木栄一編『明治期鉄道史資料〈第2集〉第4巻 社史(4)』日本経済評論社、一九八〇年)。

(19) 旧藩意識と紀念祭との関わりについては、高木博志「「郷土愛」と「愛国心」をつなぐもの」(『歴史評論』六五九号、二〇〇五年三月)、「紀念祭の時代――旧藩と古都の顕彰――」(佐々木克編『明治維新期の政治文化』思文閣出版、二〇〇五年)が興味深い論点を提示している。

(20) 前掲『新修彦根市史』九〇〇～九〇八頁。なお、江森泰吉編『大隈伯百話』(実業之日本社、一九〇九年)二五五～二六〇頁参照。

(21) 前掲『明治天皇紀』第八、四一六頁。

(22) 松浦果著『彦根物産古器物展覧会案内記』(一八九五年四月三〇日)一頁。なお、前掲『新修彦根市史』九〇九頁に同書から抄録されている。

(23) 前掲『四条畷市史』六八一頁以下参照。

(24) 一八九六年七月一日付の『近江鉄道株式会社第一回報告』(前掲『新修彦根市史』七〇六頁以下に抄録)。

(25) 田中真人・宇田正・西藤二郎『京都滋賀 鉄道の歴史』第一五章「近江鉄道」(宇田正執筆)(京都新聞社、一九九八年)三六二頁。

(26) 以上、前掲『近江鉄道株式会社第一回報告』による。

(27) 石井寛治「第七章 近江鉄道会社への投資」(『変革期の商人資本――近江商人丁吟の研究――』吉川弘文館、一九八四年)三八五頁。

(28) 石井寛治前掲論文、三八五〜三八六頁。
(29) 赤井安正『彦根町政秘史』(近江実業新報、一九二七年)五九〜六〇頁。なお、林好本については、同書三七〜三九頁を参照。
(30) 浅香勝輔編『湖国の街道——琵琶湖をめぐる街道景観の昨日と今日——』(ナカニシヤ出版、一九八九年)一一二頁・一一四頁参照。なお、五個荘町史編さん委員会編『五個荘町史』第二巻(五個荘町役場、一九九四年)三三七頁以下も参照。なお、社寺参拝と鉄道との関係については宇田正『鉄道日本文化史考』(思文閣出版、二〇〇七年)Ⅲ章を参照。
(31) 近江鉄道の苦境については、『草紙』一一一〜一一五頁に回想されている。なお、前掲『新修彦根市史』第八巻、七一三〜七一五頁も参照。
(32) 中村直勝編『彦根市史』(彦根市役所、一九六四年)一六九頁以下参照。

Ⅴ 学知

阿形精一と『平安通志』

小林丈広

はじめに

『平安通志』は、一八九五年（明治二八）に京都で開催された平安遷都千百年紀念祭にあわせて、京都市参事会が編纂した歴史書で、京都の通史としては質量ともに空前のものであるだけでなく、日本の自治体史としても最初のものと考えられる。そこで筆者は、同書編纂の中心を担った湯本文彦についてはもちろんであるが、編纂に協力した補助員や編纂員など数多くの人物に着目し、その具体的な役割についても検討したことがある。(1) 学問の現場は、たとえどのような分野であっても、それが数多くの人々に支えられなければ成立しないものであることは言うまでもないが、そうしたスタッフの役割までも含めた歴史学の現場についての研究はこれまであまりなかったように思われる。その意味で、前稿はひとつの歴史書という限定した対象についてではあるが、その編纂の実態をある程度明らかにしえたのではないかと考える。

また、『平安通志』編纂を自治体史という文化的な公共政策のひとつと考えたとき、その形成過程を考えることは、自治体の草創期における公共政策の形成過程を正面から検討することになるだろう。(2) そうした視点から考えると、たとえば、自治体史編纂というこれまでにはなかった事業がなぜ京都で初めて可能になったのか、中心になってそれを担う人物としてなぜ湯本文彦が選ばれたのか、などといったきわめて基本的な事柄についてすら、今のところ明確な答えは得られていない。小文は、そうした様々な問題を考えるための基礎作業のひとつでもある。

小文は、前稿などの成果をふまえ、あらためて『平安通志』を取り上げ、湯本文彦に加えて、阿形精一という人物に焦点をあてる。阿形は、同書編纂に補助員の一人として携わったが、近年、そのご子孫から京都市歴史資料館に関係文書が寄贈された（「阿形（啓）家文書」）。小文は、それなしにはなしえなかったものである。まず、はじめにそのことをお断りさせていただき、この場を借りてお礼申し上げる。

一　湯本文彦と阿形精一

(一)「京都府治志」編纂の顚末――石津灌園と湯本文彦――

湯本文彦の京都府時代の活動については、すでにいくつかの研究がある。(3) ここでは、それらを参考にしながら、私なりに調べてみてわかったことなどを若干付け加えてみたい。

湯本は、天保一四年（一八四三）六月生まれの旧鳥取藩士であり、父又三郎は御国産方御銀奉行などを歴任する財務官僚であった。湯本は、藩校尚徳館で学び、堀敦斎の影響を受けたほか、水戸に遊学したことのある安達清風や門脇重綾ら国学者からも学んだ。(4) 若くして学識を認められた湯本は、藩校で教育に携わっていたが、明治三年に廃校となったので、以後、宇倍神社の神職や島根県の職員などを務めた。ただ、宇倍神社在職中にも一八七四年（明治七）に国事殉難者の事績調査に取りかかり、八〇年（明治一三）からは島根県庶務課修史御用係に採用されるなど、次第に、歴史編纂への関与を深めていった。

京都府が湯本を職員として招いたのは八七年末のことと思われ、それまでは鳥取県にいた。(5)湯本の京都府着任については、京都府知事北垣国道との関係が推測される。北垣は、但馬国の農民出身であるが、尊王攘夷派の志士を経て鳥取藩士に登用されていたので、湯本とも接点があったものと思われる。ただ、具体的な経過についてははっきりしない。(6)

湯本は着任後しばらくすると、「京都府治志」の編纂に関与するようになった。「府治志稿一」には八九年当時の計画が記されているが、湯本が管轄志・京都古来沿革考・学事志・社寺志を、石津発三郎が職務志・衛生志・土木志を担当することになっていた。(7)石津は、灌園の号で知られる漢学者で、主宰する私塾から矢野達太郎、神田香巌らを輩出するなど、京都では知られた存在であった。また、七五年からは京都府雇として「京都府史」(8)の編纂にも従事しており、それらの経験から「京都府治志」編纂を担当するようになったものと考えられる。

こうして「京都府治志」は湯本と石津を中心に計画されたが、結局、未完成に終わる。現在残る「府治志稿」は、一九〇二年頃に整理されたものといわれるが、(9)残された稿本の中には、単に法令を並べただけのものも含まれており、基礎史料の収集段階で作業が中断したことを示しているように思われる。その直接的な原因は、後述するように、湯本自身が他の業務に忙殺されるようになったためと考えられるが、石津が一八九一年八月に死去したことも一因であろう。石津の役割についてはこれまであまり注目されていないが、湯本と石津は同い年であり、これまでの京都での実績を考えると、「京都府治志」の中心は石津が担っていた可能性がある。しかし、石津の死によって、「京都府治志」の残務整理は湯本を中心に進められる。そのためか、現在では「京都府治志」は湯本の仕事とみなされることが多いが、もし石津が健在であれば、その後の湯本の役割も違ったものになっていたのではないだろうか。

また、「府治志稿一」の表紙見返しには、「是ハ明治十四年北垣知事赴任より以後治蹟記載するため編成せしものニて、同二十二三年頃ニいたる、未た成功せさりしも此外庶務会議勧業社寺等の部の稿本あり」と記されており、「京都府治志」の目的のひとつに、北垣府政の事績を後世に伝えることがあった。ところが、九一年頃から北垣府政の行き詰まりが顕在化し、九二年七月には北垣が更迭されるに至る。こうした府政の転換が、「京都府治志」の進行に影を落としたことも考えられる。

(2)「京都府寺誌」編纂と史料調査の日々

現在、「府治志稿」として残っているのは、①管轄志、②地理志、③学務志、④兵事志、⑤衛生志、⑥～⑧警察志、⑨監獄志、⑩京都府治職制沿革志の一〇冊であり、②地理志の後半には、土木志の概要にあたるものが編綴されている。したがって、一八八九年の計画にあって稿本が残っていないのは社寺志だけであるが、それについて「京都府の歴史編纂事業と湯本文彦」(10)は、九一年から本格化する「京都府寺誌」がその発展形態であると指摘する。実際、「京都府寺誌」を担うのは他ならぬ湯本文彦であり、「府治志稿」の残存状況から見ても妥当な推定ということができる。

それではなぜ「京都府治志」の中から社寺志、とりわけ「京都府寺誌」だけが独立して規模を拡大したのだろうか。その理由は、前述の石津の衰えと府政の行き詰まりを背景に、湯本が自らの関心にしたがって編纂事業を発展させたためと思われる。ただ、湯本らがこの事業に特化していった理由はもうひとつあったと思われるが、その点については、次章であらためて触れることにしたい。

こうして本格化した「京都府寺誌」の編纂であるが、湯本とともに事業に携わった阿形精一が詳しい記録を残している。もし「京都府寺誌」が「京都府治志」から発展したものだとすれば、湯本は以前からこれに従事していたことになるが、阿形が残した「服務要録」によれば、阿形が「京都府寺誌」の仕事に関与するのは、九一年三月一五日のことであった。(11) おそらく、この頃から「京都府寺誌」編纂が本格化したのであろう。この日、阿形は同じ京都府職員の湯本、井関良顕とともに建仁寺を訪れ、「蔵書目録」を点検、同月一九日には「参考書籍」を借用している。その後、三人は手分けして京都市内外の古刹・名刹を歴訪し、精力的に史料調査を行った。「服務要録」によって、調査先と担当者の一部を摘記すれば、表1のようになる。

「服務要録」によれば、阿形らのこのような生活は九三年九月までほぼ二年半続く。ここで「服務要録」の史料的性格について一言しておくと、これは阿形が後年何らかの必要があってまとめたものと思われ、厳密な史料批判を必要とする。そこで、湯本文彦の日記「客中小記」(12) で、一八九二年の調査を検討すると、確かに「服務要録」には記憶違いと思われる箇所も散見されるが、故意に書き改めたような形跡はないように思われる。そこで、「服務要録」をもとに表1を作成したが、当然のことながら、「服務要録」には阿形が同行していない調査は記載されていない。表1のうち、九二年四月二〇日の大覚寺、七月八日の盧山寺などの事例は「客中小記」から採録したもので、「京都府寺誌」(「服務要録」によれば「京都府社寺志」) 編纂のための調査が、表1以外にもあったことをうかがわせる。

ちなみに、湯本は前述したように天保一四年生まれ、阿形は嘉永六年 (一八五三) 生まれ、井関は安政四年 (一八五七) 生まれであったから、一八九一年当時、湯本は満年齢で四八歳、阿形は三八歳、井関は三四歳だった。(13) 当時の交通事情などを考えると、編纂中に五〇歳を迎えた湯本はもちろんのこと、働き盛りの阿形や井関にとっても、この活動は決して楽なものではなかっただろう。実際、阿形はこの編纂中に何度か病気を理由に欠勤している。私の経験から推測するに、このように精力的な調査活動は、決して強いられてできるものではないように思われる。三人は、寺院の調査を自らの関心と重ね合わせ、やりがいと誇りを感じて推進していたのではないだろうか。また、宝物や古文書などの散逸の危険性などから、何らかの使命感に駆り立てられて取り組んでい

表１　「服務要録」による「京都府寺誌」調査

調査が実施された年	月　日	訪問寺院	訪問者	出典
1891年(明治24)	3月15日	建仁寺	湯本・阿形・井関	阿形
	3月19日	建仁寺	湯本・阿形・井関	阿形
	3月31日	大徳寺	湯本・阿形・井関	阿形
	4月1日	大徳寺	湯本・阿形・井関	阿形
	4月2日	大徳寺	阿形・井関	阿形
	4月4日	大徳寺	阿形・井関	阿形
	4月5日	大徳寺	阿形	阿形
	4月6日	大徳寺	湯本・阿形・井関	阿形
	4月7日	大徳寺	湯本・阿形・井関	阿形
	4月17日	大徳寺	湯本・阿形	阿形
	6月8日	青蓮院・知恩院・高台寺・建仁寺	湯本・阿形・井関	阿形
	6月9日	正法寺・双林寺・安養寺・清水寺	湯本・阿形・井関	阿形
	6月17日	知恩院・高台寺・建仁寺	湯本・阿形・井関	阿形
	6月18日	建仁寺	湯本・阿形・井関	阿形
	6月18日	正法寺	阿形	阿形
	6月23日	正法寺・双林寺・建仁寺・高台寺	阿形	阿形
	7月7日	正法寺	阿形・井関	阿形
	7月9日	清水寺	阿形・井関	阿形
	8月3日	妙心寺	阿形・井関	阿形
	9月8日	妙心寺	阿形・井関	阿形
	9月29日	清浄華院・善導寺・天性寺	阿形・井関	阿形
	10月1日	阿弥陀寺	湯本・阿形・井関	阿形
	10月2日	相国寺・本能寺	湯本・阿形・井関	阿形
	10月5日	浄華院	阿形・井関	阿形
	10月6日	本能寺	湯本・阿形・井関	阿形
	10月7日	相国寺	湯本・阿形・井関	阿形
	10月8日	相国寺	湯本・阿形・井関	阿形
	10月21日	南禅寺・禅林寺・満願寺・金戒光明寺	湯本・阿形・井関	阿形
1892年(明治25)	1月23日	六角堂・因幡堂・空也堂・御影堂	阿形・井関	阿形
	3月1日	大雲院・因幡堂・御影堂	阿形	阿形
	3月3日	頂法寺(六角堂)・愛染院・誓願寺	湯本・阿形・井関	阿形・湯本
	3月5日	正教寺(浄教寺ヵ)	湯本・大沢敬之・田中治兵衛	湯本
	3月13日	霊鑑寺・真如堂・聖護院	阿形・井関	阿形
	3月16日	真如堂	阿形・井関	阿形
	3月17日	金戒光明寺	湯本・阿形・井関	阿形
	3月28日	空也堂・御影堂・金蓮寺	湯本・阿形・井関	阿形・湯本
	3月31日	頂妙寺・妙伝寺・法林寺・瑞泉寺・聞名寺	阿形	阿形

	4月6日	光雲寺	阿形・井関	阿形・湯本
	4月13日	瑞泉寺・法林寺	湯本・阿形・井関	阿形・湯本
	4月14日	本禅寺・頂妙寺・高田坊	湯本・阿形・井関	阿形・湯本
	4月20日	大覚寺	湯本・井関	湯本
	4月23日	天龍寺・大覚寺・清涼寺	湯本・阿形・井関	阿形・湯本
	4月24日	天龍寺・鹿王院(天龍寺に1泊)	湯本・阿形・井関	阿形・湯本
	4月25日	臨川寺・曇華院	湯本・阿形・井関	阿形・湯本
	4月28日	知恩寺	湯本・阿形・井関	阿形・湯本
	5月12日	南禅寺	湯本・阿形・井関	阿形・湯本
	5月24日	南禅寺・廬山寺・遣迎院・行願寺	阿形	阿形
	6月7日	南禅寺	湯本・阿形・井関	阿形・湯本
	7月8日	廬山寺・妙伝寺	湯本・井関	湯本
	7月12日	妙法院	湯本・阿形・井関	阿形・湯本
	8月6日	妙心寺	湯本・阿形・井関	阿形・湯本
	8月18日	妙顕寺	湯本・阿形	阿形
	8月20日	本能寺	阿形・井関	阿形
	8月22日	本能寺(本法寺ヵ)	湯本・阿形・井関	阿形・湯本
	9月24日	妙心寺	湯本・阿形・井関	阿形・湯本
	9月30日	妙心寺	阿形・井関	阿形・湯本
	10月24日	仁和寺	湯本・阿形・井関	阿形・湯本
	10月26日	妙法院	湯本・阿形・井関	阿形・湯本
	11月2日	仁和寺・法金剛院・広隆寺	湯本・阿形・井関	阿形・湯本
	11月17日	妙法院	湯本・阿形・井関	阿形・湯本
	11月28日	天龍寺・二尊院(二尊院に1泊)	湯本・阿形・井関	阿形・湯本
	11月29日	清涼寺・西芳院(西芳寺ヵ)・地蔵院など	湯本・阿形・井関	阿形・湯本
1893年(明治26)	2月6日	六波羅蜜寺・愛宕念仏寺・建仁寺	阿形・(井関)	阿形
	2月9日	建仁寺・同塔中福聚院・同禅居庵・同久昌院	湯本・阿形・井関	阿形
	3月17日	建仁寺・六波羅蜜寺・愛宕念仏寺	湯本・阿形・井関	阿形
	3月27日	建仁寺・同塔中	阿形・井関	阿形
	3月28日	建仁寺・同塔中	阿形・井関	阿形
	5月19日	建仁寺	湯本・阿形	阿形
	6月26日	智積院	阿形・井関	阿形
	6月27日	禅林寺	阿形・井関	阿形
	7月7日	養源院	阿形・井関	阿形
	8月4日	本国寺	湯本・阿形・井関	阿形
	8月25日	大雲院	阿形・井関	阿形
	8月26日	教王護国寺	湯本・阿形	阿形

出典の阿形は「服務要録」、湯本は「客中小記」(1892年のみ)、「客中小記」の記述はなお精査の余地がある。

た可能性もある。今のところ、当事者の心情にまで迫ることはできないが、一八九〇年代という時期における歴史調査の一端をうかがせる貴重な史料である。

(3)阿形家と県正一郎(阿形精一)

それでは、「服務要録」を残した阿形精一とは、いったいどのような人物だったのであろうか。阿形家に残る「歴代記録」や「家譜」[14]によれば、阿形の履歴はおよそ次のようなものであった。

嘉永六年(一八五三)三月、京都に生まれた阿形は幼名を政一郎と名乗るが、元治元年(一八六四)九月に仙台藩士となり県家という家名を名乗り、名も正一郎と改めた。その後、大立目小四郎に句読を、大野応之助に剣術を、河瀬万吉郎に射芸を、頼支峰に書を学んだというが、慶応三年(一八六七)、学問修行のために但木成行[15](土佐)に随行して仙台に赴いた。おそらく、そこで仙台藩士としての文武の道を身につける予定だったのであろうが、ほどなく戊辰戦争が起こると仙台藩が奥羽越列藩同盟の中心となって新政府軍と戦い、敗北する。県が身を寄せていた但木は処刑され、藩は減封となった。まだ十歳代の少年だった県だが、この出来事がその後の人生観や歴史観に何らかの影響を与えたことは想像に難くない。

県正一郎はその後、大立目家などを頼って仙台で戸籍伍長、教導職十三級試補などを歴任するが、一八七四年(明治七)京都に戻り、父の阿形甚助方に同居する。京都では最初、博覧会社雇となるが、八五年に博覧会社の内部改革に取り組もうとしたことが災いして辞職、麻苧布糸綿商店を開業する。県はその間、七二年に名を精一と改め、八〇年一〇月には京都の商家である阿形家を相続して宮城県士族である県家を廃し、名実ともに京都の町人となったのである。

ただこれだけでは、京都の阿形家と仙台藩との関係がよくわからないので、近年発刊された『仙台市史』から、次の箇所を引用し、(16) さらに若干の補足を行いたい。

江戸時代初期から仙台藩への融資をした豪商として知られているのは、京都の大文字屋宇右衛門と阿形屋甚兵衛である。大文字屋は一六二六年（寛永三）に、阿形屋も四代藩主綱村のころに蔵元になり、江戸時代中期まで藩の財政に深く関与した。江戸廻米は藩にとって最大の財源であったが、増大する支出によって藩は初期から多額の借財を抱えていた。このため藩は、蔵元に対して買米本金の調達だけではなく、借財返済金や幕府から課される普請役負担の資金など、広く藩の財政にかかわる資金の調達を要求した。このような事情から、城下町商人に代わって、大文字屋や阿形屋のほかにも紀伊国屋九郎兵衛、中川作右衛門、糸屋与四郎など、資金調達力のある江戸・上方の豪商が蔵元を務めるようになった。

四代藩主伊達綱村は、寛文の伊達騒動の結果藩主となった人物で、阿形屋が蔵元に加わったのも、藩政の混乱による財政窮乏を補うためだったと考えられる。しかし、綱村の時代にも藩の財政難には拍車がかかり、多額の資金を融通していた阿形屋は元禄一二年（一六九九）に破産、その代わりに知行高五〇〇石の家臣として召抱えられたという。(17) さらに、早くから蔵元を務めていた大文字屋も宝暦年間には行き詰まり、寛政一二年（一八〇〇）に猪飼家として召抱えられた。こうして、初期藩政に深く関与した蔵元が疲弊すると、大坂商人の升屋平右衛門が新たに蔵元となり、天保期頃には升屋も手を引いて、日野屋（中井家）をはじめとする近江商人が藩財政を支えるようになる。(18)

「家譜」によれば、阿形家は桓武天皇を祖とする伊勢平氏の流れを汲み、北条早雲の子江馬氏富の孫但政を家祖とする。初代但政（阿形甚蔵、甚兵衛ともいい、以後代々甚兵衛を名乗る）が仙台藩と関わりができるのは、北条家滅亡以後のこととされる。もちろんこれらをすべて史実とするわけにはいかないが、数少ない手がかりとして、阿形家のその後についても「家譜」をもとに紹介しておくことにする。

但政の後、阿形家は但直、但常、但福と続くが、阿形家が仙台藩士となるのは但福の時といわれる。したがって、阿形家は初代但政から三代但常までの間に京都で商人として成功を収め、四代目には家産を傾けたことになる。「家譜」によれば、但福が仙台に移住したのは元禄一六年（一七〇三）、藩士となったのは宝永元年（一七〇四）とされている。それに対し、京都の阿形家を継承したのは但福の弟但玄で、享保三年（一七一八）のこととされる。「家譜」は、この但玄の流れを汲む阿形家の系譜であり、阿形精一は但政から数えて一二代目にあたるのである。[19]

京都の阿形家は、但玄以後、代々仙台藩京都屋敷に出入りするが、一一代義寛の時に明治維新を迎えた。義寛は、文政一一年大宮通四条上ルの村上家に生まれ、一時、油小路一条下ル永楽善五郎の養子となった後、弘化二年に阿形家の養子となった。興味深いのは、元治元年に仙台藩より仕官を進められた際、「元来阿形家ハ宗珍公已来不仕ノ家柄ナレハ、今更武家奉公ハ本意ニアラズ、倅政一郎ハ幼年ノコトナレハ今ヨリ文武ノ道ノ研究為致、後年成長ノ上京都ノ御用ヲモ可為蒙」と述べて、それを固辞したとされていることである。京都の阿形家は、仙台藩屋敷に出入りしながらも幕末まで町人として扱われていたことがわかる。

ここで注目されるのが、「宗珍公」である。大名貸しなどで家産を傾けた初期豪商の列伝をまとめた『町人考見録』は、他ならぬこの阿形宗珍について一節を設け、次のように記す。[20]

一、此先祖は七十年以前、江戸大火事以後、京へ引越申候。元、先祖日光の御普請にかゝり、奥州延沢の金山にて身上よく成、江戸にても仙台御屋敷へ金銀の御用達、其後三代目の宗珍、京にて陸奥守どのへ一向うちはまり取替、其上外町人より借銀も有之候所、終に御断にて、三四十年以前身上つぶし、宗珍倅甚兵衛は仙台へ引越、知行五百石給り、御家中めし加へられ、于今彼御家に仕官す。尤阿形が一家多在之所、宗珍かたへ一積の金銀を遣し置、みなみな仙台御屋敷へ取替に成、不残身上つぶれ、今京都に阿形が一家、一軒も相見へ不申候。

これによっても、阿形家が仙台藩への大名貸しによって潰れた商人の典型例であったことがわかる。「家譜」によれば、ここでいう宗珍こそが但常のことであり、仙台藩への仕官を固辞し、町人としての立場にこだわった義寛の家意識は、但常から但玄を経て京都の商家阿形家に伝わったものであることがうかがえる。『町人考見録』は、「京都に阿形が一家、一軒も相見へ不申候」と記したが、実際にはその子但玄の流れを汲む一家が存在し、仙台藩京屋敷に出入りしながら明治維新を迎えていた。今回見つかった「阿形（啓）家文書」は、『町人考見録』以来断絶したとされてきた京都の豪商阿形家の系譜を明らかにするものだったのである。

元治元年（一八六四）、仙台藩は、このような家伝を持つ阿形義寛を藩士として迎え入れようとした。これは、幕末の政情の急転が、仙台藩をして京都事情に通じた阿形義寛を必要とさせたからであろう。しかし、義寛は商家であることを「宗珍公已来」の家風として固辞した。その代わり、子の政一郎（正一郎・精一）を仙台藩士とし、新たに県家を名乗らせたというのであるが、これによって、幕末に精一が仙台に移住した理由も明らかとなる。

いずれにしても、阿形精一が一時仙台藩士になったのは事実であるが、生粋の京都人であったことも確認できる。義寛・精一父子の例にも見られるように、幕末の京都に居住する諸藩士の中には京都で生まれ育った者も少なくなく、武士・町人などといった身分上の境界を超えて、京都の文化サロンの一翼を担っていたことが推測されるのである。

(4)阿形精一と北垣府政の歴史編纂

阿形精一は、明治維新を仙台で迎え、維新後も旧仙台藩士としての生活を営んでいたが、八〇年には阿形家を継ぎ、生まれ育った京都での人生を選んだ。ただ、麻苧布糸綿商店はうまくいかなかったのであろう、八七年三月に京都府疏水事務所雇となって煉瓦製造所に勤務する。その後、八八年一月には「煉瓦製造所不整理問題」を理由とする機構改革が行われるが、阿形は羽田信用らと共に煉瓦製造所に再雇用されて琵琶湖疏水の完成を見届けることになった[21]。

こうした歩みをしてきた阿形が、歴史編纂の仕事に携わるようになるのは、煉瓦製造所から疏水事務所勤務に戻ってからのことであった。阿形は、八九年一二月から疏水事務所業務の一環として『琵琶湖疏水要誌』などの編纂を担当する。考えてみれば、湯本が京都に招かれたのも北垣府知事との関係が推測されているだけでなく、湯本が最初に取り組んだ「京都府治志」も、「府治志稿一」に記されていたように、北垣府政の治績を記録することが目的であった。それに対して、阿形が担当したのも北垣府知事が精魂を込めた事業とされる琵琶湖疏水事業の沿革をまとめる仕事であった。二人はともに北垣府政の功績を記録する役割を担ったことになるが、それはある意味で、北垣府政自体が自らの歴史を後世に残すことに強い関心を抱いていたことを示しているものといえるであろう。

結果として、『琵琶湖疏水要誌』は巻一[22]（京都市参事会、一八九〇年四月）をはじめとして順調に刊行され、その後の琵琶湖疏水の顕彰に一定の役割を果たしたが、「京都府治志」は完成を見ず、「京都府寺誌」とともに稿本として後世に受け継がれることになった。

二　『平安通志』編纂の実態

(一)『平安通志』編纂の経過

一八九三年（明治二六）九月、湯本、阿形、井関の三人が心血を注いで推進していた「京都府寺誌」の調査活動が突如として終わりを告げたのは、一八九五年に京都で開催される平安遷都千百年紀念祭の関連事業として、『平安通志』が編纂されることになったからである。この編纂事業は、九三年四月八日、他ならぬ湯本が建議したものであるが、そのための定まった形式があるわけではなく、編纂体制の構築も手探りで行われた。そこで、編纂体制が構築される過程を検討する手がかりとして、「平安遷都紀念祭事務所事務報告(23)」によって、その経過をたどっておこう。

まず紀念祭委員会に、紀念祭のための編纂物を担当する式典及編纂部が設置されたのは、九三年三月一二日のことで、これには、主任の久世通章をはじめ、雨森菊太郎、西村七三郎、碓井小三郎、西村義民らが選ばれた。また、四月一二日には、京都府職員によって構成される府庁委員の中にも式典及編纂部が設けられ、岩本範治、大沢敬之、半井真澄、山田得多、湯本文彦、若松雅太郎が配属された。これを受けて開かれた式典及編纂部委員会では、湯本が桓武天皇事蹟と京都の沿革を、大沢と山田が美術の沿革を取り調べるための予算の策定を担当することが決まった。この時にはすでに、湯本が「平安通志編纂議」を提案していたので、それと関連づけて調査の担当が決まったのではないかと思われる。

その後、六月五日には、紀念祭委員の交代に伴い、式典及編纂部は久世、雨森、碓井、貞広太郎、西村義民という構成になるが、この間、編纂事業に関して表立った動きはなかった。しかし、七月三〇日に開かれた編纂部で『平安通志』編纂の事務規定と編纂綱領が議定され、八月三日の紀念祭臨時委員会で決定される。ここで初めて『平安通志』に関する計画が明らかとなるが、その体制は、編纂主事を中心に、編纂主任（編纂員）、嘱托員、製図師、筆生などを置く本格的なものとされたのである。これを受けて、八月八日、事務長に尾越蕃輔書記官、編纂主事に湯本が就任し、本格的に編纂に着手する。

「服務要録」によれば、阿形が「京都府寺誌」の作業を中断せざるを得なくなったのは、九三年九月八日、阿形自身が京都市参事会より『平安通志』編纂補助員に任命されたからであった。この月、ほかに岩本範治、大沢敬之、山田得多、増井茂三郎らが編纂補助員に選ばれ(24)、これまでの編纂事業と比べても充実した体制が組まれていった。

九四年一月二三日、京都府は阿形らを京都市臨時事務取扱に任命し、紀念祭準備を支援する。紀念祭は府ではなく市の仕事だが、この時期の京都市は、東京市、大阪市と共に市制特例が適用され、府知事が市長を兼任する体制をとっており、市は独自の職員をほとんど持たなかった。そこで、紀念祭の事務を行うために、府職員を派遣することになるが、編纂事業もその中に含まれたのである。この年の「服務要録」は、編纂事業が多忙なため、夏期に恒例化していた「暑中賜暇」も断ったと記す。阿形は、九五年五月末に編纂補助員の任を解かれるので、この頃には原稿がほぼ完成したと考えることができよう。『平安通志』の完成は一〇月二三日であった。この編纂事業で、阿形精一と同じ補助員を務めた府職員は、岩本、大沢、山田、井関良顕、増井ら六人であった。

(2)『平安通志』と阿形精一

それでは、阿形は補助員として『平安通志』の編纂にどのような役割を果たしたのであろうか。

湯本文彦は、「平安通志附録編纂始末」に『平安通志』の編纂工程表を残しているが、とくに第一～四編のうち第一～二編について作業の分担が細かく書き記されている(25)。それによれば、ひとつの原稿は「総叙論纂」すなわち概観にあたる部分を別にすると、立案・起稿・再稿・初修・再修・校閲・裁訂の七工程を経て完成されることになるが、このうち立案と裁訂には湯本以外の人名は記載されていない。したがって、他のスタッフの名は五工程の中にあらわれることになるが、阿形の登場頻度は決して高くなく、第一編には全く登場せず、第二編でも次の数箇所に限られる。

第二編　仏寺志　起稿・再稿・初修・再修

第二編　人物志　再稿
第二編　陵墓志　起稿・初修
第二編　宝物志　起稿・初修
第二編　旧蹟志　起稿

このうち、「仏寺志」に大きく関与しているのは、おそらく、湯本と共に「京都府寺誌」編纂に携わっていたからであろう。しかし、それ以外は、工程の一部分を担当しているにすぎず、これを見る限り、その役割は決して大きいとはいえなかった(26)。

それでは、第三〜四編についてはどうであろうか。「平安通志附録編纂始末」には第三〜四編についての記載はほとんどなく、原稿が作成された経過はわからない。そこで小文では、第三〜四編の分担について、別の角度から検討したいと考える。表2は、第三編の細目次であるが、湯本の当初案と刊行版のものを比較できるように併記しておいた。『平安通志』刊行版が、湯本の当初案と異なることについては、すでに第二編を例にとって検討したことがあるが(27)、第三編についても同様の差異が見られることがわかる。表題が変わっていても関連するものはできるだけ対応させたが、それでもいくつかの項目が添削加除されていることがわかる。時代別に見ると、刊行版は当初案よりも室町時代すなわち中世後期に関する部分が充実し、江戸時代すなわち近世に関する部分が省略されている。また、刊行版では、宗教や文化に関する項目が省かれていることもうかがえる。

そこで「阿形（啓）家文書」に残されている「平城之変記・平安通志原本名家録」（以下、「平城之変記」と略す）や「平安通志第四編歴史概目ノ内記事十則」（以下、「記事十則」と略す）を見ると、第三編に関わると思われる原稿と、第四編長暦の一部と思われる原稿を見いだすことができる。表2の阿形の原稿の欄は、「平城之変記」と「記事十則」の中から第三編の下原稿と思われるものを抽出し、関連すると思われる箇所に掲げたものである。

表2 『平安通志』第3編の構成

巻	『平安通志』当初案	阿形の漢文下書き	阿形の和文下書き	『平安通志』刊行版	備考
49	平安京歴史概目			総説	
	平安京全盛			嵯峨帝新政	
	平城上皇ノ変	平城之変		薬子之乱	薬子の変(810)
	廃太子ノ変	廃太子之変		仁明廃太子	承和の変(842)
	仁明帝立幼主	幼主即位			
				応天門之災	応天門の変(866)
	国史編纂			国史修纂	
	藤氏執大政	藤原氏執大政		藤原氏	
	顕密二教ノ起立	仏法			
	政典制作				
	施薬悲田ノ両院				
	外国交通				
	基経廃立	基経廃立		基経廃立	阿衡の紛議(887)
	宇多帝	宇多帝			
	菅丞相	菅相公		菅原道真左遷	菅原道真左遷(901)
	延喜天暦ノ政	延喜天暦ノ政		延喜天暦之政	延喜天暦の治
	三善清行封事	三善清行封事		清行意見封事	意見封事二十一箇条(914)
	源平二氏ノ起立				
	南都北嶺	南都北嶺			
	災異			天徳焼亡	天徳焼亡(960)
				天慶之乱	承平・天慶の乱(935)
				安和之変	安和の変(969)
				外戚専権	
				院政	院政の開始(1086)
50				朝綱弛廃	
				僧徒猖獗	
	保元ノ変			保元之乱	保元の乱(1156)
	平治ノ変			平治之乱	平治の乱(1159)
				平氏	
	治承ノ変			治承之変	治承の内乱(1180)
	福原遷都			福原遷都	福原遷都(1180)
	木曽義仲			源義仲	
	平家西奔			源義経	
	頼朝上洛			頼朝上洛	
				藤原兼実	
	後鳥羽帝	後鳥羽帝			
	浄土禅日蓮諸宗ノ起立		禅浄土日蓮其他諸宗ノ起立		

51	承久ノ変	承久之変	承久ノ変	承久ノ乱	承久の乱(1221)
				六波羅探題	六波羅探題設置(1221)
				五摂家	
				将軍廃立	
	元寇ノ難			元寇之難	文永の役(1274)・弘安の役(1281)
	両統交立	皇統両立	皇統両立	両統交立	
				西園寺氏	
				元弘之乱	元弘の乱(1331)
	建武中興	建武中興	建武中興	建武中興	建武新政(1334)
				京師戦乱	
	南北朝	南北朝	南北朝	南北朝合併	南北朝合体(1392)
	現今皇居ノ開始				
				室町幕府	
	足利氏全盛北山室町行幸	足利氏全盛室町北山行幸		北山行幸	
52				義満驕僭	
	明徳ノ役	明徳之役		明徳之役	明徳の役(1391)
	嘉吉ノ変	嘉吉之変	嘉吉ノ変	嘉吉之変	嘉吉の乱(1441)
				徳政	
				日野有光之変	日野有光の変(1443)
	応仁ノ乱	応仁之乱	応仁ノ乱	応仁之乱	応仁の乱(1467)
	東山好事	東山好事		義政好事	
	京都荒廃	京都荒廃	京都荒廃	京都荒廃	
				皇室否運	
				管領争権	
	信長入京	信長入京	信長入京		
	足利氏衰亡	足利氏衰亡		足利氏衰亡	室町幕府滅亡(1573)
	真宗ノ起立				
	西教徒	西教徒	西教徒		
				尾州密勅	
		皇居再造		織田氏勤王	
	本能寺ノ変			本能寺之変	本能寺の変(1582)
	明智光秀			光秀伏誅	
53	皇居再造				
	京都完聚	京師完聚			
	秀吉京政			豊臣氏京政	
	聚楽行幸	聚楽行幸		聚楽行幸	聚楽行幸(1588)
	大仏殿建立			豊臣氏土木	
	伏見城造営	伏見城造営			
				徳川氏執大政	

				東福門院入内	徳川和子入内(1620)
	二条城行幸	二条行幸		二条城行幸	
	後陽成帝	後陽成帝			
	文学中興	文学中興			
	後水尾帝	後水尾帝			
	明正帝受譲	明正帝			
	後光明帝	後光明帝			
	徳川氏京政	徳川氏京政		板倉父子	
	天朝御料				
	皇族並公卿				
	諸門跡				
	尊王起元			尊王起源	宝暦事件(1758)・明和事件(1767)
	寛政造営			寛政造営	
	光格帝			尊号之議	尊号一件(1792)
	天保以来ノ朝廷			謚号復古	
	攘鎖ノ朝議				条約勅許問題(1858)
	将軍上洛			将軍上洛	将軍上洛(1863)
	和宮東下			和宮東下	和宮降嫁(1862)
	癸亥ノ変			癸亥之変	文久三年八月十八日のクーデター(1863)
	賀茂石清水行幸			賀茂石清水行幸	賀茂行幸など(1863)
	元治ノ乱			甲子之変	禁門の変(1864)
	慶応末年ノ京都				
	先帝崩御				家茂の死(1866)
	将軍継承				徳川慶喜将軍就任(1866)
54	大政返上			大政返上	大政奉還(1867)
				王政復古	
				五事誓約	五箇条の誓文(1868)
	戊辰ノ役			六師親征	戊辰戦争(1868)
	今上即位			今上登極	
	鳳駕東幸			車駕東行	東京遷都(1869)
				丁丑駐輦	天皇行幸(1877)
				琵琶湖疏水工事	琵琶湖疏水竣工(1890)
	皇室典範			皇室典範	皇室典範制定(1889)
出典	編纂綱領並編目(附編纂始末)	「平城之変記」	「記事十則」	『平安通志』	

こうして比較すると、まず気がつくのは、阿形の原稿は『平安通志』当初案にあわせて作成されているということである。「平城之変記」の「南都北嶺」「後鳥羽帝」、「記事十則」の「禅浄土日蓮其他諸宗ノ起立」などはまさにその例で、当初案にあって刊行版では見られなくなった項目である。また、「平城之変記」の原稿はすべて漢文で、「記事十則」の原稿は和文で書かれているが、「承久之変」「信長入京」「西教徒」など両方に残っている項目を見ると、「記事十則」では「平城之変記」の漢文をほぼそのまま和文に改めていることがわかる。おそらく、阿形は最初漢文でそれぞれの原稿を書いた上で、和文に改めたのではないかと思われるのである。

注目されるのは、「記事十則」にはそれぞれの執筆日と思われる日付が入っていることで、原稿はほぼ時代順に書かれており、九三年一一月八日から二一日までに集中していることである。したがって、この頃までは、当初案に基づいて原稿作成が行われており、阿形が編纂補助員に任命されてから二ヶ月ほどしか経っていないにもかかわらず、ある程度の原稿作成が進んでいたこともわかる。

構成が変更になった時期は明らかではないが、表2からうかがえるのは、「南都北嶺」「禅浄土日蓮其他諸宗ノ起立」「西教徒」など文化や宗教に関連する項目が削除されていることである。これらは阿形の原稿があったにもかかわらず、結果的に省かれたものであり、どこかの段階で文化史や宗教史に関する内容を割愛して政治史中心の構成にするという方針が選択されたものと思われる。また、文化や宗教以外の項目でも、「東山好事」が「義政好事」へと項目名が改められたり、「外戚専権」「院政」など追加された項目も多く、全体を通して構成の見直しがなされていることもわかる。

(3)「承久の乱」を例にとって

それでは、阿形の原稿は刊行版にどこまで生かされたのであろうか。本来ならば、阿形の原稿と刊行版とを逐一比較して異同を明らかにすべきであろうが、今回は、項目の名前に変更があった「承久の乱」を例にとって、その概要を述べるにとどめたい。

安田元久氏によれば、「承久の乱」の呼称については、『保暦間記』『吾妻鏡』『神皇正統記』などですでに「乱」が用いられ、「変」を用いたのは、水戸学者安積澹泊の『大日本史賛藪』が初めてであったという。また、大半の史書が後鳥羽上皇の挙兵を「乱」の発端と見ているのに対し、『大日本史』は鎌倉幕府の執権北条義時の行為が日本開闢以来の禍であるとして、間接的ながら武家政権の側に原因の一端があることを示唆した。このように、この事件の叙述態度については、水戸学の成立がひとつの転機となり、維新後の史書にも引き継がれるが、呼称は「承久の乱」がもっとも多く、「変」「役」が続いた。ただ、事件に対する解釈のあり方と呼称の選択との間には明確な対応関係は見えず、むしろ呼称についてはあまりこだわりがないというのが実態だった(28)。

それでは『平安通志』の場合はどうであろうか。

まず、阿形の原稿であるが、「平城之変記」の「承久之変」では「方順徳帝朝政権帰覇府鎌倉之威勢日熾、北条氏以陪臣執国命」と書き起こされるのが、「記事十則」の「承久之変」では「順徳帝ノ朝ニ方リ政権覇府ニ帰シ鎌倉ノ威勢日ニ熾ンニ」となっており、その内容はほとんど一緒といっていいようである。そこで、「記事十則」に限って引用をすれば、冒頭に「順徳帝ノ朝ニ方リ政権覇府ニ帰シ鎌倉ノ威勢日ニ熾ンニ、北条氏陪臣ヲ以テ国命ヲ執ル、軍国ノ事一ニ義時ニ決ス、後鳥羽上皇居常憤懣源氏ヲ討シテ王政ニ復サンコトヲ謀リ益ス西面ヲ開キ広ク材勇ヲ徴ス」とあり、鎌倉幕府（執権北条義時）と後鳥羽上皇の関係から説き起こされる。さらに、西面武士設置の経過、白拍子亀菊の所領をめぐる紛争などを挙げて、北条義時と上皇との関係の悪化を述べた後、事件の発端を、「上皇積怒遂ニ意ヲ決シ義時ヲ討タント欲ス、藤原公継之ヲ止メ、藤原光親モ亦タ諫ム、上皇皆聴カス、三年五月城南流鏑馬ニ託シ畿内諸国ノ兵ヲ徴シ、義時ノ罪ヲ聲ラシ討伐ノ師ヲ興ス」と、出兵があくまでも上皇の意志であったことを強調する。しかし、朝廷の軍はたちまちにして打ち破られ、義時の子泰時に率いられた幕府軍は京都にまで攻め上る。こうした事態に、上皇は「近日ノ事朕カ意ニ出ツルニ非ス、皆臣僚ノ為ス所ナリ」と申し開きをしたが、隠岐に配流されたという。(29)

以上が阿形による「承久の変」の内容であるが、『平安通志』（刊行版）の「承久の乱」では次のようである。まず書き出しは、「源頼朝既ニ兵馬ノ柄ヲ握リ、諸国ニ守護ヲ置キ、家人ヲ以テ之ニ補シ、又総追捕使トナリ以テ之ヲ統フ、是ニ於テ政権全ク武門ニ帰シ、朝廷益々衰フ、後鳥羽帝志アリ、常ニ王室ノ陵替ヲ憤リ、恢復ノ志アリ」と、後鳥羽上皇が王政復古の意志を持っていることが述べられ、さらに「時ニ頼朝ノ子孫亡フト雖トモ北条義時陪臣ヲ以テ天下ノ大権ヲ執リ、鎌倉ノ勢前日ニ異ナラス、上皇益々平ナルコト能ハス」と、幕府の実権を執権が握っていることが問題視される。それに続いて、上皇が西面武士を設置した経過、白拍子亀菊の所領をめぐる紛争を取り上げ、これらを事件発端の原因とするなど、その記述内容は詳細になってはいるものの、歴史解釈は似通っているということができる。

異なるのは、これ以降の戦争の記述であり、阿形の原稿ではほとんど触れられていないのに対し、『平安通志』は戦況の変化を詳しくたどる。宇治川の戦いの記述などはその一例で、阿形には見られなかったものである。

その後の記述は、阿形と共通した上皇像を提示する。敗北した上皇は、北条泰時に対し、「此挙宸衷ニ由ラス、謀臣ノ誤ル所トナル」と述べ、藤原光親らを首謀者として差し出した。また、後鳥羽上皇を諫めながらも配流を受け入れた土御門上皇への言及もある。このように、『平安通志』の「承久の乱」は、阿形の原稿と直接的な対応関係があるとまではいえないまでも、それを下敷きとして大幅に書き加えられたものであることがうかがえる。他の項目についても、阿形の原稿の扱いは同様のものだったと思われるが、その間の加筆を誰が行ったかなど、不明な点はまだまだ多い。

「服務要録」には平安通志編纂の具体的な経過は書かれていない。記されているのは、九五年五月三一日に編纂事務が終わったために補助員の任を解かれたこと、同年一〇月二三日に『平安通志』が完成したこと、同月二五日には岩本と共に京都府に戻り、府会志の編纂に従事するようになったこと、などである。

三　『平安通志』編纂後の阿形精一

(一)「京都府会志」の編纂

『平安通志』の編纂が終わると、岩本範治と阿形は「京都府会志」の編纂に着手する。「服務要録」によれば、阿形は連日編纂のために「夜勤」を務めたという。しかし、現在残る「京都府会沿革志題言」[30]によれば、「京都府会志」の編纂は、「府庁ハ第一課長庄林〔荘林—筆者注〕維新ヲシテ他ノ吏員ト共ニ其事ニ当ラシメシモ成効ナク、紀年祭編纂部ヨリ官房属岩本範治・阿形精一府庁ニ帰ルニ及ヒ之ニカハラシメシモ、猶編纂ノ端緒ニイタラス、遂ニ府会ノ質問スルトコロトナリ、庄林ハ手ヲ引キ、第四課長壁谷属ヲシテ其後ヲ受ケシメシモ、遂ニ成蹟ナシ」という有り様であった。この編纂経過は、一九〇二年に湯本によって書かれたものであるが、これによれば、思うように進捗しない「京都府会志」を見かねた山田信道府知事が、「此事到底子〔湯本のこと—筆者注〕ヲ煩ハサ、ルヲ得ス、其帰庁ヲ待ツ久シ」と、湯本に協力を求めたという。湯本はそれまで、紀念祭事業の沿革をまとめる作業に従事していた。その成果が、『平安遷都紀念祭紀事』（京都市参事会、一八九六年五月三〇日）である。おそらく山田府知事は、湯本が『平安遷都紀念祭紀事』に目途を付けたのを見て、「京都府会志」を託したのであろう。

湯本は、「京都府会志」の編纂を引き受けると、早速、「府革〔会の誤記—筆者注〕沿革志編纂方法稟議」（一八九六年四月八日）をまとめ、編纂事業の立て直しを図る。[31]「稟議」は、編纂綱領の見直し、編纂期限など編纂に取りかかるための基本事項の確認にとどまらず、「常置委員会ニ関スルモノ、如キ殆ト消滅ニ帰スルモノ少カラス、此類ハ已ヲ得ス之ヲ闕如シ其知ルヘキモノノミヲ記載シ可ナルヘキカ」と、史料の乏しい項目についての執筆方針や、「地方税事業沿革ヲモ記スヘキカ否」かなど、編纂内容と史料の現状を把握していなければ書けないような事柄も含んでいた。

湯本にこれまでの編纂経過を伝えたのは、阿形精一だったと思われる。阿形は四月七日にこれまでの編纂経過をまとめているが、おそらく湯本に引き継ぐために記したものであろう。ただ、阿形の報告には、これまでもそれなりに編纂を行ってきたとの自負がうかがえ、「遂ニ成蹟ナシ」とする湯本の意見との間には齟齬があるように感じられる。

いずれにしても、湯本は、編纂に関与してから八ヶ月後の同年一二月には原稿の作成を終えて、「京都府会志編成ニ付上申」を山田府知事宛に提出しており、それを元に、翌九七年一一月には、『京都府会沿革志』（京都府）が発刊される。結果的には、山田府知事の期待通りの成果が得られたということができよう。

その後湯本は、一九〇二年八月に府の臨時文書整理委員という立場で、「京都府会沿革志題言」をまとめるが、その内容は、岩本や阿形らの言い分を十分に反映したものとは言い難い。こうしたまとめ方自体が、当時の府庁内での湯本の位置と他の職員との関係をうかがわせるものといえるかもしれない。

（2）帝国京都博物館技手として

一八八九年一二月から京都府職員として歴史編纂に従事し、九一年三月からは「京都府寺誌」『平安通志』「京都府会志」と、主として湯本と仕事を共にしてきた阿形精一であるが、九七年二月に転機が訪れる。同年五月に開館する予定で準備が進んでいた帝国京都博物館に採用されることになったのである。「服務要録」によれば、博物館の方から京都府に打診があったとされている。二月一二日京都府を非職になった阿形は、同月二五日に博物館の近くに居を移し、三月四日正式に博物館雇（調査科兼庶務科勤務）に採用される。

ここで帝国京都博物館について若干触れておくことにしたい。同博物館は、現在、京都国立博物館として存続しているが、その設置が決まったのは一八八九年五月のことであった。[32]この時、宮内省から、東京・京都・奈良に三館の帝国博物館が設置され、京都には館長一人・理事四人・評議員二人の他、書記と技手が置かれることが達せられた。また、帝国博物館が、列品の収集・整理保管・目録の整備・展示・調査研究などを業務とし、京都には歴史部・美術部・美術工芸部・工芸部が置かれることも規定された。これを受けて、帝国京都博物館の設立準備が始まるが、実際には、九〇年春頃から本格化し、その実務は京都府勧業課長有吉三七、中川武俊ら京都府職員が担った。同年九月には、京都府書記官森本後凋が帝国京都博物館長を兼任することになるなど、設立準備は京都府庁が請け負ったのである。重要なのは、九一年九月に大沢敬之が帝国京都博物館書記に加わったことで、後に『平安通志』の編纂に加わる人物が、博物館設立にも関わっていたことである。この時、湯本や阿形らは「京都府寺志」編纂に精励していたが、京都府では同時に博物館準備を進めていたのである。「服務要録」を見る限り両者の連携をうかがうことはできないが、以下に述べるように、底流ではつながっていたと考える方が自然であるように思われる。

そもそも帝国博物館の建設構想においては、当初から社寺宝物の保管が目的のひとつとして掲げられており、列品の収集には社寺の宝物調査が不可欠とされていた。その際に注目されるのは、一八九〇年七月の次のような文書である。[33]少し長くなるが重要なものなので、ここに引用させていただきたい。

曾テ度々及相談候社寺宝物保管方之義ハ、愈帝国京都博物館建築落成之日ニ至リ候ハヽ、貴説ノ如ク惣テ差支ナク、之ヲ博物館ニ移シ、該館ニ於テ保管スルノ運ニ至ルヲ得ベキカ、此点ニ於テハ猶追々小官之懸念ヲ加ヘ候事モ有之候得共、最初ヨリ御話及候通、欧洲ニテハ寺院之什宝ヲ直ニ寺院之所有ニ帰セシムルガ如キ取扱ハ絶テ無之、然ルニ本邦ニテハ明治四年以来、時之住職幷檀家信徒惣代ヲ以テ一ノ「コルポレーションン」（法人）ノ如キ姿ヲナシ、右コルポレーションニ於テ何分歟有制限之所有権アルカ如ク仕做シ来リ（中略）、判然国有財宝トモ見認兼候慣例ヲ生シ居候間、特別ノ取扱ヲ以テ、神社之霊代、寺院之本尊、其他格別之由緒アリテ其場ヲ離スヘカラサル什宝ヲ除キ、一般ニ歴史ノ参考、美術ノ模範、工芸上之参考ニ可相成什宝ハ貴管下ノ分ヲ主トシテ帝国京都博物館ニ移シ、而シテ該館ニ於テハ毎年収入スル縦覧券料ヲ悉ク出品ノ評価格ニ応シ（中略）、毎年度末ニ出品有之各社寺ヘ分割配与致シ候ヘハ、何分歟社寺等維持上ノ補助ニモ相当ヘクヤ、双方一体ニ適度ノ処置ニ可有之歟ト被存候、（下略）

これは帝国博物館総長で臨時全国宝物取調委員長を兼ねた九鬼隆一から京都府知事北垣国道にあてられたものであるが、九鬼は社寺の保有する宝物の中でも歴史や美術の参考となるものは「国有財宝」にすべきような公共物であるとして、とくに京都府下のものは帝国京都博物館に積極的に移すべきであると主張した。ただ、博物館に宝物を移した社寺に対しては、見返りとして、観覧料収入の中から評価額に応じて分配金を配布するというのである。また、九一年四月には、帝国博物館総長が京都府と奈良県に宛てて具体的な社寺什宝の目録を示し、これらの寄託の可能性や所有状況などについての調査を依頼した。ただ、京都府は九鬼の意見を全面的に採用したのではなく、宝物の所有権を社寺から博物館に移すのは困難であるとして、寄託による収集を中心に準備を進めたという。

こうしてみると、九一年頃から「京都府治志」の作業が滞り、その一部にすぎなかった「京都府寺誌」に大きな精力が注がれるに至った理由のひとつとして、京都府内部で博物館開設準備が本格化したことがあるように思われるのである。(34)

表3　阿形精一出張先一覧

年	月　日	出張先	同行者
1897年(明治30)	3月19日	東福寺	
	4月12日	西村吉右衛門・山下弥太郎・金蓮寺	
	4月17日	福井貞憲・吉武好則・富岡鉄斎	
	4月19日	吉田俊吉・田中勘兵衛・市原平兵衛・山田長左衛門	
	7月22日	福井貞憲	
	9月2日	山本弥太郎	
	9月29日	神田・森川・南家	
1898年(明治31)	7月	愛宕郡大原村三千院	大沢敬之・田中勘兵衛
	11月29日	大原村三千院	山高(信離)館長・田中勘兵衛
1899年(明治32)	2月14日	上京区本満寺・念仏寺・妙覚寺・相国寺中長得院	
	2月15日	下京区荘厳寺・本国寺・観智院・宝菩提院	
	2月16日	下京区智積院・妙法院	
	2月17日	宇治郡勧修寺・醍醐寺	
	2月22日	愛宕郡大原村三千院・岩倉村実相院(～23日)	
	2月25日	葛野郡仁和寺(高山寺関係)	野村重治・大沢敬之
	3月8日	宇治郡山科村勧修寺	山高館長・田中勘兵衛・神田香巌・森川清七
	3月18日	松阪与兵衛・高橋吉兵衛・呉竹弥太郎・山本章夫・杉本新左衛門など	
	3月22日	巨勢小石・桂庄之助・内海吉堂・近田弥三郎・板原七郎右衛門・山添直次郎・熊谷直行・宇田淵・荒木正高など	
	3月23日	望月玉泉・岩本範治・下村正太郎・山本弥太郎・並河総次郎	
	3月29日	望月・並河・山添・板原・菊池芳文・宇田など	
	3月30日	北村岩次郎・菊池・山本・松阪・久保庄七	
	5月28日	東福寺・歓喜光寺	山高館長
	6月2日	歓喜光寺	山高館長
	6月3日	沢田耕夫・竹良直(良豊ヵ)・並河総次郎	
	6月7日	東福寺	
	6月14日	宇治郡醍醐寺・勧修寺	
	6月17日	上京区大報恩寺	
	6月19日	乙訓郡向日町字寺戸宝菩提院	
	7月7日	南禅寺中金地院	
	12月22日	下京区大通寺	神田香巌
1900年(明治33)	1月11日	山田永年	

	1月19日	紀伊郡深草村宝塔寺・瑞光院(瑞光寺ヵ)	
	1月25日	葛野郡妙心寺・清凉寺・天龍寺・松尾神社・浄住寺・壬生寺	
	1月26日	宇治郡山科村勧修寺	
	1月29日	下京区長香寺・荘厳寺・東寺・大通寺	
	2月2日	上京区大報恩寺	
	3月13日	帝国奈良博物館	
	3月17日	葛野郡妙心寺(同寺中春浦院)	
	3月19日	下京区東福寺	
	4月5日	上京区北野神社	大沢
	4月23日	葛野郡天龍寺	神田香巌
	4月26日	上京区伯爵冷泉為紀	
	5月11日	上京区九鬼子爵	神田香巌・森川清七
	5月15日	嵯峨二尊院	山高館長・職工ら
	5月22日	葛野郡天龍寺(妙智院関係)	山高館長・神田香巌
	6月11日	天龍寺	
	10月29日	丹波保津	山高館長・河合清蔵・田中勘兵衛・佐久間信英・竹内雅隆・石田誠太郎・加藤修・小川栄次郎・森川清七
	10月29日	滋賀県(石山寺・園城寺・円満院関係)	
	11月17日	下京区東福寺	山高館長・小川栄次郎
	11月21日	山田永年	
	11月26日	東福寺	山高館長・大沢
	11月27日	上京区中田彦三郎	
	12月11日	京都帝国大学図書館(島文次郎)	山高館長
1901年(明治34)	1月21日	帝国奈良博物館(～22日)	山高館長・野村・大沢
	2月6日	東福寺中霊雲院	
	7月9日	上京区宇田豊四郎(宇田淵遺族)	
	10月25日	嵯峨天龍寺・鹿王院・太秦広隆寺	
	12月7日	報恩寺・大徳寺	
	12月12日	妙心寺・項妙寺	
1902年(明治35)	1月24日	南禅寺中金地院	
	1月28日	妙心寺・天龍寺	
	2月26日	相国寺	
	3月5日	愛宕郡鞍馬村字二ノ瀬今江澄	
	3月7日	伯爵柳原義光	田中勘兵衛・小川栄次郎

	4月18日	荒木正斉・岸本業寿・宇田豊四郎・服部寿太郎・伊藤徳蔵	
	5月6日	前館長山高信離	
	5月9日	下京区田中勘兵衛	
	5月28日	大阪府(四天王寺関係)	大阪府社寺掛杵淵勲
	7月5日	葛野郡嵯峨村天龍寺塔頭鹿王院	
	7月18日	田中勘兵衛	小川
1903年(明治36)	2月2日	華族会館京都分局(久世子爵)	
	2月13日	小野巳三郎	

こうして府庁内で進められた博物館業務であるが、開館が迫った九四年になって初めて専任職員が置かれ、[35]九七年からは調査や列品の搬入、陳列などの仕事の増大に対応して専門的な職員も増やし、阿形はその一人となった。この人事の背景には、「京都府寺誌」以来の阿形の実績と、『平安通志』で仕事を共にしていた大沢らの働きかけがあったものと思われるが、これまでの経過から考えて、博物館職員を京都府から採用するのはきわめて自然なことだったのである。

阿形は九七年三月五日には早速、寄託品調査に着手し、三月中に東福寺、四月には西村吉右衛門家、山下弥太郎家、金蓮寺、福井貞憲家、吉武好則家、富岡鉄斎家、吉田俊吉家、田中勘兵衛家、市原平兵衛家、山田長左衛門家などに調査に赴く。以後、「服務要録」によって知られる出張先は表3のようになるが、阿形はここでも精力的に調査を行った。[36]またその出張先を見ると、これまで「京都府寺誌」や『平安通志』編纂を通じて阿形が培ってきた経験が、博物館事業の中で生かされていることがわかる。

阿形は、五月一日に帝国京都博物館が開館すると歴史部・美術部勤務となり、学芸員としての仕事をさらに本格化させた。「服務要録」によれば、同年一二月には帝国京都博物館技手となり、あらためて歴史部兼美術部勤務となった。

一八九八年四月、帝国京都博物館で「最初の特別展覧会となる」豊臣時代品陳列が始まる。これは豊国会が計画した豊公三〇〇年祭にちなんだもので、「国家安康」の鐘銘で知られる方広寺に隣接する博物館としては、うってつけの企画であった。

この時、博物館は古文書の謄写九冊、臨模三冊、絵画・器物の縮写五冊を作成したが、その序文は阿形が記しており、出品物の臨模を阿形が担当したという(37)。また、「服務要録」によれば、阿形は四月一四日に伊達家家扶作並清亮から伊達家の所蔵品を借用しており、仙台藩の人脈を生かしていることもうかがえる。その後、一八九九年の山城名家墨蹟陳列（山城名家墨蹟・陶器展覧会）、一九〇一年の和漢書画万照陳列（和漢書画歴代対照展覧会）、一九〇三年の新年書画陳列（新年陳列）、時代品陳列（平安奠都以降時代品展観）などの展示に関わった(38)。

おわりに

湯本は「京都府会志」の編纂が一段落すると、『英照皇太后大葬紀事』（京都市参事会、一八九七年一二月）、『京都小学三〇年史』（京都市小学校創立三〇年紀念会、一九〇二年）の編纂に従事した。このうち、英照皇太后の大葬は九七年一月のことであったが、京都市が成立して初めての大きな皇室行事ということもあって、市の力の入れ方は相当なものであった。湯本にとっては、ちょうど「京都府会志」が一段落したところでもあり、市の事業の記録ということで編纂に協力したものと思われる。これに対し後者は、九八年一〇月一七日に挙行された京都市小学校創立三〇年紀念式を記念して編纂されたもので、日本で最初に整備されたといわれる京都の小学校制度の歩みを詳細に記録したものである。湯本はかつて「京都府治志」編纂の際に学事を担当していたので、そこで蓄積された史料も生かされたものと思われる。前者は一二〇頁余りのものであるが、後者は九〇〇頁に達する大部なもので、湯本の関わり方も異なっていたであろうが、いずれも京都府・市にとっては重要事業と位置づけられたものの沿革をまとめたものであり、湯本のこれまでの活動の延長線上に位置づけることができるであろう。

阿形が帝国京都博物館に去った後も京都府職員として残った湯本は、『英照皇太后大葬紀事』などを編纂後、再び「京都府寺誌」の編纂作業を再開した(39)。また、一八九九年八月末から一九〇二年九月までの間は京都市美術工芸学校の嘱託教授を務め、(40) 一九〇二年六月には京都府職員のままで帝国京都博物館書記兼務にもなったという。(41) 湯本の見識と経験は一九〇〇年代になってもおおいに嘱望されていたといえるが、仕事の本領は府の事績をまとめる編纂と、そのもととなる行政文書の整理や保管体制を整えるところにあったのではないだろうか。

尊攘派の経歴を持つ旧鳥取藩士の湯本と戊辰戦争で新政府軍と戦って近親者を失った旧仙台藩士の阿形。この二人は、縁あって京都府に奉職し、それぞれが異なるきっかけで歴史編纂の仕事に関わりはじめるが、その実績を買われて「京都府寺誌」という仕事を共にする。そこで培われた信頼関係は、『平安通志』の編纂を支える重要な人間関係となったが、その編纂後に阿形が携わった「京都府会志」をめぐっては、湯本との間で若干の齟齬も生まれた。湯本はその後も府職員として歴史編纂に携わり、府庁文書の整理や保存に大きな足跡を残し、今日的に言えば文書館の先駆けとなる役割を果たしたということができる。それに対して阿形は、帝国京都博物館に転じ、京都でも最初の学芸員の一人となった。一八九〇年代から一九〇〇年代にかけての二人は、京都で歴史との関わりを公務とし、職業とする数少ない存在であり、日本の歴史学の草創期の重要な担い手ということができる。二人は、歴史の編纂や展覧会などを通じて、これまでは公共の仕事とは認識されていなかった歴史に関わる仕事の重要性を市民に提示する役割を担ったということができる。小文では、二人が残した記録から、それぞれがどのような歩みをしたかについてある程度明らかにすることができたのではないかと考える。ただ、こうした仕事が市民からどのように評価されたかについては明らかにすることはできなかった。今後の課題である。

(1) 拙稿「『平安通志』の編纂と湯本文彦」『明治維新と歴史意識』吉川弘文館、二〇〇五年など参照。
(2) 自治体史編纂の歩みとその意義については、西垣晴次「自治体史編纂の現状と問題点」『岩波講座日本通史』別巻2、岩波書店、一九九四年参照。ただし、西垣氏は通説にしたがい自治体史編纂の画期として『大阪市史』（一九〇一年編纂開始）を挙げるが、私はそれに先立つものとして『平安通志』を重視したいと考える（前掲拙稿など参照）。

（3）「京都府の歴史編纂事業と湯本文彦」『総合資料館だより』第一〇七号（一九九六年）など。京都府庁文書などを駆使したものと思われ、信頼性は高い。執筆は竹林忠男氏と伝えられる。

（4）『史料調査報告書第九集湯本文彦関係資料』鳥取県立博物館、一九八二年参照。

（5）湯本の着任時期に関しては、角田文衞「解説」（『平安通志』復刻版、新人物往来社、一九七七年）をはじめ、『史料調査報告書第九集湯本文彦関係資料』、「京都府の歴史編纂事業と湯本文彦」などがいずれも八八年末と記し、定説化しているが、これは京都府庁文書「判任官退職者履歴」（京都府庁文書昭7―164）の記述をもとにしていると思われる（京都府立総合資料館のご教示による）。ただ、一八八七年の「雇進退録」（京都府庁文書明20―10）に、「十二月廿七日湯本文彦、雇ヲ以、官報主任弁ニ第一部付ヲ命ス、月俸三拾円支給」とあり、他にも「雇進退綴」（明20―9）や「詩稿本・上冊」（上野（務）家文書No.50）などの記述からも、京都府着任は八七年末であった可能性が高い。

（6）最近、磯田桂史氏より、一八八六年八月に北垣府知事が富岡敬明熊本県知事に対し、同県属船越欣哉の譲渡を求める書簡を送っていることをご教示いただいた。府職員のスカウトに北垣自身が関与していたことを示す史料と位置づけることができよう。

（7）「京都府治志」の稿本をまとめた「府治志稿」によれば、府治志編纂は一八八九年に着手されたことになっている。「府治志稿一」（京都府庁史料）によれば、九二年までに管轄志、地理志、警察志、監獄志などの草稿が作成されたという。しかし、石津は八七年五月に京都府の雇となっており、この年末には湯本も採用されていることから、八七年には府治志編纂の準備が始まったと考えることもできよう。石津は、『明倫誌』（京都市明倫尋常小学校、一九三九年、二六二頁）によれば、天保一四年五月二八日生まれ、金座の役人だったが、維新後漢学塾を主宰、北垣府知事もその学識を優遇したという。四男民男が雨森家の養子となるなど、京都に知己は多かった。ほかに、『京都府教育史』京都府教育会、一九四〇年、五二八頁、『京都府誌』上、京都府、一九一五年、四八九頁など参照。

（8）「判任官履歴書」（明治八～一一）第四（内閣文庫所蔵「京都府史料」五四所収）。

（9）『改訂増補文書解題』京都府立総合資料館、一九九三年、一〇二頁。この時期の臨時文書調査については、渡辺佳子「明治期京都府における文書管理の変遷」『資料館紀要』第一九号、一九九一年参照。

(10) 前掲注(3)。
(11) 「服務要録」は「阿形（啓）家文書」（京都市歴史資料館蔵）に含まれる。湯本が記した「社寺名勝旧跡宝物古文書ニ対する意見案」（一九〇一年三月二〇日）（「墨囚文稿建議・意見・上申一」（「上野（務）家文書」No.12）参照）には、「寺志編纂の事は明治廿五年北垣知事の時に始まれり、此時は世論未だ此点に向はざりしか、書記官森〔本脱カ〕後凋の説を納れ、此事を始められし」とあるが、開始時期については記憶違いと思われる。
(12) 上野（務）家文書に含まれる（京都市歴史資料館蔵）。
(13) 前掲注(1)拙稿参照。
(14) 「阿形（啓）家文書」京都市歴史資料館蔵。
(15) 文政一四年（一八一七）生まれで大槻磐渓門下の開国論者。藩の財政改革にも取り組んだ重臣で、戊辰戦争に際しては奥羽越列藩同盟の成立に寄与し、明治二年（一八六九）五月に処刑された。
(16) 『仙台市史通史編4近世2』仙台市、二〇〇三年、二九九～三〇〇頁。なお、大文字屋については賀川隆行「三井両替店と仙台藩」『三井文庫論叢』第二二号（一九八八年）に詳しい。それによれば、仙台藩蔵元は大文字屋嘉右衛門と名乗る京商人で、同家は蔵元を務めるために三井家からも借金を重ね、同家は明治維新までその借金を背負っていた。
(17) 同上、一一六頁。阿形家の在郷屋敷は宮城郡芋沢村にあったという。
(18) 注(16)賀川論文によれば、仙台藩蔵元が大文字屋から升屋に正式に代わったのは寛政一一年（一七九九）、仙台藩に召し抱えられたのはその翌年であった。仙台藩をめぐっては、この時期、大坂の両替店平野屋五兵衛も身代限りとなった。また、日野屋の台頭には、地元資本の組織化という、これまでの蔵元にはない重要な意義があったことが指摘されている（高橋富雄『宮城県の歴史』山川出版社、一九六九年、一九六頁以下参照）。これは、天保の飢饉に際しての仙台藩の「仁政」の背景になったものといわれる（天保期の仙台藩については、拙稿「幕末維新期京都の都市行政」『近代京都の改造』ミネルヴァ書房、二〇〇六年でも言及したが、今後の検討課題である）。
(19) 「家譜」参照。「家譜」によれば、精一の死は一九〇四年五月二二日であった。
(20) 「町人考見録上」『近世町人思想』（中村幸彦校注、岩波書店、一九七五年、一八四・三九八頁）参照。
(21) 「服務要録」には、「一月卅一日疏水事務所ヨリ御用済ニ付雇ヲ免除セラル、右ハ煉瓦製造所不整理ノ廉ヲ以主任属片山正中始職員悉皆免職解雇トナリタリ、二月一日疏水事務所ヨリ同所雇ヲ以煉瓦製造所付属ヲ命セラル、月俸金拾弐円支給、右ハ疏水事務所ヨリ同工事監督ノ為京都府ヨリ選任シアリシ常務員ノ内児島定七ヲ雇トシ此ヲ主任ニ充テ、羽田信用及精一等ヲ旧職員中ヨリ選抜シ整理ニ当テシメラレタルナリ」とある。この「煉瓦製造所不整理問題」については、従来の琵琶湖疏水関係文献には見えないが、一八八八年七月にまとめられた児島定七『疏水附属煉瓦工場概況』（琵琶湖疏水記念館蔵）によれば、職工・人夫の取締りと製造経費の節減などが改革の目的だったようである。

(22)　全巻が発刊された後、訂正合巻が刊行されたのは一八九六年七月。

(23)　「市制実施準備一件」（京都市歴史資料館蔵）所収。本史料は、『叢書京都の史料　近代自治の源流』（京都市歴史資料館、二〇〇八年）に全文翻刻した。

(24)　前掲注(23)参照。

(25)　「上野（務）家文書」No.126所収。前掲拙稿「『平安通志』の編纂と湯本文彦」では、これをもとにした編纂工程表を作成して掲載した。

(26)　この編纂工程表については、前掲拙稿「『平安通志』の編纂と湯本文彦」において、吉田秀穀と大村西崖の執筆の状況をもとに、実態と乖離したものである可能性を指摘しておいた。

(27)　「『平安通志』の構成と「志」の構想」『明治維新期の政治文化』思文閣出版、二〇〇五年参照。

(28)　「歴史事象の呼称について」『学習院大学文学部研究年報』第三〇号（一九八四年）参照。

(29)　ここでの引用は煩雑を避けるために割注や加筆などを省略した。とくに、加筆は何時の時点に誰によってなされたものか明らかでない。

(30)　これは一九〇二年八月一一日に臨時文書整理委員湯本文彦によって書かれたもの（「京都府会志一」所収、「京都府会志」は京都府立総合資料館蔵京都府庁史料のうちに含まれる）。

(31)　湯本の「稟議」と阿形の編纂経過は、前掲注(30)「京都府会志一」に収められている。これによれば、もともと府会志編纂は一八九五年七月に岩本範治と中村淳が着手し、同年一一月に阿形と中村が引き継いだという。その後、九六年一月に壁谷喜一が担当となって事業の促進を図り、あらためて岩本と阿形が原稿作成に取り組んだ。その業半ばで湯本が編纂を引き継ぐことになったのであるが、岩本や阿形がどう受けとめたかは不明である。

(32)『京都国立博物館百年史』京都国立博物館、一九九七年、六四頁以下参照。
(33) 前掲注(32)、一〇八頁以下参照。
(34) 九鬼らによる社寺宝物調査は、すでに一八八八年四月頃から行われ、七月以降、その模様を『日出新聞』が連載した（前掲注(32)、五六頁以下参照）。その成果は、同年九月の臨時全国宝物取調局の発足に結びつくが、こうした国の動きと、湯本ら調査との関係については今後の検討課題である。
(35) 前掲注(32)、一一九頁以下参照。
(36) 前掲注(11)「服務要録」参照。「京都府寺誌」の調査と異なるのは、個人の所蔵者との協力関係が増えていることである。
(37) 前掲注(32)、一三五～六頁参照。
(38) 展覧会名は「服務要録」によるが、（　）内に『京都国立博物館百年史』（三四五頁）による展覧会名称を補った。和漢書画歴代対照展覧会では、開催記念のレセプションも開かれたという（前掲注(32)同上、一五二頁）。
(39) 湯本によると思われる「社寺志編纂ニ付各寺執事呼出シ書記官演舌案」（一八九六年三月）（「編纂事務文書」（「上野（務）家文書」No.43）所収）が残っていることから『平安通志』編纂終了後すぐに「京都府寺誌」が再開され、湯本が他の編纂事業のかたわら並行して関わっていた可能性もある。
(40)『百年史・京都市立芸術大学』京都市立芸術大学、一九八一年、三三一～三三五・五〇七～八頁。
(41) 前掲注(11)「服務要録」参照。

〔付記〕　小文作成にあたっては、湯本文彦、阿形精一のご子孫のほか、京都府立総合資料館の山田洋一、辻真澄、福島幸宏などの各氏にお世話になった。記して謝意を表したい。

京都帝大総長及び図書館長批判の顚末——法科大学草創期における一事件——

廣庭基介

はじめに

京都大学経済学会機関誌『経済論叢』第八四巻第六号（一九五九年一二月）の巻末には、本号発行の二ヶ月前に八二歳で逝去した、元経済学部長であり、また、公選初の京都市長でもあった神戸正雄博士への弔辞と追悼文が掲載された。その「神戸先生御逝去追悼」関係部分（九一～一一二頁）に掲載された何編かの追悼文の最初に、当時八三歳であった元附属図書館第三代館長新村出は、「神戸君を憶うて」と題する短文を寄稿した。それには、新村自身の図書館長時代、法科大学第四代図書主任であった神戸正雄と、図書館商議会などの席上で顔を合わせたことと、互いの退隠後に、開通直後の比叡山ドライブウェイへのドライブに誘われた時の思い出などを述べるとともに、次のような文言を述べていた。

明治四二年春、私が帰朝して教授に昇任してから凡そ一年ほど経ってから、附属図書館長に兼補された時、神戸君は、法科大学の図書主任を勤務中であって、当時の総長たりし菊池大麓（原注・前文相、後に枢府の顧問官）から、神戸君と私とを招致して、二人で、図書館の新旧両館を巡覧しつつこの頃、とかく不円満だった中央図書本館と、法科（原注・むろん経済と分離遠き以前のことで）、法科（原注・申さば法経両科）（筆者注・「法科」が二度繰り返されているが原文通りである）との図書の購入方や処理方や整理遅速などが、うまく（原注・具合が円滑にゆかず）折合が良くなかったらしかったのを、適当に配慮され両人に道を講ぜよとの沙汰に外ならなかったが、こっちは初心者で新参者だったから、まあ宜しい様にと、我を折り、頑張りもせず、どうやら軌道にのぼせ得たらしかったが、一に温厚、謹厳かつ円満だった神戸君の徳に因ったものだ（下略）

また、一九三九年（昭和一四）から一九四二年まで、京大附属図書館第七代司書官を務めた竹林熊彦は、戦後、岡山県の金光図書館の館報『土』第六一号（一九六〇年一月）に「図書詭言《きげん》＝図書館史楽我鬼《らくがき》」と題する研究余録を発表し、その中で次のように述べていた。

　島文次郎・秋間玖磨・笹岡民次郎の経歴を知るために、京大図書館に赴いた。（中略）笹岡と面識のあるB氏は、当時のある法科大学教授（原注・とくに名を秘す）が〃帝国大学図書館は帝国図書館にあらず〃と語ったと、笹岡から聞いていると告げられた。これはわたくしにとって初耳である。[1]（傍点筆者、以下同じ）

ここに挙げた二つの文章の筆者、新村と竹林は、元館長と元司書官という京大図書館の最高幹部であった。その二人が、どちらも隔靴搔痒の曖昧さを滲ませながら、草創期の図書館と法科大学との間に何らかの芳しくない問題が存在していたらしいことを書き残していたことになる。

筆者は、京大附属図書館に二〇年余り勤務していた時期に、書庫の書物の中に、江戸時代の貸本屋旧蔵の草紙類が多数あることを知り、土曜日の午後などには、図書原簿や物品供用命令書などに当たって、それらの受入事情の調査を行ってきた。江戸時代の貸本屋旧蔵書には、標題紙などに一個以上、多い場合は三個、四個の粗末な墨印の蔵書印が捺されている。調査を進める内に、それらの多くが明和四年（一七六七）名古屋で開業して、一八九七年（明治三〇）まで営業を続けた、わが国最大規模の貸本屋「大惣」の旧蔵書であることを知った。書庫に並んでいる図書原簿の第一巻から一ページずつ見て行くと、一八九九年（明治三二）四月に三、六七三部、一三、〇九四冊を二、〇〇〇円きっかりにて購入していたことが判明した。(2)

ところで、一九八一年（昭和五六）頃から、現在の図書館の館屋（第三代館）を現地立替で新営することが決まり、同年一二月から着工することになったために、旧館（第二代館）や旧書庫を壊すことになった。その前に事務書類などの悉皆調査を行ったのであるが、筆者はその際に、未整理の零本や古い書類の中に、A4判の原稿用紙の束が入った封筒を見付けたのである。これは「皇紀」二六〇〇年を記念して刊行された『京都帝国大学史』の「附属図書館」の項を執筆するために、一九四一年（昭和一六）一月二四日、当時の本庄栄治郎館長（第五代）と竹林熊彦司書官（第七代）が、島文次郎初代館長、新村出第三代館長、元東方文化学院京都研究所（現在の人文科学研究所）初代所長や文学部長を務めた狩野直喜名誉教授（狩野は、文科大学未設置の一九〇〇年（明治三三）から便宜的に法科大学講師の資格で図書館の図書整理を分担していた［筆者注］）、山鹿誠之助第五代司書官の合計四人を館長室に招いて、図書館草創期の経験を聞き取り調査した際、プロの速記者にとらせた速記録であった。筆者はこの中に島初代館長が「大惣本」の代金二、〇〇〇円を捻出出来ず、法科大学から借りて支払ったこと、法科大学から厳しく返済を催促された事実を語っている部分を発見した。筆者は、図書館と法科大学の不円満を醸成した原因の一つに、この「大惣本」の購入があったのではないか、と考えるようになった。その後、筆者は、法科側の図書館に対する不満の吐露と解し得る一つの規程の条文と共に、法科側が図書館長のみならず、総長・書記官・理工科大学学長に対しても反発感情を抱いていたことを物語る別の文書を発見した。本稿では紙数の制限もあり、これら二つの文書の内、主として図書館ないし図書館長批判について考察するに留めた。

一 草創期京大への世間の期待と木下総長の開明性の謎

一九〇〇年（明治三三）に法科大学（東大）を卒業した五来欣造が、「斬馬剣禅」の筆名で、『東西両京の大学』（一九〇三年『読売新聞』に連載、翌一九〇四年鳥海安治編で出版。一九八八年講談社学術文庫に収録）において「ベルリン党」と名付けた織田萬・井上密・岡松参太郎・高根義人の四教授に仁保亀松を加えた五教授は、木下廣次京大初代総長が、京大図書館を一般公衆に利用させることを、京大の開設直後に新聞記者などに予告していたことに対して、拒否感を持っていたのではないかと筆者は推測する。その理由は、何よりも総長がその考えを教官達に全く伝えようとしていなかったからである。ベルリン党の教授達にとって現代と比較にならぬ心細さであった当時のヨーロッパ留学中に、不慣れな外国語を操って、緊張の連続の中で専門の洋書を購入し、京大宛てに発送したにも拘わらず、心血を注いだ宝物のようなそれらの原書を、何処の馬の骨か分からぬ一般公衆に利用させるなど、もっての外である、と思っていたのではないか、と考える。本節では、一般公衆に大学図書館を公開しよう、などという木下総長の時代離れした開明的図書館思想と、新しい帝国大学に寄せる世間の期待の声を検証しておかなければならない。

一八九七年（明治三〇）頃、わが国の教育界一般では帝国大学（東大）に対して如何なる感情を持っていたのであろうか。ここにその一端を示す報道がある。当時の教育関係雑誌『教育時論』第四四四号（一八九七年八月一五日、開発社発行）に掲載された「帝国大学に望む」と題する論説記事がそれである。

吾等は従来における大学の挙措を見て実に其挙措の狭隘、陰秘、固陋、卑屈なるを嘆息せずんばあらず。又大学図書館の如き、唯大学学生のみ図書閲覧の便益を得、其他の学生及学者は、之を閲覧するの特許を有せざるものなり（中略）是れ果して本邦最高等の学校にして又本邦文化の淵源たるべき帝国大学の挙措に愧《は》ちずと謂ふべきか（中略）故に吾等は帝国大学に向ひ、速に左の三種の事業を断行せん事を切望せんとす。

一、各分科大学に於て、其大学教授が研究より得たる結果に就き、有益なる書籍を編纂すること。

一、各分科大学教授の講義筆記を印刷して之を一般学者に頒売すること。

一、大学図書館を公開すること。

ここに挙げられた事業や活動を、東京大学に対して要望するような体《てい》をとりながら、実はその二ヶ月前に発足したばかりの京都大学に対して要望し、同時に東京大学に対しても多少の改善効果を期待していたものと推察できる。この時期、京大創設直後でもあり、未だ学内に図書館の建設予定地も決定していなかったが、この論説に呼応するかのように、二週間後の、八月二九日付けの『大阪毎日新聞』に「京都帝国大学附属図書館の設立――木下総長の談片――」と題する記事が掲載された。

図書館は勿論設定するの方針を採り既に其設計にかかり居れり。而して設立の暁には勿論公開に為すの見込にて、即ち学生の研究上に要する書籍の外は勿論誰人にても閲覧するの便利を与えんこと蓋し困難の事に非ずと思えり。元来図書館は人民の必要に迫られて設立するものに非ずして、之を設立して置きて何時にても其要に充てん覚悟なかるべからざるものなり。欧州にては図書館の完不完をもって、各地方の程度如何を測度するの観あり。而して我国の如き東京に唯一あるのみ。故に一事を調査せんとすれば、遠方の者と雖も東京に出でざるべからず。不便も亦甚しと云ふべし。故に京都に之を開設して我国西部の必要に応ずべし。殊に山城・大和は昔時より歴史の中心となり居れば、其旧記のみにても蓋し大部なるべく、又京都地方は宗教の中心として、此等の学科を研究するものに不便なからしむべし（下略）

京大ではその一三日後の九月一一日に理工科大学が開校したが、その一ヶ月後の一〇月二五日発行の雑誌『教育時論』第四五一号の中で、木下は、「京都　教育の中心たらんとす」との見出しのもとに、記者に対して次のようにも述べている。

余は京都を大学化せんとし、京都大学の図書館の如きは、之を公開して何人にも閲覧せしむることとし、又高等学校、同志社、師範学校、中学校などと連合して、学術演説会を開く計画を為し、すべて京都の教育機関を統一して、京都の故都たる所以の面目を発揮せんことを努めつつあり。（下略）

この発言を知ったメディアは大歓迎して、明治三一年一一月二七日付け『大阪朝日新聞』は次のように報道した。

京都大学の美挙二あり、以て伝へざるべからず。曰く図書館の公開、曰くレクチュアの公開是なり。二者未だ実施の運びに至らずと雖も、其計画既に熟し、前者は日ならずして将に行われんとす。関西に一も図書館の設けなきは識者の夙《つと》に概嘆せる所なり。京都大学附属図書館の公衆に観覧を許さるる暁には、其恵に浴する者豈唯個人のみと謂はんや。館は今や竣工して内部の装飾中なり。蔵書亦好古学者をして垂涎せしむる珍書に乏しからず。殊に最近の学術書にして欧米諸国より輸入の途にあるもの更に多しと云ふ。古書は大抵内外人の寄付によるものなり。

実際、京大創設直後に、総長名をもって全国の著述家や蔵書家に宛てて発送された書籍文書標本類の寄贈依頼状には、次のように記されていた。

今般本学創立ニ付紀念トシテ書籍文書標本等御寄贈下サレ候ハバ永ク之ヲ本学ニ蔵シ学術研究ノ用ニ供スベク候間成ルベク御寄贈ニ預リ度懇請ノ至リニ堪ヘズ候別記寄贈手続相添ヘ此段貴意ヲ得候敬具

明治三十年　月　日

京都帝国大学総長法学博士　木下廣次

殿

追テ本学図書館ハ其設備ノ完成ヲ須《ま》チテ本学々生ノ外一般公衆ノ閲覧ヲモ許シ候様致度希望ニコレアリ候

京都帝国大学図書標本等寄贈手続

第一　本学ヘ図書標本等ヲ寄贈セントスル人ハ其目録冊数目方等ヲ詳記シ本学ヘ通知セラレタシ

（以下略）

この「追テ」書きが効を奏したのであろう、明治三〇年六月から図書館開館直前の明治三二年八月までの二年二ヶ月間に、和漢書三、八五六冊、洋書一、四一五冊、合計五、二七一冊が全国から贈られてきたのであった。

しかし、肝心の図書館公開の約束は実行されなかった。帝国大学の総長たる者が、新聞紙上において、図書館の市民公開を予告したにも拘わらず、その後、何年経っても実現しなかったのである。図書館では、その弁明の意味もあって、開館一周年にあたる明治三三年一二月一〇日と一一日の二日間、「本館創立一周年記念展覧会」を開催し、「公衆との接触を図った」と『京都大学附属図書館六十年史』（二四二頁）に述べている。(3)

また、実際、京大図書館では、明治三三年度から同三七年度まで、概算要求の中に「公衆閲覧室ヲ新築スル事」と明記して要求し続けている。明治三八年度から同四〇年度までは記載が途切れたが、明治四一年の年末に本部へ提出した図書館の「施設十ケ年計画」の中に、高い順位（第三位）で「公衆閲覧室増築費一一〇坪、木造平屋、一二、一〇〇円、同上設備費四、一九〇円、本項ハ創立ノ当時ニ於テ教官、学生閲覧室ノ設備完成ヲ告クルニ至リナハ将来ハ公衆閲覧室ヲモ増築シテ広ク篤学者ノ為メニ裨益ヲ図ラントスルノ希望ナリキ今ヤ学生閲覧室ハ稍ヤ完成ノ域ニ達シタレハ自今十年ヲ期シテ之カ初志貫徹セント欲スルニアリ」との注釈まで付けていたにも拘わらず、結局「公衆閲覧室」はその後も作られることはなかった。

公衆閲覧室は建たず、市民の自由な図書利用も出来なかったが、図書館の規則の中に、「総長の特に認めた者に限り……」という但し書きが何ヶ条にもわたって記されていて、これが結構利用されていたことが前記の皇紀二六〇〇年記念『京都帝国大学史』執筆用速記録に記載されている。

（前略）

新村・閲覧票交付制度、東京になくて僕等はそれを踏襲して特殊の人にはかなり便宜を与へたと云ふことは僕等斯ふ云ふことは知らなかったけれども伝統的にさういふことを継承して居ったことは事実。

（中略）

新村・東京大学の学生等来て書物を見やうと云ふやうな時は此方から向ふへ行った場合と反対に向ふからこっちに来た場合は非常に便宜を与へて居った。私自身も知らず知らずそういふ態度を執って居った。けれどもさう云ふ伝統の精神から自ら然らしめるのだらうと思ふのです。

竹林・新聞の切抜等に依りますと、特別閲覧證下付願と云ふものが非常に多いのでございますな。第一年度が百何名、それから第二年度が七十何名。その時は学生の数なんといふものは、割合に少なくて、図書館に来るものも割合少い時に、外から来る人が大分多かったやうに見られるのであります。

狩野・それは今でも伝統的にさうなって居ります。

本庄・毎年展覧会をおやりのやうであります。

島　・さう云ふことも世間との接触を保つことが必要だったから……。（下略）

これを見れば、京大図書館の開館当初、多くの学外者が特別閲覧證を請求して図書館を利用していたことがわかるのである。

ここに不思議なことが二つある。一つは、木下総長の時代を超えた開明性である。彼は嘉永四年（一八五一）

生まれ、一八七五年(明治八)フランスに留学、ソルボンヌで法律を学んだ。留学中にイギリスへ旅行したことがある。イギリスでは一八五〇年に図書館法が制定され、公費で運営される公共図書館が誕生していた。それを見たのであろうか。彼は帰国後、明治一九年(一八八六)に帝大法科大学教授、同二二年第一高等中学校校長に兼補、同二四年には貴族院議員に選出、同二六年、文部省専門学務局長を兼任した学者にして、高級官吏を兼ねていた。そのような人物が帝国大学の図書館を一般市民に公開するという開明性を何処で学んだのか、それが不思議なのである。フランス留学時に際会した第三共和政体の発足などが契機になったのであろうか。二つには、総長である木下が、辞職するまで一貫して図書館の公衆利用を主張していたにも拘わらず、何故、それが実現できなかったのか、という疑問である。木下が辞めてからも、図書館からの概算要求の中には継続して掲げていたが、結局、大正・昭和になっても実現しなかったのは、文部省や、大学内に大きな反対があったからなのであろうか、全く分からないのである。

二　謎の『京大法科用図書取扱手続』

一九〇二年(明治三五)の七月の一ヶ月の間に、法科大学から一通、法科大学有志五教授が一通の計二通の重要な図書館の利用に関する文書が発信された。前者は、七月一日付けの『京都帝国大学法科用図書取扱手続』(以後『取扱手続』と略す)であり、後者は、二〇〇〇年一一月に開館した京都大学大学文書館に寄託された『木下広次関係文書』に収められた同月一四日付けの『総長批判の意見書』(以後『意見書』と略す)である。『取扱手続』は一九一二年(明治四五)三月に京都帝国大学が刊行した『京都帝国大学事務例規』なる二三四頁のほぼA5判大の冊子の一三二頁から一三九頁にかけて掲載されている。この冊子には、大は「京都帝国大学総長職務規程」から、小は「給仕服務心得」「塵芥取捨方法」まで、合計九六編の内規・手続類が掲載されている。その第六二番目に『取扱手続』があったのである。それは、一九六〇年（昭和三五）に亡くなるまで、日本図書館史の研究論文約二〇〇編、単著本九冊を世に問い続けた先述の竹林熊彦でさえも、この冊子があまりにもありふれた事務用の印刷物であったために、見過ごしていたのであろう。本稿の「はじめに」で紹介したように、竹林は戦後に島初代館長など草創期の幹部館員の履歴を調べる目的で図書館を訪れた際、笹岡を知っていたB氏から、笹岡が「京都帝国大学附属図書館は帝国図書館に非ず」と匿名の法科教授が語っていた、と仄聞したことを金光図書館館報『土』第六一号（一九六〇年一月刊）に書いている。実際はB氏が云ったように、特に名を秘すべき一人の法科教授などではなく、『取扱手続』を読むと、法科全体の意見として、活版印刷されていたのである。『取扱手続』は、一、種類。二、保管及整理。三、吏員。四、購入引渡及編入。五、貸附。六、補則の六項からなるが、全文は長文のため、問題の文言の記載されている「六、補則」（十七から二十二条）の全条文を掲げる。

六、補則

十七　凡ソ京都帝国大学附属図書館ハ大学ノ附属図書館ニシテ帝国図書館ニ非ス従テ此目的ニ反スル図書館ノ行動ニ対シテハ法科大学図書主任ハ其都度之ヲ総長ニ抗告ス可シ総長ハ抗告ヲ受ケタル日ヨリ三日内ニ之ヲ裁決ス可シ

十八　法科大学カ法科大学用図書ニ付キ干渉スルハ一ニ其好意ニ出ツルモノトス故ニ此手続ニ於テ法科大学図書主任及図書掛ノ義務トシテ規定スルモノ、外ハ総テ図書館長ノ義務ニ属スルモノトス

図書館長ハ法科大学図書掛ニ直接命令ヲ下スヲ得ス

法科大学ハ何時ニテモ請求ニ従ヒ其干渉ヲ止ム可シ

十九　図書館ハ法科大学図書ニ関スル内部ノ規定ヲ定メ法科大学図書主任ノ同意ヲ得総長ノ決裁ヲ受ク可シ

二十　凡ソ図書館長法科大学用図書ニ関スル処分ヲ為サントスルトキハ法科大学図書主任ノ同意ヲ得タル後

之ヲ為ス可シ

二十一総テ図書館ニ貯蔵スル事務用札ハ此手続施行ト共ニ法科大学ニ引渡ス可シ但法科大学ハ其干渉ヲ止ムルト共ニ再ヒ之ヲ図書館ニ引渡ス可シ

二十二法科大学公用図書取扱規程ハ此手続ト抵触スル範囲内ニ於テ此手続施行ノ日ヨリ其効力ヲ失フ

二十三本手続ハ明治三十五年七月一日ヨリ施行ス

（なお末尾に「七月一日施行」とあり、冒頭に「七月三十一日制定」とあるのは日付けが逆か）

右の条文中、特に「十七」は強烈である。これが法科大学の図書取扱規程なのであろうか？　冒頭から、法科の図書の取扱手続とは無関係の、附属図書館のあるべき姿を規定している。『取扱手続』「補則」の条文のどれをとっても、京大法科教授ともあろうエリート集団が作成したものとはとても考えられないほど、礼節に欠け、冷静さを失していると云えよう。同じ大学に勤める仲間に対する寛容は感じられず、法律の条文に慣熟した法学究らしさを全く感じさせない文章である。何よりも奇異に感じるのは、これが、図書の「取扱手続」から全くかけ離れた条文だということである。「十七」では図書館又は館長に対して、京大図書館は、「帝国大学附属図書館の行うべき行動でなく、帝国図書館の行うべき行動をとっている。今後も同じ行動をとるならば、法科大学としては、総長に抗告する」と宣言し、さらに続けて、「総長ハ抗告ヲ受ケタル日ヨリ三日内ニ之ヲ裁決ス可シ」と総長に対しても高圧的に迫っている。この総長への期限付きの強制的な文言からは、法科教授達が木下総長その人こそが京大図書館の使命を逸脱させようとする張本人だと考えていた、と思えるほどである。

この『取扱手続』が制定された一九〇二年頃までの附属図書館の行動の中に、大学の図書館ではなく、帝国図書館が行うべき行為があった、ということになる。京大図書館と帝国図書館の規則条文を比較すれば、京大図書館が違反行為をとるとした場合、所蔵図書を一般公衆に利用させたり、満一五歳以上の何人にも図書を借覧させた場合ということになる。木下総長が一八九七年（明治三〇）段階で、新聞や雑誌の記者達に、京大図書館が開設された暁には、教育・研究に支障を来さない限りにおいて、図書の公衆利用は可能である、と予告したことは、これらの規程類の上で、帝国図書館が行うべき行為となる可能性があったけれども、実際には、公衆用閲覧室建築の費用も認められず、京大図書館の市民公開は明治・大正・昭和を通じて実現されることは無かったのである。

実現はしなかったが、附属図書館は一向に諦めようとはしなかった。本稿第一節の中ほどで紹介した通り、明治四一年になっても、公衆用閲覧室建築の方針を、「初志貫徹」と付言して概算要求書に掲載し続けていたことも確かであった。そのような図書館の姿勢は、帝国図書館の役割を果たそうとするものである、と見做されたのであろうか。以上、要約すれば法科大学の云う「帝国図書館の行動」なる言葉は、「公衆への公開」と同義語であったと解釈出来る。

三　『総長批判の意見書』

法科大学五教授が発信した第二の文書は、前述の通り、二〇〇〇年に開館した、京都大学大学文書館へ木下家から寄託された『木下広次関係文書』の中に含まれている『意見書』である。前節の『取扱手続』制定と殆ど同じ明治三五年七月の一四日付けで、法科大学の有志教授五人（井上密・岡松参太郎・織田萬・高根義人・仁保亀松）が自筆署名して、総長及び書記官・図書館長・理工科大学長の執務の現状を厳しく批判し、それら職員の罷免又は執務改善を要求した文書である。以下にその文書の全文を掲げる。同文書館での資料番号と資料名は『資料番号　木下1—311902・7・14　資料名「総長批判の意見書」作成者・織田萬など五名』というものである。

白色封筒　表に「木下廣次殿」

「必内展」と墨書あり。

曩《さき》ニ京都帝国大學ノ創立セラル、ヤ世人皆属望（ママ嘱望）シテ其事業ノ必ス見ル可キモノアランコトヲ期セリ而ルニ今ヤ往々其属望ノ誤マレルコトヲ疑ヒ甚シキハ評シテ羊頭ヲ懸ケテ狗肉ヲ鬻《ひさ》クト云フ者アルヲ聞ク俚俗無識ノ徒ノ是非ハ固ヨリ意ニ介セスト雖モ識者ノ笑ヲ招クニ至テハ安ク寒心セサルヲ得ンヤ夫レ百般ノ事業ハ主義着実ニシテ浮華ナル可カラス方針確的ニシテ誇大ナル可カラス故ニ 理《ことわり》ヲ見ルノ明アリ事ニ當ルノ器アル者ニ非サレハ事業ノ実功ヲ収メテ遺憾ナキニ至ルコト能ハサルナリ生等窃ニ我カ京都帝国大学ノ主義方針ト其収用スル所ノ人物トヲ察スルニ寧ロ此理ト相反スルモノアリ是ヲ以テ其施設外形ニ馳セテ内質ヲ忘レ虚名ヲ好テ実績ニ疎ナルヲ免レス是其或ハ一時世俗ノ喜ヲ買フニ足ルモ遂ニ識者ノ信頼ニ負《そむ》カサルヲ得サル所以ニ非スヤ生等故ニ以為《おも》ヘラク今ニ於テ断然情弊ヲ打破シ人物ヲ更迭シ以テ宜シク一意到底施設ノ完備ヲ計ルヘシ然ラスンハ又遂ニ拯済《しょうさい》ス可カラサルニ至ラント生等教官ニ承乏シ微力自ラ量ラスト雖モ一時ヲ苟偸《こうとう》スルコトヲ 屑《いさぎよし》トセス敢テ鄙裏《ひり》ヲ致シテ閣下ノ英断ヲ仰カンコトヲ欲シ此ニ現下ノ情弊ヲ指摘シ并セテ改善ノ方案ヲ開陳ス素ヨリ文辞ニ嫺《ナラ》ハス閣下淡懐ヲ以テ無禮ヲ尤《とが》ムルコトナクンハ幸甚

一　主義方針ニ関シ徒ニ其言ヲ誇大ニシテ時好ニ投合シ地方流俗ノ喜ヲ買フノ観アルコト

　故ニ総長以下宜シク其実行シ得可キ範囲ヲ測定シ着々トシテ其違算ナキコトヲ努ム可シ支那開拓ノ如キ無責任ノ言動ハ之ヲ慎ム可シ

二　事務ノ任ニ当ル者ニシテ大學ト何等ノ関係ナキ団體集会等ニ干與シ事務ヲ曠廃スルノ虞アルコト

　故ニ職務上支障アルニ拘ラス武徳会、美術工藝展覧会等ニ関係スルカ如キハ之ヲ不可トス

三　中央政府トノ聯絡ヲ欠キ意思疎通セス計画疎漫ニ流レテ信用ヲ失ヒ為メニ主張多クハ行ハレス施設常ニ挫折スルノ患アルコト

　故ニ総長、書記官、學長等ハ機ヲ誤ラス東京ニ出張シ京都帝国大学ノ利益ヲ計ル可ク又施設ヲ為スニ當テハ豫メ精確ノ方案ヲ立テ其主張ヲ強硬ニシ軽侮ヲ受クルコトナキヲ期ス可シ

四　内部ノ事務徒ニ形式ヲ尚ヒ繁文縟禮ニ流レ秘密ヲ要セサル事件ヲモ秘密ニシ事務渋滞ノ跡アルコト

　故ニ百事手続ヲ簡略シ且必要已ム可カラサルモノ、外文書ノ往復ヲ廃ス可ク又瑣末ノ事件ニ権限ノ有無ヲ争ヒ事務ヲ推譲スルノ弊ヲ矯《た》ム可ク又留学生選定等ノ如キ各分科大學ノ施設ト相関スル事件ハ之ヲ評議会ニ付シテ後先ヲ定ムルノ方針ヲ取ル可シ

五　総長小節ヲ顧ミス書記官ニ委任スルノ跡アルニ拘ラス書記官事務ノ材ナク補助ノ任ニ堪ヘス之カ為メニ統一ヲ缺キ事務散乱ノ弊アルコト

　故ニ書記官ハ速ニ之ヲ罷免シ更ニ適任者ヲ以テ之ニ充ツ可シ

六　圖書ノ整理ヲ後ニシ徒ニ虚名ヲ博スルカ為メニ心身ヲ労シ時間ト経費トヲ空費スルコト

　故ニ圖書館展覧会ヲ開キ又無用ノ寄贈ヲ受クルカ如キハ之ヲ廃止シ且適任ノ館長ヲ求メテ大学圖書館タルノ実ヲ挙ケシム可シ

七　運動会ノ入會ヲ強制シ分外ノ経費ヲ徴収スルニ拘ラス其経費ハ之ヲ少數者ノ遊戯ニ費消シテ観覧者ノ喝采ヲ買ヒ且優勝旗授與ノ如キ虚式ヲ以テ虚名ヲ博スルノ嫌アルコト

　故ニ運動會ハ全然之ヲ廃止スルカ若クハ其組織方法ヲ改メテ大学全體ノ運動會タルノ実ヲ挙ク可シ

八　現理工科大学長専横自ラ用ヰ同僚不平ノ声アルコト

　故ニ総長ハ宜シク之ニ対スル監督ノ實ヲ挙ク可シ

九　同大学長他ノ學校ニ長タルノ故ヲ以テ教授ノ実ナクシテ其職ヲ帯ヒ且學長タルハ不都合ナルコト

　故ニ速ニ其職務ヲシテ名実相伴ハシム可シ

十　従来教授職員ノ選任情実ニ流レ老朽無能ノ人物ヲ収容セルノ評アルコト
　故ニ将来ニ於テハ其選任ヲ慎ミ教授ノ選任及講師ノ嘱託ハ必ス各分科大學教授會ノ議決ヲ經可ク総長若クハ學長ニ於テ専決スルコトナキヲ期ス可シ

明治三十五年七月十四日

織田　萬
井上　密
仁保亀松
岡松参太郎
高根義人

木下廣次殿

（文書中のルビは筆者）

この『意見書』を見て、同じ大学に職を奉ずる同僚に対して、これほど完膚無く誹謗する文面が書かれたことに驚きをかくせない。筆者は、今まで京大内部の多くの文書を閲覧してきたが、このように一方的に相手を断罪する文書を見たのは初めてであった。しかも、さらに不可解なことは、これだけの弾劾を述べながら、要求項目は殆ど達成出来ておらず、数年後には弾劾の矛を納めて豹変し、自らが批判した運動会に参加したり、更迭を要求していた図書館長らの労をねぎらっている。以下、紙数の制限があるので、図書館長に対する批判のみを考察の対象とする。

四　適任の図書館長を捜せ

『意見書』の第六項で糾弾されている図書館長は島文次郎である。その批判の文面を要約すると、図書館長でありながら、図書の整理を真っ先に遂行せず、世間一般から喝采を受けることに汲々とし、時間と金を浪費している。次々に貴重書展覧会を開催し、一方で大学に不必要な図書の寄贈を多方面から受けているが、これらは大学にとって無益なものであるから、より適任の人物を館長に選び、京大図書館を正しい姿に再建せよ、というものである。

島館長は第二節で述べた『取扱手続』に続いて、この『意見書』でも批判されているのであるが、法科五教授が一九〇三年（明治三六）の暮れ頃の時点で、図書館に対して抱いていた感情は、左に掲げる "*Katalog der Fremdsprachigen Bücher in der Bibliothek der Juristischen Fakultät der Kaiserlichen Universität zu Kyoto*"（邦訳『京都帝国大学法科大学所属外国図書目録』、これは、日本最初の洋書の冊子目録である）の冒頭に置かれた岡松参太郎の序文に込められていると考えられる。

本大学法科大学ニ属スル図書ノ購入ハ明治三十二年ニ始リ明治三十六年会計年度（引用者注・本書は明治三十六年度内に出版されているので、「明治三十五年度」の誤り）ノ終ニ至リテ臨時費及経常費ヲ合セ凡ソ五万参千円ヲ費シ其数凡ソ壱万八千冊ニ上レリ是ヨリ先キ本大学附属図書館ハ一度此図書ノ整理ヲ行ヒ其分類ヲ為シタルコトアリシモ当時創立ノ際ニ属シ事務意ノ如クナラス昨明治三十五年ノ初ニハ整理分類ヲ終ラサルモノ書函ニ堆積シ到底一大整理ヲ為スヲ免レサルニ至レリ此ニ於テ法科大学ハ図書分館ヲ設立シテ特ニ外国書ノ保管整理ヲ為サシムルノ議ヲ決シ余ニ命シテ図書主任タラシメタリ余命ヲ承ケテ図書ノ整理ヲ為スト同時ニ其目録ヲ編纂セント欲シ乃チ昨年五月末ヲ以テ分類ニ着手シ七月末ヲ以テ之ヲ了ルヤ本大学附属図書館長文学士嶋文次郎君ハ直ニ館員ヲ指揮シテ牌紙目録ノ調製、分類箋ノ貼付、書籍ノ排列及目録原稿調製ニ従事シ励精刻苦九月央ニ至リ整理漸終リ目録原稿モ亦成ル爾来原稿ノ校正ヲ了ル毎ニ之ヲ印刷ニ附シ本年十二月本目録全ク成ヲ告ルニ至レリ（中略）本目録ノ編纂ニ當リ図書ノ分類及原稿ノ校正ハ余自ラ之ニ當レリト雖モ原稿ノ調製、印刷ノ校正其他編纂ニ係ル一切ノ事項ハ悉ク本大学附属図書館書記兼法科大学書記秋間玖磨君ノ担当セラレタル所ナリ本目録不完全ナリト雖モ我邦ニ於テ嚆矢ト云フヘキ図書目録ノ編纂成リタルハ全ク之ヲ君ノ功ニ帰セサルヲ得ス尚嶋図書館長ハ常ニ熱心ニ法科大学図書分館ノ設立整理及目録編纂ニ尽力セラレタリ此目録ヲ利用セラルヽノ諸士希クハ功ハ之ヲ両君ニ帰シ責ハ之ヲ余ニ問ハレンコトヲ

明治三十六年十二月二十八日

京都帝国大学法科大学図書分館ニ於テ誌ス

法科大学図書主任法学博士　岡松参太郎

さて、更迭しなければならぬ程に、島は京大図書館長に相応《ふさわ》しくない人物だったのであろうか。法科五教授としては、未だ邦人の在留者が皆無に近かった心細い欧州に留学して、心血を注いで法学・政治学の専門洋書を選択・発注・発送したにも拘わらず、帰国してみると、彼等の汗の結晶である専門洋書の整理が遅滞して、箱に詰め込まれたままの状態であった。

ここでは岡松は、あからさまに島を攻撃してはいないが、法科用洋書の整理の遅れを放置することが出来なかった旨を、抑えた表現の中で吐露している。しかし、この序文の日付けの一年六ヶ月前に、岡松達が総長に宛てた『意見書』において、島を更迭せよと厳しく批判した際の勢いは、全く影をひそめている。逆に島を始め、秋間司書など附属図書館員の労をねぎらいさえしているのである。

実は、岡松は、これより五年前の一八九八年（明治三一）七月七日付けでドイツのハレ市から総長に宛てた書

簡の中で次のように述べていた。

（前略）京都大学モ御尽力ニヨリ着々歩ヲ進メ候赴来年ヨリハ法科モ愈開始致サル可ク候哉私共ノ最モ心配致居候ハ図書館ニテ之ニシテ整備セサレバ授業ニモ差支可クト存候間此点ハ充分の御尽力奉仰候過日私旧友文学士島文二（ママ）郎京都大学ヨリ図書館設備ニ関スル取調ヲ命セラレ候赴ニテ之ニ関スル書ノ送致ヲ依頼シ来リ直ニ相当ナル書籍送付致置候私モ元来図書館好ニ候へは伯林滞在中モ之ニ関スルコトハ聊自ラ取調今春旅行中モ各地図書館視察致シ殊ニ維納ノ図書館（世界第三ニ位ス伯林ヨリハ遙ニ整備ス）及ミュンヘンノ有名ナル図書館（ミュンヘン、システムトテ今ハ一方ノ模範トナリヲルモノ）ハ最モ仔細ニ取調得ル所尠カラサル積リニ候若シ京都大学図書館設備ニ付キ外国図書館の参考ヲ要スル等の事モ有之候は丶何卒其命ヲ蒙リ度悦ンデ従事仕可ク候尚ホ先日の御書面中ニモ有之候か書籍買入の事は一時モ早ク運ヒ候様御尽力偏ニ奉願候我田引水の様ニは有之候へ共専問ニ関スル書は専問家ヲシテ買入シムルコト学校の為ニモ大ヰニ利益ト存候若シ予メ目録等ヲ要スルカ又ハ必要ト認ムル書籍申出ヲ要スル等の事有之候は丶早速取整へ可申出候（下略）(4)（かな表記は原文の通り）

右の岡松の総長宛て書簡から明らかになることは、岡松が島を旧友と呼んでいること、そして、島が図書館の設備に関する参考書の購入を岡松に依頼してきたこと、その依頼に対して直ちに応えたことである。岡松と島とはどの程度の友人関係であったのだろうか。

岡松と島の友人関係を推測すると、岡松が明治四年（一八七一）九月九日生まれ、島が同年一〇月六日生まれで、ひと月違いの同い歳である。同じ一八八七年（明治二〇）に東京尋常中学校を卒業し、同時に大学予備門に入学しているから、東大進学時に法科と文科に別れるまでは、二人は同級生であった可能性が高い。

また、岡松が自ら「私モ元来図書館好ニ候へハ……」と率直に自己紹介している部分を証明する事実が早稲田大学図書館報『ふみくら』第六三号（一九九九年一二月一五日）に掲載された同大学法学部浅古弘教授執筆の「岡松家旧蔵図書・文書資料について」と題する資料紹介記事に含まれている。

（前略）参太郎の書斎・書庫が、タイムカプセルの蓋を開けたときのように、そっくりそのまま残っていた観がある。留学時の領収書やオートバイのカタログから法案の起草原稿や政策立案の下書きまで、実に様々なものが残っている。（中略）参太郎は書庫を整理し、「書庫要録」を作製してくれており、今後の整理作業の助となる。

これは一九九九年に文京区目白台の岡松家の書庫が老朽化したために、解体することになった際、岡松参太郎及び父・甕谷の集書七、〇〇〇冊、引越し用段ボール箱二七八箱が早稲田大学図書館へ寄贈されたことを浅古教授が紹介する記事であるが、同教授が参太郎の図書整理の行き届いていたことから受けた感銘が伺えるのである。

岡松の「図書館好き」は、一九二一年（大正一〇）一二月一五日、彼が五一歳で夭折した後、法学部の雑誌『法学論叢』の追悼文の中で、佐々木惣一学部長は岡松の図書室との関わりについて次のように述べている。

（前略）図書整理ノ一事ノ如キ実ニ先生ノ勤労ニ頼ル今日我法学部ノ図書室ノ内外ノ典籍ヲ網羅シ設備斎整範ヲ学界ニ示スハ未タ先生カ能ク其ノ基ヲ成スニ依ラスンハアラス先生ノ業ヲ諸生ニ授クルヤ論旨精緻幽ヲ闡ニシテ微ヲ究メ纖毫ヲ遺サス其学風夙ニ一世ヲ風靡シ以テ今日ニ至レリ……（下略）(5)

前述のように、『京都帝国大学法科大学所属外国図書目録』の序文において、島や秋間など図書館員の勤務態度に対する好意的な評価と謝意を記していることから、少なくとも岡松自身は、本気で旧友・島を館長職から更迭しようなどと考えてはいなかったと思う。そうでなければ、法科教官の図書館ないし館長に対する態度の再三にわたる転換は余りにも急角度であるため、合理的な分析が困難となる。

五　大惣本の購入事情

筆者は、前節まで再三に亘って、法科五教授が島図書館長を批判し、その更迭を求めていた要因を、あれこれと推測してきたのであるが、その要因の中で大きな位置を占めるものとして、本稿「はじめに」の中で触れておいた通り、未だ設置されてもいない文科大学に役立てるために、法科大学の予算を借りて、江戸時代の貸本屋旧蔵書を大量に購入したことが挙げられるのではないか、という考えを捨て切れないのである。

附属図書館は一八九九年（明治三二）四月に、名古屋の大惣貸本店の旧蔵書を二、〇〇〇円にて購入するために、法科大学の予算から借用したことがあった。借金は返済されたけれども、当時、法科大学は図書館に対して相当厳しく返済を迫ったのである。このことは、前記『京都帝国大学史』の「図書館」編の執筆のためにとった速記録の中で次のように語られている。

（前略）

島・東京の本屋吉川だった。聯合で買ったのだね。（注・本屋吉川とは当時近江屋吉川半七書店、現在の吉川弘文館のこと）（中略）

島・何しろこっちは金がないでせう。法科の金を借った。法科の奴が何にすると云う訳で僕はすっかり責任を受けて、後でかえした。（中略）

島・弱った。あれだけ買っておいたら大したもの。何万円のものだ。

狩野・文学部の為の本が多いですからね。その時分には文学部は無いから法科の外の人が皆自分のことを考えるから、滅私奉公といふ訳にいかぬ。学者は滅私奉公といふ訳にいかぬ。

新村・実際、総合大学であっても、矢張り自分の文学部をもり立てやうといふ意気の方が盛んだから。（下

略）

図書館の開設当時、明治三二年度の歳出推算簿から図書購入費を抽出してみると、図書費二〇〇円、臨時部図書費一、四三二円、薪炭油類費からの流用七七九円、合計二、四一一円であった。臨時部図書費というのは、次の明治三三年度にも六〇〇円配当されており、開館当初の二年間だけ加給された臨時増額である。大惣本はこうした予算状況の中での二、〇〇〇円という価格であり、とても図書館の予算で購入出来るものではなかったのである。

このような貧弱な図書館予算に対して、同じ明治三二年度に開設された法科大学の図書費は明治三二年度から三五年度までの四年間で五三、〇〇〇円であったことが、第四節に引用した『京都帝国大学法科大学所属外国図書目録』の「序言」の冒頭で、岡松法科図書主任が述べていた通りである。法科大学の図書予算は図書館の一四倍以上の潤沢さであった。

「大惣本」は、近い将来に創設される筈の文科大学を念頭においたものであったのではないか、と考えられる。一九三五年（昭和一〇）に出版された『京都帝国大学文学部三十周年史』の八〜一〇頁において、「大惣本」と特定してはいないが、次のように述べられている。

文科大学の設置は京都帝国大学創立の当初より予定せられてゐたため、その開設に要する諸準備は早くより用意せられ、必要の諸事項はすでに木下総長によって企図せられ、また当時東京帝国大学文科大学の学長の職にあった外山正一氏にも謀って計画せられたものであった。なほ、明治三二年一二月、附属図書館の開設に際し、館長として、当時法科大学助教授の任にあり、後に文科大学の助教授となった島文次郎氏の補せられたことも、将来文科大学の創立に備へての事であり、同氏によって、文科大学開設以前すでに文科関係の図書が蒐集せられてゐた。

しかし、文科大学の創設と同時に、問題の「大惣本」は附属図書館から文科大学へ移管されることもなく、現在も図書館の書庫に所蔵されたままであるのは、前述の購入事情であり、法科大学の感情を逆撫でしたくないとの配慮があったからではないかと推測される。それは、「大惣本」の利用者が、現在に至るまで殆ど全て文学部関係者で占められているからである。

その上、身分上だけにしても、明治三二年から同三九年までの間は、便宜上、島は法科大学助教授に任命され、その資格を以て図書館長に補されていたことからも、法科大学側にしてみれば、少しは自身が所属する法科の図書室充実にも力を貸す事が、法科に対する礼儀であり、島の態度は、未来の文科大学図書室の充実に偏向し過ぎていると、余計に強く感じたのではないだろうか。一九〇六年（明治三九）四月に文科大学が開設され、その年の八月二四日付けを以て、島は文科大学助教授となり、その資格を以て図書館長に補されることに変更された。その四年後の明治四三年七月二五日付けを以て図書館長を免じられる。島は一九一二年（大正元）九月に第三高等学校教授、一九一八年（大正七）には三高教授を本官として京都帝国大学文科大学教授に兼任を命じられるというあまり例のない型の昇任人事を受けた。

おわりに

本稿は、京大の草創期に、初代総長と図書館及び法科大学が関係した確執が実際に存在した事実を明らかにし、その発生の理由と経過を考察することを目指すものであった。本稿第三節で述べた通り、法科大学の五教授の批判対象が、図書館長以外に、書記官と理工科大学学長にも向けられていたことが分かり、筆者は、それらをも総合的に検討しなければ、当時の京大で何が起こっていたのか、正確な状況が把握出来ないと考えた。しかし、本稿では、ひとまず総長・図書館・法科大学に焦点を絞って、当時の京大内の一定部分の状況を速記録などにより、出来るだけ詳細に描き出し、そこに生きた人々が味わった動揺・当惑・焦燥・妥協などに思いを致す材料を提供出来ておれば幸いに思う次第である。

法科五教授が『意見書』を提出した真意は何処にあったのか。それは、近代日本の黎明期から成長期に移る時期にあった当時、大学勤務者の職務に対する意識を始め、「帝国大学」の持つ権威の自覚、「四民平等」の実際など、大きく云えば思想・倫理観の転換が進行中である時期にあって、新設の京都帝国大学法科大学の若手エリート学者集団だけに特有の、何者をも恐れない潑剌とした、青年らしい進歩性と、一転して、自分達が最も大切にしている自らの存在理由である「帝国大学」の貴重な図書を、素性も知れない一般公衆に公開するなどという、当時の常識を超えた開明方針に対して、エリート学者集団なればこその自己保存の防衛本能を喚起させせられて、拒否的姿勢をとらざるを得なかったものと考える。それが当時のわが国の近代化の重要な象徴の一つとなっていた「帝国大学」の若手教授達をして、一見、支離滅裂とも無礼、非常識とも受けとられるような『取扱手続』の制定と、『意見書』提出の挙となったものではなかろうか、と考える。

因みに、岡松は、木下総長の逝去後、銅像建立に際して、全六四三名の醵金者中の第二位の金二〇〇円也を拠出した。当時の二〇〇円は、高級官吏の二ヶ月分の俸給であった[6]。法科では織田が三〇円、仁保と井上は一五円、文科では西田幾多郎、成瀬無極、羽田亨などは三円であった。岡松の二〇〇円醵金をどう考えるべきであろうか。

（1）　島文次郎は京大初代図書館長、秋間玖磨と笹岡民次郎は草創期の幹部司書。

（2）　「大惣本」の購入事情の詳細については、拙論「京大「大惣本」購入事情の考察」（大学図書館研究編集委員会編『大学図書館研究』第二四号、学術文献普及会、一九八四年、本論文は京都大学文学部国語学国文学研究室編『京都大学蔵大惣本稀書集成』別巻、臨川書店、一九九七年に転載）を参照されたい。

（3）京大図書館公開の挫折については、拙論『幻の市民公開計画』（国公私立大学図書館協力委員会編『大学図書館研究』第三七号、学術文献普及会、一九九一年三月、［編者は本稿「はじめに」中に引用の第二四号の編者が変更さる］）を参照されたい。

（4）「岡松参太郎書翰（木下広次宛）」［五二］『京都大学百年史・資料編二』京都大学後援会、二〇〇一年、一三四～一三七頁。

（5）京都法学会編『法学論叢』第七巻第二号、同会発行、一九二二年二月。

（6）高額第一位は二一〇円を拠出した南洋開拓経営者の愛久沢直哉。第二位の二〇〇円は他に満鉄副総裁の中村是公。

田中緑紅の土俗学――『奇習と土俗』と二つの旅行――

黒岩康博

はじめに

田中緑紅（俊次。一八九一年〈明治二四〉～一九六九年〈昭和四四〉）は京都の著名な郷土研究家だが、彼が編集した『奇習と土俗』という写真集については、どれほど知られているのだろうか。現在京都府立図書館で見ることのできるこのコロタイプ写真集は、四六判袋綴じ和装本で、黄色の表紙は歳月を経てくすんでいる。緑紅は堺町三条下ルの自宅に研究活動の拠点である郷土趣味社（以下趣味社と略）を置き、多彩な「事業」を展開していたが、その中で最も長期にわたったのは雑誌『郷土趣味』（一九一八年〈大正七〉一月～一二五年四月）の発行であった。

該誌と同じ頃、京都帝国大学教官の喜田貞吉を主筆として創刊された『民族と歴史』（一九一九年一月～一二三年一二月。一二三年一月より『社会史研究』と改題）は、綱領で「本誌は日本民族研究の趣味を喚起し、其の知識を普及せしめんが為に、特に通俗を旨とし、高遠なる学説の発表と共に、卑近なる報道を掲載するを避けず」と謳い、また同大学文学部出身の粟野秀穂が当初主幹を務めた『歴史と地理』（一九一七年一一月～三四年一一月）も、史蹟踏査会・講演会と併せて歴史知識・趣味の普及活動を行うなど、京都では帝大を中心として「学問の通俗化」という気運が高まっていた。(1) それに対し、「まったく趣味的な色彩が強かった」(2)『郷土趣味』を機関誌とする趣味社は、「諸国おもちゃ会」「絵馬研究会」で玩具や絵馬の実物・解説書を頒布して全国の趣味家と交流し、粗製濫造の進んだ宝船については自ら模範となるものを作製するなど、「趣味を主として学問を従として」(【27―編輯余録(3)】) という基本姿勢を、一貫して崩さなかった。

しかし意外なことに、そうした広範にわたるユニークな趣味社の事業に関しては、『絵馬鑑』(一九一七年～一九年) の刊行をはじめとする絵馬研究についての宮瀬温子の分析(4)があるくらいで、本誌の考察ともども全く手付かずである。本稿では、そうした状況を打破すべく、趣味社の事業の中から『奇習と土俗』という写真集を取り上げ、同集に多くの素材を提供することになった二つの旅行――東海道土俗研究旅行と奥羽土俗めぐり――を軸に、緑紅の「土俗」に対するアプローチ法を先ずは明らかにしたいと考えている。

辞書的定義によると、「土俗」とは「各地の風俗や言い伝え・伝説・方言などをさして、主として明治から大正時代にかけての人類学研究で使われた用語」で、一九一三年 (大正二) 五月に創刊された雑誌『民俗』(～一五年二月) 以降は余り使われなくなり、「民間伝承さらには民俗の語に次第に置き換わった」(5) という。確かに人類学・考古学者鳥居龍蔵の明治期の著作には、「浦山村の土俗」「苗族ノ土俗及ビ土司」(6) の如く、国の内外を問わず現地の風俗習慣を「土俗」と呼ぶものが見られるが、『郷土趣味』の時点に至っても、「民俗」は「記紀には表面に現はれて居らぬだけで事実は矢張り民俗間に広く行はれてゐたものに相違ない」(【54―2205】) と登場はするものの、その回数は全五六冊中決して多くなく、「土俗」「風俗」「風習」に取って代わった様子は見られない。そんな中、四六判和装の玻璃版「民俗」写真集が『奇習と土俗』と名付けられるのは、ごく自然なことであった。

『奇習と土俗』は、月一円の会費を三ヶ月分前納して趣味社の事業を支える特別会員に進呈された非売品で、一九二〇年（大正九）一二月に第一回の八図が頒布された。その頒布間隔は一定せず、『郷土趣味』誌上では第四七号（一九二三年一一月）の告知が最後であるが、同誌廃刊後も発行され続け、最終的には全八冊二二〇図に上った。その内訳は、第三冊までが各四〇図、第四～八冊が各二〇図であり、一冊完了するごとに黄色の表紙が送られ、製本は会員各自が行ったらしい。(7)各図の詳細な解説も各冊に付されているが、第五冊の解説に署名があることなどから、それらを緑紅によるものと見ても大過はなさそうである。

民俗学研究家の村上忠喜は、昭和戦前期に『京の面影』一五輯やその続編四輯において、写真を資料として町の景観や風俗を描写したことなどから、緑紅を「京都における庶民生活文化の解析に古写真を用いた先駆的存在」(8)と評価するが、『奇習と土俗』は、緑紅の関心が京都に収斂する以前の大正期に発行されており、その被写体は北海道・沖縄県・植民地を除く日本全国に及んでいる。緑紅が旅先で見、触れた「民俗」ならぬ「土俗」とはどのようなものだったのであろうか。以下見ていくことにしよう。

一　東海道土俗研究旅行

(一)「歩く計りでなく到る処で調査する」

既述の如く、『奇習と土俗』は一九二〇年（大正九）一二月、解説を付した八図がまず頒布された。「年四回発行し各種のものを充分撰択して天下の珍品として誇りたい」（【22―923】）という宣言の通り、翌二一年には八図×四回の三二図が発行され、全四〇図で第一冊が完成する。中には一八九四年（明治二七）に撮影された「京都祇園会放下鉾稚児の正装」(9)のように古いものもあるが、殆どが一九二〇・二一年に撮られた写真で、そのうち「本社原板」とある三枚は、緑紅らが三河方面に出掛けた第一三回研究旅行で得られたものである。研究旅行は、「各地方の遺蹟、遺物、風俗、習慣、伝説、歌謡、絵馬、おもちや、農民芸術等諸般の事項に就きて研究調査をなす」と規定される趣味社の事業「郷土史研究会」の一環で、主に近畿の祭礼見学を目的とし、二一年六月までの三年間で一六回行われた。この他第一冊には、第一一回研究旅行（一九二〇年一〇月二二日）で見学した鞍馬火祭の二枚も収められているが、これは一九三一年（昭和六）に刊行される大阪毎日新聞社京都支局編『京郊民家譜』（便利堂発行）で写真撮影を担当する森田蘆舟の手になるものである。

しかし、第一冊成立の最も大きな原動力となったのは、一九二〇年九月から二三年四月までという長期にわたり、八回に分けて催された「土俗考古歴史地理東海道研究旅行」（以下、最も多く使われた略称「東海道土俗研究旅行」を用いる）である。これは明石染人（後述）ら同好との間で以前から話題に上っていた東海道五十三次旅行に、「本社主催となり我が土俗学のため進んで」着手したもので、京都三条大橋を起点に、東京日本橋まで「本街道は必ず徒歩、但し全く見るべきものもない処は乗合馬車に乗る」「街道を中心として脇道で見るべきものはなるべく調査する。此時は乗物勝手」（【21―871】）という方針で行われた。第一回は京都から石山、第二回は石山から石部、のように前回進んだ地点までは汽車に乗ってその続きを歩くという方式で、第三回の水口（滋賀県）までは日帰りであった。緑紅はその開始にあたって、研究旅行の心構えを説いている（【21―871～872】）。

▲旅行と云ふても歩く計りでなく到る処で調査するので歩く計りが好きな人には此旅行はむかない、従つて足弱の人でも同行の出来るわけである。碑があれば拓本し、名物があれば試食しその商標をうけ判をとり、神社、仏閣の宝物、建築、歴史、云ひ伝へを調べ、各地の伝説、迷信、信仰、習慣をきゝ、特産品中吾々の趣味に合つたものは求め、適所を撮影し、例へ《（ママ）》予定地迄行けずともゆつくり進む心算である。

▲目的が研究にあるのであるからお互に普段から其道々の下調べをしておき、お互に研究し合つて行く。

▲そのため写真機はせいぜい持参されたい、

▲長途の旅行であるので毎回参会されなくとも、中途から来られてもかまはない。

一九二〇年（大正九）九月一九日、思い思いの恰好をした八名が三条大橋に集い、旅は始まった。

総勢が最多の一一名であった第二回（一九二〇年一〇月一七日）に参加した、松原東洞院で西陣織物・染呉服卸問屋を営む宮本儀助は、「東海道をなるべく詳しく写真に納める計画で当日も二十枚計り要所〳〵を撮影」（【22—920】）し、「近江国六地蔵是斉の店飾」「近江国草津野路玉川遺跡」「近江国瀬田浄光寺裸形仏」の三枚が『奇習と土俗』に収められている。

古の梅木今の六地蔵の和中散本家是斉の大きい店は東海道に於ける唯一の昔のまゝで表看版《（ママ）》の横には昔の時計があり伊吹のもぐさを製した大きい機械も白うなつてゐる、実に喜しい店飾りでこれも「奇習と土俗」に入る事にした（【22—920～921】）

研究旅行の服装が随意である中、瀬田橋上の一行写真（【22—921】）で少なくとも七名が和装であることや、カメラが計五台もあることから、旅行参加者には宮本のような京都市中の裕福な旦那衆が多かったのではないかと思われる。(10) 彼らは乗合馬車で土地の人から「四方の土俗談」を聞いて、弁慶桝形岩や義朝首洗いの水が沿道にあると知ると、「馬車まつたと待たしては降車して見て歩」（【23—973】）き、関（三重県）では「関の地蔵様へ参り宝物内陣拝観、お庭拝見恵蘇桜を見、文久年間の絵馬をもらつて一休禅師の下帯で名高い話をき、和尚と共に撮影して関の小万の墓に詣で名物せきのとを頬張る」（【23—974】）。二〇年一一月一三・一四日に催された第四回で伊勢亀山に到達するまでは、東海道土俗研究旅行はこの様にのんびりしたものであった。

（2）稲垣豆人と三河の性的神

第五回は翌一九二一年（大正一〇）五月五～八日にかけて三泊四日で催され、一行は尾張・三河へと入った。この四日間に撮られた写真のうち『奇習と土俗』に収められたのは、緑紅撮影の「名古屋熱田姥堂内陣」「尾張国熱田神宮境内楠様」「三河国矢作義経浄瑠璃姫木像」の三つに過ぎない。が、『奇習と土俗』の被写体を地域別に分類してみると、東海四県（三重・岐阜・愛知・静岡県）で五四図を数え、全二二〇図のほぼ四分の一を占めるのが分かる。その中でも、三河地方が二四図で五〇％弱に上るのだが、それは「三河国常磐村万松寺道祖神」「三河国一色諏訪神社大提灯祭」の二葉を提供した岡崎瓦斯《ガス》の支配人稲垣豆人（安郎）や、『岡崎朝報』記者や『新愛知』岡崎支局長を務めた松井菅甲（弘）という、岡崎の趣味社会員との濃密な交流が要因であった。前述の第一三回研究旅行（一九二一年三月六〜九日）に稲垣は同行、松井は宿に緑紅を訪ねており、今回の東海道土俗研究旅行でも、両人は岡崎市内の案内などを引き受けている。

稲垣は、「元来戒もなければ法もなし有象無象の我楽多を本尊とす故に趣味を他に求むるに不及金あるも金なきも居ながら我心を以て趣味の真諦と悟る一片の紙屑一塊の泥土も塵芥箱の芋の尻尾も路傍の犬糞も我等の趣味の眼を以て之を観れば何れも趣味ならざるなし」（【15—563】）との「宗旨」で三田平凡寺が開いた我楽他宗[11]の「札所」に、当初緑紅と共に名を連ねていた趣味人で、二一年六月に玩具と趣味品の店「みどりや」を開店する松井と、一九一八年（大正七）頃岡崎趣味会を創設している。同会はその後、石匠にして石造美術研究家の池上年、古銭・藩札研究家大藤《だいどう》紫軒（鎮太郎）らを加えて改組され（【17—664】）、緑紅が四二枚を出品した絵馬展覧会をはじめ、年賀状・古銭・刀剣・俳書画などの展覧会を催し、「この岡崎趣味会程、各種多様の趣味家を網羅してゐる会も少なからう」（【54—2230】）と緑紅を驚かせる程になっている。[12]

第二回研究旅行にあたる「祇園会臨地講話会」（一九一八年七月）に参加するなど、古くから趣味社と関係を持っていた稲垣は、第一二号（一九年五月）の「浄瑠璃姫の伝説」をはじめとし、雑纂・資料短篇を含めて全一三篇を『郷土趣味』へ寄せている。その中には、後に『奇習と土俗』に収められた幡豆郡一色村（現同郡一色町）の諏訪神社例祭である「日本一の大提灯祭」（【14】）、町中の男が総出で競う「浜松の凧揚」（【18】）、一三・四間

図1　三河国越戸磯神の奉納物(『奇習と土俗』その四)

の高さの名古屋城を模した仕掛花火が登場した「三河古村積神社の大煙火」(【22】)のように、何より規模の大きさを誇る祭礼や行事についての短報もあるが、より注目すべきは性的神[13]や性的神事に関する報告である。雑纂欄に掲載された「三河猿投山登山」はその最初のものであり、「無数の旗奉りあり又四五寸位の木製陰茎形山を成し奉納」(【14—524】)されている、陰茎形をした松の根＝磯神への信仰を紹介している。この報告の一年七ヶ月後、ここまで度々触れている第一三回研究旅行——稲垣が同行——が催され、猿投山の磯神を含む三河の性的神が、緑紅たちにより踏査されることになる。

岡崎とその近辺を巡った初日・二日目の概要は以下の通り。

　三月六日午前〇時三十五分京都発車五時十分三河岡崎下車、稲垣氏と共に常磐村万松寺の①道祖神を始め、岡崎より八里足助町へ自動車で馳り、庚申堂の②金勢様、十王堂の③マラ神様を調べ再び自動車に四里越戸へ行き畑中の④磯神様の信仰の厚いのに感心し一里挙母の町に沢屋に一泊七日は御船八柱神社境内の⑤リンガ〔註—男根。ここでは陽石のこと〕を見て道なき道を猿投山麓の松の根元の⑥磯神をしらべて挙母へ三里戻りガタ馬車にゆられ、岡崎魚文に泊り菅甲〔註—松井〕、豆人〔註—稲垣〕氏と話(【23—975】)

傍線と丸数字を付したものが性的神と考えられており、四日間で撮られた四五枚の内、①④⑤⑥の写真は『奇習と土俗』へと採用される(図1は④。以下全ての図版は京都府立図書館蔵『奇習と土俗』より)。

こうして愛知県における生殖器崇拝の実態は、稲垣による報告→緑紅らの実地調査・撮影→写真の『奇習と土俗』への収録、という経路

図2　尾張国久保一色　田県神社祭礼神輿（『奇習と土俗』その七）

で広く知らしめられる訳だが、そのうち現在最も著名なものが尾張田県神社（現小牧市田県町）例祭と、三河熱池《にいけ》（現西尾市熱池町）のテンテコ祭である。前者は「尾張国一色田県神社祭礼」という題で、『郷土趣味』第二三号（一九二一年四月）で報告された。旧暦の正月一五日に催される例祭では、「実に美事なる勇大極まる赤色のリンガーが且も毛迄も大胆に書きある」（【23―937】）幟を先頭に、武士の風体をした藁人形が馬乗りになっている、長さ二尺三寸周囲二尺ばかりの木製丹塗りリンガを神体とする神輿（図2）や、数十人の若衆が「ワイショワイショ」の掛け声で担ぐ榊などの続く行列が、神明社（熊野神社と一年交替）から田県神社へと渡るのである。参道の両側には露店が十数軒出て、近郷より参詣人・見物人が詰め掛けるが、そこには「普段人知れず下の病気に苦む人子無き婦人の授子を祈願する」（【23―936】）姿が見られるという。

行列は二時間ほどかけて三丁の道を進み、田県神社の社前に達すると榊がおもむろに横たえられ、枝に結び付けてある神符の奪い合いが始まる。この祭礼は元来田畑の作物豊穣を祈願するものであると稲垣は言うが、この争奪戦が終了すると、神楽ほかの主要な祭事が残っているにもかかわらず、人々は九分通り帰ってしまう。稲垣が男根の幟に「能くもこゝ迄古来の風習が遺憾なく保存せらると感服」（【23―937】）した祭礼を、緑紅は翌々二三年三月二日に見学し、その際撮影された写真が『奇習と土俗』へ収められる[14]。

後者テンテコ祭の稲垣報告「三河熱池のテンテコ祭」は第三〇号（一九二二年〈大正一一〉五月）に掲載された。

同号は「性的神号」と題され、「一番早くから性的神や性の風習に手をそめてゐます本誌」(【30―1352】)という自負のもと、中山太郎「御幣合せの神事」、鎮目桃泉「性的神としての役の行者」、緑紅「大津精大明神」・「性的神行脚」など生殖器崇拝に関わる研究・報告のみで一冊が構成されている。岡崎趣味会々員に配付した文章の草稿であると緑紅が末尾に注記する稲垣の報告は、「大根で男根の形を作りそれをお尻の上にくゝり尻を振つて踊る祭があると云へば驚く方もあるであらう、それが数百年来の昔より伝はつて数年前風俗上差止められたが古来の風習であるからと云ふので再び行はれる事になつた」(【30―1334】)という一文で始まっている。

図3　三河国一色テンテコ祭(『奇習と土俗』その三)

この祭も二丁ほど離れた八幡宮まで行列をなすのだが、水色の衣冠束帯を着けた神官が先頭、厄年に当たる男子三人が赤い着物を着て頰冠りをし、「唄子」と呼ばれる踊り手となる。一番目の唄子は締太鼓、二番目は飯櫃を持ち、三番目は笹葉付の竹に鱠《なます》入りの手桶と酒樽をくくり付けて担ぎ、稲穂やら骨だけの鯔《いな》(ボラの幼魚)やらも竹から釣り下げて歩く(図3)。八幡宮の鳥居まで来ると、神官が修祓の式を行い、次いで締太鼓の拍子に合わせて唄子が腰を前後に振り始める。彼らが拝殿の前を三周半回った後、行列で唄子の後ろにいた三人の箒持ちが灰を撒き散らし、大根の男根は拝殿の柱に結び付けられ、一同が田植え歌を歌って祭は締め括られる。緑紅は田県神社例祭と同じ一九二三年の二月一八日に熱池を訪れ、『奇習と土俗』には「三河国一色テンテコ祭」と題する四葉が収められた。

（3）日本橋まで

話を東海道土俗研究旅行に戻そう。第五回（一九二一年〈大正一〇〉五月五〜八日）は、岡崎以外では名古屋で岡本天仁に名古屋祭（東照宮祭）の絵巻物を見せて貰い、桶狭間古戦場を過ぎ、八橋・知立へと向かう際には「豆人君の当（同）道で万事便宜」（【24—1022】）を与えられた。この訪問の時ではないが、岡本からは「名古屋東照宮祭橋弁慶車」（一九一一年〈明治四四〉頃撮影）「名古屋市桜天神社の天満書」（一九二〇年〈大正九〉四月撮影）の寄贈を受け、これらは『奇習と土俗』に収められている。夏場に執り行われた第六回（一九二一年八月六〜一〇日）は、厳しい残暑のせいもあって、岡崎から静岡県興津までの行程の大半を馬車で進んでいる。本宿村の法蔵寺では徳川家康にまつわる寺宝を観覧し、赤坂町では名古屋新聞豊橋支局の丸地古城に迎えられ、小坂井《こざかい》村の菟足《うたり》神社へ同道、神宝である鬼の面を拝観・撮影した（奇「三河国小坂井菟足神社神宝の古面」）。また後に同村大字伊奈で発見された銅鐸の記事[15]を書くこととなる丸地は、菟足神社の祭礼の写真を緑紅に寄贈している（奇「三河国小坂井村菟足神社の祭礼奉納の煙火と笹踊」）。豊橋の市立図書館では地元趣味家一同の歓迎を受け、正林寺では「金沢氏が亡妻追福のために建設したリンガ形の墓標」（【26—1125】）を撮影（奇「三河国豊橋市正林寺墓地金沢氏墓標」）し、静岡県の白須賀《しらすか》町で初めて太平洋を目にする。丸子宿のとろろ汁屋は素通りするも、安倍川餅を食することは忘れない。

第七回（一九二一年一一月三〜六日）は興津から相州国府津までで、緑紅・東山塔山・宮部桜儛といういつものメンバーに、静岡の澤田例外（薫）が興津から、東京の佐藤太郎が駿州吉原より加わった。澤田は池田亀太郎の「出歯亀」事件を担当した弁護士で、一八世紀後半に刊行された『末摘花』の続編をまとめるなど川柳への造詣も深く、緑紅・稲垣豆人と共に初期の我楽他宗会員に名を列ねていた趣味人である。[16]彼らは由比宿の正雪紺屋を訪れ、吉原で一泊した後、「草葺きの古雅な家並みが続いてカメラ党を喜ばし」（【28—1226】）た元吉原を過ぎ、田子の浦、沼津、三島（泊）、箱根（泊）を経て国府津まで常に富士山を伴侶として進んだ。しかし、小田原のういろう屋をカメラに収めなどするものの、尾張・三河に比べて遠江・駿河・相模の写真は『奇習と土俗』には少なく、この時は佐藤撮影の二枚のみである（(奇)「駿河国富士郡高島在道祖神」「駿河国一本松附近　道祖神」）。

最終第八回は緑紅の同行者の都合などにより延期が重なり、一九二三年（大正一二）四月一五～一七日にようやく実施される。この国府津～日本橋間は、最初は男女両神並立の道祖神（(奇)「相模国国府津在道祖神」）に遭遇して「変つた見付けものに一行ほく〳〵喜こぶ」（【41―1731】）という上々の滑り出しであったが、大磯に入った辺りから第六回以降の報告を担当した宮部桜僊の語気は荒く、「街の中に少さく残つている古趾には何の感興もおこらず」「曾我物語に有名な庵も今は平凡化して何の趣もない」（【同】）と切って捨て始める。その後も平塚の一〇丁に及ぶ直線の町筋にうんざりし、保土ヶ谷から神奈川宿までは新しい家ばかりで見るべきものがないと汽車に乗り、亀の背に乗った五輪塔（(奇)「武蔵国神奈川在　浦島塚」）をカメラに収めつつも、自動車の巻き上げる砂塵を嫌悪しながら東海道を進んで行く。そして最終日は、大森まで迎えに来た佐藤太郎の案内により、「兎に角見るべきもの」（【41―1734】）である鈴ヶ森八幡の烏石（(奇)「武蔵国大森八幡神社　烏石」佐藤撮影）を見、泉岳寺に参詣した後日本橋に到着、記念撮影をして解散した。

こうして、途中一年半ほどの中断を挟みながら、二年半にわたる東海道土俗研究旅行は終わりを告げた。緑紅一行は、最初に掲げた旅の心得通り、神社仏閣の宝物から名物特産品までを貪欲に見て、味わった。その内最も濃密な踏査となったのが東海地方、就中稲垣豆人らとの『郷土趣味』を舞台とした交流が以前から存在した尾張・三河地域で、先に挙げたように、一行が両地域を通過した後も、『奇習と土俗』へ収録される性的神・信仰にまつわる写真が生まれた。また自ら撮影したものばかりでなく、訪問した各地の趣味家から写真の寄贈を受けたことは、何よりカメラと写真文化の広範な普及を示している。

右の旅程に絡むことはなかったが、東海四県の写真提供者には、他に住広造と服部孝太郎の二人がいる。「飛驒国白川村　四階建農家」や「飛驒国古川、古川祭起し太鼓」を寄贈した住は飛驒高山の郷土研究者で、住が収集した郷土資料は現在高山市郷土館が所蔵しており、伊賀上野天神祭の写真を寄せた服部は同地の地方研究家で、一九一〇年（明治四三）の伊賀史談会創設に携わった人物である。(17) 彼らは『郷土趣味』へ一篇の論文・報告をも寄せることはなかったが、『奇習と土俗』に写真を寄贈することで、細々とではあるが緑紅と確実に繋がっていたと言えよう。

二　奥羽土俗めぐり

(一)撮影担当――矢野豊次郎

東海道土俗研究旅行が残すところあと一回となった際、緑紅は「東京へ着いた上改め《(マヽ)》東北迄足を延したいとも考へます。東北地方は以前からあこがれの地で何か調べて来たひと考へます」（【33―後記】）と述べている。『郷土趣味』第二〇号（一九二〇年〈大正九〉九月）には、緑紅に民俗学の手ほどきをしたという染織工芸史家明石染人の福島県視察旅行見聞記が掲載されているが、その冒頭部分では次のような明石の「東北観」が開陳されている。

奥羽地方、北越後は何と云つても未開である、比較的汚されない土俗的風俗が儼存してゐる地方である。この方面は故人、先覚の調査二三はあるがそれでも突込むだもの、研究的なもの、秩序だつたものは皆無と云つてい丶。此れは他日誰か丶完成されなければならぬものだと思つてゐる此地方が現状から脱して文明に接触すればばする程、其他の地方に見る如き表面的文化に魅せられてしまふ、今にして記録して置かねば百年臍を噬むの憾はのこるに違ひない。何と云つてもこの地方は日本の辺境である、土俗的には尊重す可き旧慣墨

守の地方である（【20―801】）

ここまで妙に肩に力の入った義務感は見られないが、緑紅も「土俗界の宝庫とも云ふべき地方」（【36―1551】）のように、明石と似た言葉で「東北」を表現している。(18)

憧憬の情もだし難い緑紅は、一九二二年（大正一一）九月二三日夜京都発～会津若松～米沢～酒田～秋田～弘前～八戸～花巻～松島～一〇月八日夜京都着という旅程で、東北一周旅行＝奥羽土俗めぐりを実施する。途中男鹿半島、盛岡、遠野、仙台などには寄ることが出来ず、『郷土趣味』第三六号（一九二二年一二月）の特集「奥羽土俗めぐり」では実見したもののみをレポートするつもりであったが、周囲の声に従い、書物でのみ知るだけの場所も参考用に挿入したという。同行者については、東海道土俗研究旅行と異なり、矢野豊次郎、東山塔山（秋田まで）、澤田例外（秋田から）の三名に固定された。

矢野豊次郎は、近世より絵図師をつとめる矢野家の四代目長兵衛の子として生まれて家業を継承、その一方で若い頃から写真に興味を持ち、京都の写真家黒川翠山に写真技術を学んだという。(19) 矢野は東海道土俗研究旅行の第六回（岡崎～興津）にも写真機を持って参加していたが、今回はただ一人の撮影専従者として同行した。『奇習と土俗』全二二〇枚のうち、明確に矢野の蔵板・寄贈と解説に記されているものが四二枚あり、さらに京都府立総合資料館の「矢野家写真資料」という画像データベースを見ると、『奇習と土俗』の解説で趣味社の蔵板となっている「山城国梅ヶ畑の女」と同じ写真があることから、趣味社所蔵であっても撮影自体は矢野が行った、というものがいくつか存在するようである。(20)

「或は土俗の記事以外の数々もあらうと思ひます」（【36―1552】）と紀行の冒頭に記してはいるものの、中心はやはり生殖器崇拝をはじめとするその土地の風俗であった。先ず会津若松までの旅程を追ってみよう。九月二三日夜、大勢の会員知友に京都駅で見送られて出発した緑紅一行は、二五日午前三時に白河駅に到着する。郡山から乗ってきた北海道帰りの越中人が「何を話してゐるのかわかり兼ね」（【36―1553】）、この旅行において最後まで問題となる言葉の壁が早くも立ち塞がる。若松に着くと先ず飯盛山へ向かい、途中蚕養国《こがいくに》神社へ寄る。厳島型の鳥居に、なだらかな勾配の本殿藁葺き屋根が特徴的な同社では、男女神が向かい合う御影などが売られており、『奇習と土俗』には神社蔵板の絵葉書風本殿写真が収められている。飯盛山へは麓で茶屋を営む男の案内を受けて登り、栄螺《さざえ》堂脇にある宇賀神堂の「まづい作の白虎隊勇士の木像」（【36―1555】）を見る。下山して栃木県那須にある殺生石の破片を神体とする石子稲荷、一向に好きなもののない物産陳列所を過ぎ、石鉢稲荷へ(奇)「岩代国若松市　石鉢稲荷神社」）。同社では祈願成就御礼にスリコギとスリバチを奉納するのだが、そのスリコギはリンガ型をしているという。近辺の女性に事情を尋ねるも、方言での返答が聞き取れず断念。その後は張り子の玩具を求め歩き、会津雛を何とか購入して二本松へ向かう。二本松では、人力車で安達ヶ原の鬼婆を埋めたという黒塚と、鬼婆が胎児を喰う時に使った出刃包丁や鍋など「あやしげなる宝物」（【36―1558】）を擁する観世寺《がんぜん》を訪ね、そのまま二本松に一泊。初日から盛り沢山であった。

(2)温泉と物産陳列場

九月二六日朝福島へ向かい、同駅前から自動車で信夫《しのぶ》文知《もち》摺《ずり》石を見に行く。その凹凸を利用して草の汁などで乱れ模様を染めたと言われる石で、源融と虎女の石にまつわるロマンス――女が恋しさのあまり石を鏡のように磨き上げると男の面影が映るようになった――が今も存在するが、緑紅は「見た丈では何の興も起らぬ平凡な岩」（【36―1559】）と断ずる。拙い彫刻とこれまた断言される巌谷観音の磨崖仏を過ぎ、黒沼神社、物産陳列場を廻って福島市・県を出る。途中板谷駅（山形県）で、子宝の湯として名高い五色温泉と新五色温泉の客引き合戦を見物し、「子をもらふ事に就ては可成露骨な迷信があるそうで、夫婦者や女客が多いそうである」（【36―1561】）

という情報を土産に、緑紅一行は米沢へと入る。駅近くの常信庵では梅唇尼（源義経に仕えた佐藤継信・忠信兄弟の母とされる）のミイラを拝み、赤湯で旅行中はじめての温泉に浸かる。

九月二七日、「感じのよい町」（【36―1562】）山形では、駅前でモンペ姿の果物（スモモ・葡萄）売に遭遇、矢野がシャッターを切っている（奇「山形駅前果物売の女達」）。物産陳列場が休みの山形市を正午前に出発、天童を経て新庄へたどり着き、ここから陸羽西線で庄内地方へ。出羽三山を横目で見ながら余目《あまるめ》で鶴岡方面に乗り換え、当時終点であった三瀬《さんぜ》で下車、自動車で温海《あつみ》温泉に向かう。橘南谿の『東遊記』（寛政七年〈一七九五〉～九年）を頼りに、「此附近には性的神崇拝頗る盛んであると云ふので亡くならぬ内に調査をしておこうと思つて」（【36―1564】）やって来たものの、三人が目を凝らしても街道筋にはそれらしきものは見当らず、該所一の物知りである餅屋の老人より「そう云つたものは三十年前にすつかりお上がやかましくなつて取はらはれましたよ」（【36―1565】）と聞かされてしまう。矢野はかすかにその名残を留めている碑――庚申（猿田彦）はしばしば道祖神と習合する――をカメラに収めるしかなかった（奇「羽後国温海村　庚申」図4）。目的物を失った一行は二八日早々に出立、鶴岡人形を地元で捜すも見当たらず、物産陳列場で販売されている板獅子は状態が悪い、といったように、郷土玩具入手でも不調が続いたまま酒田へ向かうのであった。

図4　羽後国温海村　庚申（『奇習と土俗』その三）

九月二九日は酒田から秋田まで。酒田では物産陳列場で猫の縫いぐるみを買って復讐し、曹洞宗持地院にある日清日露戦没者供養の露天仏を(21)

見る。「本間様には及びもないがせめてなりたや殿様に」と唄われる日本一の大地主本間家の威勢をひしひしと感じながら、本荘を通り、秋田市へ。翌三〇日は秋田市周辺を巡る。秋田藩祖佐竹義宣に飛脚として仕えたという狐の与次郎を祀った与次郎稲荷（千秋公園内）でお札を買い求め、八橋《やばせ》の普門寺に四・五年前迄あったといわれる「金勢大明神の大きいリンガ石」（【36—1572】）の存在は知らずに通り過ぎ、特産品の八橋人形を商店から譲り受ける。

戻った宿では帰洛する東山塔山と到着した澤田例外が入れ替わり、一〇月一日も午前は秋田市に滞在。秋田魁新聞主筆安藤和風を訪ねて、幕府右筆にして考証学者であった屋代弘賢が各藩儒者に出した風俗調査依頼への回答の一つである『秋田風俗問状答』の写本を借用するが、これは後に『郷土趣味』第五二号（一九二四年〈大正一三〉五月）に全文翻刻されることとなる。また安藤からは小正月の道祖神祭で用いられる「ホタキ棒」を贈られるが、これは祭当日に男児が通行する女性の尻を打つための道具で、「嫁の尻たゝきと同じ事でホタキ棒は陰部をたゝく棒と云ふ事である、それが男根型をくづした様な姿となり男ノ子を生めよとて祝ひ打つ」（【36—1574】）ものであった。安藤の紹介で、午後は陰陽石がある境の唐松神社（現大仙市協和境）を訪問し、物部守屋の子孫という神職の物部長元に種々話を聞く。翌二日も在秋田市。一行はまた安藤の紹介を受けて秋田の信仰についての聞き取りを行い、矢野はT字路や三叉路に魔除けとして建てられる、沖縄・九州南部に多い石標「石敢当」を撮影している（㊅「秋田市中に在る石敢当」）。

(3)性的神、平泉、松島

一〇月三日、八郎潟を北に見て男鹿半島の船川港へ向かう。日本海へ小舟で漕ぎ出すと半島の豪壮な風景が楽しめるのだが、海が荒れているため断念し、一路青森県弘前へ。明るいうちに弘前城を訪れ、夜に市街で絵葉書と人形笛・首人形・コマなどの郷土玩具を買い求める。翌四日は青森市を経て八戸、五戸まで行く。五戸ではアイヌの崇拝していた性的神で、当時も根強い信仰があった農家の裏の石神「金勢様」と、遊廓近くの小山の中にあって場所柄女性の祈願者が多く、陽物形の奉納物もある「金勢様」を見る。宿をとった八戸では例の如く夜の街を歩いた。五日は八戸から岩手県花巻まで。八戸を出てすぐの沢里村で、本社脇の大木の空洞に大小の木製リンガが転がっている、神道実行教の白山講社を知る。土地の人の話では「昔から性的神としてお詣りもし奉納物も多かつた」(【36―1585】)という。なお五戸とここでは、リンガの奉納物を持ち帰っている。続いて訪れた南部

図5　陸奥国八戸在　櫛引八幡宮　おひねり(『奇習と土俗』その六)

一宮櫛引八幡宮(現八戸市八幡)で祭礼に遭遇し、露店で賑わう中郷土玩具の八幡駒を購入、紙の沈む速度で願い事の成否を占う「おひねり」の様子を写真にとらえている((奇)「陸奥国八戸在　櫛引八幡宮　おひねり」図5)。この後は、「自然石の大きい金勢大明神で名高い」(【36―1587】)巻堀《まきぼり》神社と盛岡を素通りし、花巻の台温泉で一泊。

六日は花巻から平泉へ。郷土玩具の花巻人形を買った後は平泉へ行き、下車して中尊寺へと人力車で走る。途中高館の義経堂へと登り、甲冑を着た高さ五六尺に及ぶ義経木像を拝観したが、この木像の絵葉書風写真(中尊寺願成就院蔵板)が『奇習と土俗』には収められている。そして弁慶墓を経て中尊寺に至り、等身大の弁慶木像、薬師堂の烏天狗頭蓋骨、弁財天堂の本尊及び十五童子像や経蔵・金色堂を見て回ったが、宝物館の木像一字金輪坐像は、緑紅をして「まるで生きた人の様で如何にも温みのありそうな仏像である、此度の旅行中一番気

に入つた仏像はこれ一つ」（【36―1591】）と言わしめた。その後毛越寺《もうつう》を経、「一度は見て置くべき処」（【36―1591～1592】）平泉を後にして、一行は宮城県松島へと向かう。

　七日は松島から始まる。本堂は「東北地方には稀に見る立派な建築である」（【36―1593】）と緑紅が称賛する瑞巌寺へ詣ると案内人が付き、そのまま観瀾亭へと連れられる。雄島へと渡ったものの、傘を差せない程の暴風雨のため引き返し、塩竈行きの蒸気船に乗って海から松島を見ることに計画を変更する。塩竈では、民に製塩を伝えた塩土老翁《しおつちのおじ》神が使用したと伝えられる御神釜四口が安置されている御釜神社（塩竈神社境外末社）へ行き、「二十年計りも前は垣などもなく人の歩むまゝになつてゐたそうな《（ママ）》が今は写真の撮影も許されない、神官は写真は娯楽品だから準神様扱ひのこの鉄竈を撮つてはいけないと云つてゐる」（【36―1594】）現状を知る。次の塩竈神社では、「当社の神輿は特によく荒れ柳田氏〔註―国男〕は神慮によつてと解せられ、日下部氏〔註―四郎太。東北帝国大学物理学教授〕は信仰物理より解決をつけられてゐるが当時者《（ママ）》の貴下のお考へは？」など不審の数々を宮司に質問するも、「柳田氏日下部氏共にどんな説か知らない、が実に不思議な事は此祭礼には往々にある」（【36―1595】）との返答をはじめ、何一つ満足な回答は得られなかった。[22] この後仙台へ向かうも、矢野が帰洛を急ぐことや天候不良、加えて緑紅に疲労の色が濃かったこともあって下車せず、東京上野へ直行する。翌八日早朝上野駅到着、静岡で澤田と別れ、夜には京都へ帰り着いた。

　以上が約二週間にわたる東北一周旅行の内容であるが、盛岡や仙台といった都市を素通りするのに対し、温海温泉のように性的神の存在を聞きつけた場合には、下車・探索の労を惜しまない姿勢は、東海道土俗研究旅行と同様である。それに加えて、奥羽土俗めぐりで目立ったのは、各地の物産陳列場を盛んに訪れていることである。休館や陳列品の拙さに幾度か落胆させられながらも、緑紅は粘り強く郷土玩具を蒐集していく。こうした姿勢から、「宝庫」や「あこがれ」といった言葉が、玩具に対しても向けられたものであることは明らかである。そして帰洛より約一ヶ月後の一九二二年（大正一一）一一月四・五日には、「奥羽土俗めぐり記念展覧会」が行われた。旅行中は毎夜宿に着くとすぐ荷造りに取り掛かり、また店に直接送らせるなどして集めた物品の総点数は七〇〇余点で、そのうち矢野撮影の土俗写真、絵葉書、お札類、小絵馬、玩具、観覧券、性的神奉納物など五六〇余点を趣味社（緑紅自宅）で陳列したのである。

此日の来会者は数に於て驚くべきものではないが皆々好者の事として長時間詳細に観覧せられ、秋田よりとりよせし秋田名産とうもろこしの菓子を試食し、特に求めし仙北オバコ節、秋田音頭、塩竃甚句仙台オイトコソーダヨ、サンザ時雨の蓄音機音譜をかけて奥州気分を溢し次々と同行の三氏により説明ありて両日共多大の満足を得て終了した（【36―1599】）

おわりに

以上のように、緑紅が趣味社を土台に行った二つの大規模な旅行、東海道土俗研究旅行と奥羽土俗めぐりの旅程を詳細に検討することにより、旅の中でいかなる「土俗」が注目され、その中から何が『奇習と土俗』へ選び取られているのかが明らかとなった。『奇習と土俗』に収められていないものも含めて最も熱心に調査されたのが、再三指摘しているように性的神・信仰である。これら「性」に関する研究は、『郷土趣味』第一九号（一九二〇年〈大正九〉八月）の編輯余録に「吾々土俗の方面から見た性の問題は可成古くから研究し続々発表せられてゐる事は御承知の通りで益々研究して行きたいと思つてゐる」とあるように、出口米吉「日本に於ける生殖器崇拝」（第九～一五号、一九一八年一二月～一九年一〇月）を大きな契機として、『郷土趣味』誌上に非常に活発に発表された。

先述した第三〇号（一九二一年五月）の「性的神号」がそのピークであったが、こうした傾向の根底には、「世の中は追々に変化して来て一時労働問題で騒いて《ママ》ゐて出来る本も多くこの方面計りであつたが近時大分にそれも厭が来て性慾問題が盛んになつて来た」（【19―編輯余録】）という社会の思想状況への縁紅の認識があった。確かに、中村古峡主筆『変態心理』（一九一七年一〇月創刊）、北野博美主筆『性之研究』（一九一九年一二月創刊）、澤田順次郎主宰『性』（一九二〇年一月創刊）といった雑誌の趣味社への寄贈は盛んで、「性民俗学」は「雑誌ジャーナリズムの一部に場所を占め[23]」るようになっていたのである。会員からは「本誌が余り他の人々に研究されない性の問題を熱心に掲載し研究発表するのでちと片してゐて以前の絵馬やおもちや等の記事の減した事を批難」（【19―同】）する声も聞こえていたが、奥羽土俗めぐりの記録を見ても明らかなように、性も玩具も「土俗」には欠かすことの出来ない要素であった。

柳田国男はこうした「土俗」の探究に対し、戦後次のような評価を下している。

> むかしフォクロアを土俗学などと謂はうとした時代には、仲間に必ず何人かの道楽者があつて、よく旅行し又会にもよく出て来て、一ばん熱心に採集の話をして居た。集古会といふ団体などは、永い間さういふ連中が牛耳を執り、私たちのやうに自分は持ち物が少しも無い癖に、ただ見物して興味を感じ、起原を考へたり分布を調べようとしたりする者を、「おえら方」などと呼んで軽蔑した。土俗玩具といふ妙な名を流行させたものも、旅と伝説といふ雑誌に何回か玩具特輯号を出させたりしたのも彼等の力だつた。[24]

土居浩によると、柳田にとって土俗学とは単に時系列で民俗学に先行するものというだけではなく、「自文化研究」である民俗学とは立場の違う「異文化研究」という位置付けであったという。[25]確かに旅行における縁紅一行の「土俗」に対するまなざしには、各地の祭礼や信仰の「起原を考へたり分布を調べようとしたりする」姿勢は強くなかったし、「奇習」という言葉そのものにも、異文化に対する興味本位の視線を感じる。また『奇習と土俗』に収められた写真についても、撮影者が矢野や森田蘆舟という少数の写真師を除いて皆アマチュアだったこともあり、神事を中断してカメラの方に視線を向けさせているようなものもまま見られ、民間信仰のありさまをアクティヴに捉えたとは言い難い部分もある。

しかしこうした点は、調査者・撮影者の「被写体の民俗性への認識」が「未だ確固たるものではなかった」[26]という発展段階の問題ではなく、緑紅らの拠って立つ知的基盤に由来するものと思われる。先述の土居は、一九三二年（昭和七）に『土俗雑誌 怒佐布玖呂』を刊行した京都の民俗系研究サークルである土俗同好会に注目し、同会にとっての土俗学は「アカデミックな「民俗学」が成立する以前の形態」であり、「学問が「進歩」し「組織」化される只中で、そこで消えてしまうなにものかを掬い上げるための、自らの立場を示す語彙[27]」であったとし、理論の重要性は理解しながらもアンチ・アカデミズムを通したその姿勢を強調する。

しかし趣味社・緑紅にとっての土俗学とは、強いて言えば、「民族文化ノ抽象的研究即チ理論学」である民族学の隣接科学として、「民族文化ノ具体的研究即チ資料学」と定義されるもの[28]に近い。それは未熟で民俗学になりきれていないもの、「エスノロジーもフォークロアも一緒くたにしたような曖昧な[29]」学問ではなく、矛盾に聞こえるかもしれないが、理論化・学問化すること自体によって失われるものを保存する、好事家的知だったのである。「学術的の創見は往々研究を目的とするものよりは趣味を生命とする側の不用意の好奇的探尋に生ずる場合がある[30]」とは、今趣味社を振り返っても言えることであろう。

（1）若井敏明「皇国史観と郷土史研究」『ヒストリア』第一七八号、二〇〇二年一月、一二〇～一二一頁。
（2）柴田実「京都府」『日本民俗学大系』第一一巻、平凡社、一九五八年、一八八頁。
（3）以下本稿で出典が『郷土趣味』の場合は、【号（―頁または欄）】のように表記する。頁数は岩崎美術社による復刻版（一九八四年）のものを用いる。
（4）宮瀬温子「研究ノート　田中緑紅と郷土趣味社の活動―『絵馬鑑』『小絵馬集』『郷土趣味』の分析から―」『愛

媛県歴史文化博物館研究紀要』第九号、二〇〇四年三月。

（5）福田アジオ・新谷尚紀・湯川洋司・神田より子・中込睦子・渡邊欣雄編『日本民俗大辞典』下、吉川弘文館、二〇〇〇年、二一九〜二二〇頁。執筆者は湯川。

（6）前者は阿部正功・大野延太郎・鳥居「秩父地方に於ける人類学的旅行」（『東京人類学雑誌』第一〇巻第一一〇号、一八九五年〈明治二八〉五月）、後者は東京帝国大学編『苗族調査報告』（同、一九〇七年）の中で、それぞれ一項目・一章をなす。共に文章は鳥居による。

（7）京都府立図書館蔵の『奇習と土俗』の奥付を見ると、第一冊が一九二一年（大正一〇）一一月発行で、以降第二冊二二年一一月、第三冊二四年一月、第四冊同年一二月、第五冊二八年（昭和三）四月、第六冊同年九月、第七冊二九年五月、第八冊三〇年三月である。

（8）村上忠喜「京町家のオモテ・ウラ、そしてオク」京都映像資料研究会編『古写真で語る京都―映像資料の可能性―』淡交社、二〇〇四年、一七三頁。

（9）『奇習と土俗』収録図版の傍らに記されたタイトルには誤謬がまま見られ、解説文中のそれとは異なるものもある。よって本稿では、タイトルは解説のものを採って統一し、明らかな誤りは訂正した。また『奇習と土俗』に収録されたことを示すため、括弧内ではタイトルに㊅マークを付した。

（10）『郷土趣味』第四八号（一九二四年〈大正一三〉一月）掲載の会員名簿によると、八回全てに参加した東山塔山（米次郎）・宮部桜儛は、それぞれ室町通仏光寺上ル・油小路魚棚上ルに住んでおり、一九二〇年中に四回参加した久保静楽の住所は大和大路馬町下ルである。

（11）我楽他宗と三田平凡寺については、山口昌男『内田魯庵山脈―〈失われた日本人〉発掘―』（晶文社、二〇〇一年）を参照。

（12）これら岡崎趣味会々員の経歴等については、新編岡崎市史編集委員会編『新編岡崎市史』近代4（同編さん委員会、一九九一年）の八六八〜八七一、九三九〜九四二頁参照。

（13）「性的神」とは書誌家にして裸体画ほかの蒐集家である斎藤昌三が、著書『性的神の三千年』（一九二一年〈大正一〇〉）によって広めた概念である。斎藤は一九二二年まで『郷土趣味』に盛んに寄稿しており、そこでも性的信仰の対象にこの言葉を用いている。川村邦光は「斎藤は、いうまでもなく、ジェンダーを意味する言葉として〝性的〟を用いたのではなく、セクシュアリティ、当時の言葉でいえば、〝色情〟〝色事〟や〝性欲〟といった意味を〝性的〟という言葉にこめて」おり、「〝性的神〟とはセクシュアルな神のこと」とする（「〝性の民俗〟研究をめぐって」川村編『性の民俗叢書』1、勉誠出版、一九九八年、二四頁）。

(14) 「尾張国久保一色　田県神社祭礼」と「同神輿」（図2）の解説には、「大正十三年三月二日撮」とあるが、『郷土趣味』第三九号の編集後記などから考えると、前年の大正一二年（一九二三）が正しいと思われる。

(15) 一九二四年（大正一三）一二月二七日付の『名古屋新聞』朝刊に、「宝飯郡松間の麦畑から銅鐸を発掘　而も三口些の欠損も無く」と題して掲載されたという（井上洋一「銅鐸の出土状況を伝える一枚の写真」國學院大學学術フロンティア事業実行委員会編『平成14年度國學院大學学術フロンティア構想「劣化画像の再生活用と資料化に関する基礎的研究」事業報告』同、二〇〇三年、四二～四三頁）。

(16) 山口昌男、前掲書、三一七・三二八頁。ただし山口は『性の表徴無花果』（一九二六年）を澤田例外の著書としているが、これは奈良県出身の民俗学者澤田四郎作の誤り。

(17) 彙報「伊賀史談会」『三重県史談会々志』第一巻第三号、一九一〇年（明治四三）一〇月、一三七頁。

(18) 「未開」「後進」などをはじめとする東北イメージの歴史的形成については、河西英通『東北—つくられた異境—』（中公新書、二〇〇一年）、同『続・東北—異境と原境のあいだ—』（同新書、二〇〇七年）に詳しい。

(19) 矢野の経歴については、同編纂委員会編著『京都市姓氏歴史人物大辞典』（角川書店、一九九七年）と京都府立総合資料館所蔵資料データベースの「矢野家写真資料」解説を参照。

(20) 「矢野家写真資料」を通覧したところ、『奇習と土俗』に収録されている写真が「修学院盆踊り（題目踊り）」をはじめ七つ見つかった。

(21) その後太平洋戦時中に供出の憂き目に会った（酒田市史編さん委員会編『酒田市史』改訂版下巻、酒田市、一九九五年、七六九～七七〇頁）が、約五〇年後に再建されて現在も酒田市日吉町の同院内に立ち、酒田大仏と称されている。

(22) 日下部の唱えた信仰物理学は、人間の信仰の対象を物理学的に研究しようとするもので、塩竈神社の帆手祭の際神輿が暴れ回って木柵を破壊した原因を、明確な指揮者もなく担ぎ手が銘々に力を加えたため個々の意志とは反する運動をした、と説明する（『信仰二人行脚／仏利』大日本雄弁会、一九一九年〈大正八〉、三六四～三六八頁）。柳田は

『祭礼と世間』（郷土研究社、一九二二年）において、専門外へ勇躍踏み込んだ日下部の試みに共感しつつも、「全体あの塩竈様と云ふ神様は、昔から思想統一には最も熱心な、氏子の言動に対して、信賞必罰とも云ふべき態度を持して御座つた、神様では無かつたか」と述べ、神輿の動きに神意の名を借りた公怨を認める立場をとった（『柳田国男全集』第三巻、筑摩書房、一九九七年、一九九頁）。

(23) 山口昌男、前掲書、三九九頁。北野と中村の関係についても同頁参照。

(24) 柳田国男「採訪の新らしい意味」『民間伝承』第一四巻第六号、一九五〇年六月、二八頁。

(25) 土居浩「三つ子に鮒鮨—昭和七年・京都における民俗学／土俗学について—」『柳田国男研究論集』第四号、二〇〇五年一二月。

(26) 菊地暁「柳田国男と民俗写真—あるアエノコト写真のアルケオロジー—」『日本民俗学』第二二四号、二〇〇〇年一一月、五頁。

(27) 土居浩、前掲論文、四四・五一頁。

(28) 冨山房百科辞典編集部編『国民百科大辞典』第一二巻、冨山房、一九三七年、二九〇頁。「民族学」の項。

(29) 大藤時彦『日本民俗学史話』三一書房、一九九〇年、七三頁。

(30) 内田魯庵「初めから珍本である雑誌」野村喬編『内田魯庵全集』補巻3、ゆまに書房、一九八七年、八三頁。初出は『集古』庚申第二号（一九二〇年〈大正九〉四月）。山口昌男前掲書五一頁でこの一篇の存在を知った。

京大生と「学徒出陣」

西山　伸

はじめに

「学徒出陣」について触れた刊行物は、言うまでもなく多数存在する。まず挙げられるのは、戦没学徒兵の遺稿集[1]、特定の個人の遺稿[2]、軍隊の同期や学校の同窓会単位でまとめられたり、あるいは個人でまとめた回想の類である[3]。これらの刊行物は、正に人口に膾炙しており、ニュース映像としてよく流される一九四三年一〇月二一日の神宮外苑競技場における出陣学徒壮行会の様子とともに、「学徒出陣」の悲劇性を人々に訴えてきたと言えよう。次に挙げられるのは、「学徒出陣」の全容について解説を試みた著作であり、安田武[4]、わだつみ会[5]、蜷川寿恵[6]の編著などがある。さらに、近年では、森岡清美[7]や大貫美恵子[8]が特攻隊員を中心とした学徒兵の遺稿を分析し、彼らの心性にまで踏み込んだ考察を行っている。また、姜徳相による朝鮮人の「学徒出陣」の実態についての研究もある[9]。

一方、大学単位の「学徒出陣」調査は近年少しずつ進み、戦没者数、出陣学徒数などが明らかにされつつある[10]。しかし、いずれの調査研究も、資料的制約もありそれぞれの大学における「学徒出陣」の全貌を明らかにするに

は至っておらず、まして全国的な数値を確定するにはまだ時間がかかりそうである。(11)

このような状況のなか、筆者の所属する京都大学大学文書館では、二〇〇六年に『京都大学における「学徒出陣」調査研究報告書』（全二巻、以下『報告書』と表記する）を刊行した。『報告書』では、学内公文書等にもとづき、出陣学徒数・戦没者数等を算出したほか、一八名の「学徒出陣」体験者に対して筆者が行った聞き取り調査を収録している。本稿は、この『報告書』を分析の中心に据え、一においては、数値データから京大における「学徒出陣」の実態を概観し、二においては聞き取り調査に他の刊行物もまじえながら京大生が「学徒出陣」をどのように受けとめたのか、を探っていくことにする。

なお、「学徒出陣」という言葉の初出は、大本営海軍報道部の高戸顕隆主計中尉の手によって書かれ、毎日新聞社から一九四三年八月に発行された小冊子『学徒出陣』であると言われている。(12)「学徒出陣」は、学徒に向かって海軍予備学生への応募を呼びかけるために作られた言葉であり、その意味では歴史用語としてそのまま使用するのは適当でないかもしれないが、すでに広く定着した言葉であることと、当時の状況を示す用語であるので、本稿ではカギ括弧を付して用いる。また、本稿では一九四三年一二月の一斉徴集だけでなく、その後の敗戦までの在学者の徴集も「学徒出陣」に含めているほか、一九三九年四月入学者から適用された在学年限短縮措置のもとで卒業後徴集された者についても一部考察の対象としている。

一　制度と実態

(一)「学徒出陣」導入まで

周知のように、この時期の日本の兵役制度のもとでは、中学校以上に在学する学生生徒については、本人の希望により二七歳まで徴集を猶予されていた（「兵役法」一九二七年四月一日公布、法律第四七号）。しかし、戦争の本格化とともに、徴集延期の最高年齢の引き下げ、および在学年限の短縮が実施されるようになり、学生生徒の持つ特権は少しずつなくなっていく。そして、一九四三年一〇月二日公布の勅令第七五五号「在学徴集延期臨時特例」で「当分ノ内在学ノ事由ニ因ル徴集ノ延期ハ之ヲ行ハズ」と定められたことにより、徴集猶予が全面的に停止され、在学中であっても満二〇歳になれば徴兵検査を受けて、合格者は徴集の対象にされるようになった(同年一二月二四日公布の勅令第九三九号「徴兵適齢臨時特例」により、徴集の対象は満一九歳に引き下げられた)。具体的には、この年の一〇月二五日から一一月五日までの間に臨時徴兵検査が実施され、学生生徒はそれぞれの本籍地で受検し、陸軍ならば一二月一日、海軍は一二月一〇日に入営・入団することとされた。

しかし、この徴集猶予停止にも例外があり、一一月一三日公布の陸軍省告示第五四号「入営(召集)ヲ延期スベキ学校及入営(召集)ヲ延期スベキ期間」によって、大学関係では理工医系の単科大学・学部、農学部の一部、文理科大学、そして大学院特別研究生が引き続き徴集を猶予されることになった。当時の京大の学部・学科構成からすると、徴集猶予が継続されるのが大学院および理・工・医学部および農学部林学科・農林化学科・農林工学科であり、徴集猶予停止となるのが文・法・経済学部および農学部農学科・農林生物学科・農林経済学科であった。

さらに文部省は、服役する学生の学籍は休学として扱うとしながらも、「明年九月卒業の見込みありと認めらるる者に付ては本年十一月に於て仮卒業証書又は仮修了証書を授与し明年九月に於て卒業又は修了せしむること」、そしてそれ以外の「学生生徒に対しては大学学生に在りては学籍は現在の儘とし除隊帰還後の復学に付てはその時期に拘らず原学年に復し修学せしめ」ることとした(13)。この時徴集猶予停止の対象となるのは、大学では主として一九四二年四月入学・同年一〇月入学・一九四三年一〇月入学の三学年だったが、このうち一九四四年九月卒業見込み(修業年限短縮措置のため)であった一九四二年四月入学の入営・入団者に対して前記の仮卒業証書が渡され、陸海軍で訓練中の翌年九月に卒業させる措置が採られたのであった[14]。

一方、当時戸籍法が未施行だった朝鮮・台湾では兵役制度が実施されておらず（朝鮮は一九四四年、台湾は一九四五年に実施）、朝鮮・台湾出身学生生徒には徴集そのものが無関係のはずであった。しかし、陸軍は一〇月二〇日公布の陸軍省令第四八号「陸軍特別志願兵臨時採用規則」により、志願による彼らの入営・入団を図った。そして志願しない学生生徒については文部省専門教育局長から次のような通牒が発せられていた（一九四三年一二月三日付発専二七九号[15]）。

一、志願セザリシ者ニ対シ本人ヲシテ自発的ニ休学又ハ退学スル様慫慂スルコト尚別途朝鮮奨学会及台湾教育会内地在学生連絡部ヨリモ慫慂有之べキニ付御含置相成度

二、自発的ニ休学又退学ヲ願出デザル者無之ヤウ御措置相成度モ若シ万一有之場合ハ学校当局ニ於テ学則ノ如何ニ拘ラズ積極的ニ休学ヲ命ズルコト

つまり、朝鮮・台湾出身学徒に対しては、建前としては「志願」としながら、志願しない者には休学または退学を求めているのであって、彼らは軍隊に志願するか勉強を止めるか選択を迫られることになった[16]。

(2)京大における実態

①出陣学徒数

一九四三年一二月の京大における学部学生の徴集者数を学部別、入学年月別に示したのが表1である。なお、農学部については、徴集猶予停止の三学科を「農学部A」、徴集猶予継続の三学科を「農学部B」と分けて表示した。表1のとおり、一九四三年一二月の段階では、一、九五七人の学部学生が徴集されている。これは全学部学生の三七・八％にあたるが、徴集猶予停止学部に限定すると六五・七％に上る。入学年月別に見ると、一九四

三年一〇月入学者が五割強とやや少なめになっているが、これはおそらく徴集適齢に達していない学生がいたからであろう。学部別に見ると、経済が高く、農が低くなっているが、その理由は不明である。ちなみに、この六五・七%という数値は、蜷川が全国的な徴集者数算出のために利用した「東京商科大学入隊者名簿」による七八・五%[17]よりもやや低い。

右の一斉徴集以後も、敗戦まで在学者の徴集は継続している。一九四四年一月以後敗戦までの内地出身の徴集

表1　学部別1943年12月徴集者

	学部	入学年月	在学者	徴集者	徴集比率
徴集猶予停止学部	文学部	1941年4月以前	27	5	18.5%
		1942年4月	132	84	63.6%
		1942年10月	184	142	77.2%
		1943年10月	133	71	53.4%
		小計	476	302	63.4%
	法学部	1941年4月以前	47	10	21.3%
		1942年4月	407	308	75.7%
		1942年10月	469	323	68.9%
		1943年10月	480	249	51.9%
		小計	1403	890	63.4%
	経済学部	1941年4月以前	25	4	16.0%
		1942年4月	270	218	80.7%
		1942年10月	271	239	88.2%
		1943年10月	272	157	57.7%
		小計	838	618	73.7%
	農学部A	1941年4月以前	8	0	0.0%
		1942年4月	81	56	69.1%
		1942年10月	81	45	55.6%
		1943年10月	83	39	47.0%
		小計	253	140	55.3%
	徴集猶予停止学部合計	1941年4月以前	107	19	17.8%
		1942年4月	890	666	74.8%
		1942年10月	1005	749	74.5%
		1943年10月	968	516	53.3%
		計	2970	1950	65.7%
徴集猶予学部	理学部	1941年4月以前	9	0	0.0%
		1942年4月	80	3	3.8%
		1942年10月	81	0	0.0%
		1943年10月	124	1	0.8%
		小計	294	4	1.4%
	医学部	1941年4月以前	119	0	0.0%
		1942年4月	140	0	0.0%
		1942年10月	155	0	0.0%
		1943年10月	170	1	0.6%
		小計	584	1	0.2%

	工学部	1941年４月以前	38	0	0.0%
		1942年４月	339	1	0.3%
		1942年10月	369	0	0.0%
		1943年10月	378	0	0.0%
		小計	1124	1	0.1%
	農学部Ｂ	1941年４月以前	10	0	0.0%
		1942年４月	62	1	1.6%
		1942年10月	74	0	0.0%
		1943年10月	65	0	0.0%
		小計	211	1	0.5%
	徴集猶予学部合計	1941年４月以前	176	0	0.0%
		1942年４月	621	5	0.8%
		1942年10月	679	0	0.0%
		1943年10月	737	2	0.3%
		計	2213	7	0.3%
総計			5183	1957	37.8%

注：農学部Ａとは、農学部のうち徴集猶予停止となった農学科・農林生物学科、農林経済学科を、農学部Ｂとは、徴集猶予が継続された林学科・農林化学科・農林工学科を指す。

者数は、表2に示したとおり一、三八一人となっており、少なくない数の学生が徴集されたことが分かる。この一、三八一人の徴集年月は特定の時期に偏っておらず、個々に徴集されている〔『報告書』一、七〇頁〕。この他、入学前徴集(18)の九一九人、徴集年月日不明の一五四人、さらに一九四三年一一月以前の徴集者三二六人も加えると、結局一九三九年四月以降の内地出身入学者では合計四、七三七人が徴集されたことになる。

また、朝鮮出身者の状況は表3、台湾出身者の状況は表4のとおりである。前記の特別志願兵としての徴集は、一九四四年一月であったが、ほとんどの徴集者がこの時のものである。朝鮮出身者は合計二五人、台湾出身者は合計六人の徴集が確認されている。なお、法学部一九四二年一〇月入学のある朝鮮出身者の学籍簿には、「特別志願兵に志願せざるため休学」と記載されており〔『報告書』一、二〇頁〕、前記の一九四三年発専二七九号が実際に適用されたことが分かる。

②戦没者数

一九三九年四月入学者以降の在学中の戦没者（戦死者・戦病死者の合計）については、表5のとおり内地出身者二六三人、朝鮮出身者一人の合計二六四人が判明した（台湾出身者には戦没者についての記載がなかった(19)）。当然の

表２　内地出身徴集者（在学中）

	学部	入学者合計	内地出身入学者(A)	194311以前の徴集者	194312徴集者	194401以後の徴集者	入学前の徴集者	徴集年月日不明者	徴集者合計(B)	B/A(%)
1939年4月～1945年4月入学者	文	1442	1404	47	302	184	137	1	671	47.8
	法	3644	3532	93	890	622	489	91	2185	61.9
	経済	2294	2181	52	618	351	259	20	1300	59.6
	理	917	893	25	4	28	0	6	63	7.1
	医	1380	1319	17	1	9	1	3	31	2.4
	工	2953	2881	57	1	65	6	5	134	4.7
	農	1261	1224	35	141	122	27	28	353	28.8
	合計	13891	13434	326	1957	1381	919	154	4737	35.3

注：『報告書』第１巻、32頁より作成。

表３　朝鮮出身徴集者（在学中）

	学部	入学者合計	194312以前の徴集者	194401在学者(A)	194401徴集者(B)	B/A(%)	194402以後の徴集者	入学前の徴集者	徴集年月日不明者	徴集者合計
1939年4月～1945年4月入学者	文	30	0	13	6	46.2	0	0	0	6
	法	40	0	20	14	70.0	0	2	1	17
	経済	6	0	1	0	0.0	0	0	1	1
	理	18	0	7	0	0.0	0	0	0	0
	医	9	0	6	0	0.0	0	0	0	0
	工	15	0	10	0	0.0	0	0	0	0
	農	11	0	2	1	0.0	0	0	0	1
	合計	129	0	59	21	35.6	0	2	2	25

注：『報告書』第１巻、40頁より作成。

表４　台湾出身徴集者（在学中）

	学部	入学者合計	194312以前の徴集者	194401在学者(A)	194401徴集者(B)	B/A(%)	194402以後の徴集者	入学前の徴集者	徴集年月日不明者	徴集者合計
1939年4月～1945年4月入学者	文	3	0	0	0	-	0	0	0	0
	法	8	0	4	3	75.0	0	0	0	3
	経済	7	0	2	2	100.0	0	0	0	2
	理	2	0	2	0	0.0	0	0	0	0
	医	25	0	20	0	0.0	0	0	0	0
	工	4	0	3	0	0.0	0	0	0	0
	農	2	0	1	0	0.0	0	0	1	1
	合計	51	0	32	5	15.6	0	0	1	6

注：『報告書』第１巻、42頁より作成。

表６　戦没年月・事由

年	月	戦死	戦病死	計
1942以前		1	0	1
1943		0	0	0
1944	1	0	1	1
	2	0	0	0
	3	0	1	1
	4	2	1	3
	5	2	1	3
	6	1	1	2
	7	7	3	10
	8	0	0	0
	9	5	3	8
	10	4	4	8
	11	6	2	8
	12	4	1	5
1945	1	9	1	10
	2	5	1	6
	3	23	4	27
	4	29	3	32
	5	9	4	13
	6	23	3	26
	7	10	3	13
	8前	16	2	18
	8後	4	5	9
	9	2	3	5
	10	1	3	4
	11	0	0	0
	12	1	3	4
1946		7	15	22
1947以後		0	4	4
不明		19	2	21
合計		190	74	264

注 １：「8前」は8月1～14日、「8後」は8月15～31日のこと。
注２：『報告書』第１巻、88頁より作成。

表５－１　在学中の戦没者（内地出身者）

入学年月	徴集者合計(A)	戦没者(B)	B/A(%)
1939年4月	22	0	0.0
1940年4月	68	3	4.4
1941年4月	107	9	8.4
1942年4月	907	21	2.3
1942年10月	1022	96	9.4
1943年10月	919	71	7.7
1944年10月	949	39	4.1
1945年4月	743	24	3.2
合計	4737	263	5.6

注：『報告書』第１巻、32頁より作成。

表５－２　在学中の戦没者（朝鮮出身者）

入学年月	徴集者合計(A)	戦没者(B)	B/A(%)
1939年4月	0	0	-
1940年4月	0	0	-
1941年4月	1	0	0.0
1942年4月	3	0	0.0
1942年10月	5	0	0.0
1943年10月	14	1	7.1
1944年10月	2	0	0.0
1945年4月	0	0	-
合計	25	1	4.0

注：『報告書』第１巻、40頁より作成。

ことながら、徴集猶予が続いていた一九四一年四月入学者までの数値は低い結果となっている。一九四二年四月入学者の数値が高くないのは、前述のように彼らの多くに対して入営・入団中に卒業させる措置が採られ、大学公文書には卒業以後の軍隊における軌跡が記載されないためであると考えられる。この学年を除いた一九四二年一〇月入学者・一九四三年一〇月入学者の徴集者に対する戦没者の比率は、それぞれ九・四％、七・七％となっており、一九四三年一二月の一斉徴集者の比率としては、蜷川が利用した東京帝国大学と東京商科大学の数値（九・六％、九・一％）[20]と大きな差はない。

戦没年月および事由（戦死・戦病死）別数値は表6のとおりであり、訓練を終えた学徒兵が、実戦配備され始める一九四四年の半ば頃から数値が上がりはじめ、沖縄戦が本格的に始まった一九四五年四月にピークを迎える。その一方で、敗戦後の戦没者数も四八人（うち戦病死者三三人）と無視できないものになっている。これは、実際の戦没日なのか、大学への届出日なのか判然としないため、いくらかの留保が必要であるが、抑留されたシベリアで亡くなった学徒兵も含まれている［『報告書』一、一二一頁］。

さらに、右の数値以外に、学内公文書によると敗戦後も復学しないまま除籍になった者が合計八六人いることも判明しており［『報告書』一、二五頁、八一頁］、この中に大学には届けられていない戦没者がいる可能性は否定できないが、その証明は困難である。同様に、卒業後も含めた京大出身の戦没者は、学内公文書からでは判明しない。旧制高等学校同窓会資料や軍関係の刊行物、遺稿集等で調べた結果二三一人の戦没が在学者とは別に確認された［『報告書』一、三頁、一二〇頁］が、この数字がどれくらいの判明率を示しているかも定かではない。

二　学徒兵たちの記録から

そもそも、徴集猶予停止前には京大生たちは深まりゆく戦争についてどのように捉えていたのか。西村豊成

（一九四二年一〇月経済学部入学、海軍）はこう語る。

我々が大学に入った頃はもう形勢が逆転していたんですよ。最初の半年だけ日本が優勢だったですけれど。一七年の六月にミッドウェーの海戦で日本が敗北して、形勢逆転しました。一八年に入ったらもう完全に劣勢でしたね。僕の記憶では一八年に入ってから同宿の学生達といろいろ話している時に、もうこの戦争は勝つのは無理じゃないか、負けるか、喰い下がって引き分けに持ち込むか、どちらかじゃないかと言ってましたね。かなり情勢は悪かった。だけど、日常の行動でそれを意識したかというと、あまり意識はしなかったです。自由にものをしゃべったり、行動したり、勉強もしたし。［『報告書』二、一一頁］

西村は、ミッドウェー海戦の話などは「同じ下宿に、海軍士官の父親をもつ京大生がいて、そのルートでわかってましたね」と述べる。梅溪昇（一九四一年四月文学部入学、一九四三年九月卒業、陸軍）も、戦局の悪化は在学中から分かっていたと述べた上で、

僕らが入隊を送りにいった人びと、あるいは僕らの知人でも、遺骨になって帰ってくるでしょ、どんどんね。それから新聞報道で「忠魂頌」とか「大東亜戦の華」の見出しのもとで戦死者の遺書や写真・氏名がぞくぞく掲載され、いかにあっても、これだけ戦争が苛烈になったんだから兵隊に行ったら命がないかもわからないということは皆感じていたんじゃない？［『報告書』二、一五一頁］

と、その理由を語っている。周知のように、特にミッドウェー海戦以後国民は戦争の実状を知ることはほとんどできなくなっていたが、漠然とではあっても戦局の動向が芳しくないことを察している京大生は少なくなかったと言えるだろう。(21)

しかし、広実源太郎（一九四二年一〇月文学部入学、海軍）が証言しているように、当時教員達は、京都学派と言われた社会的にも名の知られた人達も含めて、授業の中では戦争との関わりについて「むしろ避けておられ」

〔『報告書』二、六二頁〕、さらに戦意高揚を目的とした学校行事も行われてはいたが、学生たちの積極的参加は必ずしも見られなかった。(22)多くの京大生たちの間では、ある意味学外とは別世界の住人として、自らへの差し迫った危機感は必ずしも表面化していなかったと言えよう。

そうした彼らが、一九四三年一〇月二日の「在学徴集延期臨時特例」公布を耳にした（実際には九月二二日夜のラジオ放送で東条首相が発表した）とき、どう感じたであろうか。森春光（一九四二年一〇月経済学部入学、陸軍）は、

ある日突然、ラジオ放送で学徒徴兵猶予取り消しで、えっという感じですよ。そこで初めて覚悟を決めたんです。〔『報告書』二、一二頁〕

と述べる。しかし一方、常田滋弥（一九四二年一〇月経済学部入学、海軍）は、

いずれ行かねばならんという気はあったんです。その頃の日記を見ると「これで肩身が広くなった」と書いてあります。当時若い人達がどんどん戦場に出て行っているのにわれわれが未だ残っているということに、何か肩身の狭いものを感じていたと思います。〔『報告書』二、三九三頁〕

と、同世代が戦場に行っているなかで、徴集猶予という特権を享受していることについての複雑な心情を明かしている。

ところで、筆者が聞き取りを行った際、知りたかったことの一つは軍隊に入る――つまり戦死する可能性が常にある状態になる――ときに、どのように自分自身を「納得」させるかであった。もちろん、徴集はほぼ逃れられない運命として立ちはだかっているわけだが、そういった状況でも学生たちの間では、何らかの理由付けが必要だったのではないか、と予想したからである。例えば秀村選三（一九四二年一〇月経済学部入学、海軍）はこう述べる。

国を守るというよりは、軍隊に入ってから後に死ぬかもしれないという時に非常に出てくるのは、国家というよりも山河の美しい日本、ふるさとのためになら死んでよい。天皇のために死ぬというよりは、愛する人のためには死んでいいんだ、というのは本当にお互いに話し合ったことですね。幼い子供たちと遊んでいると痛切に感じましたね。当時若者の気持ちはほとんどそれじゃなかったかと。［『報告書』一、一二頁］

あるいは、これは聞き取り記録ではないが、戦死した林尹夫（一九四二年一〇月文学部入学、海軍）は海軍時代の日記に以下のように記している。

おれは、軍隊に入って国のためにという感情をよびさまされたことは、軍人諸君を通じてという限り皆無である。〔中略〕おれは軍隊とか、あるいは機構的にみた日本の国のためでなく、日本の人々のために、……いな、これも嘘だ。おれが血肉をわけた愛しき人々と、美しい京都のために、闘おうとする感情がおこる。〔中略〕おれは、架空の日本観よりは、たとえ利己的なりとはいえ、少数の敬愛する人々のために生きるのだ、と言いたい。(23)

右の二つの言葉からは、いわゆる悠久の大義に生き、そして死ぬのではなく、自らの目に見え、実感として感じられる家族、友人、恋人、故郷のためになら戦えるという姿が浮かび上がってくる。このような受け止め方が学徒兵に一般的であったとここで結論づけるつもりはないが、自らの立場や戦局の動向をある程度客観的に把握していた彼らにとっては、このような理由付けは不自然なものではなかったのではなかろうか。

しかし、そうであったにせよ、彼らが自らの運命をかなりの積極性を持って受け入れていったことは間違いない。その根本には彼らの世代経験があったと考えられる。近藤春昭（一九四二年四月経済学部入学、陸軍）はこう述べる。

僕なんかも、要するに高校へ行って、そうやって自分自身としてはわりにのんびりして、もうどうせ何となしに、人に言われないけども、我々の将来はどうせ兵隊に行って、お国のために死ぬのだというそういう思想がありましたね、前提として。それから逃れようとかそういう気持ちじゃなくて、もうそういう大きな運命の中に、子どものときからそういう戦時色が強い世代でしたから、だからそういう流れで、いずれ大学を出れば兵隊に行って死ぬということになるのだなというふうなことを何となしに頭の中に考えていました。〔『報告書』一一、三〇六頁〕

彼らの多くは、一九二〇年から二三年までに生まれており、満州事変から日中戦争、そして対米英開戦と、成長とともに戦争は拡大する一方であった。そういった世代経験が自らの徴集に際しても、一定の葛藤はあるものの大勢としては受け入れていく方向に進んでいく一つの根拠となったのであろう。こうした彼らの世代経験を、送り出す教官の側から指摘して、運命への献身を説き、「激励」に利用したのが当時法学部教授だった牧健二であった。牧は、出陣学徒たちの出生からの歴史の流れをたどりつつ、こう述べる。

諸君はその出生の最初から今日に至るまで亜細亜解放の大目的を有するこの皇軍に、献身奮闘するに足りるやう、終始心身を鍛練され来ったのであるが、その諸君の時から、大学がかくの如く完全なる戦時大学に変形したのは、決して偶然ではないのである。

〔中略〕

諸君は真に皇軍の一員となり切って、聖戦の為に思ふ存分活動して貰ひたい。諸君が　大君の後楯として雄々しく健闘することは、諸君に与へられたる歴史的任務に忠なる所以であり、大学はそれに依って一段高く現代の大学たるの品位を高めるのである。切に諸君の健康と健闘を祈る。(24)

このような彼らが実際に軍隊の中にあって、次第に絶望的とも言える戦局を知るようになって、自らの役割をどのように考えたのか。静岡県大井で夜間邀撃戦闘機の操縦士としての任務についていた広実源太郎（前掲）は、

「日本というものの置かれた状況の中で、この年代に当たった人間というものの行きがかりみたいなものを考えると、これはやることをやるしかしようがないなということだったように思いますね」と振り返った上で、「どこかで何か乾坤一擲の戦いに打って出て、一撃を与えたところで戦はおれのほうは手を引くという、何かそういうことを指導部がやらない限り日本というものは永久に滅亡するのじゃないかというような、そういう考え方は確かにしていましたですね」と語る。そして、筆者の「そのための捨て石になれればという、そういう感じですか」という問いに対しては

そうそう、まさにそうでしたね。僕の捨て石は、一つはそれがかなりありました。日本をある程度のところで救済するためだったら死んでもいいでというような気があったし、もう一つはやっぱり、僕の言葉で言うと弱者を何とかしないとね。弱者と本当は一番肝心な人が残ってくれればいいのでね。弱者というのは小さい子供とか、大変な年寄りとか、それから女の人とか、そういう人なんでしょうけれども、これを何とかするためだったら俺は死んでもいいわというのが一つ。［『報告書』二、八八頁］

と答えている。

また、特攻兵器「震洋」に志願した岩井忠熊（一九四三年一〇月文学部入学、海軍）も、志願の理由について「やっぱりあの雰囲気の中でだんだん海軍士官になっていったんでしょうね、考え方が。だから、戦局打開というか、そういうことに自分も参加しようという気分になっていってたんですね。そこがあの教育の中の、要するにどうせ死ぬのだったらものすごく華々しくというか、確実な戦果を得るような死に方をしたほうがいいじゃないかというようなね」と述べ、特攻隊としての自らの役割は、相手に一撃を与えて講和に持ち込むことにあると考えるようになったと次のように述べている。

だんだん末期になって九州の基地なんかにいたら、やっぱりそういうことを考えましたね。あんまり具体的

な話ではないんだけど、とにかくおれたちの役割というのは結局そういうことなんだろうと。米軍が上陸してくるときに、とにかくその米軍を阻止するための第一撃というか、それで相当大きな打撃を与えたら、それがとにかく何らかの形で終戦のチャンスをつかむ役割になるのではないかという、そういうことは漠然と思い浮かべましたね。〔『報告書』一、三七一頁〕

自らも「学徒出陣」世代である森岡清美（一九二三年生まれ）は、特攻で亡くなった学徒兵たちの遺書を分析するなかで、彼らについて「主体的役割人間」という類型を提示している。森岡は、次のように指摘する。

役割人間とは、倫理的満足を役割の遂行に見出す（と観察される）人々を指す。これには習俗的と主体的との区別がある。習俗的役割人間は、現行の習俗化した社会規範にしたがって役割を把握し、その遂行に倫理的満足を見出すのにたいし、主体的役割人間は、自らの状況規定により役割を取得して、その遂行に倫理的満足を見出す。新しい状況、例えば戦時下の国家的要請に積極的に応じやすいのは、習俗的役割人間よりも、主体的役割人間である。それゆえ、主体的役割人間は戦時体制に順応しやすく、かつ首尾よい順応のなかで一層その純度を高めるといってよいであろう。戦時下の教育と訓練は、このような特性をもつ若者を多数育成する適合的な環境を構成した。(25)

森岡の指摘を、筆者なりに（きわめて単純に）解釈すると、「主体的役割人間」とは、与えられた社会的・物理的条件において自らの役割を「主体的に」選択し、そのなかでは自らの能力を最大限に発揮することを躊躇わない、という心性を有した人間である。特に学徒兵たちには、当時の限定された大学進学率を踏まえて、社会におけるエリートとしての責任感があり、それがこういった心性の根底にあったと考えられる。しかし、彼らの選択は、あくまで与えられた条件のもとでのものであり、その条件そのものを改変したり、改変が無理であっても疑念を抱いたり、といった方向に彼らの知性が向かうことは（時代的制約があったにせよ）極めて少ない。このような「主体的役割人間」の考え方が最もよく表れているのが、東大出身の佐々木八郎（一九四二年一〇月東大経済学部入学、海軍、特攻で戦死）の次の記述であろう。佐々木は第一高等学校以来の友人の大内力との戦争の性格をめぐる論争に関連して一九四三年六月一一日の日記に以下のように記している。

大内君は僕が戦死することなど考えてはならぬという。自分の任務でない所で死ぬのはヒロイズムか一時の感激である。そんなのは愚かしきことだという。また反動的な任務に死ぬのはいやだし、そんな死に方をした者に感心もせぬという。白虎隊や新撰組には感心しないのだそうだ。しかし僕は戦の庭に出ることも自分に与えられた光栄ある任務であると思っている。現下の日本に生きる青年としてこの世界史の創造の機会に参画できることは光栄の至りであると思う。我々は死物狂いで与えられた任務としての経済学を研究してきた。この道を自ら選んだ義務であるからだ。その上、体力に恵まれ、活動能力を人並み以上に授かった自分として、身を国のために捧げ得る幸福なる義務をも有しているのだ。二つながらに崇高な任務であると思う。戦の性格が反動であるか否かは知らぬ。ただ義務や責任は課せられるのであり、それを果たすことのみが我々の目標なのである。全力を尽くしたいと思う。反動であろうとなかろうと、人として最も美しく、崇高な努力の中で死にたいと思う。(26)

こういった心性のもとでは、軍隊に入ることは当然であるだけでなく、その中で危険度も高いが個人の力量が最も発揮されやすい操縦士を希望し、さらに特攻の募集があれば「喜んで」応じていきやすくなるのは容易に理解できる。京大出身者の例を挙げると、千原達郎（一九四二年四月法学部入学、海軍、特攻で戦死）は、特攻隊への編成替えの命令を受けた一九四五年二月二二日の日記に以下のように記している。

我は第六分隊なり。隊員学生十三名、分隊長は田中中尉なり。更に田中分隊長より各自の部署を申し渡さる。我は第一区隊三番機、二番機は原田少尉、四番機は信国少尉、而して一番機は正に田中中尉にてあるなり。これに勝る喜び、これに勝る光栄ありや。田中中尉の列機としては共に飛び共に死するの喜びを思う時、我身の幸に唯々感謝するのみ。死所を得たる喜び何に譬えんや。うれしうれし、勿体なし。然れども顧みて思うに、その責任何ぞ重き。拙劣の技倆、脆弱の身体、果してその任に耐えうるや。唯々祈る、立派にお役に立ち得むことを。[27]

あるいは、時岡鶴夫（一九四二年四月経済学部入学、海軍、特攻で戦死）は、訓練中に家族に宛てて多くの手紙を出しているが、その中では、「本望通リ飛行専修予備学生ヲ拝命」〔『報告書』一、一五〇頁〕したことを喜び、土浦海軍航空隊での基礎教練の最中には「一日モ早ク飛練教程へ行ツテ練習機ヲ操縦シテ見度クテ耐マリマセン」〔『報告書』一、一五二頁〕と、もどかしい思いを伝え、飛行訓練が始まると

愉快に飛んでゐます。編隊飛行も特殊飛行もお手のもので単独も許され後席に戦友をのせ、六甲山より遥かに高い空迄一息にあがり、そこで垂直旋回失速反転宙返り、横転宙返り側転、上昇反転、錐もみ、何でも自由自在です。小生の得意や思ふべしといふ所です。戦斗機に行くのですからこれ位お茶の子です。兎に角快的《〔適〕》そのものです。〔『報告書』一、一五八頁〕

と、訓練への適応ぶりを書き送っている。時岡は、友人の証言によると、スポーツ万能で明朗快活な人柄の持ち主だった〔『報告書』二、二六四頁、三二二頁〕。特攻志願者を中心とした多くの学徒兵の人間類型が、森岡の指摘する「主体的役割人間」であることは、筆者も同感である。特に、学業・スポーツ等に優秀な成績を残していたり、責任感の強い人柄であったりするほど、こうした傾向は見られやすくなるのではあるまいか。[28]

しかし、だからといって彼らの中に死と向かい合ったときに葛藤がなかったとはもちろん言えない。時岡について見ても、特攻編成が決まった直後に東京の友人宅から出された手紙には、

今東京の佐々木少尉のお宅で静かにモツアルトのセレナーデを聞き乍ら何とも云へない気持でこの手紙を書

いてゐます。思へば一昨年十二月十日の夜出征前一人で応接間で照子〔妹―筆者注〕の作つて呉れたココアをすゝり乍らこの曲を聞いたのですが……〔『報告書』一、一六二頁〕

と、彼の手紙の中では唯一入隊前の家族との触れあいについて言及されているが、ここに特攻に指名された彼の「心の揺れ」を読み取るのは不自然ではないだろう。このように、同一人物であっても、「主体的役割人間」としての側面ばかりではなく、別の面が極限的な状況に表に出てくるのは、当然のことであろう。

死と向かい合ったときの葛藤を最も率直な形で表しているのが林市造（一九四二年一〇月経済学部入学、海軍、特攻で戦死）である。林は、特攻編成の命令を受けた直後の一九四五年二月二三日の日記に「私達の命日は遅くとも三月一杯中になるらしい。死があんなに怖ろしかったのに、私達は既に与えられてしまった」と記している。そして、

この国が汚い奴らにふみにじられるということは私にはたまらない。私は一死以って、やはりどうしても敵を打たねばやりきれない。

と、敵愾心と特攻への覚悟を見せる一方で、

私の母のことを考えるときは、私は泣けて来て仕方がない。母が私をたよりにして、私一人を望みにして二十年の生活を闘って来たことを考えると、私の母が才能のある人であり、美しい人であり、その半生の恵まれていた人であっただけ、半生の苦闘を考えるとき、私は私の生命の惜しさが、思われてならない。

私もともども楽しい日を送りたかった。

世の人はいろいろの慰めをいうかもしれない。けれども母の悲しみのいやされることが、あるべき筈がない。

戦死であっても子を失ったということに変りはないのであるから。

と、早くに父を失った林を育ててくれた母への思い、特に自分が戦死した後の母の気持ちに思いを致している。そして、

大君の辺に死ぬ願いは正直の所まだ私の心からのものとはいいがたい。だが大君の辺に死ぬことは私に定められたことである。私はそれを、私はこの道をたどって死にゆくことにより安心の境に入れることを、心から信じている。(29)

と、「海ゆかば」に歌われている当時のイデオロギーを受け入れかねている心境を綴っている。結局、林は母子ともども抱いていたキリスト教信仰の力も借りて、自らの運命にしたがっていくことになるが、これも学徒兵の偽らざる姿であった。

さらに、「主体的役割人間」とは異なった学徒兵の例として、熊取正光（一九四四年一〇月経済学部入学、陸軍）を取り上げる。熊取はこれまで紹介した学徒兵とは異なり、一斉徴集よりも遅く京大に入学し、敗戦の年の一九四五年二月に陸軍に入り、最後は茨城県で本土決戦の準備にかかっていた。熊取は、古兵からのいわゆる私的制裁の体験について、

一遍、これ、茨城県へ行ってからですけど、上等兵に呼ばれましてね、電線張りなんか工事してたおっさんですけどね、やられながら、こんなよう知っとる奴おるんやなあと思ったんですけどね。「お前は京都大学やろ。経済学部やろ」「そうです」「河上肇の事件があったのは、お前のところの学校やろ」って言うわけです。「そうです」「それから滝川事件があったのも、お前の学校やろ」「そうです」。よう知っとんなあと思うていたらね、「貴様！そんな赤化した学校で教育を受けとるからお前みたいにな、反戦思想や反軍思想を持つような奴が出てくるんじゃあ！」って言うて、ごつんごつん、顔がこんなに腫れる程どつかれました(笑)。

と生々しく語る。その上で、八月一五日のいわゆる玉音放送を聴いたときの気持ちを、

本当に嬉しかったですね。とにかく、今でもね、家内にも言うし、銀行の頃皆にも言うたんですけどね、僕の一生の、人生で一番嬉しかったのはあの時やったです。戦争済んだときです。〔中略〕何せ、織田信長じゃないですけど、あの頃人生五〇年言うた頃ですからね。僕らはまだ半分も来てないわけですよね。何で、これで、まあ天皇陛下のためやとか、国のためやとか言うてね、負けると分かった戦に駆り出されてね、死なんならんねん、と。それは、もう兵隊行くときから、私思いました。〔中略〕非常に不忠の兵隊でね、軍服の胸にね、いつもハンカチを入れておったんです。ここへ。いざとなったら振ったろうと思って（笑）。

〔『報告書』二一、三五頁〕

と述べる。このような戦争に対する受け止め方の差異は、個々人の性格や考え方から来ることも当然あろうが、それだけでなく、いつ、どのような状況で軍隊に入り、配属先ではどのような任務に就いたか、といった条件によっても生じてくると考えられる。すなわち、これまで紹介してきた学徒兵の大部分が一九四三年一二月に一斉に軍隊に入り、隔離された環境で訓練を受けて前線に配備されていったのに対して、熊取のように一九四五年になってから軍隊に入った学徒兵は、空襲や食糧の欠乏といった社会の状況も実感として知っており、しかも軍隊では十分な装備も支給されず、風紀も頽廃し、敗戦が近いことを身を以て感じさせられる環境にあったと言えるだろう。そのようななかでは、「主体的役割人間」としての行動は、採りたくても採れなかったのではなかろうか。

同様に、一九四五年六月に陸軍に入営した森成一（一九四五年四月法学部入学）は、入隊当初は「簡単な右向け右、左向け左から始まって、回れ右、前へ進め、それから敬礼、そういうようなことばっかり一週間ほどやったかな」と述べ、「本当に戦争末期の軍隊でしょうね。種々雑多だったと思いますよ、本当に。字も読めないやつ

や、書けないやつがおったですわ」と語っている〔『報告書』二、一九六頁〕。「学徒出陣」について考察するときは、このような多様な学徒兵の姿を見ていく必要があるだろう。

最後に指摘しておきたいのは、これも森岡の指摘に従えば「生き残り者の負い目」である。(30) 徳之島沖で沈んだ戦艦大和から生還し、戦後鎮魂の文学『戦艦大和の最期』等を執筆した東大出身の吉田満などがその代表として挙げられているが、筆者が行った聞き取りにおいても、西村豊成（前掲）は次のように述べている。

終戦の時我々は二〇歳とちょっとで、戦後は五〇年たったというでしょう。戦後の生活を我々は五〇年してきたということです。終戦前は二〇年しかない。おそらく皆も同じ気持ちだろうと思うのですが、終戦前の二〇年がひとつの人生で、戦後は五〇年もあるのに付録のような気がするんですよ。私が死んでもおかしくなかったのに、友は死に、私は生き残った。私は幸か不幸か生きている。我々が戦後の五〇年をどうやって生きてきたかというと、亡くなった戦友に対する負い目、引け目、うしろめたさというものを背負ってきたんです。同時に、一緒に戦って亡くなった学友に対する熱い思いというものを、胸に抱いて生きてきたんです。〔『報告書』二、二〇頁〕

彼らの、前後の世代と異なる過酷な経験は、戦後日本のあゆみの中に一つの刻印を残しているはずである。

おわりに

本稿では、最近の調査等をもとに、京都大学における「学徒出陣」の実態を浮かび上がらせることに努めた。もとより、「学徒出陣」は、アジア・太平洋戦争という巨大な歴史の一齣を占めるに過ぎないし、本稿はそのなかでさらに京大という限定された対象を扱ったにとどまる。しかし本稿では、まず第一に資料的な限界はあるにせよ学内公文書という客観性の高い素材から数値データを導き出した。ともすれば、「悲劇」としてのみ語られる「学徒出陣」について、その規模をはじめとした実際の姿を明示することが本来基本であると考えたからである。第二に、六〇年後に行われたものではあるが系統的な聞き取り調査をもとに、当時の京大生たちの意識に接近することを試みた。その結果、今回のような限定された対象においても、「主体的役割人間」としての類型も見られるものの、他にも様々な姿が見られることが読み取れる。「学徒出陣」を歴史学の課題として考察することは、まだ始まったばかりと言ってもよい。本稿はその一試論に過ぎない。

（1）日本戦没学生記念会編『新版きけわだつみのこえ』岩波書店、一九九五年（初版は一九四九年に東京大学消費生活協同組合出版部から刊行）、同会編『新版第二集きけわだつみのこえ』岩波書店、二〇〇三年（初版は一九六三年に『戦没学生の遺書に見る15年戦争』として光文社から刊行）、白鷗遺族会編『雲ながるる果てに　戦没飛行学生の手記』日本図書センター、一九九二年（初版は一九五二年に日本出版共同より刊行）、海軍飛行予備学生第十四期会編『あゝ同期の桜　かえらざる青春の手記』毎日新聞社、一九六六年、など。

（2）林尹夫『わがいのち月明に燃ゆ』筑摩書房、一九九三年（初版は一九六七年筑摩書房より刊行）、佐々木八郎『青春の遺書』昭和出版、一九八一年、和田稔『わだつみのこえ消えることなく』筑摩書房、一九六七年、中尾義孝編『探究録　中尾武徳遺稿集・戦没学生の手記』櫂歌書房、一九九七年、など。

（3）土居良三編『学徒特攻その生と死　海軍第十四期飛行予備学生の手記』国書刊行会、二〇〇四年、東大十八史会編『学徒出陣の記録　あるグループの戦争体験』中央公論社、一九六八年、など。また、個人でまとめた回想の類は枚挙に暇がないが、とりあえず比較的手に入りやすいものとして阿利莫二『ルソン戦――死の谷――』岩波書店、一九八七年、を挙げておく。

（4）安田武『学徒出陣』新版、三省堂、一九七七年。

（5）わだつみ会編『学徒出陣』岩波書店、一九九三年。

（6）蜷川寿恵『学徒出陣――戦争と青春――』吉川弘文館、一九九八年。

（7）森岡清美『決死の世代と遺書　太平洋戦争末期の若者の生と死』補訂版、吉川弘文館、一九九三年、同『若き特攻隊員と太平洋戦争　その手記と群像』吉川弘文館、一九九五年。

（8）大貫美恵子『ねじ曲げられた桜　美意識と軍国主義』岩波書店、二〇〇三年、同『学徒兵の精神誌』岩波書店、二〇〇六年。

（9）姜徳相『朝鮮人学徒出陣』岩波書店、一九九七年。

（10）川口浩「早稲田大学戦争犠牲者調査について」『早稲田大学史記要』第一八号、一九八六年、「特集　明大生たちの太平洋戦争2」『明治大学史紀要』第一三号、一九九五年、立命館百年史編纂委員会編『立命館百年史』通史一、一九九九年、東京大学史史料室編『東京大学の学徒動員学徒出陣』東京大学出版会、一九九八年、永井均・豊田雅幸「立教学院関係者の出征と戦没に関する若干の考察」『立教学院史研究』創刊号、二〇〇三年、永田英明「東北帝国大学における「学徒出陣」」『東北大学史料館紀要』第二号、二〇〇七年、など。また、青山学院や慶應義塾では、教員や学生による戦没者調査が行われている。青山学院大学プロジェクト九五編『青山学院と出陣学徒――戦後五〇年の反省と軌跡――』一九九五年、慶應義塾大学経済学部白井ゼミナール『共同研究　太平洋戦争と慶應義塾』慶應義塾大学出版会、一九九九年。

（11）前掲蜷川『学徒出陣』では、『文部省第七十一年報』（一九四三年版）をもとに、一九四三年一二月の出陣学徒数を五万人近くと推定している。しかし、その後の敗戦まで続く徴集者数についての言及はない。

（12）前掲蜷川『学徒出陣』、一二一頁。

（13）『朝日新聞』一九四三年一〇月二〇日付朝刊。

（14）この学年から海軍に入団した安田利政の証言によると、軍隊で訓練中の本人へは直接には何の通知もなかったとのことである［『報告書』一一、四二八頁］。

（15）明治大学百年史編纂委員会編『明治大学百年史』第二巻史料編II、一九八八年、六八六頁。

（16）立命館大学においては、非志願者が除名された例があったことが明らかにされている（前掲『立命館百年史』通史一、七三六頁）。京大においても、志願しなかったために休学となった学生がいたことが確認されている［『報告書』一、二〇頁］。また、前掲『朝鮮人学徒出陣』も参照。

（17）前掲蜷川『学徒出陣』六三頁。

（18）高等学校・大学予科・専門学校等から一九四三年一二月に徴集された者のうち、翌年九月卒業見込みの者は、大学と同様に仮卒業の扱いとした後、入隊中の九月に卒業の手続がとられ、大学への出願が受けつけられて入学とされた。その後徴集された者の中にも同様の措置が採られた場合があるようである。一九四四年一〇月や一九四五年四月大学入学者の中には、この入学前徴集者がかなりの数に上っている。入学前徴集については、木崎弘美「「高校生出陣」の検証」『日本歴史』第六六四号、二〇〇三年も参照。
(19)　これは、学内公文書等から文字どおり「判明した」数値である。この他に、実際には戦没しているにもかかわらず、大学に届出がなされなかった例もあるのではなかろうか。
(20)　前掲蜷川『学徒出陣』一三七頁。
(21)　特に、一九四三年二月のガタルカナル「転進」の発表を転機と感じたという複数の証言がある。『報告書』第二巻、一一頁、一〇三頁、二三〇頁。
(22)　聞き取りに応じたほとんどの人が、その種の学校行事については記憶にない、と回答した。
(23)　前掲『わがいのち月明に燃ゆ』二九五頁。
(24)　牧健二「歴史的使命に生きよ」『京都帝国大学新聞』一九四三年一一月五日付。
(25)　前掲『決死の世代と遺書』二〇五頁。また、高橋三郎はこの森岡の分析について考察を行っている。高橋「戦没者の手記分析についての一考察――森岡清美『決死の世代と遺書――』をめぐって」中久郎編『戦後日本のなかの「戦争」』世界思想社、二〇〇四年。
(26)　前掲『青春の遺書』三六四頁。前掲『新版きけわだつみのこえ』一九八頁にも収録。
(27)　前掲『雲ながるる果てに』二二四頁。
(28)　ただ、筆者は森岡が指摘するように、「主体的役割人間」が戦時下の社会的政治的環境によって作り上げられたというだけでなく、もっと幅広い近代日本人の特質の一つではないかと感じているが、このことを論じるのは筆者の能力を超えている。なお、すでに高橋三郎も前掲論文において同様の指摘を行っている。
(29)　加賀博子編『日なり楯なり』櫂歌書房、一九九五年、二五頁。また前掲『学徒兵の精神誌』も参照。
(30)　前掲『決死の世代と遺書』二一〇頁。

京大国史の「民俗学」時代——西田直二郎、その〈文化史学〉の魅力と無力——

菊地　暁

はじめに

日本史をやりたかったので、黒板勝美『国史の研究』と西田直二郎『日本文化史序説』を読んでみたところ、『国史の研究』は分かったが、『日本文化史序説』はサッパリ分からなかった、だから、京大（京都帝国大学）に行ってみようと思ったのだ。平山敏治郎はそう語った。(1) 東京生まれの東京育ち、東京西郊の成城高校に進学して柳田国男の民俗学に出会った平山は、普通に考えれば京都に進学する必然性はなかったように思われる。その平山を京都に惹きつけたのが西田直二郎、その〈文化史学〉が醸し出す妖しくも不可解な魅力だった。(2)

大正末から昭和初期、日本の史学界は新たな装いを見せ始めていた。西欧近代歴史学の移植が官学アカデミズムを担い手として一通り達成され、文献実証主義がスタンダードとして確立される一方、大正教養主義を追い風に和辻哲郎、津田左右吉、柳田国男といった気鋭の書き手たちが登場し、新たな構想力で史学の領域を着実に押し広げていった。この動向が日本最初の「新しい歴史学」だったという山口輝臣の指摘はきわめて真っ当なものだろう。(3)

そしてその震源地の一つが西田の〈文化史学〉だった。平泉澄の喧しくも空疎な皇国史観が若き学徒を東大から遠ざける遠心力だったとするなら、難解だが情熱的に「新しい歴史学」の可能性を説く西田の〈文化史学〉は、若き学徒を京大へと導き誘う、まさしく求心力だったに相違ない。

結論的に述べるとこの〈文化史学〉こそ、京大に民俗学を呼び込む土壌だったわけだが、では西田はいかにして〈文化史学〉を構想し、それはいかにして民俗学に接合され、そこからいかなる学問的実践が産み出されたのか。そして、その民俗学が定着をみなかったのは、いかなる理由によるものなのか。西田直二郎と彼の主催した京大民俗学会、そしてそこに集った若き学徒たちの動向に迫りながら、この問題を考えてみたい。

一　〈文化史学〉の登場

(一)西田直二郎

まず、西田直二郎の経歴から確認しておこう。[4] 西田直二郎は一八八六年（明治一九）、大阪府東成郡清堀村（現大阪市天王寺区）に生まれる。清堀村は大坂冬の陣の際、徳川・豊臣の和睦の条件として埋められた堀の跡にあり、豊かな史蹟を身近に育ったことが史学への端緒となったという。

一八九九年、天王寺中学に進学。同級生には折口信夫、武田祐吉、岩橋小弥太らがおり、彼らとともに図書館で記紀や万葉集を読み漁り、また休日には南河内や大和を訪れては「詩の国」「神の国」を実感した。[5]

やがて、同級の古代史仲間が国学院へ進むのを横目に、西田は三高（一九〇四年）、京大（一九〇七年）へ進学する。京大の文科大学（後の文学部）は前年に設置されたばかりで、史学科はちょうど一九〇七年の開設、発足当初の文科大学は学生数に比して教官数が多く、「一家のような和気親愛」の「私塾」的空気に包まれ、学科や専攻を越えた交流が盛んだった。[6] 西田は国史学教授・内田銀蔵、三浦周行の指導の下、東洋史の内藤湖南、西洋史の原勝郎にも親炙し、また、同期の江馬務（風俗史）、清原貞雄（神道史）、兼常清佐（音楽学）、武内義雄（中国哲学）、福井利吉郎（美術史）、高田保馬（社会学）、赤松智城（宗教学）らと切磋琢磨しつつ勉学に勤しんだ。

一九一〇年、大学を卒業した西田はそのまま大学院に進み、「日本文化史」を研究題目として引き続き内田、三浦、原の指導を仰ぐこととなる。内田の研究室の一隅に机を置くことを許された西田は、(7) 内田の指導により西欧の歴史書を次々と読破することとなるが、その最初の一冊は、後の『日本文化史序説』にも大きく影響することとなるコンドルセ『精神発展史の綱領』だった。ちなみに京大東洋史出身の藤枝晃は、「この書は、西田直二郎先生が大学院にはいつて、故内田銀蔵先生から、まづ読むやうにと示されたものださうで、京大の史学科では、いはゞ『ゆるしもの』の様になつてゐる本の一つである」と述べている。(8)

一九一七年、京都府史蹟勝地調査会が設置されると、西田は考古学研究室雇の梅原末治と共に調査委員を嘱託され、府下の史蹟を調査する。(9) 考古遺跡から年中行事まで、現場を歩き雑多な対象に取り組んだ経験は、後の民俗学への関心にも影響していると考えられる。

そして一九二〇年、西欧で最新の歴史学を学ぶべく英独仏へと渡航する。郵船三島丸には大学院で同期の赤松智城、宇野円空（宗教学）も同乗していた。そして西田が赴いた先はケンブリッジ大学「社会人類学」講義である。

Social Anthropologyという講義題目は、目を新らしく惹くものであつた。このころ、フレイザーはリヴアプール大学に移つていたが、ハッドンや、リヴアーズが社会人類学を講じていた。リヴアーズのポリネシアやメラネシアの宗教・社会とその歴史の講義や講演を私等は事新しくも聴いたのであつた。［……］私は両博士の諸研究が日本の古代文化を考える上に多くの示唆を与えることを思うたのであつたが、これがもとになつて英国に渡り、この大学に留ることとなり、社会人類学なるものが古代史研究に近接する可能をいよい

より明らかに観たのであった。(10)

最新の人文諸科学の成果を広く吸収し、歴史学に活かそうとした西田の姿勢がうかがえる。この翌年にはベルリン大学へ転じ、さらに翌年には中近東を訪問している。帰国後、一九二四年には博士論文「王朝時代の庶民階級」を提出して学位を取得するとともに教授に昇進。ときに三九歳。まさしく新進気鋭の少壮教授・西田が京大夏期講習会において世に問うたのが「日本文化史」――後の『日本文化史序説』の骨子となる講演――だった。

(2)『日本文化史序説』

この講演は八年後の一九三二年、『日本文化史序説』(改造社)として刊行される(以下、『序説』、引用は頁数のみ記載)。八年のタイムラグは「はしがき」によれば口述筆記の補修に思いのほか時日を費やしたためで、論旨の変更は特になかったと推察される。

『序説』の方法を眺めておこう。ただ、日本文化史の通史的叙述の前に長大な方法論的考察を置き、クローチェ、コンドルセ、ディルタイ、ブルクハルト、リッケルト、ランプレヒト、並居る歴史哲学者たちを次々と論じる『序説』の論理展開を追うのは容易なことではない。ここでは民俗学に関連して三点ほど確認しておきたい。

まず、西田の提唱する文化史学はきわめて再帰的(reflexive)である。それ自体が歴史的産物であるところの歴史意識を通じて歴史的対象の構造的理解を図るべく、過去と現在、主体と客体、特殊と一般を往還するダイナミックな歴史学を希求する。ゆえにそれは、芸術・思想といった特殊領域に限定されるものでもなく、また、年月日時の特定可能な事象に限定されるものでもない。文化史とは、近代人の精神が発展を遂げたが故に生じる必然的な自己省察の運動であり、「真実に文化史が成立する基礎には、知らんとする主体が実にその対象たる歴史の世界にあつて自らを見出すことに於て一となり、過去が現代に連り来る事が意識されて来なければならぬ」という（一三頁）。こうした西田の〈文化史学〉は、細かな文言や理論の参照法に違いはあるにせよ、柳田国男の唱えた「内省の学」と共鳴する。

第二に、西田は民族誌的知見を積極的に援用する。それは、日本文化史の具体的叙述、とりわけ古代史を扱う第四講に集中する。日本の装飾古墳の文様解釈にネイティブ・アメリカンの線画が参照されているのをはじめ、アニミズム、トーテミズムといったテクニカルタームが使用され、ハッドン、リヴァーズの所説が引かれている。方法論的に精緻化されたとはいい難いものの、民族誌的比較という手続きそれ自体が新鮮な感覚を与えたことは確かだろう。

第三に、おそらくここが最も議論を惹起するのだが、「復古」が日本史のライトモチーフとして描き出される点である。

日本歴史の総体を考ふれば、この歴史こそ、日本人の遺した最も光輝ある威跡であつて、日本人を知る最も正確なる事実である。文化の上にてはこの歴史こそ一般に人間を考ふる最良の対象である。日本文化の総体を考へて、歴史の大勢のうちに、日本の古き精神が蘇つた時代を凡そ三、挙げることができる。一は藤原時代であり、二は徳川初期であり、三は明治時代である（六〇六頁）。

「反復するもの」を想定することそれ自体は一つの可能性であり、なんら問題ではない。とはいえ、その具体的な内容については当然論証が必要だろう。それが不十分なまま、「家長制」「氏族制度」といった内容が具体的に措定され、ひいては「天皇制」に関連づけられるなら、それは間違いなく問題である。西田の論述をそうした読みに一義的に還元することは困難だが、逆にそれを否定することも難しい。先回りしていえば、この点の受けとめ方が〈文化史学〉受容のターニングポイントとなる。

長大かつ複雑な構成をもつ『序説』を上記の三点のみで理解することは偏狭の誹りを免れない。『序説』というテクストはさらに精緻な考察を必要とし、また、『京都史蹟の研究』（一九六一年）、『日本文化史論考』（一九六三年）といった他の主著を参照することも必要だろう。とはいえ、『序説』の打ち出す「新しい歴史学」が上述の点と密接に関わっていることもまた事実だ。

『序説』刊行後、平泉澄はコメントを寄せている。

かくてあらゆる学説を摂取し綜合して博大なる文化史を組織せんとした著者も、その文化史の出発点とした啓蒙主義は、最後に至るまで明白に残存し、世界主義、自由主義、而して非歴史主義を以て本書の基礎たらしめた。蓋し「歴史」に対する省察は、多くの問題を残してゐる。予は国史学界曽て見ざる清新の文と、深き哲学的思索の一途の沈潜とを本書によろこびつゝも、「国家精神にみち」みちたる一人として、歴史の根本問題について著者と見解を異にするを悲しむ。(11)

「国家主義にみち」みちたる平泉は、この西の好敵手にそれと相容れぬ自由主義の匂いを過敏に嗅ぎ取ったらしい。『序説』は東大・平泉に対峙する京大・西田の〈文化史学〉マニフェストとして鮮烈に登場し、多数の読者を獲得していったのだ。

（3）金曜会

西田の〈文化史学〉に魅了されたのは、まず何よりその謦咳に接した学生たちだった。文化科学の自立が謳われ、人文諸科学の新たなステージが予感されたこの時期、若き学徒が気鋭の少壮教授にその指針を求めたとしても不思議はない。その結果、下鴨の西田邸において私的懇談会「金曜会」が発足する。

発会の経緯については、国史学の学生で会の立役者の一人・肥後和男が詳しく記している。(12)「西田先生の新しい史風といふものに、大に感化され始めましたので、それをもつと切実にする為に、先生と失礼ながら膝を交へて談ずるといふことにしたいといふ希望」を抱いた肥後は同級生とともに西田邸を訪問、談話会の発起について相談する。西田は「早速賛成」したものの、「単に自分と君等とだけで話をすることになれば、どうしても話の種が尽き易いし、同じ問題を繰返すことになるから、成るべくいろんな人に来て戴いて、それを中心にして話さう」と提案する。

第二学期になりましたので、その計画を実行することになり、山根〔徳太郎〕君、池田〔源太〕君などに相談をしましたところ、いづれも大賛成でした。山根君などはあゝした性質ですから、犬馬の労を厭はずといふ調子で、奔走されましたので、十月頃大類〔伸〕先生が、仙台から講義にお見えになつてゐたのをお願ひして、西田先生の御宅で第一回を開いた様な次第でした。それから毎月の様にこの会がありましたが、大抵十一時過ぎまで熱烈に論じあつたので、銘々聊かの興奮を残しながら、御宅を出て、それ〴〵分れて行つた気持は、今なほ胸にやきつけられてゐるのです。かうした会がどれだけの意義があつたか、分りませんが、それがあることは、少くとも私にとつて、大なるたのしみであり期待でありました。

こうして、東北帝国大学教授・大類伸をゲストに金曜会は発会した。以後、三木清（哲学）、和辻哲郎（哲学）、植田寿蔵（美学）、源豊宗（美術史）、折口信夫（国文学・民俗学）といった錚々たるゲストを招き、また、学生も国史学にとどまらず、水野清一、森鹿三、貝塚茂樹など、「歴史とは何かということを問題とする若い学者や学生は、国史、東洋史、西洋史、考古学を問わず、先生の門に集まった」という(13)。

やがて、この金曜会が発展的解消、京大民俗学会が結成されることになる。

二　京大民俗学会の始動

(一)民俗調査

一九二七年一二月二日、第一回京大民俗談話会が開催される。水野清一は、「云ひ出しは考古学関係の学生でありますが」と述べているが、さしずめ水野自身が首謀者の一人なのだろう。(14)また、これに参加した医学部病理学教室助手・三宅宗悦は次のように語っている。

近時民俗学的研究台頭の機運にかられ、当地に於ても、一昨年冬以来、京都帝国大学文学部史学科の学生及び卒業生が中心になつて、民俗談話会が生れました。設立以来文学部西田直二郎教授、医学部金関丈夫助教授等の熱心な指導、後援によつて、漸く健全な歩みを続け、今では各学部及在京同好者も増加し、毎月研究発表、見学、採訪等を続ける一方、土俗品の蒐集にも努力してゐます。(15)

この民俗談話会が、後に民俗学研究会、民俗学会、民俗調査会と名称を改めつつ（以下、「京大民俗学会」と総称）、京大における民俗学のセンターとしてユニークな活動を展開していくことになる。京大民俗学会については、当事者たちの回想のほか、蘇理剛志による基礎的な復元作業があり、(16)また、二〇〇五年に開催された「柳田国男生誕一三〇周年記念シンポジウム　京都で読む柳田国男」においても多角的な検討が加えられている。(17)これらの成果を踏まえつつ京大民俗学会を眺めてみよう。

調査・採集は民俗学の基本であり、京大民俗学会においても盛んに試みられている。会の行事としては、一九二八年五月一〇日の「壬生狂言」に始まり、鞍馬寺「竹切会」、「七夕蹴鞠」、「祇園祭」、修学院村「大日踊」、観世能・狂言、東大寺二月堂「御水取」、春日若宮「御祭」、大津市山中町樹下神社祭礼、宇治縣神社「あがた祭」、伊勢別宮伊沢宮「御田植」と京都を中心に近畿各地の見学会が実施されている。

さらに本格的な民俗調査としては、一九二九年三月一〇日の愛宕郡八瀬村における第一回野外採訪を皮切りに、鞍馬、貴船、花背村、宇治田原郷、葛野郡小野郷村とこれも京都近郊で実施されている。このほか、研究室恒例の見学旅行も貴重な機会だったようで、西田が研究室を主宰したこの時期は、朝鮮（一九二八年）、満州（一九三〇年）、沖縄（一九三二年）まで足を伸ばし、史料、史蹟のみならず民俗の見聞も広めている。

調査方法については、一六ミリフィルムの使用が特筆される。一九三三〜三六年には服部報公会より研究助成を受けて「近畿地方の民俗学的調査」を実施、これによって撮影されたフィルム二〇本あまりが京都大学総合博物館に保管されていた。今回、富士フィルムの協力を得て復元を試みた結果、九割方が劣化のため修復不能、平安神宮「時代祭」と京都府天田郡上野条（現福知山市上野条）「御勝八幡田楽」を撮影した二本のみが映像として再生した。修復された映像が鮮明だっただけに、永遠に失われた残りのフィルムが惜しまれてならない。

また、「土俗品」の採集も熱心に行われた。「民俗調査会」資料には収集資料の目録、資料カードなどが残されており、コレクションの形成過程がうかがわれる。直接採集されたものと寄贈・寄託されたものとがあり、採集地も国内にとどまらず、樺太、朝鮮、台湾、満蒙、南洋群島に広がっている。採集者は物質文化に造詣の深い考古学研究室の関係者が中心となっているが、それ以外の協力者も多く、珍しいところでは和辻哲郎からインドネシアのワヤン（影絵の人形芝居）の人形が寄贈されている。

こうした調査を通じて文献と民俗をつなぐ新たな視座を獲得する者もいた。肥後和男は次のように述べている。

そして昭和五年、民俗学の連中が丹波の花背村を訪い、一泊して村の生活を探訪したのがきっかけとなって、私の学問に新しい方向が発見された。そこの薬師堂でオンベェウチという行事があるのをきいて、何かのインスピレーションみたいなものが得られた。それがどう発展したのかくわしい記憶はないが、それと鞍馬寺の有名な竹伐の会式とが結びつき、やがてそれが、スサノオノミコトのヤマタノオロチ退治の話にまで関連づけられることになった。私は霊感にうたれたような気になって、これを原稿に書きあげ、雑誌『民俗学』に投稿した。早速それが掲載されたが、この論文は一部の人々から大いに注目された。[18]

オンベウチや竹伐会をヒントに、記紀神話におけるスサノオを民俗的な「山の神」信仰に引きつけて解釈するという着想を得たのである。やがてこの啓示は、『日本神話研究』（一九三八年）を始めとする膨大な神話研究に結実する。ケンブリッジで西田が得た民俗学による古代史の革新という発想は、ここに具体的成果を産み出すに至ったのである。

(2)図書収集

一九三二年の夏休み、赴任先の台北帝国大学から久しぶりに母校の研究室を訪れた小葉田淳は、書庫を訪れて当惑した。地誌類が跡形もなく消えていたのである。[19]移動先は新たに設けられた「郷土史資料室」だった。民俗学のさらなる進展をはかるべく、研究室を挙げた組織的収書が試みられたのだ。[20]開設にあたって西田は次の一文を寄せている。

京都帝国大学の国史研究室は、早くより日本諸地方の地誌、府県郡村史、諸種の郷土記録の類の豊富な蒐集があつた。今度これらを一まとめとして郷土史資料室なるものを、さゝやかながらも、作ることゝした。この室が、国史の第二陳列室をなせる土俗研究資料の蒐集品と相応じて、よく利用せられることゝ、この室の機能を尚ほよく発揮するために今後の資料蒐集の上に諸賢の尽力せられんことを冀ふものである。近時郷土史に関する研究の一般的な興味が高まり来たことは、学問として慶賀すべきところである。郷土に対する深い注意には、尚ほ文化に対しての内省的な精神が伴つてゐる。たゞ郷土史の研究が陥るところは、地方的な瑣末の事件が歴史研究の主題であるかの如くに考へられることである。郷土史研究が今後は、より学問的な立場をとり、一地方、辺陬の事件であることよりは、さらに全体的な価値の発見と考究に向つて行くことであるを思ふのである。この点よりして、郷土史研究は、今新たなる研究の方法とその観点とを切に要求してゐる。この郷土史研究のための資料室がこれらに対して貢献するところと、何等かの意義とをもつことゝを

望むのである。(21)

西田は、郷土史研究が偏狭な地域主義に陥ることを戒め、郷土の「内省」から「全体的な価値」を目指すべきことを説くが、そのスタンスは柳田民俗学とも通底する。

これらの書籍の一部は、現在、図書は文学部図書室に、雑誌は総合博物館に、それぞれ収められている。既に拙稿で簡単な分析を加え、また別稿で詳細な紹介を予定しているので、ここでは最低限の紹介にとどめると、図書の対象地域は日本のみならず近隣諸国まで、扱うジャンルも物質文化から祭礼芸能、口頭伝承と伝承文化全般に及び、民俗学から人類学までゆるやかに連続した幅広い関心のあり方がうかがえる。総合博物館所蔵分は、『民間伝承』といった主要な民俗学雑誌のほか、各地の郷土雑誌、村誌・郡誌、学校や同好会による調査報告書などが含まれ、珍しいものが少なくない。

なお特筆すべきは、京大民俗学会では原典講読が行われていたことで、一九三二年には近代人類学の鼻祖マリノフスキーの『未開社会における犯罪と慣習』(*Crime and Custom in Primitive Society*)が会読されている。(22)国史学の学生たちが最先端の欧文図書に果敢に挑んだ姿に、人文諸科学の新たな統合をめざした〈文化史学〉の躍動が感じられる。

(3)陳列館

調査資料や図書資料の収集もさることながら、京大民俗学会の活動の中心はやはり研究会である。「民俗調査会」資料には研究会の参加者名や報告・討論内容を記した大学ノート三冊が含まれており、筆者は前記拙稿でそれを手がかりに研究会の復元を試みた。その要点を確認すると、①参加者が最も多いのは国史学研究室(西田直二郎、肥後和男、山根徳太郎、柴田実、池田源太、平山敏治郎、高谷重夫など)、②史学科の他の専攻、とりわけ考古学、東洋史からも熱心な参加があり（水野清一、森鹿三、梅原末治、末永雅雄、小牧実繁など）、③他学部からは考古学と関係の深い医学部から参加（金関丈夫、三宅宗悦など）、④大学以外からも市井の研究家たちが参加（井上頼寿、田中緑紅など）、⑤京大へ集中講義に訪れた遠来の研究者がゲストスピーカーとして登場している（柳田国男、折口信夫など）。このような雑多な参加者を擁した結果、報告内容は必然的に拡散し、狭義の民俗学にとどまらず、歴史学、考古学、地理学、国文学、言語学、形質人類学、等々、雑多な報告が入り乱れ、広漠とした「歴史」の探究がなされることとなった。

こうした場が現出するにあたっては、いくつかの要因が作用している。

まず、昭和初期における学生数の激増というデモグラフィックな要因を指摘できる。大正年間における高等学校の増設は、当然ながら大量の大学進学者を産み出すこととなる。それまで例年二、三名の卒業生しかなかった国史研究室も、昭和に入ると一挙に毎年一〇名を越える卒業生を輩出する。なかでも一九三〇年は二〇名を越える大所帯となった。しかも、世は「大学は出たけれど…」という就職難。卒業生が大量に大学院に在籍し、従来の豊富なスタッフと少ない学生数により保たれていた教官と学生の親密なコミュニケーションは抜本的な変化を余儀なくされていた。不景気や政治的弾圧で鬱屈した学生・院生たちの情熱を吸収し、なおかつ、教官とのコミュニケーションを確保するため、新たな回路が要請されていたのである。

また、教官サイドは世代交代を迎えつつあった。各専攻によって事情は異なるものの、この時期、史学科開設スタッフすなわち「第一世代」はおおむね研究室を去り、彼らの薫陶を受けた「第二世代」が史学科を担いつつあった。設立の経緯からして東大の対抗軸たることを宿命づけられた京大史学科は、史料収集の立ち後れという条件も手伝って、文献史学にとどまらない広義の歴史学への志向を持たざるをえなかったし、多芸多才な「第一世代」は、そうした学問的相互乗り入れをこなすだけの実力を兼ね備え、何より東大とは異なった歴史学への意気込みに満ち溢れていた。そうした「第一世代」に「純粋培養」された「第二世代」、とりわけ、史学科一期生の西田がそれに拍車をかけたとしても不思議はない。

そして特筆すべきは、史学科にとって牙城ともいうべき「陳列館」の存在である。陳列館は、一九一四年に第一期工事が完成し、以後、三度にわたる増築を得て一九二九年、ようやく回廊状の全容が出現する。当初、史学科以外の研究室も含んだ陳列館は、次第に史学科の専有に帰し、完成時には史学科五専攻（国史、東洋史、西洋史、考古学、地理学）の各研究室、教官室、書庫、資料室を備え、名実ともに京大史学科の根拠地として威容を放っていた。また、地下室では囲碁・将棋や雑談・猥談が、中庭ではピンポンが、前庭では野球が行われ、学問のみならずレクリエーションの場としても賑わった。ここに集うスタッフ、学生たちが、日常的な交流を通じて、史学の対象や方法や資料をめぐる議論を深めたことは、ある意味、当然かもしれない。

専攻の横断性はカリキュラムによっても支えられていた。国史学初代教授・内田銀蔵はドイツの大学をもとに専攻の課程を構想し、ゼミナールを重視、「史学研究法」を必修化、一回生では専門分けをせずに史学科全専攻の普通講義を受講させるなど、さまざまな新機軸を打ち出した。一九二八年に東洋史を卒業した貝塚茂樹は、京大史学科の特徴を東大の政治史に対する文化史とした上で次のように回想している。

ぼくらが入ったら、西田直二郎先生がそのときに主任で、史学科の新任の卒業生もみんな集めて、百万遍の方丈で歓迎会を開いてくださったことがある。だいたい先輩の人たちもみんな言うのやけども、肥後和男［国史］はぼくの先輩ですけどね、それから中原与茂九郎［西洋史］は卒業していたかな、そんな人がみんな来ていて、一年のときは歴史とは何ぞやということから勉強したらいいと言う。はあ、そんなものかなと思うた。やはり史学方法論というのがやかましかった。史学研究法というよりは歴史学方法論ですね。(23)

こうして、史学科全体が一つの研究室のような雰囲気に包まれるなか、方法論を深め、文献のみならず、考古、民俗といった多様な素材と格闘し、歴史学の革新を模索した。京大民俗学会もそうした場の一つであり、民俗学もそのオプションの一つに過ぎない。京大民俗学会とは、「京大史学科『新しい歴史学』研究会」なのである。

三　戦時下の〈文化史学〉

(一)「反乱軍」

だが、京大民俗学会の「ごった煮」状態はそう長くは続かなかった。その変調は研究会の活動状況に現れる。およそ月一回のペースの研究会が昭和一〇年代に入ると頻度がまばらになり、また、内容的にも遠来のゲストの報告を除くと国内を対象とした調査報告が主流となっていく。

これについて平山敏治郎は「オレと高谷が『反乱軍』だった」と語ってくれた。その意味するところは、当時、平山が同級生・高谷重夫とともに京大民俗学会の民俗学色強化を試み、学際性をよしとする水野清一、森鹿三らの古株と対立、結局、「おまえら、勝手にせえ!」といわれ、会の規模は縮小、取り扱う内容も民俗学に特化することになった、ということである。以後、京大民俗学会は戦後、昭和二〇年代末まで断続的に活動を続けたことが知られているが、昭和一ケタ代の異種混交の熱気は感じ難いものとなっていった。

ここには、京都ローカルにとどまらない全国的な人文諸科学再編の動きが反映されていると考えるべきだろう。一九三四年の日本民族学会設立、一九三五年の民間伝承の会設立によって、長らく境界の不分明だった二つの「ミンゾクガク」が明確に異なるディシプリンとして自立し始めたことは日本のフィールドサイエンスにとって大きな画期である。その民間伝承の会設立の契機となった「日本民俗学講習会」に平山が出席していることも、そうした全国的動向との共鳴を推測させる。

他の分野においてもそれぞれ独自の動きが際立ってくる。東方文化学院京都研究所においては、一九三六年より、京大民俗学会を長らくリードした水野清一が長広敏雄とともに華北石窟調査に着手、戦後、『雲岡石窟』一六巻三二冊に結実することになる発掘事業に邁進する。京大民俗学会の熱心な会員だった地理学の小牧実繁も、一九三六年、石橋五郎が退官し名実ともに地理学教室の主催者となると、翌年の日中戦争勃発に引きずられたかのように地政学へと急旋回し、今西錦司とともに「探検地理学会」を組織、[24] 着々と「日本地政学」への道を歩んで行った。そして、陳列館の人の流れの結節点だった「カフェ・アルケオロジー」こと考古学教室の主催者、濱田耕作は京大総長在任中の一九三八年に急逝する。こうしたさまざまな出来事が京大史学科のあり方に少なからぬ影響を刻むこととなった。

そして、京大民俗学会の主宰者、西田直二郎にも大きな転換点が訪れる。

(2)「天業恢弘」

西田は多忙を極めていく。一九三四年、後に教職追放の原因ともなる国民精神文化研究所員を兼任したことを皮切りに、日本精神史講座兼担、学部長、評議員、高等試験臨時委員、日本諸学振興委員会常任委員、教学練成官など、大学内外の要職を兼任、京大民俗学会に割く余裕を確実に失いつつあった。

西田の「御用学者」ぶりを端的に示すのは国家的修史事業への度重なる関与だろう。[25] 年譜を眺めると、臨時陵墓調査、神武天皇聖蹟調査（以上、一九三八年）、日本文化大観編集、国史館造営、京都市史編纂、[26] 歴代宸翰調査、肇国聖蹟調査（以上、一九三九年）、国史編集準備（一九四三年）、文部省国史編集調査（一九四四年）、数々の委員等を歴任している。国家的修史に「京都帝国大学教授」の看板が不可欠だったという事情はあるにせよ、大車輪の大活躍には違いない。一九四〇年一月一三日、宮中御講書初においての「日本書紀神武天皇即位元年橿原開都条」進講は、「御用学者」のハイライトというべき一コマだろう。相当嬉しかったとみえて、翌月には知友門下を集め京都ホテルで祝賀会を催している。

こうしたなか、西田が力を注いだのは「神道史」である。西田の神道史に対する関心は古く、一九三三年には京都府神職会の寄附を取り付けて神道史講座を設置、柳田国男、折口信夫、宇野円空、赤松智城、原田敏明と当代一流の宗教研究者を招聘するなど、着実にその基盤を整えていった。昭和一〇年代に入るとさらに加速し、一九三六年一一月には陳列館にて「神祇並神道史に関する資料展観」を実施、(27)以後この企画は恒例化、一九三七年六月には神道史研究会を組織、熊野神社を会場として第一回講演会を開催している。(28)

興味深いのは、展示に京大民俗学会の成果が利用されている点である。たとえば、紀元二千六百年を奉祝しておこなわれた陳列館の一般公開（一九四〇年一一月一七日）では、国史研究室は「神典及び其注釈書」「神事並に民間行事資料」「皇室御系譜と山陵」「古代に関する諸研究の資料」の四部を構成、民俗学関係では「春日若宮祭、東大寺修二月会、近江八幡神社左義長祭礼其他諸社の民間信仰資料並に田楽関係の文献及絵巻物」を展示したほか、「最近国史研究室の調査編修に係る近畿諸地方の現存神事田楽のフイルムを上映して一般の興味を喚起するところがあつた」という。(29)民俗学の成果は時局翼賛のアイテムともなりえたのだ。

そして、戦時下の西田史学を最も雄弁に語るのが、悪名高き「天業恢弘――日本書紀叙述の精神史的考察――」（一九四〇年）である。(30)西田は、自らが編集代表を努めた京都帝国大学文学部編・発行『紀元二千六百年記念史学論文集』の巻頭論文において次のように述べている。

昭和十五年はまさに紀元二千六百年にあたり、悠遠なる歴史を追懐し、肇国の宏遠なるを深くも思念しまつる時である。この時にあたつて、肇国の歴史、わけても神武天皇の天業の恢弘、その歴史の精神と顕現とを考ふることは此の佳き年に値ひ得たる人々の慶びであると、もに歴史学徒にとつては自らにも来りまた負はされたる課題である（一頁）。

以下、皇室賛美の言辞は枚挙に暇がない。ただ注意すべきは、『日本書紀』というテクストに表れる歴史的意識の構造的理解がこの論文の主題をなしており、その意味で西田の〈文化史学〉それ自体にブレはないという点である。もちろん、『序説』のような横文字の羅列は影を潜め、天皇を荘厳する文言が溢れるという違いはある。そして、その考察の帰結が天皇を頂点とした共同態的精神の発見だったという、きわめてポリティカルな含意も否めない。とはいえ、それが歴史哲学的理論とテクストの読解に裏打ちされて提起されていること、そのことに西田がこだわり続けたらしいことは留意されてよい。

戦後、西田の喜寿を記念して『日本文化史論考』(一九六三年)が編まれた際、この論文は「再三の考慮の後」に収録を断念される。[31] 時局的言辞にまみれながらも、西田の〈文化史学〉の到達点。その奇妙な性格が門下生に扱いを迷わせる元凶だった。

(3)京大民俗学会その後

最後に戦時下の京大民俗学会の消息について確認しておこう。

一九四〇年九月二七日の読史会との合同例会を最後に、京大民俗学会は彙報欄などから姿を消す。だが、当時の史学科関係者によれば小規模ながら会は続けられていたらしい。

「反乱軍」の一人・平山敏治郎は、昭和一〇年代後半、近畿地方を中心とした民謡調査に着手する。[32] 文部省の研究助成をうけ、理化学研究所製作の録音機を携えるという重装備の調査で、東は飛驒から西は島根まで、二〇箇所あまり、二五〇曲の民謡を録音、成果の一端は史学研究会で紹介されている。[33] この音盤は国史研究室に残されたというが、録音に用いたと思しきヘッドホンが見つかったばかりで、音盤の行方は今のところ定かではない。

ところで、京大民俗学会は縮小したものの、民俗学的関心それ自体は陳列館のそこここで息づいていた。『史林』彙報欄をみると、陳列館関係者により運営される各種研究集会においては、民俗学、人類学に係わるテーマがしばしば報告され、また、参加者も専攻の枠を超えて行ったり来たりが繰り返されている。その一つ、考古学談話会では次の読書会が企画されている。

今度、本会事務所に於て毎月一回読書会を開催することに致しました。読書会とは、歴史に関する書物を一冊選定し、その書物に就いて、出席者一同忌憚のない批判検討を試みるものであります。第一回読書会は四月下旬に開催いたします。テキストは、柳田国男氏著「木綿以前の事」（創元社発行）、第二回は、鈴木成高氏著「ランケと世界史学」（教養文庫）、第三回は羽仁五郎氏著「ミケランゼロ」（岩波新書）の予定。(34)

老大家と気鋭の若手、「世界史の哲学」と「唯物史観」、高級芸術と民俗文化、なんとも幅広い、卓抜な、そして雑多な選書である。表立った動きは減ったとはいえ、「新しい歴史学」を求めて分野を横断する「ごった煮」精神はあいからず健在だった。

そして、民俗学には時局へ抗する予感すら込められた。「西田直二郎先生の学風をつがれた」東京文理科大学の「若手のホープ」肥後和男は、(35)スサノオを民俗的な「山の神」信仰から読み解くという大胆な記紀神話分析を講義し、受講生に新鮮な驚きを与えていた。そして一九四〇年、津田左右吉が発禁処分を受けたときのことである。

その時に私が教室へ入って行ったら、学生たちからこの次は先生の番ですよ、と言われたことを覚えている。そして津田裁判に際しては、私の著書も参考にされているといった噂もきいた。日本の戦況が不利になるにしたがって当局はいよいよ神経過敏になり、私の二著も文部省思想局の勧告によって絶版届を出させられた。そして終戦となった。これによって神話研究は自由になったが私は一切の公職・教職から追放になった。戦争中、神国思想を鼓吹したからということであったようである。(36)

戦時下、時局に抵触すると思われた肥後の神話論も、戦後は狂信的な神国思想にほかならず、師の西田同様、肥後も教職追放を免れなかった。それは民俗学の、さらには〈文化史学〉の危うさを示しているのかもしれない。

四　京大国史の「戦後処理」

(一)教職追放

敗戦という現実は日本の学術にも多大な衝撃を与え、京大史学科もその例外ではあり得なかった。旧体制への批判が内外から寄せられ、再建の道が模索されることとなる。

当初、西田は自らが再建の担い手であると自任し、再建のため排除されるべき存在であるとは夢にも思わなかった。じっさい、日本地政学を唱えた小牧実繁ら地理学教室スタッフの辞職を受けて、宮崎市定、梅原末治とともに地理学講義を担当するなど、史学科の「戦後処理」にあたっていたし、また、進駐軍に対して「日本文化の歴史的発展」について講演し、「その該博透徹の意見により予期の如く多大な感銘を与」えるなど、(37)自らの〈文化史学〉が日本再建の力となることを毫も疑わなかった。

ところが、そうは思わない人々もいた。戦時中、雌伏を余儀なくされた唯物史観の一派である。戦時体制の重石が除かれ息を吹き返した若き研究者たちは、一九四五年一一月に日本史研究会を設立、翌年五月には『日本史研究』を創刊するなど、活躍の場を伸展させつつあった。(38)意気盛んな学徒の間から、戦中の歴史学に対する不満、とりわけ西田の〈文化史学〉に対する批判が生じたのは当然すぎる成り行きだ。

そしてそれは表面化する。一九四五年一一月二三日、大徳寺で読史会が開催されると、観念的かつ天皇崇拝的な〈文化史学〉にかねがね不満を抱いていた藤谷俊雄が西田を詰問する。

西田教授は第一次世界大戦直後のドイツ歴史学の動向にふれながら、天皇制の是非が論議されはじめた昨今の思想的動向を慨歎した。その時に戦争に関して国史学の果たした役割を反省する必要と天皇制の学問的検討について発言した先輩がいた。藤谷俊雄氏である。天皇制ということばを公けの席で耳にしたはじめての経験だったから、大きな衝撃をうけた。(39)

さらに藤谷は翌年五月二一日、『学園新聞』に「進歩の敵『文化史観』——西田直二郎博士の公罪——」を発表する。

敗戦後京大史学科では、戦時中日本地政学を宣言してスメル文化の世界支配を説き、いはゆる「世界天皇」の妄想をふり撒いた小牧實繁教授及びその弟子達に詰腹を切らせただけで学内民主化が終つたかのやうに装つた。けれども事実は小牧教授の如きは軍国主義の波に踊らされた、或は好意的に解釈すれば軍国主義の圧力に頭が狂つた弱気のピエロに過ぎなかつた。もつと学者的な態度で、もつと学問的な口つきで国家主義を煽り侵略政策を合理化した人々はゐなかつたか。

このように述べて、滝川事件の際の京大新聞に対する報道規制、国民精神文化研究所員への就任、紀元二千六百年記念祝典における御用学者ぶり、等々の「公罪」を列挙、記紀神話を言祝ぎ天皇崇拝を煽った西田の歴史叙述を、歴史的実態の科学的分析を放棄し恣意的な観念論に終始する〈文化史学〉の方法論的欠陥として詰問する。唯物史観からなされる藤谷の糾弾は間違いなく〈文化史学〉批判の急先鋒だった。

そして同月、「教職追放」が実施される。史学科では西田のほか、中村直勝、鈴木成高（西洋史）が該当者となった。「神道思想鼓吹のため」(40)「大東亜戦争に理念的基礎を与えた」(41)といったイデオロギー評価が追放事由とされた中村、鈴木と異なり、国民精神文化研究所員兼任という客観的要件が追放事由となった西田に抗弁の余地は残されていなかった。結局、定年まで半年あまりを残す七月三一日に退官。その後、僧籍に入り直二と改名、出征により行方不明となった兄が住職を務めた大阪天然寺を名義上相続することとなる。

とはいえ、史学科スタッフおよび学生の西田に対する敬意は変わらなかった。追放の際は学生が委員を選出して審査委員会に陳情し、西田・中村の追放解除を要請した。[42] また、同年一二月二三日には西田の還暦祝賀会が開催され、陳列館貴賓室には元同僚、門下生が集い、祝辞ならびに記念品の献呈が行われた。さらに枳殻邸に移って催された祝宴では、物資統制の最中、平山敏治郎、岸俊男、直木孝次郎の三人が明石まで赴いて入手した魚料理が振る舞われた。

にもかかわらず、激変する戦後京都の史学界において西田が傍観者的位置にとどまらざるを得なかったことは確かである。一九四九年八月、卒業生の中村一良に宛てた手紙には西田の違和感が記されている。

京都の国史学界もいま沈滞の観があります。混迷の後に来る疲労とも見られることです。歴史的思考の低下ともいふべきものが来るのを恐れます。安易な実証主義に身を隠すやうな若い歴史学徒がこの地に多くなるやうです。文化史研究者の奮進が今後いよ〳〵要請されると考へます。この辺にも日本がうける苦患がなほつゞくでありませう。[43]

（2）後継者人事

およそ人事に満点はない。マイナス百点や百点オーバーはあるかもしれないが、満点すなわち期待通りということはあり得ない。有限の知性が有限の知性を選ぶという事の本質上、それは免れ得ない蓋然的リスクだ。しかも、その帰結が明らかとなるのは、えてして相当時間を経てからのことである。

京大国史から民俗学が絶えた理由、すなわちその土壌であったところの〈文化史学〉の絶えた理由が、究極的には西田追放後の後継者人事にあることについては、既に林淳の指摘があり、[44] 筆者もそれが妥当だと考える。とはいえ、人事という作業の性質上、プロセスや関係者の意図の正確な記録は残りにくく、事後の思惑や感情をはらんだ回想の断片が残されるばかりだ。そのことを十二分に踏まえた上で、いくつかの記憶の破片から事の推移に迫ってみよう。

西田退官後、講座代表は原随園（西洋史）が兼任するところとなり、梅原末治もサポート、柴田実は講師から助教授へ昇任し、混乱した国史学講座の事態収拾に着手することとなった。当時、柴田は自分が西田の後継者になったつもりで西田の机を使っていたという。

暫定的であれ講座代表となった原の意向は後継者人事に大きく影響したと考えるのが妥当だろう。とはいえ、原がどのような思惑で後継者選考に当たったのか、それを語る資料は多くない。ただ、西田の〈文化史学〉に理解と共感を寄せていたらしいことは後年の回想から確認できる。

第二次の世界戦争のころ、西田さんは、伏見稲荷、北野神社の宮司らから、寄付金を集めてこられて、文学部に神道講座を新設しようと提案されたが、時流に迎合するものという反対があってこの案は流れた。西田さんの意図は、単に時流にのろうとするのではなかった。神道と関連して、わが国の習俗を研究する意図があった。〔……〕わたしは、この講座が流産したことを今でも残念に思っている。(45)

さて、後継者選考で上がった名前の総数や具体化の度合いは当然ながら不明だが、当時のスタッフや実際に着任した人物以外で、二人の候補者名を知ることができる。

一人は清水三男。『世界文化』グループとの関係により治安維持法違反で検挙・拘禁されて以後、保護監察で雌伏を余儀なくされてはいたが、その新鮮な着想と堅実な実証は高く評価され、荘園制を支える実態としての「自然村落」に迫った『日本中世の村落』（一九四二年）は「国民学術協会賞」を受賞するなど名著の誉れが高かった。召集を受け、敗戦を千島列島で迎えた清水は、その後シベリアに抑留されたままだったが、講座再建の新戦力として帰国が待たれ、一九四七年度の授業計画には講師に予定されていた。その清水の訃報が伝えられたのは、授業計画が出来て二、三週間後だったという。その衝撃について直木孝次郎は、「今思っても詮ないことだが、もし無事に帰国されたら、母校の京大の国史研究室の講師の席が待っていた。はじめは非常勤講師だが、戦後の大学の進歩的な雰囲気と、清水さんの深い学識、篤実な性行からすれば、専任の講師・助教授に進まれる可能性はきわめて高い。学生はそうした清水さんを歓迎し、清水さんも学生の期待に十分応え、京大国史研究室に新風が吹きこまれたであろう」と述べている。(46)

もう一人は林屋辰三郎。戦後、いわゆる「立命館史学」をリードし、芸能史・女性史・部落史などの分野で先駆的な業績を積み重ねていった林屋は、卒業後、副手や三高の非常勤講師を経て、西田が編纂主任を務める『京都市史』の編集員として勤務していた。一九四八年二月、編纂事業の打ち切りが決定し、路頭に迷いかけていたところを同級生の藤岡謙二郎（地理学）の誘いで立命館大学に就職する。その後、「一足おくれて、母校の京都大学の国史研究室からも就職意向を打診されたが、やはり先約を重んずべきだと思っておことわりした」。(47)

清水と林屋。高度な史料読解力とともに文化史へも深い造詣を示した二人の獲得が実現していたとすれば、京大国史における〈文化史学〉の命運もまた違っていただろう。だが、着任したのは小葉田淳と赤松俊秀の二人だった。台北帝国大学に赴任していた小葉田は、戦後一年間の留学を経て帰国、東京文理科大学に着任する。その小葉田が「『京大へ来てもらいたい』という原随園先生からの書信を、三鷹町の寄寓先で受取ったのは、昭和二三年八月下旬の頃であった」。(48)そして一九五一年八月、長らく京都府社寺課に務め府下の文化財調査に従事していた赤松俊秀が助教授に着任する。なお、長きにわたって西田を支えた藤直幹は一九四八年に大阪大学へ、柴田実は一九五〇年に分校（教養部）へそれぞれ転出している。こうして国史学のスタッフは一新され、講座運営が常態に復するのである。

そして結果だけを述べれば、小葉田と赤松は〈文化史学〉の継承者、民俗学の擁護者とはなり得なかった。もちろん、二人ともその力量はつとに知られており、小葉田は鉱山史・貿易史、赤松は荘園史・仏教史でそれぞれ卓越した業績を残している。ただ、西田のような理論的な展開力や学際的な柔軟性と比すれば、やはり学風が違うといわざるをえない。

もとより、〈文化史学〉的なもの、民俗学的なものを排除しようという明確な意志があったわけではない。少なくとも現在残されている史料からそのことは確認できない。人選はその時その時、最善を尽くして行われたものだ。ただ、そのことが結果として〈文化史学〉の断絶に帰結したことは事実である。それが、戦後の京大国史が堅実な学風と引き替えにした、決して小さくはない代償である。

一つの可能性を選択すること。それは同時に一つの可能性を捨て去ることにほかならない。

おわりに――〈文化史学〉の魅力と無力――

西田直二郎とその〈文化史学〉、彼の主催する京大民俗学会の歩みを駆け足で追ってきた。京大史学科に集った情熱溢れる学徒たちの多彩な軌跡、そしてそこから産み出された数々の作品を語るのに、与えられた紙幅はあまりに短すぎる。最後に、西田の〈文化史学〉の果たした歴史的意義について私見を述べ、とりあえずのまとめとしたい。

ここで再び「ふりだし」に戻るのだが、結局のところ問題は〈文化史学〉の不可解な「魅力」である。透徹した歴史哲学的パースペクティブと、しなやかな民族誌的ディテールと、仰々しい「天業恢弘」シュプレヒコールの奇妙なアマルガム。その振幅の大きさに評価が一定しないのも、ある意味、当然かもしれない。

じっさい、学生たちの西田評には、これが同じ講義を指しているとは思えないほど大きな開きがある。まず、概して芳しくないのは皇室崇拝についてである。とりわけ唯物史観からの批判が著しい。岩井忠熊（一九四三年入学）は、「これから縁が深くなるはずの西田直二郎教授の国史概説は、今や『天業恢弘』の時だという呪文のような話で、首をかしげざるを得なかった」という。[49] また、西田を指すのかどうかはっきりしないが、「天皇の二字を口にする時、口調が急に重々しくなるのは日本史の講義」という評もある。[50]

一方、奈良本辰也（一九三八年卒）は、過去の事実の単なる羅列にとどまらない歴史学の「学問」としての意義を学んだという。

西田教授は、私が入学した当時、数え年で五十歳だった。しかし、頭はすっかり禿げあがって、まるで六十歳のような感じがした。それが先生を年齢よりもうんと年老いて感じさせたものだが、口をついて出る既成史学への批判は、若者を凌ぐものがあった。決して雄弁ではない。ドイツ語を交えながら訥々として語っているのである。しかも、その内容が恐ろしく戦闘的なのである。一語一語が、これはあの人を、これはこの人を批判しているのだなと、胸にひびいてくるのだ。[51]

さらに、林屋辰三郎（一九三八年卒）は「史料性の高いもの」だったと述懐する。

だいたい先生の『日本文化史序説』の後半ふうのものです。例えば、私の第一回生の時は、「近世初期の文化」でしたね。そうすると都市の文化というのを一年間やられた。それは中に史料を付け加えながらやらはるからね。それは、その時代の再現みたいにしようという、その時代の心に入ろうというような考え方やからね。西田先生は史料を見ておらへんとかいって、外の人がね、精神だけのように思うているけどぜんぜん違う。西田先生は的確に史料を読んで、それを解釈してはる。［……］講義の方は、非常に史料性の高いもの。[52]

結局、いつの世も学生は自分が関心のある断片だけ聞いているということか。もちろん、講義録の類は残されておらず、また、開講年度による違いも考えられるので、正確には断定できない。だが、西田の著作等から推測する限り、その言説は皇室崇拝と理論性と史料性の三者を兼ね備えており、それゆえアクセントを異にする受容が可能だった。

そして、おそらくここに〈文化史学〉の魅力がある。誤解をおそれずにいえば、それは「新しい歴史学」の「第三の道」である。史学の対象を文献によって実証可能な範囲に限定する（狭義の）実証主義に飽き足らず、より豊かな歴史像、何らかの「史観」を求めるとすれば、皇国史観と唯物史観が二大候補となるだろう。しかし、皇国史観の声高なプロパガンダでは史料的事実との乖離を埋め難く、また、いっけん具体的な生産関係から歴史を説き起こし、個別と普遍を統合するかにみえる唯物史観も、「世界史的法則」といった硬直した公式主義に陥れば日本の個別的現実を見失う。ここに、歴史哲学のパースペクティブと民族誌的なディテールとを取り結ぼうと試みる西田の〈文化史学〉が、「第三の道」、あるいはこういって良ければ、「経験主義的日本主義史学」として――それがあり得るか否か今は問わない――、期待される余地が発生する。実証主義はツマラナイ。でも、皇国史観はウソくさい。だが、唯物史観は何か足りない。こうした違和感を覚えた学徒たちに、西田の〈文化史学〉は、そしてそこに共鳴する民俗学は、一筋の希望の光だったのではなかろうか。

それは幻想だったのかもしれない。だが、その幻想に導かれて史学科に集った面々が京大民俗学会を立ち上げ、「新しい歴史学」に向かってきわめてユニークな挑戦を試みたことは事実である。「面白そうな人がいる」ということは、時に「面白い人がいる」ということ以上に意味をもつ。西田とその〈文化史学〉が果たした「触媒」としての役割は、京都を中心とした当時の人文諸科学にきわめて広範なインパクトを与えていたのだ。

とはいえ、その幻想は長続きしなかった。京大史学科の戦後処理の結果、〈文化史学〉の伝統は潰え去ることとなる。京大民俗学会に育まれた人材が、その才能を発揮し多くの作品を世に送り出していくのは、むしろ戦後のことなのだが、にもかかわらず、彼らの占めたポストは旧帝国大学の「再生産力」には及び難く、その学風が継承発展されることはほとんどなかった。再生産力の喪失。その意味で〈文化史学〉は「無力」だった。いずれにせよ、京大国史から民俗学は長らく姿を消すこととなる。一九六二年、学位令変更を前に博論の駆け込み提出が殺到すると、無事提出を果たした平山敏治郎に赤松俊秀は、「明治維新以降の主題論文と民俗学関係とはゴメンダ」と語ったという。(53)

(1) 以下、平山氏に関して典拠のない部分は二〇〇五年に実施した聞き取りに依っている。
(2) 以下、西田の文化史学とそれに触発されて京大史学科周辺で展開された広義の歴史学を本稿では〈文化史学〉として表記する。
(3) 「大正時代の『新しい歴史学』――日本文化史という企て、和辻哲郎と竹岡勝也を中心に――」『季刊日本思想史』六七号、二〇〇五年。
(4) 西田については古代学協会編『西田先生頌寿記念　日本古代史論叢』(吉川弘文館、一九六〇年) 所収「略年譜」および「著作目録」のほか、柴田実「西田直二郎」(柴田実・西村朝日太郎『日本民俗文化大系　一〇　西田直二郎　西村真次』講談社、一九七八年) に依っている。なお、西田が関係した諸機関では関係資料の整理が進められていると聞いている。それらが公開された暁にはより精緻な議論が可能だろう。
(5) 西田直二郎「古代史への興味を覚えたころ」『古代文化』一巻三号、一九五七年、一九頁。
(6) 西田直二郎「史学科創設のころの歴史学を思う」京都大学文学部編・発行『京都大学文学部五十年史』、一九五六年、四六三頁。京大文学部の歴史については同書に依っている。
(7) 西田直二郎「内田先生」『芸文』一〇巻一〇号、一九一九年、九七五頁。
(8) 「書評前川貞二郎訳コンドルセ『人間精神進歩の歴史』」『所報』四号［京都大学人文科学研究所］、一九四九年、四頁。
(9) 京都府編・発行『京都府史蹟勝地調査会報告』第一冊、一九一九年。
(10) 西田直二郎「序」池田源太『歴史の始源と口誦伝承』綜芸舎、一九五六年、一～二頁。
(11) 「西田教授の大著『日本文化史序説』」『史学雑誌』四三巻六号、一九三二年、七九二頁。なお「国家精神にみち」

と括弧が付されているのは、この前段で紹介されている、国家精神の発達と人間省察の充実との不整合を指摘した西田の議論へのあてこすりである。

(12) 以下は肥後和男「大正十三年の頃」(『国史研究室通信』二一号、一九三五年、九～一〇頁)に依る。

(13) 貝塚茂樹『わが歳月』中央公論社、一九八三年、六五頁。

(14) 水野清一「京大民俗談話会より」『民族』三巻五号、一九二八年、一二九頁。なお、水野は考古学専攻の開設が間に合わなかったため正式には東洋史卒だが、実質的には考古学専攻である。

(15) 三宅宗悦「京都民俗談話会」『民俗学』一巻三号、一九二九年、二三一頁。

(16) 蘇理剛志「京都帝国大学民俗学会について――関西民俗学の黎明――」『京都民俗』一九号、二〇〇一年。

(17) シンポジウムの記録は『柳田国男研究論集』四号(二〇〇五年)に収められている。とくに拙稿「主な登場人物――京都で柳田国男と民俗学を考えてみる――」、および、林淳「文化史学と民俗学」が本稿に関連する。なお、拙稿では京都大学総合博物館に残された関連資料について検討を加えており、本稿でも、「民俗調査会」資料として言及する。

(18) 肥後和男「再序」『日本の神話』雪華社、一九六八年、項数表記なし。

(19) 小葉田淳「陳列館にて」『国史研究室通信』七号、一九三二年、八頁。

(20) 「民俗調査会」資料には国史研究室名義での郷土史資料寄贈依頼状の雛形が残されている。

(21) 「郷土史資料室」『国史研究室通信』三号、一九三二年、一頁。

(22) 「民俗調査会」資料には、参加者に配布されたと思しき英字タイプのテキストと内容のメモが残されている。

(23) 貝塚茂樹「貝塚茂樹――東洋史学の開拓者――」加藤秀俊・小松左京『学問の世界――碩学に聞く――上』講談社現代新書、一九八二年、七五頁。

(24) 同会については山野正彦「探検と地政学――大戦期における今西錦司と小牧実繁の志向――」(『人文研究』五一巻第九分冊[大阪市立大学文学部紀要]、一九九九年)参照。

(25) これらの概要は阿部猛『太平洋戦争と歴史学』(吉川弘文館、一九九九年)参照。

(26) 詳細は入山洋子「西田直二郎と『京都市史』」(『京都歴史資料館紀要』二一号、二〇〇七年)参照。

(27) 『史林』二二巻一号、一九三七年、二三二頁。

(28)『史林』二二巻四号、一九三七年、八一九頁。
(29)『史林』二六巻一号、一九四一年、一八三頁。
(30)一九四〇年の教学局における講演を記録した『国史に於ける永遠の思想』(目黒書店、一九四二年)も同様の史観を示し、同じく悪名が高い。
(31)柴田前掲、五〇頁。
(32)平山敏治郎『民俗学の窓』学生社、一九八一年。
(33)『史林』二七巻四号、一九四二年、四五六頁。一九四二年六月一三日開催。
(34)「読書会の開催」『考古学論叢』一五号、一九四〇年、五〇頁。
(35)土井卓治「歴史と私」『歴史手帖』七巻八号、一九七九年、一頁。
(36)肥後和男『神話と歴史』河原書店、一九七〇年、四頁。
(37)『史林』三〇巻四号、七七頁。講演会は京都国際文化協力会の主催により、一九四五年一一月一一日、同志社本部講堂、および、同月二六日、大阪瓦斯ビルにおいて開催された。
(38)藤谷俊雄「日本史研究会」岩井忠熊・藤谷俊雄監修『戦後京都のあゆみ』かもがわ出版、一九八八年。
(39)岩井忠熊『戦争をはさんだ年輪――一歴史研究者のあゆみ――』部落問題研究所、二〇〇三年、一四四頁。
(40)林屋辰三郎「戦中戦後　京都の日本史学会(下)」『日本歴史』五八二号、一九九六年一一月、四二頁。
(41)京都大学文学部編・発行『京都大学文学部五十年史』、四二頁。
(42)埜上衛「戦中・戦後派」読史会編・発行『回顧五十年』、一九五九年、四四頁。
(43)石田一良「西田直二郎先生の思い出」『日本民俗文化大系月報』九号、一九七八年、一～二頁。
(44)林前掲論文。
(45)原随園「回想」京都大学文学部編『以文会友　京都大学文学部今昔』京都大学学術出版会、二〇〇五年、一九三頁。
(46)直木孝次郎『私の歴史遍歴――人と書物――』吉川弘文館、一九九九年、五～六頁。
(47)林屋辰三郎『歴史家の軌跡』悠思社、一九九三年、五三頁。
(48)小葉田淳「回想」前掲『以文会友』、一二三頁。実際の着任は一九四九年一一月。

(49) 岩井前掲書、八一頁。
(50) 小田丙午郎「自由主義の小春日」『読書会だより』一九号、一九七七年、一頁。
(51) 奈良本辰也『歴史家への道――昭和史と共に歩んだ青春――』旺文社文庫、一九八四年、二九〜三〇頁。
(52) 林屋辰三郎「戦中戦後京都の日本史学会(上)」『日本歴史』五八一号、一九九六年一〇月、四三頁。
(53) 平山前掲書、一四六頁。

おわりに

付論Ｉ　京都市政史研究と近代京都イメージ論議

伊従　勉

近代京都を捉えるには、地方都市次元の市政史（政治）と、旧都として国家が近代にこの都市を扱ってきた経過（都市・行政）の把握、そして社会・文化的側面（風景・文化）を視野に収めずにはかなわない。なかでも、近代京都が地方的次元を超過する最たる手段であったもの、それは京都帝国大学を始めとする大学の存在（学知）と宗教本山と美術工芸、そして不在の天皇の「存在」である。

都市名望家支配から都市専門官僚支配へという構図

一九七〇年代に編集された京都市史を背景に、近年の京都市政史の編纂により、資料と論考の詳細な紹介が始まっている。しかし、東京や大阪そして近年進む地方都市の市政史研究や普通選挙施行前後の（大衆）デモクラシー研究の状況と比較すると、京都の近代研究は明治時代の市政史の解明が進んでいるところである。都市史研究にいう都市名望家層による都市支配の時代である。

近代都市史研究が形成してきた視点は、一九九七年の原田敬一の研究総括（『日本近代都市史研究』）と二〇〇三年の大石嘉一郎・金澤史男の総括（『近代都市史研究　地方都市からの再構成』）に簡潔にまとめられている。市政史研究は次のような過程を想定してきたという。

（1）一八九〇年代　都市名望家支配体制の成立（第四回内国博覧会）、（2）一九〇〇～一〇年代　市政改革運動による名望家政治の崩壊（明治三大事業）、（3）一九二〇年代　都市専門官僚・新興層による支配統合体制の成立（市区改正→都市計画）、（4）一九三〇～四〇年代　戦時都市体制（防空対策と建物強制疎開）

このスキームに近代京都のメルクマールをあてはめると、括弧に示した事件が対応する。都市改造の四つの時期である。第一期直前の北垣府政と新進実業家の都市名望家層との結びつきは、夙に指摘されるところである［小林丈広「都市名望家の形成と条件」『ヒストリア』一四五、本書鈴木稿］。都市改造事業であった琵琶湖疏水は、後に京都帝大理工科大学設置による土木技術家養成機関を京都に定着させる契機となった。これ以後の都市改造には、京都帝大の存在を考慮する必要がある。都市名望家が担ぐ部外者の市長が都市改造を執行する北垣府政の図式は明治三大事業の西郷市政に引き継がれ、京都帝大が行政官と技術官の供給元の役割も果たすようになる。

歴代の土木系京都市技師は、理工科大学土木工学科出身者が占めている。明治三大事業の井上秀二（一九〇〇年卒）、井上を継いだ境田賢吉（〇二年卒）と同期の府土木課長近新三郎、京都市区改正と初期都市計画を市で担当した永田兵三郎（〇四年卒）、永田と同時期の水道課長から土木局長の安田靖一（〇七年卒）、そして二八年着任の高田景（〇八年卒）。一九〇六年京都市技師となり二〇年から二四年まで電気部長を務めた大瀧鼎四郎（〇一年電気工学科卒）と上記井上秀二は、理工科大学助教授から市技師に転出していた［『京都帝国大学一覧』各年度］。京都帝大が土木・電気・水道技師の供給源の感がある。

卒業生ばかりか、教授らも市政に関与した。一九一三年以降市長を務めた法科大学教授井上密、一七年市会瀆職選挙の実態が露見し市政刷新の機運が盛り上がった一八年九月の理想選挙の際には、法科大学教授連が「自治講演会」の壇上に次々に登場した［日出18 09 09］。そして学区を単位とする候補者の予選体制に疑問が出され、商業会議所浜岡光哲は特別議員の法科教授に依頼して、帝大法科教授九人、理工科教授三人、文科教授三人を含む合計六〇余人の標準候補者を選考・公表して、全市的に選択的投票を有権者に呼びかけている［日出18 09 14］。その結果、京都帝大から五人の教授が市会に当選する。法科大学からは仁保亀松、市村光恵、田島錦治、佐藤丑次郎の四人。工科大学からは土木工学科の大井清一。市村と田島は上京区と下京区三級でいずれも首位当選した。

市村と田島とは、かつて京都帝大総長に抗して法科大学が学部自治を守った一九一三年澤柳事件における、法科大学罷免対象者［松尾尊兊『滝川事件』二〇〇五］、仁保は当時法科大学学長であった。とまれ、大学の自治と京都市の自治がつながる機縁が、一九一八年瀆職事件後の市会刷新への大学教授連の参画であった。

しかし、自治への動向は、一九一九年以後の市区改正と都市計画という国家主導の都市改造体制の始動によって、市会が都市計画決定機関から外され、少なくとも都市改造に関してはその芽を摘まれてしまうのである。しかも上記瀆職事件の後、市長職は七ヶ月間空席、ようやく着任した安藤市長も市会の不信任を受け二年で辞職、再び七ヶ月間空席となる。市長候補を選出できない市会の惨状を傍観して、古参の都市名望家内貴甚三郎は次のように嘆いた。「俸給目当ての議員が増えている以上、市長も俸給を目的とする、知事の古手か官界の落後者を引っ張ってくるの他はない。土着一流の人を名誉的市長になど、事実不可能である」［（大意）日出21 03 22］。

ここに明らかなように、名望家支配の府市政は瓦解し、政治屋の市会議員と地方巡回する内務官僚が市長となる時代となったことが確認できる［加藤千香子「都市化と「大正デモクラシー」」『日本史研究』四六四］。行政組織においても都市計画法制度の開始とともに、内務技師と地方技師の地方転任慣行も本格化するのである。京都地生えの市土木技師の最後が永田で、次の高田は神奈川県土木課長から転任してくる。

さて、前掲の大石と金澤は、上記の近代都市市政史研究のスキームを批判して、巨大都市史に限定されない「開かれた都市史」研究を訴え、次の要点を挙げている。

（1）拠点地方都市（地域の政治経済文化の中心）と農村の重層的編成の解明、（2）諸都市の類型化、（3）それぞれの類型における国家的地方公共政策（国家的公共）と「市民的公共関係」（地域的公共）とのせめぎ合いを明らかにすること。

この都市類型の視点に、都市計画法制度施行以前と以降の都市経営に対する国家政策の変化を加味する必要があろう。まずは東京市区改正条例が準用された六大都市に適用された都市計画法だったが、地方都市への適用が一九二〇年代に進み、一九二八年時点では一〇三都市となっていた。この時代はちょうど普通選挙制度の施行時期に当たっており、戦前自治制度が無産者に開かれた時期として注目されている［中村元「昭和恐慌期における都市計画事業の展開と無産政治勢力」『日本史研究』五三八］。しかし、都市計画法の適用される都市は、都市計画の主体性を奪われ、地方長官である府県知事・市長そして地方行政官と技術官らも国家の地方機関としての都市計画・事業の執行者として編成し直された制度的な事実に注目する必要がある。

従来の都市史研究でこの点を考慮していた論者として御厨貴や小路田泰直があげられるが、個別都市史の文脈での言及にとどまっていた。他方、建築学会や都市計画学会の都市計画史研究では、地方都市の自治の観点から都市計画史を研究する視点は極めて希薄である。しかも、地方行政職や技師たちが都市改造の地方機関として果した役割についても扱われることが少なく、本書中川稿や拙稿が概要を示した二〇年代の京都の都市改造にも、今後解き明かすべき課題が多い。市政史研究においても、国家官僚や地方行政職の係わりについて首都圏の「都市と官僚制」の研究が始まっている［大西比呂志・梅田定宏編『「大東京」空間の政治史』二〇〇二］。地方行政文書の保存の有無が、この種の研究の成否を分けるであろう。

国政事務としての都市改造の官僚指導体制は、戦後一九六八年法改正でも地方への機関委任事務として生き残り、地方分権一括法施行後の二〇〇二年改正都市計画法まで、戦後も存続していることを考慮すべきである。したがって、近代都市史研究が採用した「都市専門官僚」という概念は、戦前期に止まらず現代にまで存続する日本の行政制度における官僚制（事務と技術）と地方自治のせめぎあいの歴史のなかに置かれるべきなのである。

さて、以上のような市政史の解明では、京都の都市特性の地方的基礎が理解はできるが、京都の都市社会文化が市政史の地方的現実を凌駕する部分を捉えたことにはならない。それが文化史研究の意義ということになる。

地方次元を超過する京都の文化史的意義

詳しくは高木氏の補足に譲ることとして、京都の近代文化には、何といっても近代天皇制が影を落としている。高木博志（『近代天皇制と古都』二〇〇六）や小林丈広（「平安遷都千百年紀念祭と平安神宮の創建」『日本史研究』五三八）の先行研究が指摘しているように、みえるものとしては平安期遺跡が乏しい京都に、平安期の国風文化のイメージを帯びさせる物的な装置（桓武天皇顕彰社）として平安神宮を設け、あるいは源氏物語のイメージを重ね、葵祭の再編や付け博覧会の時代祭を創出するなど、天皇の存在に結びつけてみやこのイメージを古代に向かわせる集合意志が、近代京都を牽引してきた部分に確かにある。

遷都千百年紀念祭と第四回内国勧業博覧会に始まり、二度の御大典は、本書工藤稿にみるように、日本で初めて行政組織に常設部署として観光課を整備させる要因となった。都市の近代化（街路網整備）により支えられながら、変貌する都市の現実の姿よりも、過去の歴史イメージに誘う観光（当時は「遊覧」）という視線のずらし操作は、古都であることを意識した近代京都の根本的な脱自的な心的傾向を形成していると思われる。

文化イメージが現実の都市や地域実態を超過する様態を観測する方法、それを試みる論考が、本書にも収められている。第Ⅱ部「風景」と第Ⅲ部「文化」全体がそうであり、鈴木、小林、黒岩、菊地稿もこの趣旨に触れる部分がある。

イメージの虚構性や作為性は、京都近代の歴史実態と地方的現実の正確な実測をふまえなければ見えてはこないものである。そこに、本書に集められた諸論考が、実態研究とイメージ研究が相まった和音を呈すべく調律を済ませてはいないものの、近代京都研究の交響楽の一楽章を鳴らそうとしている意義を認めたいと思うのである。

付論II　古都京都イメージと近代

高木博志

二〇〇六年の京都市への観光客数は四八〇〇万人を突破し、右肩上がり空前の観光ブームである。ＪＲ東海の「そうだ　京都、行こう」の二〇〇八年夏のキャンペーンは、平等院で、「私のばあい、争いの歴史より　京都の「花の歴史」から多くを学んでいます」というキャッチ・コピーの、藤棚の向こうに見える鳳凰堂に、「ここは平安貴族がイメージした極楽浄土でした」という説明がつく。そして今年は、国風文化と重ねる源氏物語千年紀のイベントが、目白押しである。もっとも今日の研究では、律令制以来の中国文明の受容と定着を前提として平安後期を見たり、天皇の唐風文化が貴族文化や地方文化等とない交ぜになり、その後の京都の朝廷文化を規定したとの見方がだされており、そうした平安時代後期の文化状況が近代に「国風文化」と概念化されたのだった。(1)

近代都市・京都の、他とは違う文化史的意義は、「古都」の言葉に象徴される、前近代の「歴史」「伝統」という文化的価値を背負った都市の性格にある。たとえば京都府には、二〇〇七年度で全国の国宝一〇七三件の内、二五五件、全国第一位の国宝（美術工芸品・建造物）があり、一九九四年には京都そのものが世界遺産に登録された。それらが欧米に由来する学知で近代に価値付けされたものであれ、丸山宏の指摘するように、いつ発芽するかわからない前近代の文化に由来する「埋土種子」が埋め込まれた京都のありようも事実である（「文化の孵卵器（インキュベーター）」丸山宏・伊従勉・高木博志編『みやこの近代』思文閣出版、二〇〇八年）。

「古都」は、戦後の高度経済成長期に一般化した用語であるが、本来、かつて天皇がいた旧都という意味である。したがって「古都」という言葉は、七九四年の平安遷都に画期を求める、天皇による「遷都」史観と表裏一体であり、一八九五年の平安遷都千百年紀念祭にはじまり、大正大礼（一九一五年）、昭和大礼（一九二八年）をへて、最近では一九九四年の平安建都千二百年記念事業や「京都・観光文化検定試験」（京都商工会議所）や京都市内の小学五・六年生に強制される「ジュニア日本文化検定」（京都市教育委員会、二〇〇六年度より）のテキストに至る、歴史認識である。

京都イメージの近代を、追ってみよう。一八世紀以来の裏松光世や藤（藤原）貞幹などの平安京や古物への関心、文久期の修陵事業、といった江戸後期における歴史への関心を基盤に持ちつつ、近代京都の文化政策や歴史研究が新たにはじまった。[2] 慶応四年（一八六八）の廃仏毀釈のあとに明治四年古器旧物保存方の布告がだされ、明治五年壬申の宝物調査がされた（蜷川式胤『奈良の筋道』中央公論美術出版、二〇〇五年）。本書・並木誠士論文がいうように、この文化財保護行政の端緒が、明治四年の京都博覧会の個人の骨董の出品から、明治五年の第一回京都博覧会におけるジャンルを意識した社寺伝来の「古美術」の出品へと変化を促した。明治二年（一八六九）東京「奠都」の時期の「伝統」否定とは逆に、一八八三年岩倉具視の「京都皇宮保存ニ関シ意見書」により、京都御所での即位・大嘗祭挙行を核とする京都の「伝統」保護が国際社会に対する国家の文化戦略として意味づけられた。一八八九年の大日本帝国憲法発布と江戸幕府・「賊軍」への「恩赦」により、天皇の下での「臣民」、全国を等しく見る理念が成立し、地域のローカリティを発現する紀念祭や藩史編纂が盛んになった。立憲制のもと、全国津々浦々の地域社会の文化的アイデンティティやお国自慢の発現の解放は、日清・日露戦争という国家のナショナリズムとパラレルに全国に展開してゆく。

一方、立憲制とともに三帝国博物館（東京・京都・奈良）、東京美術学校、臨時全国宝物調査といった「美術の制度化」がなされた（佐藤道信『明治国家と近代美術』吉川弘文館、一九九九年）。歴史認識に関わって言えば、奈良（飛鳥・白鳳・天平文化）に対する京都（弘仁貞観・国風文化）という時代区分の成立も、東京美術学校での岡倉天心「日本美術史」講義（一八九〇年）以来のことである。かくして明治二〇年代の国民国家形成期には京都イメージとして「国風文化」が中国にないものとして喧伝され、国際社会へもシカゴ博覧会の鳳凰殿（一八九三年）として発信され、平安遷都千百年紀念祭の平安神宮大極殿（一八九五年）の表象となった。さらに一九一〇年日韓併合後の「帝国」の時代には、大航海時代のキリスト教の活動や日本人の海外交易や秀吉の朝鮮侵略を行われ、豪壮な障壁画やエキゾチックな南蛮文化が栄える「安土桃山文化」の顕彰が行われた（高木博志『近代天皇制と古都』岩波書店、二〇〇六年）。それは京都の村や町の地域史叙述における平安京の起源と、「中世以来の地域住民の自治意識」の強調といった歴史認識と表裏一体のイメージであった（小林丈広「京都史の文法」『人文』五三、京都大学人文科学研究所、二〇〇六年）。

本書におけるいくつかの論文で京都イメージの問題を論じたい。高木博志論文では、岡崎を例にとれば、平安神宮のしだれ桜（遠藤桜）は近衛家伝来という王朝文化の「伝統」の物語をあらわし、その南側の動物園や疎水沿いのソメイヨシノが「開発」「近代」の表象であり、両種の共存を近代都市・京都のメタファーとみる。長志珠絵論文の三宅八幡においては、昭和初期の古社寺や皇陵など史跡・名勝を核とする洛中の京都イメージの形成とパラレルに、絵馬信仰に代わり、郊外電鉄により広域化した参詣者の洛外や「民俗」表象ができあがったとする。桐浴邦夫論文では、近代京都における安土桃山時代、とりわけ豊臣秀吉の顕彰と近代茶室や茶の湯の復興との連動を論じた。藤原学論文では、王朝イメージ喚起の陰に、谷崎潤一郎は、幼年時代の記憶につながる「昔の東京」を京都に求めたことを指摘した。

さて本書・工藤泰子論文では、一九一五年の大正大礼時に京都市に観光振興の主体が移り、一九二八年の昭和大礼の記念事業が京都市観光課の設立（一九二五年）の直接的契機になったことを明らかにした。大礼と観光というテーマは、天皇制の統合論にとどまらない視点を提示し、高久嶺之介が「「地方化する京都――「建都千百年」のころ」（日本史研究会ほか編『京都千二百年の素顔』校倉書房、一九九五年）で強調したように、地域社会の側には国家の政策とは別の論理の、皇室を利用する地域振興の側面があったとの指摘と通底する。このことにかかわって、本共同研究のモチーフは、首都としての長い伝統を縦軸に、明治二年東京「奠都」以降の近代の一地方都市としての政治社会経済的現実を横軸に、古都イメージと現実との相克を、それぞれの分野から総合的に論じることにあった。(3)京都イメージが、府議会、都市計画、地域振興などの現実の中でいかに相克するかは、本書の諸論文をふまえ、今後深める必要があろうが、観光という経済的要請と、皇室のセレモニーさえも経済効果に利用してしまう現実性や、そこで『京都名勝誌』（京都市役所、一九二八年）などにあらわれる京都像の問題は、一事例を示したといえよう。同様に、本書・谷川穣論文は、本願寺の財務整理問題が京都府知事北垣国道にとって周旋に取り組むべき一級の政治課題であったことを指摘するが、このことは宗教都市・京都の特色として記憶されるべきであろう。本書・丸山宏論文も、高瀬川という史蹟名勝に配慮して都市計画が変更されたとするが、これも現実との相克という京都の特色を示すだろう。そして今日、京都市の碁盤目の街路に平安京条坊の幻影を重ねるのも、土地区画整理事業の所産である（岩井忠熊「書評、丸山・伊従・高木編『みやこの近代』思文閣出版」『京都民報』二〇〇八年五月四日）。

また京都イメージ論のなかで、ある歴史段階に形成された抽象的なイメージ論から踏みだして、小林丈広は、公家社会に由来をおく人々ではなく、鴨東地域の実業家が第四回内国博覧会の誘致とともに平安遷都千百年紀念祭を岡崎で推進した、その担い手の構想を析出した（「都市祭典と政治――都市間競争時代の歴史意識」『日本史研究』五二三、二〇〇六年）。本書・小林丈広論文では戊辰戦争の記憶を背負う旧仙台藩士で、「平安通志」や「京都府会志」の編纂事業や、草創期の帝国京都博物館の基礎的な調査事業などに携わった阿形精一の歴史叙述を取り上げた。それはたとえば中嶋節子が、昭和初期の大阪営林局による、アカマツ、ヤマザクラを主体に「一幅の絵画」のような景観をめざす「嵐山風致林施業」の計画を明らかにし、誰が嵐山の景観をつくろうとしたか、を解明しようとする立論とも通じる（「昭和初期における京都の景観保全思想と森林施業」『日本建築学会計画系論文集』四五九、一九九四年、など）。京都イメージをつくりだそうとする主体（国家・京都府・京都市・社寺・学者・官吏・商工業者など）の政治的経済的背景をふまえ、その構想の複合性・重層性を跡づけようとする新しい研究動向も、研究会の議論を通じて明らかになってきている。

（1）木村茂光『「国風文化」の時代』青木書店、一九九七年、大津透『道長と宮廷文化』講談社、二〇〇一年、佐藤全敏『平安時代の天皇と官僚制』東京大学出版会、二〇〇八年。
（2）京都市編『京都の歴史』六、学芸書林、一九七三年、羽賀祥二『史蹟論』名古屋大学出版会、一九九八年、鈴木廣之『好古家たちの19世紀』吉川弘文館、二〇〇三年など。
（3）『科学研究費補助金基盤研究(B)(2)近代京都研究：みやこから一地方都市への軌跡』伊従勉研究代表、二〇〇二年、伊従勉「古都のイメージと地方都市の現実」前掲『みやこの近代』。あるいは二〇〇六年度京都大学人文科学研究所夏期公開講座・全体テーマ「古都イメージの近代と現実」。

近代京都研究会・開催一覧

※会場について特記なき場合、一九九八〜二〇〇二年度は京都大学大学院人間・環境学研究科内で、二〇〇三年度以降は同人文科学研究所の共同研究班「近代京都研究」として同研究所内で開催。なお一九九九〜二〇〇一年度は科学研究費補助金基盤研究(B)(2)（代表伊從勉）の支援を受けた。

一九九八年度

七月一〇日

研究会発足—今後の研究会の進め方について—　高木博志

九月二五日（於京都大学楽友会館）

小林丈広『明治維新と京都—公家社会の解体—』の紹介

近代〈大路〉の成立　園田英弘

一〇月三〇日（於同前）

近代における名勝保護政策について　丸山宏

新聞にわかの空間　福井純子

一二月一一日（於東山荘）

京都帝国大学創設前後　西山伸

京都における都市計画揺籃期と市域拡大—序論—　伊從勉

一月二九日（於京都大学楽友会館）

明治期における京都近郊の植生景観　小椋純一

近代京都の小学校について—番組小学校校舎の誕生と発展物語—　大場修

三月二六日（於同人文科学研究所）

京都学派考　井上章一

北垣府政をどう見るか　高久嶺之介

一九九九年度

五月二二日（於京大会館）

西南戦争期の京都府警　落合弘樹

六月一九日（於北白川駒井邸）

近代大阪の都市史研究をめぐって　原田敬一

七月一三日（於ウイングス京都）

本会後援シンポジウム「今考えようこの一〇年の

京都」（主催・財団法人啓明社）
七月二四日（於京都大学人文科学研究所）
幕末明治の京都画壇
―宮廷絵師のゆくえ―　田島達也
九月二五日（於同志社大学啓明館）
神話的古代の創造
―畝傍山・神武陵・橿原神宮、三位一体の神武聖蹟―　高木博志
一〇月二三日（於清水寺大講堂）
清水寺の近代　小林丈広
一二月四日
近代京都における官製地形図の概要　天野太郎
近代京都の都市図について
―発表者の経験をも踏まえての比較論的検討―　金坂清則・天野太郎
〈京都地籍図〉と昭和初期空中写真　山田誠
一月二九日（於嵯峨落柿舎）
明治の京都洋画壇と浅井忠　前川公秀
三月二五日（於上京区偕交苑）
まちなかの空間構成の変容　丹羽結花
江戸時代京都の名所案内記にみる遊歩空間　菅井聡子

二〇〇〇年度
五月一三日（於北白川駒井邸）
島文次郎―京大初代図書館長の生涯―　廣庭基介
六月三日（於立命館大学白雲荘）
明治期京都の産業と美術　鈴木栄樹
七月二二日（於上京区イベントスペース・サラ）
秋里籬島著『都名所図会』と名所　廣瀬千紗子
九月一六日（於建仁寺正伝永源院）
建仁寺文書と一八世紀建仁寺門前における新地開発について
―一八世紀の寺院経営にみる寺領地開発の背景と展開―　日向進・小出祐子
一一月四日（於東福寺正覚庵）
考古学から見た天皇陵　山田邦和
一二月一六日（於京都建築専門学校よしやまち町家校舎）
近代の皇室と京都の美術界　大熊敏之

一月二七日（於中京区豆菜）
谷崎潤一郎「鴨東綺譚」のことなど　藤原　学
二月一七日
京都における区画整理事業と郊外住宅地開発
大菅直・中川理

二〇〇一年度
四月一四日
地籍及び街区の歴史的推移の捉え方とそれに関わる法制度の国際比較
―京都とパリをはじめとする欧米都市の都市建築の類型と歴史的な都市景観について―　松政貞治
（共催・日本建築学会京都の都市景観特別研究委員会「景観史・景観論小委員会」）
五月一九日
世界遺産と古都　高木博志
国立公園と世界遺産　丸山　宏
戦前の都市空地政策の変遷から見た京都　伊従　勉
六月二三日（於上京区冷泉家）

冷泉家の伝統と文化　冷泉貴実子
七月七日（於京都芸術センター（旧明倫小学校））
近世の内裏空間・近代の京都御苑　高木博志
九月九日（於京都会館）
本会後援シンポジウム「京都三山と緑地―東山・銀閣寺前町《半鐘山》の開発をめぐって―」
（主催・半鐘山と北白川を守る会）
九月二二日（於京都大学楽友会館）
明治期の大谷派　福島栄寿
一〇月二七日（於下京区杉本家）
幕末・明治の京焼　洲鎌佐智子
空気を描く法
―明治三〇年代の栖鳳と大観―　高階絵里加
一一月二三日（於中京区広誠院）
日露戦後の丹後政界　飯塚一幸
北垣府政・市政と諸政社　高久嶺之介
一二月二二日（於中京区豆菜）
「軍都」金沢と公園
―城下町の近代と軍事的表象―　本康宏史

明治後期西陣の機業について
—明治三七年の失業者救済を中心に—　秋元せき
二月九日（於京都大学芝蘭会館）
近代京都の写真　中川邦昭
二月一六日
近代京都における観光化の手法について
—第四回内国勧業博覧会および平安遷都千百年紀念祭を事例として—　笠原一人

二〇〇二年度

四月二七日
明治期の古美術写真
—畿内宝物取調写真を中心に—　村角紀子
近代京都における遊陶園の活動について　清水愛子
六月一五日（於京都大学楽友会館）
技術から表現へ
—近代京都における「絵画」観の変化—　山田由希代
七月六日（於京都工芸繊維大学工繊会館）
近代における古代の寺跡と宮跡　内田和伸
七月二七日
京都の近代水道と地下水の変遷　小野芳朗
九月二三～二四日
エクスカーション　宮津市・伊根町（元伊勢神宮、宮津市内、舟屋など）
九月二八日（於立命館大学白雲荘）
近世里山論—草肥と土砂留—　水本邦彦
一〇月一二日
京都の〈美術〉と展示　中谷至宏
一一月二日（於京都大学楽友会館）
江戸時代の嵐山
—名所はいかにして守られたか—　谷山勇太
明治二〇年代京都の道路整備について　小玉嗣人
一二月二一日（於中京区豆菜）
近代京都における郊外住宅地　石田潤一郎
一月二五日
方位と近代都市

―大阪と名古屋を事例として―　中川　理

二〇〇三年度

四月一九日

近代京都研究再考に向けて―幹事報告―

伊従勉・丸山宏・高木博志

五月一〇日（於京都大学大学院人間・環境学研究科）

一九世紀末、京都における「知」の構築の現場

―『平安通志』編纂をめぐって―　小林丈広

六月二一日

三大事業の形成

―その政策環境と政策主体―　鈴木栄樹

七月一九日

京都の近代庭園　小野健吉

九月二一〜二二日

エクスカーション　東舞鶴（軍都の近代化遺産、赤煉瓦建築など）

舞鶴と赤煉瓦建築　中川　理

一〇月一八日

京都御土居堀の近現代

―「勧農」・都市計画・史蹟保存―　中村武生

長岡宮大極殿跡と地域社会　玉城玲子

一一月八日（於京都工芸繊維大学）

京都工芸繊維大学美術工芸資料館特別展「京都高等工芸学校の収集品に見る一九〇二年の好奇心」見学

日本近代の展覧会における古美術　並木誠士

一二月二〇日（於白沙村荘）

みやこのごみ事情　小野芳朗

堂上公家の町人地における屋敷地集積過程とその居住形態―久世家を例として―　登谷伸宏

一月二四日（於大阪すまいのミュージアム）

江戸時代大坂の町家の復元について　新谷昭夫

二月二一日

日本近代美術のなかの京都／近代京都の美術のなかの東京　林　洋子

三月一三日

内裏内侍所とその遺構について　岸　泰子

明治維新と士族―上賀茂社家―　落合弘樹

二〇〇四年度

四月一七日
伏見人形から見た近世京都の窯業　木立雅朗
発掘調査でわかった公家町の空間と生活　内田好昭

五月二九日
明治・大正期の京都府郡部の道路と道路行政
—宮津市域を中心に—　高久嶺之介

六月二九日
近代京都の公衆便所　山崎達雄

七月一七日（於大徳寺聚光院）
近代の茶室・数寄屋の黎明と京都　桐浴邦夫

九月一八日
近江商人が美術史に果たした役割
—高田敬輔とその門流の画業を通して—　國賀由美子

一〇月一六日（於無鄰庵）
史蹟名勝天然紀念物保存法の成立と京都の動向　丸山宏

一一月二〇日
誰か故郷を思わざる
—大正期の奈良県における「郷土」認識—　黒岩康博

一一月二八日
エクスカーション　天理大学参考館、大和郡山旧洞泉寺遊廓

一二月一八日
奉納絵馬からみる近代　長志珠絵
紀念祭の時代—旧藩と古都の顕彰—　高木博志

一月二二日
〈国民公園〉京都御苑の近代
—京都における遺産公園としての特性—　井原縁

二月一九日（於京都府立総合資料館）
京都府立総合資料館特別展「京の商い〈京ブランド〉の今むかし」見学
有職故実家・猪熊浅麿　猪熊兼勝

三月一六日

エクスカーション　大阪市松島、川口旧居留地、飛田新地
三月一九日
宇治川水力発電所工事と朝鮮人労働者　水野直樹
二〇〇五年度
四月一六日
市街地の風致保全政策の京都的特徴について
―風致地区の歴史的変様―　伊従　勉
五月二八日
泉涌寺御座所の障壁画について　田島達也
『我楽多珍報』の周辺
―京都日日新聞社を中心に―　福井純子
六月一八日
地価分布からみた近代京都の地域構造　山田　誠
凋落の能楽師―近代能の黎明　序―　小野芳朗
七月八～九日
京都大学人文科学研究所夏期公開講座「古都イメージの近代と現実」
京都の「公的記憶」と「公共の記憶」　小林丈広
近代京都名勝考―京都の森林風致―　丸山　宏
近代京都と「国風文化」・「安土桃山文化」
―「古都」京都イメージの近代―　高木博志
都市の計画と京都イメージの変遷
―明治・大正・昭和の三断面―　伊従　勉
七月三〇日
本会共催シンポジウム「柳田国男生誕一三〇年記念シンポジウム「京都で読む柳田国男」」
（共催・柳田国男の会）
九月一七～一八日
エクスカーション　福知山市（治水記念館、旧猪崎遊廓など）、加悦町（ちりめん街道、旧尾藤家住宅など）
丹後への道―京都宮津間車道―　高久嶺之介
尾藤家住宅と町並み保存　関戸未帆子・日向進
九月三〇日

エクスカーション　西本願寺、宇佐美松鶴堂

一〇月一五日
五二会品評会からみる明治期京都の産業　宇佐美尚穂
茨木キリシタン遺物の発見　高木博志

一一月一九日
近代京都の建碑と史蹟創出
―「三宅安兵衛遺志」碑と京都市教育会建立碑―　中村武生
京都大学における「学徒出陣」
―京都大学大学文書館における調査より―　西山伸

一二月一〇日
昭和大典にみる京都の観光行政　工藤泰子
遷都千百年紀念祭と府県連合事業
―明治中期における国民祭典の構造と歴史的環境―　鈴木栄樹

一月一四日
須田剋太と戦後奈良・京都の文化人ネットワーク
―「天平乃会」、「転石会」、前衛書グループをめぐって―　高階絵里加
内藤湖南と日満文化協会　岡村敬二

一月二八日
明治期都市近郊農村の政治社会史
―紀伊郡吉祥院村を事例に―　秋元せき
谷崎潤一郎と京都　藤原学

三月四日
天平の苑―万葉植物園ができるまで―　黒岩康博
紹介「京都帝国大学文学部国史研究室内　民俗調査会」資料　菊地暁

三月一八日
「奉安殿」の戦後・宮津～京都府下の事例から
―占領期の戦争の記憶／記憶の政治―　長志珠絵
京都府会と名望家
―『京都府会志』を中心に―　原田敬一

執筆者紹介

〔編　者〕

丸山　宏（まるやま　ひろし）
1951年京都市生．京都大学大学院農学研究科博士後期課程修了．現在，名城大学農学部教授（造園学）．農学博士．『近代日本公園史の研究』（思文閣出版，1994年）『一九世紀日本の情報と社会変動』（共著，京都大学人文科学研究所，1985年）『造園の歴史と文化』（共著，養賢堂，1987年）など．

伊従　勉（いより　つとむ）
1949年神奈川県生．京都大学大学院工学研究科博士後期課程修了．現在，京都大学大学院教授（建築学・都市論）．パリ・ヴィルマン建築大学 C.E.A.A. 学位．***"Le paysage de l'espace urbain"***（都市空間の風景）（C.Grout と共編著，Editions in situ, 1998年）『琉球祭祀空間の研究』（中央公論美術出版社，2005年）『みやこの近代』（丸山宏・高木博志と共編著，思文閣出版，2008年）など．

高木博志（たかぎ　ひろし）
1959年大阪府生．立命館大学文学研究科博士後期課程単位取得退学．現在，京都大学人文科学研究所准教授（日本近代文化史）．『近代天皇制の文化史的研究—天皇就任儀礼・年中行事・文化財—』（校倉書房，1997年）『近代天皇制と古都』（岩波書店，2006年）「「郷土愛」と「愛国心」をつなぐもの—近代における「旧藩」の顕彰—」（『歴史評論』659，2005年）など．

〔執筆者（掲載順）〕

伊従　勉（上掲）

中川　理（なかがわ　おさむ）
1955年神奈川県生．京都大学大学院工学研究科博士後期課程修了．現在，京都工芸繊維大学大学院工芸科学研究科教授（近代建築史・都市史）．工学博士．『重税都市—もうひとつの郊外住宅史』（住まいの図書館出版局，1990年）『京・まちづくり史』（編著，昭和堂，2003年）『東山／京都風景論』（編著，昭和堂，2006年）など．

山田　誠（やまだ　まこと）
1945年北海道生．京都大学大学院文学研究科博士課程中退．現在，京都大学大学院人間・環境学研究科教授（人文地理学）．『京都歴史アトラス』（共著，中央公論社，1994年）『地図と歴史空間』（共著，大明堂，2000年）『アジアの歴史地理　2　都市と農地景観』（共編著，朝倉書店，2008年）など．

日向　進（ひゅうが　すすむ）
1947年京都府生．京都工芸繊維大学大学院修士課程修了．現在，京都工芸繊維大学大学院工芸科学研究科教授（日本建築史）．工学博士．『近世京都の町・町家・町家大工』（思文閣出版，1998年）『茶室に学ぶ—日本建築の粋』（淡交社，2002年）「『兼見卿記』を通してみた天正年間における社家・公家の数寄空間」（中村昌生先生喜寿記念刊行会編『建築史論聚』思文閣出版，2004年）など．

高木博志（上掲）

丸山　宏（上掲）

藤 原　　学（ふじわら　まなぶ）
1967年大阪府生．京都大学大学院人間・環境学研究科博士後期課程単位認定退学．現在，京都大学大学院助教（建築論・日本近代文学）．博士（人間・環境学）．『建築的場所論の研究』（共著，中央公論美術出版，1998年）『阪神間モダニズム』（共著，淡交社，1997年）『谷崎潤一郎　境界を超えて』（共著，笠間書院，近刊）など．

工 藤 泰 子（くどう　やすこ）
千葉県生．京都大学大学院人間・環境学研究科博士後期課程単位認定退学．現在，京都光華女子大学文学部講師（観光学）．『異文化の出会い』（共同執筆，京都光華女子大学文学部国際英語学科編，大阪教育図書，2008年）「御大典事業にみる観光行政」（『日本観光研究学会全国大会学術論文集』No.20，2005年）「占領下京都における国際観光振興について」（『日本観光研究学会全国大会論文集』No.22，2007年）など．

長　志珠絵（おさ　しずえ）
1962年大阪府生．立命館大学大学院文学研究科博士後期課程単位取得退学．博士（文学）．現在，神戸市外国語大学准教授（日本近現代史）．『近代日本と国語ナショナリズム』（吉川弘文館，1998年）「「満州」ツーリズムと学校・帝国空間・戦場」（共著『帝国と学校』，昭和堂，2007年）「追悼の政治と占領期」（『季刊日本思想史』71，2007年）など．

小 野 芳 朗（おの　よしろう）
1957年福岡県生．京都大学大学院工学研究科修士課程修了．博士（工学）．現在，岡山大学大学院環境学研究科教授（環境史）．『〈清潔〉の近代―「衛生唱歌」から「抗菌グッズ」へ―』（講談社選書メチエ，1997年）『水の環境史―「京の名水」はなぜ失われたか』（ＰＨＰ選書，2001年），『環境と空間文化―建築・デザインのモチベーション―』（共著，学芸出版社，2005年）など．

並 木 誠 士（なみき　せいし）
1955年東京都生．京都大学大学院文学研究科博士後期課程中退．現在，京都工芸繊維大学大学院教授（日本美術史・美術館学）．『中世日本の物語と絵画』（共著，放送大学教育振興会，2004年）『江戸の遊戯―貝合せ・かるた・すごろく―』（青幻舎，2007年）『美術館の可能性』（共著，学芸出版社，2006年）など．

桐 浴 邦 夫（きりさこ　くにお）
1960年和歌山県生．京都工芸繊維大学大学院修士課程修了．東京大学博士（工学）．現在，京都建築専門学校講師（建築歴史意匠・茶の湯文化）．『近代の茶室と数寄屋』（淡交社，2004年）「武田五一『茶室建築』をめぐって―その意味と作風への影響―」（『日本建築学会計画系論文集』537，2000年）「茶の湯と数寄屋の系譜」（『コンフォルト』100，2008年）など．

谷 川　　穣（たにがわ　ゆたか）
1973年京都市生．京都大学大学院文学研究科博士後期課程修了．博士（文学）．現在，京都大学大学院文学研究科准教授（日本近代史）．『明治前期の教育・教化・仏教』（思文閣出版，2008年）「〈奇人〉佐田介石の近代」（『人文学報』84号，2002年）「周施・建白・転宗―佐田介石の政治行動と「近代仏教」―」（明治維新史学会編『明治維新と文化』吉川弘文館，2005年）など．

原 田 敬 一（はらだ　けいいち）
1948年岡山市生．大阪大学大学院文学研究科博士後期課程修了．博士（文学）．現在，佛教大学文学部教授（日本近代史）．『日清・日露戦争』（岩波書店，2007年）『帝国議会誕生』（文英堂，2006年）『日清戦争の社会史』（共編著，フォーラムＡ，1994年）など．

鈴木栄樹（すずき　えいじゅ）
1953年静岡県生．京都大学大学院文学研究科博士後期課程修了．現在，京都薬科大学准教授（日本近代史）．「最後の彦根藩主井伊直憲の西洋遊学――大名華族の西洋体験―」（佐々木克（彦根藩資料調査研究委員会）編『彦根城博物館叢書１　幕末維新の彦根藩』彦根市教育委員会，2001年），『京薬のあゆみとともに』（編著，京都薬科大学，2005年）「京都市の都市改造と道路拡築事業―烏丸通・四条通を例として―」（伊藤之雄編著『近代京都の改造―都市経営の起源　1850～1918―』ミネルヴァ書房，2006年）など．

小林丈広（こばやし　たけひろ）
1961年静岡県生．金沢大学大学院文学研究科修士課程修了．現在，京都市歴史資料館主任歴史調査員（日本近世・近代史）．『明治維新と京都』（臨川書店，1998年）『京都町式目集成』（京都市歴史資料館，1999年）『近代日本と公衆衛生』（雄山閣出版，2001年）など．

廣庭基介（ひろにわ　もとすけ）
1932年京都市生．立命館大学大学院文学研究科中退．現在，花園大学客員教授（書誌学）．『日本書誌学を学ぶ人のために』（長友千代治共著，世界思想社，1998年）「京大「大惣本」購入事情の考察」（『大学図書館研究』24，1984年）「江戸時代貸本屋略史」（『図書館界』18-5・6，1967年）など．

黒岩康博（くろいわ　やすひろ）
1974年京都市生．京都大学大学院文学研究科博士後期課程研究指導認定退学．博士（文学）．現在，天理大学文学部非常勤講師（日本近代史）．「「うまし国奈良」の形成と万葉地理研究」（『人文学報』89，2003年）「高田十郎『なら』に見る近代大和の「地域研究」ネットワーク」（『日本史研究』525，2006年）「万葉旅行の誕生―風景写真と臨地指導―」（『國文學 解釈と教材の研究』53-6，2008年）など．

西山　伸（にしやま　しん）
1963年兵庫県生．京都大学大学院文学研究科博士後期課程単位取得退学．現在，京都大学大学文書館准教授（日本近現代史）．「「大学アーカイヴズ」の現状と今後」（全国大学史資料協議会編『日本の大学アーカイヴズ』京都大学学術出版会，2005年）「京都大学における「学徒出陣」」（京都大学大学文書館編『京都大学における「学徒出陣」調査研究報告書』第１巻，2006年）「大学沿革史の課題と展望」（『日本教育史研究』第26号，2007年）など．

菊地　暁（きくち　あきら）
1969年北海道生．大阪大学大学院文学研究科博士後期課程修了．博士（文学）．現在，京都大学人文科学研究所助教（民俗学）．『柳田国男と民俗学の近代―奥能登のアエノコトの二十世紀―』（吉川弘文館，2001年）『身体論のすすめ』（編著，丸善，2005年）「主な登場人物―京都で柳田国男と民俗学を考えてみる―」（『柳田国男研究論集』４，柳田国男の会，2005年）など．

索　　引

＊本索引は、本文中の人名・事項について重要度の高いものを検索するために作成した。
したがって網羅的な索引とはなっていない。

【人　名】

あ

い

う

【事　項】

つ

て

と

な

に

の

は

ひ

ふ

へ

ほ

ま

み

む

め

も

近代《きんだい》京都《きょうと》研究《けんきゅう》

2008(平成20)年 8 月20日発行

定価：本体9,000円(税別)

編　者　丸山　宏・伊従　勉・高木博志

発行者　田中周二

発行所　株式会社　思文閣出版

〒606-8203 京都市左京区田中関田町2-7

電話 075-751-1781(代表)

印刷
製本　株式会社 図書
印刷 同朋舎

ISBN978-4-7842-1413-6　C3021